지방정부의 자치역량강화

최 봉 기

계명대학교 출판부

“본 연구는 2012년도 계명대학교 비사연구기금으로 이루어졌음”

1. 우리나라에 지방자치제도가 부활·실시된 지도 어느 덧 25년이 되었다. 그러나 지난 4반세기 동안 중앙정부의 권력에 대한 강한 집착과 지방에 대한 독선적 태도는 조금도 개선되지 않았다. 그 결과 지방분권과 자치발전은 제자리걸음을 하고 있다. 지방자치발전의 수준은 그 나라의 민주정치발전의 수준과 비례한다. 한국은 정치가 후진적인 만큼 지방자치발전의 수준 또한 후진성을 면치 못하고 있다. 그것은 법률과 제도를 만들고 정비하는 입법부 의원들의 민주주의와 지방자치에 대한 지적 기초가 척박하고, 행정부의 고위공무원들 또한 지방분권과 자치제도에 관한 교육적 배경이 취약하다는 데에 상당한 원인이 있다. 우리나라의 경우 환경은 급격하게 바뀌었지만 국가경영을 담당하고 있는 이들 공직자들의 행태는 바뀌지 않고 있다. 그 주된 원인은 공직자 채용제도와 교육훈련제도가 시대착오적일 만큼 구태를 벗어나지 못하고 있기 때문이다. 산업발전에 비해 국가경영이 후진적인 이유도 바로 공직자들의 문제에서 비롯되고 있다. 정책을 결정하고 제도를 만드는 대부분의 권력엘리트들이 지구촌사회의 변화에 둔감하고 민주주의와 지방자치의 가치를 잘 알지 못한다. 그래서 우리나라는 아직도 중앙집권적인 낡은 틀에서 벗어나지 못하고 있다.

그러나 지금 이 순간에도 지구촌 사회의 선진제국들은 중앙과 지방을 막론하고 쉼 없이 변화와 발전을 지속하고 있다. 세계화라는 물결을 타고 이미 많은 국가들은 중앙정부와 지방정부가 협력하여 지역의 세계화와 세계의 지방화를 위한 창조적 정책들을 적극 추진하고 있다. 권력적 지방분권은 물론 재정지원까지 중앙정부가 앞장 섬으로써 중앙정부가 지역발전의 견인차적 역할을 수행하고 있다. 그러나 이들 선진제국들과는 너무나 다른 우리나라 중앙정부의 정치·행정인들을 보면 안타깝고 답답할 뿐이다.

우리나라의 민주주의 수준과 지방자치의 현실이 이처럼 참담하고 암울하지만 그렇다고 지방정부와 지역사회가 중앙정부만 원망하고 손을 놓고 있을 수만은 없는 것 또한 현실이다. 정부수립 이후 70년 동안 지방과 지역사회는 중앙정부에 대해 권한과 기능의 지방배분을 지속적으로 요구해 왔지만 결과는 공허한 현실로 다가와 있다. 이제는 더 이상 중앙정부로부터 기대할 것도 없고, 기대만 하고 있어서도 안된다. 설상가상 지역주민들의 요구와 기대는 천정부지로 높아지고 있으며, 글로벌 사회의 변화와 경쟁은 더욱 치열해지고 있다. 때문에 이제부터 지방정부와 지역사회는 자구적 노력으로 자치역량을 제고시키고, 스스로의 힘으로 지역사회를 발전시켜 나가야만 한다. 지방정부가 자치역량을 강화시키지 않을 수 없는 이유도 바로 여기에 있는 것이다.

2. 2차 대전 이후 신생독립국이었던 우리나라가, 그것도 동족상잔이라는 한국전쟁을 치뤄 철저히 피폐해졌던 참혹한 현실을 극복하고 한강의 기적을 이룬 것은 결코 우연한 일이 아니었다. 외국으로부터 원조를 받아 겨우 국민들의 끼니를 이어야 했던 대한민국이 이제는 외국에 원조를 보낼 수 있을 만큼 발전하게 된 것도 결코 저절로 이루어진 일이 아니었다. 거기에는 정치지도자와 정부 공직자들의 절박하고 애틋한 정책결정과 국민들의 열정적인 동의와 협력이 있었기 때문이었다. 바로 이러한 우리나라의 국가발전에 대한 경험과 성공사례를 이제부터는 우리의 지방정부와 지역사회에 활용할 필요가 있다. 한강의 기적이 가능했다면 낙동강과 금강의 기적도 가능할 것이다. 강의 기적이 가능했다면 산의 기적도 가능할 것이다. 이렇게 보면 역경에 처해있는 작금의 지방정부들도 얼마든지 자치역량을 강화시켜 현재의 어려움을 극복할 수 있을 것이다. 외국의 지방정부들도 스스로의 노력으로 지역사회를 발전시킨 사례가 적지 않다. 물론 완전히 중앙정부와 등을 돌려 독자적으로 자치역량을 강화시킨다는 것은 현실적으로 거의 불가능에 가깝다. 따라서 한편으로는 중앙정부에 대해 협력과 지원을 요구하고 다른 한편으로는 자구적 노력으로 지역실정에 부합하는 정책을 개발하고 추진해 나가야 한다. 지방정부와 지역사회도 언제까지나 중앙정부만을 바라보고 원망과 비판만 할 것이 아니라, 이제부터는 스스로 철저한 노력을 강구해야 한다. 그리고 이러한 노력은 지역발전과 주민복지증진을 위한 지방정부의 자치역량 강화로 연결되어야 한다.

3. 그렇다면 과연 지방정부의 자치역량을 강화시키기 위해서는 무엇을 어떻게 해야할 것인가? 본서는 이러한 필자의 고민에서 출발하여 저술하게 되었다. 특히 글로벌화가 가속화됨에 따라 이제 한국의 지방정부들도 국내에만 안주해 있어서는 안된다는 생각도 했다. 오랫동안 많은 역량제고방안을 고안해 내었으나 책으로 담을 수 있는 부분은 한정될 수 밖에 없었다. 그리하여 제1편에서는 3개의 장으로 세계화와 지방화, 세방화와 지세화 등 지구촌 사회의 변화를 정리하였고, 지방정부의 자치역량을 구성하는 요소들을 분석하는 등 이론적인 부분을 정리하였다. 그리고 제2편에서는 총 8개의 장으로 구체적인 지방정부의 내외적 자치역량 제고방안을 제시하였다.

아무튼 앞으로는 자치단체장과 지방의원 그리고 지방공무원들은 보다 더 열정적으로 지방정부의 자치역량을 강화시키는 정책과 사업을 구축하고 추진해야 한다. 그리고 지역주민들의 지원과 협력을 받아 인적 · 물적 자원을 동원할 수 있는 능력도 키워야 한다. 나아가 지방의 발전이 국가발전으로 이어질 수 있도록 해야 한다. 그러기 위해서는 우선은 학습을 통해 자치역량제고에 관한 지적 기반을 확충해야 하고 실무에 관한 전문성도 높혀 나가야 한다. 본서는 바로 이러한 지방정부의 공직자들에게 도움을 주기 위해 집필되었고, 이들이 본서를 통해 실질적으로 도움을 받기를 기대한다.

끝으로 무엇보다도 본서를 집필할 수 있도록 연구비를 지원해 주신 계명대학교 연구처와 신일희 총장님께 감사와 존경의 말씀을 드리며, 자료수집과 교정에 도움을 준 계명대 성영태 교수와 송승숙 박사 그리고 조교 및 학생들에게도 그동안의 수고에 고마움을 전한다.

2014년 5월
계명대 성서 연구실에서
저자 최 봉 기

차 례 CONTENTS

제2편 지방정부의 영역별 자치역량 제고방안 · 93

제 1편

지방정부의 자치역량강화에 관한 이론

제1장 글로벌사회의 변화와 지방정부의 대응

Ⅰ. 지구촌사회의 변화와 지방정부의 경쟁력 제고

1. 세계화와 지역사회의 변화

1) 세계화와 지방화

오늘날의 지구촌 사회는 세계화(globalization) 현상이 지배하고 있고, 세계화는 자연히 지방화(localization)를 동반하고 있다. 그리고 이러한 지방화는 많은 국가들의 통치방식에 다양한 변화를 야기시키고 있다. 원래 세계화란 경제적인 현상으로서 "기업이나 금융 등이 한 국가의 국경을 넘어 세계적인 규모로 확산·발전되는 현상"을 의미한다. 즉 세계를 무대로 하는 기업이나 금융이 국경을 넘어 여러 지방에서 그 경제적 역량을 확대시킴에 따라 그 지역이 세계적인 정치경제의 주요 무대로 발전하는 현상을 세계화로 인식하였다. 그리고 이러한 세계화현상에 따라 특정한 지방 내지 지역사회가 정치·경제적 발전을 이룩함으로써 자율과 자치역량이 향상된 것을 지방화라고 하였다. 그리하여 세계화와 지방화의 관계는 서로 상반되거나 모순되는 것이 아니라 상호 조화를 이루며 보완적인 성격을 지니고 있다.

이미 글로벌 사회는 단일 국가의 영토주권을 통한 규제를 어렵게 하고 있으며, 개별국가의 국경을 초월하는 새로운 질서가 형성되고 있다. 이처럼 개별국가의 국경에 대한 의미가 점차 퇴색됨에 따라 국가를 구성하는 부분단위인 지방이 세계체제에 노출될 수밖에 없게 되었다. 따라서 세계화가 진전될수록 지방의 역할이 강조되는 지방화가 더욱 요구되며, 한 국가의 지방과 다른 국가의 지방이 상호 밀접한 유대관계(예, network 구축 등)를 구축할 필요성이 더욱 강조되고 있다.

그리하여 지금의 세계화는 국경의 개방과 지방의 확산경향을 의미하며, 지방화는 통치권의 분권화와 지역발전을 의미한다. 세계화의 양상은 구체적으로 국경의 개방, 국제교류의 활성화, 국제경쟁의 심화, 국제협력의 중시, 국제적 사고의 통용 등으로 나타나고 있으며,

지방화는 권력중심의 다극화와 권력주체의 다원화로 정의되고 있다.

세계화는 국제사회에서의 국가 간 협력을 요구하고 있지만 보다 기저에는 자국의 이익을 위한 경쟁에 토대를 두고 있다. 결국 경쟁에 그 중요성을 두고 있는 세계화는 국가간 협력뿐만 아니라 필연적으로 경쟁주체의 다원화를 의미하는 지방화를 초래하게 되었다. 그리하여 개인과 단체, 기업과 정부, 중앙정부와 지방정부가 모두 국제적 경쟁을 하게 된다는 것이다. 이러한 세계화와 지방화 현상은 지구촌 사회의 시대적 조류라는 측면에서 이해할 수 있지만, 개별 국가적 입장에서는 자국의 국가경쟁력을 강화시킬 수 있는 도전적 기회라는 측면을 강조하지 않을 수 없다. 따라서 작금의 지구촌사회의 변화는 21세기 세계의 중심국가로서 발돋움하고 있는 대한민국으로서는 한편으로는 분권화와 지방화를 위한 중대한 기회이자 도전이면서 다른 한편 세계를 향한 우리의 경쟁력을 강화시킬 수 있는 절호의 기회라는 점을 유의해야 할 것이다.

2) 세방화(世方化)와 지세화(地世化)

현대는 '세계의 지방화'(세방화 : Glocalization)와 '지방의 세계화'(지세화 : Loc– blization)가 동시에 이루어지고 있는 혼란스런 변화의 시대다. 국경 없는 무한경쟁체제를 요구함으로써 강대국들에 의해 재편되어 온 국제사회의 새로운 질서는 세계화라는 이름으로 지구촌 사회를 총체적으로 변질시키고 있다. 그리하여 세계화 현상은 인적 물적 교류증대를 통해 국가간 지역간 경계를 허물고, 상호 긴밀하게 접촉함으로써, 전통적인 국가개념을 퇴색시켜 '지구촌국가'(global state)라는 새로운 개념의 국가체제를 등장시켰다. 그리고 이 새로운 체제를 통해 지구촌은 인구와 이민, 기아와 식량, 에너지와 환경, 테러와 핵폭탄, 기후변화와 녹색혁명 등 인류적이고 세계적인 문제를 공동으로 대처해 나가기 위해 노력하고 있다.

이러한 세계화의 바람은 한편으로는 분권화와 지방화 그리고 지역특성화를 촉진시킴으로써 세계의 지방화라는 세방화 현상을 보편화시켰고, 다른 한편 지방의 세계화라는 지세화를 통해 지역과 지방을 지구촌 사회의 주요 경쟁멤버로 등장시키고 있다. 그리하여 지금 세계 도처에서는 국가의 정책을 변화시키고 지방의 역동성을 자극하는 세방화와 지세화가 동시에 이루어지고 있다. 세방화[1])란 세계화를 추구하면서 동시에 그 지역의 특성과 기업풍토

---

1) 세계화를 의미하는 globalization과 지방화를 의미하는 Localization의 합성어로써, 소니의 창업자 모리타 아키오가 만들어 낸 신조어이다.

등을 존중하고 세계적 수준으로 발전시켜 나가는 것을 말한다. 즉 세계화와 현지화를 동시에 이루어 시너지 효과를 극대화 하려는 다국적 기업의 현지토착화를 뜻하는 것으로, 지방사람들의 의식, 문화, 행동양식을 세계적인 수준으로 발전시키기 위해 대도시 중심의 경제 및 문화활동을 지방에서 이루어 나가는 것을 말한다[2]. 그리고 지세화[3]란 세방화와는 반대로 지방의 기술이나 제품, 산업 등이 세계적 수준으로 발전됨으로써 글로벌 스탠더드(global standard)를 만들어 나가는 것을 말한다. 이와 같은 지세화의 주장은 세계적인 신조류를 받아들여야 한다는 세계화의 논리를 벗어나, 개별지역의 발전이 궁극적으로 세계발전으로 이어진다는 논리이다[4]. 즉 세방화가 글로벌 스탠더드라는 우월적 지위로 지방으로 들어와 지방의 업그레이드를 요청하는 것이라면, 지세화는 지방의 고유한 제품이나 기술 및 문화가 세계의 무대로 나아가 글로벌 스탠더드를 만들어 나가는 것이다.

근래 우리나라를 비롯한 여러 나라의 지방에서는 선진국들의 글로벌스탠더를 일방적으로 받아들이는 세방화에 만족하지 않고, 오히려 자기지역의 독특한 특성을 세계적인 것으로 만들려는 지세화를 위한 다양한 노력을 경주하고 있다. 예컨대 세계적으로 그 우수성이 공인된 우리나라 전통 발효식품을 세계적인 제품으로 발전시키기 위해서는 우선 세계적인 식품가공기술을 받아들여야 한다. 이것이 세방화라면 세계적인 식품가공기술을 이용하여 우리의 전통식품을 세계시장으로 내보내고 그것이 세계무대를 지배할 수 있도록 하는 것은 지세화인 것이다.

2. 세계화와 지역발전 및 지역의 경쟁력 제고

이처럼 세계화 시대에 나타난 대표적인 두 가지 특징적 현상인 세방화와 지세화는 모두 각국 지역사회의 변화와 연관되어 있다. 즉 지방을 개방하여 세계적인 글로벌 스탠더드를

---

2) 세방화(Glocalization) 전략이란 기업경영에 전 세계시장을 대상으로 경영활동을 수행하되 현지의 사업풍토(문화, 기호, 소비자 행동의 차이 등)를 반영하여 현지에 맞는 전략을 실행하는 것이다. 기업의 전략방향이나 기본적 가치관은 동일하게 운영하되, 제품의 성능이나 마케팅 방식, 조직운영 등은 현지실정에 맞게 수정함으로써 경쟁력을 강화하기 위해 노력하는 것이다. 지방 고유의 독창성을 세계적인 언어와 방식으로 소개하여 세계인들에게 그 접근성을 높이는 전략을 주로 사용한다.

3) 지세화(地世化, Locbalization)란 세계화를 의미하는 Globalization과 지방화를 의미하는 Localization의 합성어로써, 서울대 조동성 교수에 의해 만들어진 신조어이다.

4) 즉 지역과 세계의 상호작용에서 지역의 역할을 강조한 논리로, 지방이 주도해서 세계적인 발전을 이끌어가는 발전의 원동력이라는 것이다.

수용하게 함으로써 지역사회를 세계화 시키고, 역으로 지방의 독특한 기술과 전통문화를 세계적인 글로벌 스탠다드로 만들어 세계시장에 수출함으로써 지방을 세계화해 나가는 모든 것이 세계화 현상인 것이다. 이미 지구촌사회는 국가간의 경쟁이 아니라 지역 내지 지방간의 경쟁시대로 접어들었다. 따라서 이러한 새로운 경쟁체제에서 경쟁력을 갖기 위해서는 무엇보다도 지역과 지방의 자율과 자치권을 확충하는 일이 급선무가 되었다. 즉 세방화를 위해서는 개방화(국경 등 문호개방)가 선행되어야 하고, 지세화를 위해서는 지방화와 분권화(지방의 자율과 자치권 확충)가 전제조건으로 요구되고 있다. 물론 선진 각국은 이미 개방화와 지방화 및 분권화를 통해 세계화를 주도해 오고 있다. 특히 지세화는 지방의 창의와 자율에 바탕을 둔 생존전략으로서 "가장 지방적인 것이 가장 세계적인 것" 이라는 관점에서 지방의 경쟁력을 강화시키는 것을 의미한다. 다시 말해 지세화란 한 국가내의 지방이 정치·행정·경제·문화 등의 여러 측면에서 세계 각국의 지역들과 대등한 경쟁을 펼칠 수 있는 능력을 갖춰 나가는 것을 의미한다. 이러한 맥락에서 볼 때 지세화를 위한 전략은 다음과 같은 두 가지 기본 축을 중심으로 모색되어야 할 것이다.

하나는 실질적인 지방화가 이루어질 수 있도록 지방의 자율성과 자치권을 확립하는 것으로서 '지방을 비롯한 여러 국가하위체제를 중심으로 하는 국가발전패러다임'을 확립하는 것이다. 그리고 다른 하나는 지역 내에서 활동하는 여러 하위체제의 자율성제고를 토대로 '세계화에 효과적으로 대응할 수 있는 지역의 세계화추진체계를 구축'하는 것이다. 세계화시대에 적합한 국가발전 패러다임은 국가중심주의를 탈피하여 국가 및 지방·기업·민간 등이 모두 국가발전의 다원적 주체가 되도록 하는 것이며, 효율적인 지역세계화 추진체계의 구축은 적절한 분권화를 통해 지방의 자율성과 정체성을 확보해 나가는 것이다. 이렇게 볼 때 우리나라가 지방을 주체로 하는 국가발전시스템을 확립하기 위해서는 현재 실시되고 있는 지방자치제도를 강화하여 "경쟁력 있는 지방정부"를 구축하는 일이 급선무라고 하겠다.

또한 지세화의 전략은 세계를 향해 완전한 개방체제를 구축하는 동시에 자신의 고유한 특성을 최대한 개발해 내는 것이다. 특히 여기에서 중요하게 고려되어야 할 것은 지세화를 추진하는 직접적인 능력 즉 지역의 고유한 특성과 동력을 확보하는 것이다. 이를 위해서는 지역사회에 대한 역사적 문화적 통찰, 사회간접시설 등의 물적 장치와 교육이나 기술습득과 같은 인적장치 그리고 제도개혁 등의 조건들이 갖춰져야 한다. 물론 이러한 지세화를 추진하는 실질적인 주체는 해당 지역의 지방정부가 되어야 한다. 즉 해당 지역의 기업이나 민간이 세계화의 주체가 될 수도 있지만 지세화에는 지방정부의 선도적 역할이 불가피하다. 그러기 위해서는 해당 지방정부의 세계화 추진체계가 보다 효율적으로 구축되어야 하며, 특히 지방정부의 인적 장치와 제도적 개혁이 핵심적 선결과제라 할 수 있다. 궁극적으로는 지방정부의 모든 하위 체제가 세계를 무대로 활동하는 지세화체제로 개편됨으로써 지방정부의 세계적 경쟁력을 향상시켜 나갈 필요가 있다.

그러나 우리나라의 경우 강력한 중앙집권체제를 고집함으로써 세방화도 지세화도 모두 답보상태를 면하지 못하고 있다. 지방에서 세계적인 기술을 개발하고 지방에서 첨단의 제품을 만들어 수출주도적 경제를 끌어가면서도 모든 관리와 감독은 중앙정부 주도로 이루어지고 있다. 그러나 중앙정부의 필요에 따른 개방화와 중앙정부의 자의로 이루어지는 분권화로서는 한국의 지방이 결코 세계적인 경쟁력을 가질 수는 없다. 지방의 경쟁력이 국가의 경쟁력을 좌우하게 되는 세계화 시대지만 아직도 한국의 중앙정부는 지방의 발전을 억제하는 중앙집권적 정책을 고집하고 있다. 지방에서 이루어지는 모든 일들을 중앙에서 통제하고 있고, 매사를 중앙정부의 관점에서 파악하고 판단하는 가치기준이 적용되고 있다. 이것이 한국의 지방과 지역사회가 점차 침체되고 경쟁력이 낮아지는 근본 원인인 것이다. 한국의 중앙정부는 지방의 경쟁력이 곧 국가의 경쟁력이 된다는 아주 간단한 사실조차 애써 외면하고 있다.

Ⅱ. 지방화와 지역발전 및 지방자치역량의 제고

1. 지방화와 지역발전

지방화의 사전적 의미는 "중앙정부중심의 정치·경제·사회·문화적 질서에서 벗어나 각 지방이 상대적 자립을 확보하여 자주적인 발전을 추구하는 것"으로 지방분권, 지방자치, 지역의 특성화, 지역문화의 개발 등을 강조한다. 현대적 의미의 지방화란 "세계화의 영향에 의해 일정한 지방 내지 지역이 정치·경제적으로 성장하고 발전함으로써 지역의 자율과 자치역량이 향상되어 가는 것"을 의미한다. 그리하여 지방화 시대란 바로 이러한 지방화 현상이 과거에 비하여 뚜렷한 사회현상으로 대두되고 있는 시대를 의미한다. 그러나 우리나라의 경우 이와 같은 세계적인 지방화 현상에도 불구하고 중앙정부의 지방에 대한 집권(集權)과 통제(統制)는 개선의 여지를 보이지 않고 있다. 지방자치제도를 실시해 놓고도 지방분권과 지방의 자율을 외면함으로써 허울뿐인 지방자치가 되고 있다.

지역발전이란 한 나라의 일정한 지역이나 지방이 정치, 경제, 사회, 문화적인 측면에서 양적으로는 성장하고 질적으로는 바람직한 변화를 이루어 가는 현상을 의미한다. 즉 어떤 지역이 스스로의 노력이나 중앙정부의 정책 혹은 세계화의 영향 등에 의해 정치·경제적으로 발전을 이루어 나가는 것을 지역발전이라고 할 수 있다. 흔히 어떤 지역이 중앙정부의 개발정책추진에 따라 경제적인 부(소득)만 증대되더라도 그 지역이 발전되었다고 한다. 그러나 진정한 의미에서의 지역발전은 경제적 발전에 국한하지 않고, 정치적이고 사회문화적인 발전이 동시에 이루어질 때 진정한 지역발전이라고 할 수 있다. 지방분권에 의해 어떤 지역이 중앙정부로부터 자율과 자치가 확보되지 않는 한, 진정한 지역발전을 이룩했다고 할 수 없기 때문이다. 원래 지역발전이나 지방화는 반드시 세계화 현상의 일환으로 이루어지는 것으로만 볼 수는 없지만, 근래 지구촌 사회의 변화에 따른 지역발전과 지방화는 그 대부분이 세계화 현상에 영향을 받고 있다. 즉 세계화 현상에 따라 세계적 기업이나 금융기관들이 어느 국가의 어떤 지역으로 들어옴으로써 그 지역이 여러 분야에서 성장하고 발전하고 있기 때문이다.

일반적으로 지역발전은 어떤 지역이 사회·경제적으로 발전한다는 의미를 더 많이 내포하고 있지만, 지방화란 중앙집권화에 대한 지방분권화의 의미를 더 많이 내포하고 있다. 즉 지방화란 그 동안 중앙집권에 의해 발전되지 못했던 지역이나 지방이 어떤 계기를 통해서든 분권과 자치를 통해 사회·경제적으로 자율적인 발전을 이루어 나가는 현상을 의미하는 것으로 본다. 따라서 전통적으로 중앙집권적인 국가인 우리나라는 지방화를 단순한 세계화의 영향 속에 방치할 것이 아니라 보다 적극적이고 주도적으로 추진할 필요가 있다. 특히 우리나라의 경우 세계화에 따른 지방화 보다는 각 지방이 가진 고유한 문화와 특성을 개발하여 글로벌 스탠더드로 만들고 이를 세계로 확산시켜 나감으로써 지세화를 이루어 나갈 필요가 있다.

요컨대 우리나라는 국가차원의 지역균형발전을 추진하기 위해 정책적 노력을 추진해 오고 있지만, 대통령과 장·차관, 특히 국회의원들의 관심과 정책의지의 부족으로 뚜렷한 진전 없이 아직은 제자리를 맴돌고 있는 실정이다. 그러나 21세기 국가발전의 신성장동력을 창출하여 선진국가로의 진입을 위해서는 지역발전과 지방화는 결코 외면하거나 회피할 수 없는 중요한 정책과제임을 유의해야 할 것이다.

2. 지역발전과 지방정부의 자치역량제고

1) 지역발전과 지방자치역량

분권과 자치를 통한 지방화와 지역발전은 궁극적으로 지역주민들의 자기지역에 대한 자율적 자치역량을 강화시킨다. 그리고 이러한 주민들의 자치역량은 곧 그들의 대표로 구성되는 지방자치정부의 역량도 제고시키게 된다. 여기서 지방정부의 자치역량이란 주민직선에 의해 선출되고 구성된 지방자치단체의 기관(의결기관과 집행기관 : 지방정부)이 스스로의 힘으로 당해 지역의 공공문제를 해결하고 발전을 관리해 나갈 수 있는 능력을 의미한다. 국가를 통치하는 기관을 중앙정부라고 하면 지방자치단체를 통치하는 기관은 지방정부이다. 중앙정부가 국가를 효율적으로 경영하고 발전시켜 나가야 하는 것처럼, 지방정부 역시 지방자치단체를 효율적으로 경영하고 발전시켜 나가야 한다. 특히 오늘날과 같은 글로벌 사회의 치열한 경쟁환경 속에서는 지방정부의 자율과 자치역량은 아무리 강조해도 지나치지 않을 정도다.

그러나 어느 나라의 지방정부든 당해 지역의 문제를 완전히 스스로의 힘으로만 처리해 나갈 수 있는 지방정부는 없다. 그것은 현대국가의 특성상 어느 나라에서도 지방정부가 중앙정부의 통제나 간섭으로부터 완전히 자유로울 수는 없기 때문이다. 그럼에도 불구하고 21세기 지구촌 사회의 새로운 국가발전 패러다임은 중앙정부의 통제가 국방·외교·경제분야를 제외하면 거의 제로에 가까운 정도로 지방정부의 자율과 자치를 강조하고 있다. 그것은 21세기 지구촌 사회는 그동안 지탱해 왔던 지방에 대한 중앙정부의 통제패러다임을 전적으로 재구성하지 않을 수 없을 만큼 대변화가 야기되고 있기 때문이다. 그리고 그 주요한 이유가 대부분의 국가들이 21세기적 신성장동력을 지방으로부터 찾지 않을 수 없기 때문이다.

분권화와 자치발전, 그리고 이를 통한 지역발전과 지방화는 결국 지방의 자치역량을 강화시킨다. 자치역량이 강화된 지방정부는 그 자체가 국가발전을 촉진시키는 새로운 성장동력으로 기능하거나 아니면 신성장동력을 창출해 낼 수 있다. 그렇게 함으로써 국경의 장벽이 서서히 무너지고 만인의 만인에 대한 경쟁, 지방의 지방에 대한 경쟁이 치열해지는 21세기 지구촌 사회에서 성공적으로 생존할 수 있을 것이다.

2) 지방자치역량의 제고

역량(力量)이란 "어떤 일을 해 낼 수 있는 힘이나 기량"을 의미한다. 지방자치역량이란 지방정부의 자치역량을 말한다. 따라서 지방정부의 자치역량이란 지방정부가 지방자치단체의 목적을 구현해 낼 수 있는 힘과 기량을 의미한다. 그러나 실제 지방정부의 자치역량은 이렇게 간단하게만 표현 할 수 없을 정도로 그 내용을 들여다보면 복잡하고 심오하다. 우선 지방정부는 지방자치제도라는 제도적 목적과 가치를 추구해야 하고, 동 제도에 의해 만들어진 지방자치단체의 목적과 가치도 구현해야 한다. 특히 일정한 지역과 그 지역주민들의 민주적인 삶과 복지를 증진시켜야 하는 것도 지방정부의 주요 과제이다. 이처럼 지방정부가 추진해야 할 목표와 과제들은 지속적으로 늘어나고 있다. 따라서 지방정부의 자치역량이란 "지방정부가 구현해야 할 목표와 과제들을 스스로 처리하고 달성할 수 있는 힘과 능력"으로 규정할 수 있다.

요컨대 지방정부는 지방자치제도가 추구하는 자유와 민주라는 정치적 이념을 지역사회와 주민들에게 정착시켜 나가야 하고, 지역의 공공사무를 주민들의 자율과 자치에 기반을 두고 스스로 해결해 나가야 하며, 주민들의 의사와 책임 하에 지역을 발전시키고 주민들의 복리를 증진시켜야 한다. 지방정부의 자치역량이란 바로 이러한 제반 공공업무를 추진하고 해결해 나가는 지방정부의 힘과 능력이다.

그렇다면 어떻게 하면 지방정부가 이러한 막중한 일들을 스스로 해결해 나갈 수 있는 역량을 갖출 수 있겠는가 하는 것이다. 사실 모든 것은 사람이 하는 일이기 때문에 능력있는 사람을 지방정부에 배치하거나, 지방정부 구성원들의 인적 역량을 제고시키면 될 것이라고 생각할 수 있다. 그러면 어떻게 하면 사람의 능력을 제고시킬 수 있을 것인가 하는 문제가 다시 뒤따르게 된다. 이처럼 역량은 역량 그 자체를 구성하는 구성요소와 그것에 긍정적이든 부정적이든 영향을 미치는 요소로 나누어 파악해야 하기 때문에 역량제고문제는 그리 간단하지 않다는 것이다.

따라서 우선은 지방정부라는 것을 어떻게 파악하고 인식해야 할 것이며, 그것의 역량을 어떻게 규정할 것인가를 검토해 보아야 할 필요가 있다. 이러한 관점에서 보면 지방정부란 지방자치단체가 처한 환경과 상호 작용하는 하나의 유기체로 볼 수 있고, 지방정부를 유기체로 파악할 때, 지방정부의 역량은 지방통치체제의 역량으로 파악할 수 있다. 이렇게 지방정부를 하나의 체제로 파악할 경우, 그것은 다시 구조적 측면과 기능적 측면으로 나누어 파악할 수 있다. 그리하여 지방정부의 역량은 지역통치체제의 구조적 역량과 기능적 역량으로 나누어 파악할 수 있게 된다.

그러나 지방정부는 환경과 상호 작용하는 유기체이기 때문에 체제 내부의 문제만 아니라 체제외부에서 체제와 상호 작용하는 환경을 외면할 수 없게 된다. 따라서 체제의 내부적 측면과 외부적 측면도 함께 고려해야 한다. 이러한 지방정부에 대한 다양한 측면의 인식을 정리하면 첫째 지방정부의 내부적 측면과 외부적 측면으로 분류하여 인식하고, 그 각각은 다시 구조적 측면과 기능적 측면으로 나누어 파악할 수 있게 된다. 이러한 내용을 그림과 표로 나타내면 아래와 같다.

〈표 1-1〉 지방정부 역량분류의 매트릭스

	내부적 측면	외부적 요소
구조적 측면	내부구조적 측면의 자치역량	외부구조적 측면의 자치역량
기능적 측면	내부기능적 측면의 자치역량	외부기능적 측면의 자치역량

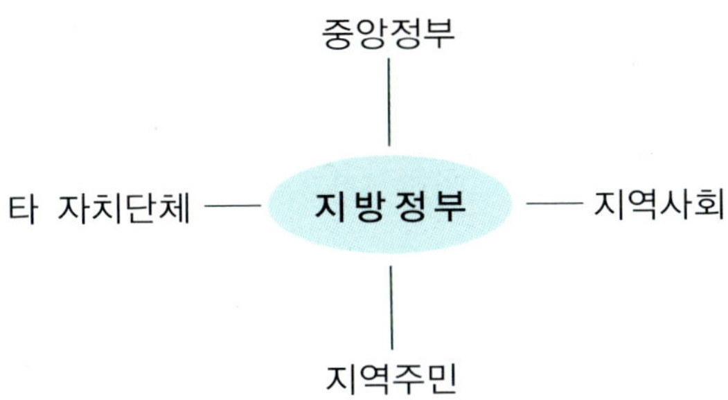

〈그림 1-1〉 지방정부의 외부환경

이렇게 볼 때 지방정부의 자치역량은 지방정부의 내부와 외부를 막론하고 구조적인 측면과 기능적인 측면의 제반 요소들을 강화시켜 나가도록 하면 될 것이다. 그리하여 지방정부 내부적 요인(구조적 요인과 기능적 요인)으로서 지방정부의 역량을 좌우하는 제반요소와 지방정부 외부에서 지방정부의 역량을 좌우하게 되는 제반요인(구조적 요인과 기능적 요인)들을 찾아서 이들의 역량을 향상시켜 나갈 때 지방정부의 자치역량은 제고 될 것이다.

이들에 관한 자세한 내용은 장을 바꾸어 검토하기로 한다.

3. 지역발전과 국가경쟁력의 향상

1) 경쟁력의 의미와 요소

세계화와 국가경쟁력이라는 주제를 놓고 진행되어왔던 다양한 연구와 토론을 통해서도 국가경쟁력이 무엇인가에 대해서는 거의 언급을 회피하고 있다. 물론 그것을 한 마디로 정의하기가 쉽지 않기 때문일 수도 있다. 그러나 현실적으로 국가경쟁력 지표라는 스위스 국제경영개발연구소의 IMD보고서는 매년 발표되고 있고, 이러한 보고서를 통해 세계의 주요 국가들의 경쟁력은 매년 바뀌고 있다. 따라서 국가경쟁력의 개념은 분명 현실적인 개념이며 따라서 불완전할지 모르나 당장 규정되어야 할 필요성이 높다. 우선 경쟁력이란 "둘 이상의 경쟁주체들 간에 특정한 조건을 놓고, 겨루어 이길 수 있는 능력(힘)"을 의미한다. 그리고 국가의 경쟁력이란 "국가 간의 경쟁에서 이길 수 있는 능력"을 의미한다. 이것은 지구촌사회의 무수히 많은 경쟁상태와 조건들 중에서 자국의 경쟁력이 높은 부분이나 영역을 넓혀나감으로써 가능하게 된다. 그리하여 국가경쟁력의 향상이란 정치·경제·사회·문화의 영역별 경쟁력 증대는 물론 개인과 집단, 기업과 지방자치단체의 국제적 경쟁력을 강화시킴으로써 다른 국가들에 대한 총체적 경쟁력을 강화시키는 것을 말한다.

스위스의 IMD에서 매년 발표하는 세계경쟁력보고서에 의하면[5] 국가의 경쟁력은 i) 국내경쟁력, ii) 국제화 수준, iii) 금융부문의 경쟁력, iv) 사회간접자본의 수준, v) 기업경영의 수준, vi) 과학기술의 발달수준, vii) 인력 viii) 정부의 경쟁력, ix) 경제에 대한 정부관여정도, x) 규제 및 입법환경, xi) 경쟁환경의 성질, xii) 화폐 및 재정정책, xiii) 정치사회적 안정성 등을 국가경쟁력 평가의 주요지표로 삼고 있다[6]. 종합적으로 보면 국가경쟁력이란 국

---

5) 이 보고서는 스위스의 비영리단체인 International Institute Management Development (IMD)와 World Economic Forum (WEF)이 공동으로 1980년부터 매년 발행하고 있으며, 1993년까지는 선진국과 신흥공업국을 구분하여 순위를 결정했으나 1994년부터는 구별 없이 하나로 묶어 순위를 정했다.

6) 국가경쟁력의 개념은 주로 경제적 측면에서 논의되어 왔다. 경제적인 측면에서의 국가경쟁력이란 "생산제품, 과학기술의 질적 우수성, 국민들의 생활수준을 지속적으로 높은 수준으로 유지하면서 제품과 서비스를 국제시장의 수준에 맞게 생산할 수 있는 능력이나 사회내의 제반 경쟁력 총합이라고 보고 있다. 삼성경제연구소는 국가경쟁력을 "한 나라가 가지고 있으면서 동원 가능한 각종인적, 물적 자원과 이를

가의 여러 가지 구성요소들(인적, 지리적, 군사적, 경제적, 정치적, 과학기술적 역량과 능력 등)이 총체적으로 결집된 힘이라고 할 수 있으며, 이를 다시 물적 기반, 정신적 기반, 그리고 운용력 등으로 분류할 수 있다(김판석, 1994 : 1530-1533).

따라서 국가경쟁력제고를 위해서는 국가경쟁력을 구성하는 제반 요소 각각의 경쟁력을 제고시켜 한 나라의 총체적 경쟁력을 높여나가는 것이라고 할 수 있다. 특히 매년 세계를 대상으로 발표되는 국제적 연구기관인 IMD의 기준에 따라 각 구성요소의 경쟁력 제고를 위한 노력을 강구하는 일이 시급한 과제라 할 것이다. 그런데 IMD보고서에 나타난 한국의 국가경쟁력은 특히 정부부문의 경쟁력 저하가 다른 부분의 경쟁력을 잠식하고 있음을 알 수 있다. 따라서 현 시점에서 한국의 국가경쟁력 제고를 위한 시급한 수단은 정부부문의 문제점을 개선함으로써 경쟁력을 향상시켜 나가야 할 것이다.

정부부문의 경쟁력 약화는 무엇보다도 변화에 둔감한 중앙정부관료들의 변화에 대한 저항적 태도가 가장 큰 이유라고 할 수 있다. 앞서가는 많은 나라들은 개방화와 분권화를 추진하고 있고, 이를 통한 세방화와 지세화를 도모하고 있다. 그것이 국가경쟁력을 좌우하는 주요 지표들이 되고 있기 때문이다. 그러나 우리나라 중앙정부의 관료들은 이러한 세계적 변화에 강력하게 저항함으로써 중앙집권을 고집하고 있다. 지방자치제도가 실시된 지 20여년이 지났지만 기형적인 자치제도는 개선되지 않고 있다. 이처럼 중앙집권적 체제 속에서 벗어나지 못하고 있는 우리나라가 세계적인 경쟁력을 잃어가고 있는 것은 너무나 당연하다. 따라서 우리나라의 국가경쟁력향상은 무엇보다도 중앙집권화되어 있는 국가시스템을 지방분권적으로 변화시키는 것이며, 그 다음은 분권화와 지방화를 통해 지역사회의 발전과 지방정부의 자율적 자치역량을 제고시키는 일이다[7].

바탕으로 정부, 기업, 국민이 개별적으로 혹은 삼위일체가 되어 만들어 내는 창출요소로서 국가경영력, 산업경쟁력, 사회문화력으로 구성되는 국가의 총체적 잠재력"이라고 정의하고 있다(삼성경제연구소, 「21세기를 향한 한국의 국가경쟁력」, 1994).

7) 요컨대 과거에도 그랬듯이 앞으로도 국가경쟁력을 제고시키는 가장 핵심 요인은 사람이며, 사람이 성장동력의 핵이다. 모든 분야에 종사하는 사람들이 그 분야의 경쟁력을 좌우하는 핵심적 요인이기 때문이다. 사람이 이만큼 소중함에도 불구하고 우리나라는 중앙정부나 지방정부에 근무할 인재를 바르게 선발하지도 못하고, 그들에 대한 교육훈련도 제대로 시키지 못하고 있다. 이미 변화와 혁신 그리고 창조가 사회의 키워드가 된지 오래되었지만 아직도 우리정부는 수십여년 전에 만든 낡은 공무원제도를 고수하고 있다. 대학에서 석·박사학위를 받은 많은 인재들이 끊임없이 배출되고 있지만 정부는 오직 암기위주의 시험만 고집하고 있다. 국가를 관리하는 중앙정부 공직자들의 경직된 의식과 태도가 지방과 국가발전을 지체시키고 있다.

2) 지역발전과 국가경쟁력

세계화는 불가피하게 지방화를 요구하고 있고, 지방화는 본질적으로 분권화를 요건으로 한다. 지구촌사회를 지배하고 있는 세계화현상의 핵심적 내용은 모든 나라들이 상호간에는 개방화하고 지방에 대해서는 분권화 하자는 것이다. 즉 국경을 개방하고 세계의 모든 지방이 자유로이 경쟁할 수 있도록 하자는 것이다. 따라서 세방화든 지세화든 지방이 발전되고 지방이 경쟁력을 가지기 위해서는 우선 국경과 문화를 개방하고, 지방의 자율과 자치권이 충분히 확보될 수 있도록 분권해야 하는 것이다. 때문에 지방화와 분권화는 동질의 개념으로 이해되어야 한다. 물론 지방화는 분권화를 토대로 지방의 정치, 경제, 사회, 문화적 역량을 발전시켜 나간다는 의미를 내포하고 있어 분권화를 능가하는 개념이다. 그러나 분권화 없이는 지방화도 불가능하다는 관점에서 보면 양자는 동전의 앞뒷면과 같은 것으로 이해될 수 있다. 지방화는 지방정부가 독자적으로 지역발전정책을 추진할 수 있을 만큼 권한이 충분히 확보되어야 하고(분권화), 그것을 통해 자기지역의 고유한 특성을 개발할 수 있어야 한다(특성화). 특히 분권화는 지방의 민주화와 경제사회의 발전을 가속화시키는 촉매적 역할을 하며, 성공적인 분권화를 위해서는 중앙정부의 강력한 지원과 노력이 뒤따라야 한다. 그리고 중앙정부는 이러한 지방정부의 정책추진을 적극 지원하고 협조함으로써 성공적인 결과를 촉진시켜 나가야 한다. 이처럼 지방분권을 통해 지방정부가 충분한 자율 및 자치권을 확보하게 되고 자치역량을 제고시키게 되면, 지방정부는 이를 통해 지역개발 및 경제발전을 위한 독자적인 지역발전정책을 성공적으로 추진할 수 있게 된다. 이 경우 지방정부의 정책개발은 중앙정부와 같이 전국적·획일적으로 이루어지는 것이 아니고, 자기지역의 고유한 특성을 개발함으로써 세계적인 경쟁력을 갖는 것이어야 한다. 그 결과 전국의 지방자치단체들이 각자 지역의 고유한 특성을 개발하게 되면 이것은 궁극적으로 국가발전의 토대가 되는 것이다. 여기서 특성화 즉 지역특성의 개발이란 지역의 지정학적, 전통문화적 관점에서 자기지역만이 가진 고유한 특성을 개발함으로써 경제적 가치를 증대시키는 것을 의미한다. 예컨대 산과 들을 이용한 자원개발, 강이나 하천 그리고 바다를 배경으로 한 지역개발, 지역의 전통이나 문화적 자원을 이용한 관광개발, 지역산업을 활용한 축제개발 등이 그것이다. 우리나라의 경우 안동시의 국제탈춤페스티벌축제, 보령시의 머드축제, 청도군의 소싸움대회, 부산시의 국제영화제, 여수의 국제해양박람회유치, 포항시의 불빛축제, 함평군의 나비축제 등은 지역특성을 이용한 지역발전정책이라고 할 수 있을 것이다. 이처럼 지역의 발전은 자기지역의 고유한 특성을 개발하여 특화시킴으로써 이를 세계에 내놓을 수 있는 지세화 정책으로 이어져야 할 것이다.

요컨대 미래사회의 국가경쟁력은 지방과 지역을 통해 추구해야 하고 그 핵심적 요소도 지방에서 찾아야 한다. 그리고 "가장 지방적인 것이 가장 세계적인 것"이라는 말도 그러한 의미에서 인식되어야 한다. 중앙정부 중심의 독선적 국가발전정책이 결과적으로 기능적·지역적 불균형을 초래했을 뿐 아니라 계층간·영역간 갈등은 물론 중앙과 지방이라는 정부간 갈등까지 유발시켜 그 한계를 드러낸 지 이미 오래다. 더구나 앞으로의 사회는 선진국중심의 기술과 기능위주의 제품에서 지역중심의 문화와 사람위주의 제품으로 바뀌고 있다. 때문에 21세기 세계화시대의 국가경쟁력은 문화와 지역발전정책을 통해 추진해 나가야 한다. 그리하여 중앙정부는 지방분권을 통해 지방정부의 역량을 강화시키고 이를 통해 지역의 발전을 도모함으로써 지방을 통한 국가경쟁력을 강화시켜야 한다. 그리하여 궁극적으로는 무한한 가능성을 가지고 있으면서도 잠자고 있는 지방과 지역사회의 자원을 개발하고 그 가치를 극대화시킴으로써 국가경쟁력을 강화시켜 나가야 된다. 이렇게 볼 때 앞으로는 지방과 지역사회가 그 국가의 미래경쟁력임을 이해할 수 있다. 결국 중앙정부는 과감한 지방분권과 지방정부에 대한 적극적인 지원과 협력을 강화시킴으로써 지방정부의 종합적인 자치역량을 제고시켜야 한다. 그리고 이러한 노력을 통해 전국의 지역사회를 각각 차별화시키고, 특성화시켜 나가도록 정책을 획기적으로 변화시켜 나가야 한다. 이렇게 되면 바로 이러한 특성화와 차별화된 지역의 발전을 통해 전체적 국가경쟁력을 제고시킬 수 있기 때문이다.

Ⅲ. 지방정부의 자치역량제고와 역량요소

1. 지방정부의 자치역량제고에 관한 논의와 연구

지방자치제도가 실시된 이후 지역발전에 대한 주민들의 기대수준은 높아가고 있지만, 지역발전의 현실은 이러한 기대에 크게 미치지 못하고 있다. 지방자치제도를 실시한지 20여년이 경과했지만 중앙과 지방간의 격차나 지역간 불균형의 정도는 오히려 점차 심해지고 있다. 우리나라의 지역발전이 이렇게 낙후되고 불균형적인 이유는 무엇보다도 중앙집권적 국가통치시스템에 그 주된 원인이 있다. 이미 선진제국에서는 다양화와 다원화, 혁신과 창조의 시대로 접어든지 오래되었지만 우리의 경우 아직도 강력한 중앙집권체제 속에서 전국의 지방이 중앙정부의 엄격한 감독과 감시 하에서 자율과 자치를 통제받고 있다. 중앙정부는 구호로는 분권과 지역발전을 외치지만 실제로는 획일적 기준으로 모든 지방과 지역사회를 통제하고 있다.

이처럼 한국의 경우, 중앙정치·행정의 낙후와 집권적 태도로 총체적인 국가발전과 지역발전의 동력을 사장시키고 있다. 따라서 한국의 중앙정부는 당장 지구촌 사회의 세계화 현상에 적극 참여하고 대처함으로써 국가선진화를 위한 정책적 노력을 경주해 나가야 한다. 특히 중앙정부는 지방분권과 자치발전을 통한 지역사회의 동력을 발전시켜나가야 한다. 지방과 지역사회의 형편은 나라에 따라 모두 다르다. 각기 다른 여건을 가진 지방자치단체들은 각각 다른 기준과 잣대로 평가해야 한다. 때문에 각각의 지역은 자기 나름의 방식과 수단대로 발전되어야 하고, 그렇게 되어야만 지역마다 각기 다른 특성과 성장동력을 개발할 수 있다.

지방정부의 자치역량이 강조되고 있는 것은 바로 이처럼 지역마다 다를 수밖에 없는 지역발전의 속성 때문이다. 이러한 속성 때문에 지방자치의 활성화는 결국 이러한 지역적 차별화의 이점을 어떻게 그리고 어느 정도까지 활용할 수 있느냐 하는 것과 직결되어 있다. 그리고 지역을 차별화시키기 위해서는 그것에 필요한 각 지방정부의 특성화된 역량이 뒷받침되어야 하고 그러한 역량이 발휘되기 위해서는 지방의 자율권과 자치권을 강화시켜야 한다. 지방의 문제는 지방에서 해결되어야 하고 지방의 미래는 지방 스스로 계획하고 도모할 수 있어야 한다. 따라서 지방정부의 역량은 소극적으로는 문제해결능력이지만 적극적으로는 지역발전의 방향을 정하고 전략과 속도를 선택·조절할 수 있는 지방정부의 자율적 발전관리역량이라고 할 수 있다. 지금 지구촌 사회에서는 세계화와 지방화가 동시에 진행되고 있고, 세계화와 지방화는 다시 세방화와 지세화라는 새로운 현상을 야기시키고 있다. 앞으로의 변화가 어떠한 방향으로 진행되어가던 가장 중요한 것은 모든 지방이 자기지역의 문제를 스스로 관리해 나갈 수 있는 자율과 자치권을 가져야 한다는 것이며, 나아가 이러한 권한에 상응하는 자율과 자치역량을 가질 수 있어야 한다는 것이다.

그러나 우리의 경우, 말이나 글로는 지방자치와 지역발전의 중요성을 강조하면서도 실제로 이를 위한 제도나 규정의 변경을 위한 노력은 어느 누구도 앞장서지 않는다. 지방자치제도가 실시된 지난 20여년 동안 중앙정부의 고위공직자들은 오히려 기득권을 고수하기 위해 갖은 수단과 방법을 동원해 왔다. 따라서 지방분권과 지방자치는 학술세미나와 관제세미나 등에서 전시홍보용으로만 활용되어 왔거나 학자들의 연구논문으로만 발표되어 왔을 뿐, 행정부나 국회에서 제도개선을 위한 실질적인 노력은 없었다고 해도 과언이 아닐 정도다. 그럼에도 불구하고 그간 우리나라에서 지방정부의 자치역량과 관련된 연구활동이 없었다는 것은 아니다. 다음에서는 그 동안 국내·외에서 연구되어 온 지방정부의 자치역량과 관련된 연구들을 간략히 검토해 보기로 한다.

2. 지방정부 자치역량의 개념과 요소에 관한 연구내용

1) 지방정부의 의의

이미 앞에서도 밝힌 바와 같이 지방정부란 지방자치단체를 통치하는 기관을 의미하며, 우리나라의 경우 지방자치단체장을 중심으로 하는 집행기관과 주민의 대표로 구성되는 지방의회라는 의결기관의 두 개 기관으로 구성된다. 즉 지방자치단체의 의결기관과 집행기관이라는 두 개의 기관을 지방정부라고 한다. 물론 지방자치법에서는 이를 지방자치단체의 기관으로 규정함으로써 법상 용어는 지방자치단체의 기관이지만 학술용어 내지 일반용어로는 이를 지방정부라고 한다.

정부란 「국가를 통치하는 기관」으로 입법부와, 행정부 그리고 사법부라는 3개의 기관이 3권으로 분립, 상호 견제와 균형을 통해 국가발전을 담당해 나간다. 우리나라 헌법에서는 이 3개의 기관을 정부, 국회, 법원으로 규정하고 있지만 이것은 정부라는 개념을 정확하게 이해하지 못한 헌법학자들의 잘못이다. 향후 헌법개정 시에는 분명히 정부를 행정부로, 국회를 입법부로, 법원을 사법부로 수정하여, 정부의 3권 분립체계를 헌법에 명확하게 규정해야 할 것이다.

이처럼 국가를 통치하는 기관으로서의 정부(중앙정부)개념을 통해 지방자치단체를 통치하는 정부(지방정부)의 개념도 규정되어야 한다. 따라서 지방자치법에 지방자치단체를 통치하는 기관을 지방정부로 규정하지 않고, 지방자치단체의 기관이라고 규정하고 있는 것도 앞으로 개정되어야 한다. 나아가 지방자치단체를 통치하는 기관, 즉 지방정부에도 민주정부의 기본 3권이 보장되도록 해야 한다. 우리나라의 경우 아직은 지방자치단체에 입법권과 행정권만 부여하고 있지만 앞으로는 일정범위 내에서 사법권도 보장해야 한다. 지역주민사회에서 야기되는 생활관련 분쟁이나 사건들은 그 지역의 사정을 가장 잘 아는 지역 내의 분쟁조정기관이나 지역사법기관에서 처리하는 것이 정의에 합치되기 때문이다. 특히 앞으로 점차 늘어나게 될 법조전문인력들을 지방정부가 흡수하여 지역주민들에게도 법률서비스를 제고시킬 필요가 있기 때문이다.

2) 지방정부의 자치역량 개념과 연구경향

자치역량이란 "스스로 어떤 일을 감당해 낼 수 있는 능력"이다. 물론 엄격한 의미에서 역량의 개념과 능력의 개념은 같지 아니할 수도 있다. 즉 능력이란 "어떤 일을 해낼 수 있는 힘이나 자격"을 의미하고, 역량이란 "어떤 일을 해낼 수 있는 힘이나 기량"을 의미한다. 이렇게 볼 때 어떤 일을 해낼 수 있는 힘이라는 관점에서는 능력이나 역량이 동일하지만 능력의 경우 그러한 힘을 갖게 하는 자격을 가지게 하는 의미를 더 내포하고 있지만, 역량의 경우 그러한 힘을 가지도록 기량을 키우는 의미를 더 내포하고 있다고 볼 수 있다. 그런데 여기서 우리가 검토하고자 하는 지방정부의 자치역량이란 "스스로의 권한이나 기량으로 어떤 일을 해 낼 수 있는 힘"을 의미한다고 보아야 한다. 따라서 지방정부의 자치역량에 관한 능력과 역량의 의미를 모두 함께 내포하고 있는 넓은 의미의 역량개념으로 파악해야 할 것이다.

물론 그동안 학계에서는 역량이 무엇을 의미하는가에 대해 학문분야에 따라 다양하게 정의되어 왔다. 우선 외국학자의 경우 McClelland(1973)는 "성공의 원인이 되는 개인의 내적 특징"으로 규정했으며, Mirabile(1997)는 "우수 성과자와 보통 성과자를 구별해 주는 지식, 기술, 능력, 기타 특성"으로 파악하였다. 그리고 Spencer 등(1993)은 "성과의 원인이 되는 개인의 내적인 특성"으로 규정했고, Prahalad & Hamel(1990)은 "조직 내 경쟁전략의 구성요소"라고 정의했으며, Sparrow(1996)는 역량의 개념을 조직역량, 관리역량, 개인역량 등의 세 가지 유형으로 구분하였다.

국내학자들의 경우, 최봉기 외(1993, 2007)는 "지방자치의 이념 및 제도를 스스로 실현하고 정착시킬 수 있는 지방정부의 능력"이라고 정의함으로써 능력과 같은 의미로 규정했고, 김병국·권오철(1999)은 "정책이나 프로그램을 수행하는데 요구되는 조직차원에서의 능력과 의지를 내포하는 역동적 개념"으로 파악하였다. 그리고 박우성(2002)은 "경쟁력을 확보해 줄 수 있는 원천이면서, 우수한 성과를 내도록 하는 개인의 행태"로 보았고, 최영출(2003)은 "영어의 Capacity를 역량으로 보고, 효과적이면서 효율적으로 기능할 수 있는

〈표 1-2〉 지방정부 역량강화의 주요내용요약

구 분	내 용
역량강화의 쟁점	– 역량강화의 중요성 및 요구에 대한 인식 – 역량강화 방법 및 외적요소의 역할 – 역량강화 수단의 촉진 요인 – 역량강화의 기획, 관리, 평가
역량강화의 범위	– 역량강화의 범위는 역량강화의 단계와 유사 내지 일치 – 개인수준, 조직수준, 시스템 수준(지방정부의 구조화 와 지역사회)
역량강화의 원칙	– 역량강화의 범위는 역량강화의 단계와 일반적으로 일치하고 있음 – 역량강화의 원칙 : 개인, 조직, 시스템 수준(지방정부의 구조화와 지역사회) – 다차원적 측면 고려 : 단기, 중기, 장기의 단계적인 차이에 따른 계획의 구비 – 다양한 이해관계자들에 대한 고려 : 중앙정부, 지방정부, 민간 및 지역사회 – 수요에 맞는 역량강화 전략의 구체화 : 수요형성시 투명성과 책임성 확보 – 민간영역의 잠재력을 충분히 발휘할 수 있는 시스템 형성
역량강화의 주요사항	– 조직관리 운영의 지식과 정보 – 개방형 관리 및 현대적 관리체제 구축 – 참여적 정책환경 개선 – social capital 형성과 관리 – human capital 형성과 관리 – 지역경제 발전지원 – 정치적 분할 구조의 극복 – 행정서비스의 기술적 지원 및 고객 서비스 개선 – 로컬거버넌스 : 중앙 및 지방정부간 네트워킹 강화, 지역사회 네트워크 강화

자료 : UNDESA, 2000; GTZ, 2003; ODPM, 2003; USAID, 2003,
배정환·최호택(2005)에서 재인용.

능력을 강화시켜주기 위한 활동"으로 규정하였고, 이종수(2004)는 "혁신에 영향을 미칠 수 있는 요인"으로 규정하였다. 그리고 소진광(2005)은 지방정부의 자치역량을 내부적 역량과 외부적 역량으로 구분하고 내부적 자치역량의 개념을 "주민복리, 삶의 질과 같은 지역사회 공동의 가치를 실현하고, 지역자원을 동원하며 조직을 효율적으로 운영하는 능력"으로 정의하였다. 끝으로 배정환·최호택(2005)은 지방정부의 역량강화를 위해서 고려되어야 할 주요 사항들에 관한 외국의 연구내용을 정리하고 있다.

3) 역량 개념의 변화와 혁신역량

역량에 대한 개념은 학문분야별·연구자별·연구수행시기별로 다양하게 나타나고 있다. 이들 여러 학자들의 역량개념의 구조를 정리해 보면 우선 역량이란 행위자의 내적 특성과 관련되어 있다는 점, 그리고 역량의 개념적 범위가 점차 확대되고 있다는 점, 또한 역량은 혁신의 필수조건이라는 점 등의 세 가지 특징을 지니고 있다고 볼 수 있다. 이들 3가지로 정리된 역량개념의 구조를 좀 더 구체적으로 검토하면 다음과 같다.

첫째 역량개념은 조직 내 개인적 행위자의 내적 특성에서부터 파악되기 시작한다. 대개의 역량연구들은 공통적으로 조직내 행위자의 역량에 초점을 두고 있다. 여기서의 역량(competence)은 용량적 의미의 행위능력을 말하는 능력(capacity)과 잠재적 행위능력(capability)을 총칭하는 개념으로 파악할 수 있다. 둘째 역량은 그것에 대한 개념적 범위가 점차 확대되고 있다는 점이다. 초기의 역량연구는 주로 행위자의 역량에만 초점을 맞추어 이루어져 왔다. 그러나 조직의 구조적 요인 또는 역량에 영향을 미치는 영향요인에 관한 연구 등으로 그 범위가 확대되고 있다. 즉 초기에는 역량을 협의로 파악하여 개인의 내적인 특징과 관련된 역량에만 초점을 두고 연구되었으나 최근에는 조직내 행위자의 역량과 조직구조적 역량을 포함하는 역량개념으로 연구되고 있다. 여기서 조직구조적 역량이란 조직구조, 정치행정, 사회문화 등 행위자의 역량에 영향을 미치는 외부적 요소를 말한다. 이렇게 볼 때 Sparrow(1996)와 김병국·권오철(1999), 박우성(2002), 이종수(2004) 등에서 연구된 조직의 내부역량과 외부역량의 구분은 분명히 많은 의미를 내포하고 있다. 셋째 역량은 개인이나 조직을 막론하고 혁신을 위한 필수조건이라는 것이다. 혁신이 역량강화만을 통해서 이루어지는 것은 아니지만 역량은 혁신을 가져오는 첫걸음이다. 즉, 아무리 좋은 혁신내용이나 그것을 이루기 위한 방법이 있다 하더라도 그것을 수행할 역량이 부족하다면 그 혁신방안은 현실화될 수 없기 때문이다. 즉 혁신을 만드는 것도 역량이고, 그것을 현실로 실현시키는 것도 역량이 있어야 가능하다는 것이다. 이렇게 볼 때 혁신역량이란 "혁신주체들의 혁신성향과 조직 내·외부의 자원, 인력, 구조, 지식, 정보, 재정, 의지(will), 노력 등을 통합하고, 새로운 자원들을 창출해낼 수 있는 능력(resource creating capability)"이라고 정의할 수 있다.[8)]

---

8) 이러한 개념은 아무리 훌륭한 인력과 많은 자금, 지식, 노력 등이 있어도 그것을 효과적으로 조직할 수 있는 혁신역량이 없다면 혁신 주체들의 경쟁우위 확보는 어려울 것이고, 혁신역량이 있으면 초기에 자원

4) 지방정부의 자치역량과 역량요소에 관한 연구 경향

(1) 자치역량에 관한 연구경향

지방정부의 자치역량에 관한 연구는 지방정부의 외부환경, 즉 국가운영체계상에서 지방자치단체에게 허용된 권한과 역할에 초점을 두고 있는 것과 지방자치단체에게 주어진 권한과 역할을 활용하여 지방정부 스스로 지역자원을 동원하고 관리할 수 있는 내부능력에 초점을 두고 있는 것들로 구분될 수 있다(소진광, 2005). 지방정부의 외부환경에 관한 연구로는 강형기(2003), 전영평(2003), 최영출(2003), 오재일(2004), 김순은(2003, 2004) 등을 들 수 있다. 이들은 중앙정부와 지방정부간에 관계의 차별화 이점을 활용할 수 있도록 설정되어야 하고 '보충성의 원칙'에 기초한 조직운영방식이 지방정부의 역량을 강화할 수 있다고 주장한다.

지방정부의 내부역량에 초점을 둔 연구로는 김순양(2000), 이성진(2001), 소진광(2004), 이승종(2004), 이종수(2004), 임승빈·이승종(2005), 최봉기(2007) 등을 들 수 있다. 이들은 주로 지방정부의 조직혁신역량, 지역발전정책의 운용능력, 지방차원에서의 정책혁신, 혁신의 패턴과 혁신의 영향요인, 지방의정기능의 효율화 등을 다루고 있다.

그간 중앙집권적 가치기준으로 지방발전이 규정됨으로써 지방의 자율적 발전에 대한 한계와 폐단이 주장되어 왔다. 그리하여 정작 지방자치의 본질에 근거한 지역의 발전은 무시되어 왔다. 뿐만 아니라 산업사회에서 자원배분의 원칙으로 준용되어 왔던 규모의 경제, 효율성 등은 이미 세계화 사회, 지식정보사회의 자원배분원칙에는 거리가 멀어졌다. 따라서 지방정부의 내부역량은 스스로 할 일을 정의하고 지역발전이 방향과 수준을 구축하며, 이를 달성하기 위한 지역의 잠재력을 동원하는 능력을 의미한다.

(2) 일반적인 역량(요소)분석

지방정부의 자치역량요소는 다양하고 복잡하게 구성되어 있다. 따라서 그것을 어떠한 체계로 분류하여 파악해야 할 것인가에 대해서는 아직도 확립된 이론이 존재하지 않는다. 가장 일반적인 경향으로는 첫째 지방정부의 주요 인적 요소, 둘째 지역주민, 셋째 지역사회의

확보의 어려움이 있더라도 새로운 자원을 창출할 수 있는 능력을 가지고 있기 때문에 장기적으로 볼 때 경쟁우위를 확보할 수 있다는 가정 하에 설정한 것이다.

환경 등 3가지 요소들을 중심으로 파악하고 인식하는 것이었다.

첫째 자치단체장, 지방의회의원, 지방정부관료 등과 같이 공식적인 영향력을 가진 지방정부 정치엘리트를 중심으로 이들의 역량을 파악하고 강화시키는 방법이다. 이러한 정치엘리트들의 리더십이나 성향 내지 능력이 지방정부의 자치역량을 좌우한다고 보는 것이다.

둘째 지방정부의 역량에 중대한 영향을 미치는 것이 지방자치단체의 구성원인 주민의 역량으로 파악하는 것이다. 즉 지역주민들의 민주시민의식과 지방자치 참여행태 등 주민들의 역량이 지방정부의 자치역량에 중요한 요소가 된다고 파악하는 것이다. 특히 여기에서는 개개인의 주민 보다는 주민단체의 활동과 영향력을 더욱 중요하게 파악하며, 지역주민들로 구성된 시민단체의 활동과 영향력이 클수록 주민들의 역량이 높아질 것이라고 가정한다.

셋째 지방자치단체의 구조적 요인을 지방정부의 주요 자치역량요소로 제시하는 것이다. 즉 지방정부에 대한 정당의 영향력 지수, 중앙정부의 영향력 지수, 지방정부의 재정자립도, 지역의 산업구조, 인구구성비율 등 지방자치단체의 구조적 요인을 중심으로 지방정부의 자치역량요소를 파악하는 것이다. 이러한 연구에서는 정당의 영향력이나 중앙정부의 영향력이 낮고, 지방정부의 재정적 자주성이 높고, 젊고 교육정도가 높으며 경제적 여유가 있는 주민들이 많을수록 지방정부의 자치역량은 높을 것이라고 가정하고 있다. 그러나 지방정부의 자치역량요소나 역량강화방법에 관한 이상과 같은 연구경향은 사실 지방정부의 수많은 요소들 중에서도 극히 일부만을 역량요소로 파악하고 있다는 문제점을 지니고 있다. 즉 이러한 방식으로는 지방정부가 그 목적을 달성하기 위해 환경과 부단히 상호 작용하는 하나의 정치체제로서의 실체를 정확하게 파악할 수 없다는 것이다.

(3) 체계적인 역량요소의 파악방법

사실 지방정부의 역량을 강화시키는 요소들은 그것을 어떠한 관점에서 파악하느냐에 따라 다양하게 파악할 수 있다. 그 중에서도 가장 대표적인 것으로, i) 지방정부를 단순한 일반적인 조직으로 인식하는 분류방법, ii) 지방정부의 내부적 요인과 외부적 요인으로 분류하고 각각 인적 역량과 물적 역량으로 나누어 파악하는 방법, iii) 지방정부를 환경과 상호 작용하는 하나의 유기체 즉 정치체제로 인식하는 방법 등이 그것이다.

첫째는 지방정부를 단순한 조직으로 파악하고 역량요소를 조직 속의 개인을 중심으로 파악하거나 아니면 조직의 전략, 경쟁체제 등 조직구조를 중심으로 파악하는 방법이다. 그러나 지방정부의 역량요소를 개인의 능력에 한정시켜 검토하고 있는 것에는 동의하기 어렵다. 그것은 지방정부는 개인이 중요한 역할을 수행하는 것은 사실이지만 그것은 극히 일부에 한정되고, 대부분은 지방정부 내외로부터 주어지는 다양한 요소들이 지방정부역량의 중요한 부분을 규정하기 때문이다. 즉 내부적으로는 중앙정부와의 관계에서 주어지는 권한의 범위, 재정력의 규모 등이나 당해 지방정부의 원천적 지위 등과 지방정부 외부적요인, 즉 지역사회의 산업경제적 구조, 정치행정문화, 시민사회역량과 사회적 자본수준 등등은 조직구성원인 개인의 능력만으로 좌우할 수 있는 요소들이 아니기 때문이다.

둘째는 지방정부의 내외를 막론하고 지방정부가 기능하는 데 영향을 미치는 인적 자원과 물적 자원을 중심으로 역량요소를 파악하고 연구하는 방식이다.

셋째는 지방정부를 하나의 정치체제로 파악하여 체제의 내부적 요소와 외부적 요소로 나누어 파악하는 방법이다.

이상과 같은 세가지 방법 중에서 첫째의 경우, 지방정부의 역량을 조직구성원인 개인이나 개인의 행위에 영향을 미치는 요소들만을 중심으로 파악함으로써 지방정부가 갖는 다양한 역량요소와 중앙정부 및 지역사회와의 영향관계를 간과할 우려가 있다. 그리고 두 번째의 경우, 역량요소를 인적인 것과 물적인 것으로만 인식함으로써 거기에 포함되지 않는 다양한 요소들을 검토하지 못한다는 단점을 지니고 있다. 그러나 세번째 분류를 중심으로 할 경우, 첫 번째와 두 번째의 분류 내지 인식방식의 한계를 충분히 극복할 수 있게 된다.

이처럼 지방정부의 자치역량을 제고시키는 것은 우선 자치역량의 개념을 무엇으로 보아야 할 것인가 하는 문제와 함께 자치역량의 구성요소들을 무엇으로 규정하느냐 하는 선결요건들이 해결되어야만 한다.

제2장 지방정부의 기능과 자치역량요소의 분석

Ⅰ. 정치행정체제로서의 지방정부

1. 체제의 개념과 기능 및 역량

지방정부는 지방자치단체를 통치하는 기관이며, 지방자치단체의 목표달성을 위해 활동하는 유기체이다. 유기체는 이를 줄여서 흔히 체제라고 일컫는다. 그리고 체제란 "일정한 목표를 달성하기 위하여 상호 작용하는 두 개 이상의 구성요소(하위체제)들의 집합체" 라고 할 수 있다. 체제는 전체로서의 상위체제와 부분으로서의 하위체제로 구성된다. 뿐만 아니라 체제는 환경과 구별되는 경계를 가짐으로써 체제와 외부환경과의 구분을 밝힌다. 체제는 자기고유의 속성을 유지하려는 성향을 가지고 있기 때문에 이러한 속성유지에 혼란을 주는 이질적 요소가 들어오면 이것을 균형화시킴으로써 본래의 상태로 돌아가려고 하는 항상성(恒常性)을 지니고 있다. 그리고 체제의 변화나 성장은 체제요소의 어느 하나에 변화가 생기거나 새로운 이질적 요소가 투입될 때 일어난다.

이러한 체제는 자체 생존을 위해 기본적인 4가지 기능을 수행한다고 한다. 즉 파슨즈(T. Parsons)는 모든 체제는 첫째 환경 속에서 환경변화에 적응해야 하는 '적응기능'(adaptation function), 둘째 유·무형의 가치를 창출하는 '목표달성기능'(goal attainment function), 셋째 체제의 목표달성을 위해 하위체제의 활동을 조정하는 '통합기능'(integration function), 넷째 체제가 가지고 있는 가치체계를 보존하고 제도화 된 체제를 유지하려하는 '유형유지기능(pattern maintenance function)'이라는 4가지 기능을 수행한다고 하였다.

한편 알몬드(Almond)는 정치체제의 원활한 기능과 운영을 위해 필요한 체제의 역량을 6가지로 요약 제시하였다(G. Almond, 1956 :391-409). 첫째 환경으로부터 인적, 물적 자원을 추출할 수 있는 능력(추출능력 : extractive capability), 둘째 사회가 필요로 하는 제반가치를 사회에 분배할 수 있는 능력(배분능력 : distributive capability), 셋째 개인 및 집단의 행동과 관계를 규제하는 능력(규제능력 : regulative capability), 넷째 요구(투입)에 효과적으로 대응(산출)할 수 있는 능력(대응능력 : responsive capability), 다섯째 상징을 효과적으로 조작할 수 있는 능력(상징조작능력 : symbolic capability), 여섯째 국내외의 도전에 대응할 수 있는 능력(국내적·국제적 능력 : domestic and international capability) 등이 그것이다.

지방자치단체의 통치기구인 지방정부는 자신의 목적달성을 위하여 이상과 같은 여러 가지의 기능을 수행한다. 그리고 이러한 기능을 원만하게 잘 수행하기 위해서는 스스로의 노력으로 자치역량을 키워나갈 필요가 있다.

2. 정치행정적 체제로서의 지방정부

지방정부는 지방자치단체를 경영함으로써 지역사회를 발전시키고 지역주민들의 복지를 증진시키며 궁극적으로는 국가발전에 기여하는 정치·행정적 유기체이다. 이러한 체제를 통해 어떤 사물이나 현상을 분석하는 방법을 체제론적 접근법 내지 체제론적 연구방법이라고 한다. 본서에서도 지방정부를 하나의 정치·행정체제로 간주하고 체제적 관점에서 이를 연구하고자 한다. 즉 지방정부를 정치·행정적 유기체로 파악함으로써 체제적 관점에서 분석하고 발전을 위한 대안도 제시하고자 한다.

그러나 중앙정부를 정치체제로 간주하고 연구한 선행연구들과는 달리 지방정부를 정치체제로 보고 체제적 관점에서 연구한 내용들은 많지 않다. 그것은 그동안 지방정부라는 존재를 인정하기도 어려웠을 만큼 지방자치단체의 기관이 스스로 기능하지 못하고 중앙정부의 지시와 통제 하에 놓여있었기 때문이었다. 그러나 1991년 지방자치제도가 부활·실시된 이후 비록 한정된 범위 내에서지만 지방정부 스스로 문제를 해결하고 지역사회를 발전시킬 수 있게 되었다. 그리하여 지방정부도 독자적인 정책결정주체로서 주민의 요구와 주장을 받아들여 자원과 가치에 대한 합리적인 배분을 할 수 있게 되었고, 주민들은 점차 민주주의와 지방자치에 대한 의식이 성숙해 지면서 참여와 통제도 어느 정도 수준을 유지할 수 있게 되었다. 이와 함께 대외적으로 세계화와 지방화라는 범지구적 변화의 추세는 지방정부로 하여금 더욱 적극적인 역할을 요구함으로써 지역사회의 확고한 정치행정적 유기체로 기능하게 되었다.

그동안 정치행정현상을 체제적인 관점에서 분석할 수 있도록 이스턴(Easton)은 정치체제모형을 개발하였고, 알몬드(Almond)는 이를 더욱 구체적이고 생동적으로 발전시켰다. 그리고 샤칸스키(Sharkansky)는 이러한 정치체제모형을 더욱 발전시켜 행정의 기능 및 역할을 분석할 수 있는 모형으로 발전시켰다(Sharkansky, 1973 : 3-13, 39-40).

따라서 본서에서는 이들 선행연구들의 도움을 받아 지방정부를 지역사회에서 기능하는 정치행정적 유기체로 파악하고 체제의 관점에서 지방정부를 분석하고자 한다. 지방정부도 환경과 상호작용하는 체제와 같이 지역사회라는 환경과 상호작용함으로써 자신의 목표를 실현시키고 지역사회를 발전시켜 나간다. 즉 체제가 환경과 상호작용하면서 투입과 산출기능을 수행하는 것처럼 지방정부도 지역사회라는 환경으로부터 요구와 지지를 투입 받아 이를 정부 내의 의사결정과정을 거쳐 산출로 내보내는 기능을 수행한다. 그리고 한 시기의 산출은 지역사회를 변화시킴으로써 그 결과와 평가가 다음시기의 투입으로 바뀌는 환류과정을 거치게 된다. 이러한 체제로서의 지방정부의 외형적 구조를 보면 아래의 그림과 같다.

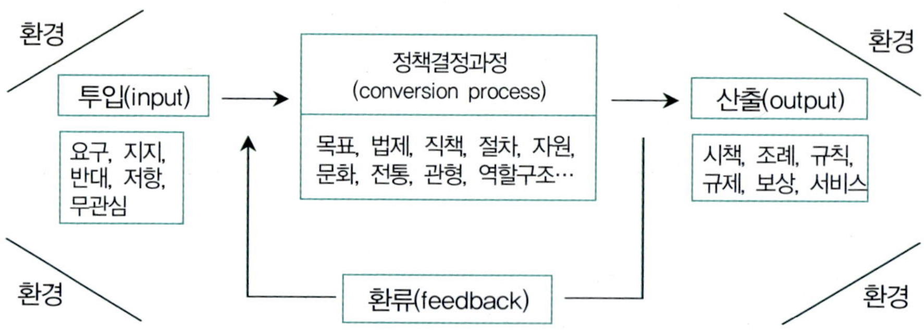

〈그림 1-2〉 체제로서 지방정부의 구조

그러나 지방정부의 내부적 구조는 사실 매우 복잡하고 다양하며 일률적으로 표현할 수 없지만 한국의 경우, 지방자치법령을 기준으로 하면 광역정부와 기초정부의 두 가지 구조로 간략하게 정리할 수도 있다.

3. 지방정부의 환경

일반적으로 환경이란 "어떤 유기체를 둘러싸고 있는 일체의 외부적 여건으로서 유기체와 상호 작용하는 자연적 내지 인문사회적 제반 조건들"을 의미한다. 여기서 자연적 조건이란 지형, 기후, 풍토, 강수량, 부존자원 등을 비롯한 제반 요소들을 의미하고, 인문·사회적 조건이란 역사와 문화 전통, 윤리와 규범을 비롯한 정치, 경제, 사회문화적 제반 요소들을 의미한다. 이렇게 볼 때 지방정부의 환경이란 지방정부를 둘러싸고 부단한 상호작용을 하고 있는 일체의 외부요소들을 말한다고 하겠다. 즉 지역주민, 지역자연환경, 지역경제구조와 산업환경, 지역전통과 지역문화, 지역정치와 언론 등을 의미한다.

그리하여 지방정부의 환경은 지방정부의 시스템에 대한 도전과 자극의 근원이 되기도 하며 동시에 응전과 반응의 대상이 되기도 한다. 현대에 들어와 산업발달과 과학기술의 비약적 발전 등으로 사회구조가 복잡·다원화됨에 따라 지방정부의 환경도 급격히 변화되어 가고 있다. 국내적 환경은 물론이며 글로벌사회의 환경까지 역사상 그 유래를 찾을 수 없을 만큼 격변하고 있다. 이처럼 현대사회의 환경은 변화가 극을 치닫는 소용돌이의 장이며, 그 속에는 정부에 대한 국민들의 요구가 폭발하듯 증가하고 있다. 이러한 환경 속에서는 사회(조직) 구성원들간의 상호작용에는 물론, 제도적·문화적 상호작용에 있어서도 끊임 없는 변화가 일어나게 되며, 이와 같은 상호작용의 복잡성과 변하는 생활의 안정성과 미래예측성을 어렵게 한다. 사회생활의 격변은 국민들의 불안을 가속화시키고 불편을 증대시켜 이것으로부터의 탈피를 요구하는 국민들의 요구가 증대된다. 그 결과 체제의 각종 부담은 더 없이 늘어나고 있다. 따라서 오늘날 지방정부는 자신이 처한 이와 같은 환경변화에 대해 어떻게 신축적으로 대응해 나가느냐 하는 데 그 운명이 달려 있다고 할 수 있다. 특히 국가발전의 중추적 역할을 담당하고 있는 중앙정부나 지방정부의 경우 세계화되어 가는 국제사회의 환경변화에 의해서도 많은 영향을 받게 된다. 다시말해 국내적 환경 못지 않게 국제적 환경이 국내정책과정에 많은 영향을 미친다는 점을 유의해야 한다. 미국의 통상정책변화나 WTO의 정책결정이 세계 모든 나라의 무역질서를 변화시키고 있는 현실을 감안할 때 국내정책결정에 대한 글로벌사회의 영향력은 점차 증대되고 있다고 보아야 한다. 따라서 정책체제의 모든 활동은 국내외 환경변화와 직접적으로 연관되어 있는 것이다.

4. 체제로서 지방정부의 기능과 영향요소

환경과 상호작용하는 유기체로서의 지방정부는 주민사회로부터 요구를 받아 이를 해결하거나 해결할 수 있는 대책을 만들어 내어야 한다. 이러한 지방자치단체의 기관은 의결기관이든 집행기관이든 소관업무를 추진하는 과정에서 지역사회주민들과 부단히 상호작용하게 된다. 그리하여 주민사회의 요구와 지지 등 여론의 향배에 따라 혹은 기관의 역량에 따라 지방정부의 기능이나 역할은 증대되기도 하고 답보적일 수도 있다. 이러한 지방정부의 기능은 다양한 요소들을 내포하고 있다. 즉 지방정부는 자신을 둘러싸고 있는 지역사회환경, 그리고 그 환경으로부터의 투입, 투입을 받아 산출로 바꾸는 정책결정과정으로서의 전환과정, 투입이 전환과정을 거쳐 환경으로 배출되는 산출, 그리고 한 시기의 산출이 환경과 상호작용한 결과가 다음시기의 투입으로 변하는 환류 등의 요소로 이루어진다. 구체적으로 지방정부는 i) 지역사회 주민들로부터 요구와 지지, 반대와 저항, 무관심 등의 투입을 받아 이를 소재로, ii) 지방정부 내부의 목표와 구조, 조직문화와 자원 등을 근간으로 다양한 정책을 결정하게 되며, 그 결과 iii) 시책, 방침, 조례와 규칙, 서비스, 개선, 보상 등을 주민사회에 산출해 냄으로써 문제를 해결하고 지역사회를 변화시켜 나간다.

현재 우리나라의 지방정부는 자신이 추구하고자 하는 목표와 이를 달성하기 위한 다양한 자신의 조직과 하위정부 등을 가진다. 예컨대 광역정부는 기초정부를, 기초정부는 행정구와 읍, 면, 동이라는 행정기관을 가지고 있다. 내부적으로는 목표와 목표달성을 위한 법제, 조직과 직책, 절차 그리고 다양한 자원 등을 가진다. 그러나 우리나라의 지방정부는 자신의 환경인 지역사회와의 관계에서 어떠한 역학구도를 갖느냐에 따라 제 기능을 수행할 수도 있고 그렇게 못하게 될 수도 있다. 즉 지방정부의 환경인 지역사회와 주민들의 특성이라는 요소가 매우 중요한 변수로 작용하기 때문이다. 이렇게 볼 때 지방정부가 스스로의 목표달성을 위해 갖는 조직과 자원 등을 내부적 요소라고 한다면 지방정부의 외부에서 지방정부의 기능에 플러스적 기능을 하기도 하고 마이너스적 기능을 하기도 하는 환경은 지방정부의 외부적 요소라고 할 수 있다.

그리고 이들 내·외부적 요소들은 각각 구조적 요소와 기능적 요소들을 내포하고 있는 것이다. 우선 내부적 요소를 보면 지방정부의 목표달성을 위해 주어진 목표, 법제, 절차, 직책, 자원(인적, 권력적, 재정적, 지식, 정보, 기술, 신용, 시간 등 포함) 등을 구조적 요소라고 하고, 실제 지방정부의 목표를 달성하기 위해 이들 구조적 요소들을 활용해 정책과 계획을 수립하고,

지역사회와의 관계를 조정해 나가면서 지방정부를 작동하게 하는 요소들을 기능적 요소라고 할 수 있다. 예컨대 인적 요소의 질(가치관, 성취동기, 의식과 행태 등), 권력적 요소의 범위와 자율성, 기획의 역량과 질, 주민에 대한 태도와 대응행태 등이 그것이다.

다음 외부적 요소 역시 이러한 관점에서 우선 지역사회의 주민특성, 지정학적 환경조건, 자원특성, 역사와 문화, 산업구조와 수준 등을 구조적 요소라고 한다면, 이들이 지방정부의 목표달성을 위한 각종의 기능적 작용에 '어떻게 대응하는가?'와 관련된 요소들은 기능적 요소로 볼 수 있을 것이다. 예컨대 지방정부의 정책과 행정서비스에 대한 주민들의 의식과 태도, 지방정부에 대한 지지와 반대, 지역경제발전과 소득증대, 지역 언론 및 시민단체의 역할과 태도 등이 그것들이다.

Ⅱ. 지방정부의 역할기능 및 자치역량요소

1. 지방정부의 목표

지방자치단체의 기관인 지방정부는 지방자치단체와 함께 지방자치제도의 산물이다. 따라서 지방정부가 추구하고자 하는 궁극적인 목표는 국가통치제도의 일환으로 실시되는 지방자치제도의 목적과 지방자치제도에 의해서 산출된 지방자치단체의 목적을 동시에 추구하는 것이다.

지방자치제도가 추구하려는 목표로는 첫째 중앙정부의 통치이념인 민주주의를 지역사회 주민들의 생활 속에 정착시키고자 하는 '민주정치의 생활화'를 주요 목표로 하고 있고, 둘째 중앙에 집중된 권한의 지방분권을 통해 지방의 자율과 자치를 제고하는 '분권과 자치발전'을 그 목표로 하고 있다. 그리고 이러한 지방자치제도를 통해 형성된 지방자치단체의 목표는 지방자치권을 토대로 첫째 정치, 경제, 사회, 문화적으로 지역을 발전시키고, 둘째 이를 통해 주민들의 복지를 증진하여 삶의 질을 향상시킴을 주요 목표로 하고 있다. 그리하여 궁극적으로는 지방의 발전을 통해 국가발전을 추진하고자 하는 통치제도로서의 중요한 가치가 내포되어 있는 것이다.

요컨대 지방자치제도를 통해 지방정부는 '민주주의 생활화'와 '분권과 자치발전'이라는 정치적 목표와 '지역발전'과 '주민복지증진'이라는 사회경제적 목표를 동시에 추구해야 한다. 따라서 지방정부는 지역특성에 무관하게 적어도 이러한 기본적인 4가지 목표는 공통적으로 추구해 나가야 할 당위적인 의무를 지니고 있다. 그러나 이러한 지방정부의 목표에 대해서 지방정부는 스스로 이를 제대로 인식하지 못하고 있는 경우가 많다. 심지어 자치단체장이나 지방공무원들까지 지방정부가 추구해 나가야 할 기본적인 목표가 무엇인가에 대해 그 인식이나 관심이 부족한 편이다.

1) 지방정부의 정치적 목표(분권화와 민주화 : 기초자치단체중심)

앞에서 설명한 것과 같이 지방자치제도의 실시를 통해 중앙정부는 지방에 민주주의를 정착시키고, 중앙에 집중된 권한을 지방으로 분권함으로써 지역발전을 추구하겠다는 정치적 목표를 가지고 있다. 따라서 지방정부는 이러한 중앙정부의 목표가 성공적으로 달성될 수 있도록 민주정치를 주민생활 속에 정착시키고, 분권과 자치발전을 위해 노력해야 한다. 다시 말해 중앙정부의 정치적 목표가 이념적이고 선언적인 것이라면 지방정부의 정치적 목표는 실천적이고 구체적인 것이어야 한다. 지방자치단체의 통치기관으로서 지방정부가 추구해 나가야 할 정치적 목표를 한마디로 요약하면 분권화와 민주화라고 할 수 있다. 일차적 목표로는 중앙정부에 편중되어 있는 통치권의 일부를 지방정부로 분권화시킴으로써 지방정부가 스스로의 힘으로 지역사회를 발전시킬 수 있는 자율적인 권한과 자치능력을 갖추는 것이다. 그리고 그 다음의 목표는 바로 지방의 정치행정을 민주화시킴으로써 민주주의의 이념과 가치가 주민들의 생활 속에 뿌리내리게 하는 것이며, 그것을 통해 주민들의 의식과 행태를 선진화시키는 것이다. 오늘날 우리나라는 경제적으로는 세계10위권을 넘나들지만 국민들의 민주적인 정치의식과 수준은 중진국들 수준에도 이르지 못하고 있다. 그 주요한 이유중의 하나가 바로 이러한 지방자치제도가 발전적으로 주민생활 속에 스며들지 못해 주민들의 의식과 행동이 비민주적이며, 독선적이고 부정직하기 때문일 것이다.

이러한 지방자치제도의 제1차적 목표이자 지방정부의 정치적 목표인 분권화와 민주화는 기초자치단체일수록 더욱 필요하고 반드시 달성해야 할 목표이다. '기초는 민주를 광역은 능률을' 이라고 하는 이유도 바로 지방자치제도의 궁극적인 목표가 지방분권을 통한 민주주의의 생활화와 지역주민들의 자율성을 제고시키는 데 있고, 이것은 바로 주민 가까이 있는 기초자치단체부터 실현되어야 하기 때문이다. 따라서 기초자치정부는 분권화와 민주화라는 목표달성에 보다 충실할 필요가 있다.

2) 지방정부의 사회경제적 목표(지역발전과 주민복지증진 : 광역자치단체중심)

전통적으로 지방자치제도가 추구하는 이념이나 가치는 오늘날의 경우 상당부분 변질되었다. 오늘날의 정치와 사회는 초기 지방자치제도가 발달되었던 당시의 정치제도나 사회경제적 환경과는 완전히 바뀌었기 때문이다. 따라서 지방자치제도가 추구하는 전통적인 이념이나 가치 및 목표도 달라질 수 밖에 없다. 특히 중앙집권과 중앙정부의 지방에 대한 통제는 오히려 과거보다 더 강화되었기 때문에 지방정부의 정치적 목적은 더욱 강조될 필요가 있다.

그러나 환경변화에 따라 초기에는 크게 강조되지 않았던 지방정부의 사회경제적 목표라는 것이 오늘날에는 크게 부각되고 강조되기에 이르렀다. 그리고 이러한 사회경제적 목표는 환경변화에 민감하게 반응하지 않을 수 없다. 바로 지역경제발전을 통한 주민복지의 증진이라는 목표가 현대 지방자치의 중요한 과제이자 목표로 부각된 것이다. 따라서 지방정부는 이러한 실질적이고 삶의 질을 향상시키는 생활목표의 달성을 위해서도 노력해야 한다. 그러나 이러한 목표는 주민사회의 민주화에 대한 요구가 아니라 능률화에 대한 요구를 충족시키기 위한 목표이다. 본래 지방자치의 궁극적인 목표는 민주이지 능률이 아니었다. 그러나 근래의 지방자치는 오히려 민주보다는 능률을 강조하는 경향이 강하다. 마치 주객이 전도된 현상과 같다. 설상가상으로 민주와 능률은 그것들을 동시에 추구하기가 어려운 이율배반적 속성을 지니고 있다. 때문에 하나의 지방정부가 민주와 능률을 동시에 추구하기란 어렵고 힘든 과제이다. 그러나 '기초는 작을수록 좋고, 광역은 클수록 좋다'는 말처럼 기초정부는 주민참여를 통한 민주화에 충실하고, 광역정부는 지역발전을 통한 능률추구에 최선을 다한다면 결국 두 가지 민주와 능률이라는 목표를 동시에 달성할 수 있을 것이다.

근래 프랑스와 일본 등에서 전국을 6개 내지 9개의 권역으로 나누어 이들 광역권정부들이 세계로 진출하고 있다. 우리나라의 광역자치단체들도 500만 이상 1,000만명 규모의 자치단체로 통폐합하여 글로벌시장에 뛰어 들어갈 필요가 있다. 그리하여 광역자치단체들은 지역의 경제적 발전에 충실함으로써 지방자치정부의 사회경제적 목표달성을 위해 더욱 노력할 필요가 있다.

2. 지방정부의 기능

지방정부가 수행하는 기능의 대부분은 지역주민들에게 필요한 다양한 행정서비스를 공급하는 일로 이루어져 있다. 그리하여 지방정부가 수행하는 기능을 근래에 와서는 대부분 행정서비스라는 관점에서 파악하고 설명하고 있다. 그러나 그렇다고 지방정부의 모든 행정기능이 서비스만 수행하는 것은 아니다. 지방정부 스스로의 관리기능은 물론 아직도 많은 부분 주민사회에 대한 행정규제적 기능이 많이 존재하고 있기 때문이다. 이처럼 지방정부의 행정기능은 i) 소극적 기능(예 : 주민의 신체와 재산의 보호, 질서유지·소방방재 등)과 적극적 기능(예 : 지역개발, 복지증진·사회간접자본시설의 확충)으로 나눌 수도 있고, ii) 권력적 기능과 비권력적 기능, iii) 규제적 기능(예 : 환경규제·불법건출물규제)과 관리적 서비스(예 : 지방공기업관리)로 구분할 수도 있으며, iv) 질서유지적 기능과 사회변동 촉진·관리기능 등으로 구분할 수도 있다. 본서에서는 행정관리기능, 민원행정기능, 환경보호기능, 공익사업기능, 산업경제기능, 사회복지기능 등으로 분류검토하기로 한다.

1) 정책추진 및 행정관리기능

지방자치제도의 실시와 함께 지방정부차원에서도 지역발전과 지역문제의 해결을 위한 정책결정과 그 합리적 추진이 요청되게 되었다. 지역개발정책을 비롯하여 지역산업구조개혁정책, 지역성장동력개발정책, 지역사회간접자본 확충정책, 지역주민의 소득증진정책, 지역일자리 증대정책 등 다양한 분야에서 지방정부가 주체가 되어 단독 내지 공동정책의 추진이 이루어지고 있다. 뿐만 아니라 21세기 글로벌 사회의 변화는 지방정부로 하여금 국내에만 안주하도록 할 수 없게 만들고 있다. 세계화와 지방화, 세방화와 지세화 등으로 이어지는 다양한 지구촌사회의 변화는 지방정부의 국내외적 문제해결을 위한 정책추진기능의 강화를 강력히 요청하고 있다. 지난 20여년 동안 우리나라의 지방정부들이 추진해 온 정책들은 대부분 지역문화 내지 축제개발과 관련된 것들이었다. 물론 그럴 수 밖에 없었던 이유가 있었겠지만 앞으로는 중앙정부나 타 지방정부와 공동으로 추진하는 정책을 개발하여 보다 실질적이고 지속적인 지역경제발전의 효과를 가져올 수 있도록 해야 할 것이다.

다음으로 지방정부의 행정관리기능은 대내적으로는 지방정부의 비전설정, 장기목표관리 등을 비롯하여 인적, 조직적, 재정적 역량을 어떻게 관리할 것인가? 즉 일반적 행정관리 및 서비스업무와 행정의 전자화, 기술화 등 최신 정보통신기술의 관리·활용 등에 관련된 기능을 의미한다. 그리고 대외적으로는 지역주민들의 생활보호와 질서유지, 선량한 미풍양속의 유지발전과 지역안전관리 등과 관련된 제반기능을 의미한다. 이러한 행정관리기능은 전통적으로는 지방정부의 소극적 기능으로 이해되었으나 오늘날에 와서는 지방정부가 추진하는 정책기획기능을 통해 지방정부를 변화시키고 혁신하며, 지역사회를 바꾸어 나갈 수 있는 가장 적극적 영역으로 기능할 수 있게 되었다.

2) 공익사업적 기능

지방자치단체의 공익사업(public utilities)적 기능이란 예컨대 상·하수도, 도로, 도시·농촌계획, 도시재개발, 교육·문화 등에 관한 행정기능으로서 공공의 목적달성을 위해 수행하는 행정기능을 의미한다. 이러한 공익사업적 기능은 자치단체 주민의 일상생활의 질(quality of life)을 향상시키고, 생활환경을 쾌적하게 하며, 주민들이 문화생활을 누릴 수 있도록 주민에게 서비스를 제공하려는데 그 목적이 있다. 공익사업적 기능은 비영리적인 사업, 독점적 성격을 가진 사업, 또는 공공성이 높아 민영으로 할 때에는 일반 주민의 이익을 보호하기 곤란한 사업으로서, 지방자치단체가 직접 관리·경영할 필요가 있는 사업이다. 공익적 사업은 그 성격에 따라 다음 세 가지로 구별할 수 있다.

첫째 공공성이 매우 높으며 경영상 일정한 재원부담을 요하는 사업으로서, 예를 들면 학교 등의 교육시설, 도서관·미술관·박물관 등의 문화시설, 병원·요양소 등의 의료시설이 있다. 둘째 독점적이어서 사기업에 맡겨 둘 수 없는 사업으로서, 예컨대 상수도, 가스, 지하철 등이 있다. 셋째 공공성은 그다지 높지 않으나 지방자치단체가 그 사업을 경영함으로써 일정한 재정수입을 확보할 수 있는 것으로, 경마·채석장·토사채취 등이 있다. 그러나 공공성·독점성이 없거나 희박한 사업, 즉 영리사업(수익사업)은 특별한 경우를 제외하고는 지방자치단체가 소유 또는 관리할 수 없음이 원칙이다.

3) 사회복지적 기능

오늘날 지방정부가 제공하는 서비스의 중점은 과거 질서유지와 규제중심에서 주민에 대한 봉사와 복지의 증진으로 이행하고 있다. 즉 현대의 복지국가에서 행정기능은 국민의 기본적인 생계를 보장하고 생활의 질적 향상을 도모함으로써, 모든 국민이 인간다운 생활을 누릴 수 있도록 수행되어야 한다. 이러한 맥락에서 지방정부는 주민 가까이에 있으면서 주민의 생활과 관련된 서비스를 공급하고 복지를 증진해야 한다. 개인의 최저한도의 생활보장, 생활안정을 위한 사회보장시책, 대규모적인 사회보험사업, 실업대책사업, 근로기준·직업안정·복지수준에 관한 서비스를 들 수 있다. 또한 생활보호(저소득층 생활보호·재해구호·사회보험·아동복지·부녀복지·노인복지), 보건·의료, 환경·위생, 소비자보호, 노동 등의 다양한 복지관련 서비스를 제공하는 기능을 수행한다.

4) 산업·경제적 기능

지방정부는 당해 구역 내의 산업발전과 경제성장을 도모하기 위하여 주민의 경제활동을 지도·장려하며, 때로는 거래의 안전과 공정을 기하고 주민의 이익을 보호하기 위하여 주민의 경제활동을 규제하기도 한다. 이러한 지방정부의 산업·경제적 기능은 이론상 주민자치적 형태보다는 단체자치적 형태를 채택하고 있는 국가일수록 그 비중이 크다. 그 이유는 산업·경제적 기능은 본래 국가적 사무영역이므로 원칙적으로 자치사무만을 처리하는 주민자치적 지방자치에 있어서는 지방정부가 산업·경제적 기능을 직접 수행하지는 않기 때문이다. 우리나라는 전통적으로 단체자치의 유형에 속하기 때문에 중앙정부의 위임을 받아 지방정부가 산업·경제적 기능을 수행하고 있다. 다만 개인의 사적 경제활동에 공적 행정권이 어느 정도 개입할 수 있는가 하는 데에는 상공자유의 원칙과 주민평등의 원칙에 따르는 내재적 한계가 있다. 이러한 지방정부의 산업·경제적 기능으로는 농업, 축산, 수산, 임업, 상공(중소기업의 진흥, 시장관리, 지역경제), 관광, 운수업 등에 관한 기능을 들 수 있다.

5) 환경보호 및 관리기능

환경문제가 범지구적 문제로 제기되면서 지방정부도 환경보호와 유지관리를 위해서는 물론 경우에 따라서는 환경을 재생 혹은 복원하는 사업까지도 추진해야 한다. 이처럼 지방정부가 환경보호와 관리를 위해 행하는 기능은 매우 다양하다. 특히 현대행정이 지속가능한(sustainable) 개발을 강조하고 있어 중앙정부는 물론 지방정부에서도 각종의 공익사업의 수행과정에서 환경문제를 가장 우선시 하고 있다. 산림보호를 위한 입산금지, 수자원보호를 위한 강이나 하천의 오염방지, 각종 공장이나 산업체의 오폐수방류기준설정 및 유출통제, 그리고 대기오염방지를 위한 자동차매연규제, 산업체 공장통제 등 다양한 기능을 수행한다. 그리하여 공장이나 건물신축 시 환경영향평가를 요구하거나 환경오염방지시설을 요구한다.

6) 민원행정기능

지방자치제도가 실시된 이후 지방정부의 행정기능 중 가장 현저한 변화를 보이고 있는 기능이 바로 민원행정기능이라고 할 수 있다. 지방자치제도가 실시됨에 따라 과거 권위주의적이고 중앙집권적 행정체제로 운영해왔던 지방행정은 주민대표로 구성되는 자치행정체제로 바뀌었다. 따라서 주민들로부터 선출된 자치단체장과 지방의원들은 가장 우선적으로 유권자인 민원인들에 대한 서비스를 강조하고, 그 질을 향상시키는 데 최선을 다했다. 물론 중앙정부의 민주화와 함께 중앙정부의 지원과 독려도 있었지만 각 지방정부가 앞다투어 민원실을 확대개편하고 민원서비스의 편의를 위해 공무원들을 교육·배치시키는 등의 시책을 추진해 왔다. 민원행정기능이란 성격상 주민들의 일상생활에 직결된 행정규제완화와 주민불편해소 등 "주민의 주민을 위한 행정서비스적" 성격이 강하다. 때문에 이러한 민원행정서비스에 대한 중요성 인식과 우선적 편의제공은 궁극적으로 지방행정서비스의 민주화와 신속화 등을 결과함으로써 지방정부의 기능을 혁신시키고 있다.

7) 행정규제기능

지방정부가 특정한 행정목적을 실현하기 위하여 주민의 권리를 제한하거나 의무를 부과하는 것으로서 법령, 조례, 규칙에 규정되는 사항을 시행하는 것을 의미한다. 기본적인 질서유지에 관한 것으로 부터 식품위생과 보건의료 등에 관한 규제, 교육, 병역 등에 이르기까지 광범위한 영역에 걸쳐 규제행정이 수행된다.

사회가 발전하고 민주화의 정도가 높아지면 주민들의 의식수준도 상승하게 된다. 이렇게 될 경우, 행정은 규제보다는 자율과 자치가 훨씬 효과적이다. 그리하여 우리나라도 규제개혁을 통해 대대적인 규제를 완화하거나 철폐해 왔다. 그러나 아무리 사회가 발전하고 국민의식수준이 상승한다고 하더라도 두 사람 이상이 모여 사는 공동체사회에서 최소한의 규제는 불가피하다. 따라서 지방행정의 규제기능도 그러한 맥락에서 이해할 필요가 있다.

8) 재난관리 및 갈등조정기능

지방정부는 주민들의 생활안전을 보호하기 위해 방범과 방화활동은 물론 천재지변이나 예측하지 못한 각종의 재난과 질병 등에 대처하는 기능을 수행한다. 주민의 삶의 질을 향상시키는 것은 반드시 소득증진에만 국한되는 것은 아니다. 다양한 외부로부터의 위협이나 재난으로부터 주민생활의 안전을 지켜줌으로써 평화로운 생활환경을 조성하는 것도 삶의 질을 개선하는 중요한 영역이다. 뿐만 아니라 지방정부는 지역사회 내부로부터 야기되는 다양한 갈등을 조정하고 해결함으로써 주민들의 삶의 질을 제고시키기 위해 노력한다. 민주주의가 발전하고 개인의 권리와 자유가 신장됨에 따라 지역사회에서는 다양한 갈등들이 산발적으로 야기되고 있다. 그리고 이들은 많은 경우 집단민원의 형태로 갈등이 야기되는 경우도 많다. 이처럼 지역사회에서 야기되는 갈등에는 주민들 간의 갈등에서부터 지역 간 갈등, 지방정부와의 갈등, 중앙정부와의 갈등, 공공기관들과의 갈등 등 매우 다양하다. 어떠한 형태의 갈등이든지 지방정부로서는 방관하고 있을 수 없으며, 따라서 갈등이 발생하면 지방정부는 어떠한 수단을 동원해서라도 그 조정과 해결을 위해 노력해야 한다. 이처럼 오늘날의 지방정부는 주민들의 생활보호를 위한 재난관리는 물론 그들의 이익보호를 위한 갈등조정까지 담당하고 있다.

3. 지방정부의 기능과 자치역량의 관계

이처럼 지방자치제도 하에서 지방자치정부가 수행하는 기능은 매우 다양하다. 그리고 이러한 지방정부의 기능은 지방분권의 수준이 강화될수록, 세계화 현상이 심화될수록 더욱 늘어날 것으로 예측된다. 즉 지방정부의 기능은 그동안 중앙정부가 수행해왔던 국제통상적 기능이나 외교적 기능까지 담당해 나갈 것으로 예상됨으로써 점차 그 기능이 증대될 것이다. 이처럼 지방정부가 직접 나서서 처리해야 하거나 이루어나가야 할 일들이 증대된다는 것은 그만큼 지방정부의 역량이 강화되어야 함을 의미한다. 점차 늘어나는 지방정부의 공공업무를 지방정부 스스로의 역량으로 이들을 처리해 나가야 하기 때문이다.

그러나 현재 우리나라 지방분권실정이나 지방자치제도로서는 결코 늘어나는 지방행정수요에 효율적으로 대응할 수 없다. 현재와 같은 중앙집권적 권력구조와 획일적·통제적 지방자치제도로서는 결코 지역주민들의 요구에 부응할 수도 없고, 글로벌사회의 변화에 대처하기도 어려울 것이다. 따라서 어떻게 해서든지 지방과 지역발전에 정책의 비중을 두어야 하고, 이를 통해 지방정부의 자치역량을 강화시키는 일이 급선무이다. 오랜 세월 우리나라 중앙정부의 공직자들과 수도 서울은 지방의 희생 하에 권력을 향유했고, 경제적 혜택을 누려왔다. 그러나 미래의 글로벌 사회에서는 이러한 부정하고 왜곡된 권력구조를 가진 국가가 선진국으로 발전하지는 못할 것이다.

따라서 중앙정부는 이제부터라도 적극적으로 지방정부의 자치역량강화를 위한 제도적·권력적 기반을 구축해야 하고, 지방정부는 자율적으로 자치역량을 제고시킬 수 있는 다양한 정책과 수단을 강구해 나갈 필요가 있다. 21세기는 모든 국가의 기능을 중앙정부가 독점하여 처리할 수는 없는 시대로 변하고 있다. 21세기 글로벌 사회는 국가 대신 지방정부가 지구촌 사회의 주요 활동멤버가 되는 시대이다. 때문에 지방경영의 민주화와 효율화를 위해 모든 영역에 걸쳐 지방정부의 자치적·자주적 능력을 강화시켜야 한다. 지금부터 당장 지방정부의 의결기관과 집행기관은 스스로의 자주적·자치적 역량을 강화시킬 수 있는 정책방안을 강구해 나가야 한다.

4. 지방정부의 자치역량요소와 분석방법

지방정부의 자치역량을 구성하는 요인들은 무수히 많다. 우선 지방정부의 내부적 요인들은 물론이고 지방정부를 둘러싸고 있는 외부적 요인 즉 정치 경제적 요인, 사회·문화적 요인 등 매우 다양하다. 그러므로 지방정부의 자치역량을 보다 정확하게 파악하기 위해서는 지방정부의 내부적 요인과 외부적 환경요인들까지 가능한 모든 요인들을 체계적으로 추적하고 검토해야 한다.

실제 지방정부의 자치역량과 관련하여 많은 연구들은 내부적 역량과 외부적 역량으로 구분하여 자치역량을 검토하고 있다. 내부적 역량요소로써는 자치단체장의 조직관리능력, 창의력, 혁신성 등이 일반적으로 중요한 요소로 보며, 외부적 역량요소로는 정치문화(지역주민의 정치적 관심도 및 참여도 즉 투표율, 지지정당 등), 지역경제(지역의 산업화 정도), 사회적 특성(지역 주민의 학력수준), 인구구조(연령층), 시민사회의 역할 등이 복합적으로 영향을 미친다고 파악하고 있다(임승빈·이재성 : 2005).

또한 첫째 내부역량을 i) 인적역량(업무수행능력, 의지 및 태도), ii) 물적 역량(재정역량, 조직구조 역량)으로, 둘째 외부역량을 i) 시민사회 역량, ii) 구조적 역량(정치 경제 사회 문화적 여건)으로 분석하는 경우도 있다. 즉 지방정부를 환경과 상호 작용하는 하나의 체제로 파악하고, 이러한 체제의 자치역량에 관련된 변수들을 일차적으로 지방정부의 내부적 요인과 외부적 요인으로 구분하고, 이들 각각에 대한 구조적 요인과 기능적 요인을 파악하여 이들 요인을 강화시킴으로써 궁극적으로 지방정부의 역량을 강화시킬 수 있다고 파악하는 것이다.

이렇게 볼 때 첫째 지방정부의 내부적 역량을 강화시키기 위해서는 결국 지방정부 내부의 구조적·기능적 역량을 강화시키면 되고, 외부적 역량을 강화시키기 위해서는 외부환경의 구조와 기능이 지방정부에게 유리하게 작용할 수 있도록 해야 한다.

그리하여 본서에서는 지방정부를 국내·외적 환경 속에서 작용하는 하나의 체제로 파악하고, 지역사회의 정치·행정체제로 본다. 그리고 자치역량에 관련된 변수들을 체제의 내외로 구분하고 그 각각에 대해 구조와 기능이라는 관점에서 파악하기로 한다.

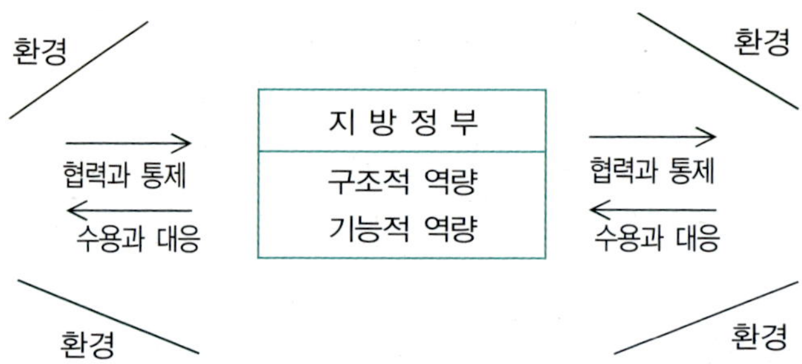

〈그림 1-3〉 지방정부 자치역량의 개념요소

Ⅲ. 지방정부의 대내외적 자치역량 요소분석

1. 의의

이미 위에서 간략히 검토한 바와 같이 본서에서는 지방정부를 국내·외적 환경 속에서 작용하는 하나의 체제로 파악하고, 지방정부를 지역사회의 정치·행정체제로 본다. 그리고 지방정부의 자치역량에 관련된 변수들은 체제의 내·외적 변수로 구분하고 그 각각에 대해 구조와 기능이라는 관점에서 파악하기로 한다. 즉 지방정부를 지역사회의 정치·행정체제로 파악할 경우, 체제의 내·외부적 역량을 좌우하는 요인으로 구조적 요인과 기능적 요인으로 구분할 수 있다.

이렇게 분류할 경우 체제의 내부적 역량을 구성하는 요인으로, 구조적 요인에는 i) 권력구조, ii) 인력구조, iii) 조직구조, iv) 재정구조적 요인으로 나누어 파악할 수 있고, 기능적 요인으로는 i) 관리·서비스기능, ii) 발전추진기능, iii) 변화유도 및 혁신창조기능 등으로 나누어 파악할 수 있다. 그리고 체제의 외부적 역량을 구성하는 요인으로, 구조적 요인에는 i) 시민사회와 정치행정구조, ii) 산업경제적 구조, iii) 문화규범적 구조 등을 들 수 있고, 기능적 역량으로는 i) 요구투입기능, ii) 지원협력기능 iii) 견제통제기능 등으로 구분할 수 있을 것이다. 그리하여 이러한 요소 등을 현실적인 지방정부의 자치역량을 검토하는 기준 내지 지표로 삼을 수 있을 것으로 본다. 아래에서는 이들 각각의 요소들을 구성하는 세부내용들을 검토해 보기로 한다.

2. 지방정부의 내부적 역량요소

1) 구조적 역량

일반적으로 구조(構造 : structure)란 '공식적인 제도일반'이라고 할 수 있으며 목표, 법제, 직책, 절차, 역할 등을 말한다. 따라서 지방정부의 구조란 지방정부를 구성하고 있는 지방정부의 목표와 정책, 지방정부의 과업수행을 위한 조직과 절차, 그리고 이것을 만들어

〈표 1-3〉 지방정부 권력적 역량의 변수와 지표

영역별	주요변수	측정 단위와 지표	비고
지방자치권의 범위	자치입법권	조례와 규칙의 제정범위, 법률위임의 범위	개별법률에 의한 자치권침해방지정도
	자치행정권	자율적 정책, 기획, 사업결정의 범위	
	자치조직권	의회 및 집행부 조직구성의 자율범위	
	자치재정권	지방재정력결정권, 예산의 자율성, 조례세의 가능성	
중앙통제의 정도	지방정부에 대한 통제	자치사무처리와 위임사무처리의 자율성 정도	
	단체장에 대한 통제	자율적 명령처분의 수준, 조직인사관리의 자율성 정도	
	지방의회에 대한 통제	의회의결권의 범위, 의정운영의 자율성정도	
지방분권의 수준	입법분권	국회권한의 조례규칙에 대한 위임수준	
	행정분권	명령에 의한 행정권의 분권, 중앙통제의 수준	
	사법분권	경찰, 검찰, 법원기능의 지방분권정도	

내고 있는 법령과 조례 및 규칙, 이들에 의한 역할 등을 포함하는 매우 광범위한 개념이다. 따라서 지방정부의 구조적 역량을 좌우하는 요인들을 모두 검토할 수 없는 현실적 곤란을 감안할 때 그 중에서도 특히 지방정부의 조직구조, 인력구조 그리고 재정구조 등을 중심으로 구조적 역량을 분석할 수 있다.

(1) 권력구조

세계화에 대응할 수 있는 지방정부의 자치역량을 높이기 위해서는 일차적으로 중앙정부로부터 충분한 자치권(자치입법권, 자치행정권, 자치조직권, 자치재정권)을 보장받을 수 있어야 한다. 따라서 지방정부의 권력적 역량은 지방자치권이 어느 정도 보장되어 있느냐를 분석해 봄으로써 가장 쉽게 파악할 수 있다. 따라서 지방정부의 권력구조는 자치권의 적절성 여부와 자치권의 범위 내에서 권한위임의 정도, 권한의 침해방지를 위한 보장 등이 잘 제도화 되어 있어야 한다. 그리고 중앙정부의 지방정부에 대한 감시·통제구조가 통제중심이 아니라 지원·협력적이며, 지방정부의 자율구조로 제도화 되어 있어야 한다. 이를 종합적으로 파악할 수 있는 것은 물론 지방분권의 수준이 어느 정도인가 하는 것이다. 중앙정부의 3권에 해당되는 지방정부의 입법, 행정, 사법권이 어느 정도 분권화 되어있는가를 분석하고

〈표 1-4〉 지방정부 인적 역량의 변수와 지표

대분류	변수	지　　표
인력확보 형태	정원의 적절성여부	총 정원과 직급별 정원
	전문인력확보여부	전문적인 행정서비스에 대응할 수 있는 전문인력
	잠재인력의 보유정도	동원가능한 인력자원의 내용
	아웃소싱 정도	필요인력에 대한 확보채널의 다양화
업무능력	직무전문성	학력, 전문지식, 정보통신기술 활용, 외국어수준
	문제해결능력	문제인지, 신속한 대응, 문제해결
	의사소통능력	청취기술, 의사전달기술, 표현능력
	조정통합능력	갈등예방, 설득능력, 협력 유도, 조정·합의, 해결책 제시
	자원확보능력	협조관계 구축, 재원확보
	업무추진력	효율적 추진, 단호한 추진
	홍보능력	정책홍보, 여론수렴
	리더십	환경과 비전 연계, 명확한 비전 제시, 비전 달성목표 및 과제 제시, 점화와 종결역량
의지/ 태도	도덕성·윤리성	투명한 업무처리, 부패방지제도 수립, 부패시정, 준법의식 투철한 직무수행, 공직수행의 엄정중립
	책임성	주민에 대한 책임, 직무에 대한 책임, 지역사회에 대한 책임
	성취동기	문제해결에 대한 적극성, 새로운 일에 대한 능동성
	혁신성향	혁신의지, 혁신아이디어 제시
	시민지향성	시민요구 파악, 신속대응, 파트너십 형성, 대안제시, 피드백

판단함으로써 지방정부의 권력적 구조를 이해하거나 판단할 수 있을 것이다.

(2) 인력구조

세계화가 진행되는 개방사회 속의 지방정부는 누적되는 기존문제의 처리와 새로운 과제의 해결을 감당해 낼 수 있는 유능한 인재와 적절한 규모의 인력이 확보되어 있어야 한다. 따라서 지방정부의 인력구조를 파악하기 위해서는 지방정부의 총정원과 직급별 정원의 적절성 여부, 수요에 부응하는 행정서비스를 제공할 수 있는 전문인력의 확보정도, 그리고 동원 가능한 잠재인력의 보유정도, 외부로부터 인력의 아웃소싱정도 그리고 이들 인력의 업무수행능력 등을 분석해 봄으로써 지방정부의 인적 역량을 파악할 수 있다. 이러한 인력확보

내지 인적 자원 충원여부는 조직구조적 요인과 일부 중첩될 수도 있다. 따라서 적정인력확보여부는 어느 한 쪽에만 포함시키도록 해야 할 것이다.

지방정부의 인력구조적 역량은 이러한 단순한 인력확보 여부에만 국한 되는 것이 아니라 이들 인적 자원들의 업무에 대한 의지와 태도 그리고 업무수행능력 등을 동시에 내포하는 개념으로 보아야 할 것이다. 따라서 이들 인적 자원들이 어느 정도의 업무처리능력을 가지는가와 관련 직무전문성, 의사소통능력, 문제해결능력, 조정통합능력, 업무추진능력, 홍보능력, 리더십 등이 분석 내지 평가지표로 활용될 수 있을 것이다. 그러나 더욱 중요한 것은 그러한 인적자원이 갖는 업무에 대한 의지와 태도이다. 의지와 태도는 업무능력과는 별도로 조직 내 개별 행위자의 성향이나 행태, 정책에 대한 태도 등 잠재적 역량을 내포한다. 가장 중요한 것은 성취동기가 뛰어나야 하고, 혁신성과 청렴성(도덕성 내지 윤리성)을 갖춰야 하고, 시민에 대한 책임성을 가지는 인력이라야 한다.

(3) 조직구조

지방정부의 기구를 통하여 조직구조를 분석함으로써 그 정부의 조직역량을 파악할 수 있다. 기구에 관련된 하위변수로는 적정조직의 설치여부와 적정인원의 충원여부 및 조직개혁의 유연성정도를 들 수 있다. 뿐만 아니라 지방자치정신에 따라 행정수요에 부합되는 조직개혁, 규제 및 통제기능을 수행하는 조직의 규모, 스탭조직의 구성분포, 국제적 기능을 담당하는 조직의 규모 등도 함께 고려되어야 할 것이다. 뿐만 아니라 조직개편에 대한 유연성과 조직의 유형(전통적 피라미드조직, Task Force, Committee, Project Team 등) 그리고 조직의 네트워크 수준(기능영역별, 지역간, 지역내 분야별) 등을 조직역량분석의 하위지표로 삼을 수도 있다.

조직은 과거의 피라미드조직에서 변화하는 상황에 적응하기 위한 상황적응적 조직(adhocracy)으로 발전해 왔고, 오늘날에 와서는 이들 조직간에 적절한 네트워크를 구축하지 않으면 안될 정도로 환경변화가 심하다. 조직은 그 자체 보다는 조직을 통해 직무를 수행하는 조직구성원이 더욱 중요하다. 그것은 스스로 조직의 목표를 설정하고 이를 달성하기 위해 노력하는 조직구성원의 자질과 역량이 조직의 역량을 좌우하기 때문이다. 여기서 적정인원의 충원여부는 조직의 역량과 관련하여 파악하는 요소이므로 인력구조적 관점에서 파악한 것과는 그 차원이나 관점을 달리한다. 즉 인력은 조직과 관련하여 파악하고 분석해야 하기 때문이다.

〈표 1-5〉 지방정부 조직역량의 변수와 지표

영역별	주요변수	측정지표 / 단위 / 기준	비고
적정기구의 설치여부	조직형태의 행정수요 대응성	지역특성/수요특성/기구특성 규제조직과 서비스조직의 비율	
	조직기능의 범위와 신축성	지역내부기능, 국내기능, 국제기능 기능개혁의 저항과 장애정도	
	조직유형과 네트워크수준	피라미드조직, task force, committee, project team, 조직간 네트워크정도	
적정인원의 충원여부	조직기구별 정원관리수준	정원결정의 합리성수준, 적정수준의 정원 확보, 인사관리의 합리성정도	
	기능별 전문인력의 충원여부	전공수준, 경력수준, 조직기능과 인적 전문성 간의 관련성 정도	
기구개혁의 유연성정도	조직개편을 위한 제도적 장치	조례와 규칙의 규정과 용이성, 개혁저항에 대한 대응수단, 저항통제의 강도	
	조직개편에 대한 저항의 통제		

(4) 재정구조

지방정부의 자치역량은 지방정부의 재정력과 정비례한다고 할 수 있을 정도로 오늘날의 행정수요는 바로 재정수요로 연결된다. 따라서 재정구조를 분석함으로써 지방정부의 자치역량을 파악하는 지름길이 될 수도 있다. 재정구조를 분석하기 위한 하위변수로는 총재정규모, 재정자립정도, 재정의 건전성 정도, 재정구조의 탄력성 등을 분석함으로써 재정적 역량을 파악할 수 있게 된다. 지방정부의 재정역량은 "각 지방정부가 당해 지역주민들이 요구하는 공공서비스와 재화를 자율적으로 공급하고, 이에 대해 책임질 수 있는 능력"이라고 정의할 수 있다. 이러한 정의는 자치단체 세입측면에서의 자율성과 세출측면에서의 책임성을 동시에 확보할 수 있는 능력을 의미하며, 이에 덧붙여 단순한 자치단체의 재정상태와 재정여건만을 의미하기 보다는 단체장의 의지와 주민들의 적극적인 자세 등 무형의 잠재역량도 포함하는 것으로 이해할 수 있다.

재정역량을 잠재세입한도로 규정하여 각 자치단체의 세입은 각 자치단체를 구성하는 지역사회의 경제적 능력과 그 변화에 의해 좌우된다고 보는 학자도 있다(오연천, 1993). 즉 가장 기본적인 경제능력은 세입잠재력(revenue potential) 또는 지역경제력이며, 이 지역경제력을 결정하는 주요요소가 소득, 인구, 노동, 및 산업구조, 고용상태, 생산성 및 자본의 집약도 등이다. 이러한 지역경제력이 결정되면, 이것을 기반으로 공권력주체가 재정권력에 의해 세입을 확보할 수 있는 구체적인 방안을 마련하는데, 이것이 바로 세입기반 또는 세입기초(revenue base)이다. 각종 조세의 직접적인 과세기초와 세외수입의 재원기초가 이 단계이며, 다음은 자치단체가 확보할 수 있는 가상적인 적정세입의 상한선, 즉 잠재세입한도를 세입기초에 의해 추계하게 되며, 이러한 잠재세입한도와 실제세입을 비교함으로써 자치단체의 세입확보수준을 측정할 수 있게 된다고 보는 것이다(오연천, 1993: 424-426).

① 총량적 재정역량 측정지표

이는 중앙정부에 대비되는 지방재정의 총량적인 개념이며 재정역량을 측정하고자할 때 적용할 수 있는 지표로서, i) 총재정규모에서 차지하는 지방재정의 비중으로 세입과 세출규모의 비율을 들 수 있다. 그것은 총재정규모에서 차지하는 지방재정의 비중이 증가한다면 그 만큼 지방재정의 역할과 기능이 증대되었다고 할 수 있기 때문이다. 다음은 ii) 재정구조와 관련하여 세입부문의 자주재원비율 또는 재정자립도를 사용할 수 있다. 물론 지방정부의 재정자립도 지표를 적용할 경우, 관련되는 문제점들이 많다는 점을 감안해야 한다.[9] 그렇다고 하더라도 재정자립도는 지방재정과 관련하여 가장 보편적이고 대중들에게 인지도가 가장 높은 지표이며, 문제가 되는 측면은 보완가능하다고 판단된다. 이처럼 재정자립도가 갖는 문제점을 보완하여 근래에는 재정자주도라는 새로운 개념을 도입하여 활용하고 있는 데 이것이 현행제도하에서 지방정부의 재정상태를 적절하게 설명해 주고 있다. 또한 세출부문의 경우, 지방세수입과 세외수입 등 자주재원과 보통교부세가 지방세출총액을 충당하는 비율을 산출하여 측정할 수 있다. 이는 앞의 재정력 측정지표의 건정성 지수와 동일하다. 끝으로 iii) 총 조세에서 차지하는 지방세의 비중과 국세에 대한 지방세의 비중 등을 비교분석할 수 있다. 물론 이에 대해서는 조세수입규모보다는 조세지출규모를 사용해야 한다는 논의가 있을 수 있지만, 조세에 관한 징수결정권이 없는 지출권한은 자칫 지방정부를 중앙정부의 대

9) 재정자립도가 세출측면을 반영하지 못하고, 현재 행정자치부가 사용하듯이 일반회계 총계예산규모에서 지방세수입과 세외수입이 차지하는 비중으로 사용하기보다는 일반회계 세입순계결산규모에서 지방세수입과 세외수입이 차지하는 비중을 사용하도록 하고, 예산규모에서는 제한적으로 현 행자부가 사용하는 지표를 사용하도록 하는 등 대안을 마련하면 적절할 것으로 판단된다.

리인으로 전락시키거나 중앙정부의 관심사업에 대해 무임승차(free-riding)를 하게 하는 문제를 초래할 수 있다[10]. 따라서 조세수입규모에서의 지방세 비중 등을 적용해야 한다.

② 개별 자치단체의 재정역량 측정지표

개별 지방정부의 재정역량을 파악하는 데 있어서는 광역정부와 기초정부를 분리하여 측정하는 것이 바람직하다. 그것은 광역과 기초간에는 지방재정구조도 다르지만 측정결과에 대한 판단기준을 달리 적용하는 것이 바람직하기 때문이다.

우선 재정자립도의 적용이다. 앞에서 논의한 바와 같이 각 자치단체의 비교와 측정에도 동일한 재정자립도를 사용할 수 있기 때문이다. 둘째 자주재원의 경상경비충당지수이다. 즉 지방세수입과 세외수입 등으로 경상적 경비를 어느 정도 충당하고 있는지에 관한 지표이다. 이와 관련하여 지방세수입으로 인건비 충당비율 등도 함께 파악하면 도움이 된다. 셋째 재정력 지수의 적용이다. 이미 지방교부세의 보정율을 구하기 위해 매년 작업을 하고 있기 때문에 각 지방자치단체의 재정력 지수를 통해 자치단체의 재정역량을 비교할 수 있다. 넷째 지방세수입을 인구수로 나눈 주민 1인당 지방세부담액이다. 이는 실질적인 주민들의 재정부담(fiscal burden)을 파악하기위해 적용한다. 실제 적용해 보면 인구밀도에 의해 많은 차이가 발생하는 것을 알 수 있다. 다섯째 세출총액을 인구수로 나눈 주민 1인당 지출액이다. 이는 실질적인 주민들의 재정편익(fiscal benefit)을 파악하기 위해 적용하는 것이다.

이 외에도 재정운영능력과 관련된 재정역량을 측정하기 위해서는 경상경비 감축율, 자치단체 각종 시설물에 대한 민간위탁율, 참여예산제도의 활용정도, 적정 지방채 부담률[11]등이 고려될 수 있으며 측정방법과 통계자료의 활용 등을 고려하여 점진적으로 확대해 나가야 할 것이다. 이러한 재정역량 측정지표를 요약하면 위의 <표 1-6>과 같다.

---

10) 조세지출구조와 관련해서는 지방교육재정 지출을 중앙정부로 볼 것인지, 아니면 지방정부의 몫으로 볼 것 인가 에 대해서도 논란이 있다.

11) 지난 1997년의 IMF사태와 자치단체 합동평가 및 언론에서의 관심 등으로 인해 지방채를 지나치게 활용하지 않고 있는 실정이다. 앞으로는 적정한 규모로는 기채를 통한 투자재원의 조달 방안도 함께 논의되어야 한다.

〈표 1-6〉 지방정부의 재정역량 측정지표

측정수준	부문별	측정지표
총체적인 재정역량	재정규모	총재정수입(자주재원 + 의존재원) 총재정규모: 일반회계 + 특별회계 정부 총 세출규모에서의 지방세출 비중 정부 총 세입규모에서의 지방세입 비중
	재정구조	총 세입에서의 자주재원 비율 = 평균 재정자립도 총세입에서 (지방세수입+세외수입+보통교부세)의 비율 = 재정자주도
	조세구조	총 조세에서의 지방세 비중, 국세 대 지방세 비중
지방정부별 재정역량	재정구조	자주재원의 구조, 일반재원의 구조, 경상경비의 구조
	재정운영의 자율성	자주재원의 경상경비 충당지수, 인건비의 지방세 충당율
	재정력	재정력 지수, 당해연도 재정력 지수
	재정부담	주민 1인당 지방세 부담액
	재정편익	주민 1인당 지방정부 지출액
	재정운영의 노력정도	경상경비 감축율, 시설물에 대한 민간위탁율, 참여예산제도의 활용도, 적정 지방채 활용율 등

2) 기능적 역량분석

기능적 역량이란 지방정부의 공무원들이 위의 구조적 요인들을 이용하여 지방정부의 목표달성을 위해 내외부로부터의 각종 요구와 지지에 적절히 대응해 나가는 능력을 의미한다. 지방정부의 구조와 기능은 동전의 앞뒤와 마찬가지로 상호 밀접히 연결되어 있어 이를 둘로 나누어 구조적인 것과 기능적인 것으로 확연히 구분할 수 없는 것이 현실이다. 즉 구조를 이루는 제도가 실시됨으로써 기능을 수행한다는 점을 감안한다면 기능을 따로 분리한다는 것이 무의미 할 수도 있을 것이다. 그럼에도 불구하고 행정현장에서 볼 때 구조적 역량이 바로 기능으로 연결된다고 볼 수는 없다. 앞에서도 지적한 바와 같이 T. Parsons는 사회체제의 기능을 적응기능, 목표달성기능, 통합기능, 잠재적 유형유지기능이라는 4가지로 분류하였다. 공적인 체제로서의 지방정부 역시 지역사회에 대해 이러한 기능들을 수행하고 있으며 구체적으로는 주민사회의 여론수렴 및 사회문제파악, 문제해결을 위한 정책개발 및 시행, 일반적 행정관리, 정보관리 및 활용, 사회변화관리 등의 다양한 기능을 수행하고 있다.

체제의 기능을 지방정부의 실제기능영역에 맞추어 분류하면 i) 관리 · 서비스기능, ii) 발전정책추진기능, iii) 변화유도와 혁신창조기능 등으로 구분할 수 있을 것이다.

(1) 관리 · 서비스 기능

지방정부의 관리 · 서비스기능은 일반적 행정관리기능을 의미하며, 지방정부의 비전설정, 장기목표관리 등을 비롯하여 인적, 조직적, 재정적 구조적 역량을 어떻게 관리하는가? 즉 일반적 행정관리 및 서비스업무와 전자정부추진과 정보통신기술의 관리활용 등에 관련된 기능수행역량을 의미한다.

① 비전 및 목표관리

지방정부가 장기발전의 비전을 설정하고 이를 달성하기 위한 장단기 발전목표를 어떻게 관리해 나가느냐 하는 것은 당해 지방정부의 역량분석에 아주 중요한 요소가 된다. 이것은 다른 측면에서는 자치단체장과 지역지도자들의 리더십을 평가할 수 있는 요소가 될 수도 있다.

② 일반행정관리 및 서비스 제공

자치정부의 행정관리역량과 대민서비스제공역량을 파악하기 위해서는, 행정의 민간화와 민관공동생산방식의 활용정도, 사무처리기술의 도입과 활용정도, 행정관리의 전문화수준, 관리방식의 경영화수준, 계획과 집행의 유기적 연관성정도, 민원에 대응하는 태도와 시간 등 다양한 내용들을 분석함으로써 가능하다.

③ 정보관리체제와 신기술의 활용

정보관리체제의 활용과 정보통신기술을 효율적으로 이용한다는 것은 바로 지방정부의 글로벌역량을 증진시키는 가장 중요한 수단이다. 이는 또한 행정관리기술의 수준을 높이고 서비스의 질을 향상시킬 수 있는 지름길이기도 하다. 전자정부의 추진정도, 지방정부의 사무처리기술, 컴퓨터활용정도, MIS의 활용정도 등 정보체제와 활용하고 있는 각종 정보시스템을 분석함으로써 지방정부의 정보통신역량을 파악할 수 있을 것이다.

(2) 발전정책추진기능

발전정책추진기능이란 지방정부가 지역사회의 발전을 얼마나 잘 조직화하고 이를 효율적으로 추진해 나갈 수 있는가 하는 것을 의미한다. 즉 지방정부가 지역사회의 발전을 추진한다는 것은 지역사회의 실태를 파악하여 미래의 발전방향을 정립하고, 이를 정책으로 입안하여 추진한다거나 사회변화에 능동적으로 대응함으로써 지역사회의 복지증진과 선진사회화로의 발전을 촉진하는 기능 등을 수행하는 것을 의미한다. 그리하여 사회문제의 인지 및 파악능력, 지역발전을 위한 지역사회개발 추진능력, 그리고 문제를 정책으로 입안할 수 있는 정책기획능력 등을 의미한다.

① 사회문제의 인지능력과 주민사회의 여론수렴

지방정부는 주민사회의 요구와 기대를 사전에 파악하여 이들의 요구가 폭발하기 전에 한 발 앞서서 해결하는 자세를 가져야 한다. 그리고 때로는 바람직하지 못한 요구와 주장을 바로 잡아나갈 수 있는 능력도 있어야 한다. 이처럼 민주정치의 기초는 여론에 의한 정치이기 때문에 지방정부의 기능적 역량은 일차적으로 이러한 지역사회주민들의 다양한 여론을 수렴하여 여론에 부합되는 정치와 행정을 어느 정도 수행할 수 있느냐로 측정할 수 있다. 이것을 파악하기 위해서는 지방정부 공직자들의 의식구조와 지역사회문제에 대한 인식정도, 각 기관별, 기구별 계획과 과제의 규모와 내용을 파악해 봄으로써 가능할 것이다.

② 정책기획 및 추진기능

현대의 지방정부는 한정된 자원으로 폭발하는 행정수요에 대처해야 한다. 따라서 최소의 비용으로 최대의 목표를 달성해야 하는 행정의 생산성을 높여야 한다. 이러한 문제에 대처할 수 있기 위해서는 지방정부차원의 정책개발능력과 기획역량이 뛰어나야 한다. 자치정부 출범이래 어떠한 문제를 해결하기 위해 어떠한 정책을 얼마나 결정하고 집행했는지 그 내용을 분석함으로써 정책기획역량을 파악할 수 있을 것이다. 정책개발기구의 유무, 개발된 정책의 유무와 정도, 정책개발의 분야의 규모와 인력 및 재정규모 등을 파악함으로써 그 역량을 분석·파악할 수 있을 것이다.

③ 변화관리 및 복지증진 기능

지방정부는 지역사회 내의 각종 질서를 유지하고 변화에 대응하며, 선량한 미풍양속을 유지·발전시켜나가야 할 당위적 사명을 부여받고 있다. 따라서 공동체발전을 위한 규제와 통제능력을 확보해야 하며, 변동을 촉진하고 관리하는 능력을 가져야 한다. 이러한 역량을 파악하기 위해서는 지방정부차원의 적절한 권한확보, 지도자의 적절한 리더십, 공직자들의 공무수행정신, 지방의회의 협력과 지원, 미래지향적 행정관리기술의 확보, 시민자율규제집단 및 자원봉사단체의 협력획득 등을 분석함으로써 그 역량정도를 파악할 수 있을 것이다.

(3) 변화유도 및 혁신창조기능

혁신(Innovation)의 사전적 의미는 "제도나 방법, 조직이나 풍습 따위를 고치거나 버리고 새롭게 하는 것"이라고 할 수 있다. 그러나 일반적으로 혁신이란 "이용가능한 여러 가지 사물이나 힘의 결합방식을 변경하여 새로운 제품(제도, 절차 등)의 발명, 새로운(생산, 제조 등)방법의 도입, 새로운 자원개발, 시장개척, 조직개혁 등을 가져오게 하는 것"으로서 흔히 새로운 결합(New Combination)을 의미한다. 즉 혁신이란 새로운 생각이나 방법으로 기존의 일을 다시 계획하고 실천하고 평가하는 것을 의미한다[12]. 그리하여 혁신하기 위해서는 i) 새로운 아이디어를 끌어 낼 수 있는 창조성, ii) 구성원이 다양하게 행동할 수 있는 자율성, iii) 정형화된 관성을 파괴할 수 있는 유연성 등이 요구된다. 그리하여 혁신은 사고의 창조성, 의식의 자율성 및 행동의 유연성을 갖출 때 비로소 가능해 진다.

이러한 혁신은 세계화의 중심국으로서 국민적 과제이기도 하지만 특히 정부혁신이 선행되어야 할 필요성이 크다. 그것은 정부가 혁신의 방향과 전략을 주도하여 시간과 비용을 줄임으로써 이 분야에서도 경쟁력을 가질 수 있어야 하기 때문이다. 이렇게 볼 때 지방정부의 혁신역량의 중요성은 시간이 갈수록 더욱 그 가치가 증대될 것이다. 지식정보화 사회로의 급진전과 디지털시대로의 대변화 그리고 네트워크사회로의 성격변화 등에 따라 분권화와 자율화, 세계화와 지방화, 글로벌스탠다드의 구축 등의 행정수요가 증대하고, 민간영역의 발전과 함께 과거와는 전혀 다른 새로운 행정수요가 양적으로 증대되고 질적으로 복잡·난해해 짐으로써 지방정부의 혁신역량을 제고해야 할 필요성이 전례 없이 높아지고 있다.

지방정부의 혁신역량의 제고를 위해서는 공직자의 의식혁신, 공직에 대한패러다임의 전환, 능력발전, 성취동기 함양, 리더십 함양 등 다양한 혁신기반조성을 통해 현장에서 실제 혁신이 가능토록 해야 할 것이다. 특히 지방정부 혁신에 관한 다수의 실증연구를 통해 지방

12) 정부혁신이란 국가경쟁력과 국민적 만족을 높이기 위하여 과거에 행하지 않았던 새로운 행정관행(조직문화, 제도, 업무프로세스, 조직구조, 관리기법)을 정부부문에 도입하여 실행하고 정착시켜 나가는 총체적 활동을 의미한다(http://www.innovation.go.kr, 정부혁신관리매뉴얼, p.11).

정부의 리더십은 지방정부의 혁신역량을 강화하는데 있어 중요한 영향을 미치는 지표인 것으로 입증되고 있다. 자치단체장의 강한 의지와 리더십은 관료들의 이해관계 및 주민들에게도 큰 영향을 미치며, 단체장 중심의 정치·행정문화가 강한 우리나라의 경우에는 더욱 중요한 변수라고 할 수 있다.

리더십 이외에도 지방정부 혁신에 영향을 미치는 변수들은 다양하다. 차기단체장이 추구하는 사명과 목표를 설정하여 이를 구체화 하고, 비전과 목표달성을 측정하기 위한 평가지표가 필요할 것이고, 이는 자치단체장 개인의 선거공약을 통해서 구성할 수도 있겠지만, 무엇보다 중요한 것은 시민의 입장에서 공감대를 바탕으로 이루어 졌는가를 평가해야 한다. 이를 시민지향성이라는 항목을 통해 자치단체장의 동태적 역량을 측정한다.

① 공직자의 의식혁신과 패러다임의 전환

혁신을 위한 창조적 능력을 함양하기 위해서는 그 전제로 지방정부의 공직자들이 선진의식을 정립할 것이 요망된다. 그리하여 부정적 사고에서 긍정적 사고로, 비판적 사고에서 칭찬하는 습성으로, 편견과 집착에서 공정과 자율로, 경직적 사고에서 신축적 유연성으로, 이기적·자기중심에서 이타적·사회중심으로, 부정직과 불친절에서 정직과 친절로, 소극적·수동적 사고에서 적극적·능동적 사고로, 냉소적, 비하적 태도에서 관심과 존경으로 공직자들의 의식과 사고와 행동을 대대적으로 고칠 필요가 있다.

나아가 개인이나 조직은 물론 정부도 전통적 규제 및 관리중심의 행정에서 벗어나 현대적 거버넌스체제로 바꿔야 하고 국가경영에 대한 관점이나 발상도 전환해야 한다(총무처직무분석기획단, 1997 : 50-52). 공직자들은 스스로 기존 관행의 틀을 깨고, 관리와 규제의 탈에서 벗어나야 한다. 그리하여 '행정은 관리다' '행정은 규제다', '서비스는 관청의 민원실에서 행한다', '행정은 비능률적이므로 민간화해야 한다' 등의 잘못된 생각에서 벗어나야 한다. 그리하여 '행정은 서비스다', '서비스는 그것이 필요한 곳에 찾아다니며 현장에서 실천한다', '행정은 능률적이고 성공적이다', '행정의 민간화는 유사한 선행사례를 검토하면서 신중하게 추진해야 하며, 민영화의 실패는 결국 행정의 책임이다'로 전환해야 한다.

다시 말해 소극적, 수동적, 규제중심의 행정에서 적극적, 능동적, 지원조장중심의 행정으로 전환해야 한다. 행정이 자신감을 잃고 사기업 경영방식에 의존한다거나 민간에 맡김으로써 책임을 회피한다면 결국 행정의 실패가 또 다른 시장실패를 불러일으키게 될 것이다. 공직은 국민사회에 공정한 룰을 만들어 제시하고 이를 정직하게 지켜나가도록 최선을 다하는 데 본연의 임무가 있음을 재인식해야 할 것이다.

② 창조적 능력개발 · 함양

창조는 혁신을 통해 가능하지만 혁신은 창조적 능력을 통해 더욱 강화된다. 지방정부의 역량은 이러한 정부구성원들의 총체적인 창조성향과 그 수준에 따라 좌우된다. 즉 무능하거나 무지한 사람에게 혁신을 기대하기는 불가능하다. 항상 변화를 구상하고 발전을 추구하는 창조적 능력을 가진 사람들로부터 혁신은 이루어진다. 때문에 미래사회에서는 무(無)에서 유(有)를 창조할 수 있는 창조적 지식과 기술이 인간능력의 근간을 이룰 것이다. 그리고 이러한 지적, 기술적 능력을 향상시키기 위해서는 부단한 지식을 습득하고 함양해야 하며, 가능한 다양한 자원을 축적해 나가야 한다. 그러나 보다 근본적인 것은 적극적이고 개척적인 의식과 가치관 그리고 지칠 줄 모르는 근면성실이 뒷받침되지 않으면 안될 것이다. 그리하여 새로운 스타일의 교육과 훈련, 지속적인 연구개발, 창조적 벤치마킹(Benchmarking)의 장려와 실천, 그리고 인적 네트워크의 구축 등을 통한 능력개발이 요구된다.

③ 강력한 성취동기(Motivation)의 개발 · 함양

일반 개인이나 공무원들이 직접 혁신을 창출해 내기 위해서는 의식개혁과 능력발전 그 자체만으로는 부족하다. 혁신하기 위해서는 창조적 사고와 역량 이외에 이들을 활용하여 혁신을 만들어 낼 수 있도록 하는 에너지가 필요한데 바로 이것이 성취하고자 하는 동기라고 할 수 있다. 여기서 동기란 개인으로 하여금 어떠한 목표를 추구하는 행동을 하게 하는 상태나 태세를 말한다. 그리고 이와 같은 상태로 되는 것, 또는 가져오게 하는 것을 동기부여라 한다. 조직에서의 동기부여는 조직의 목표달성을 위하여 구성원들의 지속적인 노력을 효과적으로 유발시키는 것을 의미한다. 그러므로 동기는 개인의 행동에 활동력을 주고 조정한다. 뿐만 아니라 동기는 개인으로 하여금 행동하게 하고 행동의 방향을 지어 준다.

따라서 이들로 하여금 국가와 사회를 위해 무엇인가를 이루겠다는 강한 집념과 사명감, 지방정부의 정책개발을 통해 현실을 개혁하고 경제발전과 복지증진을 이룩하겠다는 왕성한 의욕 등을 가질 수 있도록 성취동기를 개발하고 함양시켜야 한다. 그러기 위해서는 기업과 지방정부차원에서 체계적인 교육훈련과 인사, 보수 등을 통한 유인제도를 강화하고, 경쟁체제와 평가제도를 적절히 활용함으로써 각자에게 내재되어 있는 성취동기를 자극해 나가야 할 것이다[13].

④ 비전의 설정과 혁신지도자의 양성

우선 단위기관이나 조직은 물론 기업이나 정부는 스스로의 역량제고를 통한 발전을 위해서, 그리고 지속적인 혁신을 통해 새로운 경영전략과 창조적 수단을 개발해 나가기 위해서 공동으로 추구하는 새로운 비전을 설정하고 이를 달성해 나갈 수 있는 혁신적 지도자를 양성해 나가야 한다. 혁신은 그 추진을 위해 치밀하게 구상된 전략과 이를 추진할 리더십이 요구된다. 즉 언제, 무엇을, 얼마나, 어떻게 변화시킬 것이며, 그 책임은 누구에게 맡길 것인가 등을 사전에 결정해야 한다. 그리고 추진할 혁신의 비전은 구성원 모두가 지지할 수 있는 것이어야 하며, 조직의 변화나 정권교체시기, 그리고 사회적 변동기에도 흔들리지 않는 지속성을 가져야 한다.

리더의 역할은 시대와 장소를 불문하고 언제나 중요한 의미를 가진다. 혁신은 그것을 주도하는 지도자 없이 자발적으로 추진되기를 기대한다는 것은 거의 불가능하다. 기업이나 기관은 물론 지역사회와 정부에서도 구성원들에게 혁신적 마인드를 형성시키고, 혁신적 아이디어를 창출하게 하는 것은 지도자의 역량과 밀접하게 연관되어 있다. 따라서 혁신은 혁신을 주도하는 지도자의 역량에 의해 좌우된다. 때문에 유능한 혁신지도자를 양성하는 일이 무엇보다도 중요하다. 그러나 종래까지 지도자의 역할은 주로 최종결정권을 갖는 지도자, 즉 주로 중앙정부의 정치지도자에게 집중되어 왔다. 그리하여 혁신도 주로 중앙정부혁신에만 관심을 가져왔다. 그러나 진정한 혁신은 아래로부터의 혁신이어야 한다. 즉 일반국민 개개인의 혁신을 통한 주민사회의 혁신과 기관 · 조직의 혁신을 통한 사회적 혁신, 그리고 이것이 합쳐져 국가발전을 위한 정부혁신으로 이어져야 한다. 따라서 앞으로는 지역사회내부에서 혁신을 주도할 다양한 지도자가 나타나야 하고, 이러한 여러 분야의 다양한 혁신지도자들이 왕성하게 활동함으로써 궁극적으로는 정부혁신을 주도해야 한다. 따라서 지방정부의 자치단체장들은 이러한 지역사회 전 영역의 각계각층에서 혁신을 주도할 미래지도자들을 계획적으로 양성해야 한다. 그리고 조직의 하위계층 구성원들 중에서 새로운 리더를 발굴하고 양성하는 데 많은 노력을 기울여야 한다. 따라서 혁신지도자의 양성프로그램을 개발하고, 이를 전 지역사회로 확대 · 실시함으로써 지역혁신은 물론 나아가 국가혁신의 원동력으

13) 공직사회에서 어렵게 도입한 성과급여제도가 성과금의 나눠 먹기식으로 변질됨으로써 그 실효를 거두지 못하고 있는 것은 성과평가시스템이 정착되지도 않은 상태에서 그 다음 단계인 성과보상제도가 먼저 도입되었기 때문일 것이다.

〈표 1-7〉 지방정부의 내부기능적 역량분석 요소

기능영역	기능유형	분석지표 / 단위 (예시)	비고
관리서비스	비전 및 목표관리	유무와 성격, 관리방식	
	일반행정관리 및 서비스제공	민간화, 민관공동생산, 사무처리기술, 관리전화문화 경영화수준, 계획집행의 연관성, 민원대응태도·시간	
	정보관리체제와 신기술활용	전자정부의 추진정도, 지방정부의 사무처리실태 컴퓨터활용정도, MIS의 활용정도	
발전추진	사회문제의 인지능력과 주민사회의 여론수렴	공직자의식구조, 지역사회문제의 인식정도, 기관별, 기구별 계획과 과제의 규모와 내용	
	정책기획 및 추진	정책개발기구의 유무, 개발된 정책유무와 정도, 정책개발의 분야의 규모와 인력 및 재정규모	
	변화관리 및 복지증진	리더십, 공무수행정신, 지방의회의 협력지원, 관련행정 기술확보, 시민자율규제집단·자원봉사단체의 협력 획득	
혁신창조	공직자의 의식혁신과 패러다임의 전환정도	사고개혁, 가치혁신. 행정에 대한 패러다임의 형태, 발상전환의 수준과 형태	
	창조적 능력개발수준	교육·훈련의 내용, R&D형태, 벤치마킹의 실천수준, 인적네트워커의 구축여부와 수준	
	성취동기의 개발함양정도	교육훈련과 인사, 보수 등의 유인제도, 경쟁체제와 평가제도의 형태와 내용	
	비전의 설정과 혁신지도자의 양성수준	비전의 유무, 내용과 성격, 혁신교육의 유무와 형태, 미래지도자육성프로그램의 유무와 범위 등	

로 삼아야 할 것이다.

2. 지방정부의 외부적 역량요소

지방정부의 외부적 역량이란 한 지역의 정치체제로서의 지방정부가 그 기능을 수행하고 있는 환경에 대한 능력을 의미한다. 지방정부의 환경은 좁게는 지역사회환경으로부터 넓게는 국가사회적, 그리고 국제사회 즉, 지구촌 환경까지 모두를 포함한다. 그리고 지방정부에 적극적인 도움을 주는 지원협조적 환경과 견제하고 감시하며 지방정부의 기능을 통제하는 환경요소들도 포함된다. 지방정부의 외부적 요인인 환경에 관한 연구는 혁신과 관련된 것으로 공동체의 환경, 정책수요, 정부의 의지 등을 검토한 연구와 인구비중, 평균소득, 산업화와 도시화의 정도, 지역경제수준 등을 검토한 연구가 있다(김혜정·이승종, 2006:106-107). 국내연구로는 지방정부의 환경으로서 정치행정문화, 중앙정부의 통치이념, 지역사회의 사회문화적 특징, 경제적 수준, 지역주민의 수준 등을 검토한 최봉기 외(1993)의 연구와 인구규모, 주민참여수준, 지방의회의 단체장 지지도, 도시농촌간의 차이 등을 검토한 이종수(2004)의 연구, 그리고 외부압력, 외부와의 의사소통, 주민의 행정참여, 환경변화 등을 검토한 이성진(2001)의 연구 등이 있다. 그리고 본격적으로 지방정부의 외부환경으로서 시민사회역량을 연구한 것으로는 "사회적 자본의 형성을 위한 지방정부의 역할"(최창수: 2000), "지방정부의 역량과 자치구의 사회적 자본과의 관계"(임승빈·이승종: 2005), 그리고 "지역시민사회의 역량과 지방정부의 정책혁신"(김혜정·이승종: 2006) 등이 있다.

그리하여 체제의 외부적 역량을 구성하는 요인으로서 구조적 요인에는 i) 사회적 자본과 시민사회적 역량 ii) 지역사회의 정치행정구조, ii) 산업경제적 구조, iii) 지역사회의 지정학적 구조, 그리고 iv) 문화규범적 구조 등을 들 수 있고, 기능적 역량으로는 i) 요구주장의 투입적 기능, ii) 정책사업의 수용기능 iii) 견제·통제기능 iv) 지방정부에 대한 지원과 협력기능 등으로 구분할 수 있을 것이다. 그리하여 이러한 역량 등을 현실적인 지방정부의 자치역량을 검토하는 기준 내지 지표로 삼을 수 있을 것이다. 아래에서는 이들 각각의 역량들을 구성하는 세부내용들을 검토해 보기로 한다.

1) 외부구조적 역량요소

지방정부가 외부환경과의 관계에서 어떠한 역량을 가질 수 있는가는 지방정부의 환경이 구조적으로 어떠한 형태를 지니고 있는가 하는 것에 따라 영향을 받는다. 우리나라의 경우 중앙정부와의 관계를 통해 지역사회의 정당과 정치구조에 많은 영향을 미치고 있다. 중앙정부는 지방정부의 제도나 공식적 관계를 통해 지방정부의 내부적 역량을 좌우하지만, 비공식적 영향력이나 정당과 정치인을 통하여 외부적으로도 많은 영향을 미치고 있다. 그 외도 시민사회단체들의 조직화 정도와 분야별 분포도, 그리고 지역사회의 산업구조와 그 발전수준 등은 물론 그 지역이 역사적 전통을 통해 어떠한 규범과 문화를 가지고 있는가 하는 것들이 지방정부의 기능적 역량에 플러스 기능을 하기도 하고, 마이너스 기능을 할 수도 있다. 아래에서는 지역정치구조, 시민사회구조, 산업경제적 구조 그리고 문화규범적 구조 등에 관해 차례로 검토해 보기로 한다.

(1) 지역사회의 정치구조와 행정관계

지역사회의 정치구조와 그 관계가 지방정부의 각종 정책수행에 상당한 영향을 미친다는 것은 현대인의 상식이다. 특히 현재 우리나라처럼 정당공천제를 통해 지방선거에 중앙정당이 공식적이고 총체적으로 관여하여 중앙선거와 지방선거의 차이를 구분할 수 없는 상황하에서는 더욱 그러하다. 사실 중앙정당의 지방거점정당과 지역출신의 국회의원들이 자치단체장과 지방의원의 공천을 통해 실질적으로 그들의 활동을 장악하고 있으므로 지방정부의 자치역량의 대부분은 이들이 좌우하고 있다고 보아야 한다. 그럼에도 불구하고 정당이나 국회의원들은 지방정부의 자치역량이나 발전에는 관심이 적다. 오직 자신들의 정치적 유불리만을 계산하고 있음으로써 궁극적으로는 국가발전을 저해하고 있는 것이다. 그 외도 지역사회에는 소위 지역유지라는 영향력 있는 인사들이 적지 않다. 전직 정치인이나 고위관리를 비롯하여 재력가와 전문지식인, 언론인들이 공식·비공식적으로 지역정치행정에 영향을 미

〈표 1-8〉 지역사회의 정치구조와 행정과의 관계특성

정치구조	성격특성	지방정부와의 관계와 태도	비 고
지배적 정당구조	중앙정당인가 지방정당인가	긍정적 혹은 부정적 자주적 혹은 의존적	
	집권적 구조인가 분권적 구조인가		
	지방선거관여정도 : 정당공천제여부		
지역정치인의 행태	중앙의존적인가 지방자주적인가	정부 친화적/지원 협조적 부정적 비판적	
	행정협조적인가 비협조적인가		
	권위주의적 태도인가 민주적 태도인가		
지역언론의 특성	중앙의존적인가 지역자주적인가	친화적 / 비판적 자주적 / 의존적	
	자치제도에 대한 이해와 인식수준		
	지방정부에 대한 태도특성		
	언론행태의 특성 : 비판적, 대안제시적, 구태적, 개혁적		
지역경제의 특성	지역전통자본, 외부유입자본	지역발전 친화적 지역발전 유도	
	지역경제의 외부의존성, 지역자주성		
	지역경제규모, 장래비전, 지역발전효과		

치고 있다. 따라서 이들의 지방정부에 대한 관계여하에 따라서도 지방정부의 자치역량이 상당수준 좌우될 수 있다. 요컨대, 지역사회의 정당구조, 지역정치인의 행태, 지역유지의 행태, 지역언론의 역할, 지역사회자본의 특성 등을 파악함으로써 이들이 지방정부의 자치역량에 어떻게 작용하는지를 파악함으로써 자치역량의 측정과 함께 그 역량제고방안을 탐색해 나가야 할 것이다.

(2) 사회자본과 시민사회구조

지역사회 즉 주민사회가 어느 정도 분화되고 다원화되었으며, 부문간, 영역간 유기적 협력체제가 잘 형성되어 있는가 하는 것이 지방정부의 체제역량제고에 긍정적 역할을 하기도 하고 부정적 역할을 하기도 한다. 특히 시민사회의 활동이 활발한가? 그들의 활동이 잘 연계되고, 그들의 에너지가 제대로 집적되고 있는가? 하는 시민사회구조와 시민사회의 역량이 지방정부의 자치역량을 좌우하는 중요 변수로 작용한다. 시민사회의 성숙과 참여가 높아짐에 따라 시민사회의 역할이 지방정부의 역량에 영향을 미친다. 지방정부의 역량과 주민이 형성하는 지역사회의 사회자본(social capital)과의 상관성에 관한 이론적 논의도 비교적 활발하다. 사회자본형성에 있어 지역사회의 역량강화는 주민의 역량강화와 연계되어 매우 중요하게 나타나고 있다.

〈표 1-9〉 지역사회의 사회자본과 시민사회의 구조적 특성

시민사회 내용	특 성	비 고
시민사회구조	주민사회의 구조적 분화정도	
	부문간, 영역간 분화와 연계정도	
	대립과 협력정도, 네트워크구축수준	
시민사회역량	시민교육수준, 소득수준, 의식수준	
	시민의 성숙도와 시민참여와 민주화 수준	
	갈등협상과 타협능력	
	부문간, 영역간 협력과 기능정도	
사회적 자본	지역사회와 주민들의 규범과 신뢰의 수준	
	협력과 봉사, 네트워크 형성정도	
	공동체의식, 사회적 신뢰, 공감과 소통 정도	

그리하여 Putnam은 어느 한 사회의 문화적 전통이 시민적 참여(civic engagement)를 강조하는가 혹은 '비도덕적 가족주의'(amoral familism)에 함몰되어 있는가를 구분하여, 정부와 시민 상호간 이익을 위한 자발적 협력과 협동을 촉진하는 연결망(network), 규범(norms), 신뢰(trust)와 같은 사회조직의 특성이 바로 시민사회를 구성하는 사회적 자본이라고 정의하고 있다(Putnam, 1995). 이러한 시민결사를 통한 시민사회의 역량은 궁극적으로 지방정치행정구조와 밀접히 연관되어 있다.

요컨대 지역주민들 간에 다양한 결사가 활성화 되고, 이를 통해 결속이 다양한 방법으로 교차하면서 증진될 경우, 사회 전체적으로 공동의 목표를 성취하는 집합적인 능력이 향상될 수 있다. 그러므로 제도화된 사회자본의 축적이야말로 지역사회 민주주의 발전에 가장 핵심적인 요인으로 작용한다. 시민들의 자발적 결사조직이 활성화된 사회가 곧 사회적 자본이 풍부하며 해당 지방정부의 역량을 높일 수 있는 독립변수가 된다는 가설이 성립될 수 있다. 즉 지역사회의 사회자본의 발달은 앞서 살펴보았듯이 궁극적으로는 해당 지방정부의 역량을 향상시킨다(임승빈·이승종, 2005).

(3) 산업경제적 구조

지역사회의 산업경제적 구조는 지방정부의 외부적 역량을 강화시키는 요인으로도 작용하지만 궁극적으로는 지방정부의 내부적 재정구조를 강화시킴으로써 내부적 역량강화요인으

〈표 1-10〉 지역사회 산업경제적 구조의 특성

시민사회 내용	특 성	비 고
산업구조의 특성	1, 2, 3, 4차 산업구조와 구성비율	기술집약과 노동집약
	중소기업, 중견기업, 대기업의 구성비율	
	굴뚝산업과 첨단산업의 비율	
	취업률과 고용구조 및 규모	
지역총생산 (규모와 구성)	GDP, 1인당 GNP	지역의 자생적 발전가능성
	지역의 수출규모, 전국적 비율	
	주요 수출품목	
주민소득과 금융자산	주민소득규모, 고용률	주민생활수준과 삶의 질
	가계대출규모와 추세	
	가계당 부패비율과 저축율	

로도 작용한다. 지역사회의 주력산업구조가 몇 차 산업구조로 구성되어 있는가? 첨단과학기술산업구조와 부가가치가 높은 소위 IT, BT, CT, NT 산업구조로 되어 있는가? 그렇지 않은가? 등은 지역사회의 경제발전을 좌우하는 중요 요소이다. 그리고 지역총생산, 지역수출량, 지역주민소득수준, 등등 국가경제구조의 측정지표들 중 지역사회에서 가능한 것들을 포함한다고 할 수 있다. 그러나 이들은 결국 인력의 상호교류, 지방세의 기반으로 지방정부의 인력구조 및 재정력구조와도 밀접히 연관되어 있다. 때문에 산업경제적 구조는 외부적 역량을 좌우하는 요소지만 직접적으로 지방정부의 자치역량을 좌우하는 주요 요인이기도 하다.

(4) 지정학적 구조

우선 지방정부의 지리적 위치가 어디인가 하는 것도 지방정부의 자치역량제고에 많은 영향을 미친다. 물론 지리적 위치를 역이용한 지역개발을 통해 악조건 하에서도 지역사회를 발전시킨 예도 없지는 않다. 그러나 대체로 내륙지역 보다는 바다에 접해있는 해양지역에 위치해 있을 경우가 지방정부의 정책추진역량을 제고시킨다. 국가도 그것이 위치한 지정학적 위치가 국운을 좌우하는 중요한 요소로 기능하는 경우가 많다. 예컨대 내륙산악지역에 위치하여 사회간접자본의 확충이나 교통시설이 발달하지 못했을 경우, 자체산업발전의 한계는 물론 사람과 물자의 이동이 용이하지 못함으로써 지역발전을 위한 정책수단을 동원하는 데에도 어려움이 크다. 반면에 수도 및 대도시에 근접해 있거나 해양항로와 항공로가 발달된 교통의 요지에 접해 있을 경우, 물자와 사람의 접근과 이동을 편리하게 함으로써 쉽게 지역사회의 경제사회가 발달될 수 있다. 국내외를 막론하고 실제 수도나 대도시에 인

〈표 1-11〉 지역사회 지정학적 구조의 특성

지정학적 구조	특 성	비 고
풍토, 위치, 면적	기후, 강수량, 기온	부존자원
	평지, 산간, 해안, 섬, 기타	
	경지면적, 산업용지, 중심업무지구	
지역사회 간접자본시설	공항, 항만, 철도, 도로, 댐, 저수지, 운동장 등의 건설	도시화 수준
	종류와 시설상태 및 현대화 수준	
지리적 특성	교통망의 발달정도, 산업단지와의 접근수준	교통발달수준
	해양과 내륙	
	도시성격	

접해 있거나 교통이 발달한 지역에 가까이 위치해 있는 지방정부의 발전수준은 높고, 그러한 지역의 지방정부의 자치역량은 높은 것이 보통이다. 이러한 지정학적인 요인들로는 기온, 강수량, 지형, 기후, 교통량, 인구이동량, 외부인의 방문자수 등을 들 수 있다.

(5) 문화규범적 구조

지방정부의 외부적 역량요소로서 지역사회의 문화규범적 구조가 어떠한가에 따라 지방정부의 역량제고에 플러스 기능도 하고 마이너스 기능도 한다. 물론 이러한 지역사회의 문화규범적 구조는 앞에서 설명한 지리적 위치에 의해 영향을 받기도 하고, 과거의 역사와 전통 등에 의해서도 영향을 받는 경우가 많다. 그리고 이러한 지리적 위치와 과거역사, 그리고 전통에 의해 형성된 지역사회의 문화와 규범은 지역의 정치, 행정, 사회 등 제 분야에 영향을 미치고 시민사회의 의식과 그 활동역량에도 영향을 미친다. 그리고 이러한 지역사회의 제반 문화와 규범은 지방정부에 근무하는 공무원, 지방의원과 단체장의 의식 속에 이미 자리잡고 있거나 이들에게 부단히 영향을 주고받는다. 그리하여 지역사회의 문화규범이 개방적인가 폐쇄적인가, 아니면 진보적인가 보수적인가 등에 따라 지역주민들은 물론 지방정부의 역량에 직·간접적 영향을 미치는 요인으로 작용한다. 특히 지역사회의 정치·행정문화는 지방정부의 구성원들을 통해 지방정부의 내부적 역량에도 역량을 미칠 뿐 아니라 주민의 의식구조와 시민사회의 특성을 규정함으로써 지방정부의 외부적 역량요소에도 영향을 미친다.

〈표 1-12〉 지역사회의 문화규범적 구조와 특성

내 용	특 성	비 고
지배적인 문화의 속성	전통문화와 현대문화 : 보수적 전통지향적 / 개방적 미래지향적	지역의 성격
	대중문화와 엘리트문화 : 보수적 전통지향적 / 개방적 미래지향적	
	생산문화와 소비문화 : 긍정적 / 부정적	
문화의 기능	지역발전에 대한 긍정적 혹은 부정적 기능	지역발전수준
	시민사회의 형성과 삶의 질 향상에 대한 기능	
문화규범의 특성	개방적 혹은 보수적 / 진취적 혹은 퇴행적	주민의식수준
	현실집착적인가, 혁신적 창의적인가	
	모험지향적, 개척적 도전적인가, 소극적 현실안주적인가	

2) 외부기능적 역량요소

지방정부의 외부적 역량으로서 기능적 역량이란 환경으로부터 지방정부에 대한 요구와 지지 그리고 견제와 통제의 정도가 어떠한가에 따라 지방정부의 역량이 강화될 수도 있고, 반대로 약화될 수도 있다. 즉 외부로부터 요구가 많고, 감시와 통제가 늘어나면 단기적으로는 구조적 역량과 기능적 역량이 떨어질 수 있다. 물론 장기적으로는 그러한 환경에 적응하고 대응능력이 생기면 오히려 구조·기능적 역량이 강화될 수도 있다. 반면에 지역사회로부터 지원과 협력이 강화되면 체제의 내부적 역량이 제고될 수도 있다. 따라서 지방정부의 외부기능적 역량은 체제외부의 i) 요구·주장의 투입기능, ii) 정책·사업의 수용기능 iii) 지방정부의 통제기능, iv) 정부기능에 대한 지원협력기능 등이 지방정부에 대해 어떻게 작용하는가에 따라 달라질 수 있다.

(1) 요구·주장의 투입기능

지역사회로부터 지방정부에 대한 요구와 주장, 반대와 불만이 심하면 심할수록 지방정부의 지역사회에 대한 기능이 증대되어야 한다. 그리하여 전술한 지방정부의 내부기능적 역량요소에 해당되는 관리·서비스기능과 발전기능 및 혁신창조기능을 강화하여 주민사회의 요구에 적절히 대응해야 한다. 그러나 지방정부의 인력이나 재정력이 부족하여 이러한 요구를 뒷받침하지 못할 경우, 즉 내부구조적 역량이 부족하면 바로 내부기능적 역량도 떨어져 이러한 요구대응기능이 저하될 수 밖에 없다. 그러나 요구와 주장 등 외부적 투입기능이 체제의 내부구조적·기능적 역량의 범위내에서 이루어질 경우 요구대응기능도 제고될 것이다. 따라서 외부로부터의 요구·주장의 투입기능이 어떠한가가 지방정부 자치역량강화의 주요 변수로 작용한다. 즉 지방정부에 대한 요구·주장의 투입기능은 단기적으로 볼 때 지방정부에 마이너스적인 것들도 잘 극복·대응하면 장기적으로 플러스가 되는 경우도 있고, 장기적으로 볼 때 플러스적인 것들도 단기적 측면에서는 마이너스적인 것들이 많다. 그러나 임기제에 의해 진퇴가 결정되는 지방자치단체장과 지방의원의 경우, 단기적 관점에서 이들을 파악할 수 밖에 없고, 때문에 요구와 주장이 양적으로 폭주하고 그 성격이 악의적거나 내용이 어렵고 곤란한 것일 경우 지방정부의 외부적 기능요소는 분명 자치역량을 감소시키는 요인으로 작용할 것이다.

(2) 정책·사업의 수용기능

지역사회의 각 영역이 지방정부와 상호 작용하는 과정에서 지방정부의 정책이나 사업에 동의하고 이를 수용하며, 정부기능에 협력하고 지원할 경우 지방정부의 자치역량은 제고된다. 주민들이 지방정부의 조세정책에 동의하고, 각종 조례제정에 적극 찬성함으로써 세금납부에 앞장서고, 질서유지와 준법생활을 일상화해 나갈 때 지방정부의 자치역량은 제고될 수 밖에 없을 것이다. 그러나 반대로 사업추진을 반대하거나 납세거부운동을 추진한다거나 조례제정에 반대하고 교통위반 등 질서유지에 협력하지 않을 경우, 이를 바로 잡기 위해서 지방정부가 투입해야 할 인적·재정적 자원은 증대할 것이며 그만큼 지방정부의 자원이 소진함으로써 역량은 줄어들게 될 것이다. 국책사업의 예이지만 환경단체의 경부고속철도(대구부산간)건설반대나 서해안 간척사업 등에 대한 빈번한 반대로 각종 정부의 정책사업추진이 중단됨으로써 엄청난 국고낭비가 불가피했다는 점은 반대를 막지 못한 정부의 역량부족도 문제이지만 그로 인한 엄청난 자원낭비로 정부의 역량을 감소시켰다는 것이다.

(3) 지방정부에 대한 통제기능

지역사회로부터 지방정부에 대한 주민들의 견제와 감시 및 비판을 통한 통제기능이 얼마나 활발한가 하는 것도 지방정부의 역량을 좌우하는 중요한 요소로 작용한다. 지방정부가 주민들에 대한 행정책임을 다할수 있도록 하기 위해서는 주민들의 행정에 대한 통제는 불가피하다. 특히 우리나라와 같이 주민들의 정치·행정적 의식수준이 낮고 가치관이 왜곡되어 있어(정세욱, 2003) 주민통제수준이 낮은 경우 그만큼 지방정부의 자치역량수준은 낮아질 수 밖에 없다. 지방정부의 공무원, 단체장, 지방의원들은 지역사회의 모든 주민들이 자신들의 행동을 주시하고 근무태도를 감시한다고 인식할 때 더욱 열심을 다해 일하게 될 것이다. 이러한 지방정부에 대한 지역사회의 통제기능은 첫째 통제를 수용하는 단체장과 지방의원 그리고 공무원의 공직관과 사고방식, 둘째 지방행정기관의 공직풍토, 셋째 주민의식, 시민정신, 주민으로서의 자각의 정도 등에 따라 그 기능수행의 성패가 좌우될 것이다. 현재 우리나라는 주민통제를 가능하게 하는 다양한 제도를 도입해 놓고 있다. 예컨대 다양한 주민참여제도, 주민소송제도, 주민투표, 주민발안, 주민소환제도, 주민감사청구제도, 청원과 진정제도 등 다양한 제도적 장치를 해놓고 있다. 뿐만 아니라 선거를 통한 통제, 정당활동을 통한 통제, 그 밖에도 인터넷, 이익집단, 시민단체활동, 매스컴과 여론 등을 통해 비제도적으로 통제할 수 있는 채널이 열려있다. 문제는 이러한 제도들을 주민들이 얼마나 잘 활용하느냐에 따라 지방정부의 자치역량이 좌우될 것이다.

(4) 지방정부에 대한 지원 · 협력기능

이것은 지방정부에 대한 지역사회의 태도가 얼마나 우호적이고 협력적인가에 따라 평가될 수 있다. 지방정부는 자신이 처한 지역사회로부터 다양한 요구와 주장을 받아 이를 여러 형태의 정책과 사업이라는 이름으로 처리한다. 한편 지역사회는 지방정부의 다양한 정책이나 사업이 바로 자신의 요구와 주장이 변형된 문제해결수단이라는 인식으로 이를 수용하고 지지한다. 이러한 지방정부와 지역사회의 상호작용과정에서는 반드시 정부라는 체제에 대해서 때로는 시민사회로부터의 비판과 통제가 가해지기도 하고 때로는 지원과 협력을 받기

〈표 1-13〉 지방정부의 외부역량분석·측정 유형과 요소

영역별	역량유형별	분석·측정요소	비 고
외부구조	지역정치구조와 행정관계	지역정당구조, 지역정치인의 행태, 지역유지의 행태, 지역언론의 역할, 지역자본의 특성	
	사회적 자본과 시민사회구조	사회적 신뢰, 자발적 참여, 지역사회 리더십, 사회적 네트워크, 시민적 책임감 등	
	산업경제적 구조	지역총생산, 지역수출입총량, 지역주민소득수준, 산업구조유형, 성장동력산업, 첨단산업형태 등	
	지정학적 구조	위치와 지형, 기온, 강수량, 기후, 교통조건, 인구이동량, 물동량, 접경지역의 성격과 특성	
	문화규범적 구조	전통과 역사, 정치문화의 형태, 진보와 보수성향, 폐쇄와 개방성향	
외부기능	요구·주장의 투입기능	내용과 강도, 유형과 빈도, 성격과 특성	통제제도 유형 :주민소송, 주민투표, 주민발안, 주민소환, 주민감사청구, 청원과 진정 등
	정책·사업의 수용기능	지지와 반대의 형태, 범위와 강도의 수준, 진실성과 형식성 등	
	지방정부에 대한 통제기능	단체장·지방의원·공무원의 공직관과 사고방식, 지방행정기관의 공직풍토, 주민의식, 시민정신, 주민으로서의 자각의 정도 등	
	지방정부에 대한 지원협력기능	지지와 찬성, 세금납부, 인력동원, 자발적 참여, 자원봉사, 기부금제공 등	

도 한다.

지방정부에 대한 외부환경(시민사회)으로부터의 지원과 협력은 그것이 지역사회발전에 플러스적인 기능을 한다는 판단 하에 이루어진다. 이것은 지방정부의 역할기능에 대한 지지와 찬성, 세금납부, 인력동원, 자발적 참여, 사회봉사자로서의 참여, 기부금제공 등 다양한 형태로 이루어진다. 그리하여 전술한 정책이나 사업의 수용기능도 일종의 지원과 협력이라고 볼 수 있다. 이처럼 외부환경으로서의 시민사회가 지방정부가 수행하는 각종 정책이나 사업수행에 어떠한 형태로 얼마만큼 협력하고 지원하느냐 하는 것이 지방정부의 대외적 역량을 가름할 수 있는 판단기준이 될 수 있다.

이러한 관점에서 지방정부의 외부기능적 역량은 지역사회의 사회자본(social capital)에 의해 많은 영향을 받을 수 있다. 즉 사회자본이란 지역의 주민사회에서 주민들 간에 상호 이익을 위해 형성된 협력적 연결망, 규범, 신뢰이다. 지방정부는 이러한 사회자본의 발달여하에 따라 외부기능적 역량에 일정한 영향을 받게 되는 것이다. 이처럼 지역사회의 사회자본의 수준은 바로 이러한 지방정부의 외부기능적 역량을 제고시킬 수 있는 주요 변수로 작용할 수 있다. 지역주민사회가 주민들 간의 신뢰와 유대가 돈독하여 사회자본이 잘 발전되어 있을 경우 지방정부는 이들로부터 다양한 도움을 받을 수 있기 때문이다.

Ⅳ. 지방정부의 자치역량과 역량요소의 관계

1. 지방정부의 자치역량과 공직자들의 인적역량의 관계

이상에서 지방정부의 자치역량이란 무엇인가를 규정하고 자치역량을 구성하는 여러 가지 요소들을 검토해 보았다. 그러나 지방정부의 자치역량은 연구자들의 연구목적이나 관점에 따라 본서와 같은 분류방식과는 다르게 분류할 수도 있고, 그 구성요소들도 다른 각도에서 파악할 수도 있다. 그럼에도 불구하고 본서에서는 지금까지 연구되고 있는 가장 일반적인 관점에서 그 개념을 규정하고 구성요소들을 분석해 보았다.

사실 지방정부의 자치역량은 이들 모든 분야에서 균형적으로 잘 발전되어 있어야 하는 것은 아니다. 그리고 이러한 자치역량이 중앙정부나 어느 외부로부터 주어지는 것도 아니다. 예컨대 비록 다른 역량요소들이 부족하더라도 재정역량만 충분하다면 재정력을 활용하여 다른 역량을 제고시킬 수도 있다. 그러나 재정역량이 강화되어 있고, 부존자원이 풍부하다고 하더라도 지방정부에게 주어진 권력적 역량이 통제되어 있다면 다른 역량을 활용할 수가 없기 때문에 전체적으로 자치역량을 위축시키는 결과를 가져오게 될 것이다. 반면에 다른 역량요소들이 빈약하다고 하더라도 지방정부의 자치권이 강화되어 권력적 역량이 충분히 확충되어 있다면, 지방정부의 노력이나 정책으로 다른 역량을 강화시킬 수도 있을 것이다.

물론 권력적 역량이 아무리 만족스럽게 주어져 있다고 하더라도 인적역량이 취약하면 이러한 자치권력을 활용할 수 있는 인재가 없어 권력적 자원을 사장시킬 수도 있다. 그러나 통제된 권력구조 속에서도 어렵게 충원된 공직자들이 뛰어난 능력과 자질을 갖추고 있다면 이들이 중앙정부와의 투쟁이나 협상을 통해 권력과 재원을 확보해 나갈 수 있다. 이렇게 볼 때 궁극적으로 지방정부의 자치역량문제는 바로 지방정부의 사람, 즉 지방공무원들의 역량문제로 귀착된다. 즉 지방정부의 인적 역량을 제고시키는 일이 다른 모든 역량을 제고시킬 수 있는 기초가 된다는 것이다. 요컨대 문제는 사람이다. 어떠한 사람을 지방정부에 충원하느냐와 기존의 인력들을 어떻게 변화시키느냐가 지방정부의 자치역량을 좌우하는 주요 관건이 될 것이다.

지방정부의 내부적 문제이든 외부적 문제이든 간에 지방정부 스스로의 문제해결능력, 즉 자치역량의 문제는 바로 지방공직자들의 역량문제로 귀착된다. 때문에 지역발전과 지방정부의 경쟁력을 제고시키기 위해서는 바로 지방공무원의 채용과 교육훈련이 중앙공무원의 그것보다 훨씬 더 발전될 필요가 있음을 깨닫게 된다.

2. 중앙정부의 시급한 지방공무원 채용제도개편

그럼에도 불구하고 우리나라의 지방공무원제도는 채용과 근무 그리고 교육훈련 등 모든 분야에서 중앙정부의 국가공무원제도보다 열등한 것이 현실이다. 우선 공직자의 채용과정에서부터 중앙정부는 5급 이상의 고위공무원 충원을 중심으로 채용하고 지방정부는 7급 이하 9급 공무원을 중심으로 채용하고 있다. 물론 중앙정부도 7급과 9급 공무원을 채용하고 있지만 중앙정부는 고시제도라는 어려운 인재채용을 중심으로 하고 있고, 지방정부는 고졸학력자들을 기준으로 하는 객관식 위주의 시험으로 공무원들을 채용하고 있다. 중앙정부의 고시합격자들은 대부분 중앙정부에 근무하면서 2년간 정부지원으로 해외유학(석사학위과정)을 다녀오지만 지방정부의 9급채용자들은 현장에서 늘 고된 근무만 강요받고 있다. 이처럼 출발부터 중앙정부는 상대적으로 우수한 인재로 충원하고 지방정부는 덜 우수한 사람들로 충원함으로써 지방의 중앙예속을 제도화시키고 있다.

그러나 지방정부가 자치역량을 강화시키고 지역사회를 발전시켜 나가기 위해서는 우선 중앙정부 못지 않게 지방정부의 정책과 계획들을 효율적으로 수립·추진할 수 있는 유능한 공무원들을 충원해야 한다. 그리고 중앙정부에 대해 지방분권을 촉진하고 지역균형발전을 위한 중앙정부의 제도개선을 촉구할 수 있는 능력과 소신있는 공무원들을 충원해야 한다. 지방정부에 이러한 인재들을 충원하기 위해서는 지방공무원의 채용과정에서부터 전략적으로 접근해야 한다.

때문에 현재의 지방공무원인사제도는 시급히 그리고 획기적으로 개편해야 한다. 우선 세계화현상에 대비한 국제적 지식과 외교통상적 지식은 물론 다양한 외국어구사능력을 소지한 사람들을 충원할 필요가 있다. 나아가 중앙정부의 권력적 집권에 대한 분권요구와 함께 중앙정부와 협력과 견제를 통해 지역발전을 촉진시킬 수 정치와 행정 그리고 법률과 제도 등에 전문적인 지식을 가진 사람들로 충원해야 한다. 그리고 근무 중에도 철저한 교육훈련과 경력관리를 통해 지속적으로 이들을 세계적 인재로 키워 나가야한다.

미래의 글로벌 사회는 중앙정부만이 만사를 해결할 수 있다는 시대착오적인 생각은 고쳐야 한다. 언제까지나 지방공무원과 지역주민들을 무능과 불신으로 치부할 수는 없다. 지금의 우리나라 지방과 지역사회 그리고 지역주민들의 수준과 삶의 실태는 그동안 중앙정부중심으로 추진했던 수많은 정책의 결과이다. 이제부터라도 지방에 대한 중앙정부의 반성이 있어야 하며, 따라서 그에 상응하는 제도와 정책의 혁신이 뒤따라야 한다.

현재 중앙정부가 목표로 추진하고 있는 창조경제와 국가선진화는 지방정부와 지역주민들의 협력없이 중앙정부의 힘만으로는 결코 달성할 수 없는 과제이다. 분권과 자치발전 그리고 지역균형발전을 통해 지방을 발전시키고, 지방과 중앙이 협력하여 세계로 나아갈 때 비로소 한 차원 높은 선진국가로 발전할 수 있기 때문이다. 따라서 우선적으로 지방정부의 자치역량을 제고시켜야하고 이를 위해서는 지방정부의 공직자들에 대한 채용과 관리정책을 획기적으로 개편해야 한다. 지방은 안중에도 없는 대부분의 중앙부처와 지방을 통제하는 데만 급급해 온 안전행정부는 이제부터라도 지방을 향해 변화된 눈길을 돌려야한다. 그리고 그것이 진정한 애국임을 깨달아야 한다.

제3장 한국 지방정부의 자치역량실태와 강화방안

Ⅰ. 지방정부 자치역량제고의 필요성

주지하는 바와 같이 우리나라에 지방자치제도가 부활된(1991년) 이후 20여년이 훨씬 지났다. 그리하여 우리나라 지역사회는 지방자치제도 실시 이후, 특히 자치단체장을 주민들이 직선한(1995년) 이후 많은 변화와 발전을 이루어왔다. 지역사회의 물리적 환경변화와 발전은 물론 지역주민들의 정신적 의식과 태도에도 많은 발전을 이루었다. 그러나 이러한 지방의 변화와는 달리 중앙정부에 과도하게 집중된 권한과 중앙정부의 심각한 지방통제권 그리고 왜곡된 지방자치제도 등은 20여년 전과 비교해 볼 때 거의 바뀌지도 않았다.

전 국토와 전 지역의 균형적 발전이 국가발전의 지름길이고, 이를 위해서는 중앙정부의 지역균형발전과 지방분권에 대한 획기적인 정책적 조치가 취해지지 않으면 안된다. 그러나 그동안 중앙정부는 분권과 자치발전을 외면하거나 회피하여 왔고, 지방정부와 지역주민들은 체계적이고 지속적인 요구와 주장을 게을리 하였다. 그리고 언론과 시민단체들 역시 분권과 자치의 가치를 제대로 인식하지 못하여 여론조성에 주도적 역할을 하지 못했다. 특히 중앙정부의 행정부와 입법부가 분권과 자치발전을 회피하거나 방해함으로써 지방화와 지역발전은 사실상 침체되어 있는 상황이다. 설상가상 대통령과 집권정당의 이념적 특징에 따라 지방분권이나 지방자치에 대한 철학과 가치 및 지식과 인식이 달라 국정운영에서 지역발전과 지방분권은 언제나 우선순위에서 밀려나고 있다. 더구나 중앙정부중심의 국가운영은 1945년 정부수립 이후 지금까지 변함이 없었다. 한국의 엘리트들은 학교교육을 통해 민주주의나 지방분권, 그리고 지방자치를 정상적으로 수학한 사람이 거의 없다. 따라서 한국의 엘리트들은 대부분 이들 분야에 대해서는 문외한이나 다름없다.

따라서 이들로부터 진정한 민주주의와 이를 위한 지방분권과 지방자치의 발전을 기대하기란 불가능에 가깝다. 따라서 지방정부와 공직자들 그리고 지역주민들이 중앙정부로부터 분권과 자치발전에 관한 어떤 기대를 한다는 것은 매우 어리석은 짓이 되었다. 그리하여 이제는 대통령선거든 국회의원선거든 간에 선거 때 마다 쏟아져 나오는 지방분권과 지역발전에 관한 수많은 공약들은 믿을 수가 없게 되었고 믿는 사람들도 없다.

따라서 이제부터는 중앙정부로부터의 기대보다는 지방정부 스스로의 노력으로 자치역량을 키워서 지역발전과 주민에 대한 복지증진을 추진해 나갈 필요가 있다. 그리고 일하기 위해 꼭 필요한 권한과 기능은 그 때 그 때 직접 중앙정부를 설득하고 변화시켜 나가야 한다. 동일한 조건아래서도 어떤 지방자치단체는 발전하고 어떤 자치단체는 침체되어 있는 현상을 우리 주위에서도 얼마든지 볼 수 있다. 이것은 지방정부의 노력만 있으면, 그리하여 현재의 여건 하에서도 가능한 최대의 자치역량을 키운다면 지역발전과 주민복지 그리고 그것을 통한 삶의 질 제고는 충분히 가능할 수 있다는 것이다. 일본의 고오베시가 스스로의 노력으로 지역을 발전시킨 사례나 한국이 자력으로 한강의 기적을 이룩한 사례는 악조건에 처해 있는 우리나라의 지방정부들이 유의해야 할 타산지석이라고 할 수 있다. 이러한 사례들은 우리나라의 지방정부들도 노력만한다면 얼마든지 자기지역의 발전을 가능하게 할 수 있다는 확신을 가질 수 있게 해준다. 이렇게 볼 때 중앙정부를 탓하기 이전에 현재의 여건 하에서 우리 지방정부들이 발전을 위해 얼마나 많은 노력을 경주했는지 반성할 필요가 있다. 지역발전에 요구되는 자원과 전략을 분석하고 이것을 마련하는 일에 공직자와 주민들이 힘을 모은다면, 그리하여 지방정부의 자립과 자치역량을 제고시킨다면 현재의 조건 하에서도 지역발전은 얼마든지 가능할 수 있다는 것이다. 지방정부의 자치역량제고를 위한 지방정부 스스로의 노력은 바로 이러한 관점에서 출발해야 한다.

그렇다고 지방정부가 중앙정부에 대한 분권요구와 자원지원의 주장을 중단하라는 것은 아니며, 중앙정부 스스로도 이러한 지방분권과 지역발전정책을 소홀히 해도 좋다는 것은 결코 아니다. 지방분권과 지역발전을 위한 기존의 노력들을 더욱 강화해 나가는 과정에서도 특히 지방정부가 스스로 발전할 수 있는 자구책을 찾아야 한다는 의미이다. 따라서 우리는 지방정부가 스스로 자치역량을 강화시키기 위해서는 무엇을 어떻게 해야 할 것인가를 연구하고 검토하는 노력이 필요하다. 뜻이 있는 곳에는 반드시 그것을 달성할 수 있는 길도 있기 때문이다. 지금까지와는 달리 모든 지방정부들이 스스로 목표를 세우고 그 달성을 위한 정책대안을 찾는다면 반드시 그 목표는 이루어질 것이다. 지방정부의 자치역량을 강화시키는 일은 지역발전을 위한 가장 기본적인 조건이고 노력이다. 세계화에 대응하고 국가선진화에 기여하기 위해서라도 모든 지방정부들은 각자 자치역량을 강화시키는 일에 가장 우선적 가치를 둘 필요가 있다. 중앙정부의 창조경제정책의 추진과 함께 지방정부도 창조적 자치역량을 강화시키는 과업에 전력투구해야 할 것이다.

Ⅱ. 지방정부 내부적 역량실태와 제고방안

1. 내부적 자치역량의 실태

지방정부의 내부적 역량이란 체제로서의 지방정부가 환경과 상호작용하면서 스스로의 목적을 달성해 나갈 수 있는 내부적 능력을 의미한다. 그리고 그것을 구성하고 있는 요소들을 구조적인 측면과 기능적인 측면으로 나누어서 검토해 보았다. 그런데 위의 분석과정에서도 알 수 있었던 것처럼 구조와 기능은 상호 불가분의 관계에 있기 때문에 실제 행정현장에서는 이를 따로 분리해서 검토하거나 논의하기가 쉽지 않다. 그것은 기능하기 위해 만들어 놓은 방법과 절차가 모두 구조에 의해 규정되고 있기 때문이다. 기능은 구조에 의해 제약되고 구조는 기능에 의해 수정되기 때문이다. 그리고 구조적 역량요소든 기능적 역량요소든 간에 지방정부의 내부적 역량요소는 그 종류를 규정하거나 역량을 좌우할 수 있는 관건이 바로 중앙정부의 법령이라는 점이다. 다시 말해 지방정부의 역량은 중앙정부에 의한 지방분권의 수준과 밀접히 연관되어 있고, 중앙정부의 지방정부지원이나 통제수준 등과 불가분의 관계에 있다는 것이다. 그리하여 우선 권력구조적 차원에서 충분한 권한을 배분하여 지방정부가 독자적인 기능을 할 수 있도록 해야 하고, 그러한 권력적 기반위에서 필요한 인력을 자율적으로 동원하고 배분할 수 있으며, 조직관리 역시 지방정부의 필요에 따라 수정·개편이 가능해야 한다. 나아가 지방정부가 지역발전을 위한 정책과 사업을 자율적으로 수행할 수 있을 만큼 가능한 재정력도 뒷받침되어야 한다. 이러한 구조적 기반이 조성될 때 비로소 그 위에서 비전을 제시하고 목표를 설정할 수 있으며, 각종의 최신기술을 활용하여 지방정부 스스로의 혁신과 함께 주민에 대한 행정서비스와 지역발전을 위한 정책개발이 가능하기 때문이다. 물론 아무리 중앙정부가 제도적으로 잘 뒷받침하여 내부구조적 역량요소들을 강화시킨다고 하더라도 지방정부 지도자들의 창조적 리더십이나 공직자들의 성취동기와 적극적인 노력과 역할이 없다면 자치역량은 결코 강화될 수 없을 것이다.

이러한 관점에서 볼 때 우리나라 지방정부의 내부적 역량은 지역사회라는 외부환경이 기대하거나 요구하는 수준에 현저히 미달되어 있다. 구조적 차원에서 볼 때도 어느 영역하나 지방정부다운 구조를 갖춘 곳이 없고, 기능적 차원에서 볼 때도 역시 미흡하다. 국제사회에서 한국이라는 국가가 대외적으로 평가받고 있는 수준보다 그 내부적 수준은 훨씬 미달된다는 것이다. 즉 국가를 인체에 비유한다면, 우리나라는 체격은 강하나 체력이 약해 언제든지 주저앉아버릴 수 있는 위험을 안고 있다는 것이다. 그것은 곧 중앙정부가 강제적 권력을 통해 전국을 통제함으로써 우선은 국가발전을 지탱해 나가고 있으나, 국가를 구성하고 있는 개별요소들 즉 인력수준, 기업수준, 지방정부수준은 물론이고, 이들을 연결시키는 법령이라는 제도적 수준까지 후진적이어서 미래가 불투명하다는 것이다. 이렇게 볼 때 지방정부의 자치역량제고는 바로 국가발전과 맞닿아 있음을 알 수 있다. 때문에 지방분권을 통한 지방정부의 자치역량강화는 바로 국가경쟁력제고를 통한 선진국가로의 부상이라는 국가발전전략적 차원에서 추진되어야 한다. 그러나 유감스럽게도 한국의 중앙정부와 엘리트들은 목전의 작은 이익에 눈이 어두워 이처럼 너무도 중차대한 사실을 외면함으로써 사태를 악화시키고 있다. 다음절에서는 이와 같은 관점에서 지방정부의 자치역량요소를 확충하고 강화할 수 있는 방안을 검토해 보기로 한다.

2. 지방정부의 내부적 자치역량 제고방안

지방정부의 자치역량을 제고하는 방안은 지방자치단체의 특성에 따라서나 지방정부의 기능적 특수성에 따라 차이가 있을 수 있다. 뿐만 아니라 광역정부와 기초정부, 도시정부와 농촌정부에 따라서도 다를 수 있고, 인구규모나 지역발전의 정도에 따라서도 우선적으로 강화해야 할 역량요소와 그렇지 않은 요소들 간에 차이가 있을 수 있다. 그러나 여기서는 이러한 지방정부간 개별적 특성을 고려하지 않고, 보편적 관점에서 지방정부의 자치역량을 제고할 수 있는 방안을 검토해 보기로 한다.

1) 자원의 증진과 질적 관리

지방정부의 자치역량제고를 위한 자원증진이란 역량제고에 필요한 자원지원을 양적으로 증대하고 질적으로 제고시키는 것을 의미한다. 자원이란 흔히 인적 자원과 물적 자원으로 나누지만 좀 더 구체적으로는 사람, 재물, 지식, 정보, 기술, 시간, 신용, 정치적 지지(권력) 등을 의미한다. 그리고 이들 자원은 지방정부의 자치역량을 제고하는데 없어서는 안 될 중요한 요소들이다. 즉 사람, 지식, 기술, 정보, 경험 등은 그 질적 수준을 제고시킴으로써 자치역량을 강화시키고, 재물이나 시간 그리고 신용 등은 양적 증대를 통해서 그 역량을 강화시킬 수 있다.

지방정부의 구조적 역량요소들은 거의 이들 여러 자원의 어느 하나에 속한다. 즉 권력구조적 요소나 인력구조적 요소, 그리고 재정구조적 요소의 경우 바로 권력적 자원과 인적자원 그리고 재정적 자원으로 볼 수 있기 때문이다. 기능적 요소 역시 지방정부의 공직자의 질과 그들에게 주어진 권력기반의 내용에 의해 기능적 역량이 좌우될 수 있다. 때문에 결국 지방정부가 이용하거나 활용할 수 있는 자원을 양적으로 증대시키고 질적으로 전문화시켜 나가는 것이 곧 지방정부의 자치역량을 제고시키는 지름길이다. 특히 21세기는 네트워크 사회(Network Society)이다. 따라서 자체의 한정된 역량을 그 이상으로 강화시킬 수 있는 새로운 방법으로서의 네트워크전략을 추진해야 한다. 인적 네트워크, 정책(정보)네트워크, 조직간 네트워크 등 다양한 네트워크 구축을 통해 지방정부의 역량을 확대·강화해 나갈 수 있도록 해야 할 것이다. 우리는 그동안 이러한 정부의 역량요소(기초, 토대, 뿌리)에 대한 투자는 하지 않고, 기능(잎, 가지, 꽃, 열매)만을 강조해 왔다. 즉 정부는 줄곧 혁신을 강조해 왔지만 혁신할 수 있는 기반은 마련하지는 않고, 혁신의 결과만을 강요해 왔다. 그 결과는 구호만 요란했고, 증후군만 만들어 놓았을 뿐 특별한 성과를 만들어 내지는 못했다. 이제부터 중앙정부는 지방정부의 이들 역량요소에 관심을 가지고 이들을 강화시키거나 질적으로 제고시킬 수 있는 방안을 찾아야 한다. 그것이 바로 지방정부의 자치역량을 강화시키고 궁극적으로는 국가의 역량과 경쟁력을 제고시키는 길이기 때문이다.

2) 지방분권촉진과 지방자치권의 확충

지방정부의 자치역량을 강화시키기 위한 가장 기본적인 조건은 중앙정부가 가진 지방의 권한을 지방으로 분권함으로써 지방자치단체의 지방자치권(자치입법권, 자치조직권, 자치행정권, 자치재정권)을 확충하고 강화시켜야 한다. 이를 위해서는 관련된 다양한 법령을 보완하고 수정함으로써 입체적으로 제도를 확충시킬 필요가 있다. 일반적으로 제도란 "일정한 상황 하에서 누가, 무엇을, 어떻게 할 것인가에 대한 규범적 양식의 복합체"라고 할 수 있으며, 이 때 규범이란 관습, 법률, 도덕 등을 의미한다(정치학대사전, 1983 : 1384). 그러나 행정연구영역에서의 제도란 이들 중에서도 특히 중앙정부의 법률과 명령, 규정, 관례, 절차 등을 비롯하여 지방정부의 조례와 규칙 등을 의미한다. 특히 여기서 제도란 이들 중앙정부와 지방정부의 제도를 비롯하여 특히 지방자치제도를 중심으로 하고, 보다 근본적인 권력분립제도, 지방분권제도, 공무원제도, 교육제도, 국가재정운영제도 등 관련제도들을 동시에 내포하는 것으로 보아야 한다. 특히 근래에는 중앙정부가 법령을 통해 지역의 경제개발, 산업개발, 도시개발, 교육개발 등 지역차원의 독자적인 정책이나 제도개발을 허용하지 않고, 전국을 획일적으로 통제하고 있어 국가발전의 저해요인이 되고 있다. 21세기에는 지역발전 없는 국가발전은 기대할 수 없다. 결국 중앙정부와 관료들이 국가발전을 저해하는 악의 축으로 평가받지 않으려면 지금이라도 스스로의 오만와 편견으로부터 벗어나는 용기와 지혜가 절실히 요청된다. 그리하여 이제는 지방정부 스스로의 힘으로 그 지역의 특성화와 창조적 발전이 가능하도록 대폭적인 분권이 요구된다.

3) 자치단체장의 창조적 리더십 확충

가장 바람직한 지방정부의 역량제고방법은 중앙정부의 지원 없이 스스로의 노력으로 자율적으로 발전하는 것이다. 창조적 리더가 지역사회의 미래의 비전을 제시하고, 변화를 통한 새로운 가치를 창조함으로써 지역사회의 자율적 발전을 추진해 나갈 수 있어야 한다. 물론 이때도 현재 우리나라처럼 중앙정부가 간섭이나 규제로 발전의 발목을 잡아서는 안된다. 외국의 경우 자치단체장의 리더십이 지역발전의 견인차 역할을 했던 곳이 적지 않다. 비록 짧은 지방자치의 역사지만 이미 우리나라에서도 자치단체장의 리더십이 지역발전의 견인차가 되고 있음을 증명해 주고 있는 곳도 있다[14].

이처럼 자치단체장의 창조적 리더십이 지방정부의 자치역량을 제고시키는 주요한 동인으로 작용하기 때문에 지도자의 리더십을 강화할 필요가 있다는 것이다. 문제는 지도자가 자신의 능력으로 자치역량을 제고하는 사람중심의 자치역량제고가 아니라, 어떠한 지도자가 오더라도 자치역량이 강화될 수 있는 시스템적 역량을 제고시켜야 한다는 것이다. 지도자가 재임중에는 왕성하게 일하던 정부가 지도자가 바뀌면 기능이 쇠퇴해 버려서는 안된다. 그러한 역량은 진정한 의미에서의 자치역량이라고 할 수 없다. 따라서 지도자는 구조적·기능적 역량요소 그 자체

14) 91년 이후 3선 연임의 시장을 거친 경북 김천시의 박 팔용 시장을 비롯하여, 김충석 여수시장, 김세웅 무주군수, 김흥식 장성군수 등이 그 대표적인 인물들이다.

즉, 역량의 기초토대를 강화시키는 리더십을 발휘해 나가야 한다.

4) 지방정부 공직자들의 능력발전과 역할혁신

지방정부의 내부적 역량은 물론 대외적 수요대응역량을 강화시키기 위해서는 공직자들의 능력을 제고시켜야 한다. 다시말해 지방정부의 역량을 강화시키기 위해서는 무엇보다도 지방정부에서 근무하는 사람들의 능력을 강화시켜야 한다. 자치단체장과 지방의원은 물론 지방공무원들에 이르기까지 공직자들이 사명감과 책임감을 가지고 지역발전과 주민의 복지증진에 주력해야 한다. 이처럼 지방정부의 공직자들이 종래의 관료적 행태에서 벗어나 글로벌 사회의 주민대표로 역할하도록 하기 위해서는 무엇보다도 이들의 공직에 대한 의식과 태도가 바뀌어야 한다.

이러한 공직자로서의 지역에 대한 사명감과 책임의식이 올바르게 형성된 이후에는 이것에 기초한 지역문제의 해결과 발전유도를 가능케 하는 창의적이고 혁신적인 능력을 함양시켜야 한다. 그리고 이러한 능력을 수단으로 지역사회의 개혁과 창조를 실현할 수 있어야 한다. 지방공무원의 역할혁신이란 소극적이고 수동적이며 변화에 저항하는 기존의 행태가 아니라 혁신과 창조를 통하여 지역사회의 변화를 유도·촉진시켜 나가는 적극적이고 동태적인 공무원으로 거듭나도록 해야 한다는 것을 의미한다.

사실 모든 문제의 시작과 끝은 사람에게 있다. 사람이 문제의 원인이고 해결의 실마리인 것이다. 따라서 사람을 바꾸지 않고서는 어떠한 변화도 가능하지 않다. 지방공무원들의 의식과 행태를 바꾸고 역할을 쇄신하기 위해서는 우선 지방공무원채용제도를 대대적으로 개편해야 한다. 기존의 제도로는 21세기 선진한국의 지역사회를 변화시킬 수 있는 공무원을 채용하기 어렵다. 그리고 기존의 공무원교육제도를 대폭 개편해야 한다. 기존의 시험없는 교육제도는 지방공무원들을 오히려 무능하고 게으르며, 눈치만 보게 만드는 매우 잘못된 제도이다. 교육을 통해 업무에 대한 열정과 애착을 갖게 해야 하며, 무능하고 게으른 공무원들을 도태시킬 수 있어야 한다. 지금의 채용제도와 교육제도 하에서 21세기 선진한국의 지방을 책임질 수 있는 열정적인 공무원을 찾는다는 것은 거의 불가능에 가까울 수도 있다.

5) 지방정부운영과 정책의 민주성 및 투명성 확보

지방정부가 투명하게 운영되지 못하면, 아무리 좋은 정책이나 혁신적인 발상이라 하더라도 그것이 성공하기는 어렵다. 혁신은 필요성의 인식으로부터 그것에 필요한 자원의 동원과 배분, 분배방식을 달리하는데 대한 구성원의 동의 등이 있어야 성공할 수 있다. 지방정부가 투명하지 못하면, 혁신과정에서 주민부담으로 귀결되는 자원이 동원될 수 없고, 분배방식에 대해서도 동의를 얻을 수 없을 것이다. 결국 지방정부가 투명하지 못하면 스스로 자치역량을 강화할 수도 없지만 자칫 자치역량을 빌미로 지역의 권력구조를 왜곡시킬 수 있을 것이다. 지방정부의 투명성은 재정작용, 조직구성과정 및 행정정보공개를 통해 확보될 수 있다.

첫째 지방정부의 투명성은 재정작용에서 확인되어야 한다. 지방정부는 주민들이 필요로 하는 공공서비스를 확인하고, 이를 공급하기 위해 노력하여야 한다. 그러한 노력은 재정작용으로 뒷받침되어야 하는데, 흔히 주민들의 요구를 구호로만 외쳐놓고, 이를 실현하기 위한 예산이 전혀 배정되지 않는 경우를 본다. 즉 지방정부의 정책이나 계획의 목표는 반드시 필요한 예산으로 뒷받침되어야 한다. 지방정부의 예산은 지역사회의 사회적 할인율을 반영하여야 하고, 지역사회주민들의 공공서비스 수요에 따라 우선순위를 정하여 편성되어야 한다. 지역사회의 사회적 할인율이란 지방정부가 공급하여야 할 공공서비스의 시차적 배분과 사업의 다급한 정도를 의미한다. 이러한 사회적 할인율은 주민들에 의해 선출된 자치단체장이나 지방의원들이 책임져야 할 몫이고, 주민들의 참여를 통해 확인될 수 있어야 한다. 이러한 사회적 할인율이 왜곡되게 되면, 현재 더 필요한 사업이 있음에도 불구하고 필요성이 적은 사업을 위해 재정을 낭비하거나, 공공서비스별로 그 공급량을 적정한 수요에 맞추지 못해, 결국 지방정부의 실패현상을 초래하게 된다. 따라서 지방정부의 재정작용과 역할이 연계될 때 지방정부의 자치역량은 강화될 수 있다.

둘째 지방정부의 투명성은 그 조직구성을 통해 확인할 수 있다. 우리나라의 경우 지방정부의 조직권한이 지방정부에 있지 않기 때문에 이 분야에서의 투명성을 모두 지방정부 책임으로 돌릴 수는 없지만, 궁극적으로 모든 조직구성권이 지방정부에게로 이양된다고 볼 때, 지방정부의 역할과 공무원 수, 조직과 기구구성은 투명하게 연계되어야 한다. 지역 특성을 반영하지 못하고, 지역주민들의 의견을 무시한 조직이나 기구의 운영으로는 지방정부의 투명성을 확인할 수 없다. 이에 더하여 지방정부의 인사관리가 투명하여야 자치역량이 강화될 수 있다. 개별 능력이나 성과에 관계없이 정실에 치우친 인사관리가 이루어지고 있다면, 누가 최선을 다해 지역사회 일을 처리하려 할 것인가?

셋째 행정정보의 공개를 통해 지방정부의 투명성을 확보할 수 있다. 자료의 왜곡이나 밀

실행정은 지방자치에 반하는 가장 큰 범죄다. 정직은 무능력으로 인한 실패까지도 만회할 수 있는 설득력을 지니고 있다. 그만큼 각종 이권과 관련되어 있는 행정자료나 정보는 누구에게나 공평하게 공개되어야 한다. 이러한 행정정보의 공개가 전제되지 않고서는 어떠한 지방정부의 자치역량강화도 이해 당사자의 동의를 얻을 수 없다.

6) 지방정부의 역할재정립과 구조·기능의 혁신

지방정부가 자치역량을 강화하려 할 때 부닥치는 문제는 '무엇을 어떻게 바꿀 것인가?'와 관련되어 있다. 이 경우 '무엇을'에 해당하는 문제는 지방정부의 고유역할에 해당된다. 현재 하고 있는 일에만 한정하여 자치역량을 강화하고자 한다면 변화하는 외부환경에 능동적으로 대처하기가 어렵다. 비록 현재는 여러 가지 제약으로 할 일을 제대로 하지 못하고, 앞으로 할 일도 정하기가 쉽지 않을 수 있지만, 자치역량을 강화하려는 지방정부의 입장에서 보면, 해야 될 일을 찾아내고, 해오던 일과 비교하는 작업은 매우 중요하다. 이와 관련하여 제약조건을 분석하는 작업도 병행해야 한다. 제약조건은 일반적으로 혁신의 주체로서 지방정부가 통제 불가능한 것과 지방정부가 여러 경로를 통해 간접적으로나마 통제 가능한 것 모두를 포함하고 있다. 이들 제약조건들은 외생변수에 의해 조작된 것이라 그러한 외생변수의 메커니즘을 찾아내고 간접적으로라도 혁신의 방향으로 내부화 할 수 있는 가능성을 포착해야 한다.

지방정부가 반드시 해야 될 일을 그르치거나, 하지 않아도 될 일을 막대한 자원을 투입하여 하려는 경우는 지방정부가 제약조건을 잘 못 파악하고 있는 데서 비롯된다. 하던 일을 검토하고 할 일을 정립하는 작업은 그래서 지방정부 자치역량 강화의 대전제다. 지방정부의 역할은 주민부담 그리고 국가의 기능과 관련하여 우선순위별로 분류될 수 있어야 한다. 공공서비스는 수요자 입장에서 보면 그 공급과잉현상이 좀처럼 느껴지기 어렵다. 그러나 공공서비스 공급은 곧 수요자부담과 직결되어 있기 때문에 수요자, 즉 지역주민들의 부담능력을 고려하지 않고 공급량을 정할 수 없다. 뿐만 아니라 지방정부는 한 국가를 형성하는 일부분이기 때문에 주민부담과 관계없이 반드시 해야 될 일도 가지고 있다.

이렇게 우선순위에 따라 분류된 지방정부의 역할은 주민들로 하여금 선택을 용이하게 할 뿐만 아니라 그 역할에 따른 주민부담과 행정의 책임소재를 분명히 하여, '권리와 의무'라는 시민사회의 기본원리를 확고히 해줄 것이다. 지방자치가 이러한 기본원리에 의해 작동될 때, 바르게 발전할 수 있음은 두 말할 여지가 없다. 지방정부가 혁신을 도모하려할 때, 현재 처한 문제에만 집착한 나머지, 자칫 지방자치의 근본원리를 무시하는 경우는 경계해야 할 대상이다. 시민사회와 공유하지 못하는 지방정부의 자치역량강화는 그래서 어불성설이다. 특히 민·관협치체계가 강조되고 있는 다원화 시대에 지방정부의 자치역량은 공공재의 생산과 공급과정에 주민들을 참여시킬 수 있는 범위로 측정되어야 한다.

Ⅲ. 지방정부의 외부적 자치역량 실태와 제고방안

1. 외부적 자치역량의 실태

지방자치제도가 실시된 지 20여년이 지난 지금의 우리나라 지방정부와 지역사회와의 관계는 제도실시 이전에 비하면 놀랄만한 변화를 이룩했다. 특히 주민직선에 의한 자치단체장의 선임이후 이러한 변화는 더욱 커졌다. 그러나 중앙정부와 지방정부의 관계가 크게 변화하지 않았고, 중앙정부에 대한 지역주민들의 의식과 태도가 크게 달라지지 않아 지방정부에 대한 지역사회의 인식이나 관계의 근본적인 변화는 아직 일어나지 않고 있다. 우선 외부구조적 역량의 측면에서 검토해 보면, 지역정치구조는 한마디로 중앙정치가 지역사회를 지배하고 있다. 특히 지역에 따라 특정 정당이 독점적으로 지역을 지배하고 있어 지방자치 보다는 지방정치가 더욱 강력해 지고 있다. 그리하여 지역정치인들의 행태나 지역언론 역시 아직은 중앙정당 중심적이고 중앙정치 지향적이다. 그리고 지역자본이라고 할만한 현저한 대표성 있는 자본도 찾기 어렵다. 사회자본은 근래에 와서 그 중요성을 깨닫고 관리하려고 하고 있으나 아직은 잘 형성되거나 관리되지 못하고 있고, 시민의 자발적 참여나 책임도 불만스런 상태이다. 산업경제적 구조는 기복이 심하고 다양한 편이다. 그러나 대체적으로 도시지역은 비교적 발전되어 있지만 농어촌지역의 경우 아직은 답보상태를 면하지 못하고 있다. 성장동력을 개발하였거나 첨단산업을 발전시키고 있는 지역은 수도권 등 일부 지역에 국한되고 대부분은 과거의 상태를 벗어나지 못하고 있다. 그리고 지방자치제도 실시 이후

자기지역의 지정학적 특성을 적절히 이용하거나 문화와 전통을 발굴함으로써 이를 지역발전의 기회로 삼고 있는 지역들이 늘어나고 있지만 아직은 만족할만한 정도는 아니다. 이렇게 볼 때 지방정부의 외부구조적 역량은 극히 일부지역을 제외하면 비교적 저조한 실정이다.

그리고 외부기능적 역량의 경우, 주민들의 요구와 주장의 투입정도는 상당히 높아졌고, 집단적 민원의 형태로 지방정부에 대한 압력은 한층 강화되고 있다. 그리고 이러한 외부적 압박은 지방정부로서는 해결하거나 수용하기 어려운 곤란한 문제들이 늘어나고 있다. 지방정부의 정책에 대한 주민들의 태도는 대부분 긍정적이고 수용적이지만, 님비(nimby)나 핌피(pimfy) 등과 관련된 정책의 경우 반대와 저항이 심하다. 지방정부에 대한 주민통제기능은 과거에 비해서는 상당히 나아졌지만 아직 더욱 강화될 필요가 있으며, 시민들의 공공의식이나 참여의식의 수준이 낮아 주민통제가 미흡하다. 그리고 지방정부에 대한 지원과 협력의 경우, 전체적으로는 긍정적이지만 기부금이나 자원봉사 등 개인의 이해관계와 관련되는 부분에 대해서는 아직 미흡한 실정이다.

전체적으로 볼 때 우리나라 지방정부의 외부적 역량은 긍정적이고 적극적으로 지방정부의 역량을 지원하거나 높여주는 변수들은 빈약하고, 지방정부의 역량을 약화시키거나 저해하는 요소들은 많은 실정이라고 할 수 있다. 따라서 앞으로 우리나라의 지방정부들은 이러한 외부적 역량을 강화시키려는 정책적 노력이 요망된다.

2. 외부적 자치역량 제고방안

지방정부의 자치역량을 제고하는 방안은 지방자치단체의 특성에 따라서나 지방정부의 기능영역의 특수성에 따라 차이가 있을 수 있다. 뿐만 아니라 광역정부와 기초정부, 도시정부와 농촌정부에 따라서도 다를 수 있고, 인구규모나 지역발전의 정도에 따라서도 우선적으로 강화해야 할 역량요소와 그렇지 않은 요소들 간에 차이가 있을 수 있다. 그러나 여기서는 이러한 지방정부간 개별적 특성을 고려하지 않고, 보편적 관점에서 지방정부의 자치역량을 제고시킬 수 있는 방안을 검토해 보기로 한다. 그 중에서도 여기서는 특히 지방정부라는 체제의 외부로부터 지방정부의 자치역량을 제고시킬 수 있는 외부적 자치역량 제고방안을 검토해 보기로 한다.

1) 중앙과 지방의 관계개선 및 지방정치구조의 혁신

지방정부는 다양한 채널을 통해 '중앙정부가 지역발전을 위해 보다 적극적인 협력과 지원을 할 수 있도록' 관련 제도와 정책의 수립을 촉구해야 한다. 21세기 글로벌 사회에서는 지방이 국가발전의 신성장동력이다. 따라서 지방이 자율적으로 발전할 수 있도록 관련 제도와 정책을 정비해 나가도록 강력하게 촉구해야 한다.

첫째 지방정부의 대내외적 자치역량은 중앙정부와 지방정부 그리고 지방정부 상호간에 서로를 신뢰하고 지원·협력할 때 제고될 수 있다. 우선은 중앙정부가 진실로 지역발전을 위해 지방정부를 지원하고 협력하겠다는 태도와 의지가 있어야 한다. 그리하여 지역발전을 위해 가능한 일이라면 재정지원, 인재파견, 기술 및 정보지원, 제도개편과 보완 등 최선을 다해 지원하고 협력해 주어야 한다. 예컨대 우리나라 수도권처럼 지원보다는 협력이 필요한 경우와 기타 지원과 협력이 모두 필요한 지역 등을 구분하여 지방정부에게 도움을 줄 때 자치역량은 제고될 수 있다. 그러나 자치역량은 맹목적으로 분권하고, 지원·협력만 한다고 증대되는 것은 아니다. 그만큼 효과성과 책임성을 담보할 수 있는 적절한 수준의 통제가 뒤 따라야 한다. 주도권과 책임은 지방정부가 쥐고 중앙정부는 단지 지원하고 협력하는 조력자로서 기능할 수 있어야 한다. 자칫 지원·협력을 핑계로 지나친 통제를 가할 경우, 자치역량은 오히려 퇴보될 수 있음을 유의해야 한다.

둘째 지방정부와 지역사회의 정치권이 상호 협력관계를 구축하고 지역사회 정치구조를 혁신하는 것이다. 즉 지방정부의 대외적 자치역량은 지역 내의 정당과 언론, 시민단체와 대학과 연구소 등 지방정부에 구체적인 요구와 지지를 투입하는 유형의 환경들이 얼마나 지방정부와 협력적 관계를 유지하느냐 하는 데에 달려있다. 가장 바람직하게는 지역을 기초로 하는 지역정당이 탄생하여 지역을 위한 정치를 할 수 있어야 하고, 언론과 시민사회단체가 협력하여 지역내 사회자본을 형성하고 축적해 나갈 필요가 있다. 나아가 이를 위한 거버넌스 시스템을 구축하고 유기적인 협력을 강화시킬 필요가 있다. 특히 지역언론들이 중앙언론에 예속되거나 중앙언론의 흉내만 내어서는 고질적인 지역정치풍토를 혁신할 수 없다. 지역언론이 지역사회를 혁신해 나가는 촉매적 역할을 수행할 필요가 있다.

2) 지역사회내 제도화된 사회자본의 축적과 자발적 시민사회조직의 활성화

지역주민들 간에 다양한 결사가 활성화 되고, 이를 통해 결속이 다양한 방법으로 교차하면서 증진될 경우 사회 전체적으로 공동의 목표를 성취하는 집합적인 능력이 향상 될 수 있다. 그러므로 제도화된 사회자본의 축적이야말로 지역사회 민주주의 발전에 가장 핵심적인 요인으로 작용한다. 시민들의 자발적 결사조직이 활성화 된 사회가 곧 사회자본이 풍부하며 해당 지방정부의 역량을 높일 수 있는 독립변수가 된다는 가설이 성립될 수 있다. 즉 지역사회의 사회자본의 발달은 앞서 살펴보았듯이 궁극적으로는 해당 지방정부의 역량을 향상시킬 수 있기 때문에 이러한 사회자본을 적극적으로 형성하고 활용할 수 있는 지방정부의 전략적 노력이 요구된다는 것이다. 그러한 노력의 일환으로 지역 내에 건전한 시민사회 조직이 활발하게 활동할 수 있도록 지원하고 협력할 필요가 있는 것이다.

3) 로컬거버넌스의 구축과 효율적 활용

21세기는 네트워크 사회이다. 따라서 지방정부는 자체의 한정된 역량을 그 이상으로 강화시킬 수 있는 새로운 방법인 로컬거버넌스 체제를 구축하고 적극 활용해 나갈 필요가 있다. 로컬거버넌스란 지방정부가 중심이 되어 지역사회내의 시장, 시민단체 그리고 전문가집단 등과 네트워크를 구축하고 협력함으로써 지역사회문제해결을 위해 공동으로 협력해 나가는 체제를 의미한다. 인적 네트워크, 정책(정보)네트워크, 조직간 네트워크 등 다양한 네트워크 구축을 통해 지방정부의 역량을 확대·강화해 나갈 수 있도록 해야 한다. 우리는 그동안 이러한 정부의 역량요소(기초, 토대, 뿌리)에 대한 투자는 하지 않고, 기능(잎, 가지, 꽃, 열매)만을 강조해 왔다. 즉 정부는 줄곧 혁신을 강조해 왔지만 혁신할 수 있는 기반을 마련하지는 않고, 혁신의 결과만을 강요해 왔다. 그 결과는 구호만 요란했고, 증후군만 만들어 놓았을 뿐 특별한 성과를 만들어 내지는 못했다. 이제부터 기초, 토대, 뿌리 등에 해당되는 지방정부의 외부적 역량요소에도 관심을 가지고 이들을 강화시키거나 질적으로 제고시킬 수 있는 방안을 찾아야 한다. 그것이 바로 지방정부의 자치역량을 강화시키고 궁극적으로는 국가의 역량과 경쟁력을 제고시키기 때문이다.

4) 지역사회와 주민에 대한 자치단체장의 창조적 리더십 확충

가장 바람직한 지방정부의 역량제고방법은 중앙정부의 지원 없이 스스로의 노력으로 자율적으로 발전하는 것이다. 즉 창조적 리더가 지역사회의 미래의 비전을 제시하고, 변화를 통한 새로운 가치를 창조함으로써 지역사회의 자율적 발전을 추진해 나가는 것이다. 물론 이때도 현재 우리나라처럼 중앙정부가 간섭이나 규제로 발전의 발목을 잡아서는 안된다. 외국의 경우 자치단체장의 리더십이 지역발전의 견인차 역할을 했던 곳이 적지 않다. 비록 짧은 지방자치의 역사지만 이미 우리나라에서도 자치단체장의 리더십이 지역발전의 견인차가 되고 있음을 증명해 주고 있는 곳도 있다. 이처럼 자치단체장의 창조적 리더십이 지방정부의 자치역량을 제고시키는 주요한 동인으로 작용하기 때문에 지도자의 리더십을 강화할 필요가 있다는 것이다. 문제는 지도자가 자신의 능력으로 자치역량을 제고하는 사람중심의 자치역량제고가 아니라, 어떠한 지도자가 오더라도 자치역량이 유지될 수 있는 시스템적 역량을 제고시켜야 한다는 것이다. 특정한 지도자가 재임 중에는 왕성하게 일하던 정부가 지도자가 바뀌면 기능이 쇠퇴해 버려서는 안된다. 그러한 역량은 진정한 의미에서의 자치역량이라고 할 수 없다. 따라서 지방정부의 외부적 역량을 강화시키기 위해서는 지방정부의 존립적 토대가 되는 기초와 시스템을 강화시키는 창조적 리더십을 발휘해야 한다.

5) 지역을 발전시키는 창조적 정책개발과 추진

지방정부의 자치역량은 외부로부터의 지원에 의해서도 커질 수 있지만, 무엇보다도 스스로의 노력에 의해 제고시켜 나갈 필요가 있다. 급변하는 지방자치환경과 그에 따른 수요변화에 대응하는 지방정부의 자세는 여러 측면에서 개혁되고 재구조화 될 필요가 있다. 이러한 변화에 효율적으로 대응할 수 있는 유능한 지방정부를 만들어 나가기 위해 가장 우선적으로 추진해야 할 과제는 바로 자주적 정책개발능력의 배양이다.

정책이란 한정된 자원으로 최대의 목표를 달성하기 위한 전략적 수단을 강구하는 조치이다. 지금까지 우리나라의 지방정부들은 과거 중앙집권적 관치행정의 타성에 묶여 지역사회와 주민들의 현실적 수요에 대응하는 전략적 수단을 강구하지 못했다. 타성적이고 관행적인 업무수행이나 관료의 독선적 결정으로 업무를 수행해 왔던 것이 사실이다. 물론 공무원들의 업무수행은 주어진 권한범위 내에만 한정되어 있었기 때문에 원천적으로 권한의 범위를 넘어서는 적극적인 정책개발은 기대조차 할 수 없었다.

그러나 이제부터는 영역별·부문별 자주적인 정책개발을 통한 전략적 수단을 강구해야 한다. 외국의 지방자치단체들은 이미 지방정부차원에서 다양한 정책개발을 추진해 상당한 성과를 거두고 있다. 예컨대 일본 고오베시의 지역개발정책(포토아일랜드), 구기노촌의 지역특산품개발(메밀식품), 나가노현 고우미정의 제3섹터사업(관광리조트개발), 이즈모시 이와꾸니 데쓴도 시장의 행정개혁정책(행정은 최대의 서비스 산업), 미국 미네소타주 세인트폴시의 라티머 시장의 도심지 재개발정책, 노스캐롤라이나 주 샤롯시 빈루터 시장의 신공항개발정책 등 획기적인 정책개발을 통해 지역의 발전을 성공시킨 사례는 얼마든지 찾을 수 있다.

물론 우리나라의 지방정부들도 다양한 정책개발로 지역을 발전시킨 사례가 적지 않다. 역내 기업과 및 외자유치를 통한 경제발전을 비롯하여 각종의 축제를 개발하여 주민소득을 증대시키거나 대외적 이미지를 제고시킨 지방정부가 적지 않다. 그러나 아직은 이러한 예가 외국에 비해 많지 않고, 그 효과도 크지 않은 실정이다. 따라서 앞으로는 이러한 지방정부의 정책개발활동이 지역사회의 전 분야로 확산되어나가도록 해야 할 것이다.

6) 시민사회의 민주적 역량제고와 시민민주주의 형성

개인이나 단체를 불문하고 지역사회의 주민들이 민주시민으로서 갖춰야 할 기본적인 의식구조를 형성할 수 있도록 대대적인 시민교육을 강화시킬 필요가 있다. 주민의 의식수준이 바로 국민의 의식수준이다. 지방자치가 발달되면 국민적 의식수준이 향상된다는 주장은 바로 지방자치제도가 주민들의 의식수준을 향상시켜 준다는 말이다. 우리나라의 국민의식수준은 경제발전 수준에 훨씬 못 미친다. 회계의 투명성 수준이 세계 78위라는 얼마 전의 언론보도는 바로 국민들의 투명성 수준이 그러하다는 것을 의미하고, 그것은 바로 지역주민들의 시민사회적 수준 내지 의식수준이 그 정도밖에 안된다는 것을 말해주고 있다. 사회적 신뢰는 물론이고 협력과 유대를 강화시키는 일도 이들이 바로 이러한 주민 개개인의 공동체의식과 민주시민적 의식수준을 좌우하기 때문이다. 우리나라는 그동안 중앙정부는 물론 지방정부까지도 주민들에 대한 민주시민교육을 외면해 왔다. 국민교육이라는 중차대한 정부의 책무를 그동안 회피해 왔던 것이다. 이제부터라도 주민들의 글로벌 마인드 형성과 수준 높은 민주시민의식을 함양시키려는 정부당국의 정책이 적극 추진되어야 할 것이다.

그리하여 정치적 민주주의나 경제적 민주주의의 구현에 못지않게 시민민주주의가 발전되도록 할 필요가 있다.

7) 지역사회의 성장동력 개발과 지역산업의 발전

지방정부의 외부적 역량을 제고하기 위한 가장 기본적이고 가시적인 방법은 바로 지역의 산업을 발전시키고 그 구조를 첨단화시켜 나가는 것이다. 이를 위해서는 중앙정부와 공동정책을 추진하거나 중앙정부의 정책을 지역 내로 유인하거나 아니면 지방정부 스스로의 노력으로 지역의 산업을 활성화시켜 나가야 한다. 국가공단을 지정받거나 국내의 대기업을 역내로 유치하는 전통적인 방법은 물론 세계적 기업을 지역 내로 유치하는 글로벌화 전략도 추진해야 한다. 그리고 이러한 역내 산업은 가능한 미래를 향해 장기적이고 지속성이 높은 첨단산업일수록 바람직하고, 자기지역의 고유한 특성과 관련된 성장동력을 찾아 지역적으로 특성화된 산업일수록 좋다. 포항시의 철강산업, 울산시의 자동차와 중공업 및 조선산업, 창원시의 기계공업, 구미시의 전자산업 등은 그 지역의 외부적 역량을 강화시키는 지역적으로 특성화 된 산업들이다. 그러나 중앙정부나 지방정부를 막론하고 자기고유의 성장동력을 찾아 이를 산업화시킨다는 것은 하루아침에 이루어지지 않는다. 그러므로 지방정부는 장기적이고 지속적인 정책개발을 통해 지역고유의 특성화된 산업구조를 갖추도록 노력해 나가야 한다. 지방정부의 외부적 역량을 강화시키는 최선의 길은 바로 고유의 성장동력을 개발하고 이를 지역특화산업으로 발전시켜 나가는 것이다.

8) 참여와 지지를 통한 주민공감대의 형성

국내외적 경쟁환경에 효율적으로 대응하고 지역발전을 추진해 나가기 위해서는 지방정부의 자치역량제고는 불가피한 과제이다. 물론 아직은 중앙정부로부터 권한이양이 턱없이 부족하고, 그럼에도 불구하고 중앙통제는 상식선을 넘어서는 지방자치현실에서 지방정부 스스로의 노력으로 지역주민들이 요구하는 지역발전이나 행정수요에 효율적으로 대응하기란 불가능하다. 그러나 여러 가지 역경 하에서라도 지방정부와 지역주민들이 공통적인 인식의 장을 마련하고 그것에 기초한 공감대를 형성한다면 지역발전과 자치역량도 충분히 제고시킬 수 있을 것이다.

지방정부가 지역발전을 추진하려 할 경우, 그러한 지역발전의 진정한 모습과 가치에 대한 주민들의 공감대가 형성되어야 한다. 궁극적으로 그러한 지역발전의 효과가 결국 지방정부의 자치역량의 제고로 귀결되기 때문이다.

지방정부는 주민들이 추구하고자하는 지역발전의 진실한 모습이 어떤 것인지, 그리고 그것을 통해 추구하고자 하는 가치는 무엇인지 정확히 분석하고 이러한 가치나 지역발전을 추진해 나가야 한다. 그리고 이와 함께 지방정부의 자치역량제고방안에 대해서도 주민들과의 공감대를 형성함으로써 이를 추진해 나갈 필요가 있다. 지역주민들에 의해 형성되고 기능하는 지방자치정부에서 주민들이 공감하고 지지하는 정책은 그만큼 탄력을 받아 힘을 가질 수 있기 때문이다.

Ⅳ. 지방정부 자치역량연구의 요약과 부문별 연구방향

지금까지 지방자치단체를 통치하는 기관인 지방정부가 스스로의 힘으로 지역사회를 발전시키고 주민들의 복지증진을 도모함으로써 지방자치제도가 추구하는 고유한 목적을 달성할 수 있도록 자치역량을 강화할 수 있는 방안을 검토해 보았다. 다시 말해 지방정부가 중앙정부의 도움에만 의존하거나 중앙정부의 지원 없이는 제대로 일할 수 없는 잘못된 현실에서 벗어나 스스로의 힘으로 지방을 발전시켜 나갈 수 있는 자치역량을 강화시킬 수 있는 방안을 검토하였다. 물론 지방정부의 자치역량 제고방안은 여기서 지적한 내용들 이외에도 무수히 많이 제기될 수 있다. 그 중에서도 여기서 주장한 내용들은 지방정부가 당면한 현실적 여건속에서 자치역량제고가 가능한 부분을 중심으로 검토하였다. 즉 지방정부의 공직자들이 열정을 가지고 노력만 한다면 중앙정부에 의존하지 않고도 자치역량을 제고시킬 수 있다는 생각에서 가능한 부분들을 지적하였다. 물론 지방자치제도 하에서 기능하는 지방정부들이 완전히 중앙정부의 협력이나 지원 없이 자치역량을 강화시키기에는 한계가 있을 수 있다. 때문에 여기서 지방정부의 자치역량강화방안이라는 것은 중앙정부의 지원이나 협력에만 의존하지 않고, 지방정부가 스스로의 노력으로 가능한 역량을 제고시킬 수 있다는 가정에 입각해 있는 것이다.

그런데 지금까지는 지방정부의 자치역량을 제고시킬 수 있는 매우 기본적인 방향과 방법들만을 간략하게 제시하였기 때문에 보다 체계적이고 심도있는 부분별 연구가 필요하다. 이에 본서의 제2편에서는 가능한 주요 영역에 걸쳐 지방정부의 자치역량을 강화시킬 수 있는 방안들을 검토해 보기로 한다. 제2편의 부문별 자치역량 제고방안에서는 지방정부의 인적 역량과 재정적 역량 그리고 권력적 역량이라는 3가지 가장 주요하고 기본적인 역량제고 방안을 우선적으로 검토하였다. 그 다음으로 지방정부의 혁신역량과 정책역량 강화방안 그리고 자치단체장의 창조적 리더십 확충방안 등을 검토하였으며, 마지막으로 지역사회와의 관련 역량을 제고할 수 있는 로컬거버넌스의 구축·활용 그리고 지역사회 사회자본의 형성과 활용 등을 검토하였다.

제 2 편

지방정부의 영역별 자치역량 제고방안

제1장 지방정부 공직자의 역량 제고방안

Ⅰ. 의의

20세기 후반부터 서서히 진행되어 왔던 글로벌 사회의 변화는 급기야 21세기의 문턱에서 세계화라는 이름으로 지구촌 사회를 대변화의 소용돌이 속으로 몰아넣고 말았다. 이러한 세계화는 개방화와 정보화, 분권화와 지방화, 세방화와 지세화 등 다양한 양상의 분야별 변화를 야기시키고 있다. 그리고 각국의 정부는 중앙과 지방을 막론하고 이러한 글로벌 사회의 변화에 효율적으로 대응함으로써 각자 자국의 국익과 국리민복을 위해 비장한 준비와 노력을 경주하고 있다. 그 동안 중앙에 집권화 되어있던 통치권을 지방으로 분권하고, 중앙정부중심의 통치방식을 중앙과 지방이 협력·통치하는 방식으로 변화시키고 있으며, 분권화와 지방화를 통해 각 지방의 신성장동력을 창출함으로써 지방발전을 통해 국가발전을 추구하는 전략을 추진하고 있다. 그리하여 이미 "가장 지방적인 것이 가장 세계적인 것"이라는 구호가 보편적인 진실로 받아들여진지 오래되었다.

이처럼 21세기 세계화 시대에는 국경의 장벽이 얇아지고 지역과 지방간의 교류가 증대됨으로써 지방의 경쟁력, 지방정부의 자치역량이 국가발전의 가장 중요한 변수로 작용하기 시작했다. 그리하여 이제부터는 지방정부도 국방기능만 제외하고 과거 국가통치를 위해 중앙정부가 수행했던 모든 기능들을 수행해 나가야 한다. 앞으로 우리나라의 많은 지방정부들은 세계의 유수한 지방정부와 세계기업들을 상대로 경쟁해 나가야 하며, 그리하여 지방정부의 활동영역과 기능수행은 더욱 확대되고 강화되어 갈 것이다. 세계화 시대, 지구촌 사회 속에서 지방정부의 역할기능이 강화되고 증대되는 만큼 이들 공공업무를 담당해 나가야 할 지방공무원들의 자질과 능력은 전문화되고 창의적으로 변화되어야 한다. 지방정부의 국제화 역량도 공무원으로부터 나오고, 지방정부의 정책역량, 혁신역량, 거버넌스역량 등 대부분의 역량들이 공무원들의 역량으로부터 기인된다. 사실 모든 것은 사람으로부터 출발하여 사람으로 귀결된다. 문제의 원인도 사람에게 있고, 그 해결방안도 사람으로부터 나온다. 그리하여 지구촌 사회변화가 격심해지고 지방정부의 자치역량제고가 요구될수록 이들을 감당해 나갈 지방공무원의 능력발전과 역량제고가 더욱 요청된다.

그럼에도 불구하고 우리나라는 중앙정부나 지방정부의 관련 책임자들이 이 문제에 대해서만은 지나치게 등한시하고 방치해 옴으로써 우리나라의 국가선진화에 역행해 온 것이 사실이다. 앞서가는 나라들은 이미 1980년대부터 민간영역의 인적자원관리시스템(HRMS)을 공공부문에 도입하여 각 부처나 지방정부의 인사제도에 권한을 위임하고 탄력성을 제공해 오고 있다. 즉 중앙정부의 각 부처는 물론 지방정부의 각 기관에 대해서도 인사관리자에게 운영상의 결정에 관한 자유를 폭넓게 허용하고 인적자원 및 예산관리상의 불필요한 제약을 제거해 주고 있다. 물론 이러한 권한을 부여하는 동시에 인적자원관리자들로 하여금 그 결과에 대해서는 직접적인 책임을 지도록 하고 있다. 지역주민들과 그 대표자들이 자신들이 원하는 인재를 당해 지방자치단체에 임용하고 배치하며, 각 직위의 정원과 보수를 자주적으로 결정하게 하는 것은 지방자치의 본질적 요소인 자율성을 보장하는 핵심적 요소이다(손재식, 1991 : 90). 또한 많은 지방자치단체들이 각 지역의 특성에 부합하는 다양한 공무원인사제도를 발전시키는 것은 지방자치행정의 능률성과 효과성을 높이기 위해서도 반드시 필요하다. 물론 유사한 자치단체들 간의 균형과 인사행정의 합리성을 제고하기 위해서는 어느 정도 중앙정부에 의한 지도와 조정이 불가피한 것도 사실이다.

따라서 지방공무원인사제도는 한편으로는 가능한 범위 내에서 지방의 특수성과 자율성을 보장하면서도 다른 한편으로는 전국적 균형성과 효율성을 확보할 수 있는 제도로 만들어 나가야 한다. 지방공무원들의 능력발전을 통해 지방정부의 자치역량을 강화하고, 이를 통해 이룩한 지역발전이 국가발전으로 연결될 수 있도록 적절한 선에서 중앙정부와의 연결고리를 만들어 나가는 일도 중요하다. 그러나 중앙정부와의 연결고리나 중앙정부의 조정 등에 대해서는 다른 기회의 연구로 미루고, 본서에서는 지방정부 공무원들의 능력발전이라는 점에 관해서만 검토해 보기로 한다.

Ⅱ. 공무원의 능력발전과 지방공무원 인사제도개혁의 필요성

1. 지방공무원 능력발전의 중요성과 필요성

1) 능력발전의 중요성

지방공무원인사제도의 궁극적인 목적은 유능한 지방공무원을 만들어 내는 것이며, 유능한 지방공무원을 만들어 내는 지름길은 우수한 인재를 선발하는 것이다. 여기서 우수한 인재란 지식과 기술 등의 지적인 요소만이 아니라 태도, 가치관과 같은 인성적 역량도 갖춘 사람들을 말한다. 특히 조직의 특성, 일의 가치, 문화에 부합하는 태도와 가치관 등 정서적인 역량을 갖출 필요가 있다. 그리고 이러한 인재는 하루아침에 만들어지지 않기 때문에 처음 공무원을 채용할 때부터 잘 선발해야 한다. 유능하고 우수한 인재를 채용하기 위해서는 적합한 채용기준을 마련하고 그 기준을 명확하게 해야 하며, 엄격한 스크린 절차를 통하여 선발하되 재직 중에는 이들에 대한 각종의 능력발전시스템을 활용하여 지속적으로 관리해 나가야 한다. 공무원인사제도는 이처럼 유능한 인재를 적기에 채용하여 적소에 배치하고 지속적으로 이들의 능력발전을 지원할 수 있어야 한다. 혁신과 변화를 통해 정부의 역량을 제고시키는 데 가장 본질적이고 기본적인 것이 공무원인사제도이다(박동서, 2001 : 138). 그것은 공무원들이 바로 정부의 조직과 운영을 담당하며, 정책을 추진하고 지역사회를 발전시켜 나가는 주체들이기 때문이다. 뿐만 아니라 그들의 능력이나 근무행태가 행정서비스의 질과 양을 결정하고, 지역발전의 수준을 좌우하기 때문이다.

외국에서는 이미 정부혁신 내지 역량제고를 위해 인사개혁을 가장 중요하게 생각하고 지속적으로 관심을 보여 왔다. OECD제국 등 이미 많은 나라에서 이 분야에서 대대적인 변화와 개혁을 단행해 왔다. 나라마다 개혁내용에는 차이가 있었지만 정부개혁에 있어 가장 중요한 요소를 사람으로 보고, 공직내부의 사람관리를 개혁하는 인적자원관리(Human Resource Management : HRM)에 역점을 두었다. 정원, 채용, 직위분류, 실적주의, 교육훈련, 근무조건, 보수, 단체교섭과 고용기회균등 등 많은 분야에서 사회변화에 효율적으로 대처하면서도 정부의 역량을 제고시키기 위한 노력들이 추진되어 왔다. 우리나라에서도 정부의 인적 역량의 중요성을 인정하고 1998년부터 대대적인 인사개혁이 시도되어왔다. 중앙인사위원회를 설치하고, 목표관리제, 성과급제, 개방형직위제, 공무원직장협의회제도 등을 도입하였다.

그러나 현 시점에서 볼 때 과거의 노력은 사실상 성과를 거두지 못했고, 중앙인사기관은 폐지되어 중앙인사행정기관이 없는 상태이며 안전행정부의 한 개 국(局)에 의해 모든 중앙정부의 인사가 좌우되고 있다. 지방정부 역시 총무과의 계(係) 수준에서 지방공무원인사를 관리하고 있다. 그리하여 우리나라 지방공무원의 인사제도는 근본적으로 구태를 벗어나지 못하고 있다. 지방자치제도가 실시된 지 20여년이 지났지만 아직도 지방공무원인사제도는 중앙정부의 안전행정부에 의해 거의 대부분을 통제받고 있다. 이처럼 지방공무원들의 역량이 바로 지방정부의 자치역량을 좌우하는 주요 변수로 기능하고 있지만 우리나라 지방정부와 자치단체장들은 이러한 인식을 하지 못하고 공무원능력발전을 위한 구체적인 대안을 내놓지 못하고 있다.

지금 우리나라 공무원인사제도나 교육훈련제도 중 공무원의 인적 역량을 제고시킬 수 있는 제도는 상당히 취약하다. 그것은 중앙정부나 지방정부의 지도자들이 형식적으로는 공무원의 인적 역량을 중요하게 생각하면서도 실제 정책이나 예산지원 등에 대해서는 소극적인 행태를 보인 결과이다. 늦었지만 지금부터라도 특히 지방공무원 인사제도를 개혁하고 그들의 능력발전을 위한 대대적인 제도개편이 이루어져야 할 것이다.

2) 능력발전의 필요성

글로벌 사회의 보편적 경향으로서의 정보화와 개방화, 지방화와 분권화 현상은 선후진국을 막론하고 지역사회에 대해 많은 변화를 요구하고 있다. 중앙정부의 지역사회에 대한 정책변화를 요구하고 있을 뿐 아니라 지역사회에 대한 지방정부의 역할기능에 대해서도 획기적인 변화를 요구하고 있다. 특히 지역발전의 중추적 역할을 담당하고 있는 지방정부 공직자들의 태도와 역량에 대한 변화요구는 더욱 강조되고 있다. 이미 세방화(glocalization)와 지세화(loc-blization) 현상에 대비하여 지역발전과 주민복지증진을 위한 지방정부의 역할은 대대적으로 변화하고 있다. 우선 중앙정부에 대한 강력하고 체계적인 권한과 기능의 지방이양을 요구하도록 하고, 외세의 역내진입에 대한 창조적 대책도 마련해야 한다. 이처럼 지역사회를 발전시켜 지역주민들의 복지를 증진시켜야 하는 지방정부의 역할기능은 시간이 갈수록 점차 증대되어가고 있다. 그러나 이러한 변화의 시대에 가장 앞장서서 변화에 대처해야 할 공무원들이 오히려 변화에 둔감하고 대응력이 부족하다고 불신받고 있다. 그리하여 지방정부의 자치역량을 제고시키기 위한 가장 큰 변수 중의 하나가 바로 이러한 지방공무원들의 능력을 어떻게 향상시키느냐 하는 것에 달려 있다. 앞으로 지방공무원들은 세계의 지방정부들과 교류하면서 자기지역의 발전을 위해 무에서 유를 창조한다는 각오와 신념을 가지고 일해야 한다. 따라서 지역발전을 위해 필요하다면 중앙정부에 대한 분권요구는 물론 지역주민들에 대한 태도변화까지 유도할 수 있어야 하고, 세계를 무대로 활동해야 한다.

이러한 변화의 시대에 지방정부의 자치역량을 제고하기 위한 가장 절실한 과제가 바로 지방공무원의 능력발전이다. 사회와 국가는 사람들이 모여 이루며, 제도와 정책도 사람에 의해 추진된다. 국가나 사회의 변화와 이에 대한 도전과 응전, 나아가 새로운 변화의 유도에 이르기까지 모든 것은 사람이 주체가 되어 이루어 나가고 있다. 지역사회에 대한 도전과 시련이 아무리 심하다고 할지라도 지역사회의 발전을 담당하고 있는 지방정부의 공무원들이 진솔한 태도와 탁월한 능력을 가지고 있다면 어떠한 어려움이 닥쳐도 이를 잘 해결해 낼 수 있을 것이다.

때문에 지방공무원의 능력향상은 채용단계에서부터 퇴직에 이르기까지 전 인사과정에 걸쳐 이루어져야 한다. 특히 20세기 중엽 국가적 어려움 속에서 만들어진 낡은 공직인사 시스템은 21세기적 변화와 과제에 대처하기에는 너무 낡았고 변질되어 있다. 따라서 환경변화에 대응하지 못하고 있는 우리나라 공무원채용제도는 반드시 빠른 시일 내에 개편되어야 하고, 기존의 전임·전직제도, 교육훈련제도와 승진제도 등은 반드시 개편되어야 한다.

2. 지방공무원 인사제도의 형식과 실태

1) 중앙정부가 장악하고 있는 지방공무원 인사제도

우리나라 지방공무원제도는 중앙정부에서 제정하는 지방공무원 인사관련 법률과 명령 및 지방자치단체에서 제정하는 인사관련 조례와 규칙으로 규정되고 있다. 우선 법률로는 지방공무원법과 관련법들이 있고, 명령으로는 「지방공무원법 시행령」과 「지방자치단체의 행정기구와 정원기준 등에 관한 규정」, 그리고 「지방공무원 임용령」 등의 대통령령을 그 대표적인 예로 들 수 있다. 이러한 우리나라의 지방공무원인사제도를 규정하고 있는 법령들은 선진제국의 경향과는 달리 철저하게 중앙통제적이어서 지방의 발전을 억제하고 있는 대표적인 요소들 중의 한 부분이다.

그러나 OECD제국들은 이미 1970년대 말부터 민간영역에서 발전되어 온 인적자원관리 제도에 영향을 받아 1980년대부터 공공부문에도 인사제도의 개혁을 추진해 왔다. 그리하여 중앙정부의 각 부처는 물론 지방정부의 각 기관에 이르기까지 공공부문에도 인적자원관리 제도를 도입하여 권한위임과 인사제도에 탄력성을 부여해 오고 있어 우리나라 중앙정부가 보고 깨달아야 할 부분이다.

(1) 형식적인 지방공무원 인사관련 법령체계

우리나라 지방공무원 인사에 관한 법체계는 외형상 상당한 독자성을 확보하고 있는 것처럼 보인다. 지방공무원에 관한 기본법인 지방공무원법을 제정하여 운용하고 있고, 지방공무원임용령(임용이란 신규임용, 승진임용, 전직(轉職), 전보, 겸임, 파견, 강임(降任), 휴직, 직위해제, 정직, 강등, 복직, 면직, 해임 및 파면을 말한다), 지방공무원징계 및 소청규정, 지방공무원 보수규정, 지방공무원수당규정, 지방전문직 공무원규정, 등 독자적인 법령체계를 구비하고 있다. 대통령령도 국가공무원법과는 별도로 제정운영하고 있는 점 등이 그러하다.

그러나 이러한 외형과는 달리 그 속을 조금만 들여다보면 사실은 전국의 지방공무원들에 대한 인사권이 대부분 중앙정부의 통제 하에 들어 있음을 알 수 있다. 대통령령인 '지방공무원임용령'과 '지방자치단체의 행정기구와 정원기준 등에 관한 규정'의 두 개 규정만으로도 전국의 모든 지방자치단체와 모든 지방공무원을 규제하고 통제함으로써 사실상 지방정부의 자율과 자주성은 전적으로 배제되고 있다.

(2) 법령에 예속된 자치법규

지방공무원에 관한 사항 중 법령으로 정한 사항 이외의 경미한 사항에 대해서는 당해 지방자치단체의 조례와 규칙으로 정할 수 있도록 하고 있다. 즉 지방의회가 제정하는 조례로는 '지방공무원의 수당지급에 관한 조례', '여비조례', '복무조례', '특수업무수당지급조례', '지방별정직공무원과 고용직공무원의 임용에 관한 조례' 등이 따로 제정되어 운용되고 있다. 그리고 지방자치단체장이 제정하는 규칙으로는 '지방공무원의 근무규칙', '징계양정에 관한 규칙', '명예퇴직수당지급에 관한 규칙' 등이 제정되어 운용되고 있다. 그러나 이러한 지방자치단체의 조례나 규칙도 사실은 중앙정부의 법령의 범위 내에서 그 내용이 규정되어야 한다. 그러므로 비록 지방자치단체가 제정한 자치법규인 조례와 규칙이라고 하더라도 그 규정의 근거를 중앙정부에서 통제하고 있기 때문에 지방공무원 인사에 관한 한 지방정부의 자율성은 매우 저하되어 있다.

(3) 미흡한 지방정부의 자율성

법령체계상으로 볼 때 지방공무원제도는 국가공무원제도와 매우 유사하다. 즉 지방공무원법의 내용이 국가공무원법과 유사하면서도 국가공무원법을 따르거나 준용하도록 되어 있다. 그리하여 지방공무원법은 지방자치단체의 자율성을 상당 수준 제약하고 있다. 예컨대 중앙과 지방에 일원화된 직급구조와 획일적인 보수체계, 지방공무원의 직급 및 정원에 대한 강력한 중앙통제, 지방공무원제도에 관한 결정권의 중앙집권, 협소한 지방자치권 등을 증거로 들 수 있다. 그 외도 지방공무원연금의 국가공무원연금과의 통합관리 등도 그 중요한 사례이다. 지방자치제도가 실시되는 상황 하에서 지방자치단체에 효력을 미칠 수 없는 중앙정부의 훈령이나 지침 등을 통해서도 중앙정부가 지방을 사실상 전면 통제하고 있어 지방의 자주성과 자율성을 침해하고 있는 것이다.

3. 제도적 대책 없는 자치단체장의 인사전횡 문제

이처럼 지방공무원 인사제도는 중앙정부의 통제 하에 놓여 있어 지방정부의 공무원인사는 사실상 자율권과 자주성을 통제받고 있다. 즉 기구와 정원통제, 직급통제, 임용통제 등 지방공무원 인사는 많은 부분에서 중앙정부에 의해 제약을 받고 있어 지방정부의 공무원인사행정에 많은 지장을 주고 있다. 특히 중앙정부는 한 두 개의 지방정부에서 조그만 인사문제라도 언론을 통해 제기되면 즉시 개선책을 만들어 지방정부에 그 시행을 강요해 왔다. 예컨대 지방정부로 하여금 「연간인사운영기본계획」을 수립하여 실시토록 하거나, 전보 및 승진임용 기준을 공개함으로써 인사의 공정성·객관성을 제고시키도록 한 것, 승진심사 시에 상급자에 의한 평가 외에 하급자 및 동료에 의한 평가도 병행하는 다면평가제를 실시하게 한 것, 여성공무원의 권익보호방안을 마련하여 본청 및 중요부서·직위에 여성공무원도 발탁될 수 있도록 관리직 임용시 여성공무원을 우선 발탁토록 강조한 것, 개방형직위에 민간전문가를 적극 유치하기 위하여 개방형 직위의 임용기간을 3년에서 5년으로 연장토록 한 것, 그리고 공무원도 민간기업에 취업이 가능하도록 고용휴직제를 실시함으로써 민간부문과의 상호교류를 확대해 나가겠다는 계획, 「지방공무원인사운영혁신보완지침」을 수립하여 지방자치단체에 시달하고 실시토록 한 점 등 중앙정부는 부단히 지방정부를 감시하고 감독해 왔다.

이러한 상황 속에서도 특히 승진이나 보직임용 부분에서는 상대적으로 인사권자인 지방자치단체장의 영향력이 크게 작용하여 상당한 문제를 야기시켜 왔다. 그 결과 자치단체장의 인사권 전횡문제가 지방공무원인사제도의 가장 큰 문제로 대두되고 있다. 근래 많은 자치단체장들이 지방선거에서 자신들의 당선에 도움을 준 공무원들에 대한 보직임명에 대한 비리라든가 승진심사과정에서의 영향력 행사, 특별채용과정에서 친인척채용비리 등으로 많은 비판을 받고 있다. 이처럼 지방자치단체장의 인사권 전횡이 심각하지만 지방자치단체로서는 이를 견제할 아무런 제도나 대책도 갖지 못하고 있다. 이러한 현실을 두고 "제왕적 자치단체장 제도의 문제점"이라고 비난하기도 한다. 지방자치단체장들의 인사권 전횡은 자치제도 실시초기에는 승진과 관련된 금품수수문제가 압도적으로 나타났으나 근래에는 특혜성 보직임용 등과 관련된 문제점들이 주류를 이루고 있다.

여하튼 지방자치단체장의 이러한 인사권전횡문제에 대해 중앙정부도 특별한 대책을 내놓지 못하고 있는 것이 더 큰 문제이다. 안전행정부와 국회가 이 문제에 대해 답을 찾지 못해 대책을 내놓지 않는 것인지, 답을 알면서도 대책을 내놓지 않는 것인지는 판단하기 어렵다. 사실 우리나라의 지방자치단체와 같이 집행기관을 견제·감시하기 위해 의결기관을 분리시킨 기관분리형 제도를 채택한 나라에서는 그 답은 어렵지않게 찾을 수 있다. 바로 자치단체장을 견제하는 임무를 맡고 있는 지방의회에다 문제의 해결책을 부여하면 될 것이다. 즉 지방자치단체장의 인사에 대한 최종결정권은 지방의회의 승인을 받도록 하면 될 것이다. 단지 지방의회는 인사권의 구체적 내용에 대한 가부판단은 할 수 없고, 인사내용 전체에 대한 가부만을 판단하여 승인토록 함으로써 인사내용에 전체에 대한 합리성을 제고시킬 수 있도록 하면 될 것이다. 현재와 같이 지방의회의 권한이 취약하여 자치단체장을 제대로 견제할 수 없는 상황을 방치할 경우, 앞으로 이러한 문제들은 얼마든지 더 나타날 수 있을 것이다. 지방자치단체를 통치하는 의결기관과 집행기관(지방정부)은 양 기관의 권력이 대등하여 상호 견제와 균형을 이룰 수 있어야 발전할 수 있다. 수레의 두 바퀴는 크기가 같아야 앞으로 굴러간다. 사람의 두 다리도 길이가 같아야 잘 달릴 수 있다. 지금처럼 안전행정부와 국회가 합작하여 지방의회를 위축시키고 왜곡시킨 지방의회제도를 방치한다면 우리나라의 지방자치제도는 결코 희망적이지 못할 것이다.

Ⅲ. 지방공무원 능력발전과 역할혁신의 방향

1. 지방공직자의 자질 및 능력발전

1) 글로벌사회의 민주적 지도자로서의 자질함양과 태도확립

첫째 주민에 대한 봉사자로서의 태도와 책임적 자세의 확립이 요구된다. 21세기 바람직한 지방정부 공직자들의 자세와 태도는 올바른 공직관에 입각하여 국민의 여론을 행정에 반영시키고 국민에 대하여 책임을 지도록 하는 것이다. 물론 공직자는 항상 국민에 대한 봉사자임을 잊지 말아야 하겠지만 현실은 이와는 너무나 동떨어져 있다. 아직도 한국의 지방행정은 규제와 간섭 및 통제로부터 완전히 벗어나지 못하고 있다. 더구나 자신들이 행한 행정에 대해 주민들에게 책임을 져야 한다는 의식이 약하다. 따라서 앞으로 지방정부 공직자들이 지향해야 할 가장 기본적인 태도는 바로 자신들은 다름 아닌 지역주민들에 대한 봉사자라는 태도와 주민들에 대해 책임을 진다는 자세로 공직에 임하는 것이다.

둘째 미래지향적·적극적·창조적인 자세를 확보해야 한다. 지방공직자들은 현재의 문제를 개선하여 미래에 바람직한 지역사회를 건설하겠다는 사람들이다. 미래지향적이면서도 과거나 전통에 집착하지 않고 새로운 방안을 적극적으로 모색할 수 있는 자세가 요구된다. 사회의 성격이 관리중심사회에서 문제해결중심사회로 변동됨에 따라 관료의 기능과 능력도 창조적 문제해결자로 다시 태어나야 할 것이다.

셋째 앞으로의 공직자들은 건강한 시민정신과 인간성을 가지도록 해야 한다. 역경이나 긴장 속에도 인간성을 견지하고 공정한 업무처리를 할 수 있어야 하며 주민의 참여를 광범하게 받아들일 수 있어야 한다. 소위 공무원 자신도 기본적으로는 시민의 한 사람임을 잊어서는 안되며, 따라서 건강한 시민정신(citizenship)을 기반으로 하면서도 애매모호한 것은 시민에게 이익이 되도록 시민의 입장에서 그들의 이익을 위해 일하는 따뜻한 인간성을 가질 수 있어야 한다.

넷째 미래의 지방공직자들은 지적 유연성과 정서적 안정성을 가지고 있어야 한다. 정책결정과정에는 참여자의 권력욕·의식구조·가치관 등이 복잡하게 교차되므로 고위직 공무원들은 비타협적·권위적이 아닌 지적 유연성과 정서적 안정성이 요구된다. 관련 직무지식을 충분히 습득하고 지도자적 입장에서 공정하게 직무를 수행할 수 있어야 한다.

다섯째 왕성한 성취동기와 업무에 대한 열정을 가지고 있어야 한다. 미래사회의 공직자들은 관례답습적·무사안일주의적인 태도를 지양하고 기회를 활용하면서 운명을 스스로 개척하려는 사람이어야 한다. 즉 공직수행을 통하여 자기완성이라는 내적 만족을 얻으려는 고도의 성취동기를 가진 사람이어야 한다. 열정을 다해 공직을 수행함으로써 지역을 발전시키고 주민들의 삶의 질을 향상시키겠다는 투철한 공직윤리를 가져야 한다.

2) 전문가적 지식과 창조적 문제해결능력

첫째 앞으로 지방공무원들은 고도의 전문가적 지식과 경험을 가지고 있어야 한다. 바람직하고 이상적인 공무원의 자질은 공직일반에 대한 광범한 지식은 물론 자기가 담당하는 분야나 직책에 관하여 고도의 전문적 지식·경험이나 능력을 갖추고 있어야 한다. 그리고 지방공무원들은 지역사회의 민간영역의 종사자들보다 학력이나 경력, 능력, 기술 등 모든 분야에서 앞설 수 있어야 한다.

둘째 미래의 지방공무원들은 변동을 관리하고 변화를 유도할 수 있는 능력을 갖춰야 한다. 새로운 아이디어를 창안하고 새로운 사상이나 기술을 적극적으로 받아들이면서 다른 사람들도 이에 호응할 수 있게 하여 변동에 적응하고, 변동을 예측하며 변동을 적극적으로 유도할 수 있는 능력을 갖추어야 한다. 공직자는 변동의 역군(change agent)으로 불리어질 만큼 변동과 변화의 최전선에 서 있어야 한다. 뿐만 아니라 앞으로의 공무원들은 지역사회 주민들간에 이해관계의 조정능력도 겸비해야 할 필요가 있다. 대립적인 이해관계를 가장 잘 조정할 수 있는 해결안을 선택할 수 있고, 그 결과에 대하여 모든 이해관계 당사자들의 동조를 확보할 수 있어야 한다. 그러기 위해서는 상황판단력과 설명력 그리고 이해관계당사자들에 대한 설명력과 설득력이 요구된다.

셋째 21세기 지방공무원들은 필요한 자원을 동원하고 배분함으로써 문제를 해결할 수 있는 능력을 가지고 있어야 한다. 즉 바람직한 관료가 되기 위해서는 당면문제를 해결하는 데 있어 각종의 인적·물적 자원을 효율적으로 동원하고 민주적으로 배분할 수 있는 능력이 요구된다. 주민으로부터의 지지와 협력을 통해서는 물론 필요한 경우 법령을 통한 강제적 추출이나 동원도 가능하게 할 수 있어야 한다. 종전의 해결책의 수정보다 새로운 해결책을 필요로 하는, 새로운 문제를 인식하여 적극적으로 문제를 해결할 수 있는 능력을 갖추어야 한다. 이러한 능력은 구태의연한 것이어서는 효과가 없다. 변화가 일상화된 사회에서의 문제해결능력은 비정형적인 창조적 문제해결능력이어야 한다.

넷째 지방공무원들은 위기 대응능력을 확보하고 있어야 한다. 미래의 공직자는 지역과 사회의 위기를 극복하면서 오히려 위기를 유리하게 역이용 할 수 있는 능력을 갖추어야 하며 또한 변동과 불확실성을 흡수할 수 있어야 한다. 특히 변화가 일상화되고 변동의 소용돌이가 휘몰아치는 미래사회의 공무원들은 민간인들 보다 월등한 위기관리능력이 요구된다.

다섯째 지방공무원들은 신속한 정책결정능력을 확보하고 있어야 한다. 바람직한 공무원은 미지의 세계에 대처할 수 있는 전략을 준비하고 책임을 지면서 명확한 지시를 내릴 수 있는 능력이 요구된다. 급변하는 사회문제에 대응하여 신속하고 적절한 해결책을 담고 있는 정책결정능력을 가져야 한다.

2. 지방공무원제도의 개혁과 지방공무원의 역량제고

행정조직에 근무하는 공무원들에게는 동조과잉(同調過剩), 형식주의, 전문성에 의한 제약과 할거주의(割據主義), 변동에의 저항과 경직성·보수성 등 여러 가지 역기능이 작용하고 있다. 뿐만 아니라 후진적 공무원의 행정행태에는 고도의 이질성과 기능의 중복, 권한과 통제의 불균형, 연고주의와 다분파주의, 의식주의와 부패의 제도화 등이 노출되고 있다. 이러한 공직에 잠재하는 역기능적·병리적 요인을 중화·극복하고 국가발전에 대한 행정적 저해요인을 제거하면서 새로운 해결책을 강구하는 일이야 말로 우리나라 행정체제가 당면한 중요한 과제가 아닐 수 없다. 이러한 관점에서 지방공무원의 역량제고란 지방행정체제가 새로운 정책이나 방안·절차를 창안하여 실천에 옮기고 변화대응능력을 개발하는 것이며, 행정상의 부조리나 부정·부패를 제거하고 합리성·생산적 행정을 수행하는 것을 의미한다. 지방자치단체의 발전을 위하여 행정이 주도적 역할을 담당하면서 행정혁신을 성공적으로 이끌어 나가는 데는 행정이 추구할 가치·이념이 정립·조화되어 지방행정체제에 확산·내면화되어야 한다.

지방행정체제의 이념으로는 첫째 지역주민을 위한 행정임과 아울러 행정조직 내에 있어서의 민주화·인간화를 위한 민주성, 둘째 발전목표 달성의 극대화를 위한 효과성, 셋째 최소의 투입으로 최대의 산출을 기하기 위한 능률성·생산성, 넷째 행정의 합법적 운영을 위한 합법성 등을 들 수 있다. 지방공무원의 역량제고를 위한 행정쇄신을 추진하기 위해서는 창의적인 방안·전략이 강구되어야 한다. 이러한 방안을 인간적·조직 구조적·환경적·기능적 측면 등 네 가지 측면에 걸쳐 고찰해 보기로 한다.

1) 지방정부 공직자의 역량제고 방향

(1) 창조적 엘리트공무원의 양성

유능하고 창조적 공무원을 육성함으로써 행정조직 전체의 역량을 강화시켜 나가야 한다. 즉 공무원체제 내부에 새로운 사업계획이나 창조적 아이디어를 적극적으로 뒷받침해 줄 수 있는 참신한 권력·과업 엘리트들을 양성함으로써 공직의 총체적 역량을 제고해 낼 수 있어야 한다. 우리나라 지방공직의 혁신은 건전한 지역사회를 이룩하려는 정신개조운동· 생활혁명운동으로까지 연결되어야 실효를 거둘 수 있지만, 이를 위해서도 중앙정부와 자치단체장을 포함하는 권력엘리트들의 선도적 역할이 관건이다. 지방공무원의 역량제고를 위해서는 공무원채용제도를 획기적으로 개혁하여 신규채용에서부터 유능한 공무원들을 다수 확보해야 한다. 그러기 위해서는 지방공무원시험도 한번으로 끝나는 객관식시험제도가 아니라 국가공무원 5급이상의 채용제도를 지방에도 도입하고, 다른 한편으로는 석·박사학위 소유자들을 다수 공직으로 흡수할 수 있는 특별채용제도를 도입해야 한다. 요컨대 지방공직의 혁신을 통해 역량을 제고시키기 위해서는 공직내부에서 행정혁신의 확산을 담당할 변동역군으로서의 소수의 창조적 엘리트가 있어야 한다. 그러나 이처럼 혁신의 요람이라 할 수 있는 이들 소수의 엘리트공무원들이 적극적으로 역할을 할 수 있기 위해서는 중앙정부의 지원과 자치단체장 및 지방의원 등 정치 내지 권력엘리트의 리더십 여하에 달려 있다고 보아야 할 것이다.

(2) 행정윤리의 확립 및 쇄신적 공직행태의 확보

새로운 제도·기술의 도입이나 관료제에 대한 외부통제의 강화는 공무원사회의 기강을 저해하는 부정·부패를 일소할 수 있다. 그러나 행정인 스스로의 자율적 규제를 의미하는 공직자의 행정윤리가 확립되지 않는 한 큰 성과를 거둘 수 없으며 행정혁신은 이루어지기 어렵다. 행정인은 개인적 입장을 떠나 공공이익에 봉사한다는 사명감과 자부심을 가져야 하며 민주적 공직관이 정립되어야 한다. 행정조직이 혁신적 환경에 적응하면서 목표를 성공적으로 달성하기 위하여서는 행정인의 혁신적·자발적 행태가 전제되어야 하며 혁신적·자발적으로 행정할 수 있도록 동기가 부여되어 있어야 한다.

(3) 신분보장과 전문직업의식의 확립

지방공무원들에게 일정한 수준의 신분을 보장하고, 전문직업인으로서의 의식과 자부심을 갖도록 해야 한다. 지나친 신분보장은 행정쇄신에 역효과를 초래하지만 최소한의 신분보장과 일정한 안정감은 혁신적 행정에 상당한 효과를 가져올 수 있다. 또한 직무에 대한 적극적 자세는 자기직무에 대한 전문직업의식이 수반되어야만 확립될 수 있다. 전통적인 관료행태를 지배하여 온 행정인의 제1차 집단적·전근대적인 가치관이나 의식구조의 개혁 없이는 행정의 근대화나 민주화도 기대할 수 없을 것이다.

(4) 조직과 직무에 대한 충성과 일에 대한 열정의 확충

21세기 지방공무원들은 그동안 문제점으로 지적되어 왔던 전통적 인간관계, 즉 개인간의 특별한 신임관계·친소관계에 따르는 사람(특정인)에 대한 충성을 지양하고 조직과 직무에 대해 충성하도록 해야 한다. 그리하여 지역사회발전의 견인차로서 기능할 수 있어야 하며, 지방정부라는 행정조직 속에서 열과 성을 다해 직무를 수행해야 한다. 특히 21세기 지방공무원은 향토를 발전시키겠다는 충정과 일과 조직에 대해 뜨거운 열정을 가지고 있어야 한다.

2) 지방정부의 제도적(조직구조적) 측면의 쇄신

(1) 쇄신적 분위기의 조성과 조직의 동태화 추구

지방정부의 자치역량을 강화하기 위해서는 지방정부의 전반적 직장분위기가 개혁적으로 바뀌어야 하며 조직내 혁신적 분위기가 조성되어 있어야 한다. 창의적으로 행동하는 사람은 자신이 담당한 문제에 대하여 풍부하고 다양한 경험이나 심리적 자유 혹은 개인적 안정감을 필요로 한다. 그러나 이러한 것은 지나치게 통제중심적·권위적인 행정조직에서는 존재할 수 없다는 점을 알아야 한다. 지방자치환경이 끊임없이 변화하고 있는데도 불구하고 조직이 이에 신축적으로 대응하지 못한다면 혁신적인 조직활동은 기대하기 어렵다. 특히 지방행정조직은 그 자체의 속성으로서 경직화 될 요인을 항상 내포하고 있다. 때문에 조직의 경직화를 막고 동태적인 행정조직을 확립하기 위해서는 지방행정조직을 인간중심의 조직, 변화대응능력을 가진 조직, 미래를 창조할 수 있는 신축적인 조직으로 변화시켜 나가야 한다.

(2) 분권화의 추구와 행정기관의 할거성 배제

중앙과 지방을 막론하고 행정기관의 지나친 집권화는 행정의 경직성을 초래하고 일선기관이나 지방관서의 창의적·혁신적인 업무수행이나 정책수립을 어렵게 한다. 따라서 이러한 역기능이나 경직성을 극복하고 중앙과 지방에 걸쳐 일반 공무원의 능력향상과 발전정책의 효과성을 높이기 위하여 적절한 분권화와 권한의 위임이 실현되어야 한다. 폐쇄적인 파벌의식이나 비공식 집단간의 대립·갈등과 민주적 사고방식의 결여는 행정기능을 저해시키고 있다. 또한 행정기관의 할거성으로 말미암아 각 기관·부·국·과 간의 의사소통이 불충분하고 효과적인 횡적 조정이 잘 이루어지지 않는다. 따라서 행정혁신을 통하여 이러한 행정기관의 할거성이 배제되고 보다 합리적인 해결방안이 강구되어야 한다.

(3) 합리적 정보처리체제·의사소통체제의 확립

지방정부가 적절한 정보처리체제를 확립하고 정보분석능력을 강화함으로써 행정환경에 대한 정확한 인식을 갖도록 하는 것은 발전지향적 정책목표설정에 불가결한 요소다. 우리나라는 유교적 문화와 권위적 사고방식의 영향으로 상급자에 대한 명령·복종만 강조되어 왔기 때문에 아래 사람의 의사가 상급자에게 작용하여 정책결정과정에 반영되기 어려웠다. 따라서 상승적 의사소통의 개선, 눈치행정·기분행정의 배제는 시급한 과제라 할 수 있다.

(4) 보수제도의 개선과 적절한 상벌·유인제도의 확립

지방공무원들을 열정적이고 능률적으로 일하게 만들 수 있는 강력한 유인제도를 더욱 확충시켜 나갈 필요가 있다. 근래 상당수준 개선되었다고는 하지만 앞으로 보수와 수당제도 및 공무원에 대한 사회보장제도 등이 보다 더 확충될 필요가 있다. 이와 함께 합리적인 상벌·유인제도를 확충함으로써 지방공무원들의 사기를 앙양시켜 나갈 필요가 있다. 생활이 안정된 공무원들에게는 보수보다 오히려 포상이나 징벌이 더욱 효과적일 수 있다.

3) 지방정부의 기능적 측면의 쇄신

관료제는 구조적인 개혁은 물론 업무처리과정의 기능적 측면에서도 개혁해야 할 부분들이 한 두가지가 아니다.

(1) 행정의 민주화와 행정처리과정의 신속화 및 능률화

지방행정에 관한 행정업무의 모든 처리과정이 가능한 주민중심으로 바뀌어야 한다. 행정기관의 주민대응방식이나 주민의 요구수렴, 그리고 민원해결 등 모든 영역과 과정에서 공직자들은 주민의 편에 서서 업무를 수행해야 한다. 기준이나 방식이 애매모호한 것은 주민에게 유리하도록 일을 처리해 주어야 한다. 그리고 업무처리과정의 체계화와 협력업무 간의 네트워크화를 통해 능률적이고 신속한 행정수행이 가능하도록 제도와 절차 그리고 관행과 태도를 개혁해야 한다. 과학기술의 발달에 따른 민간영역의 업무능력은 현저히 향상되었지만 공공부문의 행정, 특히 지방정부 단위에서의 행정은 아직도 매우 저급한 실정이다. 행정영역에서 기능의 전문성이 떨어지는 것은 공직자들의 전문지식부족에도 기인하지만 각종 정보처리장치와 현대적 사무자동화기기 등의 부족에서도 기인되고 있다. 특히 정책의 결정 및 집행과정에서 전문지식과 정보 및 기술의 활용이 고도화 되어야 할 것이다.

(2) 지방정부의 정책과 행정과정의 공개 및 지방행정의 결과에 대한 책임

행정정보공개법이 시행된 이후 정부기관의 많은 부분들이 국민들에게 공개되고 있다. 지금의 정보공개는 장막에 가리워진 정부기관 속의 극히 일부에 대해서만 이루어지고 있으나 앞으로는 특별히 비밀을 요하는 것을 제외하고 지방정부의 모든 일들이 주민들에게 공개되도록 해야 한다. 그늘진 곳, 어두운 곳에서 부정과 부패의 싹이 자라기 때문이다. 민주행정이란 주민의 요구와 뜻에 따라 업무를 수행하고, 그 결과에 대해 주민에게 책임을 지는 행정을 말한다. 방대한 자원을 동원하고 배분하는 지방정부의 정책이나 주민생활에 지대한 영향을 미치는 행정을 수행하였을 경우, 지방정부는 반드시 그 과정을 공개하고 결과에 대해 주민에게 책임을 지도록 해야 한다.

(3) 적극적 · 창의적 인재의 채용과 교육제도의 대개혁

현재의 공무원채용제도로는 적극적이고 성취동기가 강한 유능한 인재를 공직으로 흡수할 수가 없다. 공직을 생계유지수단으로 매달리는 사람들에게 정부의 주요 직무를 맡길 수는 없다. 공직은 국민사회로부터 존경받는 직업이어야 하며, 그 직무의 중요성에 비추어 미래 한국공무원의 자질과 능력은 지금보다 대폭 향상시키지 않으면 안된다. 대학과 대학원에서 오랫동안 공직수행에 필요한 제반 가치와 교육을 받은 사람들이 일생을 공직에서 일할 수 있도록 하는 제도개혁이 절실하다. 그리고 이러한 공무원에 대한 직무교육은 대학의 학부교육보다 전문성이 높아야 한다. 미래의 선진한국과 그러한 국가의 지방정부를 선도해 나갈 공무원들에게는 세계적 변화에 대처하고 세계적 변화를 유도해 나갈 수 있는 고급 정보와 지식을 교육하고 첨단화된 훈련을 실시해야 한다. 그러기 위해서는 현재의 지방공무원교육제도는 반드시 대대적인 개편이 이루어져야 한다.

4) 환경적 측면의 쇄신

(1) 주민의 수준제고와 지방공무원에 대한 민주적 통제강화

그 나라 지도자의 수준은 그 나라의 보통 국민들의 수준과 같다고 한다. 국민 속에서 국민과 함께 일하는 공무원의 수준은 더더욱 그렇다. 따라서 지방정부의 경우 주민의 의식을 민주적으로 개혁하고 수준을 제고함으로써 지방공무원들의 근무환경을 정화해 나갈 필요가 있다. 특히 공무원들을 병들게 하는 뇌물과 부정부패는 일부의 정직하지 못한 주민들과 이기적인 주민들 때문이다. 공무원들의 부정부패는 중앙과 지방정부의 경쟁력을 떨어뜨려 궁극적으로는 국가의 경쟁력을 저하시키는 주요 요인이 되고 있다. 이러한 공직의 부정부패는 국민들의 의식과 정치발전의 수준에 따라 좌우된다. 따라서 중앙과 지방을 막론하고 국민의식의 선진화와 질적 수준의 제고가 21세기 한국정치행정의 당면과제임을 재인식해야 할 것이다.

(2) 정치행정문화의 혁신

우리의 행정문화는 대부분 조선시대 유교문화의 영향을 받아 형성되었고, 이러한 전통적 행정문화는 오랜 세월이 흘러 통치체제와 사회구조가 완전히 바뀐 오늘날에까지 쉽게 바뀌지 않고 있다. 예컨대 권위주의, 대인주의, 계층주의, 관인지배주의, 의식주의, 가족주의, 운명주의, 온정주의, 연고주의 등 다양한 한국의 정치행정문화는 국민들의 의식과 생활 속에 깊히 뿌리박혀 있다. 중앙정부와 지방정부를 막론하고 공직자들의 역량을 제고시키기 위해서는 바로 우리의 낡은 정치행정문화를 혁신하는 일이 시급히 전개되어야 한다.

(3) 언론의 발전과 사회교육적 비판기능의 확충

근래 언론의 사회적 영향력은 지나치다고 할 정도로 그 강화되고 있다. 특히 최근 한국언론의 역할기능은 우리사회의 어떤 영역보다도 그 영향력이 강력하다. 심지어 정부의 핵심권력기관에서 조차 언론의 눈치를 살피는 것이 현실이기 때문이다. 이러한 강력한 영향력은 그것 때문에 자칫 언론이 자신의 무지함이나 어두운 부분을 보지 못할 위험성이 크다. 실제 한국언론의 수준은 언론인 상호간이나 언론기관간의 경쟁에 몰두한 나머지 스스로의 발전은 등한시 하고 있다. 그리하여 정부나 공무원들에 대한 정확한 비판기능이 심각히 뒤떨어져 있다. 하물며 언론의 정치사회적 교육기능은 기대하기 어려울 정도이다. 따라서 앞으로 한국언론은 정부의 공직자들에 대한 비판은 물론 사회교육기능까지 수행함으로써 공무원들의 의식을 깨우치고 능력발전을 촉구하는 채찍질을 할 수 있어야 한다.

Ⅳ. 지방공무원 인사제도의 실태와 능력발전제도의 문제점

세계화라는 지구촌 사회의 변화는 국가와 사회, 중앙과 지방의 모든 것들을 변화시키고 있다. 사상과 문화, 이념과 가치, 제도와 규칙, 통치형태와 리더십의 유형 등 세계화의 바람을 피해갈 수 있는 것이 없을 정도이다. 그 중에서도 가장 현저한 변화는 바로 국가의 통치방식에 대한 패러다임이 바뀌고 있다는 점이다. 즉 집권에서 분권으로, 통치에서 협치로, 하양(top-down)에서 상향(bottom-up)으로 그 패러다임이 근본적으로 바뀌어 가고 있다. 그리하여 이러한 변화의 물결이 뒤덮고 있는 지구촌 사회는 이미 크고 작은 문제들이 폭증하고 있고, 이들은 서로 복잡하게 얽혀 있다. 그리고 대부분의 지방정부는 분권과 자치발전이라는 공통과제와 지역개발과 세계화에의 대처라는 시대적 과제를 안고 있다.

한편 SNS의 발달과 함께 스마트해진 지역주민들의 행정서비스에 대한 욕구는 폭발적으로 증가하고 있다. 과거에는 중앙정부가 지방의 공공문제에 대해 그 해결방향과 대안을 제시하고 지원했지만, 지금은 중앙정부도 이미 능력의 한계를 벗어나게 되었다. 설상가상 현명해진 주민들의 조세저항은 심화되고 있고, 중앙정부의 재정지원은 점차 줄어들고 있다. 이러한 역경 하에서 지방정부가 스스로의 문제를 해결하고 지구촌 속의 중심지역으로 발전해 나가기 위해서는 무엇보다도 지방정부의 자치역량을 제고하여 세계적 경쟁력을 갖추는 일이며 이를 위한 첩경은 바로 지방공무원들의 능력을 개발하여 역량을 제고시키는 일이다. 과거 중앙정부가 결정하고 지방은 일방적으로 집행만 하던 시대는 지났다. 따라서 지방공무원들에게 그 지역사회의 공공문제는 그 지역의 공무원들이 솔선하여 창의적이고 효율적으로 해결할 수 있도록 해야 한다. 그러기 위해서는 지금부터라도 지방정부도 유능한 고급의 인재를 적극 채용해야하고 그들에게 창의적인 문제해결능력을 가르쳐야 한다. 앞으로는 전문가가 아니고는 행정의 크고 작은 문제해결과 생산성을 증진시킬 수 없다. 전문성과 창의성이 높은 문제해결능력을 갖춘 지방정부를 만들기 위해서는 무엇보다도 지방공무원들에 대한 대우를 향상시키고, 양질의 교육훈련을 통해 전문가로 만들어 나가야 한다.

공직자들의 인력관리가 수많은 법규에 의해 통제되고 있는 폐쇄형 직업공무원제, 연공서열주의적 계급제에 의한 인사관리체제는 공무원의 전문성을 제고하는 데 중대한 장애요인이다. 지방정부의 전통적인 인사관리시스템으로는 지방공무원의 능력발전과 전문성 제고는 사실상 불가능에 가깝다.

1. 우리나라 지방공무원 인사제도의 실태와 문제점

1) 변화에 대응하지 못하는 낡은 제도의 고집

세계화가 진행된지 이미 오래되어 지역사회에 많은 세계기업들이 진출해 있고, 지방정부의 외교업무가 목전의 과제로 다가와 있다. 지역사회의 도처에 외국인들이 생활하고 있고, 지방산업단지와 공장에 이미 많은 외국인들이 근무하여 지역주민들로 생활한지 오래되었지만 공무원채용시험에 외국어나 회화과목은 없다. 응시자들 대부분이 대학 재학이거나 대졸자인데도 불구하고 왜 9급시험은 고졸자를 대상으로 하고 있는지 이해되지 않는다. 누구를 대상으로 무엇을 위해 시험을 치루는지 이해되지 않는 채용제도를 고집하고 있다. 또한 과거 공직근무를 희망하는 인재가 부족했던 시기에 우수인재를 선발하기 위해 실시했던 고시제도를 석·박사학위를 받은 우수인재들이 실업상태에 있는 오늘날까지 고집해야 하는 이유는 무엇인가? 우리나라가 세계에서 경제적으로 최빈국시절에 실시했던 고시제도를 이미 경제선진국이 된 지 오래된 지금까지 그 제도를 고집하고 있는 이유를 납득하기 어렵다. 이처럼 지금 우리나라의 공무원인사제도는 시대착오적인 요소들을 너무 많이 안고 있다. 오늘날의 우리나라 공무원인사제도는 비록 현재에 시행되고 있지만 그 근본은 현재를 반영하지 못하는 과거의 제도이다. 사실 현재에 살면서 과거의 틀을 고집하는 그들은 모두가 과거의 제도를 통해 현재의 지위와 권력을 얻은 사람들이기 때문일 것이다. 따라서 중앙정부의 인사제도와 지방정부의 인사제도가 달라야 하고, 중앙공무원과 지방공무원들을 선발하는 채용제도도 달라야 한다.

2) 중앙정부에 의해 획일적으로 통제받는 지방공무원인사제도

현재 우리나라 지방공무원들의 인사문제가 안고 있는 문제점들은 한 둘이 아니다. 생활 속에 노출되어 주민들의 눈에 비치는 문제점들만 봐도 문제의 그 심각성은 충분히 짐작할 수가 있다.

우선 중앙정부의 승인 없이는 전국 어느 지방정부도 9급 공무원 한 사람 선발할 수 없는, 중앙통제가 극심한 후진국가라는 것이다. 중앙정부만이 진정으로 국가를 위해 일하는 정부이고, 전국의 지방정부는 믿을 수 없거나 무능하고 문제있는 사람들이 일하는 곳이므로 중앙정부가 이를 철저히 감시하고 감독해야 한다는 것이다. 뿐만 아니라 법률이 아닌 대통령령을 통해 전국 지방정부의 모든 기관을 통제하고 그 곳의 공무원수와 직급을 통제하고 있다.

다음으로 심각한 문제는 공무원채용제도의 문제점으로 인해 유능한 인재들이 공직으로 들어오지 못하고 있다는 점과 일단 공직에만 들어오면 경쟁시스템이 없어 대부분의 공무원들이 매너리즘에 빠지거나 능력발전을 게을리 한다는 점이다. 그리고 대부분의 공무원들은 공직수행을 위해 공직윤리를 다하지 않는다는 것이다. 즉 주어진 공무수행을 위해 최선을 다하지 않으며, 공직수행에 정성과 열정이 부족하고 최소한의 근무요건만 갖추는 데 급급하다. 또한 평소 공무원들이 받아야 하는 교육훈련도 극히 형식적이어서 실제 그들의 능력발전이나 사기진작에 기여하지 못한다. 연간 80시간이라는 의무교육시간도 그 내용을 보면 부실하기 짝이 없고, 심지어 교육전문기관에서의 교육까지 대부분 시험 없이 단지 수강하는 것으로 끝나거나 시찰이라는 명목으로 외유형식으로 끝나는 경우가 대부분이다. 평가 없는 교육을 통해 교육의 효과를 기대하기란 불가능하다. 그러나 현재 대부분의 우리나라 공무원

교육은 평가 없는 교육으로 진행되고 있다. 나아가 승진심사나 보직임명과정에 나타나는 문제도 한 둘이 아니다. 아직도 대부분의 승진은 능력보다는 연공서열중심으로 이루어지고 있어 유능한 공무원이 자라날 수 있는 여지가 없고, 보직은 자치단체장의 영향력에 의해 좌우됨으로써 상위직에 올라갈수록 자치단체장의 눈치를 보지 않을 수 없는 구조가 되어 있다.

이상과 같은 몇 가지 문제점만 보아도 지금 우리나라 지방공무원 인사제도 내지 능력발전제도의 문제점이 얼마나 심각한지 잘 알 수 있다. 이러한 실태에서 어떻게 우리나라의 지방정부가 외국의 지방정부와 경쟁할 수 있으며, 이러한 상태에서 어떻게 우리국민들이 외국인들과 겨루어 이길 수 있겠는가? 사람을 아끼지 않는 인사제도, 사람의 창의성을 키우지 않는 능력발전시스템은 무용지물이다. 이제부터라도 중앙정부와 지방정부는 사람을 아끼고 키우는 능력발전시스템을 만들어 공무원의 발전을 통해 국가선진화를 달성토록 해야 할 것이다.

3) 기존 인사담당조직의 낮은 위상과 종합적인 인사기구의 부재

현재 지방공무원들의 인사와 교육 및 능력발전을 담당하는 행정조직의 위상은 지나치게 낮고, 그 기능의 중요성에 대한 인식도 잘못되어 있다는 점이다. 광역자치단체든 기초자치단체든 대부분의 지방정부에서는 과(課) 수준의 기구도 아닌 계(系) 수준의 기구로 이를 운영하고 있다. 그리고 여기에 발령을 받는 대부분의 직원들은 인사나 교육은 말할 것도 없고 능력발전에 대해서는 문외한들이 대부분이다. 이러한 현실이 바로 많은 공무원들의 사기를 떨어뜨리고 능력발전에 무관심하도록 하는 나쁜 요소로 작용하고 있다.

그러나 무엇보다 심각한 문제는 중앙정부의 공무원인사제도가 근본적으로 과거의 낡은 틀에서 벗어나지 못하고 있고, 지방공무원인사제도 역시 중앙정부의 통제에서 벗어나지 못하고 있다는 점이다. 공무원인사제도가 국가나 국민사회의 발전수준을 따라가지 못하기 때문에 야기되는 심각한 문제들이 한 둘이 아니다. 지방과 지역사회가 급속하게 변화하여 지방정부의 업무가 폭주하거나 그 반대의 경향이 나타나도 이러한 변화에 대처해야 하는 공무원인사제도에는 변화가 없었다. 세계화의 영향이 중앙과 지방의 도처에 나타나서 그 대응조치가 시급해도 이를 담당할 능력을 가진 공무원을 채용하거나 교육시켜나가야 할 제도개혁을 보기는 어렵다.

이렇게 공무원인사제도가 시대에 뒤떨어지게 된 것은 무엇보다도 공무원인사제도 전반을 연구하고 관리해야 할 종합적인 공무원인사기관이 없다는 것이 가장 큰 원인이다. 대통령이 바뀔 때 마다 거의 전적으로 정부조직을 뒤바꾸는 웃지못할 넌센스가 자행되고 있어도 문제가 되지 않고, 정부조직이 바뀔 때마다 다수의 공무원이 자리를 잃고 해매는 모순을 보고도 이의를 제기하지 않는 것이 우리사회의 모습이다. 특히 지방자치제도가 실시된 지 오랜 시간이 지났지만 지방자치단체에 근무하는 수십만 지방공무원들의 인사나 능력발전을 종합적으로 관리할 종합인사행정기관도 없다. 그동안 우리나라는 공무원의 능력을 이용하여 국가발전은 이루어왔지만, 사실은 이들을 이용만하고 보상은 하지 않았다.

2. 지방공무원능력발전 시스템의 실태와 문제

우리나라는 아직 중앙공무원이든 지방공무원이든 공무원의 능력발전에 관심을 가지고 종합적이고 체계적인 대책을 수립·추진하지 못하고 있다. 그 가장 큰 이유는 국가통치를 담당하고 있는 전국 100여만 공무원들의 인사문제나 능력발전 등에 대해 종합적이고 체계적인 연구와 관리를 전담하는 기구가 없기 때문이다. 즉 중앙인사행정기구가 없다는 것은 바로 통치자인 대통령이 공무원들의 인사문제와 능력발전의 중요성을 인식하지 못하고 있다는 것이고, 공무원들의 능력발전에 관심이 없다는 것은 결국 진정한 국가발전을 이루는 길을 이해하지 못하고 있음을 의미한다.

국가발전이란 한 두 사람의 위정자가 자신들의 개인적 능력만으로 이룰 수 있는 일이 아니며, 경제인들의 노력과 국민들의 협력만 있다고 해서 가능한 일도 아니다. 공무원들의 탁월한 역량과 뜨거운 열정이 없는 한 경제성장이나 국가발전 등은 사실상 기대하기 어려운 것이다. "구슬이 서말이라도 꿰어야 보배다"고 했다. 아무리 많은 자원과 정책과 기회가 부여되더라도 공무원이 움직이지 않거나 공무원이 무지하고 무능하면 지역발전이나 국가발전은 불가능하다. 이미 많은 선진국들은 공직자들의 인적 역량을 중시하고 인적 자원의 역량 개발에 정책의 비중을 강화시키고 있다.

따라서 우리나라도 종합인사행정기구를 만들어 중앙정부와 지방정부에서 근무할 유능한 인재의 새로운 채용방식을 만들고, 기존의 공무원들에게는 세계화의 파도를 극복하고 자신의 업무에 관한 혁신과 창조를 가능하도록 하는 교육·훈련제도를 시급히 개발해야 한다. 새로운 분야가 나타나면 그 분야를 효율적으로 담당할 수 있는 새로운 직렬(직류)도 만들어야 하고, 시대착오적이거나 불필요한 직렬(직류)와 직군은 과감히 폐지 내지 수정해야 하며, 새로운 수요에 대해서는 즉각 대응하는 유연하고 탄력적인 공무원 인사제도를 마련해야 한다. 예컨대 공무원제도개혁, 공무원채용방식수정, 공무원 정년연장과 공무원 연금제도의 개혁 등 실로 가장 중요한 문제들에 대해 보다 체계적인 연구와 관리가 시급하다.

특히 지방자치제도가 실시된 지 20년이 훨씬 지났지만 중앙정부나 지방정부 어디에서도 지방공무원들의 능력발전에 대한 정책이나 시책은 나오지 않았다. 지방자치제도를 실시했지만 공무원들에 대해 한 번도 제대로 된 지방자치제도를 교육시키지 않았고, 설상가상 중앙정부는 지방자치제도를 왜곡시켜려고만 노력해 왔다. 지방화라는 새로운 지구촌 환경변화에 대응하여 지역사회의 통치를 지방공무원들에게 맡겨 놓고도 지방공무원들에 대한 능력발전문제는 생각조차 하지 않았다. 간헐적으로 자치단체장들에 의한 지방공무원 인사문제가 언론에 보도될 때마다 중앙정부는 땜질식으로 이를 무마시켜왔을 뿐 사실 지방공무원들의 능력발전 문제에 대한 정책은 거의 전무하였다. 중앙정부의 대책이 없으면 지방자치단체장들이라도 지방공무원들에 대한 교육과 능력발전문제에 보다 적극적인 대책을 만들어 추진해야 했지만 전국의 지방자치단체장들 중 어느 한 사람도 그렇게 한 사람은 없었다.

사실 지방공무원은 대부분 20대에 9급으로 채용되어 60대 초반까지 30년에서 40년에 가까운 기간 동안 지방정부에서 근무하면서 일생을 지역사회의 발전과 주민들의 복지증진을 위해 일한다. 때문에 이들의 능력이나 열정에 따라 지방정부의 역량수준은 많은 영향을 받게 된다. 지방정부가 주민들에게 제공하는 행정서비스란 대부분 이들 지방공무원들의 태도나 능력에 의해 좌우되기 때문이다. 따라서 지방공무원들을 현재처럼 방치하고 단순 작업만 담당시킬 것이 아니라 이들의 능력을 개발시키고 역량을 함양함으로써 스스로 열정을 가지고 적극적으로 업무를 개발하고 정책을 창조해 나가게 해야 한다.

과거의 낡은 틀로 미래의 젊고 유능한 지방공무원을 만들어 낼 수 없고, 지방공무원의 능력발전 없이는 지방정부의 세계적 경쟁력은 기대하기 어렵다.

Ⅴ. 지방공무원의 능력개발 및 역량제고방안

1. 능력개발과 역량제고의 패러다임 전환

1) 지방공무원 인사제도의 근본적인 개편

지금 우리나라 지방공무원제도는 지방자치제도가 실시되기 이전의 낡은 제도라서 변화된 새로운 환경에 적응하기 어렵다. 따라서 지방공무원제도 뿐 아니라 지방공무원 인사제도 역시 대대적인 수술이 필요하다. "새 술은 새 부대에 담아야 한다"고 했다. 새로운 시대가 도래 했고, 지구촌 사회의 모든 영역에서 낡은 패러다임은 사라지고 새로운 패러다임이 구축되고 있다. 새로운 자치제도가 실시되었지만 새로운 지방공무원제도나 새로운 인사제도의 개편은 없었다. 학계에서 조차 과거와는 판이하게 달라진 지역사회의 행정수요를 효율적으로 처리할 수 있는 새로운 공무원인사제도의 도입과 새로운 인재채용방식의 도입을 강조하지 않았다.

우선 지방공무원 신규채용제도부터 전향적으로 바꿔야 한다. 시험방식 이외에도 다양한 현대적 인재선발방식을 도입할 필요가 있다. 그리고 신규채용시 시험방식의 개편은 물론 시험과목의 수정과 다양화도 필수적이다. 사회변화를 반영하지 못하는 시험과목들은 대대적으로 개편해야 한다. 지금의 지방공무원 인사제도는 그 가장 첫 단계인 모집, 즉 신규채용부터 개선해야 할 곳이 한두 가지가 아니다. 우선 고졸자들의 82%가 대학과 전문대학으로 진학하고 있으며 대학졸업자와 재학생들의 대부분이 공무원시험준비를 하고 있는 것이 우리나라의 현실이다. 이러한 현실을 외면하고 대학에 진학하지 못한 18%의 고졸자들을 대상으로 9급 공무원시험을 시행한다는 것이 정부당국의 원칙이다. 9급 공무원채용에 응시하는 고교졸업생들이 과연 몇%나 되며 합격률은 몇%가 되는지 정부는 모두 파악하고 있으면서 현실을 외면하고 있다. 또한 이미 많은 외국인들이 결혼과 취업으로 국내로 들어옴으로써 지역주민들의 다수가 외국인들이다. 이러한 지역사회의 실정에도 불구하고 채용시험과목이 바뀌지 않아 외국어를 제대로 구사할 수 있는 공무원들을 선발하지 못하고 있다.

지방공무원들에게는 국가(중앙)공무원들과는 다른 직급, 보수, 수당, 연금체계 등을 가질 필요가 있다. 현재의 그것들은 대부분 중앙정부의 통제와 간섭 하에 만들어진 중앙공무원제도의 아류에 지나지 않는다. 뿐만 아니라 지방공무원들에게도 성과지향적 인력관리시스템을 도입하고 개인적 능력발전과 경쟁력을 강화시키도록 할 필요가 있다. 그리고 지방정부의 공직을 개방하고 외부기관과의 인사교류도 증대시켜야 한다. 사람들의 평균수명이 길어짐에 따른 지방공무원 정년연장문제와 안정된 공무원복지제도의 보장, 정년이후의 직업취득에 대한 대책도 함께 고려해야 한다. 이러한 모든 인사제도 내지 능력발전제도는 지방공무원들이 공직윤리에 따라 최선을 다해 근무하고 주민들의 요구와 주장에 따라 성실하게 근무한다는 것을 전제로 해야 한다. 따라서 지방공무원인사제도에는 반드시 주민에 의한 통제와 지방의회에 의한 통제를 정당화함으로써 공무원의 책임을 확보할 수 있도록 해야 한다. 그렇게 함으로써 공무원의 직무수행의 합법성과 민주성, 주민에 대한 책임성 등을 강화시켜 나갈 필요가 있다.

2) 지방공무원 교육훈련제도와 신분제도의 개편

지방공무원들에게는 재직기간 내내 자신에게 개인맞춤식으로 짜여진 능력발전 프로그램에 따라 체계적으로 교육훈련을 시켜야 한다. 따라서 지방자치제도가 실시되고 있는 21세기의 대한민국, 그리고 자유와 민주가 만개한 선진화된 대한민국의 지방공무원들에 대한 인사제도 내지 능력발전제도는 지금과는 완전히 다른 새로운 제도가 도입되어야 한다. 즉 공무원교육에 관한 기존의 패러다임이 전적으로 바뀌어야 한다. 지방공무원인사제도는 중앙통제의 필요상 불가피한 부분을 제외하고는 지방정부가 자율적으로 수립하여 실시할 수 있어야 한다. 더 이상 중앙정부가 매사에 통제하고 규제하는 시대는 지나갔기 때문이다. 또한 재직 중 교육훈련프로그램들이 매우 단순하고 저급하여 공무원들의 능력발전 내지 창의적 역량제고에 별로 도움을 주지 못하고 있다. 그리고 교육훈련의 결과가 엄격한 평가제도를 거쳐 공무원 인사 등 개인적 능력발전제도와 연결되도록 해야 한다.

또한 지방에 근무하면 지방공무원의 신분을 갖도록 하는 제도를 만들어야 한다. 경찰공무원, 교육공무원, 선거직공무원 등 지방에 근무하면서 국가공무원이라는 신분을 유지하고 있고, 그것으로 인해 그들이 마치 지방공무원의 상위에 있는 듯한 잘못된 행태를 보이는 경우가 적지 않다. 특히 국가공무원이라는 이름도 바꿔야 한다. 중앙정부에 근무하면 중앙공무원, 지방정부에 근무하면 지방공무원이어야 한다. 그리고 중앙공무원과 지방공무원을 합쳐 국가공무원이라고 하는 것이 바르다. 끝으로 지방은 중앙의 뿌리이다. 뿌리에 근무하는 것이 자랑스럽게 생각할 수 있도록 지방공무원제도를 개편하고 지방공무원인사제도를 보강해야 한다.

2. 지방공무원인사에 관한 자주성과 특수성 확대

1) 지방인사에 대한 중앙통제의 폐지와 개편 : 지방의 독립적 종합인사기관의 설치

지금 우리나라 지방자치제도에서 가장 시급한 개선과제는 지방공무원인사에 대한 중앙정부의 통제제도를 개선하여 지방정부의 자주성과 자율성을 확보하는 것이다.

현재의 지방공무원제도는 중앙정부의 공무원들이 자의적으로 지방공무원을 통제하고 있는 규정이다. 국가발전의 수준이 우리와 같은 정도에 이른 나라들 중에서 이토록 철저하게 중앙정부가 지방을 통제하고 있는 나라는 세계 어디에도 없다. 때문에 이제부터라도 중앙정부의 엘리트들은 세계변화를 겸허히 수용해야 하고 지방과 지역사회에 대한 자신들의 의식과 태도를 획기적으로 바꿔야 한다.

중앙정부는 국가를 경영하는 부분에 있어 지방자치와 지방분권의 정신을 제대로 반영토록 해야 하며, 지방공무원인사의 자주성과 자율성을 대폭 증대시켜 나가야 한다. 그리하여 지방공무원들에 대한 인사와 능력발전에 관한 권한은 지방에 넘겨야 한다. 그리고 전국 지방공무원들의 인사와 능력발전을 담당해 나갈 종합적인 인사행정기관을 설치해야 한다. 지방정부의 일과 중앙정부의 일은 많은 부분이 다르다. 지방정부도 지역의 특성에 따라 각각 차이가 난다. 지방에도 중앙정부에 못지않는 일들이 생겨나고 있다. 지방에도 세계 각지에서 사람과 기업과 기관들이 밀려오고 있다. 지금처럼 중앙정부가 지방공무원에 대한 통제의 끈을 지속적으로 졸라맨다면 그것은 결국 지방을 고사시키는 일이고 이는 곧 국가발전을 저해하는 결과를 가져올 것이다. 지방공무원 인사제도에 관한 한 중앙정부는 전국적 기준과 통일을 기할 수 있는 최소한의 범위만 법령으로 제정하고 나머지 부분에 대해서는 지방의 자율에 맡겨야 한다.

2) 지역특성에 부합하는 공무원인사제도의 도입과 효율적 행정서비스의 전문화

지방정부의 행정조직과 공무원은 당해 지역의 발전을 추진하고 행정서비스를 수행하기 위해 존재하고 그것을 위해 기능한다. 그리고 필요한 조직과 인력의 규모는 해당 지방정부가 가장 잘 판단할 수 있다. 지방공무원들에 대한 인사는 지방공무원을 가장 잘 알고 있는 지방정부에게 맡겨야 한다. 뿐만 아니라 지역의 특성에 따라 필요한 공무원의 유형과 능력에도 차이가 있다. 산업공단이 밀집한 지역과 관광·무역이 왕성하게 이루어지는 지역, 농촌

지역, 어촌지역, 도시지역 등은 각 지역에서 필요한 공무원의 유형과 능력에 차이가 있을 수 있다. 때문에 신규채용 시 지방정부는 자신이 필요한 유형의 인력을 선발할 수 있어야 하고, 그것은 지방정부가 지정하는 시험과목에 따라 응시한 사람들 중에서 채용할 수 있어야 한다. 그리고 업무의 성격에 따라 지급되는 보수도 달라야 한다. 공무원에게 지급되는 보수는 지방정부의 재정능력, 업무의 난이도, 공무원의 전문성 정도 등을 감안하여 지방정부의 인사기관이 정하는 것이 가장 바람직하다.

따라서 공무원의 정원책정과 공무원의 유형(직렬과 직류), 공무원신규채용제도 등에 대해서도 중앙정부는 지방정부에 대한 통제를 대폭 완화하고 지방정부의 자주성과 자율성을 확대시켜야 한다. 그리하여 지방정부의 특성에 부합하는 공무원을 채용하여 지역주민들의 행정수요에 효율적으로 대응할 수 있어야 한다.

3. 지방공무원 신규채용제도의 다양화와 시험방식개편

이미 앞에서도 간략하게 언급한 것처럼 일은 사람이 한다. 때문에 일을 잘하기 위해서는 그 일을 잘 할 수 있는 사람이 그 일을 담당해야 한다. 일이나 일을 잘 할 수 있는 사람은 그 일과 사람에게 가장 가까이 있을수록 좋다. 따라서 지역사회의 일은 지역사회의 실정을 잘 아는 지방정부가 자신의 실정에 따라 처리하는 것이 가장 바람직하다. 하지만 현재와 같이 중앙정부의 법률로 강요하고 있는 지방공무원채용제도로는 그 일을 잘할 수 있는 사람을 채용할 수 없는 실정이다.

특히 세계화와 함께 지역사회의 환경도 급격하게 변화하고 있다. 그리하여 지방정부의 업무에도 중앙정부에 못지않는 전문성과 능력을 요구하는 일이 늘어나고 있다. 때문에 현재 중앙정부가 법령을 통해 모든 지방에 획일적으로 강요하고 있는 지방공무원채용제도나 공무원임용제도로는 지방정부가 필요로 하는 인재를 채용할 수가 없다. 특히 고교졸업수준의 객관식시험 한번만으로 지방공무원을 선발하도록 강요하는 현재의 지방공무원 채용제도는 시급히 개선해야 한다. 이러한 관점에서 아래에서는 공무원 채용제도, 시험과목, 신규채용자에 대한 교육훈련의 3가지 관점에서 기존 문제점을 개선할 수 있는 새로운 제도를 탐색해 보기로 한다.

1) 지방공무원신규채용제도의 다원화와 개편

지금 우리나라의 지방공무원제도로는 지방정부가 필요로 하는 인력을 공직으로 유입시킬 수 없다. 지구촌 환경이 바뀌고 지역사회의 실정이 아무리 변해도 중앙정부의 공무원들이 제도를 바꾸어 주지 않으면 전국의 지방정부와 지역주민들은 대책 없이 과거를 답습해야 한다. 당장 많은 외국인들이 지방정부로 몰려오고 있지만 중앙정부에 의한 지방공무원채용제도는 영어회화능력 보다는 영어필기시험을 강요하고 있다. 어학능력이 아무리 우수해도 그것만으로는 9급 공무원시험에는 합격할 수 없고, 석사학위와 박사학위 소지자들이 아무리 남아돌아도 이들을 정규직 지방공무원으로 유입시킬 수 없다. 현재 우리나라 공무원채용제도는 수십년 전에 만들어진 낡고 경직된 틀에서 벗어나지 못하고 있다.

지방정부에서는 9급을 제외하면 7급이나 5급 등 상위직 공무원의 신규채용제도는 그 수가 극히 제약되어 있거나 제도자체가 존재하지 않는다. 그리하여 지방정부가 필요한 상위직에 해당되는 전문직 공무원을 확보하기가 어렵다. 물론 외부로부터 아웃소싱 할 수는 있지만 그 수가 극히 제한되어 있고, 비록 그렇게 해서 외부인사를 채용한다고 하더라도 근무기간의 제한으로 결국 유능한 인재를 채용하기가 쉽지 않다는 것이다. 때문에 지방에도 9급 신규채용제도 이외에도 7급과 5급 등 상위직에 대한 신규채용제도를 도입할 필요가 있고, 공개채용 이외 특별채용제도를 확대하여 대학에서 석사와 박사학위를 가진 우수인재들을 지방정부로 유입할 수 있는 제도가 필요하다. 가장 중요한 것은 지방정부가 필요한 인력은 지방정부의 책임 하에 채용할 수 있어야 하고, 지방정부의 필요에 따라 인력관리를 할 수 있어야 한다는 것이다. 지방공무원의 보수는 지방정부의 재원으로 충당한다는 사실을 중앙정부는 인식해야 한다. 따라서 이제 지방공무원에 관한 한 지방정부에게 그 권한을 주어야 한다.

2) 시험대상에 대한 정확한 인지와 시험과목과 방법의 신축적 수정

지금의 우리나라 지방공무원 신규채용시험은 그 대상과 시험과목 및 시험방법 등에 대해 큰 오류를 범하고 있다. 앞에서도 간단히 지적한 바와 같이 대부분의 9급 공무원시험 응시자들이 대학생이나 대학졸업자들임에도 불구하고, 시험당국은 9급시험의 대상자들을 고졸자로 규정하는 큰 오류를 범하고 있다. 응시하지 않는 가상의 고졸자들을 대상으로 시험을 치루고, 심지어 시험과목도 고졸자들을 대상으로 고교당시 수학한 과목들을 부과하고 있다.

교육부는 세계에 유래가 없을 만큼 대학입학정원을 부풀려 놓아(청년실업의 원인제공), 대학에 진학하지 않은 고졸자를 찾아볼 수 없을 지경인 데도, 안전행정부는 고졸자들을 대상으로 시험과목을 강요하고 있다.

그리고 공무원시험과목과 시험방법도 많은 문제점을 지니고 있다. 우선 지방공무원 채용시험과목의 경우 지방자치제도가 실시된 지 20여년이 지났지만 아직도 지방자치에 관한 과목을 시험과목으로 지정하지 않고 있다. 공무원시험에 지방자치과목을 부과하지 않았을 뿐 아니라 지방공무원교육원에서도 지방자치제도의 정신과 가치 및 그 내용을 가르치지 않고 있다. 지방자치제도가 시행되고 있는 지방자치의 현장에서 지방공무원이 지방자치제도를 모른다는 것은 사람이 물과 공기와 빛의 가치를 모르는 것과 같고, 중앙부처의 공무원들이 헌법을 모르는 것과 다름이 없다. 영어는 물론 일어와 중국어 그리고 독어와 불어 등 지방자치행정의 현장에서 지방공무원들의 외국어 구사능력은 불가결한 요소이다. 그럼에도 불구하고 지방공무원채용시험에 이들 과목을 부과하지 않고 있다. 그만큼 중앙정부의 행정이 시대에 뒤떨어지고 있음을 나타내는 부분이다.

이처럼 지금의 지방공무원 채용제도와 시험제도는 여러 분야에서 사회의 현실변화를 수용하지 못할 뿐 아니라 변화의 뒤에도 따라갈 수 없도록 하고 있다. 더욱 고통스러운 것은 이렇게 잘못된 지방공무원채용제도지만 그것을 개편할 수 있는 권한이 중앙정부에 있다는 것과 중앙정부의 개편 없이는 지방으로서는 어떠한 대책도 없다는 점이다. 안전행정부의 공무원채용제도와 시험과목을 담당하는 기관은 자신들의 태만과 무지로 인해 얼마나 많은 국민들이 고통을 받고, 자원이 낭비되고 있는지 인식해야 한다. 지방의 변화를 선도하지는 못할망정 변화를 뒤 따라가지도 못하도록 하는 중앙정부가 지방에 관한 중요 권한을 장악하고 지방을 퇴보하게 만드는 것은 바로 중앙정부가 지방에 대한 심각한 폭력을 행사하고 있다는 사실을 인식해야 한다.

3) 신규채용자에 대한 교육훈련 패러다임의 혁신

원래 신규채용공무원들에 대한 교육훈련은 근무지로 배치하기 전에 실시하는 것이 원칙이다. 그리고 신규로 채용된 공무원들에 대한 교육은 공직자로서의 공무원신분에 대한 교육과 공직자의 책임과 공직윤리 그리고 지역주민에 대한 민주적 태도와 책임 등을 강조하는 교육을 실시해야 한다. 즉 공직과 공직자가 무엇인가와 직무수행과 주민에 대한 공직자의 태도가 어떠해야 하는가에 대한 심도 있는 교육이 실시되어야 한다.

그러나 현실은 그렇지 못하여 일단 합격만 하면 해당기관에서 불러 근무부터 시키고 있는 실정이다. 그리고 일정한 기간 근무를 한 다음 신규채용자 교육을 받고 있는 경우가 많다. 그러나 이럴 경우 특히 신규로 채용된 공무원들에 대한 교육을 통해서 얻고자 하는 목표를 충분히 달성하기 어렵다. 때문에 신임공무원들에게만은 다른 어떤 공무원교육에서도 담을 수 없는 좀 더 소중한 교육내용을 담아야 한다.

근래 9급 공무원시험에 합격한 대부분의 합격자들은 대졸자이거나 대학재학생들이며 전공도 행정학이나 법학 등 공공분야가 아닌 사람들이 대부분이다. 이들은 대부분 공직을 생활방편의 하나로 단순직업내지 생계수단으로 생각하고 있다. 때문에 이들은 공직의 가치나 중요성 그리고 공직자의 특성들을 잘 알지 못하며, 주민에 대한 행정책임이 무엇인지 조차 제대로 알지 못한다. 자기가 속한 지방자치단체의 특성은 물론 지방자치단체를 통치하는 지방정부의 구조적 특성이나 역량수준 등에 대해서도 아무런 지식을 갖지 못하고 있다. 더구나 세계화 속에서 지방정부가 추구해 나가야 할 미래의 목표나 과제에 대한 인식도 없고, 중앙정부에 대한 지방정부의 입장이나 대응태도 등에 아무런 지적 기초를 갖지 못한 채 보통의 직업인으로 근무하게 된다.

따라서 신규채용된 지방공무원들에게는 '보통의 국민들을 정부의 공직자들로 변화'시키는 특별한 교육훈련 프로그램을 만들어 진지하게 실시할 필요가 있다. 반드시 해당기관에 배치되기 전에 적어도 몇 개월의 장기간을 잡아 공직에 대한 가치와 공직자로서의 책임교육, 업무체험 및 실습을 두루 거치도록 해야 한다. 무엇보다도 신임공무원들에게는 공직의 가치와 공직자의 정신을 분명히 교육시키는 일이 중요하다.

특히 지방공무원으로서의 자부심과 긍지, 책임과 사명감 등을 심을 수 있어야 한다. 그리하여 중앙정부에 대한 지방정부의 입지를 강화시킬 수 있고, 세계화의 물결도 충분히 극복할 수 있는 유능한 공무원이 될 수 있도록 만들어야 한다. 그리고 근무하는 내내 이들 신규임용시의 교육내용이 머리와 정신을 떠나지 않도록 만들어야 한다.

4. 지방공무원의 전문성제고와 경쟁력향상 및 성과지향적 인력관리

1) 지방공무원의 능력발전과 전문성 제고

일반적으로 전문성이 높은 사람을 전문가라고 하고, 전문성을 갖도록 조직이나 사업 그리고 사람을 만드는 것을 전문화라고 한다. 그리하여 전문가란 어떤 분야에 대해 높은 전문지식이나 기술을 가진 사람을 의미한다. 지방정부의 조직이나 직무가 전문적 지식이나 기술을 요할 정도로 횡적, 종적, 영역별, 기능별로 세분화되는 것을 전문화라고 하고, 전문화된 조직이나 일을 전문성이 높은 조직이나 일이라고 할 수 있다. 현대와 같이 사회변화가 심화될수록 모든 조직이나 기관이 추구해야 하는 목표와 수단이 바로 전문성 제고라고 할 수 있다. 공무원의 전문성이 높아야 행정서비스의 질과 생산성을 선진화시키고 세계적 수준으로 끌어 올리 수 있다. 그런데 조직은 그 구성원인 사람의 능력과 전문성 여하에 따라 조직자체의 전문화도 좌우되는 것이 현실이다. 이렇게 볼 때 결국 어떠한 조직이든 구성원들의 전문성이 목표달성의 관건이라 할 수 있다(최봉기, 2013 : 357-358).

지방공무원의 능력이 발전된다는 것은 이들의 직무수행에 관한 전문성이 높아지는 것을 의미하고, 전문성이 높다는 것은 어떤 영역에서 보통 사람이 흔히 할 수 있는 수준 이상의 수행능력을 보이는 것을 말한다. 따라서 지방공무원들도 과거와 같이 일반교양인으로서의 지방공무원이아니라 어떤 문제해결에 전문적 능력을 가진 전문성 높은 공무원이 될 수 있도록 본인들 스스로는 물론 지방정부의 인사기관도 함께 노력해 나가야 한다. 지방공무원 개개인들의 전문성이 제고될 때 결국 지방정부 차원의 전문성도 제고 될 수 있기 때문이다.

지방공무원의 전문성을 제고시키기 위해서는 첫째 지방정부차원의 제도개혁과 적극적 지원방안과 둘째 공무원들 스스로의 사고개혁과 전문성 제고를 위한 노력이 요구된다.

우선 지방정부차원의 제도적 측면에서 보면 일반행정직 중심의 기존 직업공무원제도를 과감히 개혁할 필요가 있다. 그리하여 계급제를 대폭 줄여 그만큼 직위분류제를 도입토록 하고, 공직을 개방하여 필요할 때는 언제든지 민간부문으로부터 유능한 인재를 흡수할 수 있도록 공무원인사제도의 신축성을 높여 나가야 한다(김번웅·김동현·김판석, 1997 : 74). 그리고 지방공무원들에게도 전문직위제도[15]를 확충하여 전문성이 높은 공무원들을 양성시

15) 전문직위제도는 예컨대 국제분야업무나 중앙행정기관별 핵심분야업무 등 일정한 자격을 갖춘 자를 전문관으로 선발, 보직하여 3년 이상 장기근무를 유도하는 제도이다. 공무원임원령 제43조의 3에 근거하여

켜 나갈 필요가 있다.

또한 재직공무원들에 대한 기존의 교육훈련프로그램도 대대적으로 개편할 필요가 있다. 중앙정부에 의해 타율적으로 정해지는 교육시간이나 교육방식이 아니라 지방정부가 필요로 하는 교육시간과 교육방식을 자체적으로 정할 수 있도록 제도로 바꿔나가야 한다. 그리고 글로벌시대에 필요한 지식과 경험을 갖도록 살아있는 교육프로그램을 만들어 시행해야 한다. 특히 앞으로 지방공무원들에 대한 해외현장에 대한 실습교육은 반드시 실시해야 할 주요 개혁과제이다.

다음은 지방공무원들 개인적 노력측면에서 보면, 지방공무원들 스스로가 과거의 구태에서 벗어나 새로운 공직자가 되고자 하는 발상의 전환이 선행되어야 한다는 것이다. 즉 기존의 의식과 관행대로 일하는 전통적인 작업방식에서 과감히 탈피하여, 보다 적극적인 자세로 새로운 업무영역을 창의적으로 개발해 나가겠다는 능동적 업무수행의 의지가 있어야 한다. 그러기 위해서는 세계화 시대의 특성과 국내외 공직환경의 변화추세를 앞서 인식해야 하고, 자신의 변화를 통해 지역사회와 국가발전의 동인이 되겠다는 신념 내지 사명감을 가져야 한다. 그리고 이러한 발상의 전환과 사명감 위에 지속적인 학습과 다양한 체험이 축적되어야 한다.

2) 지방공무원의 개인별 맞춤식 능력발전프로그램과 전략적 인력관리

앞으로 지방정부의 인사기관에서는 지방공무원의 채용시점에서부터 개인별 능력과 적성을 고려하여 적합한 교육훈련을 시키고 이들의 경력관리까지도 할 수 있는 능력발전 프로그램을 만들어 시행해야 한다. 지방공무원의 능력을 발전시켜 전문가의 수준으로 만들고, 이들의 전문성을 토대로 지방정부의 국내외적 자치역량을 제고시켜 나가기 위해서는 지방정부 차원의 장기적이고 체계적인 공무원능력발전프로그램을 추진해 나가야 한다. 특히 개인에 대한 경력관리나 전문성에 대한 아무런 고려 없이 일정한 기간만 경과하면 부서를 이동시키고 있는 잘못된 전임전직 등 보직임용제도는 과감히 바꾸어야 한다.

지금의 지방공무원들은 누구도 그들의 미래를 관리해 주지 않아 방치된 채로 근무하고

실시하고 있으며, 동법 제43조의3 제3항에서는 전문직위제에 의해서 선발·보직된 자의 근무경력에 따라 「공무원 성과평가 등에 관한 규정」 제27조에 근거해서 가산점을 부여할 수 있으며, 전문직위 중 수당 지급이 필요한 직위에 대해서는 예산의 범위에서 「공무원수당 등에 관한 규정」에서 정하는 바에 따라 수당을 지급할 수 있도록 하여 인센티브를 부여하고 있다.

있다. 그들은 수십년 동안 지방정부에서 공공업무를 수행해 왔지만 어떤 분야에 대해서도 자신을 갖지 못하고 전문가적 수준의 능력도 갖추지 못하고 있다. 따라서 지금까지 대부분의 지방공무원들은 퇴직하는 순간부터 무능한 소시민으로 전락하고 만다. 이러한 공무원관리실태가 지방공무원의 사기를 저하시키고 근무의욕을 감퇴시켜 결국은 지방정부의 자치역량을 저해하는 요인으로 작용하는 것이다. 그렇기 때문에 이렇게 잘못된 기존의 지방공무원 교육훈련제도는 대폭 개편해야 한다. 그리하여 앞으로는 공무원교육훈련도 개인별 맞춤식 교육훈련과 능력발전프로그램이 될 수 있도록 만들어야 한다. 지방공무원들이 신규로 임용될 때부터 그들의 적성과 능력, 취미와 희망 등을 기초로 향후 이들이 담당할 업무영역을 설정하고, 그 업무의 수행능력함양과 창의적 역량을 제고시킬 수 있는 필요한 학습과 훈련을 실시하도록 해야 한다. 이러한 맞춤식 인사관리와 능력발전프로그램을 운영하기 위해서는 무엇보다 우선 지방정부 차원에서 많은 기능영역들 중에서 당해 지방정부가 전문화시켜 나가야 할 기능영역을 설정할 필요가 있다. 예컨대 지역경제분야나 특정한 산업영역, 그리고 지역개발이나 외교 내지 통상 분야 등 지방정부의 지역특성이나 지방자치단체의 향후 지역발전전략에 기초한 지방정부 나름의 전문화와 특성화의 영역을 설정할 필요가 있다. 그리고 이러한 지방정부의 장기비전에 따라 구성원들을 분야별로 배치시키고 이들의 능력에 따른 전문화교육과 훈련을 실시해 나가야 한다.

3) 지방공무원의 경쟁력향상과 성과지향적 인력관리시스템 운영

(1) 지방공무원의 경쟁력 향상

우리는 종종 공무원의 경쟁력이 국가의 경쟁력이라는 말을 듣는다. 이는 어느 국가를 막론하고 국가경영의 많은 부분을 정부의 공무원들이 맡고 있음을 의미하는 말이다. 이렇게 볼 때 우리나라의 국가경쟁력은 많은 부분 공무원의 경쟁력에 의해 결정된다고 볼 수 있다. 물론 실제 국가경쟁력을 결정하는 요소들은 매우 많다. 반드시 공무원들의 경쟁력만을 의미하는 것은 아니다. 그런대도 불구하고 그러한 말이 나오는 것은 사실 그 많은 경쟁력결정요소들은 공무원들이 규제하거나 관리하고 있기 때문이다. 그러나 안타깝게도 우리나라 공무원의 경쟁력은 중앙정부든 지방정부든 간에 그리 높지 않다. 공무원의 경쟁력이 높지 않다는 것은 국가와 지방자치단체의 경쟁력도 높지 않다는 것이다. 사실 우리나라의 공무원들이 외국의 공무원들에 비하여 경쟁력이 높지 않는 데에는 여러 가지 이유가 있겠지만, 가장 중요한 이유 중의 하나는 바로 공무원들의 채용방식에 있다. 공무원들의 경쟁력을 규정하는 요소들도 여러 가지가 있을 수 있지만 우선 채용당시에 좋은 사람, 경쟁력 있는 사람들을 선발하는 것이 가장 중요하다. 예컨대 인성이 좋고, 사고의 패러다임이 유연하고 창의적이며, 겸손하고 인간적인 시민정신을 가지고, 지적으로도 뛰어난 실력을 갖추었으며, 상황에 맞는 리더십을 발휘할 수 있는 사람들이 공무원으로 채용되는 것이 가장 바람직하다.

그러나 우리나라의 현실은 이와는 정반대이다. 고시합격을 위해서나 7급 내지 9급 채용시험에 합격하기 위해서는 산이나 절이 아니면 좁은 고시방이나 학원 등에 들어박혀 외부와 연을 끊고 오직 시험공부에만 열중해야 한다. 그리고 다른 어떤 능력을 갖지 않아도 필기시험에만 합격하면 공무원이 되는 데에는 지장이 없다. 이렇게 합격만 하면 특별한 일 없으면 정년까지 보장된다.

그러나 이렇게 채용된 공무원들이 글로벌 사회의 변화와 세계인들의 다양성을 이해할 수 없다. 이렇게 채용된 공직자들이 기존 행정의 패러다임을 혁신하고 분권화와 지방화를 통한 지방행정의 민주화를 실현할 수는 더욱 어렵다. 이러한 공무원들이 정부규제를 개혁하고 부정부패를 제거하여 글로벌사회의 무한경쟁에서 이긴다는 것은 처음부터 기대하기 어렵다. 따라서 이러한 제도를 더 이상 방치해서는 안된다. 중앙정부는 물론 지방정부도 공무원 채용제도에서부터 근무조건 등 모든 부문에서 현대적이고 경쟁적 요소를 도입함으로써 공무원의 경쟁력을 제고시켜 나가는 일이 시급하다. 사실 자유경쟁의 원칙은 민주주의의 중대한 원칙 중의 하나다. 두 사람 이상이 모여 함께 일하는 곳에서 경쟁은 매우 자연스러운 일이며, 경쟁을 통해서만이 업무의 성과를 높이고 질을 제고시킬 수 있는 것이다. 그렇다면 경쟁력이란 무엇이며, 무엇을 어떻게 해야 지방공무원의 경쟁력을 제고시킬 수 있을까?

첫째 시대착오적인 낡은 공직채용시스템을 대대적으로 개혁해야 한다. 특히 지방공무원의 경우, 채용제도의 다원화, 채용시험의 다양화, 시험과목의 현실화, 교육훈련의 세계화 등을 통해 공무원채용제도를 획기적으로 바꿔 나가야 한다. 시험시기도 연중 일정기간에 치루는 시험과 병행하여 지방정부가 필요할 때 마다 수시로 채용하는 시험을 늘려야 한다. 시험방식도 교양중심의 필기시험방식에서 탈피하여 전문성을 평가하는 보완적 제도를 부가할 필요가 있고, 실기시험과 기타 현장문제해결능력 등도 테스트 할 수 있어야 한다. 면접시험의 비중을 높이고 언어구사능력과 프리젠테이션능력 및 리더십 등도 시험해 보아야 한다.

둘째 지방공무원의 경쟁력은 평가제도를 통해서 높여 나가야 한다. 교육훈련성적의 평가나 근무성적 등에 대한 정확한 평가와 이를 토대로 하는 성과급제도의 실행을 통해서 경쟁력을 높여 나가야 한다. 평가가 없는 곳에 경쟁은 없다. 평가하지 않고는 그 사람의 능력이나 근무실적을 정확히 판단할 수 없다. 근래 많은 공무원교육훈련프로그램에서 시험 등 평가제도가 사라져가는 현상은 미래 한국행정의 질과 생산성을 격하시키는 매우 위험한 요소로 인식된다. 현재의 평가없는 교육훈련제도는 교육의 특성을 이해하지 못하는 일반공무원들이 교육수요자들의 요구를 무비판적으로 수용한 결과이다. 따라서 시급한 개선이 요구되는 분야이다. 나아가 성과급제도가 아직도 정착되지 못하고 있는 것도 문제다. 평가결과에 분명한 차이가 있음에도 불구하고 평가시스템의 신빙성이 낮아 피 평가자들이 이를 수용하지 않는다는 데에 문제가 있다.

셋째 지방공무원들의 경쟁력은 글로벌사회에 대한 견문을 넓혀 나감으로써 제고시킬 수 있다. 즉 지방공무원들에게 가능하면 자주 글로벌 사회의 변화를 체험시키고 벤치마킹시킬 필요가 있다. 우물 안의 개구리에 불과한 우리나라의 지방공무원들을 선진외국에 파견하여 외국의 역사와 문물, 제도와 정책들을 학습하게 하고 외국인들과의 교류를 통해 사고의 유연성과 창의성도 배우도록 할 필요가 있다. 지금까지 우리나라 지방공무원들에게는 이러한 교육이 지나치게 제한적이어서 심지어 일반인들보다도 공무원들의 해외체험이 훨씬 적은 것이 현실이다.

넷째 지방공무원들에게 차별화 능력을 기르도록 함으로써 경쟁력을 제고시킬 수 있다. 즉 남과 같이 일하면서도 남다른 가치를 창조할 수 있는 기술과 방법을 학습시킴으로써 경쟁력을 제고시켜야 한다. 많은 지방정부가 있지만 그들의 지역적 특성은 모두 다르다. 각기 다른 지역특성에서 각기 다른 기술과 방식이 나올 수 있기 때문이다. 이것은 바로 "가장 지방적인 것이 가장 세계적"이라는 사실을 증명해 주는 것이다. 지방마다 특성이 다른 만큼 지방마다 다른 개성이나 특성을 가진 공무원이 나오도록 하는 것도 주요한 경쟁력이다.

다섯째 지방정부의 공직에 강제퇴출제도를 도입하는 방안이다. 지방행정조직 내부에서 공무원들 간의 경쟁시스템을 도입하여, 능력이 떨어지거나 의식이 변화하는 환경에 적응하지 못하는 공직자들을 과감히 퇴출시키는 공무원 강제퇴출제도를 도입해야 한다. 현재 우리나라의 공무원제도는 중앙정부든 지방정부든 범죄 등 특별한 경우를 제외하면 공무원들에 대해 퇴직을 강요하는 제도는 없다. 우리나라 공무원들과 공직의 글로벌경쟁력이 떨어지는 가장 큰 이유가 바로 공직에 경쟁시스템이 없고 그 결과 강제적으로 퇴출당하는 공무원들이 없다는 점이다. 앞으로는 이러한 제도를 도입함으로써 공직에서도 무능한자들이 도태되도록 해야 할 것이다.

(2) 성과지향적 인사관리시스템 도입과 운영

지방공무원의 직무수행에 대한 전문성을 제고시킴으로써 글로벌 경쟁력을 강화하는 궁극적인 목적은 그것을 통해 지방정부가 수행하는 서비스의 질을 향상시키고 행정의 생산성을 제고시키는 것이다. 즉 지방공무원들에게도 그들의 근무실적을 중심으로 하는 성과관리시스템을 도입하여 운영해야 한다. 이러한 성과지향적 인력관리는 기본적으로 두 가지 요소를 갖추어야 한다. 하나는 지방공무원들이 열심히 직무를 수행하도록 하는 적절한 동기부여장치이고, 다른 하나는 직무수행을 통해 바람직한 목표를 달성하도록 해야 한다는 것이다(박동서, 2001 :164-165). 즉 지방공무원들은 자신들에게 주어진 일을 열심히 수행하는 것뿐 아니라, 왜 그 일을 해야 하고, 어떻게 하는 것이 가장 바람직하게 수행하는 것인가에 대해서도 충분히 고려해야 한다. 아무리 열심히 일을 했다고 하더라도 그 결과가 지역주민들에게 어떠한 혜택을 주었느냐에 따라 주민들로부터 다른 평가를 받게 되기 때문이다. 그 동안에는 공직내부에서의 평가와 외부주민들로부터의 평가가 다를 수도 있었지만, 앞으로는 내부평가도 외부의 평가결과에 따를 수 밖에 없게 될 것이다. 이처럼 성과지향적 인력관리는 직무수행과정보다는 그 결과에 치중하는 인력관리시스템이다. 따라서 성과지향적 인력관리는 공무원이 바람직한 결과를 낳을 수 있도록 열심히 일하게 하고, 그 성과에 대해서는 차별적 대우를 해야 한다. 때문에 성과지향적 인력관리에서는 무엇보다도 근무실적을 정확하게 평가할 수 있는 평가체제가 제대로 정립되어 있어야 한다. 즉 지방공무원이 어떤 일을 얼마나 잘 수행했느냐를 평가해야 그에 따른 성과측정과 차별적 보상이 가능하기 때문이다. 이렇게 볼 때 성과지향적 인력관리의 핵심요소는 동기를 부여할 수 있는 인사행정의 전문화와 목표관리 시스템의 도입이고, 다음은 직무수행실적에 대한 정확한 평가시스템을 구비하는 것이며, 끝으로 실적에 따른 바람직한 성과급 제도를 강화해 나가는 것이다.

5. 공직의 개방과 민간과의 인사교류 활성화

경직화 되어 지역의 특성을 반영하지 못하고, 글로벌 사회변화에도 대응하지 못함으로써 공직의 경쟁력을 약화시키고 있는 현재의 지방공무원제도는 대폭 개편해야 한다. 지방공무원들을 폐쇄적 사고에서 벗어나게 하는 한 가지 방법은 민간부문과 자주 접촉하고 교류하도록 하는 것이다. 하나의 공공문제를 놓고 공사부문에서 일하는 사람들이 함께 모여 그 문제의 진단과 해결책을 마련하는 기회를 갖는 것은 공무원들의 개방성과 문제해결능력을 신장시킬 수 있는 좋은 계기가 될 것이다. 이처럼 공직제도의 경직성과 폐쇄성을 극복하고 탄력성과 다양성 그리고 공직의 역량을 제고시키기 위해서는 다양한 제도개선이 요망된다.

우선 계급제중심의 지방공무원제도를 직위분류제중심의 공무원제도로 바꿔야 한다. 공무원제도로서의 계급제는 이미 그 기능을 다 한지 오래다. 계급제로는 전문성이 높은 민간영역의 발전을 유도하거나 관리할 수 있는 전문성 높은 공무원을 확보하기 어렵다. 그리하여 직위분류제를 통해 해당 직위의 직무를 효과적으로 수행할 수 있는 적절한 능력을 가진 사람들을 선발할 수 있어야 한다. 물론 직위분류제도가 전적으로 공직을 민간에게만 개방하는 제도라고는 볼 수 없다. 모집에 응하는 사람들 중에는 중앙정부나 다른 정부 그리고 각종 공공기관에서 공직자로 근무한 사람들도 있을 수 있기 때문이다. 그럼에도 불구하고 공사 어느 부문에서 근무했느냐를 막론하고 특정한 직위에 합당한 인재를 채용하려는 직위분류제는 분명히 공직을 외부에 개방하는 제도임에 틀림없다.

그리고 공무원을 채용하는 방식도 연중 1회에서 수시채용으로 바꿔야 하고, 직위에 따른 연령제한도 없애야 하며, 시험방식도 이론시험에서 실기시험으로 바꿀 필요가 있다. 그러나 공무원제도를 단시일 내에 개편할 수 없으므로 현재는 외부로부터의 계약직공무원채용을 적절히 활용할 필요가 있다. 이 경우에는 근무실적에 따라 계약기간을 연장하는 등 해당 공무원에 대한 신분보장문제를 신중하게 조치해야 할 필요가 있다.

다음은 민간영역의 연구기관이나 대학 그리고 기업 등과의 인사교류를 활발하게 추진해 나갈 필요가 있다. 민간영역의 전문가나 엘리트들 중에는 공직에서의 근무를 보람으로 여기거나 가치실현의 기회로 생각하는 사람들이 적지 않다. 지방공무원들은 대부분 9급으로 들어온 사람들이지만 대학이나 연구소 기업 등에는 국내외의 우수한 대학이나 기관에서 수학한 전문가와 자격증을 가진 사람들이 많다. 어학에 능통하고 해외의 특정 국가, 특정 지역에 관한 해박한 지식을 가진 사람들로 있을 수 있다. 지방정부가 기회만 제공한다면 일정기간 공직에서의 근무를 희망하는 이들의 역량을 효율적으로 활용할 수 있을 것이다. 물론 이 경우에도 중요한 것은 이들이 일정기간 공직근무를 마치고 복귀할 경우, 돌아가 근무할 수 있는 자리를 보장할 수 있어야 한다. 물론 이러한 제도가 그 효과를 발휘할 수 있기 위해서는 지방정부차원에서 해당 지역의 인재들에 대한 정보를 가지고 있어야 한다. 때문에 지방정부는 지역사회 내의 각종 공사기관에서 근무하고 있는 지역인재들에 대한 데이터를 수집하고 정리해 둘 필요가 있다.

6. 지방공무원들의 합법성, 민주성과 책임성 강화

지방자치행정은 공무원들의 행위가 법령과 자치법규(조례와 규칙)에 따라 이루어짐으로써 합법성을 충족시키고, 행정이 주민의 뜻에 따라 결정되고 그 결과에 대해 주민들에게 책임을 지도록 함으로써 민주성을 확보해 나갈 것을 그 이념으로 하고 있다. 그러나 지역사회에 변화의 바람이 거셀수록 새로운 지방행정수요가 증대되고, 새로운 지방행정서비스에 대한 주민들의 요구와 기대가 커질수록 그만큼 공무원들의 업무량은 늘어나 그 기능은 복잡화·전문화되고 있다. 그리하여 새로운 행정수요에 대한 공무원들의 직무수행은 자연히 재량권을 확대시키거나 행정권력을 남용할 가능성을 증대시키고 있다. 권력이 남용된다는 것은 바로 권력에 책임성이 확보되지 못함을 의미한다(정세욱, 2003 : 335). 특히 민주주의 이념의 원천을 이루는 지방자치에 있어 이러한 권력남용문제는 주민에 대한 행정책임확보와 직결되어 있기 때문에 더욱 경계해야 할 과제이다.

따라서 공무원들에게 합법성과 민주성을 준수하도록 하고, 불가피하게 재량권을 행사하게 되더라도 그것이 권한남용으로 확대되지 않도록 함으로써 지방행정의 책임을 다하도록 해야 한다. 이를 위해 지방정부는 중앙정부에 대해서는 자치행정의 수행과 관련된 기존법령의 정비와 새로운 제도의 도입을 요구해야 하고, 스스로는 필요한 조례와 규칙을 만들거나 변화에 맞게 정비해 나가야 한다. 그리고 수시로 관련법령집과 자치법규집을 만들어 공무원들의 교육훈련용과 직무수행의 기준과 근거자료로 제시해야 한다. 특히 그간의 경험에 의하면 새로운 행정수요에 따른 재량권증대에 대한 대책과 권력남용을 방지하기 위한 지방정부 차원의 대응책이 보다 적극적으로 추진되어야 할 필요가 있는 것으로 판단된다.

한편 지방공무원의 직무수행에 대한 행정책임은 지방행정에 대한 주민통제를 통해서 더욱 효과적으로 확보할 수 있다. 여기서 주민통제(citizen control)란 지방정부의 각급 행정기관과 거기에서 근무하는 공무원들이 주민에 대한 행정책임을 성실하게 이행하도록 하기 위한 제반 조치와 과정을 의미한다.

우리나라의 경우 아직도 주민통제의 실태는 매우 취약하다. 그 주된 이유는 아직도 지역주민들의 민주적 시민의식이 저급하고, 많은 부분 가치관이 왜곡되어 있기 때문이다. 우리나라 지역주민들의 민주적 시민의식수준이 저급한 가장 큰 이유는 제도권교육이 민주시민교육을 외면하고 정부의 시민교육이 부재하였기 때문이다. 특히 사회적으로 편향된 이념집단들이 이전투구식 투쟁을 하거나, 지역간 · 계층간의 이익갈등이 첨예화되어도 가치판단 없이 단순보도만 일삼아온 한국언론도 중요한 원인제공자였다.

따라서 앞으로 보다 높은 수준의 지방행정책임을 확보하기 위해서는 적극적이고 성숙한 지역주민들의 참여와 역할이 이루어져야 한다. 예컨대 활발한 지역정치활동과 적극적인 지방선거참여, 주민감사청구 및 주민소환제도의 활용, 지역정당을 통한 각종 영향력의 행사, 언론과 이익집단 등을 통한 압력활동, NGO, NPO 등의 시민단체활동을 통한 통제활동 강화 등이 그것이다. 그 외에도 진정과 청원을 통해서나 각종 공청회와 평가회, 심의회, 청문회 등의 참여를 통해서도 주민통제를 강화해 나갈 필요가 있다.

7. 동기부여를 위한 인센티브시스템과 선진복지제도의 도입

지방정부는 공무원들이 일생을 바쳐 공직에서 근무하는 것이 자신의 발전을 위해서나 지방정부를 위해 보람되고 가치있는 일로 인식되도록 각종의 인센티브시스템을 도입하고 선진복지제도 등을 확충해야 나가야 한다. 그리하여 공무원들이 최선을 다해 능력을 개발하고 역량을 제고함으로써 행정서비스의 질을 높이고 생산성을 향상시켜 나가도록 해야 한다.

우선 공무원들이 왕성한 근무의욕을 가지고 열심히 근무하고자 하는 의욕이 생길 수 있도록 공무원보수체계를 정비하고 그 수준을 향상시켜 나가야 한다. 현재 우리나라 공무원의 보수수준은 유사한 다른 직종에 비하면 현저히 낮은 것이 사실이다. 따라서 우리나라의 경제수준에 맞게 공무원 보수수준을 향상시켜나가야 한다. 물론 근무시간, 작업의 량, 수당, 정년 등을 감안하면 결코 낮지 않다는 반대주장이 없는 것은 아니지만, 이미 그러한 주장은 잘못되었다는 연구결과가 여러 곳에서 나타난 지 오래다. 지방정부로부터 양질의 행정서비스를 받고자 하면서도 공무원들의 보수 수준은 현저히 낮은 현실을 고집하는 것은 논리의 전후가 맞지 않는 모순이다.

그리고 전문성과 경쟁력을 구비하여 우수한 성과를 낸 공무원들에 대해서는 각종 성과급제도와 포상제도를 도입 · 실시할 필요가 있다. 즉 공직근무에 대한 다양한 유인제도(인센티브시스템)을 확충시키도록 할 필요가 있다. 현재까지 지방공무원들에게는 이러한 제도가 빈약하여 유인제도의 의의를 찾지 못하고 있다. 앞으로는 일정한 액수의 보너스지급, 승진이나 승급, 해외파견이나 해외연수기회의 제공 기타 가족과 함께 여행할 수 있는 유급휴가나 장기교육기회제공 등의 다양한 유인제도를 도입·실시할 필요가 있다.

또한 공직퇴직 이후에도 안정된 삶을 유지할 수 있도록 공무원연금제도를 개선하고 확충해 나갈 필요가 있다. 안정된 공무원연금은 공무원들이 연금혜택에 상응하는 책임을 부담해야 한다는 관점에서도 매우 중요하다. 현재 공무원연금제도에 대해서는 그 부담에 비해 연금수혜규모가 과도하다는 비판이 나오기도 한다. 그러나 이러한 비판에 대해 그것은 현재 공무원들의 낮은 보수에 대한 보상의 성격을 가지고 있다는 주장도 있으나 보수와 연금은 구별해야 하며, 잘못된 부분이 있다면 수정할 필요가 있다. 여하튼 공무원연금체계와 그 운영에 대해서는 중앙정부의 엄격하고 공정한 관리와 통제가 필요하다. 공무원연금관리는 자칫 잘못하면 정부의 재정부담을 가중시킬 우려가 있거나 아니면 공무원들의 미래를 불안하게 만들 위험성을 내포하고 있기 때문이다.

나아가 지방공무원들이 대외적으로 자신들의 주장을 공포하고 의사를 대변할 수 있는 대표기구를 활성화 시켜 나갈 필요가 있다. 공무원들의 단결권은 노사관계의 기본으로 한편으로는 공무원의 이익을 반영하지만 다른 한편으로는 공직개혁의 주체로서도 기능할 수 있다. 합리적인 공무원대표기구를 통해 형성된 성숙한 노사관계는 공무원들로 하여금 자발적인 책임의식을 느끼게 하여 직무성과를 제고시킬 수도 있음을 유의할 필요가 있다.

8. 지방공무원 교육 · 훈련제도의 개혁과 프로그램의 글로벌화

1) 세계화와 지방화에 대한 대응으로서의 공무원교육훈련의 혁신

지금 우리나라의 지역사회에는 외국기업들과 외국인들이 밀려들고 있다. 다양한 국적의 사람들이 지방의 각종 중소기업에 취업하여 일하고 있고, 지역주민들의 가정에는 많은 외국여성들이 다문화가정을 이루고 자녀들을 양육하고 있다. 각급 학교에도 많은 다문화가정의 자녀들이 교육을 받고 있는 등 이미 우리나라의 지방은 세계속의 지방으로 변모해 나가고 있다. 지방정부가 지역주민들의 행정수요에 부응하여 공공서비스를 제공하는 역할을 해야 한다면 지금 우리나라 지방정부나 공무원들은 사실상 그 기능을 제대로 수행하지 못한다고 할 수 있다. 외국인들과의 대화도 원활하지 못한 공무원들이 적지 않으며, 외국인들에 대한 지방정부의 정책은 아직 출발단계에도 진입하지 못했다고 할 정도이다. 지방공무원들에 대한 교육훈련은 이러한 지방정부의 공직자들에게 세계변화를 인식시키고 그 대응전략을 교육시킴으로써 우리나라의 지방이 세계화 하는데 기여해야 한다. 지금까지 국내문제와 지역사회 내에 한정된 문제를 중심으로 했던 교육훈련프로그램은 많은 부분을 세방화와 지세화를 위한 교육으로 대치시켜야 할 필요가 있다

2) 공무원교육훈련제도와 능력발전시스템의 획기적 개혁

지방자치제도가 충실하게 실시되어 자치제도 그 본래의 가치와 효과를 나타내기 위해서는 지방공무원들이 제도의 가치와 본질을 충분히 이해하고 민주적이고 효율적으로 제도를 실시해 나가도록 해야 한다. 때문에 지방공무원들이 지방자치제도를 충분히 이해하고 행동으로 실천할 수 있도록 교육하고 생활화 시켜나가야 한다. 그리고 지방공무원들에게는 지방자치제도가 왜 실시되어야 하고, 지방분권은 왜 필요하며, 지방의 요구와 주장을 어떻게 중앙정부에 효과적으로 전달할 것인지, 자치시대 지역발전을 위한 지방공무원의 사명과 역할은 무엇인지 등에 대한 이해와 인식을 제고시켜야 한다. 나아가 지방공무원들에게는 자신들이 향토를 발전시키는 주역이라는 점과 지역발전을 통해 국가발전에 기여한다는 소명의식과 자부심도 인식시켜야 한다. 이를 통해 지방공직자들에게 사명감을 고취시키고 열정을 불태우게 할 수 있는 창의적인 교육과 훈련의 기회가 반드시 필요하다. 그러나 이러한 것들을 가능케 하기 위해서는 현재의 지방공무원시스템을 대대적으로 개편해야 한다.

첫째 지방공무원교육훈련에 대한 지방정부의 자주성과 교육기관의 위상 및 자율성을 제고시키는 것이다. 현재의 지방공무원교육원은 앞으로 그 위상과 기능을 한 단계 끌어 올려야 한다. 즉 지방공무원교육훈련이 중앙정부의 정책이나 지침에 의해 이리저리 끌려다지지 못하도록 지방공무원교육기관의 독립성과 자주성 및 자율성을 높여나가야 한다. 그리고 지방공무원교육은 지역별 특성에 따른 교육훈련의 특성도 발전시켜 나가야 한다. 지방자치제도가 지역특성의 발전을 중시한다면 그 만큼 지방공무원교육도 지역특성에 부합하는 교육을 시켜야 하기 때문이다.

둘째 지방공무원교육원도 글로벌 수준의 창의적 전문적인 교육훈련시스템과 능력발전프로그램을 개발 · 실시해야 한다. 이를 위해서는 i) 교육훈련 및 능력발전프로그램에 대해 사전에 정확한 교육수요를 조사할 필요가 있고, ii) 교육훈련제도와 능력발전프로그램을 발전

시키고 확충하여 피교육자들인 공무원들의 선택의 폭을 확대해 나가야 한다. 그리고 iii) 공직자정신, 사명감, 책임감, 공직윤리 등에 관한 공직자정신교육 즉 공직자의 책임과 윤리에 관한 교육프로그램을 강화시켜나갈 필요가 있고, iv) 상위직급으로 놀라갈수록 직급에 맞는 리더십교육과 정책기획역량제고를 위한 교육훈련을 강화시켜 나가야 한다. 그리고 v) 공무원의 세계화 역량제고를 위한 교육훈련프로그램을 강화하여 해외연수 및 파견제도 등도 과감하게 도입할 필요가 있다. 그 외도 vi) 지역문제, 지역과 주민의 특성과 역동성 파악 및 개발을 강화시키는 프로그램을 강화시키고, vii) 공무원들에게 국내외 주요기관단체들과 정책 및 자원 네트워크 구축하고 활용할 수 있는 능력을 증진시키는 교육도 실시해야 할 것이다.

셋째 지방정부의 교육훈련에 대한 정책적 비중을 확충·강화하고 관련 예산을 증액시키는 등 지방정부의 지원을 강화시켜 나가야 한다. 지역사회에 불어 닥치는 변화가 격심할수록(진폭이 크고, 주기가 짧아지는 등) 이들 변화에 대응해야 하는 공무원들에 대한 창의적 교육훈련은 더욱 강조된다. 지역의 지도자와 공무원들이 지역사회를 발전시켜 나가는 주체들이라면 이들에 대한 교육훈련은 아무리 강조해도 지나치지 않다. 따라서 그동안 위축되고 삭감만 되어왔던 공무원능력발전에 관한 예산과 정책비중은 반드시 확충되고 강화되어야 한다. 현재 우리나라의 공무원교육훈련 예산총액은 삼성그룹 한 회사의 연간직원교육예산보다 적다고 한다. 그만큼 공무원교육현실이 부실하고 저렴한 교육으로 땜질되고 있음을 지적해 주고 있다. 따라서 지방의회의 예산심의과정에서도 지방공무원 능력발전을 위한 예산지원만은 적극 보호해줄 필요가 있다. 특히 그동안 자치단체장들의 편견과 무지가 심하여 피폐해진 지방공무원 교육훈련제도는 반드시 그 본래의 기능을 회복할 수 있도록 해야 할 것이다.

넷째 공무원교육훈련실적과 인사관리(보직 및 승진 등)를 적극 연계시키고, 이를 통해 공무원능력발전시스템으로 연결시켜 나가야 한다. 현재 공무원들이 이수하고 있는 지방공무원교육원이나 위탁기관의 교육훈련과정과 과목들은 대부분 보직관리와 상관없이 시행되고 있다. 이것은 비용 및 효과의 차원에서도 다분히 낭비적이며 교육받은 공무원들의 능력발전에도 기여하지 못한다. 따라서 교육훈련의 효과성을 제고시키기 위해서는 각 교육과정에 참여하는 공무원들이 현재의 보직과 연계된 과정이거나 또는 향후 맞게 될 보직과 연계될 수 있도록 해야 한다. 또한 공무원들이 이수한 교육훈련과정과 내용 실적 등을 D/B화 시켜 개인별경력을 관리함으로써 향후 인사운영 및 능력발전과 연계시킬 수 있도록 하여야 한다.

다섯째 교육훈련에 대한 평가제도를 강화하고 평가방식을 개혁해 나가야 한다. 현재의 공무원교육을 사실상 무력화시키고 관련예산을 사실상 낭비하는 것으로 만들고 있는 것은 바로 교육훈련결과에 대한 평가부재 내지 부실평가의 문제이다. 설상가상 피교육자들에 대해서는 평가하지 않고, 피교육자들이 교육담당자를 평가하고 있어 주객이 전도되고 있는 현실문제가 더욱 심각하다.

그러나 우선 교육은 관객으로부터 평가받는 인기프로그램이 아니다. 교육은 피교육자들이 모르는 것을 알게 도와주고 깨우치게 하는 어렵고 고통스럽지만 보람찬 과정이다. 교육을 통해 습득한 지식은 어둠에 빛을 주는 것과 같다. 따라서 피교육자가 교육을 통해 얼마나 교육되었는지, 얼마나 많은 지식을 습득하게 되었는지를 평가하는 것은 교육의 본질이며 필수적 과정이다. 그런데도 우리나라 공무원교육에 평가가 부실하다는 것은 원천적으로 교육부실과 교육오류의 문제를 안고 있는 잘못된 제도라고 할 수 있다. 사실 이것은 교육받아야 할 공무원들이 교육을 시킨다는 아이러니가 원인으로 작용하여 이러한 변칙적 제도를 만들어 놓고 만 것이다. 자신의 동료로부터 교육을 받는 다는 것 자체가 어색하고, 자신의 동료를 동료가 가르친다는 것은 더욱 어색하다. 그 결과 타협의 산물로 나타난 것이 교육은 시키되 평가를 하지 않는 기형적 제도가 탄생된 것이다. 평가를 하지 않는다는 것은 처음부터 교육을 실시하지 않는 것과 같다.

9. 지방공직에 대한 사회적 신뢰와 평가의 증진

이미 앞에서도 지적한 바와 같이 지방공무원의 역량을 제고시키기 위한 첩경은 우수한 인재를 지방공무원으로 다수 채용하는 것이다. 그리고 우수한 인재들을 채용할 수 있으려면 지방공무원이라는 직업에 대한 사회적 신뢰와 평가가 높아야 하고, 유능한 젊은 인재들이 지방공무원을 평생직업으로 선호해야 한다. 젊은 인재들이 지방공무원이라는 직업을 평생직업으로 선호할 수 있도록 하려면, 무엇보다도 직업으로서 장기적 안정성과 보수로서의 임금수준이 타 직업에 비해 높아야 한다. 뿐만 아니라 적절한 기간 내에 승진과 승급이 이루어지고, 퇴직 이후에는 노후보장이 잘 되어 있을수록 좋다.

근래 우리나라 지방공무원에 대한 젊은이들의 선호는 상당히 높은 편이다. 특히 9급공무원 공개경쟁시험은 합격이 매우 어려울 정도로 경쟁이 심한 실정이다. 물론 그렇다고 지방공무원이라는 직업이 위에서 제시한 좋은 직업으로서의 여러 가지 요건을 다 갖추었기 때문은 아니다. 비록 유능한 젊은 인재들이 선호할만한 좋은 직업으로서의 제반 요건을 다 구비하지는 않았지만 상대적으로 다른 직업들과 비교해서 공직이 갖는 장점들이 많기 때문일 것이다.

전반적으로 볼 때 지금 우리나라에서 직업으로서의 지방공무원직은 사회적으로 그렇게 신뢰받거나 존경받는 직업으로 인식되지도 못한 실정이며 직업으로서의 평가도 높지 않은 것이 현실이다. 그렇다고 지방공무원이라는 직업의 사회적 신뢰나 평가가 다른 직업에 비해 월등하게 떨어진다는 것도 아니다. 사실 잘 알고 보면 공무원이라는 직업은 매우 보람되고 직업적 가치가 높은 직업이다. 업무의 유형이나 성격이 공공의 성격을 지니고 주민들에게 서비스를 제공하는 것이기 때문이다. 즉 사적 이익을 추구하는 직업이 아니라 공적인 서비스를 제공하는 직업이기 때문이다. 그럼에도 불구하고 피부로 느끼는 지방공무원직에 대한 사회적 평가는 그렇게 높지 않은 것이 현실이다. 따라서 청년들이 선호하는 직업으로서 뿐만 아니라 일반사회의 평가도 높일 수 있도록 정책을 개혁할 필요가 있다.

Ⅵ. 결어

지금까지 지방정부의 자치역량을 제고시키기 위한 제반 정책대안 중에서도 지방정부의 인적 자원의 중요성을 강조함으로써 지방공무원들의 능력을 개발하고 역량을 강화시켜 나갈 수 있는 방안들을 검토해 보았다. 주로 지방공무원인사제도와 교육훈련제도의 실태와 문제점을 파악하고 개선방안을 제시하는 형식을 취하였다. 이론적 측면 보다는 실제적 측면을 강조하였고, 기존제도와 그 운영실태가 지니고 있는 시대특성의 반영정도나 제도적 실효성 확보여부 등을 중심으로 검토하였다.

제1편의 이론부분에서는 인적역량을 제고시켜 나가야 하는 지방정부 공직자들이 지향해야 할 역량유형(예 : 문제해결능력, 의사소통능력, 조정통합능력, 자원동원 및 배분능력 등)

을 중심으로 검토하였다면, 이곳에서는 이러한 역량을 제고시키기 위해 기존 제도와 실태를 구체적으로 어떻게 고치고 보완해 나가야 할 것인지를 검토하였다. 정부의 역량은 여러 부문으로 분류될 수 있지만, 엄격히 말하면 모두가 인적 역량 즉 정부 속에서 일하는 공무원의 역량에 의해 좌우된다. 그만큼 사람의 능력이 중요하기 때문에 공사조직을 막론하고 인적자원관리에 관한 제도와 정책들이 바뀌고 있다. 이러한 관점에 따라 많은 외국정부들도 중앙과 지방공무원들에 대한 인사관리제도를 유연하고 탄력적으로 개편하는가 하면 창의적이고 혁신적이 능력발전프로그램들을 시행해 나가고 있다.

그러나 우리나라의 경우 아직도 지방공무원인사제도나 교육훈련프로그램 등이 세계화 시대에 대응할만한 제도개편이나 능력발전프로그램 등이 추진되지 못하고 있다. 더구나 지금도 시대착오적인 중앙정부의 지방공무원인사에 대한 통제와 간섭이 조금도 완화되지 않고 있어 문제이다. 중앙정부의 적극적이고 전향적인 발상의 전환을 통해, 위에서 제시한 다양한 방안들이 실제 제도개편의 주요 내용으로 채택되길 기대한다. 그리고 지방정부의 적극적이고 독창적 제안을 통해 이러한 방안들이 가능한 빠른 기간 내에 지방정부의 인사 및 교육훈련정책으로 채택되었으면 한다.

제2장 지방정부의 재정역량 강화방안

Ⅰ. 의의

1991년 지방자치제도가 부활·실시된 이후 우리나라는 적잖은 분야에서 다양한 발전을 이루어 왔다. 특히 중앙행정권한의 지방분권은 상당히 추진되었다. 그럼에도 불구하고 국민들의 지방분권에 대한 체감수준은 매우 저조한 실정이다. 즉 행정에 관한 권한 이외에 국민생활에 직간접적 영향을 미치는 지방자치권에 관한 분권화의 정도는 아직도 국민적 기대에 훨씬 미치지 못하고 있기 때문이다. 더구나 지방자치제도의 기초가 되는 지방자치권의 내용을 보면 실망하지 않을 수 없다.

지방자치권을 구성하는 4가지 권한(자치입법권, 자치조직권, 자치행정권, 자치재정권) 중에서도 특히 자치재정권에 대한 분권은 거의 제자리를 맴돌고 있는 수준이다. 개인이나 가정, 기업이나 기관, 사회나 국가를 막론하고 자립과 자율 내지 자치의 가장 기본이 되는 조건은 돈(재정)이다. 지방정부의 재정적 확충이나 지원이 부족한 상태에서는 자립이나 자치란 사실 허구에 지나지 않는다. 아무리 다른 권한을 많이 가진다고 하더라도 재정력이 뒷받침되지 않는다면 그 권한은 유명무실해 질 수 밖에 없다. 지방정부의 재정역량이 부족하다는 것은 그 만큼 지방자치가 부실하다는 점을 나타내고 있다.

지방자치제도가 실시된 이후 다른 권한은 일정 부분 분권화 되거나 이양되고 있지만 유독 지방재정권에 대해서만은 오히려 중앙정부의 통제와 간섭이 강화되고 있는 실정이다. 물론 지방자치제도 실시 이후 지방재정을 지원하기 위한 중앙정부차원의 다양한 조치들이 취해진 것은 사실이다. 그럼에도 불구하고 현 시점에서 볼 때 결과적으로 크게 변화된 내용은 찾을 수 없다. 지방정부의 재정총량은 분명히 증대되었지만 실질적인 재정적 자치는 상대적으로 줄어들고 있다. 이것은 재정을 통한 지방자치단체에 대한 통제권은 결코 놓치지 않겠다는 중앙정부의 강한 집착 때문일 것이다.

물론 재정적 수단을 통해 지방에 대한 중앙정부의 통제력을 행사하고 있는 것은 선진국에서도 그 예를 흔히 볼 수 있다. 그리고 앞으로는 중앙정부의 지방에 대한 통제는 재정적 수단을 활용하는 것이 보편화 될 가능성이 높다. 이렇게 볼 때 미래에도 중앙정부의 지방에 대한 재정분권에 대한 가능성은 크게 높지 않을 것이라는 점을 예측해 볼 수 있다. 그럼에도 불구하고 중앙정부의 지방분권에 대한 실질적인 효과는 재정적 분권을 통해서 가장 잘 구현할 수 있다. 따라서 재정분권에 대한 지방의 요구는 그 만큼 강력해 질 가능성이 높고, 상대적으로 중앙정부는 재정분권만은 가능한 억제하려고 노력함으로써 중앙과 지방간의 갈등은 증대될 것으로 예상된다.

이처럼 지방정부의 재정역량은 실질적인 지방정부의 모든 자치역량을 뒷받침하는 자치역량의 원천이기 때문에 모든 지방정부들은 재정적 자치역량을 강화시키는 것이 그들의 숙원사업이 되고 있다. 따라서 앞으로 모든 지방정부들은 종래와 같이 자신의 재정역량을 중앙정부의 재정지원이나 자치재정권의 확충 등에만 의존할 것이 아니라 스스로의 노력으로 재정력을 강화시켜 나갈 필요가 있다. 그리고 이렇게 하여 확충한 재정을 통해 지역발전과 주민복지를 위한 적극적인 정책을 추진해 나가야 한다. 그렇다면 과연 지방정부의 재정역량이란 구체적으로 무엇을 의미하며, 어떻게 해야 재정적 역량을 강화시켜 나갈 수 있을 것인가? 아래에서는 이들 각각에 대해 구체적으로 검토해 보기로 한다.

Ⅱ. 지방정부 재정역량의 의미와 측정방법 및 변화추이

1. 지방정부 재정역량의 의미

지방정부의 재정역량은 우리가 흔히 사용하는 지방재정이라는 용어가 갖는 의미와는 그 뜻이 다르다. 즉 지방정부의 재정역량은 개별적인 지방정부가 갖는 재정적 능력이라는 의미와 그 지방정부가 자치하는 데 필요한 자주재정력의 확보 정도를 의미하는 내용이 동시에 포함되어 있다. 그러나 지방재정이란 모든 지방정부의 재정활동을 총합한 의미를 내포하며, 중앙재정에 대한 상대적 의미를 뜻하기도 한다. 따라서 지방정부의 재정역량은 광역과 기초, 도시와 농촌 등 지방자치단체의 특성에 따라 각각 다르며, 그렇기 때문에 지방정부마다 재정수입과 지출의 내용 및 수준 또한 같지 아니하다. 그렇다면 구체적으로 지방정부의 재정역량이란 무엇을 의미하는가? 지방정부의 재정역량을 "지방자치단체가 자신의 기능을 수행하는 데 필요한 재원을 얼마나 가지고 있는가를 의미하는 것"으로 보는 사람들도 있고(유훈, 1995: 93), "지방정부의 내부적 역량(인적 역량과 물적 역량) 중 물적역량을 재정역량으로 규정"하기도 하며(소순창, 2006: 122), "각 지방자치단체가 당해지역 주민들이 요구하는 공공서비스와 재화를 자율적으로 공급하고 이에 대해 책임질 수 있는 능력"(손희준, 2006: 267)이라고 규정하기도 한다. 또한 지방정부의 재정역량을 현재 지방정부가 동원하고 배분할 수 있는 물질과 재화적 측면의 재정여건만을 의미하지 않고, "재정수입을 강화시키거나 지출을 건전하게 하려는 자치단체장의 의지와 지방재정에 대한 주민들의 적극적 자세 등 무형의 잠재적 역량도 재정역량에 포함시켜야 된다"는 주장도 있다. 이처럼 지방정부의 재정역량에 대해서는 일치된 견해를 찾기 어렵다. 이러한 제 개념정의를 참고하여 본서에서는 "지방정부가 자신의 기능을 수행하기 위해 동원하고 배분할 수 있는 재정적인 능력 내지 그 수준"을 지방재정력이라고 규정하기로 한다.

이러한 지방정부의 재정역량은 그 자치단체의 재정수입능력과 직결된다. 우리나라 지방정부의 재정수입구조는 자주적 재원과 의존적 재원으로 구별된다. 자주적 재원이란 당해 지방정부가 자신의 능력으로 확충할 수 있는 지방세수입과 세외수입을 의미하고, 의존적 재원이란 중앙정부나 광역자치단체로부터 받는 지방교부세, 국고보조금, 광역지역특별회계, 재정보전금, 조정교부금등의 수입을 의미한다. 우리나라 지방정부의 재정규모는 지방자치제도 실시 이후 점차 증가해 오고는 있지만 아직은 충분하지 않으며, 그리하여 자치역량의 수준도 매우 낮은 실정이다.

2. 지방정부 재정역량의 측정방법

지방정부의 재정역량은 다양한 방법으로 측정이 가능하며, 그러한 측정을 통해 지방정부 재정역량의 제반 측면을 평가할 수도 있다. 그러나 재정역량의 개념규정을 통해서 알 수 있는 것처럼 재정역량은 지방자치단체가 자신의 목적달성을 위해 수행하는 기능의 총량을 어떻게 설정하느냐에 따라 바뀌게 된다. 즉 지방정부가 지역사회와 주민들에게 공급해야 할 행정서비스의 유형과 규모에 따라 재정수요가 달라지고, 재정수요가 다름에 따라 재정역량도 달라지게 된다는 것이다. 지방정부의 재정역량의 이러한 성질 때문에 재정적 역량수준을 정확하게 측정 혹은 평가한다는 것은 현실적으로 쉽지 않은 작업이다.

일반적으로 지방정부의 재정역량은 우선 총재정규모면에서 당해 자치단체의 목적달성에 부합할 정도가 되어야 하며, 재정수입구조에서는 자주재원의 비율이 높을수록 바람직하다. 그리고 재정운용측면에서도 지방정부의 자주성과 자율성이 충분히 확보될 수 있어야 한다. 즉 지방정부의 재정역량은 단순한 총재정수입규모 보다는 수입내용의 자주성 정도가 높아야 하며, 이러한 지방정부의 자주적 수입은 지역경제력을 바탕으로 안정적인 세원확보를 유지할 수 있어야 한다. 지방재정역량의 측정은 가장 기본적으로는 지방정부의 재정구조분석을 통해 측정할 수 있다. 즉 지방정부의 총재정규모, 재정자립정도, 재정의 건전성 정도, 재정구조의 탄력성 등을 분석함으로써 재정적 역량을 파악할 수 있다. 지방정부의 재정역량은 세입측면에서의 자율성과 세출측면에서의 책임성을 동시에 확보할 수 있는 능력을 의미하며, 자치단체의 재정상태와 재정여건 이외에도 자치단체장의 의지와 지방의회의 지원 그리고 지역 주민들의 적극적인 협력 등 당해 지방자치단체의 잠재적 역량도 함께 측정해야 한다. 제1편의 이론부분에서 지방정부의 재정역량은 중앙재정에 대한 지방재정의 총량적 재정지표를 통해서도 측정할 수 있고, 개별 지방자치단체의 재정구조를 통해서도 측정할 수 있는 것으로 설명하였다.

그러나 엄격히 말하면 지방정부의 재정역량이란 개별 지방정부의 재정적 역량을 의미하는 것으로 보아야 하므로 특정한 자치단체의 개별적 재정역량을 통해서 측정할 수 있다. 개별 지방정부의 재정역량을 파악할 수 있는 가장 보편적인 방법은 지방정부의 총재정규모와 그것의 자주재원과 의존재원의 비율을 측정함으로써 가장 용이하게 측정할 수 있다. 다음으로는 지방재정자립도를 통해서도 측정이 가능하다. 그러나 재정자립도라는 개념이 지니고 있는 문제점 때문에 근래에는 재정자주도를 더 많이 활용하고 있다. 여기서 재정자주도가 갖는 의미는 재정자립도에서 의존재원으로 분류되었던 지방교부세, 재정보전금, 조정교부금 등을 지방정부의 자주재원으로 포함시킨다는 데 그 의미가 있다.

그리고 자주재원의 경상경비충당지수를 측정함으로써도 재정역량을 파악할 수 있다. 즉 자주재원인 지방세수입과 세외수입 등으로 경상적 경비를 어느 정도 충당하고 있는지에 관한 측정이다. 다음은 당해 지방자치단체의 재정력 지수를 통해서도 재정적 자치역량을 파악할 수 있고, 지방세 수입총액을 인구수로 나눈 주민 1인당 지방세부담액과 세출총액을 인구수로 나눈 주민 1인당 지출액을 통해서도 재정역량을 측정할 수 있다. 그 외에도 재정운영

능력과 관련된 경상경비 감축율, 각종시설물에 대한 민간위탁율, 참여예산제도의 활용정도, 적정 지방채 부담률 등을 통해서도 지방정부의 재정역량은 측정 내지 평가될 수 있다.

3. 지방자치제도 실시이후 지방재정제도와 시책의 변화

지방자치제도가 실시된 1991년 이후 중앙정부의 지방자치단체에 대한 재정지원과 통제는 지속적으로 추진되어왔다. 이러한 지방재정관련 각종 제도와 시책의 개편 및 추진과정을 간략하게 검토하면 아래와 같다.

1) 지방자치제도 실시초기(노태우 · 김영삼 정부 : 1991년~1997년)

우리나라 지방재정제도는 1995년 지방자치단체장이 주민직선으로 선출되기 이전부터 많은 변화가 있었다. 이러한 사실은 중앙정부에서도 지방자치제도를 실시하기 위해서는 무엇보다도 지방재정상태를 보강하는 것이 중요하다고 판단하고 자치제도를 실시하기 위해 필요한 기본적인 재정여건을 조성하기 위해 적잖은 노력을 했기 때문인 것으로 판단된다. 예컨대 재정투융자심사제도와 재정진단분석제도, 재정관리제도의 도입을 위한 법적 근거마련이나 1991년 지방양여금의 신설과 담배소비세와 지역개발세의 신설 등이 이에 해당된다.

그러나 자치단체장이 주민직선으로 선출된 이후에는 오히려 지방재정과 관련된 근본적인 변화는 없었던 것으로 볼 수 있다. 물론 부분적인 제도개편이 없었던 것은 아니었다. 그러나 주로 세무행정이나 지방예산의 부분적 개편만 있었고, 지방세제도나 지방교부세제도 등 제도의 개편은 없었기 때문이다(손희준, 2011: 712). 1995년에는 자동차납세필증제도 폐지, 자동차등록세율의 인하, 지방세 과세전적부심사제도의 신설 등, 주로 절차와 관련된 내용변경이 있었고 지방양여금대상사업을 확대했다. 1996년에는 지방세무기구와 조직개편이 이루어졌고 1997년에는 IMF사태에서 벗어나기 위한 강도 높은 개혁조치가 취해졌다.

2) 1998년에서 2008년 사이의 변화(김대중 · 노무현 정부)

1998년부터는 재정분석진단제도가 시행되었다. 동 지방재정분석진단제도는 1994년 12월 24일 지방재정법(제118조)과 동법시행령(제165조)에 규정되면서 도입되었다. 이러한 법령에 근거하여 1998년부터는 지방재정 전반에 걸쳐 재정운영분석과 모든 지방자치단체를 대상으로 하는 재정지표를 분석하여 공개하고 있다. 그리고 2000년도부터는 재정의 건전성과 효율성이 떨어지는 지방자치단체에 대하여 재정진단을 실시하여 재정건전화계획을 수립·시행하도록 하고 있다(서정섭, 2005: 38). 2000년에는 기존의 시·도 징수교부금제도를 개선하여 재정보전금을 지급하도록 하였다. 1가구 2주택에 대한 중과세를 폐지하고 자동차주행세를 신설했고, 교육세를 지방교육세로, 담배소비세율을 인상하고 경주마권세를 레저세로 명칭을 바꾸었다. 그리고 지방교부세의 법정교부율을 2000년부터 13.27%에서 15%로 상향조정하였고, 2002년부터는 지방교부세 관련 법령위반과 징수태만 등 지방재정 발전을 저해하는 자치단체에게는 지방교부세를 감액할 수 있도록 하였다. 그 외도 지방양여금 제도가 일부 바뀌었고(대상사업과 배분비율), 서울 강남구와 부천시에 시범적으로 복식부기제도가 도입되었다. 그리고 지방예산의 투명성을 높이기 위한 지방예산통합정보시스템(LBIS)의 개발이 추진되었다(김주현, 2001: 21).

정부혁신과 지방분권이 참여정부의 국정과제로 결정되면서 지방재정과 관련된 각종 제도 개편이 이루어졌다. 국세와 지방세의 합리적 조정, 지방세의 신세목 확대, 비과세감면의 축소 등 지방자치단체의 과세자주권 확대를 통한 재원확충방안과 이전재원을 통한 수직적· 수평적 재정조정방안 등을 강력하게 추진하였다. 그리고 지방정부 자체세입의 확대와 예산지출의 합리성을 확보하기 위한 재정운영의 책임성과 투명성 강화 방안이 강구되었다. 2003년 3대 특별법이 국회를 통과하였고, 2005년부터 지방양여금을 폐지하기로 하고 국가균형발전특별회계를 설치하였으며, 이에 따라 지방교부세의 법정교부율도 15%에서 18.3%로 상향조정하였고, 분권교부세제도를 설치하고 세율을 0 .83% 하되 2010년부터는 보통교부세에 통합하도록 했다.

2006년부터는 분권교부세의 비율을 0.83%에서 0.94%로 인상함으로써 지방교부세의 법정교부율은 19.24%가 되었다. 한편 특별교부세는 1/11에서 4%로 축소조정하였다. 또한 지방재정정보에 대한 전반적인 업무분석과 (BSP/BPR) 정보화 계획을 수립하였으며, 예산편성결과에 대한 주민참여예산제도도 도입하였다. 그러나 자주재원인 지방소비세와 지방소득세의 도입에 대해서는 중앙정부의 해당 부처간 이견조정이 되지 않아 구체적인 방안과 도입일정을 확정하지 못하였다. 2006년부터는 지방재정법을 개편하여 지방계약법, 지방기금관리기본법, 공유재산법 등으로 분리함으로써 지방재정의 자율성과 책임성을 강화시키고 재정운용시스템을 선진화하기 위한 조치를 취하였다. 이러한 개편으로 인해 2007년부터는 예산회계법을 국가재정법으로 개편하였다.

2006년부터는 그동안 실시되어 오던 지방재정분석진단제도를 제도화하였고, 지방정부의 지방재정운용결과를 주민들에게 공시하는 지방재정공시제도를 도입하였다. 1999년부터 일부 지방자치단체에 시험적으로 도입되었던 복식부기제도가 2007년부터는 모든 지방자치단체에 도입 시행되었다. 그리고 소득세와 법인세의 인하조치가 있었다. 2008년부터는 사업예산제도를 도입함으로써 종래까지의 품목별예산제도의 결함을 시정할 수 있게 되었다. 즉 통제위주의 재정관리시스템이 성과중심으로 변화했다. 특기할 만 것은 과거부터 시행되어 온 지방재정의 사전적 통제제도 중 하나였던 지방정부의 예산편성지침서가 폐지됨으로써 예산편성에 관한 지방정부의 자율권이 신장되었다. 그리고 지방자치단체의 예산규모에 따른 지방채발행총액한도제를 시행함으로써 지방정부의 지방채발행에 대한 중앙정부의 기채승인제도도 폐지하였다.

3) 2009년 이후의 변화(이명박 정부)

2009년 초에는 지방예산의 조기집행 및 과감한 적자예산의 편성에 따른 지방채의 발행이 늘어났다. 그리고 2010년에는 그동안 과제로 남아있던 지방소득세와 지방소비세가 부분적으로나마 도입되어 지방세제도의 신기원을 이루었다. 지방소득세는 기존의 양도세, 종합소득세, 법인세, 원천징수 등의 소득할 주민세와 소득과세로서의 성격이 강한 종업원할 사업소세를 통합하고 명칭을 변경하여 2010년부터 3년간 한시적으로 과표와 세율을 현행과 동일하게 운영토록 하였다. 지방소득세는 지역경제활동과 가장 밀접하게 연관되고, 비과세·감면 등 자치단체의 실질적 과세자주권을 확보하는 데 가장 적합한 세목이며, 앞으로 완전한 독립세로 정착되면 자치단체가 기업유치 등을 위해 활용할 수 있는 조세정책수단을 확보하게 됨으로써 지역경제 활성화에도 기여할 것으로 판단된다. 지방소비세는 그동안 자치단체들이 지속적으로 요구해 온 숙원과제로서, 국세의 일부를 지방세로 전환하여 지방세를 확충한 최초의 사례이다. 즉 국세인 부가가치세의 5%를 지방세로 전환하여 지방소비세를 신설토록 하였고, 3년간의 준비과정을 거쳐 2013년부터는 부가가치세의 10% 이양을 추진하였다.

2011년 부동산 경기활성화를 위해 부동산 취득세에 대한 감세조치가 취해졌고, 지방세법이 지방세기본법, 지방세법, 지방세특례제한법 등으로 분법화 되어 지방세목이 간소화되고 지방세정이 선진화되었다. 즉 2010년 12월 27일부로 지방세법이 대대적으로 개편됨으로써 지방세목이 전면 재조정되었다. 즉 지방세기본법 제7조에서 그동안 16개의 세목으로 구성되어있던 지방세목을 11개의 세목으로 개편하였다. 그리하여 지방세정이 특수한 지방환경의 변화를 반영하기가 용이해졌다는 평가를 받게 되었다. 2012년 9월부터는 전국 모든 지방정부의 예산편성과정에 의무적으로 주민참여예산제도를 도입하였다.

그리고 2013년 7월에는 「2013년 지방재정공시 지침」을 시달하고 지방자치단체의 재정운용상황에 대한 정보공시를 대폭 확대하도록 하였다. 즉 이러한 안행부의 조치는 그동안 지방자치단체가 운영하는 공기업들의 부실경영과 부채총액에 대한 국민적 걱정과 비난여론에 부응한 것으로 보인다. 이 조치로 지방자치단체 재정운용상황에 대한 정보공시항목은 25개에서 15개가 증가한 40개로 강화되었다. 동 지침에 따르면 지자체가 발주하는 공사부터 대가지급과 감리·감독·검사 완료 등 계약 전 과정을 지자체 홈페이지에 반드시 공개토록 했다. 특히 지자체가 매년 공시하는 일반채무와 지급보증채무뿐 아니라 복식부기에 따른 부채, 민자사업의 재정부담액(BTL 임대료, BTO 운영비 집행액), 지방공기업 부채 등을 공개토록 했다. 재정부담이 높은 투·융자심사사업과 민간투자사업, 지방채발행사업은 재원과 추진상황, 변경내역, 담당자 등을 상세히 공개하는 내용도 포함됐다. 지방공기업도 이익배당 현황과 비정규직의 정규직 전환 실적, 임원 국외출장현황 등을 대외에 알리도록 했다.

4. 지방재정역량 변화 추이

1) 재정규모의 변화

우선 국내총생산규모와 예산규모의 관계를 보면 국내총생산(GDP)규모가 1991년에는 214조 2,390억원이던 것이 2009년에는 1,063조 590억원으로 4.96배 증가하였으며, 일반회계와 특별회계를 합친 중앙재정규모는 1991년 39조 3,660억원이던 것이 2009년에는 252조 1,820억원으로 6.4배가 증가했다. 같은 기간 지방재정은 21조 8,500억 원이던 것이 149조 6,580억원으로 6.8배가 증가하여 가장 높은 증가율을 보였다.

그러나 국내총생산에 대한 중앙과 지방재정의 비중을 보면 중앙재정의 경우 1991년에는 GDP의 18.4%이던 것이 2003년에는 26.5%로 8.1%나 증가했다가 최근들어 감소하는 추세를 보이고 있다. 반면 지방재정의 경우 1991년에는 GDP의 10.2%에 불과하던 것이 2009년에는 14.1%로 3.9% 증가하는데 그쳤으며 1995년에는 최저수준인 9.7%를 나타내기도 하였다. 또한 중앙재정 대비 지방재정의 규모 역시 1991년에는 55.5%이던 것이 2001

년 41. 7%로 감소했다가 2005년부터 다시 55% 이상으로 확대되어 2009년 최대치를 나타내었다. 2005년부터 중앙재정규모의 증가율이 다소 둔화되고 있는 반면 지방재정은 지속적으로 증가하고 있어 비중이 상반되는 추세이다.

2011년의 경우 중앙정부와 지방정부의 재정규모를 합한 통합재정규모는 수입 363.1조원, 지출 342.8조원으로 수입에서 지출을 차감한 통합재정수지는 20.3조원 흑자이다. 통합재정 중 중앙재정이 차지하는 비중은 51.0%, 지방정부의 일반재정 36.3%, 지방교육재정 12.7%이다. 재정수입의 경우, 중앙정부수입이 287.4조원으로 전체 통합재정수입의 79.2%를 차지하고 있으며, 지방재정수입은 73.6조원으로 20.3%, 지방교육재정수입은 2.0조원으로 0.6%를 각각 차지하였다.

2013년도 중앙재정과 지방재정의 통합규모는 517.7조원이고, 이중 중앙예산규모는 360.8조원이고 지방예산규모는 156.9조원으로 총재정에 대한 비율은 중앙재정의 경우 69.7%로 약 70%를 차지하였지만 지방재정의 경우 30.3%에 불과하였다(지방재정규모에서 교육재정 제외). 특히 2013년 지방자치단체 일반예산 156.9조원은 전년예산 대비 3.8% 증가한 수치였다. 2013년 재정수입의 특징은 종래와 비슷한 경향을 보이지만 역시 의존재원에 비해 자체재원의 증가가 미미하다는 점이다. 의존재원 예산의 전년 대비 증가율은 7.0%인 반면, 자체재원 예산의 증가율은 1.6%에 불과하였다. 이렇게 볼 때 지방자치제도 실시 이후, 지방정부의 외형적인 재정규모는 증대하였지만 국가총생산규모(GDP)에 비례하여 발전하지는 못했다. 그리고 국가재정규모에 대한 지방재정규모(지방교육재정 제외) 역시 30% 내외에 머물고 있어 과거와 큰 변동이 없는 상태이다. 특히 중앙정부에 의존하는 의존재원은 점차 늘어나고 있지만 자주재원(지방세와 세외수입)의 구조나 규모는 답보상태 내지 오히려 감소하는 경향을 보이고 있다.

2) 세입규모의 변화

1991년 지방자치제도 실시 이후 지방재정의 세입구조는 당초예산 순계규모로 볼 때 19조 9,035억원이던 것이 1995년에 36조 6,671억원으로 1.8배 증가하였으며, 20년이 지난 2010년에는 139조 8,565억원으로 1991년 과비교하면 7.9배가 증가한 것이며, 1995년과 비교해도 3.8배 증가한 것이다. 이러한 증가율을 단순 계산하면 연 평균 35%의 급증현상을 보이고 있다. 특히 2006년에는 지방재정에 큰 의미를 갖는 것으로 평가된다. 바로 지방재정 총규모가 당초예산 순계기준으로 101조원을 돌파함으로써 지방재정 100조원 시대를 열었다. 따라서 이러한 지방재정의 양적성장은 지방재정의 위상이 강화되었다는 점과 동시에 지방재정의 역할과 기능이 그 만큼 커졌다는 것을 의미하기도 한다.

그러나 이러한 지방재정규모의 양적 팽창과는 달리 그 구조를 보면 그리 낙관적이지 못하다. 우선 지방세의 수입이 1991년도에는 40.4%이던 것이 1995년에는 41.8%로 증가하였다. 그러나 그 이후 지속적인 감소추세를 보여 24% 수준으로 낮아졌다가 2011년에는 21%까지 급감하였다. 이러한 현상은 지방재정 중 자주재원의 비중이 지속적으로 감소하고 있음을 알 수 있다. 그러나 의존재원의 핵심을 이루는 지방교부세의 경우 1991년에 3조 4,524억원이던 것이 2011년에는 27조 4,085억원으로 무려 7.4배나 증가하였다. 그리고 지방재정에 대한 지방교부세의 비중도 점차 높아지고 있다. 국고보조금 역시 1991년에는 1조 7,875억원이던 것이 2011년에는 30조 5,528억원으로 무려 17배나 늘어났다. 이들 두 가지 의존재원이 지방정부 세입규모의 주류를 이루고 있는 것으로 나타났다. 지방재정에서 이러한 의존재원의 규모가 늘어나고 비중이 증가하는 것은 지방자치제도가 중앙정부에 의존해 오고 있음을 나타내 주는 것으로서 지방자치발전에 역행하는 현상이며 향후 지방재정의 개혁방안을 명확히 제시하고 있다.

지방채의 경우도 1995년도에는 그 발행규모가 1조 5,575억원이던 것이 2010년에는 5조 1,714억원으로 급증하였다. 이와 관련 지방정부의 채무도 급격히 늘어나고 있다. 지방채무의 급증은 여러가지 이유가 있겠지만 무엇보다도 최근들어 중앙정부의 경제살리기 정책추진에 부응하기 위한 지방정부가 예산을 조기집행하거나 소득세와 법인세 그리고 종합부동산세 등 국세의 감세정책으로 인한 재원부족을 채무로 충당하기 때문에 발생하고 있다. 이러한 지방재정의 구조적인 중앙의존성은 지방자치단체의 재정자립도 변화추이를 통해서도 잘 알 수 있다. 즉 1995년에는 63.5%이던 것이 2011년에는 51.9%를 보이고 있다. 재정자립도가 낮아졌다는 것은 그만큼 지방자치단체들의 중앙정부의존도가 높아졌다는 사실을 의미하고 있다. 재정자립도라는 지표가 갖는 문제점에도 불구하고 자립도가 낮다는 것은 지방자치단체들의 자주적인 재원이 빈약하다는 점을 나타내고 있다. 즉 지방세와 세외수입의 세목이나 세원이 부족하고 그 만큼 신장성이 떨어지고 있음을 의미한다. 국세와 지방세의 비율만 보더라도 우리나라는 아직도 20% 선에서 머물고 있지만 일본의 경우 그 비율이 41%에 달하고 있다(이창균, 2009: 56).

3) 세출구조의 변화

1991년 지방자치제도의 실시 이후의 지방자치단체의 세출구조추이를 기능별로 검토할 필요가 있다. 기능별 분류체계는 지방자치단체의 활동에 관한 개략적인 정보를 제공하기 때문에 흔히 "시민을 위한 분류"라고 하는데, 1996년부터 분류체계를 대분류로 해오다가 2008년부터 사업예산제도의 도입에 따른 5개의 "장"분류를 16개로 세분화 하고 있어, 세출의 추이분석이나 시계열분석 등을 하기가 불가능하다(한국지방행정연구원, 2011: 723). 일반회계와 특별회계를 모두 합친 총세출에서 일반행정비의 비중이 1991년에는 16%미만을 유지하던 것이 1995년에는 19.7%로 급증하였다가 그 후에는17% 내외로 감소하였다. 이는1995년 선거와 관련된 의회운영비가 2,073억원이 지출되었고 시·군통합에 의한 각종 행정비용이 증가하여 나타난 현상으로 파악된다.

그리고 2007년에는 13%로 감소하였다. 가장 큰 변화인 사회개발비의 비중은 상대적으로 1997년부터 급격히 증가하였는데, 이는1996년부터 적용하기 시작한 기능별 분류체계상의 과목변경에 따라 과거 산업경제비와 지역개발비에 포함되어 있던 보건 및 생활환경개선비와 주택 및 지역사회개발비가 사회개발비로 편성되면서 그 규모가 증가한 요인이 있을 것으로 판단되지만 근본적으로는 사회복지비의 지출이 크게 늘어났기 때문이다. 반면 이러한 사회개발비의 증가와는 반대로 경제개발비의 비중은 1991년 64.9%를 정점으로 최근 지속적으로 그 비중이 감소하여 2007년에는 27.3%까지 감소하고 있음을 알 수 있다.

민방위비의 경우 1995년에 1.7%였던 것이 2007년에는 1.5%로 감소하였고, 지원 및 기타경비는 1991년에 4.1%였던 것이 2007년에는 6.9%로 높아졌다. 그리하여 전체적으로 보면 1991년 이후 2007년까지 약 17년간의 기간 동안 일반행정비는 2.8%(15.8%에서 13%로) 감소하였고, 경제개발비는 37.6%(64.9%에서 27.3%), 민방위비는 0.2%(1.7%에서 1.5%로)가 감소하였지만, 사회개발비는 37.7%(13.5%에서 51.2%)가 늘어났고, 지원 및 기타 경비는 2.8%(4.1%에서 6.9%로) 증가하였다. 2008년에 변경된 지방정부의 기능별 세출구조에 따라 나타난 지출비중도 그 이전과 크게 다르지 않았다. 즉 2009년 최종 세출예산규모는 156조 7,028억원 이었으며 이 중에서 사회복지비가 29조 1,648억원으로 가장 많은 전체의 18.6%를 차지하였다. 2010년에는 사회복지지출이 더 늘어나 전체의 18.9%를 차지하였다.

지방재정지출이 두 번째로 많았던 분야는 수송 및 교통분야로서 2009년의 경우 22조

58억원으로 전체지출의 14.0%를 차지하였고, 2010년에는 그 비중이 다소 줄었지만 그래도 16조 4,648억원으로 전체의 11.7%를 차지하였다. 세 번째로 지출비중이 높았던 분야는 환경분야로 2009년에는 16조 8,942억원을 지출하여 전체의 10.7%를 차지했고, 2010년에는 14조 9,025억원을 지출하여 전체의 10.6%를 차지하였다. 그 다음이 국토 및 지역개발로 2009년과 2010년에 각각 10.6%와 9.1%를 차지하였다(한국지방행정연구원, 2011: 723-727).

이렇게 볼 때 지방정부의 지출구조가 바뀐 이후 2년간의 추세도 이전의 경향과 큰 차이 없이 사회복지비지출의 증가가 지속되고 있음을 알 수 있다. 이러한 결과는 이 기간 동안 우리나라의 지방에서는 지방정부의 독자적인 판단과 노력으로 낙후된 지역사회의 경제를 발전시키기 위한 지역개발이나 경제발전을 위한 노력보다는 중앙정부가 강력한 의지로 추진했던 사회복지정책의 집행에 끌려 다녔던 것으로 파악된다. 그리고 이러한 현상은 앞으로도 지속될 것으로 보인다. 경제규모가 늘어나도 그것은 중앙정부의 지원에 의한 의존재원이 늘어나게 된 것이고, 특정한 영역에 대한 지방정부의 지출이 늘어나도 그것 역시 중앙정부의 정책에 끌려 다닌 결과라는 현실을 쉽게 짐작할 수 있다. 이것은 아직도 우리나라 중앙집권이 얼마나 강력하고, 지방정부의 자주성이 얼마나 저급하며, 이를 방치하고 있는 언론이나 국민의 의식이 얼마나 뒤떨어져 있는가를 잘 나타내고 있다.

Ⅲ. 지방자치제도 실시이후 지방재정변화의 문제점과 개선과제

1. 의의

1991년 이후 우리나라 지방정부의 재정제도와 실태에서 나타난 현상들은 다양한 특징들을 지니고 있다. 그렇지만 그 특징들의 내용은 대부분 바람직하지 못하고 실망적인 문제점들이 적지 않다. 이미 앞에서 검토한 지방자치제도 실시 이후의 변화추이를 분석하는 과정에서 잘 나타나고 있는 것처럼 반드시 고치고 개선해야 할 과제가 한 두 가지가 아니다.

예컨대 빈번한 제도개선과 다양한 새로운 시책들이 실시되었음에도 불구하고 아직도 근본적인 변화는 없다는 점, 외형적 규모는 확대되었지만 지방정부의 자주성은 신장되지 못했다는 점, 중앙정부에 의존하는 의존재원의 규모는 늘어났지만 지방정부의 자주재원규모는 그렇지 못했다는 점, 지방세입구조의 문제점으로 지방자치단체간 재정불균형이 심해졌다는 점, 중앙정부의 지속적인 복지정책의 확대로 지방의 복지비용지출이 과도하게 늘어나 지방재정을 압박하고 있다는 점, 그러면서도 경기활성화를 위한 각종 감세정책으로 지방세수가 감소되고 있다는 점 등 일일이 지적할 수 없을 정도로 많은 문제점들이 제기되고 있다.

지난 20여년동안 우리나라의 중앙정부는 지방자치제도의 정착과 발전에 토대역할을 하는 지방재정을 보강하고 지방정부의 재정적 역량을 강화시키기 위해 다각도로 노력해 왔다. 그럼에도 불구하고 자치제도가 실시된 지 4반세기가 가까운 오늘에 이르기까지 지방의 재정력은 총체적으로 답보상태를 면하지 못하고 있다.

돌이켜 보면 어떠한 형태의 개혁이든 중앙정부 주도로 이루어진 지방재정제도의 개편은 결국은 중앙정부의 의지와 주장을 관철시키는 것으로 끝을 맺었다. 그리고 그 결과 중앙정부와 국가공무원들은 언제나 초강력 "갑"으로 행세하고 지방과 지역주민들은 언제나 힘없는 "을"로 전락하고만 것이다. 따라서 지방재정영역에서의 이러한 나쁜 관계는 반드시 청산해야 한다. 그렇지 않고는 지역과 지방이 발전할 수 없고, 지역과 지방이 발전하지 않고는 우리나라의 미래가 없기 때문이다. 아래에서는 그동안 잘못되어 온 지방재정제도와 그 실태에 대한 문제점을 지적하고 그 개선방안을 검토해 보기로 한다.

2. 중앙정부의 잦은 지방제도개편으로 타율적이고 허약화 된 지방재정

앞에서 검토한 바와 같이 1991년 지방자치제도 실시 이후 20여년 동안 중앙정부는 끊임없이 지방재정관련 법령을 개정했고 수많은 새로운 시책들을 실시해 왔다. 지방양여금제도를 도입하였고 새로운 지방세의 세목(담배소비세와 지역개발세 등 신설)을 신설하였으며, 지방세과세전 적부심사제도의 신설, 지방양여금대상사업 확대, 재정분석진단제도 시행, 지방자치단체에 대한 재정진단실시, 재정보전금제도 신설, 지방교육세 신설, 경주마권세를 레저세로 개칭, 복식부기제도의 실시 등 수많은 제도개혁과 시책변경이 있었다.

특히 참여정부에 들어와서는 정부혁신과 지방분권이 국정과제로 결정되면서 지방재정과 관련된 각종 제도개편이 대대적으로 이루어졌다. 국세와 지방세의 합리적 조정, 지방세의 신세목 확대, 비과세감면 축소 등 지방자치단체의 과세자주권 확대를 통한 재원확충방안과 이전재원을 통한 수직적 재정조정방안 등을 강력하게 추진하였다. 지방양여금제도의 폐지, 국가균형발전특별회계 설치, 지방교부세의 법정교부율의 상향조정, 분권교부세 제도를 설치하였다. 그 외도 주민참여예산제도 실시, 지방재정법의 개편, 지방예산제도를 품목별예산제도에서 사업예산제도로 개편, 지방예산편성지침서의 폐지, 기채승인제도의 폐지, 지방소득세와 지방소비세 도입, 지방세법의 개정(지방세기본법, 지방세법, 지방세특례제한법으로 분법), 2011년 전면적인 지방세목개편, 지방자치단체의 재정운용상황에 대한 정보공시 확대, 지방자치단체의 행사·축제와 같은 주요사업에 대한 원가회계 정보공개와 재정적 투명성 및 관리책임성 강화 등 많은 제도와 시책변화가 있었다.

이러한 수많은 노력에도 불구하고 결국 이 모든 노력들은 지방에 대한 중앙정부의 감시와 통제를 강화하는 것이거나 중앙에 의한 지방의 재정적 의존성을 심화시켜 결국은 지방재정의 체질을 허약하게 만들고 말았다. 따라서 앞으로의 지방재정제도개혁은 종래와 같은 불순한 의도에서 벗어나 진정으로 지방의 발전을 지원하고 지방재정력을 강화시키겠다는 보다 전향적인 태도로 추진해 나가야 한다. 기획재정부의 고위공무원들은 그렇게 하는 것이 바로 국가발전을 위하는 진정한 태도라는 점을 가능한 빨리 인식할 필요가 있다.

3. 외형만 확대되어 규모는 늘어났지만 내실이 부족한 지방재정

앞에서 검토했던 재정규모변화추이를 통해서도 잘 알 수 있었던 것처럼, 지방자치제도 실시 이후 우리나라의 지방재정규모는 엄청나게 증대하였다. 즉 1991년에 21조 8,500억원의 규모에 불과했던 지방재정이 2012년에는 122조 9,570억원으로 늘어나, 21년 만에 규모면에서 무려 5.6배가 늘어났다. 그리고 2006년을 기점으로 지방재정 100조 시대를 넘어왔다(안전행정부, 2013 : 319, 한국지방행정연구원, 2011 : 718).

그러나 국가재정에 대한 지방재정의 비율은 오히려 점차 줄어들고 있어, GDP의 증가 내지 국가재정규모의 증가에 비해 지방재정의 신장률이 뒤떨어지는 것으로 나타났다. 즉 1995년 국가재정에 대한 지방재정의 비율은 41.6%였으나 2012년에는 35.4%로 낮아져 외형상의 규모 확대에도 불구하고 지방재정의 취약성은 오히려 커지고 있는 것으로 나타나고 있다(안전행정부, 2013 : 319).

뿐만 아니라 국세에 대한 지방세의 비율도 1995년에는 21.2%이던 것이 17년이 지난 2012년에는 20.7%로 오히려 낮아져, 세월이 갈수록 지방의 재정상태는 개선되지 못하고 점차 악화되고 있음이 입증되었다. 특히 지방재정의 건전성을 가장 우려하게 만드는 것은 바로 지방세의 세수신장률이 저조하다는 점이다. 지방정부의 주요 세입원인 지방세수입이 답보상태 내지 뒷걸음질 하게 만들고 있는 가장 중요한 원인은, 바로 중앙정부가 지방의 의사와는 상관없이 지방세의 세목과 세율을 엄격하게 통제하고 있기 때문이다. 그 외에도 지방재정자립도 측면에 있어서도 2012년 현재 전국평균이 52.3%에 불과하고, 재정자주도(지방교부세와 재정보조금 등을 자주재원에 포함)도 77.2%에 불과하였다. 재정자립도가 지방재정의 건전성을 설명하는 데는 문제가 많지만, 재정자주도의 경우 현장의 실정을 상당히 정확하게 반영하고 있다.

그럼에도 불구하고 이들 지수들이 여전히 개선되지 못하고 있다는 현실은 그만큼 지방에 대한 중앙정부의 재정통제가 심하다는 사실과 중앙정부주도의 지방재정제도의 개선이 얼마나 속 다르고 겉 다른가를 설명해 주고 있다. 특히 2011년의 경우 지방세 수입만으로는 당해 자치단체의 인건비도 충당할 수 없는 자치단체가 전체의 51%로 숫자로는 124개나 되고, 세외수입을 합쳐 자주재원을 모두 합해도 인건비 충당이 안되는 지방자치단체가 15.6%로 38개나 된다고 한다(손희준, 2011: 828). 이러한 현실은 기본적으로 현재와 같은 지방재정여건으로는 지방자치제도가 주민사회에 정착되기 어렵다는 것을 의미한다. 그리고 이처럼 자주재원이 지방세와 세외수입 두 가지로 고정되어 있고, 지방세목과 지방세율이 비탄력적이고 일부 대도시에 유리하도록 되어 있어, 근본적인 제도개편 없이는 현재와 같은 지방재정의 허약성은 극복하기가 어려울 것이다.

4. 의존재원만 늘어나 타율성이 높아진 지방재정과 책임성 부족한 지방정부

지방재정규모가 늘어났다고는 하지만 재정자립도는 오히려 더 낮아졌다는 것은 규모상으로 늘어난 지방재정이 사실은 의존재원의 규모가 증가한 것 때문이었다. 지방정부의 세입원 중에서 자주재원(지방세, 세외수입)을 제외한 의존재원의 종류가 늘어나고 있어 중앙정부나 광역정부로부터 지원받는 의존재원이 증대되고 있다는 것을 나타낸다. 광역정부의 경우 중앙정부로부터의 지방교부세와 국고보조금 그리고 광역지역특별회계지원금 등을 통하여 의존재원을 지급받고 있다. 기초정부의 경우, 이상의 중앙정부지원금에 다시 도에서 지급하는 재정보전금과 특·광역시에서 지원하는 조정교부금 등이 모두 의존재원에 해당된다. 즉 그동안 중앙정부는 지방정부의 재정적인 고통을 자주재원의 확충이 아니라 의존재원의 충당을 통해 해결하려고 노력했다는 사실이 입증된 것이다. 물론 아직은 만족스럽진 않지만 그동안 중앙정부는 지방교부세율의 지속적인 인상이라든가, 국고보조금의 증대 그리고 지방정부의 각종 사업에 대한 지원금 등의 형식으로 지속적으로 지방재정규모를 확대시켜왔다. 즉 지방재정규모의 확충이라는 측면에서 세출보다는 세입부문인 재정수입증대만을 강조해왔다. 그 결과 중요한 세출부문에 대한 성과평가 및 책임성 확보는 매우 미흡하였다(손희준, 2011: 730).

그리하여 지방재정지출에 대한 지방정부의 책임성이 취약해지기 시작하였다. 자치단체장의 선심성위주 행사나 사업추진, 호화스런 지방축제개최와 격에 맞지 않는 청사건립 등 무분별한 지출이 늘어나고 낭비성 예산지출이 증대되었다. 가장 대표적인 예로 인천의 월미은하레일건설이나, 용인시와 김해시의 경전철 건설로 인한 예산낭비와 지방재정부담의 증대 등은 그 대표적인 사례이다. 특히 재선을 노린 자치단체장의 무분별한 사업추진은 지방의회의 예산심의에도 많은 부담을 안기고 있어 지방정부의 기관간 갈등요인이 되고 있다. 즉 단체장에 비해 취약한 위상과 권력구조를 가진 지방의회로서는 자치단체장의 무리한 사업예산요구를 거부할 수 없고, 자신들에 대한 인사권을 가진 자치단체장에 대해 지방공무원들은 맹목적 복종 이외에는 다른 탈출구가 없다. 이러한 중앙정부의 잘못된 행태와 지방자치단체장의 이기적 태도가 결국 지방재정에 대한 지방정부와 지역주민들의 도덕적인 해이를 초래했고 지출예산에 대한 책임감을 떨어뜨리게 했다.

5. 지방세수체계의 문제와 자치단체간 심각한 재정불균형 실태

지방자치단체간의 재정자립도의 차이에서 분명히 파악할 수 있는 것처럼 전국 244개 지방자치단체간의 재정불균형은 매우 심각하다. 특별시와 광역시 일부를 제외하면 나머지 도지역의 경우 재정규모도 그렇게 크지 않으면서 재정자립도는 매우 낮아 지방자치제도의 정착을 어렵게 하고 있다. 특별시와 광역시의 경우도, 시 본청과 산하 구·군청의 차이가 심하다. 2012년 전국평균 재정자립도는 52.3%로 전년도 2011년의 58.8보다 훨씬 낮아졌다. 특별· 광역시 평균은 69.1%, 도(특별자치도 포함) 평균은 34.8% 였고, 시의 평균은 37.1%, 군 평균은 16.4%, 자치구는 36.0%였다. 그리고 특별·광역시 등 도시지역에서 자립도가 가장 높은 서울시의 88.7%였고, 가장 낮은 광주광역시는 41.1% 였으며, 도지역의 경우, 경기본청이 61.7%였고, 전남본청이 14.6%로 같은 시나 도지역이지만 높은 지역과 낮은 지역 간에 지나치게 격차를 보이고 있다. 기초자치단체의 경우, 2011년도 서울시 강남구(82.8%)와 부산 영도구(14.0%)간, 경기 용인시(69.4%)와 전북 남원시(9.6%)간, 그리고 울산시의 울주군(47.5%)과 전남의 신안군(7.6%)간은 비록 유사한 자치단체들이었지만 그 격차는 지나치게 격심했다.

이처럼 지방자치단체간 재정불균형이 격심한 것은 무엇보다도 지방재정수입의 가장 큰 비중을 차지하는 지방세구조에 문제가 있음을 지적하고 있다. 2012년의 국세에 대한 지방세의 비중이 20.7%라는 사실이 바로 지방세구조의 취약성을 드러내고 있다. 특히 전국 244개의 자치단체들이각기 다른 지역특성과 규모와 경제수준을 가지고 있는 데도 불구하고 전국에 동일한 지방세를 강요하고 있는 원시적 제도가 이러한 현상을 심화시키고 있다. 동일한 지방세목이라도 도시지역은 세수입이 많지만 군과 같은 농촌지역에는 세수입이 거의 없기 때문이다. 이러한 지방자치단체간의 재정불균형의 심화는 지방자치제도 본래의 이상과 가치를 구현하는 데 가장 큰 걸림돌이 되고 있다. 특히 지방자치는 본래 광역자치단체보다는 기초자치단체의 자치에 더 큰 가치와 의미가 있다.

따라서 적어도 기초자치단체들 간에는 재정불균형을 완화시킬 필요가 있다. 그러나 우리나라의 경우, 정반대로 광역이 기초보다 재정사정이 나은 편이고, 도시가 농촌보다 더 재정사정이 나은 편이다. 사실 지방자치란 주민들과 함께하는 풀뿌리 민주주의의 구현에 그 의미가 있으므로 광역자치단체의 경우 군이 자치단체로 하지 않아도 큰 문제가 없다. 그런데도 불구하고 기초자치단체 중에서도 특히 자치구와 군의 재정사정은 매우 열악하고 그 격차가 극심하다.

이처럼 20년 이상이나 재정자립도가 조금도 개선되지 못하도록 법령을 통제해 놓고, 그것을 고치지도 않고 방치하고 있다는 것은 지방재정제도운용의 권한과 책임을 가지고 있는 중앙정부의 도덕적 해이가 아니라 직무태만이다. 특히 특별·광역시 자치구의 경우, 자치단체이면서도 완전한 자치를 할 수 없도록 법령으로 비정상적인 통제를 가하고 있다. 권한과 기능은 물론 재원까지 대부분 특별·광역시에 부여하여 사실 자치구가 할 수 있는 자치기능은 극히 미약하다. 이렇게 제도를 잘 못 만들어 놓고, 자치구가 제 기능을 못하니 폐지하겠다고 한다. 지방자치제도를 조금만 아는 사람이면 중앙정부를 비난하지 않을 수 없는 실정이다. 농촌지역의 군의 경우도 현재의 지방세와 세외수입만으로는 기본적으로 지방자치를 할 수 없는 것이 사실이다. 그럼에도 불구하고 중앙정부는 이제까지 법령을 개선하지 않고 그대로 방치하고 있다. 이렇게 지방자치를 제대로 할 수 없도록 잘못된 제도를 만들어 방치해 놓고, 그 원인을 고치기보다는 결과만 보고 자치단체를 폐지하거나 통합하려고 하는 것이 우리나라의 중앙정부다[16].

6. 중앙정부의 포퓰리즘적 복지정책강요와 지방재정압박의 심화

대중정치가 힘을 얻게 되면서 정권교체와 권력을 획득하려는 정치인들과 정치집단들의 경쟁은 치열해지고, 선거에서는 정부의 재정능력을 고려하지 않은 무분별한 공약을 남발하여 유권자들을 현혹하였다. 이러한 과정에서 다수의 이기적인 유권자들은 장기적 국가발전보다는 단기적인 목전의 이익을 추구하게 됨으로써 정치인들로 하여금 포퓰리즘에 빠지게 하였다. 이러한 사례의 대표적인 예로 사회복지분야의 공약남발이다. 물론 국가발전에 맞게 정부의 복지정책수준도 높여나가야 한다. 그러나 정치인들이 선거과정에서 경쟁적으로 남발한 사회복지관련 공약을 정책적 타당성과 실현가능성에 대한 정확한 검토 없이 무리하게 정부정책으로 추진하고자 하는 데서 많은 문제점이 제기되고 있다.

지방자치제도가 실시된 이후 지방자치단체가 지출하는 사회보장비의 규모는 지속적으로 증가하고 있고, 계속적인 사회보장비의 지출증가는 지방자치단체의 지방비부담을 증가시키는 요인이 된다. 지방정부의 사회복지비 예산증가는 지방정부의 자체계획에 따른 것도 있지만 그보다는 사회보장정책에 대한 중앙정부의 정책변화 때문에 지방예산에 더 많은 부담을 가중시키고 있다. 즉 지방정부가 집행하는 사회복지사업비는 대부분 중앙정부의 국고보조사업으로 추진되고, 국고보조사업은 지방정부의 능력과 의지에 무관하게 일정한 지방비예산을 부담해야 한다.

16) 이들이 바로 중앙정부의 통치엘리트들이다. 이들은 중앙정부의 잘못이나 직무태만은 눈에 보이지 않고, 제도를 개악할 때는 눈을 감지만 지방의 티끌만한 잘못에는 추상같은 벌을 내리고, 개악된 제도로 나온 나쁜 결과만을 문제삼아 지방과 지역사회를 식민지처럼 통제하고 조작하려 한다.

〈표 2-1〉 사회복지분야 국고보조사업에 대한 지방비부담액 (단위 : 조원)

구 분	2006	2007	2008	2009	2010
정부총지출	224.1	238.4	262.8	301.8	292.8
보건복지부일반회계예산	9.71	11.53	15.86	19.27	19.29
국고보조사업(복지부) (A)	6.04	7.82	11.16	13.02	24.3
지방비부담 (B)	2.15	2.85	5.07	6.15	7.01

자료: 손희준, 2011: 737.

사회복지분야 국고보조사업과 지방비부담수준을 검토하면 아래의 표와 같다. 사회복지분야 국고보조사업은 <표 2-1>에서 보는 것과 같이 2006년 이후 지속적으로 증가하고 있다. 그리고 그 증가율은 정부총지출의 증가율이나 보건복지부 일반회계예산규모의 증가수준을 넘고 있다. 이러한 국고보조사업규모의 증가에 따라 이에 대응하여 지출해야 하는 지방비의 부담액도 지속적으로 증가하고 있다. 2006년도 2조 1,500억원에서 2010년도에는 7조 100억원으로 가파르게 상승하고 있다.

이러한 사회복지관련 국고보조사업에 대한 지방비의 분담이 늘어난다는 것은 그만큼 지방재정에 압박요인으로 작용할 뿐 아니라 지방재정운용의 경직성을 초래하여 지방정부의 기능을 위축시키는 요인으로 작용하고 있다. 특히 중앙정부의 강요에 의해 2013년부터 시행한 영유아보육비지급은 반년도 못되서 재정이 바닥을 보이게 됨으로써 지방자치단체의 반발을 야기시키고 있다.

7. 중앙정부의 감세정책으로 인한 지방정부의 세수감축과 지역발전의 지체

지방재정규모는 중앙정부의 조세정책에 민감하게 영향을 받는다. 지난 몇 년 동안 중앙정부는 경기회복을 위해 지속적으로 각종의 감세정책을 추진함으로써 중앙정부는 물론 지방정부의 세수도 줄어들었다. 중앙정부의 감세정책으로 인한 지방세수의 감소내역은 내국세의 감세로 인한 부분과 지방제 그 자체의 감세로 인한 것으로 나누어 볼 수 있다.

첫째 소득세율의 단계적(2%)인하, 법인세율의 인하, 종합부동산세의 개인별합산방식으로의 변경, 그리고 목적세(교통세, 에너지세, 환경세, 교육세, 농어촌특별세 등)를 폐지시키고 본세로 통합하는 등으로 내국세총액이 줄어들었다. 그리하여 지방세인 주민세는 소득세와 법인세 감소분의 10%가 줄어들었고, 지방교부세는 그 감소분의 19.24%가 줄어들게 되었다는 것이다.

둘째 지방세인 취득세와 등록세를 인하시킴으로써 취득세와 등록세 그 자체의 절대액이 줄어들었을 뿐 아니라 그로인한 재정보전금이 감소되었다는 것이다. 최근 취득세감면기간을 종료시킨 이후 부동산거래가 갑자기 위축되었다는 뉴스가 나오자 이제는 취득세율 그 자체를 전반적으로 낮추고, 부동산취득사격에 따라 그 세율을 차등화시키겠다는 정부의 방침이 발표되기도 하였다. 그러나 부동산거래활성화을 통해 국내경기를 회복시켜보겠다는 당국의 대책은 그 자체의 실효성에도 의문이 가지만, 그러한 대책은 결국 지방재정역량을 약화시킴으로써 지역발전을 지체시키게 된다는 사실을 알아야 한다. 이처럼 중앙정부의 각종 감세정책에 따라 지방정부가 안게 되는 재정적 부담의 구체적인 내용을 검토하면 앞의 <표 2-2>와 같다.

〈표 2-2〉 소득세법인세 및 내국세 감소로 인한 지방재정수입 감소내역 (단위 : 억원)

구분	2008	2009	2010	2011	2012	계
소득세, 법인세 감소(A)	−27,440	−80,545	−171,409	−175,409	−173,040	−627,842
−지방세중 주민세감소(B)	−2,744	−8,055	−17,141	−17,541	−17,304	−62,784
내국세 감소 (C)	−30,770	−96,303	−189,284	−195,903	−194,768	−707,027
− 지방교부세 감소 (D)	−5,920	−18,529	−36,418	−37,692	−37,473	−136,032
지방재정세입감소(B+D) (주민세+지방교부세)	−8,664	−26,583	−53,559	−53,233	−54,777	−198,816

자료 : 손희준, 2011: 735.

주 : 주민세 감소액은 소득세와 법인세 감소분의 10%, 지방교부세감소분은 내국세 감소분의 19.24%임.

Ⅳ. 지방정부의 재정역량 강화방안

1. 내외적 지방재정환경의 개선

1) 지방재정지출의 효율화

지방정부의 재정력을 강화하기 위해서는 수입의 확대와 함께 지출의 효율화가 동시에 달성되어야 한다. 지방정부 재정지출의 효율화를 기하기 위해서는 다음과 같은 3가지 관점에 유의할 필요가 있다.

첫째 예산의 낭비요인을 제거해야 한다. 이것은 예산지출의 경제성과 기술적 효율성(technical efficiency)을 추구하는 것을 의미한다. 경제성이란 자원획득비용을 최소화하는 것이다. 전통적으로 경제성은 공동구매, 인건비의 최소화 등에 초점을 맞추었다. 최근에는 경제성을 달성하는 수단으로서 외부와의 계약, 리스 등에 관심을 기울이게 되었다. 소위 외부자원의 활용(outsourcing)을 통해 달성하는 것이다. 기술적 효율성은 투입·산출 관계에서의 효율성을 의미하며, 공공서비스의 생산함수와 관련이 있다. 생산성 향상운동과 비용절감운동을 통해 기술적 효율성을 달성할 수 있다. 예산지출의 경제성과 효율성을 향상시키기 위해서는 지방정부의 구조조정, 불필요한 인력감원 내지 재배치 등을 단행해야 한다.

둘째 사업의 우선순위를 재조정할 필요가 있다. 이것은 지출의 배분적 효율성(allocative efficiency)을 추구하는 것이다. 배분적 효율성은 부문간 재원배분을 통한 재정지출의 총체적 효율성을 도모하는 것을 말한다. 영기준에서 사업을 전면 재검토하여 타당성에 대한 검토, 투자우선순위의 재조정을 통해 효율성을 높여야 할 것이다.

셋째 예산집행과 관련하여 현금관리를 잘 활용할 필요가 있다. 현금관리란 공공조직의 재정상태에 이익이 되도록 유입하거나 유추되는 자금의 흐름을 통제하는 것이다. 지방재정의 세입은 일시에 재원으로 확보되는 것이 아니고 1년이라는 회계기간 동안 분산되어 재원으로 유입된다. 또한 세출도 일시에 지출되는 것이 아니고 회계기간 동안 지속적으로 지출된다. 따라서 적정 현금수준을 유지할 필요가 있는데, 현금이 충분히 있을 때에는 현금 사용시까지 여유현금을 적절하게 투자하는 것이 좋은 현금관리이다.

2) 감축관리

감축관리는 역기능적이거나 중복 · 과다하거나 불필요한 기능 · 기구 · 인력정책 그리고 사업 등을 의식적으로 정비하는 결정과 집행을 의미하지만, 예산절감과 관련하여 감축관리란 자원의 소비와 조직의 활동을 줄이는 방향으로 조직의 변혁을 유도하는 것이다. 감축관리가 제기된 배경에는 1970년대의 석유파동을 계기로 수입의 정체와 성숙화 사회에의 급속한 진입에 따른 의무적 지출 등에 의한 재정수입의 악화와 정부기구의 축소와 예산의 절감이 중요한 과제로 등장하면서 부터이다.

행정단위별 경비를 최소화하여 행정목적을 달성토록 하는 것은 지방정부의 당연한 의무이다. 특히 행정지원적 성격인 경상비지출은 사무처리의 간소화 및 능률화 등 행정관리개선을 통한 최소수준에 그쳐야 하며, 관료적인 이해관계로 인해 기구확장이나 인원증원 등은 억제되어야 할 것이다. 이런 점에서 감축관리와 같은 관리기법은 지방재정운용의 기본지침이 된다고 할 수 있다.

한정된 재원으로 지방재정운용의 급격한 변화에 따른 행 · 재정수요에 효과적으로 대응하기 위한 새로운 관리전략으로서 감축관리가 불가피하다. 감축관리는 예산의 절감뿐만 아니라 기능, 기구, 인력, 정책 등의 정비도 그 대상으로 하고 있다. 따라서 감축관리의 실천에는 공무원의 심리적인 저항, 조직의 환경변화에 대한 적응력, 조직의 동태적 보수주의, 감축의 반대를 위한 정치적 연합, 법적인 제약, 많은 비용의 소요 등의 저해요인이 있다. 그러나 현행 여건 하에 지방재정의 경직성을 타개하고 한정된 재원으로 지방재정환경의 급격한 변화에 따른 행·재정수요에 효과적으로 대응하기 위하여 감축관리는 불가피한 지방재정의 건전화전략 중의 하나라고 할 것이다.

3) 외부자원의 활용

지방정부의 입장에서 외부자원이란 일차적으로 중앙정부로부터 받는 의존재원을 생각할 수 있다. 그러나 중앙정부로부터 의존재원은 중앙재정이 동시에 어려움을 겪고 있기 때문에 재원 마련에 한계가 있다. 여기서는 그 외의 외부자원을 중심으로 간략하게 살펴보기로 한다.

첫째 외자도입 및 외국인 투자유치방법이다. 가용재원이 부족할 때 먼저 생각나는 동원방법은 지방채의 발행이다. 그런데 국내채의 경우 현재의 경제위기 상황하에서는 지방채의 소화가 쉽지 않다. 물론 어려운 여건 하에서도 지방채의 발행이 가능하다면 일단 이 방법을 활용해야 한다. 그러나 국내채의 발행이 여의치 않는 다면 외채를 고려해 볼 필요가 있다. 외채의 경우 대체로 금리가 낮은 편이고 상환기간이 장기이기 때문에 사회간접자본 투자부문에의 재원마련에 적합한 성격을 갖고 있다. 다만 외자 도입 시 환차손, 부대비용, 상환방법, 신용등급문제 등의 전문적 판단이 필요한 경우가 있다. 따라서 전문가들을 중심으로 면밀한 준비를 거친 후 도입해야 할 것이다. 현재의 재정위기상황하에서는 실업자구제비, 경제구조 조정자금 등의 임시적 재정수요로 인해 현재 예산의 비중이 커지는 경향이 있다. 따라서 사회간접자본투자와 같이 미래예산의 비중이 상대적으로 감소하는 경향이 있다. 광역자치단체의 경우 도로부문 등의 SOC 투자비중이 매우 높은 점을 감안하면, 여기에 대한 투자재원은 외자도입 등을 통해 마련하는 방안을 적극 검토할 필요가 있다. 그리고 외국인의 직접투자를 유치하여 잠재세입한도를 확정하는 것도 하나의 방안이 될 수 있다.

둘째 민자유치를 활용하는 방법이다. 민자유치촉진법이 제정되어 지방정부에서도 필요한 경우 민자유치가 가능하다. 그러나 민간자본이 투자되기 위해서는 상당한 수익성의 보장되어야 한다. 정부에서도 수익률을 높이는 방안을 검토하고 있는 것으로 알고 있다. 역세권 개발, 교통관리시설 등 민자유치가 가능한 영역은 많다고 생각한다. 필요한 경우 제3섹터 방식의 운용도 가능할 것이다.

셋째 민간위탁·아웃소싱·민영화방법 등을 활용할 필요가 있다. 지방정부 내의 효율성을 확보하기 위해서는 주기적으로 시장성 검증을 통해 기능 및 사업을 민간에게 위탁하거나 민영화를 단행하는 것이 바람직하다. 더 이상 내부의 비효율을 온존시킬 필요가 없기 때문이다. 그리고 경쟁체제를 도입하여 외부와의 계약, 리스 등을 확대하는 것도 효율성을 높이는 하나의 방법이다.

2. 지방재정조정제도의 합리적 개편

우리나라의 지방재정의 세수체계는 우선 지방정부가 스스로의 권한범위 내에서 부과징수하는 자주수입과 중앙정부가 지방정부에게 지원하는 의존수입으로 구분된다. 즉 중앙정부는 지방재정제도를 통하여 지방정부의 자주수입만으로는 지방정부가 필요로 하는 재정지출비용을 충당할 수 없도록 만들어 놓았다. 때문에 지방정부가 최소한의 행정기능을 수행하기 위해서는 반드시 중앙정부의 재정적 지원을 필요로 한다. 그런데 지방정부가 필요로 하는 재정비용과 각 지방정부가 징수하는 자주적 재정수입은 지방자치단체 마다 각각 다르다. 따라서 중앙정부는 지방정부간 재정력 격차를 완화하고 국민적 최저수준을 확보하기 위한 행정서비스를 제공할 수 있도록 지방정부에게 일정한 재원을 지원하도록 하였다. 이처럼 열악한 지방정부의 재정상태를 개선하기 위하여 중앙정부가 재원을 지원함으로써 실질적인 지방자치와 지역발전을 유도촉진시키기 위해 만들어 놓은 제도가 지방재정조정제도이다. 그리고 이러한 제도에는 지방교부세와 국고보조금 그리고 광역지역발전특별회계라는 3가지 제도가 있다. 이러한 우리나라 지방재정조정제도가 갖는 문제점을 시정하여 바로잡는 일이 바로 지방재정역량을 제고시키는 방안이다. 아래에서는 앞의 두 가지제도에 한해 각각의 문제점과 개선방안을 검토하기로 한다.

1) 지방교부세제도의 개편과 합리적 조정

지방교부세는 중앙정부가 내국세총액의 일정비율(현재는 19.24%)을 지방교부세로 확보하여 지방자치단체별로 지방교부세액을 산정함으로써 지방정부에 교부하는 재정자원이다. 현재 지방교부세의 종류는 보통교부세, 특별교부세, 분권교부세 그리고 부동산교부세의 4종류가 있다. 이 지방교부세제도가 갖는 문제점으로는 첫째 지방재정조정제도로 완전히 정착되지 못하고 중앙정부의 각종 경제정책에 의해 영향을 받아 그 본래의 기능을 다하지 못했다는 점이다. 둘째 지방교부세라는 명칭으로 인해 지방세의 한 종류로 착각하기 쉽다는 것이다. 중앙정부가 재원을 마련하여 지방정부의 재정형평화를 위해 지원하는 보조금임에도 불구하고 그 명칭이 잘못되어 혼란을 야기시키고 있다는 점이다.

셋째 지방교부세는 지방정부의 재정부족액을 보전하는 기능을 수행함으로써 지방정부의 재정지출의 과잉이나 낭비 등을 엄격히 통제할 수가 없다는 점이다. 중앙정부가 지방정부의 모든 재정운용사항을 정확히 파악하기 어려우므로 이러한 정보의 비대칭성을 악용하여 지방정부가 도덕적으로 해이해 질 수 있는 가능성을 내포하고 있다.

넷째 지방교부세의 법정교부율이 낮아 지방재정비용을 충분히 보전하지 못한다는 점이다. 물론 법정교부율은 그동안 지속적으로 상향조정되어와 지금은 내국세총액의 19.24%까지 조정되었지만, 법정교부율의 변화과정을 엄밀히 따져보면 그동안 이름을 달리하면서 지방재원을 확충해주었던 여러가지 세원을 폐지하면서 그들을 흡수한 것 이상은 아니었다.

이러한 내용들을 따져보면 사실 그 비율은 지금보다 훨씬 상향조정되었어야 했다.

다섯째 지방교부세액을 산정하는 중요한 두 가지 요소 즉 기준재정수입액과 기준재정수요액을 정확하게 산정하기가 어렵다는 것이다. 급격한 사회변화와 지역사회의 특수한 여건변화 등으로 행정수요의 변화를 정확하게 파악할 수 없고, 기준재정수요를 판단하는 지표도 4개의 항목과 16개의 세항목으로만 구성되고, 거기에 단위비용과 보정지수가 산정되기 때문에 실제의 수요를 정확하게 반영하지 못할 가능성이 있다는 것이다(전상경, 2011: 304). 이상과 같은 많은 문제점을 내포하고 있는 지방교부세제도는 시급히 그리고 반드시 아래와 같은 방향으로 개선시켜야 할 것이다.

(1) 지방교부세 법정교부율의 조정

전국 시·군·구 기초자치단체들 중 자체수입으로 인건비 부담도 못하는 단체가 25%수준인 60여 단체나 되고 투자가용재원이 빈약하여 개발이 부진하고, 개발이 부진하니까 국가재정에 의존하는 악순환이 초래되고 있으며 자치단체간의 재정격차도 심화되고 있는 실정이다. 이에 대한 대책으로 그 동안 지방재정확충을 위해 다각적인 연구를 하고 있지만 자치단체의 자주재원을 보장할 수 있는 지방교부세의 법정교부율을 상향조정하도록 노력해야 한다. 과거 17.6%에서 1982년 이후 13.27%로 하향 조정했다가 2000년부터 15%로 상향조정되었다. 그 후 2005년 노무현 정부에서 법정교부율이 내국세총액의 19.13%로 인상되었고, 2006년부터 분권교부세가 내국세총액의 0.83%에서 0.94%로 조정됨에 따라 19.24%로 조정되었다. 그 이후 현재까지 법정교부율은 고정되어 있어 많은 문제를 야기시키고 있다. 사회변화는 급격하고 지역발전에 대한 국민적 수요는 증대되고 있으며, 이에 따른 재정수요는 폭증하고 있지만 중앙정부에 의해 통제된 지방재정제도관련 모든 제도들은 고정되어 있다. 현재 상황으로 볼 때 적어도 법정교부율은 25%이상으로 조정될 필요가 있다.

(2) 특별교부세의 합리적 개편

특별교부세의 배정에 있어서는 지방자치단체들의 지역사업에 대한 불가피성과 중앙정부의 전국적인 균형발전시각이 조화되고 우선순위가 결정되도록 해야 한다. 이를 위한 제도적 장치로 i) 단체별 교부내용의 공개, ii) 사후평가제 확립, iii) 교부세 총액의 조정 그리고 교부세 총액인 1/11(9.0%)은 자치선진국인 영국의 5%와 일본의 6%에 비하여 높은 편이므로 적정

배분규모를 재검토할 것이 요구된다.

(3) 기준재정수요액 및 기준재정수입액 산정방식의 개선

특히 경비종류 및 측정항목의 조정은 지방자치단체의 적정재정수준을 측정할 수 있는 지표를 설정하여 신규개발수요를 예측할 수 있도록 이에 대한 산정항목을 신설하며 또한 특수지역의 특수수요를 보강하여 지역적 격차를 조정하여야 한다. 그리고 각 수준의 지방정부간에 주된 관장업무를 실효성 있게 수행하도록 경비종류와 측정단위를 각 수준의 지방단체에 적합케 해야 한다. i) 기준재정수입액 산정시 「유보율」의 차등화, ii) 지방교부세의 「일정분」을 별도 배정, iii) 수입 및 지출 실적의 연계방안 등을 강구할 필요가 있다.

(4) 명칭의 개칭과 지방정부 예산운용에 대한 책임성 확보 필요

문제점에서 지적한 바와 같이 지방교부세라는 명칭은 지방세의 일종으로 오인할 가능성이 높고, 실제 그러한 사례가 적지 않다. 따라서 적절한 다른 이름으로 개칭할 필요가 있다. 예컨대 지방재정조정지원금 내지 지방재정형평화 지원금 등 중앙정부가 지방정부에게 지원하는 지방재정조정자금이라는 의미가 내포된 이름이라야 할 것이다.

그리고 매년 결산검사 이후 각 지방자치단체의 재정운영상황을 검사하여 과도한 재정지출이나 불필요한 지출 기타 낭비적인 요소 등을 찾아 지적함으로써 지방정부의 재정에 관한 도덕적 해이를 제거하고 재정운용의 책임성을 증진시킬 필요가 있다. 이러한 조치는 날로 방만해지고 있지만 특별한 예방대책이 없는 지방자치단체장들의 재정운용행태를 시정하기 위해서도 반드시 필요하다.

2) 국고보조금제도의 개편과 합리적 조정

국고보조금은 이처럼 중앙정부가 국가사무를 대신 처리하는 지방정부와 관련 공공기관에게 사무처리경비를 보전하기 위해 지불하는 비용이다. 이러한 국고보조금이 안고 있는 문제점으로는 다음과 같은 점들을 지적할 지적 할 수 있다.

첫째 지방정부의 자율성을 침해하고 있다는 점이다. 즉 국고보조금의 폐해 가운데 가장 문제시되는 것은 지방자치단체의 행정이 중앙의 강력한 지배체제 하에서 놓이게 됨으로써 지방자치단체의 자유로운 활동이 저해된다는 점이다. 보조조건에 의한 획일적, 일방적인 지시 내지는 간섭은 결과적으로 지방자치단체로 하여금 재정운영의 자주성을 저해하고 그 지역의 특성에 적응한 창의성을 발휘하지 못하게 한다.

둘째 기준보조율 결정의 불합리성이다. 기준 보조율의 결정과정에서 합리성과 객관성이 결여되어 있다. 부유한 자치단체와 빈약한 자치단체간에는 지방비 부담능력에 현격한 차이가 있으므로 일률적으로 보조율을 적용하면 부유한 자치단체일수록 국고보조금을 교부받는데 유리해지기 때문에 자치단체간의 재정적 격차가 더욱 심화된다.

셋째 지방비부담이 과중하다는 점이다. 국고보조에 따르는 지방비부담액(matching fund)이 과중하고 그 증가율이 일반재원의 신장율을 상회하고 있어 지방재정의 압박요인이 되는 동시에 그 경직도가 높아진다는 점이다. 국고보조에 따른 지방비부담액은 해마다 그 절대 액이 증가하고 있을 뿐만 아니라 그 증가율이 지방재정규모, 특히 일반재원의 신장률을 상회하는 경우도 있어 이로 인한 지방재정의 경직화 현상이 해가 거듭될수록 심화되고 있다.

넷째 신청주의의 형식적 운영과 획일적인 보조조건의 문제점이다. 보조금 신청주의 하에서 자치단체는 자체재원으로 수행해야 할 사무나 사업에 대해서도 보조금을 신청하는 경향이 있다. 보조금사업의 선정, 재원부담의 배분 그리고 사업운영에 있어 중앙정부주도로 운영되고 자치단체의 입장과 여건 그리고 실질적 재정부담능력을 고려하지 않는다. 게다가 획일적인 보조조건으로 인하여 지방자치단체는 국가가 그 지역의 실정을 고려하지 않고 제시하는 조건에 억지로 맞추게 되며, 꼭 필요하지 않거나 또는 우선순위가 낮은 사업을 어쩔 수 없이 수행하기도 한다.

다섯째 보조사업에 대한 사후평가의 미흡이 문제이다. 보조사업의 재정자금이 효율적으로, 역점사업별로 사용되지 못하는 예가 흔하다. 현행 국고보조금제도는 대규모 사업에 대한 중·장기투자계획 및 평가과정에 미흡하다. 국고보조금제도의 효율성과 사업의 성과를 객관적으로 평가할 수 있는 사후평가제도가 체계화 되어있지 않다는 것이다.

지방정부의 재정역량을 강화시키기 위해서는 이러한 국고보조금제도의 문제점들이 아래와 같이 합리적으로 개선되도록 해야 할 것이다.

(1) 국고보조대상사업의 재검토

우선 보조대상사업을 재검토해야 할 필요성이 있다. 지방자치단체의 재정적 자율성을 제고하는 동시에 자원배분의 효율성을 제고하기 위해 복잡하고 다양한 보조금의 항목과 종류를 전면 재검토할 필요가 있다. 국고보조금의 교부를 통해서 중앙정부가 지방자치단체에 반드시 관여할 필요가 있는 경우를 제외하고는 가능한 한 그 재원을 지방세 또는 지방교부세 등의 일반재원으로 전환시키는 것이 바람직하다. 동시에 공공수요나 보조금제도의 근본 목적에 부합하지 않은 보조대상사업은 점진적으로 폐지하여야 한다.

(2) 국고보조사업과 다른 지방재정조정제도와 연계성 강화

다른 정책수단과의 연계성을 갖도록 해야 할 필요성이 있다. 현행 국고보조금제도는 지방교부세 및 다른 정책수단과의 연계성이 미흡한 상태로 운영되고 있어 재정조정제도 본래 목적인 자원의 배분 및 지역간 격차해소에 크게 기여하지 못하고 있다. 따라서 중앙부처간 중복·경합되는 보조사업을 상호 협력 내지는 체계적으로 종합화하는 방안이 모색되어야 한다. 나아가 재정투융자, 조제지출 등 여타 재정정책수단 그리고 민간부문계획과의 상호 연계성을 강화해나갈 수 있는 정책모형의 개발도 필요하다.

(3) 국고보조사업의 통폐합과 합리적 조정

보조사업을 통폐합하고 합리적으로 조정할 필요성이 있다. 과다한 영세보조사업으로 인하여 행정력과 자원의 낭비가 초래되고 있는데 있다. "보조금의 예산 및 관리에 관한 법률"에는 소규모 영세사업의 통합을 규정하고 있으나 시행령의 영세보조사업의 기준이 지나치게 낮아 효과가 미흡하다. 따라서 규모가 영세하여 보조금이 효과가 의무 시 되거나 지방자치단체의 필수적 고유기능에 해당되는 사업 그리고 보조금 지급의 목적이 달성되었거나 취지가 부적합한 보조사업은 폐지 또는 정비할 필요가 있다.

(4) 차등보조율제도의 도입과 합리적 운영

차등보조율제도를 합리적으로 운영해 나갈 필요가 있다. 보조율의 차등화를 위하여 사용되는 세 가지 지표(인건비 자체충당능력지수, 재정력지수, 기본적 세출소요비중)가 지방자치단체의 수입확보능력이나 재정수요 및 공급을 객관적으로 반영하지 못하고 있어 지역간의 균형발전에 기여하지 못하고 있다. 따라서 교부금의 배분과정에서 보조사업의 특성이나 보조금 수혜 지방자치단체의 재정수요 및 소요재원의 조달능력, 정책목표 그리고 기타의 형평성 요인을 고려하여야 한다.

(5) 보조사업선정의 예시제도도입과 사업의 안정성 확보

보조사업선정에 대한 예시제도를 도입함으로써 사업의 안정성과 확실성을 회복해 나가야 한다. 지방자치단체의 입장에서 보면, 국고보조금제도는 적은 예산으로 중요한 사업을 추진할 수 있는 유용한 제도적 장치이지만 불안정성이 문제가 된다. 따라서 지방재정의 예측성을 높이기 위한 방법의 하나로 국고보조사업의 선정·배정 등 제반 절차를 간소화하고 일정을 앞당김과 동시에 보조금 사업의 선정에 대한 예시제를 도입하는 방안도 고려하여야 할 것이다.

3. 지방세제도의 문제점인식과 실질적 제도개편

우리나라 지방세제도가 가지고 있는 문제점으로는 첫째 지방세원(稅源)이 부족하여 세목을 늘릴수 없다는 점이고, 둘째 세원부족으로 지방세수가 빈약할 뿐 아니라 설상가상 세수의 신장(伸張)성까지 저조하다는 점이다. 셋째 빈약한 세원마저 그것이 지역적으로 편재되어 있어 자치단체간 세수의 불균형과 재정격차를 야기시키고 있다는 점이고, 넷째 조세법률주의를 엄격히 고수함으로써 지방의 과세자주권이 침해받고 있다는 점과 다섯째 지방세의 비과세 내지 과세감면제도가 지나치게 광범하게 적용되고 있다는 점 등을 들 수 있다. 지방재정력을 강화시키기 위해서는 이러한 전반적인 문제점들을 그 기본 틀부터 바꿔나감으로써 개편해 나가야 할 것이다.

1) 광역자치단체와 기초자치단체간 세원배분의 불합리와 재배분

지방자치의 핵은 지방의회이고, 지방자치의 본질은 기초자치단체의 자치에 있다. 그러나 우리나라의 지방자치는 지방자치 고유의 본질을 상당부분 왜곡하거나 본래의 모습과는 지나치게 멀리 떨어져 있다. 그리고 지방세제도는 지방자치의 본질적 이념과 가치를 구현하는데 가장 중요한 영향을 미치는 지방자치의 토대를 구축한다. 따라서 지방자치제도가 바람직하게 정착하고 발전하기 위해서는 기초자치단체의 자치를 충실하게 할 수 있도록 권한과 기능, 제도와 절차가 맞춰 있어야 한다. 그러나 우리나라 지방자치는 그렇지 못한 실정이다. 특히 지방세입구조는 이러한 원리를 더욱 왜곡시키고 있다.

아래의 표는 지난 2011년부터 전면 개정된 지방자치단체의 유형별 지방세 세목현황이다. 우선 지방자치단체별로 세목배분이 지나치게 편중되어 있다는 사실을 알 수 있고, 나아가 각 세목별 세액규모를 고려한다면 정부가 제도적으로 자치단체간의 세수불균형을 심화시켜 놓고 있음을 알 수 있다. 특히 특별시 광역시와 그 관할구역 내의 자치구간의 세원배분에는 심각한 문제점을 내포하고 있다. 물론 특광역시의 자치구는 형식상으로는 자치단체이지만 기능배분에 관한 특례 등으로 인해 자치구의 경우 사실상 준자치단체로 존재하고 있다. 이처럼 기능상의 제약과 함께 지방세원도 2가지로 제한해 놓음으로써 사실상 자치단체로서의 기능을 못하도록 제도화시켜 놓았다는 것이다. 도의 경우도 세원배분에 문제가 많다. 사실상 대부분의 자치기능은 도의 관할 구역내에 있는 시군이 모두 수행하고 있고, 도는 이들 간의 연락조정이 주요임무임에도 불구하고 시군보다 많은 세목을 가지고 있고, 재정자립도도 높은 것은 분명 세원배분에 문제가 있다고 보아야 할 것이다. 예컨대 2010년의 경우 7개의 특별시와 광역시세의 비중이 44.5%이고, 제주특별자치도를 포함한 9개 도는 25.5%를 차지하여 광역자치단체의 세수가 전체의 69.8%를 차지하였다. 이것은 결국 대도시의 광역자치단체인 특별시와 6개 광역시가 우리나라 지방세수의 절반을 차지하도록 하고 있음을 알 수 있게 해준다. 그리하여 결국 시가 20.4%, 군이 3.8% 자치구가 5.9%로 이들 모든 기초자치단체의 세수수입을 합쳐도 30.2%에 지나지 않는다는 것이다.

이러한 지방세수구조는 2011년 이후에도 큰 변화가 없었다. 따라서 기초자치단체에 대한 지방세수를 증대시킬 수 있도록 세원배분(세목조정)을 적절히 조정해야 할 필요가 있다.

〈표 2-3〉 2011년 이후 변경된 지방자치단체 유형별 지방세 세목

		보통세	목적세
제주특별자치도		취득세, 등록면허세, 주민세, 레저세, 담배소비세, 지방소비세, 지방소득세, 재산세, 자동차세	지역자원시설세, 지방교육세
광역 지방 정부	특별시·광역시	취득세, 주민세, 레저세, 담배소비세, 지방소비세, 지방소득세, 자동차세	지역자원시설세, 지방교육세
	도	취득세, 등록면허세, 레저세, 지방소비세	지역자원시설세, 지방교육세
기초 지방정부	시·군	주민세, 담배소비세, 지방소득세, 재산세, 자동차세	–
	자치구	등록면허세, 재산세	–

2) 재산거래중심 과세제도의 문제점과 합리적 개편(재산보유과세 강화)

현재 우리나라 지방세체제의 특징은 i) 엄격한 조세법률주의에 의한 지방정부의 재량결여, ii) 공공서비스에 대한 조세가격(tax price)으로서의 기능결여, iii) 거래관련세를 위주로한 재산과세중심, iv) 재산관련 보유세의 낮은 실효세율 등으로 규정할 수 있다(전상경, 2011: 184-188). 즉 우리나라 지방세는 중앙정부에 의해 결정되고 통제되며, 그 내용은 재산과세중심으로 이루어져 있어 세수증대에 근본적으로 한계가 있다는 문제점을 지니고 있다.

우선 재산의 거래를 위주로 하는 재산과세중심 과세제도의 문제점을 들 수 있다. 외국 지방정부의 경우에도 재산세가 지방세의 높은 비중을 자치하고 있는 것은 보편적인 현상이다. 그러나 우리나라의 경우 재산의 보유에 대한 과세보다는 재산의 거래에 대한 과세비중이 높아 세수확보에 취약하다는 것이다. 재산보유에 대한 과세 보다는 재산거래에 대해 조세를 더 많이 부과한다는 것은, 첫째 조세부담의 형평성에 맞지 않고, 둘째 재산에 대한 동결효과를 가져와 재산이용의 효율성이 저하될 우려가 크며, 셋째 부동산경기에 민감하게 반응함으로써 안정적인 지방세수확보가 어려워지게 된다. 넷째 부동산거래에 대한 과세는 부정기적으로 발생되기 때문에 정기적으로 부과할 수 있는 보유과세에 비하여 세원관리가 쉽지 않다는 것이다(전상경, 2011: 186-187).

또한 재산보유에 대한 과세율이 너무 낮다는 문제다. 우리나라는 토지와 건축물 등 재산보유에 대한 세율이 낮은 편이다. 그 이유는 비록 법정세율은 높다고 하더라도 시가에 비하여 과세표준이 매우 낮기 때문이다. 그리고 공시지가에 대한 종합토지세의 과표현실화율이 매우 낮고(27-30% 수준), 거기에다 공시지가까지 시가의 60-70% 수준이기 때문에 토지과표의 시가 대비 과표현실화율은 그 보다 훨씬 나아진다(20% 내외). 그 결과 재산보유세의 실효세율이 지나치게 낮아 지방세수를 확보하는 데 한계가 있다. 따라서 앞으로 안정적인 지방세수를 확보할 수 있기 위해서는 거래과세보다는 보유과세에 대한 실효세율을 높여 나가도록 법령을 개선해야 할 것이다.

3) 지방세 과세자주권(재정적 자주성)의 확충

(1) 과세자주권의 의의와 실태

지방자치권을 구성하는 4가지 권한 즉 자치입법권, 자치조직권, 자치행정권, 자치재정권 중 자치재정권은 지방자치제도를 구현하기 위한 물질적 기반을 확충해 주는 권한이다. 이 자치재정권에는 세입과 세출의 양면을 계획·기획·관리하는 권리인 예산권, 특정의 목적을 위해서 지출을 행할 권리인 지출권, 과세 등에 의해서 재원을 조달하는 권리인 수입권 등이 포함된다. 이러한 자치재정권이 지방자치단체에 완전하게 주어질 때 비로소 지방자치제도가 실질적으로 보장된다.

지방자치제도가 제대로 정착되기 위해서는 무엇보다도 지방재정의 자주적 기반이 확립되어야 한다. 자주재정기반은 지방정부가 자율적으로 필요한 지방세수를 조달할 수 있는 능력을 제도적으로 갖추게 될 때 이루어 질 수 있다. 그러나 현재 우리나라의 지방정부는 지방세를 부과·징수함에 있어 그 세목과 과세표준, 세율 등을 자율적으로 결정할 수 있는 과세자주권이 중앙정부에 의해 통제받고 있고, 또한 주어진 권한도 잘 활용하지 못하고 있다. 조세는 주민의 권리를 제한하고 의무를 부과할 경우 법률의 근거가 있어야 하고, "조세의 종목과 세율은 법률로 정한다"(헌법 제59조)라고 하여 동시에 조세법률주의의 제한도 받는다.

(2) 과세자주권의 확충방안

지방세의 과세자주권을 제고시키기 위해서는 지방자치단체가 스스로 세목을 결정할 수 있어야 하고(세목결정권), 각 세목에 대한 세율도 결정할 수 있어야 하며(세율결정권), 세액에 대한 감면권(세액감면권)과 과세표준의 결정권 등도 가져야 한다.

우선 단기적으로는 세목결정권을 제외한 과세표준결정권, 세액감면권, 세율결정권의 범위를 점차 확대해 나갈 필요가 있다. 과세표준결정권의 경우 기초자치단체장에게 취득세·등록세 과세표준액 적용비율의 결정권한을 부여할 필요가 있다. 세율결정권의 경우, 탄력세율적용범위 확대, 탄력세율적용요건 완화, 과세면제·불균일과세·일부과세 등에 대한 적용요건의 완화방안 등을 점차 확대해 나가야 할 것이다. 물론 장기적으로는 세목결정권까지도 지방자치단체에게 부여해야 한다. 다만, 세목결정권은 과세권 중 가장 중요한 위치에 있으므로 조세체계의 통일성과 국세와의 관계 등을 고려하여 지방자치단체에게 법정세목결정권이외의 법정외세목결정권만을 부여하도록 하면 될 것이다. 지방정부가 새로운 세목을 결정할 수 있다거나, 과세표준액이나 세율결정권 및 세액감면권 등 지방세입의 주요 부분들을 자신들이 자율적으로 처리할 수 있을 때 지방자치에 대한 관심과 의욕은 보다 활발해 질 것이다.

그러나 다른 한편으로는 기존의 탄력세 제도를 개선하고 이의 활용정도를 높여나가도록 할 필요도 있다. 즉 지방세의 세율결정에 있어 일정부분 지방정부에게 그 권한을 주고 있는 탄력세율 결정권을 단기적으로는 이 제도의 활용도를 높여나가고, 장기적으로는 그 권한 전부를 지방정부에게 주도록 해야 할 것이다.

4. 지방재정수입(세수)의 확충

지방정부의 재정역량을 강화시킬 수 있는 방법은 다양한 분야에서 여러 가지 방법들이 있을 수 있다. 앞에서 검토한 지방정부의 대내외적인 재정환경의 개선에서부터 중앙정부의 지방재정조정제도 개편 그리고 자치현실에 맞는 지방세제도의 개편 등을 비롯하여, 뒤에서 검토할 지방재정지출의 합리화, 지방재정운용의 자율성과 건전성 강화라든가 중앙정부와 지방정부간 재정거버넌스 구축, 그리고 지방정부의 재정책임성 확충 등이 그러하다. 그러나 그 중에서도 가장 본질적이고 직접적인 재정역량을 강화시킬 수 있는 방법은 바로 지방정부가 지방세수입을 통해 스스로의 힘으로 지방재정수입을 확대해 나가는 것이다. 아래에서는 이들에 관해 검토하기로 한다.

1) 지방세의 세목확대와 지방세율의 상향조정

지방세수를 증대시킬 수 있는 최선의 방법은 지방세수입을 늘려나가는 것이고, 지방세수를 증대시키기 위해서는 지방세목을 늘리고 지방세율을 높이는 방법이 가장 직접적이고 빠른 길이다. 그리하여 지방세수입만으로도 지방정부가 최소한의 행정서비스를 수행할 수 있도록 해야 한다. 그러나 현행 지방세의 세목은 시와 군의 경우 5가지(주민세, 담배소비세, 지방소득세, 재산세, 자동차세)이고 자치구의 경우 2가지(등록면허세, 재산세) 뿐이다. 그리고 각 세목에 대한 세율도 법령으로 엄격히 통제되어 있다. 그 결과는 바로 지금처럼 대부분의 기초자치단체들이 지방세만으로는 인건비도 충족할 수 없을 정도로 만들어 놓았다. 광역자치단체의 경우도 특·광역시와 경기도를 제외하면 지방세수입만으로는 기본적인 활동도 불가능한 것이 현실이다. 이러한 사실은 2012년도의 국세에 대한 지방세의 비율이 20.7%에 불과하였다는 사실만 보더라도 중앙정부가 지방을 얼마나 홀대하고 있는지 충분히 파악할 수 있다. 특히 2011년의 경우 지방세 수입만으로는 당해 자치단체의 인건비도 충당할 수 없는 자치단체가 전체의 51%(124개)로 절반이 넘었다.

이러한 잘못된 현실을 시정하고 지방정부의 재정적 자주성을 제고시키기 위해서는 무엇보다도 국세와 지방세의 세목조정이 급선무이다. 그리고 국세의 세목과 지방세의 세목을 통폐합하고 조정하여 새로운 지방세의 세목을 늘려야 한다. 더욱 시급한 것은 오랫동안 고정되어 있는 지방세율도 일정부분 상향조정할 필요가 있다. 경제환경이 바뀌고 국민소득수준이 높아짐에 따라 수요에 대응하는 지방재정지출은 늘어나고 있지만 이에 대응할 만한 지방세수는 답보상태에 있어 그 개선이 시급한 실정이다.

2) 지방소비세와 지방소득세의 세율 상향조정

지방소비세는 지역경제활성화 및 지방재정확충을 위하여 국세인 부가가치세의 일부를 지방세로 전환한 세금으로 2010년 신설된 지방세이다. 지방소득세 역시 2010년에 신설된 지방세이며, 지방자치단체의 구성원인 주민을 대상으로 과세되는 지방세로서 소득의 크기에 따라 과세되는 소득분(특별징수, 종합소득세분, 양도소득세분, 법인세분), 종업원분으로 구분, 소득분 주민세와 종업원분 사업소세가 통합되어 신설된 세금이다. 기획재정부와 행정안전부는 2009년에 '2010년부터 지방소비세를 도입하되 세율은 부가가치세의 5%로 시작하고, 2013년부터는 세율을 10%로 확대' 하기로 약속했다. 그러나 2013년에도 지방소비세율은 5%에 머물러 있었다. 사실 지방재정을 담당하고 있는 실무자들은 10%인상으로는 부족하고 20%인상을 요구하고 있다. 물론 이렇게 될 경우 중앙정부의 재정이 그 만큼 줄어들 수밖에 없다. 그러나 중앙재정 대 지방재정의 실태를 감안하면 반대할 수만은 없는 상태다. 중앙정부가 지방과 국민들에게 한 약속도 지키지 않는다면 이미 그 정부는 국민적 신뢰를 상실한 정부이다. 새롭게 도입한 두 개의 지방세가 제기능을 할 수 있도록 시급히 세율을 상향조정해야 할 것이다.

3) 지방세외수입의 확대

세외수입은 지방세와 함께 지방자치단체의 독자적인 노력과 절차에 의해 확대·개발할 수 있는 자주재원으로 특히 서비스에 대한 응익적 요소를 내포하는 경우가 많고, 조세수입과는 달리 재원조달에 있어 주민의 저항이나 마찰이 적은 것으로 평가되고 있다. 그리고 지방자치단체의 장기적인 지방재원 확충방안으로서 유용한 수입원이 될 수 있다. 그러나 세외수입은 대통령령, 부령, 조례 등의 법령과 사법상의 계약 등에 근거를 두고, 수많은 종류가 있으며 수입근거, 징수형태, 수입절차, 부담구조 등이 아주 복잡·다양하기 때문에 지방재정당국까지도 개별세 수입원의 경제적 성격과 효과부담의 분포, 요율구조의 적정성 여부 등을 파악하기 어렵다는 단점이 있다. 따라서 이에 대한 합리화 및 역할정립이 선행되어야 한다. 특히 세외수입의 많은 부분이 특별회계로 운영되고 있음을 감안하여 지방자치단체의 급부적인 서비스를 적절하게 공급하기 위한 제도적 측면에서 지방세입의 추계, 지방주민 재원부담의 장기적 설계, 지방세수입의 개발, 지방공기업의 활성화, 요율체계의 정비, 적극적인 지방투자재원의 확보, 경영수익사업에 대한 연구가 이루어져야 할 것이다.

현행 세외수입제도가 지니고 있는 문제점으로는 첫째 수수료 수준이 설비에도 못 미치며, 둘째 유사성격의 수수료간에도 심한 요율(料率)의 격차를 나타내고 있고, 셋째 국가 위임사무비에 대해서도 지방정부가 부담하는 경우가 많으며, 넷째 사용료 및 수수료가 미징수되는 등 불합리한 점이 많다는 것이다.

그러나 지방세외수입 중 실질적인 세외수입은 지방공기업활동을 통해 반대급부로서 징수되는 것이기 때문에 이러한 분야에 있어 세외수입의 역할증대는 궁극적으로 지방공기업의 제도적 정비, 운영의 효율화, 그리고 경영수익의 증대 등을 통하여 가능할 수 있을 것이다.

(1) 사용료 및 수수료 등의 현실화

사용료나 수수료 등 응익자 부담금적 성격을 지닌 세외수입은 응익원칙에 충실한 수입원이며 이들 각각은 공공시설의 사용으로부터 얻는 편익에 대한 대가이고 자치단체의 활동에 의하여 개별적인 이익을 받는자로부터 그 비용의 일부를 징수하는 것으로서 수혜자와 부담자의 관계가 명확하기 때문에 시장에 있어서의 가격과 효율적인 자연배분의 기능을 담당하게 된다고 할 수 있다. 사용료나 수수료가 공공서비스에 대해 가지고 있는 가격으로서의 기능이 매우 미약하다고 할 수 있다. 전반적으로 지나치게 낮게 설정되어 있는 가격은 이들

서비스에 대한 과도한 수요를 유발하고 이는 자원배분의 효율성의 측면에서 바람직하지 못한 결과를 가져온다. 이러한 문제를 해결하고 동시에 세외수입이 확보를 위해서는 이러한 사용료나 수수료의 가격기능을 회복시키는 것이 가장 중요하다고 할 수 있다.

(2) 지방공기업개혁과 경영수익증대 및 수익사업 확충

지방세외수입에 있어 최근 거론되고 있는 분야로서 경영수익사업을 들 수 있다. 이러한 경영수익사업은 현재 지방재정이 여건상 팽창하는 지방재정 수요를 충당하기 위한 추가적 세입원의 확보가 용이하지 않다는 점을 감안할 때 지방재정의 자체수입을 늘리기 위한 자구적인 노력의 일환으로서 의의가 있다고 본다. 전통적인 공기업은 별도의 인적 조직과 물적 시설을 통하여 외부효과가 큰 공익서비스를 제공하며, 이러한 서비스가 준공공재의 영역에 포함되는 데 반해, 경영수익사업은 자원개발과 재원확보라는 목표를 달성하기 위해 지방자치단체가 비권력적 주체로서 사기업과 동일한 입장에서 사업을 영위하는 것이라고 할 수 있다.

지방자치단체의 경영수익사업은 공기업이 사기업에 비하여 재정력과 공권력이 높아 자본의 조달, 자제의 공급 및 생산물의 판로확보가 비교적 용이하며, 이러한 사업의 수행으로 지역개발을 촉진할 수 있다는 이점을 지닌 것으로 지적되고 있다. 그러나 우리나라의 지방공기업은 대부분 적자상태를 벗어나지 못하고 있고, 설상가상 엄청난 부채까지 안고 있어 대대적인 수술이 요청되는 실정이다. 즉 안전행정부에 의하면 우리나라 지방공기업의 총부채 규모는 2011회계연도 기준 69조 1천억원에 달한다고 한다. 그리고 2013년도에는 지방공기업 부채가 2012년 보다 6% 전후로 증가할 것으로 예상했다. 이러한 상황에서 우리나라 지방정부들이 공기업경영을 통한 지방세외수입의 확충은 요원한 과제로 보인다.

지방정부의 수익사업으로 지방재정을 확충하기 위해서 장기적으로 발전시켜야 할 수단의 다른 하나는 국내외의 유력한 기업들을 역내로 유치하려는 노력을 기울이는 것이다. 이는 지역의 자본역량을 확대시키고 세수를 증대시키는 결과를 가져오기 때문이다. 지방자치제도 시행이후 많은 자치단체들이 경쟁적으로 기업유치에 나서고 있어 이것 역시 용이한 일은 아니지만 지방정부가 반드시 성공해야 할 사업의 하나임은 분명하다.

4) 지방세 감면의 축소와 조례세(법정외세) 제도의 도입

(1) 지방세 비과세·감면의 조정

국가경제가 과거보다 현저히 발전된 오늘에 이르기까지 과거 20년 내지 30년 전의 조세정책이 거의 수정없이 집행되고 있다. 서울이나 지방을 막론하고 과세특례자들의 소득수준이 외형상으로도 많이 높아지고 있는 현실을 감안하여 지방세에 대해서는 비과세대상이나 과세감면조치를 대폭 축소·조정하는 방향으로 나가야 할 것이다. 그러나 지방경제의 발전을 위해 이러한 제도의 존치가 불가피할 경우 중앙정부로부터 별도의 재정보전을 받는 방안이 바람직할 것이다.

(2) 조례세(법정외세)제도의 도입

지방자치를 구현하기 위해서는 지방정부가 스스로의 세수를 자신의 의지에 따라 자율적으로 조정할 수 있어야 한다. 그러기 위해서는 지방자치단체의 과세자주권이 제도적으로 보장되어야 한다. 지금과 같이 조세법률주의를 맹목적으로 추종하여 세방화와 지세화 등 지역사회의 변화를 외면할 경우, 결국은 국가발전을 해치는 결과를 가져오게 될 것이다. 세계변화에 신축적으로 대응하지 못하고 자신들의 이기적 욕구에만 집착하고 있는 중앙정부 공직자들이 반드시 유의해야 할 부분이다. 따라서 조세법률주의를 완화하거나 재해석함으로써 일정한 부분에 한정해서라도 지방정부에 세목과 세율결정의 자율성을 부여할 수 있는 제도를 마련해야 한다. 바로 일본 등 외국에서 그 도입을 적극 검토하고 실현에 임박해 있는 조례세(법정외세)제도이다. 이를 통해 지방자치단체의 조례세가 전국적 경향으로 확산될 경우 이를 법률상의 지방세목으로 지정할 수 있을 것이다. 조례세제도의 도입은 지방자치단체들로 하여금 지방세원발굴에 적극적으로 나세게 할 수 있는 유인으로 작용할 수도 있을 것이다.

5) 신세원 발굴(은닉세원의 추적)과 체납세 징수의 강화

(1) 새로운 세원발굴을 위한 노력

지방세수를 증대시킬 수 있는 가장 좋은 방법은 새로운 세원을 발굴하여 이를 지방세목으로 지정하는 것이다. 앞으로 점차 지방정부의 재정적 부담은 늘어나고 중앙정부의 재정통제는 증가될 것이다. 이러한 재정부담의 증가에 대처하기 위해서는 우선은 중앙과 지방의 세원배분에 의해서 충당되어야 하지만, 바람직하게는 신세원의 개발을 통한 세수증대를 통해서 보충할 수 있다. 주민자치라는 민주주의 원칙을 실현하는데 있어 주민의 부담증가는 당연한 비용이기도 하다. 특히 지역경제발전의 기틀이 되는 사회간접자본의 확충이 지역주민의 필요에 의해 지방정부가 자발적으로 추진하게 되므로, 이러한 수요에 충당할 재원은 지방정부 스스로의 노력으로 확보하는 것이 바람직하다. 이러한 신세원으로는 환경보존세, 관광세, 광고세, 지역개발세 등이 있다. 점차 증대되는 지방재정수요를 충당하기 위해서는 새로운 세원개발에 관심을 돌리지 않을 수가 없다. 그와 같은 관심의 결과로 발전용수, 지하수, 지하자원, 컨테이너 등에 부과되는 지역개발세가 도입되었고, 그 외에도 공장설비세, 관광지세 등이 논의되고 있다.

(2) 지방세 체납관리와 징수율 제고

지방세의 체납이 늘어나면 세수확보에 지장이 오고, 그것은 지방재정력을 약화시킬 뿐만 아니라 조세의 형평성을 저해한다. 지방세 체납의 원인은 여러 가지가 있으나 조세를 기한 내에 납부하지 않으면 독촉을 하게 되고 결국 재산압류 등에 의해 징수한다. 그러나 장기체납이 많아질 경우 이의 징수를 위한 지방행정업무가 늘어나게 되고, 결국 지방재정력에 손해를 끼치게 된다. 지방재정력의 확보를 위해 세원을 개발하는 것도 중요하지만 체납되지 않고 징수율을 높이는 것도 중요한 지방재원 확충방안이라고 본다. 예컨대 서울시가 상습고액체납자들에 대한 체납세금을 징수하기 위해 「38세금기동대」를 구성하여 체납지방세를 징수하고 있는 사례는 다른 지방자치단체들이 벤치마킹할 필요가 있다.

6) 지방채의 활용증대 및 관리효율화

부채도 자산이다. 비록 지방채가 그 성격은 채무이지만 당장은 현금이 들어와 지방정부의 재정적 활동범위를 넓히고 기능을 활발하게 해주는 촉매가 될 수 있다. 따라서 지방채를 잘만 활용하면 지방재정력을 제고시킬 수 있는 좋은 수단이 될 수 있다.

그러나 채권상환에 대한 확고한 대책도 없이, 매년 누적되는 부채를 안고 있는 지방자치단체의 경우 공채발행은 통제할 필요가 있다. 이러한 지방자치단체의 부채 특히 그 중에서도 지방공기업부채의 증가속도는 매우 빠르다. 지방공기업의 경우 대부분 사업운영을 통한 수익으로 운영된다. 그러나 채권발행으로 부채가 늘어난 상황에서 수익을 내지 못하면 그 부담은 바로 지방자치단체로 전가된다. 안전행정부가 지방공기업에 대한 2012년도 결산을 분석한 결과, 전국 388개 지방공기업 자산과 부채는 각각 166.6조원과 72.5조원으로 이는 전년대비 자산 7.9조원, 부채 4.7조원 증가하였다. 그리고 경영손실 규모는 1.5조원인 것으로 나타났다. 현재 전국 지방공기업의 규모는 지방직영기업 251개와 지방공사 59개, 그리고 지방공단이 78개 있다. 경영손실규모 1.5조원의 내용을 보면 상·하수도, 도시철도 등의 낮은 요금 내지 무임승차 등 구조적 요인에 영향을 받고 있는 것으로 나타났다. 부채의 경우, 임대주택건설 및 지역개발사업추진, 하수도 설비투자 등의 원인으로 2011년 67.8조원 대비 4.7조원(7%) 증가했지만 그 증가율은 지속적으로 감소되고 있는 것으로 나타났다[17]. 특히 지방공기업 부채의 많은 부분을 차지하는 도시개발공사의 경우 신규사업을 신중하게 추진하게 하는 등 부채관리를 강화하였으나 2008년 이전에 추진한 사업의 마무리를 위한 자금투입, 분양부진 등으로 부채가 2.7조원 증가했다(안전행정부, 2012년). 요컨대 지방공기업경영의 합리화를 통해 채권발행을 적절히 활용하고, 경영수익증대를 통해 지방재정에 기여할 수 있도록 공기업관리를 효율화시켜 나가야 할 것이다.

5. 지방세무행정의 개선과 전문화와 효율화

지방세정이란 지방세법에 따라 이루어지는 부과·징수·압류·처분 등에 관한 제반 사무를 처리하는 일련의 행위를 의미한다. 즉 지방세정은 법의 제정이나 일반행위를 일컫는 것이 아니라 법규의 내용에 대한 법의 진행 및 집행의 과정이고 행위인 것이다. 따라서 지방세제도 그 자체도 중요하지만 제도의 효율적인 집행을 의미하는 지방세정의 효율화 또한 지방재정력 강화를 위한 중요한 수단이 된다. 우리나라의 지방세정의 문제점으로 지적되고 있는 것으로는 i)지방세정의 과학화·전문화의 미비, ii)지방세 관련 전문인력의 부족, iii)지방세 관련 업무상 비리의 지속 등을 들 수 있다. 이러한 문제점을 개혁함으로써 지방재정력을 강화할 수 있도록 해야 할 것이다.

첫째 지방세정을 완전히 전산화시키고 지방세정관련 세무공무원들의 비리를 근절하는 일이 절대적 과제이다. 둘째 지방세정의 신뢰성을 제고시켜 나가야 한다. 세정에 대한 납세자

17) 부채증가율(감소추세) : ('09) 23% → ('10) 8% → ('11) 7.9% → ('12) 6.9%

의 신뢰가 회복되지 않는다면 주민들의 협력을 얻어 지방세수를 증대해 나가는 데는 많은 어려움이 따를 것이다. 그러므로 지방정부는 지방세의 부과단계에서부터 사전예고를 하는 등 공개세정을 전개해 나가야 한다. 셋째 납세자의 권익보호와 편의주의 세정구현을 위해 노력해야 한다. 세금을 부과·징수하는 과정에서 납세자의 권리가 부당하게 침해되지 않도록 해야 하고, 납세자의 사전구제기능을 확대하기 위하여 「과세적부심사청구제도」를 보다 내실 있게 활용하여야 한다. 넷째 지방세정의 전문성을 제고시키고, 지방세정에 관한 독자적인 인터넷 홈페이지를 개설하여 인터넷을 통해 지방세 관련법령과 조례의 변동상황을 신속 정확하게 알리고, 지방세 관련민원을 PC통신을 통하여 접수해 민원해결을 효율화하면서, 납세에 대한 주민의 관심과 이해를 넓혀 나가는 홍보활동을 전개해 나갈 필요가 있다. 다섯째 은닉·탈루세원을 발본색원해 나가야 하고, 세제발전기획단을 설치·운영해 나갈 필요가 있다. 즉 지방세 분야에 실무경험이 많은 공무원들을 중심으로 세제발전기획단을 구성하고 제도상 또는 운영상에 문제가 되는 점 등을 심도 있게 분석하여 합리적인 세제개편방안을 찾고, 나아가 운영방안을 개선해 나가도록 해야 한다.

6. 재정지출의 합리화와 재정운영의 자율성과 건전성 강화

지방자치제도가 점차 주민사회에 정착되어 감에 따라 지방행정에 대한 지역주민들의 수요는 늘어나고 있다. 근래 대부분의 지방정부는 자치단체장의 공약이행을 위한 무리한 사업추진과 다양한 선심성 행사들로 인해 지방재정의 팽창과 낭비요인이 늘어나고, 중앙정부의 각종 복지사업과 국고보조사업의 증대로 지방재정의 압박은 심각해진 상태다. 그리하여 자치단체에 따라서는 지방재정상태가 지방자치 본래의 목적달성을 위한 기본적 자치행정기능도 수행할 수 없을 정도이며, 지방정부차원에서 사회간접자본시설을 한다는 것은 더욱 어려워지고 있다. 인천시의 월미은하레일사업이나 용인시와 의정부시 그리고 김해시 등의 경전철 사업들은 엄청난 지방재정을 낭비한 대표적 사례로 지적되고 있다. 자치단체장이 의욕적으로 밀어붙이는 이러한 사업에 대한 견제와 통제는 지방의회가 담당해야 하지만, 현재와 같은 약체의 지방의회구조로는 결코 이러한 것을 효과적으로 방어하거나 대처할 수 없다.

그리하여 이러한 지방재정지출을 합리화시키고 재정운영의 자율성과 건전성을 강화시키기 위한 다양한 조치들을 시급히 취해나가야 할 필요가 있다. 예컨대 불요불급한 행사를 통제한다거나, 지방자치단체 사회복지지출의 구조를 개선하는 방법, 그리고 세출효과분석과 주민만족도 분석, 그 외도 민영화나 예산회계의 투명성 확보 등 다양한 대책을 추진할 필요가 있다.

이처럼 현재 우리나라 지방재정상태는 재정수요는 증가하지만 상대적으로 재정수입은 줄어들고 있어 위기에 직면해 있다. 그러나 우리나라에서는 이러한 지방재정위기에 대처할 수 있는 적절한 위기관리제도도 마련되지 않고 있어 문제를 가중시키고 있다. 즉 미리 재정위기를 예방하는 장치와 위기여부를 판단하는 장치 그리고 위기극복을 위한 지원이나 감독 등의 제도가 제대로 마련되지 않아 대책이 시급하다. 그리하여 예산안에 대한 지방의회의 심의·통제기능을 강화시키거나 지방예산제도를 개혁하여 예산편성의 자율성을 제고시키고, 예산편성과정을 단축하며, 지방예산에 대한 분석·평가체제를 개선해 나가야 한다. 그 외도 지방재정준칙제도를 도입하고 지방재정분석제도를 개선하거나 주민참여예산제도, 주민감사청구제도 등을 통해 주민에 의한 지출예산통제도 강화시킬 필요가 있다.

7. 중앙정부와 지방정부간 협력적 재정거버넌스의 구축

중앙정부는 많은 선진국들이 재정분권화를 통해 국가경쟁력을 강화하고 있다는 사실을 직시할 필요가 있다. 예컨대 세계 42개국을 대상으로 국가경쟁력지수와 지방정부의 조세자율성의 상관관계를 분석한 결과 그 관계정도가 높은 것으로 나타났다고 한다(손희준, 2011: 738). 즉 앞으로는 지방정부가 국가경쟁력제고의 초석이 되고, 지역발전이 국가발전의 지름길이라는 사실을 중앙정부가 인식해야 할 뿐 아니라 적극 수용해야 한다. 그리하여 중앙과 지방간의 재정협력거버넌스를 구축·활용함으로써 한정된 국가의 재정자원을 효율적으로 활용해야 할 것이다. 특히 지방정부의 자율재정영역(자주재정영역)을 점차 확충시켜 나감으로써 국세와 지방세간의 차이를 축소시키고, 협력재정영역(의존재정영역)에 대해서는 중앙정부의 차등적 지원을 강화하는 실질적 거버넌스가 되어야 할 것이다.

8. 지방정부의 재정책임성 강화

지방재정 지출실태에 대한 비판과 함께 지방재정운영의 건전성에 대한 요구가 증대됨으로써 지방재정운용에 관한 지방정부의 책임성을 강조하는 경향이 늘어나고 있다. 이러한 경향은 지방재정규모는 급격히 증대하고 있으나 지출내용이 부실하고, 중앙의존성이 높아 지방의 자율성이 침해받고 있다는 현실문제에서 비롯되었다고 볼 수 있다. 즉 지방정부의 재정책임성에 대한 요구는 첫째 국고보조금 지원, 지방교부세율 상향 등 중앙정부의 지원에 의한 지방재정규모가 지속적으로 확대되고 있다는 점, 둘째 기존 지방재정분석제도가 지방재정운영 성과측정에 대해 자치단체간에 변별력이 부족하고 보상시스템이 부실하여 재정평가기능에 한계가 있다는 점, 셋째 그동안 지방예산편성지침을 폐지하였고, 지방채발행 총액한도제를 도입하는 등 지방재정의 자율성을 제고시키는 요인들이 늘어남에 따른 것으로 판단된다.

그리하여 지방재정의 책임성을 강화시키기 위해서는 그 책임을 중앙부처에 대한 책임에서 지역주민에 대한 책임으로 전환시켜야 하고, 재정운용의 투명성을 확보해야 하며, 지역주민들의 적극적인 관심과 참여가 있어야 한다(손희준, 2011 : 745-746).

제3장 지방정부의 권력적 역량 강화방안

Ⅰ. 지방정부의 자치역량을 좌우하는 요인

지방정부의 자치역량이란 지방정부가 스스로의 힘으로 당해 지방자치단체를 통치해 나갈 수 있는 능력을 말한다. 과거 지방자치제도를 실시하지 않았던 관치행정의 시절에는 중앙정부가 전국의 모든 지방자치단체를 직접 통치해 왔으나 지금은 각각의 지방자치단체가 자신의 기관인 지방정부를 통해 스스로를 직접 통치하고 있다. 지방자치제도를 통해 지방정부라는 통치기관을 구성하도록 하고, 이것으로 하여금 당해 지방자치단체를 통치하도록 한 것이다. 그런데 이 지방자치제도는 국회에서 제정되는 지방자치법과 동법에 따라 제정되는 지방자치법시행령(대통령령) 그리고 관련되는 여러 가지 대통령령(예, 지방자치단체의 행정기구와 정원기준 등에 관한 규정)에 의해 그 내용이 구성되어 있다. 그리고 바로 이들 지방자치관련 법령(지방자치제도)들에 의해 전국의 모든 지방자치단체가 구성·운영되고 있는 것이다.

이처럼 지방자치제도란 중앙정부가 만든 지방자치관련 법령에 따라 자기지역의 공공문제를 그 지역의 지방정부가 주민들의 의사에 따라 이를 스스로 처리해 나가는 것이다. 때문에 지방정부가 자치역량을 제대로 구비하고 있는가 혹은 그렇지 못한가는 바로 지방자치법령에다 지방자치단체의 권한을 어느 정도로 분권해 놓았는가 혹은 그렇지 않은가와 직결되어 있다. 그러므로 지방정부의 자치역량은 "중앙정부가 지방자치단체에 대해 어느 정도의 권한과 기능을 부여하고 있는가?" 라는 통치권의 분권화 정도에 따라 달라진다. 중앙정부가 지방자치법령을 통해 지방정부에게 필요한 적절한 권한과 기능을 배분하였다면 그 지방정부는 충분한 자치역량을 가지게 될 것이고, 그렇지 않고 대부분의 권한과 기능을 중앙정부가 집권하고 지방자치단체를 통제하려고만 한다면 지방정부의 자치역량은 위축되고 취약해질 수밖에 없기 때문이다.

현재 우리나라 지방정부의 자치역량은 우리와 비슷한 처지에 있는 다른 민주국가에서는 그 예를 찾을 수 없을 정도로 취약하고 통제되어 있다. 지방자치제도가 지나치게 중앙집권적이고 과잉 통제적이어서 지방정부 스스로의 능력으로서는 사실 자치할 수 있는 것이 거의 없는 실정이다.

이처럼 지방자치제도가 실시된 지 20년이 훨씬 지난 오늘날까지 일부 대도시를 제외하면 전국 대부분의 지방정부가 자치역량을 갖추지 못하고 중앙정부에 의존하고 있다. 이것은 바로 중앙정부가 지방자치법령을 통해 지방정부가 가져야 할 권한과 기능을 지방으로 분권화 시키지 않고 중앙집권화하고 있기 때문이다. 따라서 지방정부의 자치역량을 강화시킬 수 있는 가장 빠른 길은 바로 중앙정부가 권한과 기능을 지방으로 분권화 하는 것이다. 물론 중앙정부의 통제 하에서도 지방정부가 스스로의 노력으로 자치역량을 강화시킬 수 없는 것은 아니다. 그러나 우리나라의 현실에서 그것은 거의 불가능에 가깝다. 그 이유는 현재 우리나라의 중앙정부는 지방정부 스스로의 노력 그 자체도 인정하지 않기 때문이다. 다시 말해 지방정부가 스스로 어떤 노력을 하려고 할 때도 그것에 대한 중앙정부의 승인을 요구하거나 규제와 간섭을 요구하고 있기 때문이다.

요컨대 지방정부의 자치역량은 중앙정부의 의지와 태도에 달려있다. 특히 지방정부의 권력적 자치역량은 지방분권을 통해 자치권을 강화시키려는 중앙정부의 진실된 의지와 노력에 달려있다. 지방분권을 강화시킨다는 것은 바로 지방자치단체의 권한 즉, 지방자치권(자치입법권, 자치조직권, 자치재정권, 자치행정권)을 확충하고, 지방에 대한 중앙통제를 완화시키는 것을 의미한다. 따라서 아래에서는 우선 법령 등 제도를 통해 지방정부의 자치권을 통제하고 있는 제도의 실태와 문제점을 검토하고, 다음으로는 이러한 기본방향 위에서 지방정부 자치역량을 제고시킬 수 있는 지방자치권의 확충방안과 중앙통제의 개혁방안에 대해 검토해 보기로 한다.

Ⅱ. 지방정부의 자치권을 제약하는 제도적 문제점

1. 중앙집권에 대한 강력한 집착과 지방분권의 왜곡과 실패

정부수립 이후부터 중앙정부와 지방정부 간의 권한과 기능배분문제를 중심으로 지방분권에 관한 논의가 진행되어 왔지만 아직도 대부분 지방의 기능과 권한은 중앙정부에 집중되어 있다. 특히 지방자치제도가 부활·실시된 노태우 정부 이후 이명박 정부에 이르기까지 20여년 동안 역대정부들이 한결같이 지방분권정책을 추진해 왔지만 결국 지방분권은 성공하지 못하고 말았다. 이렇게 역대 정부들이 한결같이 지방분권정책에 실패한 것은 중앙정부가 지방분권에 대한 진정성을 가지고 있지 않았기 때문이었다. 즉 중앙정부가 형식적으로는 분권해야 한다고 천명했지만 실질적으로는 지방분권을 원하지 않았기 때문이었다. 정치적 분위기와 당시의 여론에 밀려 외형상으로만 지방분권정책을 내세웠지 진정성을 가지고 분권을 성공시키기 위해 적극적으로 노력하지는 않았기 때문이었다.

요컨대 분권에 대한 진정성이 없었기 때문에 지방분권을 위한 본격적인 정책수립이나 추진이 없었던 것도 주요한 실패의 원인이었다. 그리하여 역대 정부 대부분은 지방분권을 '중앙행정권한의 지방이양'으로 그 범위를 좁혔고, 그것마저 주민생활과 거리가 먼 몇몇 부분만 이양하였을 뿐이었다. 요컨대 정부수립 이후 70년이 흘러갔지만 입법권과 사법권의 분권은 논의조차 하지 못했다. 그 결과 우리나라는 아직도 국민을 현혹하고 기만하는 국회와 국민위에 군림하는 법원을 가진 민주주의 후진국이 되고 말았고, 아직도 5천만 국민들이 자나 깨나 대통령만 쳐다보고 있는 민주정치의 지체국으로 전락하고 말았다. 더구나 지방자치제도를 만든 국회의원들과 안전행정부의 고위공무원들은 지방자치제도의 본질과 정신을 이렇게 왜곡시키고, 가치를 사장시켜 놓고도 지난 20여년간 이를 근본적으로 개정하거나 바로 잡으려고 하지 않았다. 오히려 왜곡된 이론과 제도를 들어 자치제도를 잘 알지 못하는 국민들을 기만하려고만 했다. 이렇게 지방분권에 대한 역대정부의 정책실패는 결국 지방자치제도를 위축시키고 지방정부의 권한과 기능을 통제한 상태로 20여년을 그대로 끌어 온 것이다.

2. 비민주적·비자치적인 통제중심의 한국지방자치제도

1) 전반적으로 지방의 자율과 자치를 제한하고 권한과 기능을 통제하고 있다

우리나라 지방자치제도는 그 명칭과는 달리 가장 비자치적인 특성을 가진 제도이다. 즉 지방자치법령이라고 이름은 붙여놓았지만 그 내용에는 자치를 허용하지 않고, 전국을 획일적으로 통제하는 가장 비자치적인 법령이며 제도이다. 지방자치법 전체를 통해 일관하고 있는 내용은 지방의 자율과 자치의 범위를 제한하고 권한과 기능의 한계를 정하고 있는 것들이다. 즉 --에 한정된다, --해서는 안된다. --해야 한다 등으로 지방자치단체의 권한과 기능을 제약하고 있거나 자치구역을 확정하고, 선거구를 획정하며, 지방의원의 정수를 제한하여 지방의 자율과 자치를 제한하고 있다. 특히 대부분의 규정들을 ---법령에 의한다, --- 법령의 범위 내에서 한정된다, -- 대통령령에 따라 조례로 정한다, 등 지방정부가 어떤 일을 자율적으로 할 수 없도록 하고 있다. 특히 지방자치법 제9장의 국가의 지도감독은 (뒤에서 따로 설명함) 지방자치를 사실상 무력화 시키고 있는 강력한 중앙통제규정이다.

2) 지방정부의 구성과 운영을 전국적으로 획일화시키고 강력하게 통제하고 있다

현행 법령에 의하면 우리나라의 지방정부는 광역자치단체와 기초자치단체를 불문하고 자치단체장과 지방의회라는 두 기관을 설치·운영토록 함으로써 기관분리형을 채택하도록 강요하고 있다. 즉 전국의 모든 지방자치단체는 법령에 의해 획일적으로 강요된 기관분리형 정부형태를 취하고 있다. 지방자치단체의 특성을 인정하지 않는 비자치적인 잘못된 제도이다. 사실 지방자치제도는 그 자치단체의 인구, 재정력, 자치구역 등에서 규모의 차이는 물론 지역의 사회경제적 특성을 비롯하여 지리적 위치, 지형과 기후, 주민사회의 특성 등 여러 분야에서 차이가 있으므로 그 차이를 인정하도록 하는 제도이다. 때문에 지방자치단체별로 기관구성의 형태도 달라야 하거나 다르게 구성할 수 있어야 하지만 우리나라의 지방자치제도는 이러한 것을 원천적으로 봉쇄하고 있다.

3) 전국 모든 지방자치단체장의 선출을 주민직선제로 강요하고 있다.

현행 우리제도는 전국의 모든 지방자치단체의 장을 주민들이 직선으로 선출하도록 강요하고 있다. 따라서 아무리 유능한 인물이 나타났다고 하더라도 선거에 출마하여 당선되지 않고서는 자치단체장이 될 수가 없다. 그러나 유능한 인재일수록 선거라는 복잡하고 정략적인 수렁으로 빠져들기를 원하지 않는다. 따라서 자치단체장을 반드시 선거로 선출할 것이 아니라 지역주민대표들이나 지방의회가 합의하여 유능한 인재를 자기고장의 자치단체장으로 초빙하거나 위촉할 수 있도록 해야 한다. 이러한 제도는 일본 등 외국에서도 흔히 볼 수 있는 제도이다.

4) 극도로 불균형한 의결기관과 집행기관간의 권한 및 지방자치원리의 파괴

지방정부의 의결기관과 집행기관 간에 권한 배분이 지나치게 편중되어 있어 지방자치제도의 발전적 정착을 저해하고 있다. 즉 의결기관인 지방의회에 비해 집행기관인 자치단체장에게 지나치게 많은 권한과 기능이 편중되어 기관 간 권력의 불균형이 심하다. 지방정부의 두 수레바퀴는 균형을 이루어야 앞으로 굴러간다. 그러나 현재 우리나라의 지방정부는 집행기관의 바퀴는 지나치게 크고 의결기관의 바퀴는 너무 작아 아무리 굴려도 앞으로 나아가지 않고 제자리만 맴돌고 있다. 이처럼 현재는 지방의회의 권한이 취약하여 자치제도 본래의 가치인 집행기관에 대한 견제와 감시기능을 수행할 수 없는 실정이다. 지방의회의 사무기구 구성과 운영도 지방의회가 아닌 자치단체장이 인사권을 가지고 있어 지방의회의 의정활동을 위축시키고 있다. 지방의회의 기구를 사사건건 안전행정부가 통제하고 자치단체장이 규제한다는 것 자체가 지방자치제도를 왜곡시키고 의회의 의정활동을 침체시키게 된다.

3. 지방정부의 자치권을 제한하고 통제하는 지방관련 법령

지방자치단체의 권한인 지방자치권은 헌법에 의해 보장된 권한이며 국가가 지방자치단체에게 수여한 지역사회의 통치권이다. 지방정부는 바로 이 지방자치권을 기초로 지방자치단체를 통치한다. 그리고 이 지방자치권은 지방자치단체가 국가로부터 상대적으로 독립하여 자율적으로 지방을 통치할 수 있는 권한이다. 그러나 입법부와 행정부는 지방자치법령을 통해 지방자치권(자치입법권, 자치조직권, 자치행정권, 자치재정권)을 통제함으로써 지방자치단체를 통치하는 지방정부의 권한을 제약하고 있다. 한국의 현행 지방자치법령은 헌법에서 규정하고 있는 지방자치의 본질 내지 정신을 침해하고 있어 헌법위반의 소지를 다분히 안고 있다. 아래에서는 이들 4가지 지방자치권이 중앙정부에 의해 각각 어떻게 통제되고 있는지 검토해 보기로 한다.

1) 자치입법권에 대한 제한과 통제

첫째 자치입법권의 범위를 과도하게 제약하고 있다. 헌법(제117조 1항)은 "지방자치단체는 --- 법령의 범위 안에서 자치에 관한 규정을 제정할 수 있다"고 규정하고 있으며, 지방자치법(제15조 본문)도 "지방자치단체는 법령의 범위 안에서 그 사무에 관하여 조례를 제정할 수 있다"고 규정함으로써 조례제정권을 보장하고 있다. 그리하여 조례는 법령의 범위를 벗어나지 않는 한 지방자치단체가 자주적으로 제정할 수 있도록 하고 있다. 그러나 지역사회의 변화와 행정수요는 법률을 제정하는 국회보다 조례를 제정하는 지방의회에 더 빨리 그리고 직접적으로 전달됨으로써 주민사회의 변화요구에 시간적으로 훨씬 더 빠르고 적절하게 대처할 수 있다. 조례는 특정 지방자치단체에 한정된 법규이기 때문에 특정사회의 특정한 변화에 능률적으로 대응 할 수 있다. 따라서 조례제정권을 현행처럼 법령이 제정된 이후에야 제정할 수 있도록 제약·통제함으로써 주민사회의 변화와 요구에 지방정부가 효율적으로 대처할 수 없다.

둘째 자치법규의 집행력을 무력화시키고 있다. 현행 지방자치법은 스스로 조례위반자에 대한 벌칙제정을 금지하여 조례의 집행력을 약화시켜 그 실효성을 떨어뜨리고 있다. 지방자치법(이하 법이라 함) 제15조 단서는 "주민의 권리제한 또는 의무부과에 관한 사항이나 벌칙을 정할 때에는 법률의 위임이 있어야 한다"고 규정함으로써 조례제정의 범위를 다시 한번 제약하고 있고, 조례위반에 대한 제재조치를 규정할 수 없도록 통제하고 있다. 현행 법 20조는 "지방자치단체는 조례로서 조례위반사항에 대하여 1천만원 이하의 과태료를 정할 수 있다"고 규정하여 조례로서는 과태료 이상의 벌칙을 규정 할 수 없도록 하였다. 그만큼 조례의 강제력을 약화시킴으로써 조례의 집행력을 취약하게 만들어 놓았다.

셋째 지방의회의 조례제정에 대해 중앙정부가 지나치게 관여·통제하고 있다. 지방자치법은 중앙정부 즉 안전행정부장관에게 조례의 제정, 개정, 폐지 등 지방의회의 의결에 대한 강력한 통제권을 부여함으로써 자치입법권을 통제하고 있다. 즉 법 제159조는 지방의회의 의결이 법령에 위반되거나 공익을 현저히 해한다고 판단될 때에는 안전행정부장관이 자치단체장에게 재의를 요구하게 할 수 있고, 지방의회에서 재의결된 사항이 다시 법령에 위반된다고 판단될 경우, 자치단체장에게 대법원에 소를 제기하도록 지시하거나 직접 제소할 수 있도록 규정하고 있다. 그러나 지방의회의 의결에 대한 합법성여부는 물론 합목적성여부

(공익침해여부)까지 안전행정부 장관에게 그 판단권을 부여함으로써 지방정부의 자치입법권은 물론 사법부의 권한까지 침해하고 있다. 특히 재의요구의사가 없는 자치단체장에게 강제로 재의요구를 지시하게 하거나, 제소의사가 없는 자치단체장에게 강제로 제소하도록 요구하고 있다. 이것은 지방정부에 대한 중앙정부의 횡포에 지나지 않는다.

2) 자치조직권에 대한 통제

현행 지방자치법은 지방정부의 자치조직권을 규정하고 있는 지방자치법 제101조부터 제107조까지 모두를 대통령령에 따르도록 함으로써 지방정부의 조직권을 거의 완전히 봉쇄하고 있다. 모든 조항이 문제지만 그 중에서도 다음의 몇 가지는 특히 많은 문제점을 내포하고 있다.

첫째 부자치단체장의 선임에 대한 지방정부의 자율권을 제한하고 있다. 부단체장의 선임방법에 관한 현행법의 규정은 "특별시와 광역시의 부시장과 도의 부지사는 정무직 또는 일반직 국가 공무원으로 보하며 그 직급은 대통령령으로 정한다. 다만 특·광역시의 부시장과 도의 부지사는 대통령령으로 정하는 바에 의하여 2인을 둘 수 있다. 이 경우 1인은 정무직 또는 별정직 공무원으로 보하되 그 자격기준은 당해 지방자치단체의 조례로 정한다(제101조 2항)"고 규정하고 있다. 그리고 "제2항의 일반직 국가공무원으로 보하는 부시장· 부지사는 시·도지사의 제청으로 안전행정부장관을 거쳐 대통령이 임명한다(제101조 3항)"고 정하고 있다.

전자를 정무부단체장, 후자를 행정부단체장으로 부르며, 지방정부의 대부분의 기능은 대통령이 임명하는 행정부단체장의 소관 하에 놓여 있다. 그러나 중앙정부가 임명하는 국가공무원이 지방자치단체의 부단체장이 된다는 그 자체가 지방자치의 논리에 맞지 않다. 즉 부단체장은 단체장이 궐위되거나 유고시에 그 직무를 대신해야하는 데, 이 경우 중앙정부에 의해 임명된 국가공무원이 자치단체의 장의 역할을 수행해야 하는 결과를 가져와 지방자치의 원리에 맞지 않다는 점이다. 특히 부단체장의 임명에 주민의 대표기관인 지방의회가 전혀 영향력을 행사할 수 없다는 점도 문제다.

둘째 지방정부의 행정기구설치와 공무원정원조정 등을 중앙정부가 거의 완전히 통제하고 있다. 현행법상 지방자치단체의 행정기구의 설치·운영과 관련된 규정은 "지방자치단체의 행정사무를 분장하기 위하여 필요한 행정기구를 두되, 시·도에 있어서는 대통령영이 정하는 범위 안에서 당해 지방자치단체의 조례로 정한다(제102조 1항)"고 규정하고 있다. 즉 시·도의 행정기구는 대통령영(지방자치단체의 행정기구와 정원기준 등에 관한 규정)이 정하는 범위 안에서(사실상 행정자치부장관의 승인을 얻어) 신설 혹은 개편이 가능하고, 지방자치단체 자신의 경비로써 부담하는 지방공무원의 정원도 대통령령이 정한 기준에 따라야 한다. 이처럼 지방자치단체의 조직은 중앙정부가 편성하도록 함으로써 지방정부의 자치권을 통제하고 있다. 그리고 지방정부공무원의 총정원 뿐만 아니라 직급별 정원까지 중앙정부가 통제하고 있는 것이 우리의 지방자치현실이다. 이처럼 지방정부의 자치조직권은 전무한 실정이다. 지방정부의 권한으로는 단 한명의 공무원도 채용할 수 없고, 단 한 개의 단위조직도 설치할 수 없는 것이 현재의 실정이다. 사람과 조직을 원천적으로 통제함으로써 지방자치를 사실상 무력화시키고 있는 것이다.

3) 자치행정권의 통제

자치행정권이란 지방자치단체가 그 단체에 배분된 기능을 원칙적으로 국가의 간섭과 감독을 받지 않고 자주적으로 처리할 수 있는 권능을 의미한다. 여기서 자치단체에 배분된 기능 또는 자치단체의 독자적 사무란 바로 자치사무를 의미한다. 자치행정기능에 관한 현재 우리나라의 실태를 보면, 지방정부의 총 기능 중에서 자치사무가 차지하는 비중이 기초는 30%내외, 광역은 50%내외를 차지하고 있을 뿐이다.

첫째 지방정부의 자치행정기능의 범위를 지나치게 제약하고 있다. 지방자치법 제9조 1항은 지방자치단체의 사무범위를 "---법령에 의하여 지방자치단체에 속하는 사무를 처리한다." 고 규정하고 있다. 그러나 이러한 규정은 법령에 규정되지 않으면 지방자치단체의 사무가 아니라는 결과를 초래하여 지방정부의 기능을 축소시키는 규정이 되고 있다. 그러므로 법령에 규정되지 않은 것이라고 하더라도 특별히 중앙정부의 기능으로 법률에 규정된 것을 제외하면 모두 지방자치단체의 기능이 될 수 있도록 해야 할 것이다. 특히 우리나라의 경우 지방자치법 제9조 2항의 단서에는 "---법률에 이와 다른 규정이 있는 경우에는 그러하지 아니하다"라는 잘못된 규정이 문제다. 동 규정은 지방자치단체의 기능으로 예시된 사무라고 하더라도 중앙정부가 자신의 뜻대로 법률만 제·개정한다면 언제든지 그것을 자기들의 기능으로 바꿀 수 있도록 해놓았다. 그리하여 이 단서규정이 지방자치단체의 사무를 예시한 지방자치법 제9조 2항을 사실상 무의미하게 만들고 있다.

둘째 중앙정부는 자치사무에 대한 감사권을 통해 지방정부를 통제하고 있다. 지방자치법 제158조는 "안전행정부장관이 지방자치단체의 자치사무에 대하여 서류장부 또는 회계감사를 할 수 있다. 이 경우 감사는 법령위반사항에 한하여 실시한다"고 규정하고 있다. 그러나 이 규정은 한번 위임된 자치사무를 다시 중앙정부가 통제할 수 있도록 함으로써 자치제도를 무색하게 하고, 지방자치권을 침해하고 있다. 지방자치단체가 지방정부의 회계실무나 자치사무에 대해서까지 주무부장관의 지시명령과 통제를 받는 나라는 거의 없다. 비록 법령위반 사항이 있다고 하더라도 그것에 대해서는 중앙정부가 아닌 지방에 설치된 별개의 전문기관에 의해 감사받도록 하고 있는 것이 선진국의 보편적인 예다.

셋째 자치사무에 대해서까지 안전행정부장관의 사전승인을 받도록 통제하고 있다. 현행 지방자치법(4조 3항, 5조 2항, 6조 1항, 149조 1항 등)은 자치사무에 대해서도 주무부장관의 승인을 얻도록 규정하고 있어 자치행정권을 통제하고 있다. 지방자치제도의 근본을 뒤흔들고, 지방정부의 자치기능을 침해하는 이러한 사전승인제도는 마땅히 폐지되어야 한다.

넷째 법령에 근거 없는 행정규칙을 통해 자치행정권을 침해하고 있다. 안전행정부장관은 법령에 아무런 근거 없이 지침, 준칙, 내시, 훈령 등의 내부규칙을 남발하여 지방정부의 자주적 행정을 제약하고 있다. 이는 위법행위일 뿐 아니라 지방자치를 침해하는 행위이다. 특히 중앙정부의 행정규칙은 지방정부의 공무원들에게는 아무런 구속력이 없다. 따라서 지방자치법을 개정하여 주무부장관은 법률에 명백한 근거규정이 있는 경우를 제외하고는 지방정부에 각종 지침, 준칙, 내시, 훈령 등 행정규칙을 시달할 수 없도록 금지규정을 두어야 한다.

4) 자치재정권의 통제

첫째 지방세목을 통제하고, 국세에 비해 지방세의 비중을 지나치게 낮게 만들어 놓았다. 한 국가의 재정총량은 한정되어 있다. 이 중 중앙정부가 많은 양을 사용하면 지방정부의 재정규모가 취약해질 것이고, 지방정부에게 많은 양을 배분하면 중앙정부의 재정규모가 줄어들 것이다. 우리나라의 중앙정부 대 지방정부의 재정규모는 외형상 대략 80 대 20의 비율을 나타내고 있다. 현재 지역사회의 현실은 각 분야에서 광범한 재정수요가 폭발적으로 일어나고 있지만, 중앙정부는 지방재정규모를 강화시킬 수 있는 제도개혁에 적극성을 보이지 않고 있다. 이처럼 지방재정을 제도적으로 취약하게 만들어 놓고, 지방재정자립도가 떨어지기 때문에 지방자치가 어렵다고 하는 자가당착적 모순된 주장을 하고 있다.

둘째 지방정부에 대한 재정지원도 중앙통제가 가능한 특정재원으로 지급하고 있다. 지방정부에 대한 중앙정부의 지방재정조정제도는 지방교부세, 국고보조금, 광역지역특별회계로 구성되어 있다. 그러나 국고보조금과 광역지역특별회계는 특정재원으로 그 재원의 용도가 지정되어 있고, 경우에 따라서는 지방정부의 대응자금을 지출해야 하므로 지방정부의 재정지출을 경직화시키고 있다. 이것은 중앙정부가 지방에 대한 재정지원을 지방정부의 통제수단으로 삼고 있어 지방의 자율과 자치와는 역행하는 제도이다.

셋째 지방정부의 자주적 과세권을 통제하고 있다. 중앙정부는 조세법률주의를 고집함으로써 지방정부가 조례로 당해 지방에 특수한 세금을 부과징수 할 수 없도록 통제하고 있다. 비록 세원이 개발되거나 포착된다고 하더라도 조례로 세금을 부과징수 할 수 없도록 하여 지방정부의 과세자주권을 통제하고 있다.

넷째 중앙정부의 필요에 따라 지방정부의 세입감소와 예산지출을 강요하고 있다. 중앙정부는 부동산경기활성화 등의 이유를 들어 지방세인 취득세를 감면해 주거나 세율을 조정시킴으로써 지방정부의 재정수입을 감소시키고 있다. 그리고 영유아보육수당의 지급 등 지방정부와는 사전 조율도 하지 않고, 행정부나 정치권의 포퓰리즘적 태도에 따라 지방예산지출을 강요하는 경우가 허다하다. 이처럼 지방정부의 재정역량을 저해하는 정책을 추진함으로써 그리고 지방재정력의 한계를 초과하는 지방비의 지출을 강요함으로써 지방재정력을 위축시키고 있다.

4. 지방정부에 대한 기능배분의 제한과 통제

중앙정부는 지방정부가 할 수 있는 일의 종류와 사무범위를 통제함으로써 지방정부의 기능을 통제하고 있고, 나아가 지방정부의 기능을 중앙정부가 직접 감시 · 감독함으로써 통제하고 있다.

첫째 지방자치단체에 배분된 사무종류별 업무분담의 내용이 불명확하여, 중앙정부와 지방정부, 광역자치단체와 기초자치단체간의 기능영역을 구분하기가 사실상 애매 모호하다. 즉 법 제10조 3항에 규정한 「경합피지의 원칙」과 「기초자치단체 우선의 원칙」이 형식화되거나 상징적인 의미만을 가질 뿐 중앙정부에 의해서나 입법부에 의해 사실상 묵살되고 있다. 중앙정부는 각종의 법률을 통해 대부분의 사무를 장악하고 있고, 기존의 지방업무까지 점차 중앙정부로 이관시키고 있다.

둘째 지방정부의 사무범위를 지나치게 제약하고 있다. 즉 법 제9조 1항은 지방자치단체의 사무범위를 "---법령에 의하여 지방자치단체에 속하는 사무를 처리한다"고 규정하고 있다. 그러나 이러한 규정은 법령에 규정되지 않으면 지방자치단체의 사무가 아니라는 결과를 초래하여 지방정부의 기능을 축소시키는 규정이 되고 있다. 특히 우리나라의 경우 현행법상 지방자치단체의 기능으로 예시된 것까지도 "다만 법률에 이와 다른 규정이 있을 경우에는 그러하지 아니하다"(9조 2항 단서)라는 규정으로 인해 언제나 중앙정부의 기능으로 바뀔 수 있기 때문에 지방자치법 9조 2항의 사무예시를 무의미하게 만들고 있다.

셋째 기초자치단체에 배분된 권한과 기능이 빈약하고 고유사무의 비중이 낮다. 현재 우리나라의 지방자치단체들은 대부분 지방자치와 밀접히 관련되어 있는 고유사무 내지 자치사무의 처리보다는 위임사무의 처리에 대부분의 시간을 보내고 있다. 기초자치단체의 경우 고유사무의 비중은 30% 내외에 지나지 않으며, 광역자치단체의 경우, 50% 이내에 머물고 있다. 특히 업무의 비중도 문제지만 업무처리를 위한 공무원들의 관심도나 적극성 역시 고유사무의 처리보다는 위임사무처리에 더 높은 관심을 보이고 있다.

넷째 지방자치단체에 이양해야 할 기능과 권한이 지방특별행정기관으로 분산되고 있다. 지방에서 이루어지는 일은 특별한 이유가 없으면 지방자치단체가 수행하는 것이 바람직하다. 특히 지방화와 세방화 내지 지세화 등의 변화가 거세게 일어나고 있는 현대는 더욱 그러하다. 그러나 이러한 시대변화에도 불구하고 우리나라의 중앙정부는 자신들이 지방에서 수행하는 기능을 지방자치단체에 이양하지 않고, 지방에 자신의 하급기관인 지방특별행정기관을 만들어 자신의 권한과 기능을 분산시키고 있다. 그 결과 중앙행정기관의 지방특별행정관청들이 점차 늘어나고 있어 지방행정의 종합조정이 이루어지지 않고 있다. 지방환경청, 지방노동청, 지방병무청, 지방중소기업청 등 지방정부에 이양해야 할 권한과 기능들을 중앙정부가 장악하고 있거나 지방정부에 위임되어 있던 것까지도 오히려 되가져 가는 반자치적 경향이 늘어나고 있다.

다섯째 자치단체간 기능경합시 기초단체우선의 원칙을 규정해 놓고도 광역단체의 조례를 우선시키는 모순을 강요하고 있다. 현행법(제10조 3항)은 "시·도와 시·군 및 자치구는 사무를 처리함에 있어 서로 경합되지 않도록 해야 하며, 그 사무가 서로 경합되는 경우에는 기초자치단체인 시·군·자치구에서 우선적으로 처리한다"고 규정함으로써 사무배분 및 처리에 있어 기초자치단체에 우선권을 주고 있다. 이는 지방자치의 본질을 구현할 수 있는 중요한 규정이며, 지방자치가 기초자치단체 중심으로 이루어져야 한다는 점을 묵시적으로 설명하고 있다. 그러나 동법 제24조에서는 다시 시·군·자치구의 조례는 시·도의 조례에 위반하지 못한다는 규정을 두어 상호 모순을 유발시키고 있다.

여섯째 특·광역시와 자치구간의 기능배분에 관한 특례인정으로 자치구의 기능을 무력화시키고 있다. 현행법상 자치단체간 기능배분에 대한 특례를 인정하고 있는 것은 두 가지다. 하나는 특·자치구간의 기능배분의 특례(제2조 제2항)이고, 다른 하나는 도 산하의 인구 50만 이상의 시에 대한 특례(제10조 제1항 2호)가 그것이다. 동일한 기초자치단체라고 하더라도 도의 범위 내에 있는 시·군과 특·광역시의 영역 내에 있는 자치구간의 기능배분방식을 달리하고 있는 것이다. 이것은 대도시정부의 기능의 특징을 인정한 규정으로 보아야 할 것이다. 그러나 특·광역시와 자치구간의 기능배분의 특례는 그것으로 인하여 자치구가 사실상 완전한 자치단체가 아닌 준 자치단체로서의 기능 밖에 수행하지 못하게 되었다는 문제점을 인정해야 한다. 자치구를 폐지해야 한다는 주장들이 나오고 있는 것은 바로 이러한 제도적 문제점은 알지 못하고 겉으로 나타나는 외형만 본 결과인 것이다.

5. 지방에 대한 중앙정부의 강력한 통제(지도·감독) 제도

위에서는 중앙정부가 지방자치법 등 다양한 제도를 통해 지방정부를 통제하고 있으며, 특히 지방정부의 기능과 자치권한을 통제함으로써 지방의 자율성을 제약하고 있는 법적 실태를 분석하였다. 그러나 우리나라의 중앙정부는 이러한 제도로도 만족하지 못하고 별도로 지방정부를 통제할 수 있는 장치를 마련해 놓고 있다. 지방자치법 제9장의 "지방자치단체에 대한 국가의 지도·감독"에 관한 조항들이 그것이다.

1) 자치단체장의 명령이나 처분에 대한 중앙정부의 간섭·통제의 문제

지방자치법 제169조 1항은 "지방자치단체의 사무에 관한 그 장의 명령이나 처분이 법령에 위반되거나 현저히 부당하여 공익을 해한다고 인정될 때에는 시·도에 대하여는 주무부장관이---기간을 정하여 서면으로 시정을 명령하고, 그 기간 내에 이행하지 않을 때에는 이를 취소하거나 정지할 수 있다. 이 경우 자치사무에 관한 명령이나 처분에 있어서는 법령에 위반한 것에 한한다."고 규정하고 있다. 그리고 "지방자치단체의 장은 제1항의 규정에 의한 자치사무에 관한 명령이나 처분의 취소 또는 정지에 대하여 이의가 있는 때에는 그 취소 또는 정치처분을 통보 받은 날로부터 15일 이내에 대법원에 소를 제기할 수 있다"(동조 2항)고 규정하고 있다. 그러나 동 규정은 지방자치발전을 저해하는 강력한 중앙통제장치로서 다음과 같은 문제점을 내포하고 있다.

첫째 자치단체장의 명령·처분에 대한 주무장관의 취소·정지권의 문제점이다. 지방자치단체의 자치사무에 관한 그 장의 명령이나 처분이 위법하다고 인정된다고 해서 주무장관이 이를 취소·정지시킬 수 있도록 한 것은 잘못된 규정이다. 그것은 우선 장의 명령이나 처분이 위법하다는 판단을 장관이 내릴 수 없기 때문이다. 행정업무를 수행하는 과정에서 구체적인 법률상 쟁송이 있는 경우, 무엇이 적법이며 무엇이 위법인가를 판단·선언하는 것은 사법부의 권한이지 행정부의 권한이 아니기 때문이다. 이 규정은 자칫 잘못하면 장관이 법을 자의적으로 해석하여 정치적으로 악용할 위험이 있는 잘못된 규정으로 반드시 개정되어 할 것이다.

둘째 자치단체장의 적법한 명령·처분과 이에 대한 주무장관의 취소·정지권의 문제점이다. 위임사무에 관한 자치단체장의 명령·처분에 대해, 그것이 현저히 부당하여 공익을 해한다고 인정되면 비록 그것이 적법하더라도 안전행정부장관이 이를 취소·정지할 수 있도록 했는데 이는 매우 잘못된 규정이다. 위임사무라고 하더라도 단체위임사무는 그 성격상 고유사무와 크게 차이가 없으며, 「무엇이 공익이며」 「무엇이 현저히 부당한가」에 대한 판단을 전적으로 주무장관에게 맡겨 지방자치단체의 행위에 대한 합목적성의 통제까지 가능토록 해서는 안되기 때문이다. 더구나 주민과 직접 호흡하는 자치단체장의 판단보다는 주민들로부터 훨씬 멀리 떨어져 있는 주무장관에게 더욱 강력한 판단권을 부여하고 있고, 거기에다 이들에게 직접 취소정지권을 행사할 수 있도록 하여, 지방자치제도를 구현하기 위한 법이라기 보다는 이를 막는 법으로 의심받게 하고 있다.

셋째 주객이 전도된 제소권자의 문제점을 들 수 있다. 자치단체장의 명령이나 처분이 위법·부당하다고 인정될 때는 그렇게 판단하는 당사자가 그 사유를 지적하여 법원에 소를 제기할 수 있도록 하는 것이 법리에 합당하다. 그럼에도 불구하고 동 조항은 오히려 주무장관은 임의로 취소·정치할 수 있도록 해놓고 그것을 당하는 당해 자치단체장으로 하여금 소를 제기할 수 있도록 함으로써 제소권자에 관한 한 주객이 전도된 조항이다. 원래 법운영의 통념상 행정주체의 명령 또는 처분이 법령에 위반된다고 판단될 때에는 위법임을 주장하는 자가 그 취소 또는 정지를 구하는 소를 법원에 제기하도록 해야 하는데도 불구하고 동 규정은 정반대로 규정하고 있어 사리를 왜곡시키고 있다.

2) 자치단체장에 대한 직무이행명령제도와 대집행권 및 제소권의 문제

지방자치법 제170조의 문제이다. 즉 동법에 의하면 "지방자치단체의 장이 법령의 규정에 의하여 그 의무에 속하는 국가위임사무 또는 시·도 위임사무의 관리 및 집행을 명백히 게을리 하고 있다고 인정되는 때에는 시 도에 대하여는 주무부장관이,---기간을 정하여 서면으로 그 이행할 사항을 명령할 수 있다"고 규정하고 있다. 그리고 "주무부장관은 당해 자치단체의 장이 제1항의 기간 내에 이를 이행하지 아니한 때에는 당해 지방자치단체의 비용부담으로 대집행하거나 행·재정상 필요한 조치를 할 수 있다"고 규정하고 있다. 뿐만 아니라 "지방자치단체의 장은 제1항의 이행명령에 이의가 있는 때에는 이행명령서를 접수한 날로부터 15일 이내에 대법원에 소를 제기할 수 있다. 이 경우 지방자치단체의 장은 이행명령의 집행을 정지하게 하는 집행정지결정을 신청 할 수 있다"고 규정하고 있다.

첫째 중앙정부의 자치단체장에 대한 직무이행명령제도의 문제점이다. 기관위임사무에 대한 직무이행명령제도를 통하여 중앙정부가 자치단체장을 완전히 통제할 수 있는 법적 장치를 마련한 것으로서 지방자치발전을 저해하고 있다. 즉 자치단체장이 기관위임사무를 집행하지 않을 경우, 보조금을 삭감하거나 중앙정부의 지원을 차단하는 등 재정적 통제나 형법적 처벌을 통해 재제할 수 있는 다양한 방법이 있음에도 불구하고 그보다 강력한 직무이행명령제도를 도입하여 지방을 통제하고 있는 것이다.

둘째 대집행(代執行)시의 비용을 당해 지방정부가 부담하도록 한 불합리와 문제점이다. 중앙정부의 사무인 기관위임사무의 불이행에 대해 직무이행명령을 내렸음에도 불구하고 자치단체장이 직무를 이행하지 않았을 경우, 중앙정부는 지방정부의 비용으로 대집행할 수 있도록 하였다. 그러나 대집행하면서 그 비용을 당해 자치단체의 부담으로 한다는 것은 지방을 위협하기 위한 악의에 찬 규정이다.

셋째 주객이 전도된 제소권의 문제점이다. 직무이행명령에 이의가 있는 지방자치단체의 장으로 하여금 이행명령서를 접수한 날로부터 15일 이내에 대법원에 소를 제기할 수 있도록 한 것은 앞에서도 설명한 것처럼 법리상 제소권에 관한한 주객이 전도된 것이며 지방을 경시하는 잘못된 규정이다. 즉 자치단체장의 이행명령불복에 명백한 하자가 있고 그것에 불만이 있을 경우, 이것을 문제삼는 주무부장관이나 시·도지사가 그 이행을 촉구하는 소를 대법원에 제기하는 것이 법리에 부합된다. 그리고 법원의 판결에 따라 이행명령서가 발부될 수도 있고 그렇지 못할 수도 있어야 한다.

3) 지방의회의 의결에 대한 재의 및 제소요구권과 직접 제소권을 통한 통제

현행 법은 제172조에서 "지방의회의 의결이 법령에 위반되거나 공익을 현저히 해한다고 판단될 때에는 시·도에 대하여는 주무부장관이 재의를 요구하게 할 수 있고, 재의의 요구를 받은 지방자치단체의장은 지방의회에 이유를 붙여 재의를 요구하여야 한다."고 규정하고 있다. 그리고 "주무부장관 또는 시·도지사는 재의에 붙인 결과 지방의회에서 (재적의원 과반수의 출석과 출석의원 2/3이상의 찬성으로) 재의결된 사항이 법령에 위반된다고 판단됨에도 당해 자치단체의 장이 소를 제기하지 아니하는 때에는 당해 자치단체장에게 제소를 지시하거나 직접 제소 및 집행정지결정을 신청할 수 있다"고 규정함으로써 지방의회의 의결을 철저히 통제할 수 있도록 하였다.

이러한 규정은 첫째 사법부와 지방의회의 권한을 침해하는 부당한 규정이다. 지방의회의 의결내용에 대한 위법성여부와 공익침해여부를 주무부장관이 판단하도록 한 것은 사법부와 지방의회의 권한을 침해하는 매우 잘못된 규정이다. 즉 지방의회의 의결이 법령에 위반되는지의 여부는 재판을 통해 밝혀져야 하며, 공익을 현저히 해치는지의 여부는 지방주민들과 지방의회가 가장 정확히 알 수 있다. 따라서 위법성과 공익침해를 주장하는 측이 위법성판결과 공익침해판결을 구하는 소(訴)를 제기해야 한다. 그러나 동 규정은 주무부장관이 일방적으로 위법성과 공익침해성을 판단토록 권한을 부여하고 있는 데, 이것은 사법부의 권한을 침해한 규정이다. 특히 이들에게 공익성 침해여부까지 판단할 수 있도록 한 것은 지방에 대한 행정부의 폭행이라 아니할 수 없다.

둘째 재의요구의사가 없는 자치단체장에게 이를 강요함으로써 야기되는 문제점이다. 자치단체장으로서는 지방의회의 의결사항에 대하여 재의를 요구할 의사가 없음에도 불구하고, 주무부장관이 강제적으로 재의를 요구하도록 강요한 것은 지방의 자치를 허용하지 않겠다는 비민주적, 비자치적 악법이다. 더구나 주무부장관이 재의를 요구하면 당해 자치단체장의 의사와는 무관하게 「이유를 붙여 재의를 요구하여야 한다」는 강제규정을 둠으로써 결과적으로는 지방주민의 대표기관인 의결기관과 집행기관의 의사를 전적으로 무시하고 있다. 이렇게 될 경우, 지방주민의 의사나 지방자치는 사라져 버리며 오직 중앙정부의 의사만이 지배하게 될 것이다.

셋째 중앙정부의 직접 제소를 가능케 해 둔 법규정의 문제점이다. 지방의회의 재의결에 대해 자치단체장의 의사를 무시하고, 주무부장관이 직접 제소할 수 있도록 해 놓고 있어,

지방의회의 의결권을 위축·통제하고 있다. 즉 "주무부장관은 지방자치단체장이 소를 제기하지 아니하는 때에는 그 단체장에게 제소를 지시하거나 직접 제소 및 집행정지결정을 신청할 수 있다"고 규정하여 안전행정부장관이 직접 제소할 수 있는 권한을 부여했기 때문이다. 임명제 자치단체장의 시대와는 달리 주민선거에 의해 선출된 자치단체장들이 중앙정부의 지시와 명령을 거부하거나 게을리 하지 못하도록 미리 통제해 놓은 것이다.

Ⅲ. 역대 중앙정부의 지방분권추진정책의 실패요인과 성공방안

지금까지 검토한 바와 같이 지방자치제도가 실시된 지 오랜 시간이 경과했음에도 불구하고 아직도 지방자치관련 법령들은 시행초기와 달라진 것이 없을 정도로 개선되지 못하고 있다. 이렇게 된 가장 근본적인 원인은 우선 역대 정부들이 추진해 왔던 지방분권정책들이 성공하지 못했기 때문이다. 만일 중앙정부가 지방분권정책을 성공적으로 추진했더라면 우리나라의 지방자치법은 이미 민주적으로 개정되었을 것이고, 지방자치단체의 지방자치권은 이미 대폭 확충되고 강화되었을 것이다. 불행히도 역대 정부의 지방분권정책들은 비록 정도의 차이는 있을지언정 모두 실패하고 말았다. 물론 정부마다 분권화의 정도는 달랐고 부분적으로 성공한 것도 있을 수 있다.

그러나 분명한 것은 우리나라의 중앙정부가 아직도 중앙집권을 강력하게 고집하고 있다는 점과 지방자치법이 제도실시 초기와 별로 달라진 것이 없다는 점이다. 더구나 입법권이나 사법권에 대한 분권화는 말도 꺼내지 못하고 20여년이 흘렀다는 것이다. 이처럼 역대 정부의 지방분권정책이 실패한 데에는 여러 가지 이유가 있을 수 있다. 그러나 그 중에서도 가장 중요한 근본원인은 대통령과 정치지도자들이 지방분권과 자치발전에 대한 가치와 정신을 알지 못했다는 것이다. 나아가 중앙정부의 고위공무원들이 고의적으로 분권과 자치발전을 왜곡시켰다는 점이다.

설상가상 근래에 들어와서는 분권이니 자치발전이니 하는 말조차 듣기가 어렵다. 매사는 아는 만큼 보이는 법이니 이 정부에 대해서는 별다른 방법이 없지만, 그만큼 국가발전은 뒷걸음질 칠 것이다. 이처럼 역대정부의 지방분권정책이 실패함으로써 지방정부의 자치권에 대한 중앙정부의 통제가 여전히 힘을 발휘하고 있고 그것 때문에 자치발전이 지체되고 있는 것이다.

1. 역대 중앙정부의 지방분권추진정책

1948년 정부수립 이후 국가적 비상상황이나 군사정권시기를 제외하면, 권한과 기능의 지방이양 및 분권을 위한 역대 정부의 관심과 노력은 지속되어 왔다. 특히 지방자치제도가 부활·실시된 이후 지방분권노력은 더욱 강조되어 왔다. 주지하는 바와 같이 1991년 노태우 정부에서 지방자치제도가 부활·실시된 이후 1998년 김영삼 정부까지는 지방이양합동심의회(총무처소속 비법정기구)를 두어 지방분권업무를 추진했다. 그리고 1999년 김대중 정부는 「중앙행정권한의 지방이양촉진 등에 관한 법률」을 제정하고, 지방이양추진위원회(국무총리소속)를 구성하여 운영하였다.

이어 2003년에 집권한 노무현 정부는 「지방분권특별법」에 의해 정부혁신지방분권위원회(대통령직속)와 지방이양추진위원회의 두 기구로 하여금 지방분권업무를 추진토록 하였다. 그리고 2008년 이후 이명박 정부는 「지방분권촉진에 관한 특별법」을 제정하고 동법률에 의해 설치한 지방분권촉진위원회(대통령소속)로 하여금 지방분권업무를 추진토록 하였다. 이들 역대정부의 지방분권추진을 위한 노력들이 나름대로 성과가 없었던 것은 아니지만 국민들의 기대수준이나 대한민국의 국제적 위상에 비춰볼 때 아직은 매우 미흡한 수준이다. 특히 박근혜정부에 들어와서는 분권이라는 표현없이 단지 지방자치발전위원회를 두고 있을 뿐이다.

그렇다면 이처럼 오랜 기간 역대 정부의 많은 노력에도 불구하고 지방분권이 제대로 이루어지지 않는 것은 무슨 이유 때문일까? 그리고 앞으로의 지방분권은 어떠한 방향으로 지향해 나가야 하며, 어떻게 하면 지금보다 좀 더 성공적으로 지방분권수준을 향상시킬 수 있을까? 아래에서는 이들에 관해 간략하게 검토해 보기로 한다.

2. 역대 정부의 지방분권정책의 문제점과 실패요인

1) 지방분권에 관한 정권의 철학과 의지부족 및 지방분권추진기구의 문제

형식적인 지방분권이 아니고 실질적이고 국가경쟁력을 제고하기 위한 지방분권을 추진하기 위해서는 무엇보다도 대통령과 정권실세들이 지방분권에 대한 확고한 철학과 적극적인 실천의지가 있어야 한다. 그리고 대통령의 의지를 실천할 수 있는 강력한 권한을 가진 분권추진기구가 구성되어 기능해야 하고, 국회에는 이 지방분권기구가 의결한 분권관련 법률개정안들을 적극 통과시켜 줄 수 있는 체제가 정비되어 있어야 한다. 그러나 우리나라의 역대 대통령들과 정권실세들은 지방분권에 대해 그렇게 확고한 철학이나 강력한 의지를 가지고 있었던 것 같지는 않다. 더구나 지방분권추진기구의 구성이나 운영에 대해서는 처음부터 잘못된 경우가 많았다. 분권추진기구의 위원수와 위원들의 성분 등이 적절하지 못했고, 중앙과 지방을 대변하는 위원들의 균형도 맞지 않았다. 특히 분권추진기관의 구성·운영을 모두 행정부에 맡김으로써 분권추진기구가 분권대상인 행정부의 영향력 하에 놓이게 되는 아이러니를 초래했다. 더구나 국회에서도 정부의 분권추진기구를 뒷받침해 줄 수 있는 어떠한 체제도 갖추지 못했으며 지원은 커녕 무관심과 방관으로 일관해왔다.

2) 분권추진과정의 복잡성과 분권내용의 국민적 기대부조화

역대 정부의 분권노력이 사실상 실효를 거두지 못한 또 다른 이유로는 첫째 분권추진과정이 지나치게 복잡하고 많은 시간이 소요되며, 각 단계마다 분권을 방해하는 중앙집권적 기관들과 공직자들이 적지 않았다는 점이다. 둘째 지방으로 분권한 기능이나 권한들이 이미 위임사무로 이관되어 지방자치단체가 시행하는 것들이거나 그렇지 않으면 국민들이 기대하고 요구하는 것들과는 무관한 것이어서 국민들의 관심을 끌지 못했다는 점이다. 셋째 중앙정부는 권한과 기능만 지방정부로 이양하고 거기에 소요되는 재정지원, 즉 재정분권이 없었다는 점이다.

3) 단일 회의체형식의 지방분권추진기구의 한계와 분권추진기구의 비체계성

지금까지의 지방이양 내지 지방분권 추진기구는 총리나 대통령소속으로 회의체의 단일기구로 운영되어왔다. 그러나 지방분권은 하나의 기관에서 독자적으로 추진할 수 있는 성질의 것이 아니다. 그것은 중앙과 지방의 모든 정부가 협력해야 하고, 국회의 지원과 협력도 있어야 한다. 그러기 위해서는 이들 모든 기관들이 지방분권관련 조직을 설치하여 범국가적 차원에서 분권관련 업무를 추진해야 한다. 그러나 현재까지는 사실상 이러한 기능을 수행할 수 없는 회의체 기구하나 만들어 놓고 분권이 이루어질 것으로 기대해 왔다. 현재와 같이 권한과 수단이 빈약한 단일의 회의체 기구로서는 아무리 분권하려고 노력해도 그 효과가 나타나기 어렵다. 특히 분권해야 할 해당 행정부의 각 부처가 반대하거나 국회가 법안통과를 지연하거나 폐기시킬 경우 이에 대처할 아무런 대안도 없다.

4) 중앙정부 행정관료들의 분권저항적 태도와 국회의 무관심 및 비협조

지방분권추진의 가장 큰 난제는 중앙정부 고위공직자들의 중앙집권적·독선적 태도와 지방불신의식 및 지방경시풍조라고 할 수 있다. 이러한 잘못된 의식구조 때문에 아직도 중앙정부의 공직자들은 지방에 분권하는 것은 가능한 자제하고 신중해야 한다는 것이다. 또한 지방분권과정을 마무리하기 위해서는 분권추진기구가 제출한 법률개정안들이 국회본회의를 통과해야만 된다. 그러나 국회의원들의 지방분권에 대한 관심부족과 비협조로 시간을 지체시키거나 폐기시키는 경우가 많다. 지역주민에 의해 선출되어 지역발전을 위해 일해야 할 국회의원들이지만 일단 국회의원에 당선된 이후에는 유권자들의 이익보다는 자신들의 이익을 앞세움으로써 분권에 냉담하다. 특히 국회의 상임위원회는 관련 중앙행정부처와 밀접한 관계를 형성하고 있음으로써 지방보다는 분권에 저항적인 중앙부처의 입장을 더 많이 대변하고 있다.

5) 지방분권에 대한 체계적 요구부족과 분권운동의 비체계성

지방분권을 저해하는 또 다른 이유 중의 하나는 무엇보다도 지방정부로부터 중앙정부에 대한 체계적인 분권요구가 없거나 부족하다는 것이다. 누구도 요구하지 않는 권한을 스스로 내어 놓는 사람은 없다. 지방으로부터 분권요구가 폭주해도 이를 방어하려는 것이 중앙정부의 속성이다. 하물며 지방으로부터의 분권요구가 이렇게 소극적인 상황에서 누가 지방분권에 적극 나서겠는가? 물론 최근 지방자치단체 4협의회, 각종 시민단체 및 지역사회단체, 지역지방분권협의체 등을 중심으로 학회 등이 지방분권 등에 관한 다양한 의견을 제시하고 있다. 그러나 이들의 요구와 주장들 중에는 비현실적 이상적인 요구와 주장이 많거나 그러한 의견들이 상호 합의를 이루지 못했고, 체계적인 분권요구로 전환되지 못하여 정부의 공식채널로 투입되지도 못하고 있는 실정이다.

3. 바람직한 지방분권정책의 추진방향

1) 중앙정부와 지방정부의 상호 기능회복과 합리적 권한조정

중앙정부의 업무 과부하와 지방정부의 과소화 현상이라는 극심한 정부간 불균형현상을 개선하여 양 정부의 기능이 합리적으로 회복될 수 있도록 역할 및 기능을 재조정해야 한다. 이를 위해서 크게는 국가관리시스템 전체의 틀을 재정비해야 할 필요가 있고, 작게는 소위 보충성의 원리를 엄격히 적용해 나갈 필요가 있다.

2) 지방중심의 시각과 기준에 따른 지방분권화 추진

지금까지의 지방분권은 중앙정부의 관점에서 추진해왔으나 앞으로의 지방분권은 지방의 관점, 지방중심의 시각과 기준에서 추진되어야 한다. 현재 권한을 장악하고 있는 중앙정부의 공직자들은 스스로 자신들이 국가의 주인이며, 국민들은 단지 그들의 통치대상에 지나지 않는 것으로 착각하고 있다. 그리하여 지방의 분권요구에 대해 이들은 언제나 소극적이며 부정적이다. 그리고 언제나 그들의 관점과 시각에서 판단하고 반응할 뿐이었다. 그러나 많은 선진 각국의 공직자들은 이미 지방의 발전을 통한 국가발전으로 그 전략적 패턴을 바꾼지 오래되었음을 알아야 한다.

3) 지역특성과 지방자치단체의 능력에 따른 신축성 있는 지방분권추진

지방분권은 지방자치단체의 능력에 맞도록 신축성 있게 추진되어야 한다. 그러나 현재 우리나라의 지방자치법령은 자치단체의 규모나 능력 차이를 불문하고 획일적으로 권한과 기능을 부여하고 있다. 기초자치단체와 광역자치단체의 차이는 인정하고 있으나, 기초자치단체 상호간이나 광역자치단체 상호간의 차이는 인정하지 않는다. 물론 서울특별시와 인구 50만 이상의 도시에 관한 특례를 인정하여 극히 부분적 차이는 인정하고 있지만 그것으로는 지방분권론이 추구하는 본질적인 가치를 충족시킬 수 없다. 따라서 향후의 지방분권은 자치단체의 능력에 맞고, 지역특성을 개발할 수 있도록 권한과 기능을 배분해야 한다.

4) 부분적, 개별적 분권이 아닌 권한과 기능의 포괄적 분권추진

권한과 기능의 포괄적 분권에 대한 요구 역시 지난 헌정사상 줄기차게 요구되어 왔지만 해결되지 못한 지방분권화 내용 중의 하나다. 책임만 있고 권한은 없거나, 개별적 사무나 일의 위임만 있고 전체기능의 위임은 없는 철저히 중앙정부 편의주의적 분권은 지양되어야 한다. 지방발전을 통한 국가발전을 추구한다는 전략(Buttom-up Approach), 그 자체가 이미 지방의 정책기획을 위한 창조적 아이디어와 자율적 결정권을 강조하고 있기 때문이다. 요컨대 이제부터는 오히려 지방에게 국가발전의 동인을 제공하고 권한과 기능을 배분해야 한다.

5) 국회의 지방의회에 대한 자치입법권이양

일반적으로 논의되는 지방분권화는 중앙정부 중에서도 행정부의 권한 즉 행정권의 분권화를 전제로 하고 있다. 지방분권을 통해 지역발전을 추진하기 위해서는 입법권의 분권화를 통한 지방정부의 포괄적 자율성이 보장되어야 한다. 지방정부가 당해 자치구역내에서 추진하는 지역발전정책에 대해서는 특히 국가전체의 발전에 현저한 장애요인이 되지 않는 한, 필요한 제반 규정들을 자치단체의 자율적 조례제정만으로도 충분히 가능하도록 포괄적 법률위임을 할 필요가 있다. 그럼에도 불구하고 법률만이 아니라 지방의 조례까지 규제한다는 것은 국회가 시대변화에 역행하면서 입법을 독점하고 있다는 비난을 면하기 어렵다. 따라서 죄형법정주의와 조세법률주의 같은 시대착오적인 논리는 시급히 수정되어야 한다. 법정외세제도(조례세)는 시급히 도입해야 한다.

6) 의결기관과 집행기관의 기관간 균형적 분권추진

지방자치단체는 의결기관과 집행기관이라는 두 개의 기관으로 지방정부를 구성하고, 이들 두 기관은 견제와 균형 및 상호 협력을 통해 지방자치단체의 발전을 도모하도록 하고 있다. 즉 지방정부의 구성에 관한 기관분리형을 취하고 있다. 그러나 현실적으로 지방정부의 권한은 이들 두 기관 중 집행기관에게 과도하게 집중되어 있어 지방정부의 행정능률을 저해하고 있다. 집행기관에게 집중된 권한은 지방의회의 권위나 기능을 사실상 와해시킴으로써 지방정부를 자치단체장의 독주체제로 만들고 있다. 따라서 향후 지방분권은 중앙정부로부터 지방정부에게로 권한을 위임, 이양시키는 것 자체도 중요하지만 권한의 불균형이 심해 문제가 심각해지고 있는 지방정부의 기관간 권한의 균형배분문제도 함께 개선해 나가야 할 것이다.

4. 지방분권정책의 성공적 추진전략

1) 대통령과 국회의 지방분권에 관한 철학과 의지 및 비전제시

지방분권정책은 대통령 선거과정에서 국민들에게 확실하게 공약하고, 당선직후부터 가장 중대한 국정과제로 추진해야 한다. 대선후보자들과 소속정당들에게 지방분권에 관한 그들의 철학과 입장 그리고 당선된 이후 차기정부에서의 지방분권추진에 대한 비전과 공약을 제시하도록 해야 한다. 단순히 당선을 위한 정치선전용으로 지킬 수 없는 공약이나 구두선에 그치는 공약(空約)이 아니라 반드시 국민들에게 실현시키고자 하는 지방분권에 관한 공약과 그 로드맵을 요구해야 할 것이다. 그리고 지방분권은 더 이상 미룰 수 없는 국가적 과제임을 인식시켜야 한다. 특히 정당공천을 통해 국회에 진출한 많은 국회의원들, 그 중에서도 적어도 안전행정위원회의 국회의원들은 분권과 자치에 관한 철학이나 가치가 더욱 투철해야 한다.

2) 지방분권적 헌법개정과 지방자치법의 대대적 개혁

현재 우리나라 제6공화국 헌법은 작금의 급변하는 세계변화를 수용할 수 없는 내용들이 적지 않다. 특히 지방자치도에 관한 한 헌법규정은 거의 원시적이다. 국가경쟁력제고를 위해서도 지방분권과 지방자치에 관한 규정들은 전면 개정하고 보완해야 한다. 첫째 헌법 전문에 우리나라가 세계와 함께하는 국제사회의 책임있는 국가임을 명시할 필요가 있고, 이를 위해 지방중심의 분권형국가로 나아갈 것임을 밝힐 필요가 있다. 둘째 행정부의 권한과 기능을 축소하여 지방정부로 분권토록 하고, 국회는 양원제로 하여 지방을 대변하는 상원을 두도록 해야 할 것이다. 셋째 지방자치에 관한 규정은 대폭·확대 강화하여 일반 법률로 지방자치제도를 제약하거나 위축시킬 수 없도록 해야 할 것이다. 넷째 지방자치는 광역자치와 기초자치를 분리하여 광역은 경제적 능률을 추구토록 하고, 기초는 지방자치의 본질적 가치인 주민참여와 민주주의를 촉진·발전시킬 수 있도록 해야 할 것이다. 다섯째 지방자치단체의 자율권을 강화하고 중앙집권주의자들에 의한 인위적인 자치단체통폐합이나 자치제도의 본질을 변질시키는 개편은 금지하도록 해야 할 것이다.

3) 지방분권추진일괄법의 제정과 중앙과 지방의 범정부적 분권추진체제 정비

정부가 진정으로 국가경쟁력을 걱정하고 국가의 균형발전을 도모코자 한다면 특별법으로 「지방분권추진일괄법」을 제정하고 그 내용을 강력하게 실현시킬 범국가적 추진기구를 만들어야 한다. 중앙정부와 지방정부에 각각 지방분권업무를 담당할 조직을 만들어야 한다. 지금까지 우리나라는 지방분권을 주장만 했지 구체적으로 무엇을 어떻게 분권해야 할 것인지 체계적으로 조사하거나 연구하는 기관이 없었다. 총리나 대통령 소속의 회의체기구 하나만 만들어 놓고 그것이 모든 것을 다 해결해 줄 것이라고 기대했다. 그러나 이제부터는 달라야 한다. 실제 지방분권이 가능하도록 조직과 업무를 체계화시켜야 한다. 중앙정부는 중앙정부대로 부처별로 지방분권업무를 담당하는 조직을 만들어야 하고, 지방정부도 관련 업무를 추진할 조직을 두어야 한다. 그리고 대통령이나 총리소속의 지방분권추진기구의 구성원들은 적절한 수의 중앙과 지방을 대변하는 사람들이 균형적으로 선임되어야 하고, 그 분야의 전문성을 지닌 사람들로 구성해야 할 것이다. 지방정부에서도 중앙정부에 대한 체계적인 분권요구시스템을 확충해 나가야 한다.

4) 국회의 지방분권특위구성과 적극적 분권입법의 추진과 지원

사실 그 성격상 지방분권은 국회가 적극적으로 나서야 그 실효를 거둘 수 있다. 행정부 내에서의 지방분권노력은 그간의 경험을 통해서도 알 수 있는 것처럼 실제 크게 기대하기 어렵다. 자신들이 가진 권력을 스스로 내어놓는다는 것이 그렇게 간단하지 않기 때문이다. 이런 관점에서 보면 공정한 분권은 오히려 국회가 더 잘 추진할 수도 있다. 즉 공정하고 객관적인 입장에서 중립적으로 지방분권을 추진할 수 있는 기관이 바로 국회일 수 있다는 것이다. 따라서 총리나 대통령소속의 지방분권추진기구를 둘 것이 아니라 국회에 지방분권특위를 구성하여 주도적으로 분권을 추진하는 것이 가장 바람직하다. 비록 행정부의 일부 공직자들이 분권에 저항하는 경우가 있다고 하더라도 입법부의 입장에서 그것을 바로 잡을 수 있기 때문이다.

5) 분권과 자치에 관한 고위공직자들의 의식과 태도개혁

21세기가 진행된 지 이미 십수년이 지났지만 아직도 우리나라 중앙정부의 고위공직자들은 분권과 자치의 가치를 이해하지 못하고 집권과 통치를 고집하고 있다. “가장 지방적인 것이 가장 세계적인 것”이라는 사실이 입증된 지 오래되었지만 아직도 이들은 국가경쟁력이란 것이 지방발전과는 따로 존재한다고 믿고 있다. 중앙정부를 국가로 착각하거나 자신들만이 선이고 정의라는 독선으로 무장하여, 지방을 불신하고 경시하는 의식이 이들의 사고언저리에 짙게 깔려있다. 중앙정부의 공직자들이 가진 이러한 시대착오적이고 잘못된 생각과 의식을 고치지 않는 한, 앞으로도 지방분권을 위한 정부당국의 노력은 속빈강정에 불과할 것이다. 선진국으로 도약하는 한국의 내일을 위해서라도 이들의 의식을 시급히 개혁할 필요가 있고, 그러기 위해서는 국가공무원 채용시험에 지방자치과목을 추가하고 중앙공무원교육원에 지방분권과 지방자치발전에 관한 교육과정을 개설해야 한다. 뿐만 아니라 각 정당의 당원연수프로그램에도 반드시 지방분권과 지방자치에 관한 교육과정을 반드시 개설토록 해야 한다. 지방화시대에 공직자들의 필수지식의 한 분야인 분권과 자치에 관해 아무런 지식과 의식이 없는 사람들이 이 나라를 통치하고 있는 이상 한국에서의 지방은 영원히 중앙의 식민지 신세를 벗어날 수 없을 것이기 때문이다.

Ⅳ. 지방정부의 권력적 자치역량제고 방안

1. 중앙정부의 실질적 지방분권정책의 성공적 추진

이제는 중앙정부도 지방에 대한 양심을 회복해야 한다. 이제는 우리나라 중앙정부도 세계가 나아가는 지방화와 분권화라는 대세를 외면하거나 왜곡하지 말아야 한다. 지방은 중앙의 뿌리이지 식민지가 아님을 인식해야 한다. 그리고 중앙정부에 의한 양적 성장이 지방의 균형발전을 이룰 수 없었던 지난 역사를 돌이켜 봐야하고, 경제발전이 곧 국민의 행복이 될 수 없음을 깨달아야 한다. 그리하여 지방분권을 통한 아래로부터의 발전이 진정한 국가발전의 길임을 인식해야 한다.

때문에 앞으로는 지금까지와 같은 형식적이고 부분적인 분권정책의 추진은 지양해야 한다. 제도를 왜곡시키거나 국민을 기만하려는 중앙정부 공무원들의 구차한 태도도 바뀌어야 한다. 그리고 지방분권정책추진에 관여하는 공직자들은 지방분권에 관한 기초학습부터 시작해야 한다. 잘 알지도 못하는 사람들이 모여 잘못된 가치관으로 제도를 왜곡시켜왔던 과거의 선례는 답습하지 말아야 한다. 그리하여 향후 우리나라의 국정비전을 중심으로 국정의 전 분야에 걸친 통치권한과 기능을 검토하고 정리·분류하여 체계적으로 분권을 추진해야 한다.

지금까지는 행정권의 분권만을 추진해 왔으나 앞으로는 입법과 사법에 관한 권한도 지방으로 분권해야 한다. 지방의회도 지역사회의 주민의 대표기관이고 지역법인 조례의 제정권을 가지고 있다. 엄연한 지방입법기관인 지방의회에 대해 아직도 국회가 입법권은 분권하지 않고 있다는 것은 그만큼 국회가 잘못을 저지르고 있는 것이다. 지역주민들의 일상생활에 관한 사소한 범죄에 대해서는 주민가까이에 있는 지방정부가 가장 잘 판단할 수 있기 때문에 지방정부에 대해 사법권도 분권해야 한다. 우리 정부의 고위공직자들이 다른 모든 분야는 외국의 제도를 벤치마킹하면서도 왜 입법이나 사법의 분권정책은 외면하고 있는지 반성할 필요가 있다. 이처럼 중앙정부의 실질적인 지방분권정책이 성공하면 지방정부의 권력적 자치역량과 기능적 역량은 자연스럽게 확충되고 강화될 것이다. 요컨대 현재 우리나라 지방정부의 권력역량은 중앙정부가 제약하고 있으니 중앙정부가 해결해야 하는 것이다.

2. 한국지방자치제도 전반에 걸친 민주적 대개편 : 분권적·특성적 자치제도보장

한국의 지방자치제도를 발전적으로 정착시키기 위해서 시급히 개선해야 할 과제가 지방자치법과 관련 법령의 민주적 개혁이다. 지방자치법령은 지방자치의 정신과 원리 및 가치가 배어 있어야 한다. 지금처럼 지방을 중앙의 식민지처럼 획일적으로 통제하고 있는 자치제도는 시급히 개편해야 한다. 선진외국에 소개하기 조차 부끄러운 지금의 제도는 정말로 고쳐야 한다. 이 일은 안전행정부의 지방자치제도 관련 조직과 국회의 안전행정위원회에 그 권한과 책임이 있다. 해당기관에서 근무하는 자들은 더 이상 핑계를 대거나 국민을 기만하지 말아야 한다.

1) 지방자치제도 전반에 걸친 민주적 정신과 자치적 가치 내포

지방자치제도라는 것이 무엇을 위한 지방자치이며 누구를 위한 자치인가를 분명히 제시하고 있어야 한다. 그리고 지방자치가 무엇을 어떻게 하자는 제도인지, 지방자치제도를 실시함에 있어 중앙정부는 어떤 역할을 해야 하고, 지방정부는 어떤 기능을 해야 하는지 등 기초적이면서도 가장 근본적인 지향방향과 추진지침이 분명히 나타나도록 제도를 개혁해야 한다. 지방자치는 지역주민들이 자기지역의 공공사무를 스스로 처리할 수 있게 한 민주적 제도이며, 풀뿌리 민주주의를 구현하는 제도이다. 이러한 정신과 가치를 구현할 수 있도록 지방자치법 전부를 다시 개정해야 한다. 현재의 지방자치법은 헌법에 보장된 지방자치정신을 왜곡하고 있는 지방통제법에 지나지 않는다.

2) 지역특성을 반영하고 자율과 자치가 보장되는 지방자치제도로 개편

지방자치제도는 지방자치단체의 개별·특수적인 여건에 따라 신축적이고 지역특성에 부합하는 지역사회의 정치행정이 될 수 있도록 제도적인 뒷받침을 하고 있어야 한다. 따라서 모든 지방자치단체의 모든 정치행정 및 일반사무에 관해 빠짐없이 법령으로 규제하고 있는 지금의 지방자치법령은 총체적으로 개편해야 한다. 그러기 위해서는 지방자치단체의 기관구성형태와 기관선임방식도 지방의 자율로 처리할 수 있도록 해야 하고, 지방선거도 지방정부가 자율적으로 정해서 실시할 수 있어야 하며, 의결기관과 집행기관간의 권한배분도 기본적인 것만 법령에서 정하고 나머지는 조례로 정하도록 해야 한다. 국회가 지나치게 세세한 부분까지 법령으로 규정하면 조례와 규칙 등 자치법규가 설 자리가 없어지며 그 결과 지방자치를 해치게 된다. 법령에서는 지방자치단체의 자율적 판단에 따라 선택할 수 있는 권한과 기능을 제시하여야 하고, 의원수, 회의일수, 회기수당, 일비 및 여비, 전문위원의 수 등에 대해서는 법령에서는 상한선과 하한선만 규정하고 나머지는 각 자치단체의 자율에 따라 조례로 정하도록 해야 한다.

3) 중앙정부는 지방정부의 역할기능을 지원하고 협력하도록 제도개편

현행 지방자치법은 전반적으로 지방자치단체의 기능과 사무를 제한하고 있고, 주민의 권리를 강화시켜 지방정부의 권한과 기능을 통제하도록 하고 있다. 그 외도 지방의회와 자치단체장에 관한 규정도 대부분 제한과 통제를 규정하고 있다. 재정운용과 예결산 그리고 수입과 지출 등에 관한 규정도 대부분은 제한하고 금지하며 통제하는 규정들이다. 그러나 바람직한 지방자치법은 지방자치단체에게 권한과 기능을 부여하고 부족한 부분은 중앙정부가 어떻게 지원해야 한다는 규정으로 이루어져야 한다. 현재의 지방자치법은 정말로 자치하기 싫은 중앙정부가 어쩔 수 없이 형식적으로 지방자치의 흉내만 내기 위해 만든 법에 지나지 않는다.

3. 지방자치권의 확충과 실질적 지방자치보장

지방정부의 자치역량을 강화시킬 수 있는 지름길은, 지방자치법을 개정하여 자치권의 범위를 확대하고 권한을 확충함으로써 지방정부의 권력적 역량을 제고시키는 것이다. 무엇보다도 자치단체의 자치권을 확대·강화해 나가는 일이 시급하다. 중앙정부가 장악하고 있는 권한과 기능을 대폭 지방자치단체로 이양해야 하며[18], 중앙정부의 기능과 지방정부의 기능 그리고 광역단체의 기능과 기초단체의 기능을 분명하게 규정해야 한다. 이 경우 기초자치단체 우선의 원칙이 지켜질 수 있는 제도적 장치를 해야 한다. 그리고 권한과 기능이 위임 혹은 배분되는 만큼 반드시 그에 상응하는 지방재정력도 강화시키는 장치를 마련해야 한다.

1) 자치입법권의 확충과 강화

(1) 자치입법영역과 대상의 확충 및 조례제정권의 범위 확대

현행법은 지방자치단체는 "법령의 범위 내에서"만 조례제정이 가능하도록 제한하고 있다. 그러나 현대의 사회는 과학기술과 교통통신의 발달로 급속도로 전문화, 복잡화, 다원화되고 있으며 끊임없이 대두되는 다양한 지방행정수요를 해결하기 위해 노력하고 있다. 이러한 지방역사회의 변화와 행정수요는 법령을 제정하는 중앙정부보다 지방정부에 훨씬 빨리 그리고 직접적으로 전달되어 옴으로써 주민사회의 변화에 적절히 대응할 수 있는 조례를 제정

18) 중앙정부의 권한과 기능위임 역시 지방자치단체의 규모와 능력을 고려하여 합리적으로 위임되어야 한다. 현재는 인구 7만의 군지역이나 30-40만의 도시지역을 동일한 기초단체로 규정하고 권한과 기능을 동일하게 규정하고 있으나 이것은 지방자치라고 할 수 없다. 따라서 이 부분에 대해서는 미국의 5가지 헌장제도를 검토하여 우리의 제도에 적절히 도입하는 방안을 연구해 보아야 할 것이다.

할 수 있게 된다. 따라서 조례제정권을 현행처럼 통제해서는 아래로부터의 변화에 지방정부가 효율적으로 대처할 수 없게 된다. 그리하여 지방자치법 제9조를 개정하여 지방에서 일어나는 일은 우선 지방의 일로 규정해야 하고 법령이 없어도 조례제정이 가능토록 해야 한다. 현행법 대로라면 지역사회의 변화와 요구에 대해 지방정부는 아무런 대책을 세우지 못하고 국회와 중앙행정기관이 법령을 제정할때까지 기다릴 수 밖에 없다. 이러한 규정은 상식적으로도 이해가 되지 않는다. 이러한 법규를 가지고 국가경쟁력을 논한다는 것은 처음부터 잘못된 발상이다[19]. 따라서 지방자치법을 개정하여 일본과 같이 "법령의 범위 내에서"를 "법령에 위반되지 않는 한"으로 고쳐야 할 것이다.

(2) 조례위반에 대한 징벌제도의 도입을 통한 조례의 집행력 강화

현행 지방자치법 제20조는 "지방자치단체는 조례로서 조례위반사항에 대하여 1천만원 이하의 과태료를 정할 수 있다"고 규정하여 조례로서는 과태료 이상의 벌칙을 규정 할 수 없도록 하였다. 이러한 규정은 급격하게 발전하는 지역사회의 현실과 거대한 자치단체의 재정규모를 외면한 규정이며, 중앙정부를 곧 국가로 착각하는 권위주의적 발상의 결과에 지나지 않는다. 자치권은 헌법에 보장된 권리이기 때문에 지방자치 본래의 목적달성을 위해서는 법령에 특별한 규정이 없는 한 조례로서 주민의 권리제한이나 의무부과에 관한 사항을 규정할 수 있어야 한다. 뿐만 아니라 조례를 위반한 자에 대한 벌칙도 1~2년 이하의 징역으로부터 벌금, 과료, 구류 등 모두를 규정할 수 있어야 할 것이다. 그리하여 조례의 집행력을 강화시켜야 한다.

2) 자치조직권의 강화와 자율권 신장

(1) 「지방자치단체의 행정기구와 정원기준 등에 관한 규정」의 폐지와 대체입법화

전국 지방자치단체의 기구와 정원을 획일적으로 통제하고 있는 대통령령을 폐지하고 꼭

---

19) 일본지방자치법은 "지방자치단체는 법령에 위반되지 않는 한 그 지방자치단체의 사무에 관하여 조례를 제정할 수 있도록 규정하고 있으며, 법령에 특별히 정한 경우를 제외하고는 그 조례 중에 조례를 위반한 자에 대하여 2년 이하의 징역 또는 금고, 10만앤 이하의 벌금, 구류·과료 또는 몰수의 형을 과하는 내용의 규정을 둘 수 있도록 하여 조례제정권의 폭을 넓히는 동시에 그 실효성을 높이고 있다(제14조 1항, 5항).

필요한 부분에 대해서는 법률로 다시 규정해야 한다. 지방자치제도를 실시하면서 지방자치법과는 별도로 행정부가 대통령령이라는 이름을 빌어 전국 모든 지방자치단체의 기구와 정원을 통제하고 있는 우리와 같은 나라는 없다. 일본의 경우 광역자치단체(都道府縣)의 장은 국·부(局 部) 등의 행정기구를 설치할 수 있고(일본지방자치법 제158조 1항, 2항), 자치장관과 협의하여 국부의 수를 초과하여 설치할 수도 있다(제158조 3항).

지방자치제도의 기본원리에 따르면 지방자치단체의 기구나 인원은 지방의회의 결정사항이어야 한다. 그럼에도 불구하고 현행법상 이 부분에 대한 지방의회의 권한이 전무한 것은 중앙정부의 독선적 사고와 지방불신이 빚어낸 결과라고 하겠다. 앞으로 중앙정부는 지방자치단체의 행정기구와 공무원의 정원은 그 수를 총체적으로 상한선만 규제해야 하며, 국이나 과의 종류나 명칭, 공무원의 직급별 정원의 규제는 가능한 삼가야 할 것이다.

요컨대 동 대통령령(令)은 지방자치제도를 본질적으로 침해하는 것이기 때문에 반드시 폐지해야 한다. 지방자치라는 것은 자기지역의 공공사무를 그 지역주민들의 의사와 책임에 따라 자율적으로 처리하는 것이다. 그런데 동 대통령령은 전국의 지방자치단체 어느 하나도 단 한 개의 기구나 단 한명의 공무원도 채용할 수 없도록 통제하고 있다. 이것이 무슨 지방자치인가? 사실 대통령령이라는 것이 어떻게 만들어지는지 그 과정을 잘 알지 못한다. 물론 누가 만들든 어떤 과정을 거치든 최종적으로는 대통령의 결재를 받아야 한다지만, 현실적으로 수많은 대통령령을 대통령이 직접 숙지할 수는 없다. 이러한 허점을 악용하여 대통령령에는 대부분 해당 중앙부처의 부처이기주의가 대폭 반영되고 있다. 따라서 안전행정부에 의해 조작되기 쉬운 동 대통령령은 반드시 폐지해야 하고 필요한 부분에 대해서는 따로 법률로 규정해야 할 것이다.

(2) 자치단체의 부자치단체장은 지방의회의 동의를 받아 임명하도록 해야 한다.

우선 광역자치단체의 부자치단체장 중에서 행정직 부자치단체장은 "안전행정부장관을 거쳐 대통령이 임명한다"고 규정하고 있다. 이처럼 중앙정부가 임명하는 공무원이 지방자치단체의 부단체장이 된다는 그 자체가 지방자치의 논리에 맞지 않는다. 즉 부단체장은 단체장이 궐위되거나 유고시에 그 직무를 대신해야하는 데, 이 경우 중앙정부에 의해 임명된 국가공무원이 자치단체의 장의 역할을 수행해야 하는 결과를 가져와 지방자치의 원리에 맞지 않다는 것이다. 다음으로 기초자치단체의 부단체장은 물론 광역자치단체의 부단체장까지 그 임명에 있어 지방의회가 전혀 영향력을 행사할 수 없다는 점도 큰 문제다. 중앙정부에 의해 임명된 광역자치단체의 부단체장이 기초자치단체의 자치행정에 영향을 미칠 수 있고, 기초자치단체장의 부 자치단장도 단체장의 유고시에 자치단체장을 대신하기 때문에 모두 지방자치현장에 직접 간접으로 영향을 미치게 된다. 주민들로부터 어떠한 검증도 받지 않고, 지방자치현장에 영향을 미칠 수 있는 지도자가 된다는 것은 지방자치제도의 본질에 반한다. 따라서 기초자치단체든 광역자치단체든 간에 부자치단체장의 임명은 반드시 당해 지방의회의 동의를 얻어 임명하도록 해야 한다. 그렇게 하는 것이야 말로 위축되어 있는 지방의회도 살리고 지방정부의 자치권도 제고시키게 되는 것이다.

3) 자치행정권의 강화와 자율권 확충

첫째 지방자치단체의 기능과 사무범위를 대폭 확대해야 한다. 지방자치법 제9조 1항은 지방자치단체의 사무범위를 "---법령에 다른 규정이 없으면 지방자치단체의 사무로 보아야 한다"로 고쳐야 한다. 그리고 지방자치법 제9조 단서 "법률에 이와 다른 규정이 있는 경우에는 그러하지 아니하다"라는 문구는 삭제해야 한다. 그리하여 지방에서 처리되는 기능이나 사무는 일단 지방의 기능과 사무로 간주되어야 한다. 그리고 지방정부가 자신의 권한범위 내에서는 중앙정부의 통제를 받지 않고 자율적으로 처리할 수 있는 영역과 범위를 넓혀나가도록 해야 한다.

둘째 자치권의 범위 안에서 처리하는 지방정부의 자치행정에 대해서 중앙정부가 사사건건 간섭하거나 통제하지 말아야 한다. 우선 지방자치단체장의 명령이나 처분에 대한 상급기관의 취소·정지권은 폐지하고 사후 조정권으로 개편해야 한다. 주민이 직접 선출한 지방자치단체장의 행정처분은 일단 그 지역주민들의 의사로 간주되어야 하기 때문이다.

다음으로 자치단체장에 대한 직무이행명령권과 대집행권 등은 마땅히 폐지해야 한다. 거의 발생할 가능성 없는 미래의 위험에 대비하여 지나치게 지방자치를 위축시켜서는 안된다. 사실 이들 두 가지 제도는 지방자치를 밑바닥에서부터 부정하는 악법 중의 악법이다. 어떻게 해서 이러한 규정들이 지방자치법에 들어갔는지, 왜 아직도 폐지되지 않고 건재하는지 그 원인을 철저히 파헤쳐 나중에라도 그 책임을 물어야 할 것이다. 그리고 지방의회의 의결에 대한 재의와 제소권도 대폭 완화해야 한다. 지역주민의 대표로 구성된 지방의회의 의결을 불신하고 중앙정부의 고집대로 밀고 나가려는 생각 그 자체가 이미 지방자치를 침해하고 있기 때문이다.

셋째 중앙정부는 지방자치단체의 고유사무인 자치사무에 대해서는 간섭하거나 감사하지 말아야 한다. 자치사무에 대한 주무부장관의 승인제도를 폐지해야 하고, 자치사무에 대한 감사원의 감사도 폐지해야한다. 지방자치단체가 지방정부의 회계실무나 자치사무에 대해서까지 주무부장관의 지시명령과 통제를 받는 나라는 거의 없다. 비록 법령위반사항이 있다고 하더라도 그것은 중앙정부가 아닌 지방에 설치된 별개의 기관에 의해 감사받도록 하고 있는 것이 선진국의 보편적인 예다.

4) 자치재정권의 확충과 강화

지방자치제도의 성패는 지방정부의 재정력과 밀접하게 연관되어 있다. 따라서 지방정부의 재정적 자주성을 제고시키고 지방정부의 총재정규모를 확충시키는 것은 곧 지방정부의 자치역량을 제고시키는 길이다. 그러나 앞에서 검토한 바와 같이 우리나라 지방정부의 재정적 자주성이나 재정규모 등은 외국 선진국가에 비히면 아직도 매우 부족한 실정이다. 따라서 아래와 같은 다양한 조치를 강구하여 지방정부의 재정적 역량을 제고시켜 나가는 일이 무엇보다도 시급하다.

첫째 중앙과 지방간 세원을 재조정하고 새로운 지방세목을 개발할 필요가 있다.

우리나라의 지방세는 그 규모와 질에 있어서 극도의 영세성을 면치 못하고 있고 지방자치단체로서는 세원마저도 절대 부족한 실정이다. 따라서 지방세원을 재조정하고 새롭게 개발할 것이 요구된다. 우선 가장 시급하고 가능성 있는 방안으로서 국세와 지방세를 현실적으로 재배분하는 일이다. 이 방법은 지방주민의 부담을 새롭게 증대시키지 않는다는 점에서 현실적으로 환영받을 수는 있지만, 지방과 중앙의 기득권 문제로 지연될 가능성을 내포하고 있다. 현재 지방재원의 취약성은 세원의 중앙편중 때문이다. 그런데 여기서 주목해야 할 사실은 지방재정이 부족하다고 단순히 중앙세원을 얼마간 지방정부로 이전시킨다는 사고는 지양되어야 한다. 그간의 불균형적 성장으로 파생된 적자, 그동안 팽창된 지방행수요에 따르는 추가비용 등을 종합적으로 고려하여 합리적인 중앙·지방세원체계를 모색한다는 차원에서 종합적으로 고려되지 않으면 안된다. 지방세원의 확보수단으로 자주 거론되는 국세로는 부가가치세의 일부, 주세(약주, 탁주, 소주세분)의 일부, 전화세 등이다.

둘째 지방세 관련 재산에 대한 세목의 과표를 현실화(예: 종합토지세, 건물과표) 해야 한다. 이러한 과표현실화를 위한 방안으로는 공시지가와 실제 가격간의 격차를 줄이고 공시지가가 현재의 시가에 접근할 수 있도록 과세를 현실화하거나 공시지가를 그대로 재산(토지)관련 지방세 세목의 과세표준으로 수용하는 방안이 있다. 또 다른 하나는 세부담의 급격한 증가와 조세저항을 막기 위해 공시지가를 과세표준으로 수용하되, 현행 세율체계를 전면적으로 재조정하는 접근방식이다. 시장가격 또는 실제 거래가격에 기초한 재산가액평가의 현실화 노력이 재산과세 부담을 적정화 하고 조세정책의 목표에 부합하는 것이다. 그러나 소득수준향상, 지가상승 등에 기인한 통상적인 부담증가를 넘어서는 세부담의 급격한 증대는 담세자들의 부담능력을 넘어설 가능성이 있기 때문에 납세자들의 반발에 직면할 우려가 있다.

셋째 지방세의 과세대상을 확대해야 한다. 지방세의 과세대상을 늘려서 지방세목을 확충하는 방법과 법정외세제도의 도입, 그리고 중앙과 지방의 공동세제도의 도입 등을 생각해 볼 수 있다. 우선 지방세의 과세대상을 늘리기 위해 검토해 볼만한 것에는 환경보존세, 광고세 등 새로운 세목을 개발하여 지방세의 신 세목으로 흡수하는 노력을 강구할 필요가 있다. 다음으로 법정외세의 도입, 즉 지방자치단체의 조례로 지방세를 부과징수할 수 있도록 하는 방법을 들 수가 있다. 법정외세제도는 지방자치단체가 지역의 특수성에 따라 독자적인 세원을 찾아 그것을 지방의회의 조례로 부과징수 할 수 있는 지방세제도이다. 끝으로 중앙과 지방의 공동세원화 방안은 세원을 국세와 지방세로 분리시키는 것이 아니라, 한 세원에 대하여 중앙 또는 지방정부 중 한 정부가 과세 · 징수한 후 이를 일정비율에 따라 배분하는 제도를 의미한다. 그러나 세원의 부과 · 징수주체가 중앙정부일 경우, 세원배분과정에서 중앙정부의 의사결정에 따라 배분될 가능성이 크므로 지방정부의 자주성을 제약할 가능성이 크다.

넷째 지방세 비과세 및 감면제도를 축소 · 조정해야 한다. 지방세의 비과세 및 감면제도는 지방세의 재정조달기능과 자원배분기능의 효율성을 저해하기 때문에 마땅히 축소되어야 한다. 사실 비과세 · 감면혜택을 받는다는 것은 부담해야 할 세금을 납부하지 않고 돌려받는 것과 마찬가지이므로 세출예산상의 보조금과 같은 경제적 효과를 초래한다. 그러나 보조금은 매년 국회의 예산심의를 통과하여야만 하는데 비하여 감면 등의 세제지원은 아무런 심의절차나 규제장치가 없다. 따라서 감면과 같은 세제지원도 예산심의와 유사한 심의 및 통제절차를 거치는 방안을 마련할 필요가 있다. 현실적으로도 비과세대상이나 과세감면 혜택을 받는 사업자나 상인들이 월급생활자나 다른 세부담자들에 비해 훨씬 잘 산다거나 실질소득이 많다는 비판이 제기되고 있기 때문이다.

다섯째 지방소득세와 지방소비세율의 비율을 상향조정해야 한다. 지방소비세는 국세인 부가가치세의 일부를 지방세로 전환한 것으로 2010년 신설된 지방세이다. 지방소득세 역시 2010년에 신설된 지방세이며 과거 소득분 주민세와 종업원분 사업소세가 통합되어 신설된 세금이다. 기획재정부와 안전행정부는 2010년부터 지방소비세를 도입하되 세율은 부가가치세의 5%로 시작하고, 2013년부터는 세율을 10%로 확대하기로 약속했다. 그러나 2013년에도 지방소비세율은 5%에 머물러 있다. 사실 지방재정을 담당하고 있는 실무자들은 10%인상으로는 부족하고 20%인상을 요구하고 있다. 중앙재정 대 지방재정의 실태를 감안하면 충분히 근거있는 주장이며 반드시 그대로 실현해야 할 과제다. 새롭게 도입한 두 개의 지방세가 그 본래의 목적을 달성할 수 있도록 시급히 세율을 상향조정해야 한다.

여섯째 지방교부세율을 상향조정해야 한다. 지방자치단체 중에는 자체수입(지방세 + 세외수입)만으로는 인건비도 충당하지 못하는 곳이 전체의 1/4이 넘고, 지역개발을 위한 투자가용재정은 터무니없이 모자란다. 설상가상 지방자치단체간 지방재정격차는 점차 커지고 있다. 이러한 문제점을 개선하기 위해 다각적인 연구를 하고 있지만, 현실적으로 지방교부세의 법정교부율을 상향조정하는 방안이 가장 적실성 있는 대안으로 강조되고 있다. 지방교부세율을 상향조정함으로써 자치단체의 일반재원을 확보하는 동시에 총재정규모를 확충시킬 수 있기 때문이다. 현재 지방교부세의 법정교부율은 2006년 이후 내국세총액의 19.24%를 유지하고 있다. 그런데 이렇게 오랫동안 법정교부율이 고정되어 있어 많은 문제를 야기시키고 있다. 급격한 지역사회의 변화와 지역발전에 대한 국민적 요구가 증대함으로써 재정수요는 폭증하고 있지만 중앙정부에 의해 통제된 지방재정제도들은 모든 변화를 외면한체 정체되어 있다. 따라서 지방정부의 요구에 대한 중앙정부의 신속한 대처가 요구되며, 지방교부세의 법정교부율은 적어도 25%이상으로 조정될 필요가 있다.

4. 중앙과 지방간의 기능재배분을 통한 지방자치기능의 확충

1) 새로운 기준에 따른 중앙과 지방간 기능재정비와 명확화

무엇보다도 원천적으로 잘 못 배분된 중앙정부와 지방정부의 현재기능을 재정비하고 조정해야 한다. 21세기 글로벌 사회의 변화에 대응하는 새로운 기준에 따라 중앙과 지방간의 모든 기능을 총체적으로 재정비하고 재조정해야 한다. 중앙정부에 의한 지방의 인위적 통제나 조작이 아니라 전국 모든 지방정부의 변화를 국가의 틀 안에서 창조적으로 수용함으로써 그 결과를 국가발전으로 연결시키는 것이어야 한다. 중앙정부에 과도하게 집중된 행정기능은 마치 사람의 뇌에 집중된 혈액과 같다. 뇌에 혈액이 과도하게 모이면 뇌출혈로 사망하게 되듯이 중앙정부에 기능이 지나치게 집중되면 국가기능이 마비될 수 있다. 그리고 현재 중앙과 지방, 광역과 기초간에 애매모호하게 배분되어 있는 기능배분의 실태도 개선하여 분명하게 해야 한다. 현재 중앙정부는 지방으로 이양해야 할 기능조차도 자신들이 안고 있으며, 이미 이양한 기능들에 대해서까지 사사건건 간섭하고 있다. 지방자치시대가 한 동안 진행되었지만 과거 중앙집권시대의 고질적 타성을 버리지 못하고 있다. 권한과 기능의 재조정과 재배분을 통해 중앙은 중앙대로, 지방은 지방대로 각자 자신의 역할과 기능을 제대로 할 수 있어야 한다. 지방공무원들도 시급히 중앙의존적 태도를 지양하고 지방의 자주적 · 자율적 태도를 확립해야 한다.

2) 기초자치단체의 기능확충과 지방자치 뿌리의 강화

지방자치단체에 기능을 대폭 이양하되 특히 기초자치단체에 더 많은 기능을 배분해야 한다. 원래 지방자치제도는 일정한 수준의 경제발전을 이룬 나라에서 정치적 민주주의를 뿌리내리기 위해 실시하는 제도이다. 따라서 원래 지방자치제도는 지역의 경제발전에 그 목적이 있는 것이 아니고, 주민참여를 통한 지역사회 정치행정의 민주화에 그 궁극적인 목적이 있다. 즉 풀뿌리 민주주의를 실현하는 데 지방자치의 주요 목적이 있다. 따라서 지방자치는 주민참여가 활발하게 이루어질 수 있는 기초자치단체의 자치를 기본으로 하고 있다. 따라서 기초자치단체의 행정기능이 확충될 수 있도록 제도와 절차를 개편해야 한다. 물론 오늘에 와서는 지방자치를 통해 지역발전도 이루어야한다는 '경제적 능률의 문제'도 무시할 수는 없지만, 그것은 광역자치단체의 몫으로 돌리고, 기초자치단체는 자치제도 본래의 고유한 목적이자 가치인 '정치적 민주' 를 추구할 수 있도록 해야 한다.

3) 특별지방행정관청의 정비와 지방자치단체로의 편입

현재 전국에 걸쳐 방만하게 펼쳐진 중앙정부의 일선기관을 정비하고 새로운 기관의 설치를 억제함으로써 앞으로는 지방자치단체에 그 기능을 통합 · 흡수시킬 수 있어야 한다. 물론 일원적으로 단언하여 모든 일선기관을 일시에 다 폐지시키고 그 기능을 지방자치단체로 이전해야 한다는 것은 아니다. 그 기관의 특성에 따라 당장 지방자치단체에 흡수 · 합병시켜야 할 것과 그렇지 않고 장기적 체계적 연구검토를 거쳐 단계적으로 이양시킬 것 등으로 나누어 신중하게 처리해야 한다. 현재 각각의 일선기관들은 나름대로 지방자치단체가 수행할 수 없는 지방의 일까지 담당함으로써 지역발전에 기여하고 있기 때문이다.

현재 중앙정부의 일선기관들은 한정된 기능에 대해 전문적인 업무를 추진하고 있다. 해당 기능에 대한 세계적 추세를 반영하고, 지역에서 그 기능을 실현시키기 위해 매년 별도로 중앙정부의 예산을 확보하여 많은 돈을 지방에다 뿌리고 있다. 따라서 사전에 충분한 검토 없이 이러한 일선기관을 맹목적으로 폐지시키고 지방자치단체로 흡수시킨다면 당장 그 기관들이 지방에 사용하던 예산조차 사라지고 말게 된다. 물론 그 기능도 자연히 지방정부의 일반행정기능으로 흡수되어 업무특성과 기능적 힘을 상실하고 말 것이다. 따라서 중앙정부의 일선기관, 즉 특별지방행정관청의 지방자치단체로의 흡수합병은 장기적이고 체계적인 계획 하에 추진돼야 한다.

4) 자치단체의 특성에 따른 신축적이고 탄력적인 기능배분 추진

중앙정부의 지방정부에 대한 기능배분은 전통적인 획일적 배분방식을 지양하고 지방자치단체의 특성에 따라 신축적이고 탄력적으로 배분해야 한다. 즉 지방자치단체의 능력과 특성을 무시한 획일적 기능배분은 지방자치정신에 반할 뿐 아니라 지역사회의 발전에도 도움이 되지 않기 때문이다. 전국의 지방자치단체를 규모와 능력 및 특성 등에 따라 몇 개의 그룹으로 분류하고 각각의 그룹에 적절한 기능을 배분해야 한다. 이러한 기준에 따라서도 합리적인 기능배분이 곤란한 경우, 중앙정부와 지방정부가 협상을 통해 상호 합의하에 배분하는 것이 바람직하다. 예컨대 가칭 '정부간 기능배분 조정위원회' 등을 구성하여 동 위원회에서 만든 안을 중앙정부와 관련 지방정부가 협상을 통해 해결하도록 하는 것이다. 현재 우리나라의 경우 인구나 재정력 등 지방자치단체의 능력을 무시한 채 기초자치단체와 광역자치단체라는 두 개의 기준만으로 전국 모든 지방자치단체를 획일적으로 취급하고 있기 때문에 이로 인해 많은 문제점들이 파생하고 있다. 예컨대 기초자치단체라고 하더라도 울릉군과 창원시의 역량이 같을 수 없고, 광역자치단체의 경우에도 서울시와 세종시 내지 제주도의 역량이 같을 수 없다는 것은 상식이다. 그러나 우리나라 지방자치제도는 이러한 상식이 허용되지 않는 비정상적인 제도라는 데 문제가 있다.

5) 기능배분과정에 해당 지자체의 참여와 지방의 입장반영

정부간 기능배분의 합리화를 위해서는 기능배분과정의 절차적 합리성이 보장되어야 한다. 이러한 절차적 합리성을 보장할 수 있는 최소한의 요건은 기능배분의 결정과정에 지방정부의 공직자를 참여시키도록 하는 것이다. 지금까지 우리나라 정부간 기능배분은 중앙정부에 의해 일방적으로 추진되어 왔다. 물론 부분적으로 소수의 지방자치단체들의 의견을 참고는 했지만 거의 대부분은 중앙정부의 독주체제로 진행되어 왔다. 중앙정부는 절차적 합리성이라는 말 자체도 좋아하지 않았다. 그러나 앞으로는 기능배분과정에 반드시 해당 지방자치단체의 관련 공무원들을 참여시키도록 해야 한다. 그리하여 이양되는 기능에 대한 지방의 입장을 경청하고, 기능이양에 상응하는 경비보상에 따른 재정을 지원하는 등 쌍방이 공정하고 정직하게 협의할 수 있어야 한다. 그 결과 지방정부가 이양대상이 된 기능을 수용해야 하고, 수용할 수 있는 능력이 있을 때 그 기능을 이양하도록 해야 할 것이다.

6) 중앙정부의 자의적인 지방자치행정권 침해 금지

법령에 근거 없는 중앙부처의 행정규칙, 업무지침 등을 통해 지방정부의 자치행정권을 침해하지 말아야 한다. 각 중앙부처는 지방자치단체에 대해 다양한 행정지침을 통해 지방자치단체를 통제하려고 하고 있다. 특히 안전행정부의 경우 시시각각 필요에 따라 언제든지 임의대로 전국의 지방자치단체를 상대로 다양한 행정지침을 발동하여 지방자치를 훼손하고 있다. 근래 안전행정부의 행정지침이 문제가 되고 있는 대표적인 것은 '예산편성운영기준(지침)'과 '안전행정부 민원창구운영지침' 등이다. 안전행정부는 지방자치제도를 실시하고 있으면서도 그것이 무엇을 어떻게 해야 하는 것인지 잘 모르는 것처럼 지방을 통제하고 있다. 중앙정부의 행정규칙이나 업무지침이 법적으로 지방자치단체에 어떠한 영향력을 갖는지 정확히 알고 지방에 요구해야 하고, 지방은 효력도 없고 필요하지도 않은 중앙부처의 요구에 어떻게 대응해야 할지 검토할 필요가 있다. 중앙정부의 관료들에게 지방자치제도를 가르치지 않은 부작용이 도처에서 나타나고 있다.

5. 지방정부에 대한 국가지도·감독제도의 개편과 지원·협력 강화

지금 우리나라는 자유민주국가를 지향한 정부수립 이후 70년이 가까워 지고 있고, 지방자치제도를 실시한지 20년이 훨씬 지났다. 그렇지만 자유민주주의와 지방자치제도에 대한 중앙정부 관료들의 인지수준이 현저히 낮아 지방자치제도발전이 지체되고 있다. 아직도 지방에 대한 중앙통제가 강력하여 지방자치나 지방의 자율발전을 저해하고 있고, 사회변화와 국민적 요구를 외면하고 잘못된 중앙통제제도를 고집하고 있다. 한국의 지방자치제도는 이러한 중앙정부 관료행태를 시급히 바로잡지 않고서는 발전적 정착이 어렵고 지방의 발전없이 국가선진화는 기대하기 어렵다. 그렇다고 지방에 대한 중앙정부의 통제를 완전 철폐하라는 것은 결코 아니다. 따라서 아래에서는 앞으로 우리나라 중앙통제제도가 나아가야 할 바람직한 지향방향을 검토하고, 이에 따른 보다 구체적인 통제제도의 개혁방안을 탐색하기로 한다.

1) 중앙정부의 지방정부통제에 관한 새로운 방향의 설정

(1) 중앙정부의 지방통치와 지역발전정책에 관한 기본적 인식의 재정립

중앙정부 자신이 앞장서서 무한경쟁의 세계화 현상을 강조하고서도 스스로는 변화에 대처하고자 하는 의지를 보이지 않고 있다. 세계화는 지방화를 통한 지방정부의 국제사회진출을 의미하고 있다. 개방체제하에서 지방정부가 세계무대에 진출하여 경쟁력을 가지기 위해서는 중앙정부가 가진 각종의 권한을 지방정부에게 위임해야 하며, 이를 통해 지방정부의 자율성과 경쟁력을 강화해야 한다. 그리하여 지금은 중앙정부의 민주화와 분권화를 통한 지방정부의 자율성과 경쟁력을 강화시키는 방향으로 국가경영방식을 바꾸어 나가야 하고, 그러기 위해서는 지방정부에 대한 중앙통제를 혁명적으로 개혁하지 않으면 안된다. 그리고 이제부터는 중앙정부에 의해 결정되는 국가발전정책도 대대적으로 바꿔나가야 한다. 과거와 같은 위로부터의 하향식 발전정책(top-down approach)이 아니라 아래(지방)로부터의 상향식 국가발전방식(button-up approach)을 선택해야 한다. 이러한 두 개의 대전제가 확립되고 이를 중앙정부가 받아들일 때 중앙정부에 의한 지방정부의 통제방식에도 근본적인 변화가 일어나게 될 것이다.

(2) 권력적 통제가 아닌 급부(給付)적 지원체제로의 발상전환

지방정부에 대한 중앙정부의 통제는 더 이상 권력적 통제여서는 안된다. 중앙정부가 지방자치제도를 실시한 이상 지방자치단체의 발전을 위해 협력과 지원을 아끼지 말아야 한다는 것은 상식이다. 그리고 이러한 현상은 이미 선진제국에서는 보편화된 지 오래되었지만 아직도 우리나라에서는 그렇지 못하고 있기 때문에 강조하지 않을 수 없는 주장이다. 그리하여 이제부터 중앙정부는 지방정부에 대해 규제보다는 지원을, 요구보다는 급부를 제공하고 발전의 가이드라인만을 제시하는 성숙한 통치자의 모습을 보여야 한다. 지방이 발전하지 못하고 위축되는 것은 지방의 잘못이 아니라 중앙정부의 지방통치역량의 부족 때문이라는 인식과 발상의 대전환이 있어야 한다.

(3) 중앙과 지방의 협력체제 및 공동생산체제의 구축

앞으로는 중앙정부와 지방정부가 상호 협력과 협동을 통해 공공서비스를 공동생산해 내어야 한다. 지구촌 사회의 급격한 변화는 이미 중앙정부와 지방정부간의 갈등과 대립이 아니라 상호 협력과 협조를 강력하게 요구하고 있다. 이미 많은 분야에서 중앙정부와 지방정부가 공동으로 해야 할 일들이 늘어나고 있다. 세계차원의 스포츠행사와 박람회 등의 유치 및 참가는 물론 각종 해외산업활동과 기업진출 등에도 중앙과 지방의 협력은 이미 보편적인 현실이 된지 오래다. 국가를 경영하는 것은 정부이며 정부는 중앙정부와 지방정부로 구성된다. 중앙정부만이 정부요, 중앙정부가 곧 국가라는 착각에서 벗어나지 않으면 그들로 인해 총체적 국가의 경쟁력이 저하된다는 점을 인식해야 한다. 중앙정부와 지방정부가 이러한 인식을 공유할 때 지방정부에 대한 중앙정부의 통제내용도 그만큼 바뀌게 될 것이다.

(4) 중앙정부의 작은 정부화와 공공서비스의 국민근접성 증진

국가경쟁력향상을 위한 선진 각국의 자구노력은 시시각각 쏟아지는 뉴스정보를 통해 이미 우리 국민들의 귀에 익은지 오래다. 얼마 전에 일본은 21세기 국가경쟁력 향상을 위해 22개의 성청을 10-12개로 축소·조정하는 행정대개혁에 착수했다고 한다. 작으면서도 강한 정부를 만들기 위한 선진국들의 노력에 우리정부는 너무나 둔감한 것 같다. 국회를 제외하면 오직 대통령 한사람만이 국민의 선거에 의해 선출되었고 나머지는 누구도 국민의 정치적 대표성을 갖지 못하는 사람들로 구성되어 있는 것이 중앙정부이며, 특히 행정부다. 국민적 통제의 힘이 미치지 못하는 행정부가 거대한 국민세금을 임의로 지출할 것이 아니라 이제는 중앙정부의 기능을 대폭 지방정부에 위임하고 이양해야 한다. 그리하여 중앙정부는 작고 강한 정부로, 지방정부는 주민 가까이에서 주민이 원하는 행정을 수행하는 시민의 정부로 다시 태어나야 한다. 이를 위해서는 중앙과 지방간의 기능배분이 실질적인 차원에서 재조정되어야 한다. 이렇게 될 때 중앙정부의 지방정부에 대한 통제양식도 근본적으로 개혁

될 것이다.

2) 바람직한 지방통제를 위한 제도개혁방안

이처럼 근본적인 사고와 발상의 전환을 통한 중앙통제제도의 바른 방향이 정립되지 못하고, 임기응변적이고 단편적 조치로는 현재 지방정부에 대한 중앙정부의 통제제도를 개선하기는 어려울 것이다. 언제나 국민들 앞에서는 국리민복을 강조하면서도 돌아서면 자신의 이익을 먼저 생각하는 중앙정부의 고위관료들이 시대변화의 흐름을 읽고, 스스로 변화하지 않고서는 오늘과 같은 지방정부통제 행태가 바뀌지는 않을 것이다. 따라서 앞에서 제시한 중앙통제제도의 근본적인 개혁방향이 우선적으로 설정된다는 가정 하에 구체적인 제도개선책들을 제시하면 다음과 같다. 그러나 무엇보다도 우선적으로 개편해야 할 작업은 현행 지방자치법 제9장 "국가의 지도감독"을 전면 폐지하거나 대대적으로 개정하는 일이라고 할 것이다.

(1) 정보 · 기술 · 지식의 지원을 통한 간접적 통제

중앙정부는 지방정부에서 부족한 지식이나 정보, 그리고 기술 등을 지원함으로써 이들 지원을 받은 지방정부가 중앙정부의 지도나 관리에 스스로 응할 수 있도록 관계를 형성해 나가야 하고 이러한 관계를 통해 지방정부를 통제하는 방향으로 그 형태를 바꿔나가야 한다. 중앙정부는 지방정부에 비하여 고도의 전문지식과 기술을 보유하고 있고, 최신의 정보와 자료들을 확보하고 있다. 그러나 소구역을 단위로 하는 지방정부는 한정된 재원으로 중앙정부만큼의 대규모의, 조사연구기관이나 실험기관, 정보자료기관을 갖추기가 어렵다. 따라서 중앙정부는 지방정부가 필요로 하는 지식과 기술을 자치단체에 제공해 주고 전문가를 파견하여 조언이나 권고해 줌으로써 지방정부의 행정수준을 제고시킬 수 있다. 따라서 이러한 과정에서 중앙정부의 지방정부통제가 이루어질 수 있고, 이러한 형태의 중앙통제가 가장 바람직한 통제형태인 것이다.

(2) 재정지원과 보조금지출을 통한 사후적 · 교정적 통제

중앙정부는 지방정부의 부족한 재정을 지원해 줌으로써 지원해준 재원관리를 통해 지방정부를 통제할 수 있다. 그러나 이러한 통제도 사전적 · 합목적적인 통제여서는 안되며, 사후적·교정적 통제여야 한다. 중앙정부는 균형적인 국민경제의 성장과 국민간에 적정한 소득의 재분배를 위하여 재정력이 부족한 지방정부에게 재정적 원조를 제공해야 한다. 그리고 이러한 재정지원의 목적은 국민적 최저수준을 유지·확보하고, 균형있는 지역개발을 추진하여 지역간의 경제적 격차를 해소하는 데 있다. 따라서 재정지원을 빌미로 중앙정부의 권력적 통제를 정당화하는 수단으로 삼아서는 안될 것이다.

(3) 상한선과 하한선을 규정하는 융통성 있는 신축적 통제

지방자치법에 규정되어 있는 인사통제, 조직통제, 의회통제를 위한 각종의 규정들이 지나치게 세세한 부분까지 법령으로 규정하고 있어 지방의 자치와 자율을 원천적으로 봉쇄하고 있다. 공무원의 정수 및 직급별 정원, 기구의 수와 기구명칭, 지방의원의 수와 회의일수, 감사기간과 시기 등 하나에서 열까지 지방정부의 자율로 규정할 수 있는 것이 없다. 예컨대 "대통령령에 따라 당해 자치단체의 조례로 정한다"라고 하여 외견상 지방정부의 권한사항으로 보이지만 사실상은 대통령령에 따르도록 강제함으로써 지방정부의 자율권이 전적으로 봉쇄당하고 있다. 따라서 이러한 규정들은 상한선과 하한선만을 규정하고 그 범위 내에서 지방정부의 자율로 정할 수 있도록 해야 할 것이다. 현행제도가 자치를 허용하지 않는 장식적인 자치제도라는 비난을 받는 것도 따지고 보면 지나친 중앙정부의 통제조항이 지방자치법의 곳곳에 장치되어 있기 때문일 것이다. 따라서 모든 영역에서 지방이 자율과 자치로 어떤 일을 할 수 있도록 일정한 범위의 선택권이나 결정의 자유를 주어야 한다.

(4) 효율적 감사제도를 통한 사후적 통제

30~40년 전에 제정된 낡은 법률을 잣대로 지금 지방정부의 업무수행을 감사하는 우리나라 감사원의 권위적인 태도는 국민들을 아연실색케 하거나 실망시키고 있다. 지방자치제도나 지방분권 그리고 지방과 지역사회에 대한 감사공무원들의 지적 수준 또한 실망을 넘어 문제로 부각된다. 지금과 같은 감사제도를 방치하면 지방은 중앙에 대한 순응보다는 저항만 조장할 뿐이다.

중앙정부는 지방정부의 모든 활동을 전면적으로 통제하는 것을 지양하고 가능하면 지방정부의 중요 정책사업 등 특정한 활동을 선정하여 효율적인 감사를 실시하도록 해야 한다. 그렇게 함으로써 그 감사의 효과가 지방정부의 다른 활동에도 영향을 미칠 수 있도록 감사제도의 효율성을 제고시켜 나가야 한다. 이러한 중앙정부의 지방정부 감사는 일정한 기간을 정하여 감사원에 의해 정규적으로 실시되어야 하며, 안전행정부나 기타 중앙정부의 보복성 감사나 사업통제를 위한 감사가 되어서는 안된다. 요컨대 가능하면 지방정부에 대한 감사원의 직접 감사는 지양해야 할 것이다.

(5) 지방정부의 활동을 평가·공개하는 기술적 통제

미래의 바람직한 지방정부통제는 지방정부의 주요 행정활동을 평가하고 그 실적을 공개함으로써 지방정부의 활동을 자극하고 유인하는 통제체제로 발전되어 나가야 한다. 예컨대 중앙정부에 의한 지방정부의 활동평가 및 시상제도를 활용함으로써 지방정부간 선의의 경쟁을 유발하고 이것을 통해 지방정부를 통제할 수 있을 것이다. 즉 이러한 제도를 이용하여 중앙정부가 평가기준을 제시하면 지방정부는 중앙정부의 기준에 따라 행정활동을 수행하게 됨으로써 결과적으로 볼 때 중앙통제의 효과를 달성할 수 있기 때문이다. 또한 중앙정부 부처별로 지방정부에 의해 수행되는 관련부처의 사업실적을 정기적으로 평가하여 그 성적을 전국적으로 공개함으로써 각 지방정부의 활동을 유인할 수 있을 것이다.

(6) 중앙정부와 지방정부간 협력체제를 통한 자율통제

앞으로 중앙정부는 우월적인 권력과 권위적 태도로 지방정부를 일방적으로 통제하려 해서는 그 실효를 거둘 수 없을 것이다. 지방정부도 국가발전을 위해서는 중앙정부 못지 않는 중요한 역할을 수행하고 있으므로 중앙정부는 지방정부와 협력체제를 구축하여 공동으로 국정을 운영한다는 태도를 가져야 한다. 이를 위해 예컨대 중앙정부와 자치단체장 협의회간의 정기회의 개최, 국회와 지방의회의장단협의회와의 정기회의 개최, 국무회의에 광역단체장 참석제도 도입, 기능별 중앙장관-지방단체장 회의체 구성·운영, 중앙정부와 지방정부간 공동개발사업제도 운영 등을 제도화시킬 필요가 있을 것이다. 그렇게 함으로써 중앙정부의 어려움을 지방정부가 스스로 인식하게 함으로써 중앙정부의 방침이나 시책에 자율적으로 참여할 수 있게 될 것이다. 이렇게 될 때 중앙정부는 지방정부와의 갈등을 빚지도 않고 강제력을 행사하지도 않으면서도 지방정부를 효율적으로 통제하는 결과를 가져오게 될 것이다.

Ⅴ. 결어

한 국가의 일정한 지역과 그 지역속에 사는 주민들이 그 지역의 공공사무를 자신들의 의사와 책임 하에 처리하게 하는 것이 지방자치제도이다. 이 지방자치제도가 지역사회와 주민들에게 성공적으로 정착될 수 있느냐의 여부는 제도의 이념과 정신 및 민주적 절차와 규정 보다는 지방자치제도를 운용하는 중앙정부 당국자들의 진정성과 의지에 달려있다. 물론 중앙정부의 공직자들의 의지와 진정성은 전체적으로 국민적 의식수준에 달려있다고 하겠지만 적어도 중앙정부의 고위공직자들의 경우 일반 국민들의 의식수준 보다는 앞서 있어야 할 것이기 때문이다. 우리나라는 1961년 이후 30년간 중단되었던 지방자치제도를 1991년 노태우 대통령 때 어렵사리 부활하여 실시해 오고 있다. 그러나 20여년이 지난 아직까지 지방자치제도의 이념이나 가치를 구현하기는 커녕 자치제도의 형식도 제대로 갖추지 못했을 뿐 아니라 겨우 지방자치를 실시하는 흉내만 내고 있을 따름이다.

우리나라 지방자치의 현주소가 이렇게 된 가장 주된 이유는 바로 중앙정부의 의지부족과 진정성 부족에서 찾을 수 있다. 다시 말해 국회와 행정부의 공직자들이 지방자치제도의 이념과 가치를 이해하지 못하고 분권과 자치의 소중함을 알지 못했기 때문이다.

지방자치권은 지방자치단체가 자기지역의 공공문제를 스스로의 의사와 책임 하에 처리할 수 있게 하는 가장 기본적인 권한이다. 그런데 우리나라 지방자치의 경우 이 권한이 극히 제약되어 있고, 형식적이거나 왜곡되어 있어 자치제도의 발전과 정착을 저해하고 있는 것이다. 따라서 지방자치단체가 자치할 수 있는 권한인 지방자치권을 확충하고 보강함으로써 지방자치의 본질적인 목적과 가치를 실현할 수 있어야 한다.

그러기 위해서는 지방자치단체가 자신들을 규율할 조례와 규칙을 제정·개폐할 수 있는 권한인 자치입법권, 지방자치단체를 운영하고 관리하는 지방정부의 조직과 관리를 자율적으로 처리할 수 있는 자치조직권, 지역의 공공사무를 자신들의 의사와 책임하에 처리할 수 있는 자치행정권, 지역의 공공사무 처리와 그 처리에 소요되는 비용을 스스로 부과·징수하고 할 수 있는 자치재정권 등을 전향적으로 확충해야 한다. 요컨대 중앙정부는 지방정부가 글로벌 사회의 변화와 지역사회의 행정수요변화에 능동적으로 대처할 수 있도록 지방자치권을 확충시키고 나아가 필요한 분야에서 협력과 지원을 아끼지 말아야 할 것이다.

제4장 지방정부의 혁신역량 강화방안

Ⅰ. 지방정부혁신의 의의와 경험 및 필요성

지방화와 분권화, 세방화(glocalization)와 지세화(loc-blization) 등 글로벌 사회의 변화는 정부의 국가통치방식을 획기적으로 변화시키고 있다. 그리하여 이제 국가발전은 중앙정부주도의 불균형발전전략이 아니라, 지방정부중심의 균형발전전략으로 추진해야 한다. 국가발전은 지역발전의 총합으로 이루어져야 하며, 그 당연한 귀결로 지역사회의 발전은 지방정부주도로 추진되어야 한다. 즉 이제부터 국가발전은 지역을 발전시키고 주민의 복지를 증진시키는 등 지역발전의 총합으로 이루어 나가야 한다. 그리하여 지방정부에 의한 지역사회발전이 지방정부의 중차대한 역할과제로 대두되었으며, 이러한 과제를 해결하기 위해 우선적으로 해결해야 할 과제가 지방정부의 자치역량강화이다. 지방정부의 자치역량강화는 이렇게 새로운 시대를 맞아 새로운 과제를 해결해야 할 지방정부로서는 더 이상 외면하거나 회피할 수 없는 숙명적인 과제와 과업이 되고 말았다.

그러나 현재 우리나라의 지방정부는 오랫동안의 중앙집권적 구조로 권한과 기능이 충분하지 못하여 자력으로는 지역발전이라는 중요한 시대적 과제를 수행할 수 없는 실정이다. 따라서 지금부터라도 지방정부가 지역의 문제를 스스로의 힘으로 해결하고, 오랜 숙원인 지역발전을 추진해 나갈 수 있도록 하기 위해서는 무엇보다도 지방정부의 자치역량을 제고시켜야 한다. 그 중에서도 자신의 문제를 스스로 고치고 바꿈으로써 새로운 역량을 창조적으로 개발·함양할 수 있도록 하는 지방정부의 혁신이 우선이다. 그리고 이러한 지방정부의 총체적 혁신을 위해서는 무엇보다도 지방정부차원의 구조·기능적 개혁이 시급하다. 아래에서는 그동안 국제사회의 변화에 대응하여 각국의 중앙정부가 추진해왔던 정부혁신의 경험을 검토함으로써 향후 우리나라 지방정부의 혁신을 위한 기초지식을 제공하고, 이를 토대로 관련 전략과 방법들을 검토하기로 한다.

1. 정부혁신을 위한 개혁의 경험과 반성

20세기 말을 거쳐 21세기에 진입하면서 지구촌 사회에 불어 닥친 국제금융위기와 경기침체 등에 효율적으로 대처하기 위해 세계 각국은 대대적인 정부차원의 개혁을 추진해 왔다. 미국의 클린턴 정부는 "상식에 의한 정부(Common Sense Government)"를 표방하면서 정부의 재창조를 위한 다양한 개혁을 추진했다. 1980년대 영국의 대처정부와 그 뒤를 이은 메이저정부도 시장지향적 정부구현을 위한 CCT(Compulsory Competition Tendering)정책, 규제완화정책, 공공서비스의 분권화, 행정의 민간위탁, 시민헌장 등 다양한 개혁정책을 추진했다. 독일 역시 연방정부체제의 구축, 행정인력의 감축, 엘리트계층의 대체와 이동, 구 동독지역의 경제발전 등을 위해 다양한 개혁을 추진하였다. 일본의 경우 정부파괴라고 할 만큼 대대적인 정부축소작업을 추진했으며, 공공규제의 완화와 철폐, 획기적인 지방분권화를 추진했다(김번웅 외, 1997: 547-566). 그 외도 정부의 이념이나 정당의 성분여하에 불구하고 호주, 싱가포르, 스웨덴, 네델란드, 뉴질랜드 등 많은 나라에서는 새로운 국내외적 환경변화에 대응하고 국가의 경쟁력제고를 위한 다양한 개혁을 단행했다.

이들 각국 정부의 개혁조치들은 대체로 다음과 같은 내용과 방향을 지니고 있었다. 첫째 정부의 기능에 시장경제적 원리를 적용함으로써 경쟁개념을 도입하거나 기업형 정부와 시장민주주의(Market Democracy)를 지향하는 개혁, 둘째 정부의 고객인 시민제일주의와 고객지향적인 공공서비스, 시민헌장의 행동계획화를 추진하는 개혁, 셋째 상식을 중시하는 센스있는 정부, 규칙보다는 결과를 중시하는 행정, 사명의식을 지닌 정부를 구현코자 하는 개혁, 넷째 정부규제의 완화와 철폐, 행정의 분권화, 공공조직의 축소 내지 적정화, 계층구조의 평면화와 피라미드구조의 원형화 등을 지향하는 개혁, 다섯째 영기준 개혁, 행정의 창조적 파괴, 정부기능의 공정성, 투명성, 책무성, 융통성, 반영성 증대와 정부기능의 세계화, 정보네트워크 구축, 전자민주주의와 사이버행정 등을 추진하는 개혁, 여섯째 공공업무의 민간위탁, 행정의 민영화와 계약행정, 행정수혜자의 권한제고 등을 추진하는 개혁, 일곱째 이를 통해 정부의 신뢰성과 윤리성을 제고시키고자 하는 개혁 등 다양한 개혁들을 추진하였다.

근래에 들어와 세계 각국의 개혁정책은 '세계화와 지방화 현상'과 함께 작은 정부, 분권화, 개방화, 정보화 등을 강조하고 있다. 우리나라의 경우도 국내외적 전환기에 출범하였던 문민정부나 국민의 정부 역시 그 출범부터 다양한 개혁의 필요성을 주장했다. 참여정부의 경우, 정부혁신을 주요한 국정과제로 삼아 대대적인 정부혁신을 추진했지만 이명박 정부에 들어와서는 혁신이라는 말조차 들을 수 없을 정도로 경제발전만을 강조하였다. 그리하여 과거정부들은 신한국 창조나 제2건국, 안정 속의 개혁, 경제재건과 외환위기 극복, 경제성장 등 다양한 구호를 내걸고 정부역량제고를 위한 개혁정책을 추진해 왔다.

어느 정부나 집권초기에는 변화와 개혁을 강조함으로써 사회 전 영역에 대한 개혁을 추진했지만 이러한 개혁조치들은 그 개혁의 추진세력들이 스스로 안고 있는 한계와 개혁안의 입안과정상의 문제점 그리고 개혁내용상의 한계점들로 인하여 출발당시의 의욕과는 거리가 먼 결과를 가져오고 말았다. 특히 지방정부의 개혁에 관한 한 어느 정부도 바람직한 결과를 가져오지는 못했다. 중앙정부 스스로의 개혁에도 힘이 벅찬 상태에서 지방정부의 혁신에까지 그 의지와 힘이 미치지 못했기 때문이었다. 물론 지방정부의 혁신을 지방정부 스스로의 자율의지와 노력에 맡기지 않고 중앙정부가 의도적이고 인위적이며 획일적으로 강행하려 했기 때문에 실패하고 말았던 것도 그 큰 원인 중의 하나였다.

이처럼 우리나라 지방정부의 혁신이 부진한 데에는 일차적으로 중앙정부의 잘못된 개혁 방향설정과 의지부족이 그 주요한 원인이었다. 그러나 이 보다 더 큰 문제는 정작 당사자인 지방자치단체장들의 정부혁신에 관한 관심부족과 적극적인 리더십의 결여 등을 지적하지 않을 수 없다. 지방자치단체의 경우, 자치단체장의 의지가 정책이나 시책의 성공 여부를 좌우하는 결정적인 요인이기 때문에 그들이 관심을 보이지 않으면 어떠한 정책이나 시책도 성공을 거두기가 어렵기 때문이다.

2. 지방정부혁신의 의의와 필요성

1) 지방정부혁신의 개념

일반적으로 혁신이란 “여러 가지 사물이나 힘의 결합방식을 변경하여 새로운 제품(제도, 절차 등)의 발명, 새로운 (생산, 제조 등)방법의 도입, 새로운 자원의 개발, 시장개척, 조직개혁 등을 가져오게 하는 것”이며, 흔히 새로운 결합을 의미하기도 한다. 즉 혁신이란 “새로운 생각이나 방법으로 기존의 일을 다시 계획하고 실천하고 평가하는 것”이다. 이처럼 혁신은 그 의미에서 느낄 수 있는 것처럼 그 특성상 어디에서든 쉽고 간편하게 이루어질 수 있는 것은 아니다. 혁신이란 ‘가죽 혁(革)’ 자와 ‘새 신(新)’ 이라는 두 글자로 구성된다. 혁신이 ‘새롭다’는 의미를 가진 글자로 구성된 것은 이해할 만하지만 ‘가죽’에 해당하는 글자는 왜

등장하는가. 가죽을 의미하는 한자에는 '혁'외에도 '피(皮)'라는 글자가 있다. '피'는 동물의 겉을 제거하고 무두질을 한 가공품이다. '혁'에는 '벗겨내서 고친다'는 뜻이 함축되어 있는 것이다. 혁신은 '혁'이 의미하는 바와 같이 우리를 외부로부터 차단하고 있는 피부를 벗겨냄으로써 우리를 새롭게 고치는 활동이다. 그러나 우리 피부를 진짜로 벗긴다면 아파서 기절하거나 죽는 사람도 나올지 모른다. 이렇듯 혁신이란 이를 행동에 옮겨야 하는 사람에게는 여간 힘든 일이 아니다. 혁신을 경험한 사람은 혁신결과는 즐겁고 향기롭지만 스스로 혁신하기에는 힘들고 피곤한 일이란 것을 잘 안다.

그렇다면 혁신은 어떠한 조직이든 피할 수 없는 것인가? 그렇지는 않다. 이 세상에는 혁신을 하지 않아도 되는 조직과 혁신을 해야 하는 조직이 있다. 그러나 자신이 세워놓은 목표를 달성하지 못하거나, 목표가 도중에 바뀌거나, 환경이 크게 바뀐 조직은 반드시 혁신을 해야 한다. 왜냐하면 기존 방식으로는 원하는 목표를 달성할 수도 없고, 기존방식이 새로운 목표에 부합할 것이라는 보장도 없으며, 기존방식으로는 변화된 새로운 환경에 적응할 수도 없기 때문이다[20].

정부혁신과 유사한 용어로 '공공부문 개혁', '정부개혁', '행정개혁', '관리개혁' 등이 있다. 공공부문 개혁은 중앙정부와 지방정부개혁, 공기업개혁 그리고 정부산하단체의 개혁을 의미한다. 또한 행정부, 입법부, 사법부 및 기타 헌법기관의 개혁을 포함하는 매우 광범위한 개념으로 사용되기도 한다. 그러나 흔히 주장하는 정부개혁은 엄격히 말해 행정부개혁을 의미하며 공공부문에서 입법, 사법 등을 제외한 부문에 대한 개혁으로 보아야 한다. 행정개혁은 행정의 하드웨어와 소프트웨어에 관련된 개혁, 그리고 관리개혁은 행정기관 운영시스템에 관한 각종 관리혁신으로 정의한다.

이러한 맥락에서 볼 때 지방정부의 혁신이란 "지방정부가 행정서비스를 창출함에 있어 좀 더 효율적인 방법을 모색하고, 주민들의 요구에 반응하며, 책임있는 행정을 구현할 수 있는 전반적인 전략을 새롭게 모색하는 것"이라고 할 수 있다. 즉 지방정부가 지방자치제도

---

20) 혁신을 성공으로 이끄는 네가지 조건을 제시하면 아래와 같다. 첫째 혁신 주체는 솔선수범해야 한다. 혁신 주체가 말만 하고 행동은 다른 사람에게 시킨다면 아무도 따르지 않는다. 둘째 혁신 내용은 시장친화적이어야 한다. 혁신 주체가 시장에서 경쟁력을 갖도록 하는 것이 혁신이다. 이세상의 어떤 힘도 시장메커니즘과 싸워서 이길 수는 없다. 셋째 혁신대상을 최소한으로 줄여 혁신으로부터 오는 피로를 최소화해야 한다. 특히 혁신 대상이 아닌 것까지 혁신이라는 이름으로 진행하면 혁신에 대한 피해의식과 오해는 더욱 커진다. 넷째 혁신결과는 혁신에 참여하는 모든 사람에게 제로섬 게임(zerosum game)이 아니라 윈윈 게임(win-win game)이 되어야 한다. 혁신은 우리 모두를 행복하게 해주는 수단이다.

의 정치경제적 목적을 달성하고 급변하는 환경변화에 효율적으로 적응함으로써 지역사회발전의 중추적 기능을 수행해 나갈 수 있도록 스스로의 능력으로 자신의 제도와 기능을 새롭게 발전시켜 나가는 것을 의미한다. 그러나 지방정부의 혁신은 "중앙정부로부터 지방정부가 권력적으로나 기능적으로 어느 정도 자율과 자치를 보장받고 있는가?" 하는 지방분권의 수준에 따라 그 추진과정이나 결과가 달라질 수 있다. 따라서 지방정부의 혁신이 성공하기 위해서는 무엇보다도 중앙정부로부터의 적절한 권한과 자율이 이루어져야 한다. 이러한 토대위에서 지방자치단체장이 혁신지향적어야 하며, 지방의회의원들과 간부 공무원들이 창의적이고 변동지향적이어야 한다.

2) 지방정부혁신의 필요성

지난 20여 년간 우리나라 지방자치제도의 실시는 분권적 국가운영과 주민사회에 민주주의를 토착화시키기 위한 과도기였다고 할 수 있다. 이 기간 동안 중앙정부, 지방정부 그리고 지역주민들은 많은 시행착오 속에서도 지방자치행정의 원활한 수행을 위해 나름대로 노력해 왔고 소기의 성과도 거두었다.

그러나 성과 못지않게 다음과 같은 문제점들도 노정되었다. 첫째 중앙정부와 지방정부간 관계에서는 '지방자치제도의 실시' 라는 변화로 인해 갈등과 마찰이 빈번했다. 둘째 지방자치단체 상호간의 관계에서는 지역개발을 둘러싼 첨예한 대립이 있었다. 셋째 집행기관과 의결기관의 관계에서는 양자 간의 권한 불균형, 협조체제 미비 등의 문제점이 발생했다. 넷째 자치단체장은 인기위주의 행정과 규제업무의 소홀, 정실인사 및 무리한 지역개발추진으로 행정낭비를 초래했다. 다섯째 지방의원은 위법·월권적 의결, 지역구 또는 개인적 이익을 추구하는 역기능적 행태를 보이기도 했다. 여섯째 지역주민은 지역이기주의에 따른 시위로 행정지연을 초래하기도 했다.

위와 같은 문제는 중앙집권적 체제에서 지방분권적 체제로 전환하는 과정에서 적정한 분권수준에 대한 합의가 도출되지 못했고, 지방자치를 원만하게 구현할 수 있는 제도적 장치를 완비하지 못했으며, 지방자치에 직접적으로 관련된 여러 주체들의 의식전환이 이루어지지 못한 점에 그 원인이 있었다. 따라서 지방자치의 지속적인 발전을 위해서는 그 동안 운영과정에서 긍정적 성과로 제시된 부분은 강화하고 문제점으로 지적된 부분에 대해서는 개선할 필요가 있다. 향후 우리나라의 지방자치환경은 민주화, 지방화, 정보화, 세계화, 사회적 갈등의 증폭, 통일의 진전 등으로 변화되어 갈 것이며, 자치행정에 대한 수요가 크게 변할 것이 예상되므로 이에 대한 지방정부의 전략적 대응과 혁신이 요구된다. 특히 새로운 정권의 등장에 따른 정치환경의 변화와 강력한 지방분권화의 요구에 따른 지역사회 행정환경의 변화가 예상되므로 이에 대응할 수 있는 지방정부의 혁신이 절대적으로 필요한 것이다.

3) 지방정부 혁신역량제고의 의미와 전제

지방정부가 자치역량을 갖는다는 것은 스스로의 능력으로 지역사회가 당면한 문제를 처리할 수 있음을 의미하며, 이를 위해 스스로 혁신을 이루어 낼 수 있다는 것을 의미한다. 즉 개인이나 조직을 막론하고 역량이 있어야 혁신할 수 있고, 혁신을 해야 역량을 강화시킬 수 있다. 다시 말해 역량은 개인이나 조직을 막론하고 혁신을 위한 필요충분조건이다. 물론 자치역량만을 강화시킨다고 정부혁신이 저절로 이루어지는 것은 아니지만, 역량은 혁신을 가능하게 하는 가장 본질적인 요소임에 틀림없다. 아무리 좋은 혁신내용이나 그것을 이루기 위한 방법이 있다고 하더라도 그것을 수행할 역량이 부족하면 그 혁신방안은 실현될 수 없기 때문이다. 혁신을 만드는 것도 역량이고, 그것을 현실로 실현시키는 것도 역량이 있어야 가능하기 때문이다.

이렇게 볼 때 지방정부의 혁신역량이란 "지방정부가 혁신주체들의 혁신성향과 조직 내·외의 자원을 통합하고, 새로운 자원들을 창출해낼 수 있는 능력"이라고 정의할 수 있다. 즉 아무리 훌륭한 인력과 많은 자금, 지식, 노력 등이 있어도 그것을 효과적으로 조직할 수 있는 혁신역량이 없다면 혁신을 성공시킬 수 없을 것이다. 그러나 혁신역량이 있으면 비록 초기에는 혁신할 수 있는 자원을 확보하는 데 어려움이 있더라도 스스로 새로운 자원을 창출할 수 있는 능력을 가지고 있기 때문에 장기적으로는 혁신을 성공적으로 추진할 수 있게 된다. 때문에 지방정부의 자치역량을 제고시킨다는 것은 바로 지방정부의 혁신역량을 제고시킨다는 것과 같은 의미로 파악할 수 있다. 혁신할 수 있기 위해서는 지방정부의 내외 여건이나 각종 자원이 충족되어 있을 뿐 아니라, 지방정부가 스스로 자신의 문제를 파악하고 이를 개선할 수 있는 능력을 갖추고 있어야 비로소 가능하기 때문이다.

그러나 지방정부의 혁신역량은 무엇보다 혁신주체들의 혁신하고자 하는 의지와 노력 그리고 혁신추진에 필요한 자원들을 충분히 확보함으로써 가능해 진다. 혁신주체들이 이러한 능력을 갖추기 위해서는 우선 정부혁신에 관한 지적 역량을 함양시킬 필요가 있다. 즉 구성원들의 의식 속에 혁신이 마땅하고 필요하다는 인식이 공유되어야 하며, 혁신추진을 위한 전략과 수단 등에 관한 많은 지식과 정보를 확보하고 있어야 한다. 그리고 이를 위해서는 구성원 모두를 대상으로 하는 학습과 교육을 통한 사고의 패러다임을 전환시켜야 한다. 이러한 관점에서 아래에서는 지방자치단체장은 물론 지방의원과 지방공무원들의 사고의 패러다임을 전환시킬 수 있는 방법과, 정부혁신에 관한 여러 가지 이론과 접근방법들을 간략하게 검토해 보기로 한다.

Ⅱ. 지방정부혁신의 이념적 기초와 추진전략

1. 우리나라 지방정부혁신의 이념적 기초

1) 민주성·효율성의 제고와 적절한 조화

지방정부를 혁신해야 하는 가장 본질적인 목적은 지방정부의 구조와 기능을 민주적이면서도 효율적으로 만들고자 하는 데 있다. 우선 지방정부의 민주성제고란 지방정부의 구조와 기능이 주민의 뜻에 따라 조직되고 기능하도록 하는 것이며 주민에게 책임을 지도록 개편함을 의미한다. 즉 민주성의 제고는 기본적으로 공급자인 지방정부가 아니라 고객이자 수요자인 주민이 중심이 되는 지방정부를 구성하는 것을 의미한다. 이를 위한 지방정부의 혁신은 지역주민을 위해 다음과 같은 논리를 견지해야 한다. 첫째 지역주민들에게 무엇이 자기에게 이익이 되는지 알 수 있도록 행정공개와 정보제공을 강화해야 한다. 둘째 지역사회와 주민의 이익을 위해 최선을 다하여 일할 수 있도록 지방정부의 자율권과 자치권을 확충해야 하며, 지방의원의 역할도 강화시켜야 한다. 셋째 지방정부 차원에서 적극적으로 주민의 요구를 파악하고 이를 구체적으로 표현할 수 있는 메카니즘이 구축되어야 한다. 예컨대 주민만족도조사, 주민접촉, 옴부즈만제도 등을 마련하여 행정서비스헌장, 주민서비스 기준 등을 구체적으로 제시할 필요가 있다. 넷째 지방정부가 제공하는 행정서비스 기준의 수행실태를 분석·평가하여 지역주민들에게 신속하게 통보함으로써 주민들의 참여를 유도하고 행정서비스의 질도 높여 나갈 필요가 있다. 다섯째 주민의 이익에 반하는 공무원들의 형태를 감시하고 시정할 수 있는 장치가 필요하다. 요컨대 지방정부의 혁신은 주민의 의사에 기초하여야 하며, 혁신의 결과에 대해 주민들에게 책임을 지는 것이 정부혁신의 민주성을 견지하고 제고시키는 것이다.

다음으로 지방정부의 효율성(생산성)이란 지방정부가 추진하는 구조기능적 혁신이 최소의 비용을 투입하여 최대의 성과를 달성할 수 있도록 해야 함을 의미하고 있다. 그러므로 여기서 효율성이란 행정의 능률성과 효과성을 동시에 제고시킨다는 기본적 이념에 입각해서 추진되어야 함을 의미한다. 지방정부의 혁신은 주민복지증진과 지역경제발전이라는 지방정부의 기능을 추진함에 있어 투입과 산출의 비율을 높일 뿐 아니라 목표의 달성정도를 제고시켜 나갈 수 있도록 해야 한다. 이를 위해서는 첫째 지방정부의 목표와 임무를 바르게 설정해야 한다. 즉 변화하는 미래사회의 변화에 대응하여 지방정부가 해야 할 일(해야 할 일과 하지 않아야 할 일을 명확하게 하는 것)을 분명하게 밝힐 필요가 있다. 지금까지 우리나라 지방정부는 하지 않아도 될 일, 가치가 별로 없는 일, 정부보다 민간부문에서 수행하면 더 효율적인 일들을 너무 많이 수행해 왔기 때문이다. 둘째 부여된 임무를 최소의 자원으로 완수하고 최대의 성과를 올릴 수 있는 방법을 모색해야 한다. 이를 위해 조직, 인력관리, 예산, 업무처리방식, 정보기술의 활용 등 관리적 측면에 대한 혁신이 있어야 한다.

끝으로 지방정부의 혁신은 이러한 지방정부의 민주성과 효율성을 적절히 조화시킬 수 있도록 추진해 나가야 한다. 민주성에 치중하여 효율성이 저해되거나 효율성을 제고한다는 핑계로 민주성을 침해해서는 안된다. 만일 이들 두 개의 이념적 가치가 충돌될 경우, 민주성의 가치를 우선해야 할 것이다. 그것이 바로 지방자치제도의 본질적 가치를 구현하는 것이기 때문이다. 민주성은 목적가치이지만 효율성은 수단가치이기 때문이다.

2) 주민과 지방정부의 협력적 기반강화

다음으로 지방정부의 혁신은 혁신주체인 지방정부의 공직자들과 지역주민들 간에 밀접한 관계를 구축함으로써 주민의 의지가 다수 행정에 반영되는 정부혁신을 추진해야 한다. 그동안 우리나라는 중앙정부나 지방정부를 막론하고 정부혁신은 주로 전문성을 갖는다고 간주되는 중앙정부의 고위공무원들에 의해 추진해왔다. 그러나 지역주민들의 의사가 배제된 상태에서 중앙정부의 소수 공직자들에 의해서 지역사회가 지배된다는 것은 결코 바람직하지 않다. 시민의 의지와 영향력이 배제되어 있는 상황에서 중앙이나 지방의 소수공무원들의 지배가 독주하는 경우, 지방정부의 자치행정이 시민의 이익에 충실하기 어렵고, 설사 그것이 가능하다고 하더라도 시민의 영향력이 배제된 사회를 민주사회라 할 수는 없기 때문이다. 그렇다고 공무원들의 전문적 판단을 도외시하고 시민의 의지만을 강조하는 것을 이상적인 지배형태라고 할 수도 없다. 시민의 뜻만으로 지배되는 사회는 자칫 전문적 판단을 무시함으로써 오히려 시민의 이익에 봉사하지 못하는 사회가 될 수 있기 때문이다. 따라서 지방정부의 혁신은 공무원들과 시민 어느 한쪽에 치우치지 않고, 공무원들의 전문성과 시민의 의지 및 여론이 조화를 이룰 수 있는 상호 협력적 조화가 가능하도록 혁신해야 할 것이다.

3) 글로벌사회의 변화대응과 지방의 세계화에 대응

오늘날 한국의 지방사회는 국경이라는 장벽을 통한 일정한 여과 없이 국제사회의 영향과 충격이 직접적으로 미치고 있다. 글로벌 사회의 다양한 변화들이 지역주민들이 제대로 의식하기도 전에, 그리고 바람직한 대응방안에 대한 아무런 준비와 대책도 없는 상태에서 무차별하게 밀려오고 있다. 바로 '지방의 세계화'와 '세계의 지방화'가 동시에 진행되고 있기 때문이다. 그리고 이러한 변화에 익숙해진 지역주민들은 국가와 지방자치단체에 대해 정제되지 않은 요구와 주장을 감행하고 있다. 그리하여 근래 지역사회와 주민들은 이미 과거와는 상당하게 변화되었고 달라졌다. 따라서 지방정부의 혁신은 이러한 변화된 지역사회의 공공수요에 능동적으로 대처하고 지역사회를 글로벌 사회 속으로 진출시키기 위한 혁신을 추진해야 한다. 더구나 지금 우리사회는 사회 전 분야에 걸쳐 대대적인 패러다임의 변화가 진행되고 있다. 통치방식의 변화에서부터 사회의 구조적 변화(갑과 을의 수직적 지배구조에서 수평적 협력구조로), 시장구조의 변화(공급자 중심에서 소비자 중심으로), 교육구조의 변화(선생중심에서 학생중심으로), 남녀관계의 변화(남성중심에서 여성중심으로), 그리고 리더십의 변화(지도자 중심에서 구성원 중심으로) 등 모든 영역에서 기존의 전통적 패러다임이 21세기적 새로운 패러다임으로 변화하고 있다. 지방정부의 혁신은 바로 이러한 새로운 시대에 부합하는 새로운 패러다임으로의 구조와 기능을 근본적으로 변화시키는 혁신이어야 한다.

2. 지방정부혁신의 가정(假定)

지방정부의 혁신은 주로 비용절감과 행정서비스의 질적 수준 향상을 그 근거로 제시한다. 혁신을 하는 것이 그렇지 않을 때 보다 비용부담 및 실패의 가능성을 줄이면서도, 서비스의 질은 더 높아진다는 믿음 때문이다. 무엇보다도 정부혁신의 중요성을 주장하는 사람들에게는 비용절감 및 성공적인 혁신모델에 대한 기대에 가장 관심이 높다. 그러나 질 높은 행정서비스 역시 이에 못지않게 중요한 것으로 평가되어 왔다. 그 결과 지금은 대체로 양자 모두 정부혁신의 주요한 이유가 되고 있다. 정부혁신의 연구자들은 거의 예외 없이 혁신을 채택, 도입할 경우 낮은 비용으로도 질 높은 행정서비스의 공급이 가능하다고 주장하고 있다. 정부혁신에 대한 이러한 주장은 다음과 같은 몇 가지 가정에 기초하고 있다. 학자들에 따라 조금씩 차이가 나지만 크게 세 가지로 정리해 볼 수 있다. 비용절감, 고객만족, 민간부분의 활용이 그것이다(김병섭, 1996: 14-21).

1) 비용절감(cost savings)

정부혁신은 비용절감을 통한 수익추구와 서비스의 질적 확대라는 가정에 기초하고 있다. 정부가 혁신을 도입하고 채택하는 것은 대부분 비용절감을 통해 나타나는 많은 편익을 예상하고 있기 때문이다. 정부의 재정규모를 줄이는 것이 필요하다는 사실은 누구나 인정하고 있다. 그러나 재정규모의 축소가 어려운 것은 정치적 요인, 관리적 요인과 더불어 공공부문에 새로운 행정수요가 발생하거나 지속적으로 늘어나기 때문이다. 1980년대 각국에서 혁신의 압력이 높아지게 된 것은 이러한 정부지출규모의 증가 그 자체도 문제였지만 그것이 초래하는 부작용이 더욱 큰 원인이었다. 그리하여 첫째 공공부문의 활성화와 능력에 대한 회의, 둘째 정부지출의 확대, 셋째 공공부문의 규모확대가 수요탄력성과 효율성에 대한 장애요인이었다는 점 등을 들 수 있다.

정부혁신을 통한 수익추구와 서비스의 질 향상으로 얻게 된 행정서비스공급의 편익은 경쟁과 같은 조건이 성립될 때 그 의미가 확대된다. 그리하여 공무원에 의한 행정비용의 낭비, 비능률, 서비스 질 저하, 고객들의 불만의 문제 등은 정부의 행정서비스에 경쟁원리를 도입함으로써 개선시킬 수 있다.

정부혁신의 강점은 바로 공공서비스 공급자들간의 경쟁원리에 의해서 비롯된다는 것이다. 이때 정부가 활용할 수 있는 경쟁의 형태는 크게 세 가지이다. 첫째 공공부문과 민간부문의 경쟁이다. 이것은 공공서비스의 담당기관을 결정함에 있어 공공부문과 민간부문을 경쟁시켜 보다 저렴하고 능률적인 방법으로 처리할 수 있는 기관으로 하여금 담당하게 하는 것이다. 둘째 민간부문간의 경쟁이다. 이는 정부가 공공서비스를 제공받는데 있어서 민간부문들 간에 경쟁을 시키는 경우이다. 셋째 공공기관간의 경쟁이다. 다수의 정부기관들은 일반 국민이 아닌 다른 정부기관들에게 서비스를 제공하게 되는데, 서비스를 제공받는 정부기관이 다른 외부 경쟁자를 찾으려고 하는 것은 상상조차 할 수 없는 일이었다.

2) 고객만족(customer satisfaction)

지방정부의 행정서비스에 대한 주민들의 만족을 극대화시킨다는 것은 정부혁신과 행정서비스 공급의 중심적 개념이 되고 있다. 정부의 행정서비스에서 고객지향적이라는 시각은 정부는 앞으로 공공서비스의 이용자들을 시민이 아니라 고객으로 인식하고 이들의 요구에 적극적 · 효율적으로 서비스함으로써 행정서비스에 대한 평가와 선택의 기회를 고객에게 부여하겠다는 것이다. 정부혁신에서 고객만족이 의미 있게 나타나는 대표적인 두 가지 경우를 보면, 첫째 고객의 요구가 지속적이고 크면 정부혁신의 방향, 속도, 질 등을 조정하고 결정할 수 있고, 둘째 이들을 통해 서비스의 발굴 및 획득을 위한 혁신시스템의 효율적 운영이 가능해 진다는 점이다.

글로벌사회의 새로운 환경변화에 대응할 수 있기 위해서는 공공부문의 혁신이 절대적으로 필요하고, 고객지향적인 행정서비스를 공급해야 한다. 고객지향적인 행정서비스는 다양한 성과를 가져올 수 있다. 즉 i) 고객지향적 행정은 서비스 제공자들의 고객에 대한 책임을 부여한다. ii) 지방정부의 행정혁신을 촉진시킨다. iii) 주민들에게 서비스의 선택권 부여 iv) 공급과 수요의 조화를 통해 낭비를 제거한다. v) 사회적 형평성을 실현하게 된다. vi) 스스로 서비스를 선택한 고객은 참여적 고객이 되는 경우가 높다는 것이다.

3) 민간부문(private sector)의 적극적인 활용

민간부문의 혁신과 비교해 볼 때 정부혁신은 본질적으로 많은 차이가 있다. 첫째 정부혁신의 주체는 정부기관 · 준공공조직이다. 지방정부의 관리자(지치단체장)는 선거에서의 당선이라는 요구에 의해 움직이는 반면에, 기업의 관리자는 생산성과 이윤추구의 동기로 움직이며 혁신이 이루어진다. 기업은 일반적으로 경쟁체제하에서 활동이 이루어지지만, 정부는 대체로 독점체제를 사용한다. 그리고 정부는 공공조직 내부 뿐만 아니라 보다 더 큰 체제의 혁신을 추구한다. 여기에 기업경영 혁신이론은 별로 도움이 되지 않는다. 민간부문의 혁신은 대부분은 명백한 임무를 가지고 성과를 경험하고 고객에 대한 책임성이 확실하다. 따라서 기업혁신은 주로 조직에 존재하는 체제가 아니라 조직 자체를 변화시키는 혁신에 초점을 맞춘다. 그리하여 정부혁신과 민간부문 혁신과의 차이는 정부기관의 특성, 정부와 시민간의 관계, 서비스의 내용 등을 중심으로 나타난다.

둘째 정부혁신은 공익을 목적으로 한다. 그러나 민간부문의 혁신은 이윤의 극대화를 목표로 한다는 점에서 다르다. 정부의 혁신은 이윤의 추구보다는 공공의 선을 추구한다. 정부는 지불능력이나 서비스에 대한 요구와는 상관없이 모든 시민들에게 동등한 혜택의 분배를 위해 노력한다.

셋째 정부혁신은 주로 행정서비스를 대상으로 이루어진다. 정부혁신은 제품보다는 주로 행정서비스에 관한 것이다. 정부는 행정서비스나 조세를 통해 혁신을 이루지만 기업혁신은 고객이 자유의지로 제품을 획득하도록 기존의 방식과 환경을 변경한다. 물론 정부혁신도 민간부문의 경영혁신과 공통적인 요소가 많다. 성과를 향상시키기 위한 해결책으로 모방의 활용과 지식의 축적 등 새로운 경영기법을 도입하고, 전략적 계획을 세우고, 임무와 비전을 설정하고, 구성원의 조직문화를 변화시키려는 노력은 모두 같다. 그러나 정부혁신은 기업혁신과는 다른 독특한 면이 적지 않다. 따라서 경영혁신의 개념과 기법이 정부혁신에서는 똑같은 성과를 발휘할 수는 없고, 관련변수나 그 성과의 평가 등에 있어서도 차이가 난다.

그러나 이러한 차이가 절대적인 것은 아니며, 민간부문의 전문성을 활용하여 정부를 혁신하면 행정서비스의 효과가 높아질 것이라는 기대가 가능하다고 한다. 이것은 공공부문의 효율성이 민간부문에 비하여 뒤떨어진다는 인식이 높아짐에 따라 공공부문도 민간기업처럼 바뀌어야 한다는 주장이 높아지고 있기 때문이다. 이러한 시각은 독점, 부적절한 인센티브 구조, 가격 없는 서비스 제공 등이 정부부문의 비효율성을 야기하는 주요한 원인으로 지적하고 있다(총무처직무분석기획단, 1997: 7). 그 결과 정부혁신은 행정서비스를 제공하는 환경을 정치적 환경으로부터 기업가정신과 경영적 환경으로 바꾸어 놓았다. 정부가 혁신을 통하여 민간부문의 전문지식을 이용하는 경우 예산절감이 가능하고 동시에 양질의 서비스의 제공도 이룰 수 있다고 믿는 것도 바로 이러한 이유에서 가능한 것이다.

4) 행정효율과 자치역량제고

지방정부의 구조와 기능을 혁신한다는 것은 지방자치행정을 능률적이고 효과적으로 기능하도록 한다는 것이고, 그것을 통하여 행정서비스의 질을 향상시킴으로써 궁극적으로는 지방정부의 역량을 제고시킬 수 있다는 가정 하에 추진하고 있다. 과거의 낡은 사고와 시스템으로는 더 이상 변화하는 새로운 환경에 효율적으로 대응할 수 없다는 공통된 인식이 혁신의 필요성을 제기시킨 것이다. 따라서 지방정부혁신은 지방정부의 구성원인 자치단체장을 비롯하여 지방의회의원들과 지방공무원들에 이르기까지 사람에 대한 혁신에서부터 구조와 기능의 혁신을 통한 방법과 절차의 혁신에 까지 광범하고 철저하게 추진해 나갈 필요가 있다. 특정 기관이나 특정한 구성원들에 한정된 혁신은 실패로 끝날 확률이 높기 때문이다. 선진국의 지방정부들은 이미 1990년대부터 정부혁신을 단행하여 상당한 성공을 거두었다. 우리의 경우 지방정부 스스로의 힘으로는 아직 진정한 혁신은 엄두도 못내는 곳도 적지 않다. 중앙정부나 외부의 요구에 의해 수동적으로 추진하는 혁신은 혁신이 아니다. 따라서 우리나라의 지방자치단체장들은 이제부터 스스로의 판단과 노력으로 21세기형 지방정부를 만들어 나가기 위한 총체적 혁신을 단행해 나갈 필요가 있다.

3. 지방정부혁신의 성격과 유형

1) 정부혁신의 성격

혁신은 그것이 어디에서 추진되든 간에 기본적으로는 기존의 것과는 다른 새로움을 추구하는 특징을 지니고 있다. 정부혁신 역시 이러한 기본적 성격은 다른 혁신과 다르지 않다. 그러나 다음과 같은 점들이 다른 것과 차이가 난다. 첫째 정부혁신은 정부의 업무활동에서 일어난다. 정부혁신은 공무원들의 업무활동 속에서 이루어지는 것으로 주어진 정형적인 업무를 반복적으로 수행하는 것이 아니라, 업무방식이나 결과에 대해 의문을 제기하고 개선점을 도출하여 이를 실천에 옮기는 순환적인 과정을 중시한다. 이러한 개선과정의 인식에서 등장한 성과물이 혁신이다. 둘째 정부혁신은 지식의 창출과 공유과정이다. 정부혁신은 환경으로부터 얻은 정보 및 모방을 이용하여 새로운 지식을 창출하고, 정보인프라를 통해 이것을 모든 조직구성원과 다른 지방정부가 공유하는 것을 의미한다. 지방정부의 구성원들이 실험과 학습의지가 높고 정보 인프라를 갖추고 있어 지식을 창출하고 공유하는 과정이 효과적으로 이루어질 때 정부혁신이 가능해 진다.

셋째 정부혁신은 환경적응력과 환경주도력을 확보함으로써 추진이 가능해진다. 정부혁신은 환경변화에 대응하여 새로운 지식을 습득, 공유하여 지식을 창출하는 적응적 혁신을 통한 환경적응력과 기존의 구조, 방식, 절차 등을 뒤엎는 창조적 혁신을 거쳐 환경을 주도적으로 변화시키는 환경주도력을 가질 때 진정한 혁신이 가능해 진다. 넷째 정부혁신은 지속성을 지닌다. 정부혁신은 지속적으로 반복되는 과정으로서 완성된 상태를 이루는 것은 아니다. 구성원들이 모두 동시에 혁신을 수용하지 않고, 시간의 차이를 두고 수용하기 때문이다.

그리하여 지방정부혁신의 성격은 첫째 법률이나 규칙 등에 의한 권력적 강압보다는 공무원의 이해, 협조, 필요에 따라 일어나는 자발적인 성격을 지닌다. 정부혁신은 직원들의 자발적인 참여와 호응을 통한 사명감, 책임의식의 건전화 및 고객인 시민들의 협력을 이끌어내는 노력으로서 고객과 구성원들의 심리적인 변화를 유도하는 것이다. 둘째 정부혁신은 예방적, 조언적, 촉진적 성격을 띠고 있다. 정부는 환경변화에 대응하기 위한 뉴아이디어나 정보 등을 통하여 정부의 시스템과 공무원들의 행태변화를 촉진한다. 따라서 정부혁신은 그것을 채택하지 않아도 제재나 불이익의 처분을 가할 수는 없다. 셋째 지방정부혁신은 조례 혹은 규칙으로 나타나지만 중앙정부에 의해 추진되는 지방정부의 혁신은 법률과 명령의 형태로 나타날 수도 있다.

2) 지방정부혁신의 유형

혁신활동을 이해하고 이의 영향요인을 규명하기 위해서는 혁신의 유형을 구별해서 연구를 수행해야 한다는 주장이 있다. 혁신활동의 형태는 학자들에 따라 다양하게 유형화해 놓고 있지만, 대체로 급진적 혁신과 점진적 혁신, 기술혁신과 관리혁신 등의 구분이 비교적 자주 사용되고 있다.

(1) 기술혁신과 관리혁신

기술혁신이란 단순히 새로운 기술의 채택과 활용의 결과로써 이루어진 혁신만을 의미하지는 않는다. 정부 내의 기술체계 속에서 발생해서 직접적으로 정부의 기본적인 작업활동에 영향을 미치는 것으로서 서비스에 내재해 있는 새로운 아이디어 또는 서비스 운용상에 있어서 새로운 요소 등과 같은 형태로 나타날 수 있다. 기술혁신은 어느 한 구성단위에 의해서만 완성되지 않고 복합적인 접근방법이 요구된다. 관리혁신은 관리적 구성요소에서 발생하여 정부 내의 사회시스템에 영향을 주는 것으로써 충원, 자원분배, 조직구조, 권한, 보상 등에 새로운 방법, 기법, 제도, 절차의 채택 및 시행으로 나타날 수 있다. 관리혁신은 결국 기술혁신보다 성과에 많은 영향을 미칠 것이다. 관리혁신이 이루어지지 않는다면 기술혁신에 의해 창출된 변화는 성공적으로 운영될 수 없다. 따라서 관리혁신과 기술혁신은 적절한 조화와 함께 상호작용을 통해 혁신활동을 수행한다.

(2) 구조혁신과 기능혁신

구조란 지방정부라는 체제를 얽어매고 있는 법령과 제도, 공식화된 과정과 절차, 직책과 정원 등을 의미하며, 지방정부의 설치근거에서 지방정부를 구성하고 운영하도록 하는 제도와 절차들을 의미한다. 그리고 기능이란 이러한 구조를 근거로 구성원들이 그 체제나 조직의 목적을 달성하기 위해 수행하는 역할과 행동을 의미한다. 그런데 지방자치법과 관련 법령들로 이루어져 있는 우리나라 지방정부의 구조는 중앙집권적 통제에서 벗어나지 못하고 있고, 설상가상 새로운 행정수요를 처리할 수 없는 낡은 구조로 되어 있다. 중앙집권적이고 낡은 구조의 지방정부로서는 그 기능도 시대착오적이지 않을 수 없다. 그리하여 현재 지방정부가 수행하고 있는 많은 기능들은 수십년 관행이 된 낡은 것들을 개혁하거나 바꾸지 않고 그대로 답습하고 있다. 지방정부의 혁신은 바로 낡고 과부하된 지방정부의 구조를 개편하여 새로운 수요에 부합하고 효율적으로 기능할 수 있도록 혁신하자는 것이다. 구조개혁 없이는 그 속에서 기능하게 될 인적·물적 자원의 혁신이 불가능하고, 이러한 자원의 개혁이 없으면 결국 기능도 혁신할 수 없기 때문이다.

(3) 급진적 혁신과 점진적 혁신

혁신의 유형을 급진적 혁신(radical innovation)과 점진적 혁신(incremental innovation)으로도 분류할 수 있다. 점진적 혁신은 기존의 조직에 약간의 변화를 도입해서 혁신을 추진하는 것이다. 즉 기존 조직디자인의 잠재성을 이용하거나 우위를 강조한다. 급진적으로 새로운 혁신을 가져올 수는 없지만 시간의 흐름에 따라 상당한 기술과 정밀성은 의미 있는 경제성과를 가져올 수 있다는 것이다. 반면에 급진적 혁신은 상이한 일련의 과학적 원칙에 근거를 두고 잠재적으로 적용 가능성을 확대시키는 것을 의미한다. 점진적 혁신은 기존의 조직능력을 강화시키고, 급진적 혁신은 새로운 문제의 파악, 뉴 테크놀로지의 활용, 신속한 새로운 문제해결방법 등에 필요할 것으로 보인다. 급진적이고 점진적인 혁신은 또다른 조직의 능력을 요구하는 까닭에 매우 상이한 결과를 가져올 수 있다. 이러한 혁신을 추진하는데 요구되는 조직능력은 적응에 어려움이 있고 비용도 많이 든다. 두 유형의 혁신이 서로 다른 조직적 능력을 요구하고 있는 까닭이다.

4. 지방정부혁신의 추진전략과 방향

1) 정부혁신의 추진전략

지방정부혁신의 논리인 정치적 기능과 관리적 기능을 달성하기 위한 전략은 크게 두 가지 관점으로 집약할 수 있다. 정부혁신의 정치적 기능의 목표는 책임성의 제고이고, 관리적 기능의 목표는 효율성의 제고이다. 이러한 두 가지 논리는 작은 정부, 경쟁지향적 정부, 고객지향적 정부라는 전략을 통해 구체화 시킬 수 있다(이창기 외, 2003: 322-325).

(1) 작고 효율적인 정부구축

일반적으로 효율성이란 능률성과 효과성을 동시에 내포하는 개념으로서 엄격하게는 행정의 생산성이라고 해야 정확할 것이다. 주지하는 바와 같이 능률성이란 투입 대 산출의 비율을 의미하고, 효과성이란 목표의 달성정도를 의미한다. 때문에 효율성을 제고시킨다는 말은 "가능한 적게 투입하여 많이 산출하고, 그것을 통해 목표의 달성도를 높여나가는 것"을 의미한다. 그리고 작고 효율적인 정부란 바로 지방정부가 서비스를 생산하기 위해 지출하는 비용은 줄이고, 주민들의 만족도는 높여나가는 것을 의미한다. 여기서 작은 정부란 기존의 정부가 아닌 새로운 정부 즉 정부의 혁신을 전제로 한다. 작은 정부란 자원의 효율적 관리, 관리기술의 혁신 등을 통한 행정 전반의 효율을 높일 것을 요구한다. 또한 행정서비스의 양적 확대보다는 질적 향상에 초점을 두고 '작지만 알찬 살림'을 꾸려 나가는 행정체제의 확립이 요청된다. 이것은 행정질서와 절차의 합리화를 실현함으로써 작은 예산과 인원으로 큰 효과를 얻을 수 있는 조직관리의 재편성과도 밀접한 관련이 있다.

한편 작은 정부가 의미하는 바가 무엇인가에 관해서는 다음과 같은 두 가지 관점으로 요약할 수 있다. 첫째 작은 정부란 정부의 규모와 활동의 범위가 작은 정부가 아니라는 것이다. 필요한 공공서비스를 충실히 제공하되 부적합한 기능을 축소해 민간부문의 활동에 대한 불필요한 간섭을 적게 하는 정부이다. '정부가 해야 할 일'과 '해서는 안 될 일'을 가려서 수행하는 정부를 말한다. 그러므로 기구와 기능과 인력을 줄이는 것이라기보다 행정편의주의적 발상에서 비롯되는 불필요한 간섭을 줄이는 것을 의미한다. 둘째 작은 정부란 '정부가 해야 할 일'과 '더 잘할 수 있는 일'에 주력하는 정부를 의미한다. 일례로 환경보호, 소비자보호, 사회복지 등은 보다 강화해 나가야 한다는 것을 의미한다. 다시 말해 규모와 양적인 측면에서는 크게 늘어나지 않았지만 그 기능은 과거보다 훨씬 다양하고 강력해진 정부를 의미한다. 흔히 작고 강한 정부라고도 한다.

(2) 경쟁지향적 정부구축

경쟁지향적 지방정부를 구축한다는 것은 민간기업의 경영정신과 원리 및 기법을 정부부문에 도입·접목함으로써 성과의 향상과 관리의 효율성을 높이는 전략이다. 지금까지 지방행정의 모습은 타율성, 독점성, 권력성, 경직성, 획일성 등으로 집약할 수 있다. 아직도 대다수 지방정부는 기계적 효율성에 집착하고 통제중심적이며 규칙과 절차를 중시하는 '관료주의적 행정패러다임'으로부터 벗어나지 못하고 있다. 그러나 행정환경의 변화에 대응하여 지방정부도 성과 향상과 관리의 효율성을 제고하기 위해서는 전통적인 관료주의적 행정패러다임을 극복할 수 있는 전략, 즉 경쟁원리의 도입이 요구되고 있다.

경쟁원리도입은 보다 창의적이고 효율적인 정부를 만들 수 있다고 상정한다. 여기에서 경쟁은 계약, 구매, 권한위임 등에 있어 공·사부문간의 경쟁, 사적 부문간 또는 공공부문간 경쟁 및 국가간의 국제적 경쟁을 포함한다. 따라서 경쟁의 관리문제는 공공서비스 제공을 포함한 정부혁신의 주요전략으로 대두된다. 예컨대 영국의 지방정부에서 사용되는 강제경쟁입찰제와 민간위탁을 들 수 있다. 강제경쟁입찰제는 지방정부가 공공서비스 공급을 위해 공급주체를 결정할 때 공무원 내부 작업팀과 외부공급자가 동시에 입찰에 응해 최종공급자를 선정하는 방식을 말한다. 이러한 강제경쟁입찰제의 적용범위는 청소, 급식, 차량정비, 조경, 체육시설 등과 같은 부수적 업무는 물론 정보기술, 법률, 인사관리, 행정업무 등 전문적인 업무영역까지 확대되고 있다.

(3) 주민지향적 정부구축

지방정부를 혁신하기 위해서는 무엇보다도 공직자들이 주민들 특히 민원인들을 자유경쟁시장의 소비자, 즉 고객으로 인식할 필요가 있다. 그리고 주민의 요구와 주장을 정책에 반영하여 주민의 가치를 실현할 수 있는 목표와 전략을 수립하는 것으로부터 혁신을 시작해야 한다. 지방정부는 주민을 통제해야 할 대상이 아니라, 봉사해야 할 고객으로 정립하고, 그들의 요구와 기대에 부응하려는 고객지향적 정부를 구현해야 한다.

고객지향적 정부의 두드러진 특징은 다음과 같다. 첫째 공무원조직의 비능률적인 문제점을 해결하기 위해 '행정의 능률성'을 제고해야 한다. 둘째 행정의 대상으로 인식되어 왔던 국민을 기업이 고객을 대하듯이 행정의 고객 내지 그 이상으로 인식함으로써 그들에게 봉사해야 함을 강조한다. 고객지향적 정부를 위한 대표적인 제도로는 영국의 시민헌장제도와 미국의 '고객서비스 기준'을 들 수 있다. 우선 시민헌장제도는 고객만족 행정을 구현하기 위한 제도로서 공공서비스의 수준을 향상시키고 공공서비스가 주민의 요구에 부합되도록 행정서비스의 질을 향상시키는 프로그램이다. 이는 행정서비스의 각 부문별 주민헌장을 제정·공개함으로써 지방정부가 제공하고자 하는 서비스의 실천을 약속하고, 결과에 대해 주민들로부터 평가받을 수 있도록 하는 제도를 말한다. 그리고 미국의 고객서비스 기준은 클린턴정부에서 엘 고어 부통령이 주도한 국가성과평가위원회 중심의 개혁사업으로, 고객제일주의를 모토로 행정서비스 제공을 위한 표준의 제정 및 고객주도의 전략개발을 추진·운영하고 있다. 이와 같은 고객지향적 정부는 서비스 제공자의 책임성을 증대시키고 비정치화시키며 수혜자의 선택의 폭을 넓히는 동시에 친근감을 높이며, 투명성, 다양성, 형평성 및 창의성을 증대시킨다.

(4) 글로벌사회를 지향하는 정부구축

앞으로 우리나라의 지방정부는 더 이상 국내에만 안주하는 소극적 정부가 되어서는 안된다. 글로벌사회가 바뀌고 국가가 앞장서서 변하고 있는 상황에서 지방자치단체를 지역속의 존재로 구속시켜서는 안된다. 오늘날의 지역사회는 언론과 각종 정보매체를 통해 시시각각 글로벌 사회의 변화와 충격이 직접 전달되고 있으며, 지금의 지역주민들은 외국의 방문과 해외여행을 국내 친지방문이나 국내여행보다도 더 자주하고 있다.

이처럼 지역사회는 이미 많은 부분 변했고 앞으로 지속적으로 변하고 있지만, 지방정부의 정책이나 사업은 이러한 분야를 외면하고 있고, 방치하고 있다. 앞으로의 지방정부혁신은 특히 이러한 분야에 효율적으로 대처할 수 있는 혁신이 이루어져야 할 것이다. 지방정부의 글로벌화를 위한 사람과 구조와 기능의 혁신이 어느 때 보다도 시급한 실정이다.

지방정부차원의 해외시장개척, 전직원의 외국어구사능력 향상, 외국지방정부와의 인사교류 등을 위한 혁신이 바로 그 예들이다.

2) 정부혁신 추진전략의 바람직한 방향

바람직한 지방정부의 혁신은 지방정부의 구조나 기능면에서 지방정부와 시민의 '협력'이 확보되도록 노력하여야 한다. 과거와 같이 중앙정부에 의해 통제된 혁신, 즉 관주도형, 집권형, 경영형 혁신전략은 바람직하지 않다. 이러한 형태의 전략은 각각 주민, 지방, 관료를 배제하는 것이어서 '비민주적 혁신전략'으로 요약될 수 있다. 따라서 향후의 지방정부 혁신전략은 분권적이고 주민참여적 혁신전략으로 전환되어야 한다.

첫째 지방정부의 혁신은 관주도형 전략에서 주민참여형 전략으로 개편해야 한다. 즉, 정부가 혁신을 추진하되 혁신을 계획하고, 집행하고, 평가하는 전 과정에서 지역주민의 참여를 확대하여야 한다. 주민참여를 확대하면서 동시에 주민참여에 대한 지방정부의 대응성(responsiveness)도 강화시켜야 한다. 이처럼 지방정부의 혁신과정에 주민참여를 강조하는 것은 참여의 규범적 요청 때문만은 아니다. 그것은 주민의 참여가 지방정부에 대한 외부통제장치로서 혁신에 대한 유효한 압박효과를 가져올 수 있다는 기대 때문이다. 물론 주민참여에 따른 부작용이 없는 것은 아니다. 관료의 저항에 따른 행정효율의 저하, 과도한 시민참여에 따른 행정안정성의 침해, 무책임한 주민참여로 인한 정책파행의 우려 등이 그것이다. 그러나 앞에서 언급한 바와 같이 아직도 우리의 경우에는 참여과잉에 따른 부작용을 걱정하기에는 참여가 과소한 것이 현실이다. 즉 지금과 같은 주민으로부터의 투입이 과소한 상황에서 지방정부의 독자적 판단에만 의존하는 정부혁신은 주민의 이익에 부합하기 어렵기 때문이다.

둘째 중앙집권형 혁신전략에서 지방분권형 혁신전략으로 전환해야 한다. 중앙혁신기구가 혁신정책에 대한 결정권을 독점하지 말고, 주요사항에 대한 결정권은 지방정부에 위임하여야 하며, 지방이 관련되는 사항에 대해서는 반드시 지방의 참여를 보장해야 한다. 지방정부를 혁신하는 데에 지방정부가 주도하지 않고, 중앙정부가 지방정부의 혁신을 주도한다는 것은 엄격히 말해 혁신이 아니다. 셋째 기업경영형 혁신전략은 정부행정형 혁신전략으로 전환해야 한다. 기계적 능률을 과도히 강조하는 경영관을 버리고 공익을 지향하는 행정본연의 모습을 회복하도록 혁신전략이 전개되어야 한다. 즉, 효율성을 추구하되 민주성과 형평성을 균형적으로 고려하는 혁신전략을 추진해야 한다.

그러나 이러한 주장들이 지방정부혁신전략에 주민과 지방정부의 역할을 과잉 강조하였다거나 민주와 형평을 배타적으로 강조하였다고 오해해서는 안된다. 과거 역대정부의 혁신전략이 여기에서 제시하는 바와는 정반대의 방향으로 전개되어 왔으므로 반사적으로 그와 같은 해석이 나올 가능성이 없지 않다. 그러나 여기서는 어디까지나 주민과 지방정부 등 이해관계자들 간의 협력을 강조한 것에 지나지 않으며, 어느 일방의 배타적 권력을 인정하는 것이 아니다. 즉 지방정부의 혁신전략은 관료, 중앙, 경영화를 배제하는 것은 아니라 관과

민의 협력, 중앙과 지방의 협력, 능률성 효과성과 민주성과 형평성 간의 조화를 기하는 전략으로 이해할 필요가 있다.

Ⅲ. 지방정부혁신의 접근방법과 과정 및 저항극복

1. 지방정부혁신의 접근방법

1) 구조적 접근방법

이것은 지방정부혁신을 공식적·합리적 조직의 개혁에 중점을 두는 전통적인 접근방법으로서 I) 기구·직제의 간소화와 기능중첩의 제거, ii) 행정사무의 적절한 배분과 권한·책임의 명확화, iii) 집권화 또는 분권화의 확대, iv) 의사소통체제의 개선 등을 통하여 행정을 개혁하려는 접근방법이다. 특히 통솔범위·계층제·조정·명령통일 등의 조직원리를 적용시키는 데 주력하였던 접근방법이다. 주로 구조·법령의 변경이 개혁의 중요 수단이 되고 있으나 중진국이나 후진국에서는 현실적으로 수행되는 기능과의 불일치·격차가 심하다. 그러나 인간적 요인이 독립변수로서 고려되지 않으며 과소평가되었다는 점과 조직의 동태적 성격과 환경적 요인이 충분히 고려되지 않았다는 비판을 받고 있다.

2) 관리기술적 접근방법

행정이 수행되는 과정에 치중하면서 행정기술·장비·수단을 개선하고 관리과학·OR·체제분석·EDPS 등을 활용함으로써 행정의 능률향상과 행정성과의 제고를 도모하려는 접근방법이며 주로 계량적 접근방법에 의존하고 있다. 그러나 이 방법은 복잡한 현실세계를 너무 단순화시켜 파악하는 기계적 모형이며, 기술과 인간성이 상충되면서 벌이는 갈등을 과소평가하기 쉽다. 그럼에도 불구하고 전산화된 통합적 관리정보체제의 개발은 조직의 인적·구조적 요인에 심대한 영향을 미치고 있으며 앞으로 더욱 가속화될 것이다. 그러나 경제발전이 저급하여 각종의 관리기술이나 행정기술이 발달되지 못한 발전도상국가에서는 기술적 접근방법을 활용할 수 있는 인적 자원이 부족하고 적절한 여건도 조성되고 있지 않다.

3) 인간관계적 접근방법

인간관계적 접근방법이란 정부공직자의 가치관·신념·태도를 인위적으로 변화시키거나 의도된 방향으로 조작하려하며, 때로는 실험실훈련(laboratory training) 등에 의하여 구성원들의 의식과 행태를 변혁시킴으로써 정부체제 전체의 개혁을 도모하려는 접근방법이다. 이러한 접근방법은 조직의 효과성·건전성을 높이기 위한 계량적 변화를 모색하는 조직발전이론에 근거를 두고 있으며, 조직발전의 과정은 i) 문제의 인지, ii) 조직진단, iii) 행동개입 등으로 이루어진다. 그러나 이러한 접근법이 성공하기 위해서는 모든 계층의 조직구성원이 자발적으로 참여할 수 있어야 하기 때문에 정치적·권력적 요인이 개재되는 행정조직에는 어려움이 많다.

4) 통합적 접근방법

구조적 접근방법, 기술적 접근방법이나 새로운 인간관계적 접근방법은 어떠한 상황·환경에서도 타당성이나 효용성을 가질 수 있는 것은 아니며 또한 어느 접근방법만이 정부개혁의 목적을 달성할 수 있을 정도로 전면적·포괄적 성격을 띠고 있지도 않다. 따라서 정부개혁에 있어서는 조직·사람·환경을 중심으로 하면서 특히 정치적·사회적 요인을 우선적으로 고려해야 할 것이며 정부시스템의 여러 측면을 종합적으로 고려하여 추진하는 방법이다.

5) 기능적 접근방법

기존의 기능 중 전통적 기능이나 침체되어 가는 기능은 축소·조정하거나 제거하고, 기타 기능은 혁신적 지식과 기술의 도입으로 이를 혁신시킨다. 그리고 환경변화와 수요변천에 따른 새로운 기능을 보강하고 강화시킨다. 구조적 접근방법에 의해서도 기능개혁이 가능한 경우도 있지만 그것은 어디까지나 구조개혁의 부수적 효과에 지나지 않을 뿐 기능을 중심으로 한 개혁은 아니었다. 근래에 와서 기능중심의 정부개혁이 중시되고 있다.

2. 지방정부혁신의 추진과정

정부가 수행하는 혁신의 추진과정은 그 개혁의 성격에 따라 다양하게 분류할 수 있다. 일반적으로 행정부수준의 혁신은 「인지단계」, 「입안단계」, 「시행단계」, 「평가단계」 등으로 분류하거나, 「혁신필요성의 인지」, 「혁신안의 준비·결정」, 「혁신의 시행」, 「혁신의 평가」 등으로 분류하기도 한다. 국회와 행정부 등 전체 정부차원의 혁신은 「혁신문제의 인지」, 「혁신안의 입안」, 「혁신안의 법제화 혁신의 추진」, 「혁신결과의 평가단계」 등으로 분류하기도 한다. 그러나 어떠한 단계로 구분하는 것이 가장 이상적이라고 단언하기는 어렵다. 따라서 연구의 목적이나 분석가의 분석목적에 따라 그 단계구분은 달라질 수 있다. 여기서는 「혁신필요성의 인지단계」, 「혁신의 입안단계」, 「혁신의 추진단계」, 「혁신내용의 평가단계」 등으로 구분하고자 한다.

1) 혁신의 필요성 인지단계

혁신의 필요성을 인지한다는 것은 정부혁신에 대한 객관적·주관적 혁신요인의 존재를 파악함을 의미한다. 객관적 요인이란 i) 권력변동으로 인하여 제기되는 통치 및 행정수단에 대한 변혁의 요청, ii) 사회적 요청으로서 정부개혁에 대한 수요의 발생, iii) 조직과 제도의 팽창과 관행적 질서에 대한 시정요구 등을 의미한다. 그리고 주관적 요인이란 정치권력의 주체와 최고관리층이 이러한 객관적 요인을 일정한 시점에서 개혁목표로 인식하고 수용하는 것을 의미한다.

2) 혁신의 입안단계

혁신의 입안단계란 정부에 의해 특정문제의 혁신에 대한 필요성이 인지되고, 그 문제에 대한 혁신의 내용이 결정되는 단계로서 혁신문제의 인지단계와 혁신안의 준비·작성단계로 나눌 수 있다. 혁신문제의 인지단계는 혁신의 필요성에서 검토했으므로 여기서는 인지된 혁신안의 준비·작성단계에 관해서만 검토해 보기로 한다. 혁신안의 준비·작성이란 i) 혁신수준을 결정하고, ii) 구체적인 혁신안을 마련하며, iii) 혁신안의 시행을 위한 추진전략을 선택하는 단계를 의미한다.

3) 혁신의 추진단계

개혁의 추진단계란 개혁을 실천에 옮김으로써 개혁대상에 대한 변화를 유도해 나가는 개혁의 구체화과정을 의미한다. 개혁을 실천에 옮기는 데는 많은 자원과 노력을 필요로한다. 구체적인 집행계획의 작성과 새로운 규정과 편람의 작성 등 관련규정의 정비, 예산 및 인사조치, 관계공무원들의 교육훈련 등의 제반 준비조치가 수행된다. 물론 이 경우의 세부적 추진계획은 상황변화에 적응할 수 있어야 한다. 개혁의 추진을 위해 작성되는 세부집행계획에는 실천전략(접근방법)도 포함되어야 한다. 개혁의 추진을 구조적으로 접근해야 할 것인지 아니면 기술적으로 접근해야 할 것인지, 인간관계적 혹은 행태적 접근방식을 취해야 할 것인지 아니면 종합적 접근방식을 취해야 할 것인지도 결정해 놓아야 한다. 그리고 개혁추진속도, 범위 보상체계등도 다시한번 검토해야 한다. 그러나 개혁의 추진단계에서 무엇보다도 중요한 것은 개혁을 직접 추진하는 개혁추진기관의 의지와 개혁의 추진력이 중요변수가 됨을 유의해야 할 필요가 있다.

4) 혁신의 평가단계

개혁의 평가단계는 정부의 개혁활동이 처음 목적한 바를 어느 정도 달성했는가를 측정하고 분석하는 단계를 말한다. 즉 평가는 개혁의 내용에 따라 기구개편이 어느 정도 쇄신되었는가? 국민들의 개혁수용정도는 어떠한가? 공직자의 행태는 얼마나 바뀌었는가? 등에 관해 그 성과와 목표를 상호비교해 보는 작업인 것이다. 개혁의 성과는 환경변화에 적응하면서 장기간 지속되도록 제도화 될수록 성공적이다. 그러나 평가는 그 목적이나 기준, 평가자의 입장 및 관점에 따라 달라질 수 있음도 알아야 한다. 그리고 평가는 개혁담당자가 직접하는 것보다 외부인사와 제3자의 참여도 있어야 객관성과 공정성을 기할 수 있다.

3. 혁신에 대한 저항과 극복

혁신은 현상에 대한 변화·타파이므로 현상을 유지·옹호하려는 입장에 의한 저항·반발을 수반하게 된다. 혁신은 저항을 극복하면서 변동을 인위적으로 유도하려는 것이다. 저항은 현실적·가상적 변동의 영향으로부터 자신을 방어하려는 행태라 할 수 있다.

1) 저항의 원인

혁신이라는 변화에 대한 저항을 약화·극복하기 위한 대책·전략을 세우기 앞서 원인을 고찰할 필요가 있다. 개혁에 대한 저항의 원인으로는 첫째 현재의 기구 또는 행정상태에 의하여 기득권을 가진 관료나 이익집단·이해당사자 등이 개혁에 의한 기득권의 침해를 우려하여 저항하게 된다. 둘째 혁신내용을 잘 알 수 없는 경우 불안감·초조감이나 무관심을 초래하게 된다. 셋째 혁신대상자의 능력부족으로 인한 저항을 들 수 있다. 즉 새로운 업무처리방법이나 절차에 관한 전문지식·기술이 결여되어 있을 경우 저항을 유발하게 된다. 넷째 관료제의 경직성과 보수적 성향이 저항을 야기하게 된다. 즉 관료제는 본질적으로 보수적·현상유지적 경향이 있고 변동에는 저항하는 자기 방어적 의식이 강하다. 다섯째 혁신이 그 대상자가 소속하는 비공식적 집단의 규범·관례에 부합하지 않거나 인간관계에 조화되지 않을 경우 저항이 일어난다. 즉 비공식적 인간관계를 과소평가함으로써 저항이 야기된다. 여섯째 혁신사업이 소수의 참모·전문가 중심으로 추진되고 그 과정이 지나치게 폐쇄성을 띠게 되어 혁신대상자들의 참여부족과 국민이 관심을 보이지 않을 경우 반발이 일어나게 된다.

2) 저항의 극복방안

개혁에 대한 저항을 효율적으로 극복·약화시키는 방안에는 일반적으로 i) 규범적·협조적 전략, ii) 공리적·기술적 전략, iii) 강제적·비협조적 전략 등을 이용하고 있다. 개혁에 대한 저항을 극복하는 데는 개혁과 관련된 관계자들을 개혁안의 입안과정에 적극 참여시키고 하위계층과도 협조를 하는 규범적, 협조적 전략이 바람직하다. 그러나 하위계층의 경우 개혁초기에는 저항이 없다가 집행단계에 들어가면 저항을 나타낼 수 있기 때문에 처음부터 광범위한 하위계층의 참여는 사실상 불가능하다. 뿐만 아니라 개혁내용에 따라서는 불가피하게 강제적 비협조적 전략을 구사할 수밖에 없는 것들이 있기 때문에 저항의 극복방안은 매우 복합적으로 활용될 필요가 있다.

Ⅳ. 지방정부의 혁신역량 제고방안(Ⅰ): 혁신친화적인 기반의 구축

1. 지방정부혁신을 위한 기반의 구축

21세기 미래사회의 변화에 대응하여 우리가 선택할 수 있는 전략은 다양하다. 그러나 오랜 역사 속에서 고착화된 사고와 편견을 가지고 있고, 자연자원 역시 부족하며 지형이나 기후 등 자연조건도 그렇게 유리하지 못한 우리의 현실을 감안할 때 변화대응을 위해 지방정부가 선택할 수 있는 가장 중요하고 효율적인 전략은 바로 혁신과 창조의 전략이다. 그런데 혁신과 창조는 동전의 앞뒤와 같은 속성을 가지기 때문에 여기서는 혁신전략에 그 초점을 맞추기로 한다.

1) 지방정부혁신의 필요성에 대한 인식제고

변화의 소용돌이 사회, 21세기 창조적 사회에 효율적으로 대응하기 위해서는 시대변화에 대응할 수 있는 새로운 의식과 사고가 정립되어야 하고, 그것 위에 혁신과 창조를 가능케 하는 역량을 함양·제고시켜야 한다. 다시 말해 급변하는 지구촌 환경변화에 효율적으로 대응할 수 있는 전략을 개발하고 그것을 통해 스스로를 지키고 발전시켜나가야 한다. 이를 위한 수많은 전략 중 현재로서 우리가 선택할 수 있는 가장 바람직한 대안이 혁신의 전략이다. 혁신이란 새로운 생각이나 방법으로 기존의 일을 다시 계획하고 실천하고 평가하는 것을 의미한다[21]. 그리하여 혁신하기 위해서는 i) 새로운 아이디어를 끌어 낼 수 있는 창조성, ii) 구성원이 다양하게 행동할 수 있는 자율성, iii) 정형화된 관성을 파괴할 수 있는 유연성 등이 요구된다. 그리하여 혁신은 사고의 창조성, 의식의 자율성 및 행동의 유연성을 갖출 때 비로소 가능해 진다. 이러한 혁신은 세계화의 중심국으로서 국민적 과제이기도 하지만 특히 정부혁신이 선행되어야 할 필요성이 크다. 그것은 정부가 국민적 혁신의 방향과 전략을 주도하고 시간과 비용을 줄임으로써 이 분야에서도 경쟁력을 가질 수 있어야 하기 때문

21) 정부혁신이란 국가경쟁력과 국민적 만족을 높이기 위하여 과거에 행하지 않았던 새로운 행정관행(조직문화, 제도, 업무프로세스, 조직구조, 관리기법)을 정부부문에 도입하여 실행하고 정착시켜 나가는 총체적 활동을 의미한다.

이다. 이렇게 볼 때 정부혁신은 민간영역의 발전과 함께 과거와는 전혀 다른 새로운 행정수요가 양적으로 증대되고 질적으로 복잡·다양해 짐으로써 그 필요성이 전래 없이 높아지고 있기 때문이다.

이상과 같이 혁신의 개념과 필요성에 대한 정확한 인식은 무엇보다도 가장 중요한 혁신의 기반이 될 것이다. 이러한 기초위에 아래에서는 21세기 다가오는 창조적 사회에 효율적으로 대응하기 위해 우리가 "무엇을" "어떻게" 해야 바람직한 혁신을 가능케 할 수 있을 것인지를 검토해 볼 필요가 있다. 아래에서는 첫째 국민적 의식의 혁신, 둘째 혁신적 능력의 발전, 셋째 성취동기의 함양, 넷째 혁신비전의 설정과 혁신지도자의 양성 등에 관해 차례로 검토해 보기로 한다.

2) 사고개혁과 가치혁신

개인이든 조직이든 간에 혁신은 각자의 능력에서 비롯되며, 혁신할 수 있는 능력은 개인이나 구성원들의 사고방식 즉 의식으로부터 발단된다. 따라서 혁신의 기반으로서 낙후되고 그릇된 주민과 지방공무원, 지방의원과 자치단체장 등의 의식을 고쳐서 변화에 적극적으로 대응하는 창조적 의식의 정립이 요망된다. 혁신을 위한 창조적 능력을 함양하기 위해서는 그 전제로 선진의식을 정립할 것이 요망된다. 그리하여 부정적 사고에서 긍정적 사고로, 비판적 사고에서 칭찬하는 습성으로, 편견과 집착에서 공정과 개방적 자율로, 경직적 사고에서 신축적 유연성으로, 이기적 자기중심에서 이타적 사회중심으로, 부정직과 불친절에서 정직과 친절로, 소극적 수동적 사고에서 적극적 능동적 사고로, 냉소적 비하적 태도에서 관심과 존경으로 우리의 의식과 사고와 행동을 대대적으로 고칠 필요가 있다.

첫째 남을 비판하고 부정하는 습성(부정적인 비판의식)을 버려야 한다. 자기를 평가할 때는 고무줄자, 남을 평가할 때는 강철자로 판단한다. 자기가 하면 사랑이요, 남이 하면 스캔들이라는 사회적 풍자 등은 모두 우리의 그릇된 생각으로부터 나타난 것이다. 그러나 따지고 보면 우리가 부정적으로 비판하는 그들이 바로 우리 자신일 수 있음을 깨달아야 한다.

둘째 내가 가질 것은 좋은 것, 남에게 줄 것은 나쁜 것으로 차별하는 것을 당연시 하는 의식도 고쳐야 한다.

셋째 불친절하며 거짓을 부끄러워 할 줄 모르는 부정직한 행동도 과감하게 고쳐야 한다.

넷째 흑백논리적 경직된 사고방식과 철저한 서열의식은 이미 사라졌어야 할 유물이다.

우리사회에는 매사를 2분법으로 파악하는 잘못된 습성이 만연되어 있다. 예컨대 사랑과 미움, 좋은 것과 나쁜 것, 일등 아니면 꼴지, 선한 자와 악한 자, 가진 자와 못 가진 자 등과 같은 것들이 그러하다. 따라서 중간이나 타협, 양보 등 다양한 선택의 가능성을 배제하는 융통성 없는 사람들이 많다. 그리고 사물에도 서열과 등급을 매기려는 서열의식이 지배하고 있다. 다섯째 소극적·수동적 사고와 이기적이고 자기중심적인 태도는 과감히 벗어 던져야 한다. 우리의 옛말에 '매도 먼저 맞는 매가 낫다'는 말이 있다. 이것은 매사에 적극적인 것이 이득이 된다는 것을 함축하고 있는 말이다. 그러나 현실은 그렇지 못하다. 적극적인 사고의 부족, 개척적이거나 모험적이거나 도전적인 것을 기피하거나 싫어하고, 다른 사람들이 앞서 시행착오를 하고 나면 자신은 뒤에서 무임승차하려는 사고가 만연해 있다.

그외에도 우리사회의 님비(NIMBY)와 핌피(PIMFY)현상은 바로 이기적이고 자기중심적인 국민의식에서 기인한다. 함께 사는 공동체사회의 발전이나 국가발전 보다는 자기 개인이나 가족의 이익을 앞세우는 국민들이 많다. 대인관계에 있어서도 남을 배려하는 마음이 적고 자기위주의 생각과 행동을 서슴치 않는다. 그 외에도 속보다는 겉을 치장하려는 과시적 심리, 쉽게 벌어 편하게 살고자 하는 본능지향적 의식, 잘 살면서도 남을 도울 줄 모르는 유아적 의식 등을 개선해야 한다. 그러나 이 시대 우리국민과 공직자들이 반드시 개선해야 할 가치혁신은 바로 정직을 삶의 철학으로 굳히는 일이다. 도처에 부정부패가 만연된 현재의 상태로는 무한경쟁의 지구촌 사회에서 생존할 수 없기 때문이다.

3) 사고의 패러다임 전환(Paradigm Shift)

패러다임이라는 용어는 미국의 과학과학자이자 철학자인 쿤(Thomas Khun)이 그의 저서 「과학혁명의 구조」(The Structure of Scientific Revolution, 1962)에서 처음 사용하였다. 그 원래의 뜻은 '사례·예제·실례' 등을 뜻하는 그리스어(語)에서 유래한 개념이지만 사회과학에서는 원형(으뜸꼴), 전형(표준꼴), 특징 등을 뜻하는 개념으로 사용되고 있다(최봉기, 2010: 20). 그리하여 사고의 패러다임이란 사고를 하게 하는 체계 내지 틀을 의미하는 것으로 파악하며, 따라서 사고의 패러다임이란 사고의 체계(틀) 내지 의식의 바탕 등으로 이해되고 있다.

예컨대 '행정은 관리다' '행정은 규제다', '서비스는 관청의 민원실에서 행한다', '행정은 비능률적이므로 민간화해야 한다' 등의 잘못된 생각에서 벗어나야 한다. 그 대신 '행정은 서비스다’, ‘서비스는 그것이 필요한 곳에 찾아다니며 현장에서 실천한다’, ‘행정은 능률적이고 반드시 성공으로 이끈다’, ‘행정의 민간화는 유사한 선행사례를 검토하면서 신중하게 추진해야 하며, 민영화의 실패는 결국 행정의 책임이다’로 전환해야 한다. 다시 말해 소극적 수동적, 규제중심의 패러다임에서 적극적 능동적 지원조장중심의 패러다임으로 전환해야 한다. 행정이 자신감을 잃고 경영에 의존한다거나 민간에 맡김으로써 책임을 회피한다면 결국 행정의 실패가 또 다른 시장실패를 불러일으키게 될 것이다. 공직은 국민사회에 공정한 틀과 룰을 만들어 제시하고 이를 정직하게 지켜나가도록 최선을 다하는 데 본연의 임무가 있다고 인식하는 새로운 행정패러다임을 구축해나가야 한다.

4) 혁신참여자들의 의식개혁과 역할관계 변화

(1) 지방정부 공직자들의 혁신친화적 태도개혁

정부혁신의 가치가 혁신 자체에 있지 않고 높은 차원의 공익을 구현하는 데 있는 것이라면, 정부혁신의 과정에서 공무원들의 주체적 역할을 무시하고 오히려 그들을 개혁의 대상으로 치부해서는 안된다. 공무원들을 불신할 것이 아니라 적극적으로 정부혁신의 주체로 삼음으로써 이들을 중심으로 정부혁신을 추진해야 한다. 그러기 위해서는 이들의 의식과 태도를 혁신친화적으로 전환시켜 나가도록 해야 할 필요가 있다.

그러나 과거 정부혁신의 실제에서는 이들을 개혁의 대상으로 간주함으로써 정부혁신의 효과를 반감시킨 것은 매우 잘못된 접근방식이었다. 실제로 조직을 축소시켜 승진기회가 제한되고, 보수가 향상되지 않아 사기가 저하된 상태에서 공직에 대한 봉사의무만을 강조함으로써 공직자들을 적극적 개혁추진자로 만들지 못한 것은 정부혁신을 성공적으로 이끌지 못한 대표적인 요인이라고 할 수 있다. 따라서 이들을 지방정부 혁신의 주체로 끌어들여 이들이 주도적으로 정부혁신을 추진해 나가도록 유도할 필요가 있다.

정부혁신에 있어서 공무원집단의 역할을 중시해야 하는 또 다른 이유는 재벌을 중심으로 하는 경제권력에 대한 적정한 견제자로서의 역할기대 때문이다. 경제성장우선정책의 추진과정에서 과대하게 성장한 재벌의 경제권력은 합리적 경제정책의 제약요인으로 작용할 뿐 아니라, 공정한 분배정책의 장애요인으로 작용하고 있다. 현실적으로 이러한 경제권력의 일차적 견제장치는 전문적, 합리적 판단기준에 의하여 행동하도록 요구받고 또 그렇게 할 수 있는 공무원집단이다. 물론, 이들이 항상 중립적 견제장치로 기능하도록 하는 보장은 없지만, 정치권의 중립적 역할이나, 시민사회의 효과적 견제가 어려운 현실을 감안하면, 그나마 공무원집단의 견제에 기대를 걸 수 밖에 없는 것이 현실이기 때문이다.

(2) 시민의 참여와 행정통제 강화

앞에서 정부혁신전략을 수립함에 있어 공무원들의 주체적 역할이 인정되어야 한다고 하였으나, 그렇다고 해서 공무원집단이 혁신의 독점적 주체일 수는 없다. 이미 지방정부혁신의 추진방향에서 협력적 민주주의를 실현할 수 있어야 한다고 강조한 것처럼 시민의 역할이 더욱 강조되어야 할 필요가 있다. 때문에 정부혁신에 있어서 공무원들이 주체적 역할을 한다고 하더라도 그것에 대해서는 외부로부터의 민주적 통제가 가능해야 한다. 외부로부터의 통제가 없는 상황에서 공무원들 스스로의 혁신은 한계가 있기 때문이다. 외부로부터의 통제장치는 정치인으로부터의 통제와 시민과 언론으로부터의 통제이다. 이중에서 특히 강조할 것은 지금까지 정부혁신과정에서 소외가 컸던 시민으로부터의 통제를 강화시키는 것이다. 그러므로 향후 지방정부혁신의 추진과정에서는 시민의 참여를 확대하여 공무원과 시민의 교호작용을 통한 시너지 효과를 기하도록 해야 한다. 시민의 참여는 지방정부혁신과정에 시민의 집합적 지혜를 투입할 뿐만 아니라, 정부혁신에 대한 협조를 확보함으로써 혁신정책의 효과를 제고시키게 된다는 중요성이 인정되기 때문이다.

(3) 시민단체와 지방정부간의 관계증진

시민단체는 공익적 입장에서 시민의 이익을 정착과정에 매개·투입하는 집단이다. 이러한 시민단체의 활동은 정부에 대하여 명목상으로는 주권자이면서도 실제로는 약자의 위치에 있는 시민의 편에서 시민의 권력을 보완하는 매개권력으로서의 의의를 갖는다. 특히 시민참여라는 가치가 제도의 불비와 정부의 소극적 태도로 인하여 활성화되지 못하고 있는 우리나라와 같은 곳에서 시민단체의 활동은 더욱 그 의의가 크다. 그러므로 지방정부는 정부혁신과정에서 시민단체로 부터의 의사투입을 적극적으로 수용하는 노력을 기울여야 한다. 그러나 시민단체의 의사를 혁신정책의 추진과정에 투입하는 것과 시민단체활동을 배경으로 하는 인물을 공직에 진출시키는 것은 별개의 문제이다. 선거 때만 되면 정치활동에 몰두하고 야당과 협력하여 정부여당에 비판을 일삼는 왜곡된 사고를 가진 시민단체의 인사들을 공직에 진출시키는 것은 위험할 수도 있다. 이들은 시민단체활동의 공익성과 선명성을 저해하여 시민단체의 제삼자적 지위에서 오는 영향력을 감쇄시킬 우려가 있다. 그러므로 정부는 특히 시민단체의 정체성을 분명히 해야 하며 개인적인 차원이 아닌 집단적 차원에서 교호작용을 강화할 필요가 있다. 물론 현재에도 정부의 각 위원회에는 시민단체의 대표가 참여하고 있으며 이러한 상황은 다음 정부에도 지속될 것으로 보인다. 다만, 시민단체의 참여가 진실로 공정하고 중립적인 정책추진과 혁신과정에 도움이 되기 위해서는 우선 기존의 많은 시민단체들이 진정한 시민단체로서의 정체성과 전문성을 확립해야 할 것이다. 그리고 정부도 이들의 정책과정참여가 정부혁신에 실질적인 도움이 되도록 적극적인 참여채널을 확보할 필요가 있다.

(4) 지역사회의 여론의 적극 수용

지방자치의 시행에도 불구하고 지방정부의 혁신추진과정에서 지방지역여론은 소홀히 취급되었다. 앞으로는 지방정부의 혁신과정에 지역주민들의 의사, 즉 주민여론도 충분히 고려되어야 한다. 지방자치란 주민의 뜻을 수렴하여 정책에 반영시키는 민주행정을 추구한다.

지역사회의 발전을 위한 지방정부의 혁신은 그렇기 때문에 더욱 주민들이 원하는 방향으로 추진되어야 한다. 주민들의 의사가 반영된 정부혁신추진이야말로 진정한 혁신일 것이다.

2. 지방정부의 미래비전 설정과 혁신지도자 양성

1) 혁신비전(Vision on Innovation)의 설정

지방정부는 스스로의 역량제고를 통한 발전을 위해서나 지속적인 혁신을 통해 새로운 전략과 창조적 수단을 개발해 나가기 위해 새로운 비전을 설정해야 한다. 그리고 이를 달성해 나갈 수 있는 혁신적 지도자를 양성해 나가야 한다. 혁신은 그 추진을 위해 치밀하게 구상된 전략과 이를 추진할 리더십이 요구된다. 즉 언제, 무엇을, 얼마나, 어떻게 변화시킬 것이며, 그 책임은 누구에게 맡길 것인가 등을 사전에 결정해야 한다. 그리고 추진할 혁신의 비전은 구성원 모두가 지지할 수 있는 것이어야 하며, 조직의 변화나 정권교체시기, 그리고 사회적 변동기에도 흔들리지 않는 지속성을 가져야 한다.

2) 혁신지도자의 양성

리더의 역할은 시대와 장소를 불문하고 언제나 중요한 의미를 가진다. 혁신은 그것을 주도하는 지도자 없이 자발적으로 추진되기를 기대한다는 것은 거의 불가능하다. 기업이나 기관은 물론 사회와 정부에서도 구성원들에게 혁신적 마인드를 형성시키고, 혁신적 아이디어를 창출하게 하는 것은 지도자의 역량과 밀접하게 연관되어 있다. 따라서 혁신은 혁신을 주도하는 지도자의 역량에 좌우된다. 때문에 유능한 혁신지도자를 양성하는 일이 무엇보다도 중요하다. 그러나 종래까지의 지도자의 역할은 주로 최종결정권을 갖는 지도자, 즉 주로 정부의 정치지도자에게 집중되어 왔다. 그러나 진정한 혁신은 아래로부터의 혁신이어야 한다. 즉 일반국민 개개인의 혁신을 통한 주민사회의 혁신과 기관과 조직의 혁신을 통한 사회적 혁신, 그리고 이것이 합쳐 국가발전을 위한 정부혁신으로 이어져야 한다. 따라서 앞으로는 지역사회내부에서 혁신을 주도할 다양한 지도자가 나타나야 하고, 이러한 여러 분야의 다양한 혁신지도자들이 왕성하게 활동함으로써 정부혁신을 주도해야 한다. 따라서 지방정부의 최고지도자는 자신을 물론 사회 전 영역의 각계각층에서 혁신을 주도할 지도자들을 계획적으로 양성해야 한다. 특히 조직의 하위계층 구성원들 중에서 미래의 새로운 리더를 발굴하고 양성하는 데도 많은 노력을 기울여야 한다. 혁신지도자의 양성프로그램을 개발하고, 이를 지역사회 전체를 대상으로 실시함으로써 지방정부혁신의 원동력으로 삼아야 한다. 그리하여 우선 지방정부의 공직자들은 물론 일반주민, 시민집단 그리고 이들 간의 협력을 통하여 혁신지도자들을 발굴하고 양성할 수 있도록 다양한 프로그램을 개발하고 실시해 나가야 한다.

3. 지방정부의 혁신영역과 대상에 관한 지적 역량의 제고

1) 구조 · 기능 및 과정혁신에 대한 이해증진

과거의 정부혁신은 기능이나 업무과정의 조정보다는 기구와 인력조정에 초점을 맞추었다. 그것도 객관적 직무분석에 기초하기보다는 다분히 중앙정부의 의도에 따라 이루어졌다. 그리하여 중앙정부에 의한 지방정부혁신도 정권초기 새 정부의 개혁의지를 내외에 과시하는 정도였다. 그러므로 앞으로 지방정부혁신은 중앙정부에 의한 피동적 혁신이 아니라 스스로의 필요에 의해 지방정부 스스로가 추진하는 혁신이 되어야 할 필요가 있다. 단언하면 지방정부의 혁신은 조직과 인력의 조정보다는 지방정부의 기능 및 업무과정개선에 우선순위를 둘 필요가 있다. 조직과 인력의 조정은 기능의 조정에 따라 요구되는 최소한의 선에서 이루어져야 하며, 작은 정부를 달성하기 위하여 인위적으로 추진하는 것은 좋지 않다.

물론 지방정부혁신을 위해 어떠한 기능을 조정하고 업무과정을 어떻게 개선시킬 것인가에 대한 정확한 답은 찾기 쉽지 않다. 그럼에도 불구하고 우선 중요한 것 몇 가지만 제시해 보면 다음과 같다. 첫째 지방정부의 기능범위를 재조정할 필요가 있다. 교육기회의 확대 및 경제성장에 따라 민간부문의 역량이 과거에 비하여 괄목하게 향상되었으므로, 이러한 발전에 맞추어 정부의 기능이 조정되는 것은 당연한 요청이다. 지금까지 상대적으로 소홀히 취급되었던 서비스 부문을 확대하고, 규제기능은 축소하는 방향으로 기능조정이 이루어질 필요가 있다. 둘째 광역정부가 혁신을 추진할 경우 광역과 기초정부간 기능조정도 추진할 필요가 있다. 이 경우 소속 기초자치단체들과의 충분한 협의를 통해 대안을 찾아야 할 것이다. 그리고 이 때도 가능한 주민가까운 곳에서 행정이 이루어질 수 있도록 하고 기초자치단체 우선의 원칙이 지켜질 수 있도록 기능을 조정해야 할 것이다.

셋째 유사중복기능을 조정하고 이에 따라 불합리한 기구를 정비할 것이 요청된다. 이것 역시 광역정부의 경우 기초정부와 함께 추진할 필요가 있다. 유사중복기능의 조정에는 필연적으로 기구 및 인력의 조정이 수반될 것이다. 그러나 행정의 안정성을 위하여 조정의 범위는 필요한 범위 내에서 최소한으로 하는 것이 바람직하다. 아울러 기능의 객관적 검토 이전에 기구 및 인력조정을 기하는 것은 삼가야 할 것이다. 넷째 업무과정을 표준화하고 투명성을 높여 담당자에 따라 업무처리기준과 절차가 달라지는 폐단을 없애고, 행정부패의 소지를 축소시켜야 한다. 이때 업무과정의 표준화는 업무의 연속성 확보 및 행정전문성 향상을 위하여 필요한 선결요건으로서 중요하다. 물론 다양한 업무영역에 대한 경험과 식견의 확대, 횡적업무협조를 위하여 어느 정도의 순환보직은 필요할 것이다. 그러나 무원칙한 순환보직의 확대는 전문성 및 업무연계성을 저해한다는 점을 고려하여 그 범위와 빈도를 적정화하려는 노력이 필요하다. 다섯째 업무과정의 민주성을 높여야 한다. 정책의 형성, 집행, 평가과정에 시민의 참여를 확대하여야 한다. 이를 위하여 정보공개를 확대하고, 행정절차를 공개하고, 민의수렴을 위한 채널을 확장할 것이 요구된다. 민의를 수렴함에 있어 지지의견 만이 아니라 반대의견도 투입되도록 해야 한다.

2) 혁신을 위한 시민참여에 대한 인식개선

지방정부의 혁신과정에 시민참여가 활발하게 이루어지도록 할 필요가 있다. 이를 위해서는 우선 지방정부의 정책과정에 시민참여를 확대해 나가야 한다. 그러나 이러한 요청과는 달리 지금까지의 정책과정에 대한 시민참여는 형식적인 수준을 넘지 못했다. 시민참여는 각종 위원회에 참여하는 민간전문가나 시민단체의 대표를 통하여 제한적으로 이루어져 왔으며, 일반시민은 선거 이외에 실질적인 참여통로가 제약되어 사실상 정책과정으로부터 소외되어 왔다. 그러나 시민참여는 혁신을 위한 아이디어를 제공해줄 뿐 아니라, 혁신의 정당성 부여, 그리고 혁신추진의 효과도 제고시켜준다.

둘째 지방행정의 정보공개확대가 필요하다. "정보 없이 참여 없다"는 말이 가르쳐 주듯이 정보공개는 참여확대를 위한 중요한 선결요건의 하나이다. 이를 위하여 행정정보공개법의 제한사항을 완화하고, 공개청구에 대한 수동적 대응보다는 지방정부 스스로 시민이 필요로 하는 정보를 적극적으로 공개하는 정보공표가 강조되어야 한다. 셋째 전자매체를 활용하여 전자민주주의를 활성화하여야 한다[22]. 우리나라는 고속통신망의 확장으로 전자민주주의 추진기반이 어느 정도 마련되어 있으므로 정책의지에 따라 전자민주주의의 보급이 가능할 것으로 기대된다.

넷째 참여를 통하여 수집된 여론을 정책에 반영할 장치, 즉 여론반영기구가 설치되어야 한다. 시민참여를 통하여 여론투입이 이루어져도 정부가 이를 처리할 체제를 갖추지 못하면 여론투입의 노력은 무위로 그치고 시민참여노력 그 자체를 위축시킬 우려가 있다. 이렇게 될 경우 지방정부는 비민주적 정부로 전락하고, 혁신과정은 주민전체의 의사와 괴리되어 일부 집단과 계층의 이익을 대변하게 될 것이다. 시민의 참여를 진작시키고, 여론을 수집하는 데 그치지 않고, 수집된 주민의 의사를 혁신과정에 적극 반영시킬 수 있어야 한다.

3) 부패문제의 해소

중앙정부와 지방정부를 막론하고 공직자(정치인 및 관료 포함)의 부패문제가 지속적으로 제기되고 있다. 물론 모든 공직자가 부패한 것은 아니지만 문제는 부패가 관행화되고, 구조화되어 개인의 노력만으로 부패의 고리에서 벗어나기 어려울 정도로 확산되어 있다는 점이다. 그 결과 정부에 대한 국민적 불신이 팽배하여 있고, 다수의 선량한 공직자의 사기가 위축되어 결과적으로 정부의 생산성이 크게 저하되어 있는 것으로 나타나고 있다. 그러므로 정부혁신을 위한 정책적 노력에서 이와 같은 부패문제는 중요한 과제로 다루어져야만 한다. 특히 공직

22) 전자민주주의는 원격민주주의(teledemocracy), 가상민주주의(cyber democracy), 디지털 데모크라시(digital democracy), 이 데모크라시(e-democracy)등 다양한 이름으로 불리우고 있다.

부패의 해소는 민간부문에 만연되어 있는 부패관행을 제거하기 위해서라도 심각하게 다루어져야 한다.

이러한 문제를 해소하기 위하여 지금까지 사정활동의 강화, 공직윤리강령의 제정, 보수의 합리화, 부패방지법의 제정, 엄격하고 공정한 법집행, 규제완화 등 다양한 방안이 시행되었거나 제안되어 왔다. 그러나 이러한 활동은 각 방법이 갖는 원천적 한계로 인하여 획기적인 성과를 보는데 실패하였다. 그러므로 부패문제를 해소하기 위한 보다 획기적인 대안이 요구되고 있다. 현 시점에서 볼 때 과거의 부패에 대한 철저한 반성과 그것을 청산함으로써 새로운 미래를 기약하자는 한가지 방안을 제시할 수 있다. 즉 현재 시점을 기준으로 과거의 부패에 대하여 철저히 신고하고 조사하며, 신고 또는 조사결과에 따라 당사자로 하여금 과오를 시인하는 절차를 밟게 하는 대신, 처벌을 면제하여 더 이상은 과거 청산을 위해 불필요하게 에너지를 소모하지 말자는 것이다.

4. 지방정부혁신의 방법과 절차에 관한 숙지

1) 혁신과제의 선정

앞에서 몇 가지 혁신과제를 제시하였으나 기본적으로 혁신과제는 하향식으로 위에서 선정되기보다는, 주민의 의견을 적극 반영하여 신중하게 선정되어야 한다. 이를 전제로 할 때 혁신과제의 선정은 기본적으로 두 가지 방식에 의할 수 있다. 하나는 정부에서 혁신과제를 선정한 후, 시민에게 의사를 묻는 방식이다. 예를 들면 논란이 되는 공약사항의 실천문제를 지방정부에서 입안하고 주민투표를 통하여 주민의 의사를 묻는 방식이다. 다른 하나는 지방정부의 정책을 입안함에 있어 사전에 주민의 의사를 물어 이를 정책에 반영하는 것이다. 둘 중에서 어느 방식을 택할 것인가는 정책성질에 따라 달라질 수 있을 것인데, 대체로 전문적 판단이 더 중시될 분야는 전자의 방식을, 민주성이나 형평성에 대한 고려가 더 중시되어야 할 분야는 후자의 방식을 적용할 수 있을 것이다.

그리고 중요 혁신정책에 대하여는 반드시 정책선호도에 대한 주민의 의견을 물어야 한다. 이것은 정부의 정책우선순위와 주민이 원하는 정책우선순위의 괴리가 클 경우에 발생할 정부에 대한 불신, 정책협조의 저하 등을 미연에 방지할 수 있다는 장점이 있다.

2) 혁신의 우선순위 결정

과거의 정부혁신작업은 힘 없는 기관, 낮은 직위부터 적용되어 형평성 시비에서 벗어날 수 없었고 그 파급효과도 적었다. 그러므로 앞으로의 정부혁신은 기본적으로 '위로부터의 개혁'의 형태를 갖추어야 한다. 그래야만 파급효과를 나타나게 되고, 주민의 지지를 획득할 수 있다. 과거 정부혁신작업의 일차적 대상이 되었던 소위 '힘없는 부서들'은 당분간 기구와 인력조정 작업에서 멀리하는 것이 바람직하다. 아울러 정부혁신의 예측성을 높이기 위하여 혁신작업의 연관도(path map) 또는 청사진을 사전에 제시하는 것이 바람직할 것이다.

3) 혁신의 분업과 추진태도

혁신업무는 그것을 적절히 분담하여 추진하는 것이 효과적이다. 그리고 분담은 다음과 같은 원칙하에 이루어져야 한다. 첫째 지방정부혁신추진 전담기구는 혁신의 기본방향과 틀을 제시하고, 각 국실은 혁신전담기구에서 제시된 방향에 따라 실천계획을 수립·집행하게 한다. 둘째 혁신전담기구는 정치적 결정과 주요 이슈에 역량을 집중하고, 행정적 결정과 일상업무의 혁신은 각 국실에서 담당하도록 한다. 셋째 혁신의 정도가 큰 급진적 혁신정책은 저항을 고려하여 단기간에 걸쳐 신속히 추진하되, 혁신전담기구가 소수의 과제로 제한하여 추진하도록 한다. 반면 혁신의 정도가 상대적으로 작은 점진적 과제는 중기적으로 시행하되, 각 국실이 자율적으로 추진하게 한다.

4) 혁신의 성공전략에 관한 인식증진

지방정부의 혁신은 그것을 성공시키겠다는 혁신추진주체들의 강력한 의지와 혁신을 성공시키는 것이 지역사회발전 그리고 주민들에게 유익하다는 인식이 공유되어야 한다. 때문에 다음과 같은 몇 가지의 문제에 대해 확신을 가질 수 있어야 한다. 첫째 지방정부혁신은 과연 반드시 필요한 것인가 하는 것이다. 21세기 글로벌 사회에서 지방정부혁신은 불가피한 과제이다. 따라서 혁신은 반드시 필요하다. 그러나 구체적 상황에 따라서는 그렇지 않을 수도 있다. 분야별 또는 과제별로 혁신에 따른 이익과 손해를 따져보아야 할 필요가 있기 때문이다. 혁신의 주체는 혁신도 중요하지만, 안정성도 중요한 목적가치라는 점을 인식하여 혁신을 위한 혁신, 또는 효과가 확실하지 않은 실험적 혁신은 자제할 수 있어야 한다.

둘째 지방정부혁신이 성공하기 위해서는 혁신을 선도하는 주도계층의 도덕성과 비전이 주민의 인정을 받아야 한다는 점이다. 이러한 조건이 전제되지 않는 상황에서는 아무리 좋은 혁신전략도 성공하기 어려울 것이다. 그러므로 혁신주도계층은 사익에 집착하지 말고 공익을 우선적으로 추구해 나가야 하며, 지역발전을 위한 설득력 있는 비전을 제시할 수 있어야 한다.

셋째 어떠한 혁신정책이든 기구나 인력의 변화를 초래하지 않는 정책은 없으며, 모든 구성원들이 만족할만한 혁신은 없다. 따라서 혁신에는 필연적으로 저항이 있기 마련이다. 그러나 저항의 발생이 필연적이라 해서 저항을 무시해서는 아니 된다. 저항에 대한 적절한 고려가 결여된 혁신정책의 추진은 실패하기 쉽다. 혁신주도층의 도덕성과 설득력 있는 비전 제시는 저항의 최소화에 상당한 도움을 줄 것이다. 나아가서 저항에 직면하였을 때, 대화와 타협과 설득에 기초한 민주적 리더십을 발휘할 수 있어야 한다.

Ⅴ. 지방정부의 혁신역량 제고방안(Ⅱ): 혁신주체의 창조적 역량제고

1. 잠재적 혁신주체의 창조적 능력발전

창조는 혁신을 통해 가능하지만 혁신은 창조적 능력을 통해 더욱 강화된다. 즉 무능하거나 무지한 사람에게서 혁신을 기대하기는 불가능하다. 항상 변화를 구상하고 발전을 추구하는 창조적 능력을 가진 사람들로부터 혁신은 이루어진다. 때문에 지방정부는 내부적 역량제고를 위해 구성원들인 공무원들은 물론, 외부적 역량제고를 위해 지역주민들과 기업, 이익집단, 시민단체들이 무에서 유를 창조할 수 있는 지식함양과 기술·정보의 축적, 해외벤치마킹 등을 통한 창조적 능력을 개발할 수 있도록 해야 한다. 그러나 보다 근본적인 것은 적극적이고 개척적인 의식과 가치관 그리고 지칠 줄 모르는 열정과 근면성실이 뒷받침되지 않으면 안된다.

1) 지방정부 공무원들의 인적역량 제고

(1) 새로운 방식의 공무원채용과 교육훈련의 혁신

공직자들에게 창조적 능력을 함양시키기 위해서는 가장 우선적으로 공무원의 채용방식이 바뀌어야 한다. 50~60년 전에 채택한 공무원 채용방식을 반세기가 지난 오늘까지 그대로 유지하고 있다는 것은 혁신의 가장 큰 걸림돌이다. 우선 유능한 공무원을 채용하는 것이 채용 후 교육하고 훈련시키는 것보다 더 중요하다. 다음으로 공무원의 정신교육, 직무교육, 교양교육, 시사교육 등 다양한 교육시스템과 프로그램을 개혁하여 21세기 공직자들의 역량을 제고하고 이들에 대한 국민적 이미지를 개혁해야 한다. 공직자들의 창조적 역량은 새로운 지식과 정보와 기술의 함양을 통해서도 가능하지만 국내외 타 지방정부나 전문훈련기관에 파견하거나 위탁하여 교육시키고 실습시키는 것도 훌륭한 역량개발 방법임을 분명히 인식할 필요가 있다.

(2) 지속적 연구개발의 요구

앞으로는 지방공무원들의 지적 수준도 전문가적 수준에 이르러야 한다. 학문적 교육배경은 물론 전문분야의 이론과 실무에 관한 교육훈련의 배경도 그 수준을 높여야 한다. 지식정보화 시대의 제일의 생존전략은 연구개발이다. 부단한 연구개발만이 정보와 지식을 창출할 수 있고, 지식과 정보는 다시 혁신과 창조를 가능케 한다. 개인의 학습이나 조직의 교육훈련 등은 모두 이러한 연구개발의 일환으로 파악할 수 있다. 지식정보화 시대에는 이러한 연구개발에 대한 투자를 더욱 확대시켜 나갈 필요가 있다. 연구개발을 통한 지적수준의 향상은 지방정부가 처리해야 하는 문제해결능력을 기르는 첩경이 된다. 세상은 아는 것만큼 보이기 때문이다.

(3) 창조적 벤치마킹(Benchmarking)장려와 실천

능력은 다양한 방법을 통해 축적된다. 공직자들의 능력은 생산적 경험과 국내외의 벤치마킹 및 창조적 모방을 통해서 함양시켜야 한다. 현대적 관점에서 볼 때 백문이불여일견이라는 말과 같이 견문을 넓히는 것이 능력발전의 첩경이다. 변화하는 국제사회에 대한 견문은 물론 우리 보다 앞선 외국과 지방자치단체의 선진정책과 경험을 눈으로 직접 보고 귀로 들음으로써 지식을 함양하고 지혜를 넓혀나가야 한다. 국내외 선진지방자치단체들에 대한 연구를 통해 정보를 공유하고 수시로 해외연수 등을 통해 벤치마킹하도록 해야 할 것이다.

(4) 인적 네트워커의 구축과 활용역량 강조

21세기는 거버넌스 시대이고, 거버넌스 시대는 네트워킹을 통해 이루어진다. 그리하여 앞으로는 네트워킹이 개인이나 기업 그리고 정부의 능력을 좌우하는 주요 변수가 될 것이다. 21세기는 수많은 지식, 정보, 기술 등의 자원과 다양한 수단, 방법 그리고 전략들이 무한한 국가와 사회 및 지역과 기업 그리고 집단과 개인들에게 혼재하는 시대이다. 따라서 전 지구촌에 혼재하는 이러한 자원과 전략들을 어떻게 네트워킹 하느냐에 따라 그 사람의 능력이 좌우된다. 자원네트워킹, 정책네트워킹, 인적 네트워킹 등 다양한 네트워킹이 지방정부 혁신의 주요 동력으로 작용할 것이다.

우리보다 앞선 국가나 지방정부와 필요한 여러 부문에 걸쳐 네트워킹을 구축한다면 그것을 통한 능력발전과 혁신이 훨씬 용이해 질 수 있기 때문이다. 특히 우리의 경우, 모든 영역에서 인적 네트워킹을 강화하는 전략을 강화시킬 필요가 있다.

2) 공직자들의 직무에 대한 열정과 성취동기의 함양

개인이나 공무원들이 직접 혁신을 창출해 내기위해서는 의식개혁과 능력발전 그 자체만으로는 부족하다. 혁신하기 위해서는 창조적 사고와 역량 이외에 이들을 활용하여 혁신을 만들어 낼 수 있도록 하는 열정 내지 에너지가 필요한데 이것은 바로 성취동기와 직결되어 있다. 여기서 성취동기란 “개인으로 하여금 어떠한 목표를 추구하는 행동을 하게 하는 상태나 태세”를 말한다. 그리고 이와 같은 상태로 되는 것, 또는 가져오게 하는 것을 동기부여라 한다. 조직에서의 동기부여는 “조직의 목표달성을 위하여 구성원들의 지속적인 노력을 효과적으로 유발시키는 것”을 의미한다. 그러므로 동기는 개인의 행동에 활동력을 주고 조정한다. 뿐만 아니라 동기는 개인으로 하여금 행동하게 하고 행동의 방향을 지어 준다. 따라서 이들로 하여금 국가와 사회를 위해 무엇인가를 이루겠다는 강한 집념과 사명감을 함양시켜야 한다. 그리고 지방정부의 정책개발을 통해 현실을 개혁하고 경제발전과 복지증진을 이룩하겠다는 왕성한 의욕 등을 가질 수 있도록 성취동기를 개발하고 함양시켜야 한다. 그러기 위해서는 기업과 지방정부차원에서 체계적인 교육훈련과 인사, 보수 등을 통한 유인제도를 강화하고, 경쟁체제와 평가제도를 적절히 활용함으로써 각자에게 내재되어 있는 성취동기를 자극해 나가야 할 것이다[23].

바람직한 공무원은 공직에 대해 깊은 사명감을 가지고 열정적으로 업무를 수행하는 사람들이다. 업무에 대한 바로 이 열정은 성취동기로부터 비롯된다. 따라서 주어진 업무처리에만 급급하는 공무원이 아니라 지역사회와 국가발전을 위해 항상 끊임없이 정책을 창조하고 일에 헌신하는 열정적 성취동기를 가진 공무원들이 많아야 한다. 창조는 바로 이 성취동기로부터 비롯된다. 궁하면 통한다는 말이 있듯이 부단히 노력하고 끊임없이 고민하는 공무원들에게 반드시 길은 열리게 마련이다. 아무리 유능한 사람이라고 하더라도 일에 대한 이러한 에너지가 없다면 그 능력은 사장되고 말 것이다. 구슬이 세말이라도 꿰어야 보배라는 말처럼 i) 개방적 사고와 혁신지향성, ii) 창조적 역량은 바로 이 iii) 열정적인 성취동기(Energetic Motivation)에 의해 꿰어져 3위 일체가 될 때 비로소 하나의 소중한 열매를 맺을 수 있게 되는 것이다. 공무원들에게 이러한 열정 내지 성취동기를 갖도록 하기 위해서는 그들이 우선 건강해야 하고, 그들의 욕구를 부단히 자극해야 하며, 꿈과 비전을 갖도록 해야 한다. 뿐만 아니라 경쟁심을 유발시키고 가능성에 대한 신뢰(믿음)를 형성시키며 공직자로서의 사명감을 자극해야 한다.

3) 잠재적 혁신추진기관의 구조기능 혁신(System Innovation)

새로운 시대, 새로운 대응을 위해서는 기존의 체제와 관리방식으로는 불가능하다. 따라서 재발명(Reinventing)을 위한 재구조화(Restructuring)와 재조직화(Reorganization)를 추진해 나가야 한다. 그리하여 계층제로부터 상황적응조직(adhocracy)으로, 그리고 이들 간의 네트워크 시스템(Network System)구축이 요구된다. 나아가 종합정책기획실의 설치운영으로 창조적 정책개발과 프로그램혁신 등으로 연결시켜나가야 할 것이다. 뿐만 아니라 조직이나 정부의 혁신활동을 관리할 수 있는 체계적인 시스템을 구축해야 한다.

(1) 조직구조의 개혁과 Network System의 구축

조직의 탄력적인 관리체제를 구축하고자 하는 근래의 개혁추진의 관점에서 보면 조직구

23) 공직사회에서 어렵게 도입한 성과급여제도가 성과금의 나눠 먹기식으로 변질됨으로써 그 실효를 거두지 못하고 있는 것은 성과평가시스템이 정착되지도 않은 상태에서 그 다음 단계인 성과보상제도가 먼저 도입되었기 때문일 것이다.

조설계의 틀 자체를 바꾸는 것이 정부혁신과 경영혁신의 결정적인 요소가 되고 있다. 뿐만 아니라 국가경영철학의 변화와 함께 거버넌스 시스템의 운영이 강조되고 이에 따른 네트워크의 구축은 현대 정부나 경영혁신의 가장 기본적 요소로 인식되기에 이르렀다(총무처직무분석기획단, 1997: 72-79). 그리하여 첫째 불요불급한 영역의 민영화, 제3섹터화를 통한 행정영역의 재정비해 나가야 할 필요가 있다. 둘째 전통적 조직구조로부터의 탈피, 프로젝트팀(Project Team), 태스크 포스(Task Force) 등의 상황적응적 조직(Adhocracy)을 개발함으로써 행정능률화를 위한 구조개혁에 힘을 모아야 한다. 셋째 관련조직과 기관 간은 물론 국내외를 막론한 타 지방정부와도 Network 구축과 정보교류를 활성화해야 한다.

(2) 미래지향적 행정기능의 혁신

전통적 행정관리방식은 과감하게 폐지해야 한다. 규제와 통제행정도 질서유지를 위해 불요불급한 것을 제외하고는 모두 없애야 한다. 그리하여 지방정부의 기능도 이제부터는 미래지향적, 창조적 행정기능으로 바꾸어 나가야 한다. 따라서 지방정부의 행정기능은 첫째 사후수습 내지 처방식 행정기능으로부터 사전진단과 예방행정으로 그 기능의 중요 축을 한 단계 진전시키야 한다. 둘째 규제, 통제, 관리기능에서 협력과 지원, 조장, 서비스기능으로, 셋째 단순집행과 시행위주의 행정에서 정책과 계획의 기획개발기능을 강화해 나가야 한다. 넷째 단순획일적 관리기능에서 지역이나 기관의 특성을 살린 창조적 시책개발추진으로 지역사회복지증진 및 기관의 문제해결능력을 강화해 나가야 한다.

2. 자치단체장과 지방의원의 혁신지향적 리더십 확충

중앙정부의 역량을 제고하기 위해서는 대통령과 입법, 행정, 사법의 3부의 지도자들의 리더십이 혁신적이고 창조적이어야 하며, 지방정부의 역량을 제고하기 위해서는 지방자치단체장과 간부공무원들 그리고 지방의원들의 리더십이 혁신지향적이고 창조적이어야 한다. 혁신은 정부의 지도자들 뿐 아니라 사회 각 분야와 영역의 지도자와 여론지도자들에 이르기까지 사회지도자들도 어느 정도 혁신에 대한 의지와 역량을 가지고 있어야 한다. 왜냐하면 정부혁신에 대한 이들의 태도가 혁신에 대한 성패를 좌우할 수 있기 때문이다. 지방정부의 혁신도 역시 상당한 범위까지는 이들의 리더십에 의해 좌우될 수 있다. 그리하여 오늘날의 정부지도자는 세계적 변화의 조류를 미리 감지하고 이에 대응할 수 있는 정책을 구상할 수 있어야 하며, 사회지도자들로 부터 신뢰와 영향력을 가져야 하고, 지방정부의 구성원들에 대해 혁신의 방향까지 제시할 수 있어야 한다. 공직자들에 대한 혁신과 창조의 요구도 바로 이러한 데서 출발하고 있다. 그리하여 지방정부혁신의 조건 내지 기반으로 자치단제장과 지방의원들의 혁신지향성과 창조적 리더십의 발휘는 매우 중요한 의미를 지닌다.

1) 지도자의 역할기능인지와 지도력 확충 및 강화

(1) 지도자의 일반적인 역할기능

지도자의 역할은 시대에 따라 변해왔으며, 상황에 따라 바뀌고 있다. 정치와 행정, 기업과 기관 등 지도자가 처한 조직의 다양성 때문에 지도자의 역할은 다르다. 이처럼 지도자의 리더십은 시간과 공간, 문제와 대상과 상황과 역할에 따르 다르기 때문에 보편적이고 일반적인 리더십에 대한 주장은 불가능하다. 그러나 사회일반에서는 교양으로서의 지도자의 역할을 지도자라는 영어의 leader철자를 중심으로 i) 경청(listen), ii) 설명(explain), iii) 지원(assist). iv) 토론(협의)(discuss), v) 교육(education), vi) 책임(responsibility) 등으로 설명하기도 한다.

(2) 조직지도자의 역할내용

21세기 지도자는 그가 속한 조직이나 기관의 특성을 불문하고, 무에서 유를 창조하거나 불가능을 가능으로 바꿀 수 있는 창조적 리더십을 발휘할 수 있도록 요구받고 있다. 그러나 현실은 일부 기업조직을 제외하고는 그러한 요구에 부응하지 못하고 있다. 그렇다면 구체적으로 오늘날의 정치행정지도자들은 어떤 역할을 수행해야 하는가? 여기에 대한 답으로서 아래에서는 현대 행정조직의 지도자들이 수행해야 할 역할내용을 검토해 보기로 한다.

첫째 응집력(coherence)을 확보하는 것이다. 응집력의 확보란 구성원들 간에 동질성을 확보해 나가는 것을 의미한다. 이것은 조직구성원에게 조직의 목표를 내면화(internalize)시킴으로써 촉진된다. 다시 말해 조직의 목표와 조직구성원의 개인적 목표를 화합시키는 것이다.

둘째 구성원들에 대한 동기를 부여하는 것이다. 리더십의 중요한 기능의 하나가 조직구성원들에게 성취동기를 부여하는 것이다. 동기부여를 위해 가장 흔히 사용하는 방법은 당근과 채찍이다. 당근이란 설득을 의미하고, 채찍이란 강제를 의미한다. 강제적인 방법은 단기적인 면에서는 약간의 효과가 있을지 모르지만, 장기적인 면에서는 효과가 없다고 본다. 가장 성공적인 동기부여란 조직구성원에게 유리한 '인센티브'와 작업조건을 제시하는 것이다.

셋째 조정하고 통합하는 것이다. 조직에서 전문성이 강조되고 전문가의 역할이 강화될수록 조정·통합은 어려워진다. 따라서 지도자의 중요한 기능 중의 하나가 다양한 전문적 행위들을 최종목표를 향해서 통합시켜 나가는 것이다. 일반적으로 전문가는 터널적 시각(tunnel vision)에 사로잡혀, 자기 것에만 집착하고 자기역할의 중요성만 내세우려고 한다. 이때 지도자는 각 분야의 역할은 조직의 목표달성으로 가는 단계라는 것을 강조하고 보다 넓은 시각을 갖도록 유도한다.

넷째 촉매적 점화의 역할이다. 지도자의 촉매적기능이란 지도자가 점화자(spark plug)로서의 역할을 수행해야 한다는 것이다. 조직은 새로운 사업을 시도하거나 변화를 추구할 경우, 분위기가 무르익었을 때 그 시기를 놓치지 않고 민첩하게 점화자의 역할을 해야 한다. 특히 미래사회는 모든 영역에서 Process와 Timing을 강조하는 시대로 변화하고 있다. 그리하여 지도자는 언제나 기존 사업의 진행과정을 상세히 파악하고 있어야 한다. 그리고 적절한 시기에 기존사업의 종결과 새로운 사업의 시작에 대한 결단을 내려야 한다.

다섯째 조직을 대변하고 옹호하는 것이다. 지도자의 중요 역할중의 하나가 조직의 목표·견해 및 이익을 대변하고 옹호하는 것이다. 이러한 대변 및 옹호역할은 조직이 복잡해지면서 더욱 중요성을 띠게 된다. 조직이 복잡해지면 자연히 그 안에 많은 소규모의 조직이나 하부조직이 생긴다. 이때 소규모의 조직책임자들은 자기들의 조직을 위해서 검투사(gladiator)의 역할을 해야만 리더십을 다질 수 있다. 보다 많은 예산획득을 위한 투쟁은 좋은 예라고 할 수 있다.

여섯째 위기관리이다. 지도자의 위기관리능력은 국가의 최고정치지도자에서부터 소규모의 조직책임자에 이르기까지 한결같이 요구되는 핵심적이고 중요한 능력중의 하나다. 위기란 천재·지변·전쟁에서부터 직원이나 종업원들의 '스트라이크', 물자공급의 중단 등에 이르기까지 다양하다. 위기의 종류마다 거기에 대처하는 관리능력도 다를 것이다. 위기 시에 지도자는 어떤 결단 속에서 사용가능한 모든 수단을 동원해서 위기에 대처하려고 함으로써 리더십은 유지·강화된다.

2) 혁신적 지도자의 태도

우선 지방정부의 지도자들은 다음과 같은 자질과 태도를 함양할 필요가 있다. 첫째 혁신을 창출해 낼 수 있다는 자신감을 가져야 한다. 혁신은 기존의 것들과는 다른 늘 새로운 것을 시도하기 때문에 기존에 익숙해 있는 사람들에게 거부감과 불안감을 조성시키게 된다. 때문에 혁신추진과정에서 부딪히게 될 저항과 반대를 극복할 수 있는 의지와 능력을 가져야 한다. 지도자가 자신을 잃으면 반대와 저항은 더욱 거세어 질 수 있다는 점을 유의해야 한다. 둘째 도전정신을 가져야 한다. 즉 새로운 분야를 개척하고 알려지지 않은 것에 대한 모험을 선호하는 도전정신이 강해야 한다. 혁신은 그만한 가치가 있다고 판단했기 때문에 추진하는 새로움에 대한 도전이기 때문이다. 따라서 실패의 가능성에 대한 두려움을 갖지 않고 적극적으로 도전하는 용기있는 자세가 필요하다. 유능한 지도자는 현재에 안주하지 않고 부단히 기회를 탐색하고 개척과 모험을 시도한다. 셋째 지혜와 용기를 가져야 한다. 혁신추진과정에서 불가피하게 직면하는 다양한 선택과 관련해 지도자는 올바른 대안을 선택할 수 있는 지혜와 그것에 대한 반대를 극복할 수 있는 용기를 가져야 한다. 즉 우수한 대안을 선택하면서도 그것에 대해 여러 사람들의 합의를 도출할 수 있는 지혜와 용기를 가져야 한다.

다음으로 지방정부의 지도자는 다음과 같은 행동을 보여주어야 한다. 즉 자치단체장이나 지방의원들은 구성원들에 대하여, 첫째 혁신의 동기를 유발시켜야 한다. 지도자는 구성원들로 하여금 스스로 어떤 일에 대한 동기를 유발할 수 있도록 자극을 주어야 한다. 그리고 그들이 혁신에 지속적으로 관심을 가지도록 유인을 제공하고 흥미를 유발시켜야 한다. 지방정부의 지도자들은 비록 혁신의 과정은 고통스럽더라도 그 결실은 큰 보람과 기쁨을 가져다 줄 수 있다는 믿음을 줄 수 있어야 한다. 둘째 열정과 성공을 보여야 한다. 혁신지향적인 지도자는 믿음과 열정을 가지고 가슴으로 이야기하고 행동으로 보여주어야 한다. 구성원들에 대한 끊임없는 신뢰와 애정의 기반위에서 부단히 대화해야 한다. 애정과 열정으로 대화하고 행동하는 지도자는 반드시 구성원들의 지지와 협력을 끌어 낼 수 있다. 셋째 구성원들을 감동시켜야 한다. 스스로 혁신할 수 있도록 구성원들의 호기심을 자극하고 생각할 수 있는 기회를 주고, 실천할 수 있는 분위기를 조성해 주어야 한다. 일과 실험 등에서 스스로 모범을 보임으로써 그것을 통해 구성원들이 감동할 수 있도록 해야 한다.

3. 지방정부의 총체적 혁신개발과 역량함양

혁신은 아무런 준비도 없이 언제나 마음만 먹으면 가능한 것이 아니다. 혁신은 이상과 같이 혁신을 추진하기 위한 토대 즉 혁신기반이 조성되어 있어야 한다. 변화하는 환경에 대응하여 지방정부를 경쟁력 높은 선진적 지방정부로 만들어 나가기 위해서는 위에서 무엇보다도 혁신기반의 조성이 급선무다. 인류의 역사를 통해 변화하는 환경에 대응하여 이를 극복하고자 한 혁신과 창조는 열거할 수 없을 만큼 많다. 이러한 기반위에서 창조적인 혁신능력을 갖춘 혁신주체들이 혁신전략을 추진함으로써 혁신이 가능하게 된다. 따라서 혁신주체들에 대한 창조적인 혁신역량을 개발하고 함양시켜야 한다. 혁신역량을 제고시키기 위해서는 그동안의 다양한 경험과 전략 등을 학습하고 체험함으로써 가능하다. 아래에서는 혁신추진의 전략적 방안으로서 발상의 전환을 통해 혁신할 수 있는 방법과 그 동안 국내외의 중앙 및 지방정부 등에서 추진되어 온 대표적인 혁신방법들을 소개하기로 한다.

1) 발상의 전환(逆發想)과 창조적 사고

역사상 중요한 발견이나 발명을 이룬 사람들은 모두 당시의 지배적인 의식이나 사고로부터 벗어난 사람들이었다. 예컨대 뉴턴, 에디슨, 코페르니쿠스, 콜럼부스, 아인쉬타인 등 모두 기존의 생각과 상식을 뒤엎은 사람들이다. 이러한 유형에 속한다고 볼 수 있는 우리나라 인물만 몇 명 열거하면 아래와 같다.

첫째 신라시대의 설총은 이두문자를 만듦으로써 중국의 한자를 우리식의 표현에 맞게 만들었다. 둘째 김홍도, 신윤복 등은 당시 자연(예, 사군자, 산수화 등)과 인물의 양반중심적인 취향의 그림에서 서민위주의 소재, 풍속화를 탄생시켰다. 셋째 조선왕조의 영조대왕은 과거의 사색당파로 유명했던 파당정치 내지 붕당정치를 혁신하기 위하여 탕평책을 실시하였다. 넷째 이순신 장군은 쇠로 덥힌 배는 무거워 뜰 수 없다는 인식을 과감히 버리고 철갑선인 거북선을 제작하였다. 다섯째 정약용선생은 관념적이고 예의중심의 유교사상에서 벗어나 현실에 맞는 실천사상을 주장하여 실학사상을 대성시켰다. 여섯째 조선조 초기 조광조는 기존의 훈구세력이 갖는 부정부패를 강력히 비판하고 사림정치(개혁정치)를 전개했고, 일곱째 허균은 양반중심의 한문문학에서 탈피하여 최초의 한글소설 홍길동전을 집필하였다. 그 외에도 박정희 대통령은 과감한 수출드라이브정책을 통해 경제개혁을 추진하였고,

정신혁명운동이었던 새마을운동을 전개하였다. 그리고 현대의 정주영 회장은 선박수주(500원짜리 지폐의 거북선 이용) 및 물막이 공사(폐선박 이용)에서 혁신과 창조적 사고를 발휘했다. 즉 당시까지 배를 건조해본 경험이 없는 상태에서, 그것도 조선소를 만들고 있는 과정에서 선박을 수주하기 위하여 외국에 나갔다. 수주과정에서 상대편 바이어(buyer)가 배를 건조해본 경험이 있느냐고 물어 보았을 때, 정회장 일행은 당시 500원짜리 지폐를 꺼내 거북선을 내보이면서 "우리는 400년 전부터 이렇게 완벽한 선박을 건조했다"고 말했다고 한다. 그리고 결국 상대방을 설득시키는 데 성공해서 수주를 할 수 있었다고 한다. 또한 서산 간척지의 물막이 공사 중에 물살이 너무 강해 트럭으로 쏟아 붓는 바윗돌이 떠내려가 공사가 난간에 부딪혔을 때는 '폐유조선 물막이 공법'이라는 신(新)공법을 창안해 수백 억 원의 공사비를 절약하고 공사도 무사히 마쳤다. 이러한 일들은 바로 창조적 사고의 결과라 할 것이다.

2) 블루 오션(Blue Ocean)의 창출

유럽경영대학원(INCEAD) 석좌교수인 김위찬 교수와 르네 마보안 교수가 함께 쓴 '푸른바다 전략(Blue Ocean Strategy)'이 국내 뿐만 아니라 세계적인 베스트셀러가 됐다. 이 책에서는 기존산업과 시장수요의 범위 내에서 치열한 경쟁을 통해 살아남아야 하는 시장공간을 '레드오션(Red Ocean)'으로, 그리고 현재 존재하지 않는 새로운 시장 영역에서 새로운 고객수요를 창출해 경쟁 없이 기업이 성장할 수 있는 기회의 공간을 '블루오션(Blue Ocean)'으로 규정한다. 요컨대 경쟁이 치열한 현실사회를 붉은 피의 바다(Red Ocean)라고 한다면, 경쟁이 없거나 극히 완화된 새로운 바다를 푸른 바다라고 한다. 창조적인 아이디어로 이러한 푸른바다를 만들어 나가는 것을 혁신이라고 한다. 즉 경쟁이 없거나 완화된 안정적 영업이 가능한 상황을 조성해 나가는 전략을 의미한다. 그러기 위해서 그들은 궁극적으로 비용은 낮추고 고객의 가치는 높임으로써 가격인하와 가치혁신이 겹치는 영역을 넓혀가는 것이야 말로 블루오션을 창출하는 전략이라고 하였다(W. Chan Kim & R. Mauborgne, 2005: 12-18).

예를 들면 경쟁이 치열한 프랑스의 서커스시장에서 태양의 서커스단은 서커스의 내용(모든 서커스단이 필수적인 프로그램으로 삼았던 동물공연을 없애고, 대신에 오페라를 공연함으로써)을 바꿈으로써 기존의 치열한 경쟁을 벗어나고, 경쟁 없는 푸른 바다에서 자기서커스단이 추구하는 가치를 극대화 시킬 수 있었다. 즉 서커스공연의 비용을 줄이면서도(cost down), 오페라라는 상류시민문화를 접목시킴으로써 고객의 가치(관람문화수준)을 제고시키는(value raise) 일석이조의 이익을 창출해 낸 것이다. 혁신은 효용성과 가격 그리고 비용에서 주로 이루어진다. 때문에 혁신은 과정의 변화를 통해서 가치를 제고(혁신 혹은 창조)시키고, 이를 통해 차별화와 비용절감을 가능케 함으로써 이룰 수 있다[24]. 이러한 블루오션의 예는 우리 주변에서 어렵잖게 찾아볼 수 있다. 예컨대 YS의 금융실명제와 DJ의 햇볕정책도 블루오션을 창출한 것이라고 볼 수 있다. 문민정부의 김영삼 대통령은 금융실명제를 단행, 금융거래의 낡은 관행을 타파했고, 국민의 정부 김대중 대통령은 남북화해정책(햇볕정책)으로 한반도에 평화의 무드를 조성했다. 그 외도 우리 주변에서 볼 수 있는 유황오리, 퓨전음식, 캠핑카 등이 그러한 예에 해당된다고 볼 수 있을 것이다.

3) 창조적 벤치마킹과 정책네트워킹의 추진

혁신이란 새로운 생각이나 방법으로 기존의 일을 다시 계획하고 실천하고 평가하는 것을 의미한다. 따라서 혁신은 우리보다 앞선 기술, 앞선 문화에 대한 창조적 벤치마킹을 통해 보다 용이하게 혁신할 수 있다. 박정희 대통령은 고속도로건설을 위해 독일의 아우토반을 벤치마킹하였다. 댐건설, 원자력발전소 건설, 그리고 근래에는 쓰레기소각장 건설에 이르기까지 선진기술을 벤치마킹함으로써 혁신에 성공한 사례는 무수히 많다. 그 외도 정부혁신, 기업혁신 등 기술과 제도 등을 함께 벤치마킹함으로써 혁신을 추진한 사례도 적지 않다. 앞으로는 제도와 문화 등에 대한 벤치마킹을 통해 동서양간의 문화차이를 극복하는 혁신을 추진할 수도 있을 것이다.

네트워킹 역시 21세기 혁신의 주요전략 중 하나이다. 이미 혁신에 성공한 국가나 기업과 네트워킹을 통해 혁신을 추진할 수도 있고, 앞으로 혁신하고자 하는 사람들과의 네트워킹을 통해서도 혁신을 추진할 수도 있다. 나아가 정부와 전문가 시민단체와 기업 등이 정책네트

---

24) 블루오션(Blue Ocean)은 의미 그대로 신선하고 청정한 바다를 뜻한다. 이는 수많은 경쟁자들이 우글거리며 치열한 싸움을 벌이고 있는 레드오션(Red Ocean)과 상반된 개념으로 경쟁자가 없는 무(無)경쟁시장을 말한다. 그러기 위해서는 발상의 전환을 통해 고객이 모르던 전혀 새로운 시장을 창출하는 전략이 필요하며 그 전략이야말로 권 소장이 주장하는 '진정한 의미의 혁신'이라는 것이다. 2005년 2월 미국 하버드 대학 경영대학원 출판사에서 같은 제목의 단행본으로 출간되자마자 세계적 베스트셀러로 주목 받으며 26개 언어로 전 세계 100여 개 국가에서 번역 출간됐다. 한국에서는 삼성전자와 LG그룹이 블루오션 전략을 도입하면서 정계와 재계 지도자들의 필독서가 됐다.

워크를 구성함으로써 창조적 문제해결이 가능한 정책을 추진해 나갈 수 있을 것이다. 그러나 벤치마킹이든 네트워킹이든 간에 어느 하나에만 의존하기보다는 이 두 가지를 동시에 활용함으로써 보다 효율적인 혁신을 가능하게 할 수 있다. 즉 네트워킹을 통해 연결된 사람(기업, 정부 등)끼리 서로 벤치마킹함으로써 더욱 효율적인 혁신이 가능할 것이다.

4) 창조적 발명의 추진

혁신은 지금까지 알지 못했던 사실을 새로이 알게 하는 발견이나 무에서 유를 창조함으로써 기존의 상태를 혁신하게 된다. 전기의 발명, 전화기의 발명, 자동차의 발명, 비행기의 발명 등은 그것이 발명됨으로써 그 이전의 상태를 전적으로 변화시키고 혁신시켰다. 예컨대 중장비 포크레인의 발명이 건설공사장의 작업스케쥴을 혁신시켰고, 피임기술의 발전이 남녀관계에 관한 젊은이들의 의식을 혁신시켰다. 고속전철의 개통은 거리개념을 바꿔 놓았고, 비행기수요를 축소시키는 등 교통혁신을 가져왔다. 오늘날 정부나 기업의 혁신은 대부분 과학기술 및 교통통신의 발달에 힘입어 이들을 활용한 혁신이 주를 이룬다. 근래 컴퓨터에 관한 기술발전이 인간 삶의 모두를 변화시키고 있다. 이것은 혁신이라기보다는 혁명이라고 할 정도이다. 조만간 바이오기술발달로 시지 않는 김치가 나오고, 음식을 상하지 않게 만든다고 한다. 과학기술의 발전이 어디까지 갈지 알 수 없지만 창조적 발명은 우리 삶의 모든 영역에서 지속적으로 혁신을 만들어 나가고 있다.

5) 차별화 전략의 추진

슘페터는 혁신을 '미래를 위한 창조적 파괴'로 규정한 바 있다. 미래지향적 발전을 위해서는 기존 틀에 안주해서는 안 되고, 항상 현재의 틀에 대한 끊임없는 문제의식을 던져야한다. <차별화의 법칙>이라는 저서를 출간한 홍성준 박사도 "기존의 통념을 깨는 가치의 혁신"을 강조하고 있다. 그리하여 그는 차별화의 체계, 차별화의 기본법칙, 차별화의 실행기술이라는 3가지 차원에서 차별화를 혁신전략으로 강조하고 있다. 물론 차별화를 통해 궁극적으로 달성하고 하는 것은 새로운 가치혁신이므로 앞의 블루오션 전략과 일맥상통하는 점이 있다. 그러나 차별화라는 창조적 수단이 혁신의 중요한 방법이 될 수 있다.

첫째 기존의 것과는 달라야 한다. 차별화시키기 위해서는 일단 뭔가 '달라야 한다'. 효율성만 가지고는 부족하고 다른 사람, 다른 기관, 다른 정책과는 뭔가가 달라야 한다. 다르다는 것은 발상의 전환에서 시작될 것이다. 차별화 법칙의 저자는 세계적인 시계제작업체인 Swatch사의 예를 들고 있다. Swatch사는 더 이상 기술로서는 스위스시계를 차별화할 수 없다고 판단하고, 시계를 단순히 시간을 알려주는 기능품에서 '패션 악세사리'로 재정의함으로써 기존 시계업계와 차별화를 시도했다. 결과는 대성공으로 이어졌다는 것이다.

둘째 새로운 가치가 있어야 한다. 차별화 하기위해서는 다르다는 것만으로 부족하고 '가치가 있어야 한다'. 창조에는 새로운 가치가 포함되어 있다. 이 책에서는 다양한 사례를 소개하지만, 위 Swatch사례에서도 시계에 패션이라는 새로운 가치를 부여함으로써 성공과 연결된 것이다. 발상의 전환은 곧 새로운 가치영역의 창출로 연결됐고, 결국 블루오션 의미와도 연결된다.

셋째 철저한 준비와 세심한 접근이 요구된다. 그리고 차별화를 위해서는 정교하고 세심하게 접근해야 한다. 어떤 것이든 차별화하는 것은 비용이 많이 들기 때문에 반드시 사전에 득과 실을 따져봐야 한다. 홍보도 혁신도 정밀한 진단과 분석에 따라 전략이 수립되어야 한다. 새롭게 보이겠다는 것만 추구하다가 복잡한 구조가 되어 버린다면 혁신에 실패하고 말 것이다. 민간기업과는 달리 정부정책의 실패는 엄청난 자원낭비를 초래할 수 있고, 많은 국민들의 삶의 방식을 바꿀 수 있기 때문에 더욱 세심한 접근이 요구된다.

Ⅵ. 결어

변화가 소용돌이치는 현대사회에서 지방정부의 역량을 제고하여 세계적 경쟁력을 키워나가기 위해서는 외부환경으로부터의 각종 도전을 능동적이고 효과적으로 극복할 수 있어야 한다. 그리고 그렇게 되려면 우선 지방정부의 구조기능적 능력을 개발시키고 혁신을 추진함으로써 총체적 정부역량을 제고시켜야 한다. 이를 위해 지방정부의 공직자들은 우선 시대상황에 부합하는 합리적 생각을 갖도록 노력해야 하고, 그러한 생각을 행동으로 실천해 나갈 수 있어야 한다. 생각만 가지고 있고 실천하지 않는 것은 생각하지 않는 것만 못하다. 그러나 실천의 효력을 제고시키기 위해서는 창조적 능력이 필요하고 왕성한 열정과 성취동기가 요구된다. 자신의 생각을 관철시키거나 현실로 구체화시키기 위해서는 남들이 갖지 못하는 남다른 능력을 가져야 한다. 그리고 이 남 다른 능력이란 하루아침에 저절로 길러지는 것이 아니다. 매사에 정성을 다해 부단히 노력해야만 비로소 얻어지는 것이다. 남보다 한발 앞선 혁신은 부단한 노력의 결과임을 명심해야 한다. 스스로 낙후된 자신의 생각과 행동을 고치고 개혁하며 새롭게 다가오는 각종 변화에 효율적으로 대응할 수 있는 창조적 능력개발에 최선을 다해야 할 것이다. 그리하여 지방정부의 공직자들은 행정에 대한 전통적 패러다임을 미래지향적 패러다임으로 바꾸고, 구조개혁과 기능혁신을 통해 지방정부의 역량을 제고시켜 나가야 할 것이다.

제5장 지방정부의 정책역량 제고방안

Ⅰ. 사회변화에 대한 대응역량제고와 지역발전의 동인

1. 지역사회환경의 변화와 지방정부의 대응

오늘날 지구촌사회는 정치경제, 사회문화 등 모든 영역에서 정신적·물질적인 대변화의 소용돌이에 휩싸여 있다. 특히 글로벌화로 요약되는 대변화는 세계 각국을 향하여 통치질서의 근본적인 개혁과 변화를 요구하고 있다. 세계화의 기본전제로 추진되고 있는 지방분권화는 국가중심의 국제적 환경을 지방중심의 세계적 환경으로 개편시키고 있고, 이에 맞춰 이미 적잖은 선진국에서는 국가의 통치방식까지 하향식(Top-down)에서 상향식(Bottom-up)으로 바꾸어 나가고 있다. 21세기 국가의 경쟁력은 바로 지역사회의 경쟁력이며, 지방자치단체의 경쟁력에 의해 결정되는 시대로 이행되고 있다. 이러한 글로벌사회의 대변화 속에서 지방정부가 추진해야 할 가장 첫번째 과제가 바로 지방정부의 구조기능혁신과 지방공무원의 능력발전이고, 그 다음이 지역주민의 의식혁신과 지역발전을 위한 지방정부의 정책개발이다.

한정된 자원으로 증폭하는 주민들의 행정수요를 충족시키고 지역사회의 주민복지를 증진시켜 나가기 위해서는 자치단체장, 지방의회의원, 지방공무원이 삼위일체가 되어 창조적인 지역발전정책을 수립하고 이를 효율적으로 추진해 나가야 한다. 그동안 중앙정부가 정책을 통해 국가발전을 유도해 왔듯이, 지방정부도 이제부터는 각자 자율적으로 지역의 특성을 개발하고 주민들의 소득을 증진시킬 수 있는 독창적인 정책을 개발하고 추진함으로써 지역발전을 이루어 나가야 한다. 지방정부가 중앙정부에만 의존하지 않고, 자율적 발전을 추진하기 위해서는 지역문제를 정책적 관점에서 해결하려는 창조적 생각을 가져야 한다.

1. 세계화와 분권화의 환경 속에서 지방정부가 추진해야 할 주요 정책과제

1) 지방정부의 구조기능혁신: 역발상, Blue Ocean Strategy, R&D, 혁신과 창조, 차별화전략

2) 지방공무원의 능력발전: 5S, BM, Networking

3) 지역주민의 민주시민역량제고: 민주교육 및 시민의식개혁, 참여와 봉사

4) 지방정부의 지역발전정책개발: 공직자의 정책지식제고, 정책중심체제개혁, 단체장의 리더십

2. 창조적 정책개발로 지역발전과 주민복지 구현

1) 과제 (1) 한정된 자원과 폭증하는 주민들의 행정수요 충족

(2) 지역경제발전과 문화확충으로 주민복지 증진

2) 대책 (1) 자치단체장, 지방의회의원, 지방공무원이 삼위일체가 되어 정책역량 제고

(2) 지방정부의 창조적인 정책개발과 그 효율적 추진

2. 지역발전의 동인(動因), 지방정부의 정책

5천년 빈곤의 굴레를 벗고 한강의 기적을 이루면서 선진국으로 발돋움하고 있는 대한민국 발전의 이면에는 가족계획사업정책, 경제개발5개년계획, 경부고속도로건설정책, 새마을운동정책, 중화학공업정책 등 주요한 정책들의 성공이 있었기 때문이었다. 1960년대 초 당시 우리나라는 국가발전에 요구되는 수많은 여건 중[25]에서 한 가지도 변변하게 갖추지 못했던 열악한 실정이었지만, 지도자와 공직자들 그리고 국민들이 한 덩어리가 되어 역경을 극복하고 기적을 창조했던 것이다. 이처럼 중앙정부의 정책이 국가발전을 추진시키는 동력으로서 기능하는 것처럼 지방정부의 정책도 지방자치단체의 발전을 좌우하는 주요 동인으로 작용한다. 때문에 지역의 발전은 지역정부의 새로운 정책개발을 통해서 충분히 달성할 수 있고, 정책을 통해 미래를 개척할 수도 있다.

그러나 우리나라의 지방은 언제나 중앙정부만을 바라보고, 중앙정부에 기대하거나 요구하고, 원망하거나 비난만 해왔다. 그리하여 오랜 세월 모든 것을 중앙정부에만 의지하면서

25) 국가발전을 위해서는 적어도 다음과 같은 4가지의 요건은 구비되어야 한다는 것이 일반론이다. 첫째 자본(Capital), 둘째 기술(Technology), 셋째 자원(Natural resource), 넷째 인력(Manpower)이 그것이다.

현재의 어려움을 숙명처럼 받아들이고 살아왔다. 그러나 지방자치제도의 실시는 이러한 지방의 태도에 변화를 가져오기 시작했고, 지방자치단체장이 주민들의 직접선거로 선출되면서 상황은 급변하기 시작했다. 많은 지방자치단체들이 나름대로 지역발전을 위해 몸부림치기 시작했고, 주어진 권한과 자원을 활용하여 다양한 정책을 개발하고 추진하기 시작했다. 지방자치제도 실시 20여년이 지난 지금 우리나라의 지방자치단체들은 모두 나름대로 지역발전에 관한 장기비전을 가지게 되었고, 고유한 정책들을 가지게 되었으며, 타 기관 단체들과의 네트워크를 구축하게 되었다. 많은 자치단체들이 향토의 지역특성과 관련된 이벤트나 사업 내지 정책을 개발하여 지역발전을 유도하고 있고, 중앙정부와 공동으로 혹은 중앙정부의 지원을 유도하는 세계적 행사나 정책을 추진함으로써 지역사회를 변화시키고 있다.

그럼에도 불구하고 아직도 우리나라의 지방과 지역사회는 서울과 수도권의 발전에 비하면 비교할 수 없을 정도로 낙후되어 있으며, 미래에 대한 뚜렷한 희망도 없는 실정이다. 이러한 지역사회의 낙후된 실정을 외면한 채 우리나라 중앙정부의 공직자들은 자신들의 입지만을 주장하고 있다. 사실 우리나라 중앙정부의 엘리트들에게 지방과 지역주민들은 안중에도 없다. 더구나 조만간 지방에 대한 이들의 태도가 바뀔 것이라는 희망도 없다. 때문에 더 이상 중앙정부에 의존하거나 기대하고 비난과 체념에만 빠져있을 수는 없다. 지방자치단체장들과 지방의원들 그리고 지방공무원들의 자력으로 잘살기 위한 몸부림이 필요하다. 일본의 고베시가 어떻게 발전했는지 그 과정을 배울 필요가 있다. 미국의 실리콘밸리나 프랑스의 소피아 앙티폴리스가 어떻게 성공했는지 한국의 지방정부들은 배워올 필요가 있다. 그렇게 함으로써 자신들의 지역사회를 어떻게 하면 발전시킬 수 있는 새로운 정책을 개발해낼 것인지 고민하고 연구해야 한다. 이를 위해 지방정부 내에 두뇌집단을 활용하여 정책개발의 전초기지로 삼아야 한다.

정책이란 문제를 해결하거나 변화를 유도하기 위한 정부당국의 방침이며 공공수단이다. 따라서 모든 지방자치단체들은 당해 지방자치단체의 공공문제를 해결하고, 모든 지역주민들이 꿈꾸는 미래의 바람직한 지역사회를 건설할 수 있게 하는 새로운 창조적 지역발전정책을 창안하고 추진해 나가야 한다. 우리나라의 발전과정을 통해서도 잘 알 수 있는 것처럼 지역발전을 가능케 하는 정책만 잘 만들어 추진하면 지역사회의 운명이 바뀔 수도 있다.

Ⅱ. 지방정부의 정책개발의 실태와 과제 및 방향

1. 지방정부 정책개발의 실태

1) 지방정부의 정책추진실태 개요

우리나라의 지방자치단체들은 지난 20여년 동안 왕성한 지역개발정책을 추진해 왔다. 그리하여 중앙정부주도의 지역개발정책이 지방정부로 이행되기 시작했고, 각 지방정부들은 이들 정책을 통해 장래에 대한 청사진을 설계하고 지역발전에 대한 장기비전을 제시하였다[26]. 이러한 정책들은 초기에는 도로, 교량, 주택 등에 관한 건설사업과 지역전체의 발전을 위한 장기종합계획[27]과 경제개발을 위한 각종사업, 공단조성사업, 국내·외적 대형이벤트유치, 지역특화산업의 개발 등이 중심이 되었으나, 점차 행정관행개혁, 위민·봉사행정, 국제교류 및 문화관광분야 등으로 이행되어 갔다. 그 결과 하나의 자치단체에 수많은 각종 시책들이 어지럽게 남발되는 경향도 없지 않았다. 물론 근래에 와서는 전시행정이나 인기사업위주의 확대·팽창위주의 시책들이 줄어들고, 행정구조개혁, 실업자대책, 제도개선 등으로 조정되고 있다. 그리하여 지방자치단체에 따라서는 아직은 평가하기 이른 점이 있긴 하지만 상당한 성과를 거둔 곳도 있다. 대표적으로 안동의 국제탈 페스티벌, 부산의 국제영화제, 함평의 나비축제 등을 그 예로 들 수 있다.

그러나 그동안의 많은 정책들은 지방정부로서는 성공하기가 어려운 대규모 사업을 계획함으로써 지나친 장기계획, 무모한 투자계획, 실현가능성 없는 정책들을 다수 추진했다. 특히 지방정부의 환경정책은 자연훼손을 부채질하고, 인접 자치단체들과의 갈등을 야기시키는 등 많은 시행착오를 불러일으켰지만 아직도 상당수 지속되고 있다. 이러한 과정에서 자

26) 예컨대 경북의 「21세기 신경북 비전」, 충남의 「뉴호프 21」, 부산시의 「스마트 부산 21」, 광주시의 「장기종합발전계획」 등

27) 지방정부의 행정현장에서는 시책이나 사업이라고 불리는 것들도 넓은 의미에서 보면 정책의 범주내에 포함시킬 수 있는 것들이 많다. 물론 시책이나 사업들은 정책보다는 한 단계 더 구체화되어 지방정부의 계획이라고 보아야 하겠지만 계획이라고 보기에는 그 내용이 추상적인 것들이 많다. 일반적으로 계획에는 사업내용, 시행기간, 예산등이 분명히 나타나야 하지만 그렇지 못한 것들이 많다. 따라서 본 논문에서는 편의상 이들 모두를 지방정부의 정책이란 이름으로 혼용하기로 한다.

치단체장들은 공약이행과 차기선거를 의식한 실현가능성 없는 수많은 시책들을 남발했고 공무원들은 자치단체장들의 지시와 요구충족에 급급했다.

이러한 상황에서도 무력한 지방의회는 엄청난 자원이 투자되어야 하는 집행기관의 정책 남발에 대해 효과적으로 대처하지 못했으며, 의회차원의 독자적 정책개발은 극히 미미하였다. 더구나 많은 지방의원들이 지역사회의 분야별 영역별 공공문제에 대한 체계적인 정보와 지식이 부족하여 집행기관이 만들어 놓은 정책대안에 대한 비판, 수정, 조정 등은 거의 불가능했다. 그동안 지방의회는 질문답변요구와 행정사무감사를 통한 집행기관의 견제감시기능에만 집착하여 그 이외의 주요기능인 대의기능과 정책기능에 대해서는 제대로 관심을 두지 못했다.

2) 지방정부의 주요정책 및 시책사업의 예

자치단체장이 선출되어 활동을 개시한 기간은 벌써 20년이 되어간다. 이 기간동안 우리나라의 지방정부는 환골탈퇴(換骨奪胎)하는 대 변화를 거듭해왔다. 특히 과거 30년간 관치행정이 미뤄온 모든 과제들을 일시에 해결하려는 듯 지방정부마다 계획과 시책들이 봇물터지 듯 넘쳐흘렀다. 그리하여 그 동안 억눌려왔던 지역주민들의 많은 숙원사업들이 해결되고 지방자치단체 마다 나름대로 발전의 틀을 다져왔음은 누구도 부인할 수 없는 사실이다. 그러나 충분한 준비와 연구도 없었고 체계적인 정책수립의 과정을 거치지 못하여 많은 사업들이 집행력을 갖추지 못하거나 자원낭비로 그친 예들이 적지 않았다. 다음은 1995년 민선 자치단체장이 취임한 이래 만들어졌던 주요 정책과 시책사업들을 광역자치단체들을 중심으로 개략적으로 검토해 보기로 한다[28].

(1) 자치단체 종합개발계획수립과 비전제시

지역사회의 주민대표기관으로서 지방정부는 그 동안 중앙정부에 의해서 추진해 왔던 수동적 지역발전사업을 자신들이 선출한 자치정부에 의해 주동적으로 추진할 수 있었다. 그리하여 장단기 지역개발계획을 수립하고 지역별·권역별 개발계획, 부문별·산업별 개발계획,

28) 광역정부를 중심으로 자료를 찾았으며, 자료의 양이 지나치게 방대하여 기초정부는 제외하였다. 주로 경상북도, 전라남도, 대구시, 부산시 등을 중심으로 하였다. 지방정부에서 간행된 자료와 인터넷을 통한 자료를 중심으로 하였다.

정보업무단지개발, 산업단지조성, 환경계획, 물류·수출단지조성계획, 중소기업육성계획, 지역고유상품 및 브랜드개발계획, 도시계획, 교통계획, 유통체계개선, 사회간접자본확충계획(도로·항만·공항·철도·교량 등의 개설 혹은 부설), 문화공간조성 및 휴양지개발계획, 문화재·문화단체·문화시설계획, 관광개발계획, 정주생활권개발계획, 소도읍개발계획, 농어촌육성계획, 쓰레기처리장설치계획, 그린 혹은 아젠다 21의 환경종합계획 등을 수립하여 추진해 왔다.

(2) 주민들에 대한 사회복지정책과 공적부조사업

지방자치제도의 실시와 중앙정부의 복지정책에 대한 정책적 비중의 증대는 지역주민들에 대한 다양한 복지정책을 강화시켜왔다. 중앙정부의 국민에 대한 복지정책의 확충은 바로 지방정부의 지역주민에 대한 복지혜택증대로 이어졌다. 그리고 지방정부 차원에서도 중앙정부의 복지정책을 적극 추진하여 지역주민들에 대한 복지혜택을 확충시켰다. 사회보험, 공적부조, 사회복지서비스 등의 틀 속에서 다양한 복지정책들이 추진되어 오고 있다. 국민연금(18세 이상 60세 미만), 국민건강보험, 고용산재보험, 노인장기요양제도, 고용보험등 사회보험과 생계급여, 주거급여, 의료급여), 교육급여, 해산급여, 장제급여, 자활급여, 긴급복지지원 등의 공적부조 제도를 비롯하여 다양한 복지법령들이 제정되어 시행되고 있다. 복지정책의 경우 과대한 비용지출로 인해 대부분 중앙정부의 지원에 의존하고 있는 실정이다. 그럼에도 불구하고 자녀출산장려금지원, 청소년귀가보호, 재가노인복지, 방문간호사제도, 노인방문목욕서비스 등 조례제정을 통한 지방정부의 독자적인 정책도 추진하고 있다.

(3) 행정관행이나 행태변화유도

지방자치제도의 실시와 함께 관치행정시대의 행정관행과 전근대적 주민행태변화를 유도하기 위한 각종 시책도 추진해 왔다. 주요정책 및 공사실명제, 공무원의식개혁운동, 공무원친절운동, 행정절차개선, 민간기관에의 공무원 위탁교육, 공무원대상경제교육, 행정규제개혁, 개방형 인사제도와 전문인력채용, 공무원자원봉사파견제, 행정에 대한 시민평가제 등이 그것이다.

(4) 참여, 공개, 봉사행정구현

지방자치제도 실시 이후 각급 지방정부에서는 기관장실을 직소민원실 내지 시민의 소리사랑방 설치운영, 행정서비스헌장제정, 행정시책사전예고제, 생활민원기동처리반제, 민원에프터서비스제, 민원실명제, 민원사무콜상담제, 민원처리센터, 24시간 행정서비스제 실시, 인터넷홈페이지 개설, 종합정보센터 내지 종합민원실설치운영, 민원 one-stop서비스제도, 전자민원시스템구축, 농어촌마을단위 정보사랑방설치 등 다양한 시책을 추진해 왔다.

(5) 경영행정의 도입

한편 지방정부의 자치행정에서도 조직진단과 행정효율성제고, 각종 경영기법도입(회의방법개선, 벤치마킹도입, PC결재제도), 공무원능력개발, 지리정보시스템(GIS)구축, 행정사무자동화, 전자문서유통시스템구축, 정부회계제도개선, 제3섹터사업추진 등이 이루어져 왔다.

(6) 지역내 산업과 지역경제활성화

지방정부는 지역경제발전을 위하여 산업단지조성, 상품유통체계개선, 복합화물터미널유치건설, 종합유통단지건설, 중소기업경영진단제, 중소기업지원센터설치, 기업 및 금융기관유치, 실업자고용창출, 물류센터건립, 지역상품 및 브랜드개발, 역내기업에 대한 수출지원, 농공단지조성, 제3섹터사업추진, 기업투자환경조성, 지역특화산업발전프로젝트 등을 수립하고 추진해왔다.

(7) 지방정부의 세계화와 정보화 추진

글로벌 사회의 대변화에 부응하여 지방정부들도 국제교류확대, 해외시장개척, 국제적 이벤트개최(광주의 비엔날레, 부산의 국제영화제, 경북의 문화엑스포, 동북아자치단체장회의 개최, 강원의 국제관광엑스포 등), 국제도시간 자매결연확대, 공무원해외파견 및 외국어교육, 해외무역관내 수출사무소개설운영, 해외지자체홍보, 해외농업기술연구, 민간차원의 국제교류지원, 기초-광역자치체간 영상회의시스템구축, 정보통신종합시스템구축, 전자문서 및 결재시스템구축, 재정관리전자시스템개발, 정보화추진협의회구성운영 등을 추진해오고 있다.

(8) 지방자치단체의 안전관리

21세기에 접어들면서 자연환경의 변화는 물론 과학기술 등 사회환경의 변화도 매우 빠르게 진전되고 그 예측도 어려워짐으로써 지방정부의 재난관리행정에도 비상이 걸리게 되었다. 그리하여 비상급수시설확충, 지역안전관리 정보시스템구축, 긴급 구조구급체계구축, 소방서설치, 소방용수시설확충, 공공시설안전진단, 주민생활안전을 위한 재난구호체계개선, 민생치안강화 등에 관한 행정관리를 한층 강화해오고 있다.

(9) 삶의 질 제고를 위한 문화·관광

나아가 지방정부는 지역주민들의 삶의 질을 제고하기 위해 시민들에게 다양한 문화와 레저를 체험할 수 있는 시책을 추진해 오고 있다. 예컨대 문화예술공간확충, 지역문화유적정비개발, 문화회관·전수관·진흥원건립, 예술의 전당건립, 기념대종제작설치, 문화제개최, 역사관·민속박물관건립, 농어촌 문화·체육센터 건립, 생활체육진흥, 역내관광벨트조성, 관광단지조성, 청소년육성 및 노인복지, 여성지위향상과 사회참여기회확대, 생활보호대상자 및 장애자지원시책, 환경보호와 개선을 위한 아젠다 21시책, 저소득층지원사업, 농어촌 의료서비스개선사업 등을 들 수 있다.

(10) 애향·애민운동전개

지방정부들은 지방자치제도를 실시하는 중요한 목적 중의 하나에 해당하는 주민들의 향토사랑을 강화시키기 위한 사업들도 여러 차원에서 추진해 왔다. 지역사랑운동, 고향사랑운동, 각종 기념관건립, 범도민 「나부터 운동」 전개, 깨끗한 향토 만들기, 농어촌생활기반시설확충, 새마을 공동마당설치, 시민레포츠공원조성 등이 그것이다.

이상과 같이 광역자치단체의 주요정책이나 시책들만 살펴보아도 그 종류와 수가 매우 방대하다. 여기에다 기초자치단체의 시책들을 더해 놓는다면 그 종류와 수는 혼란스러울 정도로 매우 많고 다양할 것이다.

2. 지방정부 정책개발실태의 문제점

1) 정책자체의 문제점

(1) 비체계적·비과학적인 정책수립

정책이나 사업의 필요성과 타당성 등에 대한 충분한 검토 없이 자치단체장의 개인적 판단이나 해당 기관의 관련 업무를 담당하는 공무원들에 의해 임의적으로 작성된 것들이 많았다. 종합적인 정책판단이나 부문별 정책조정 없이 각 국실별로 제각각 정책을 수립하고 있어 정책간 모순과 혼선이 많았다. 그리고 단체장의 임기와 무관한 5년 이상 혹은 10년 이상의 장기개발계획들을 조성하여 계획의 실질보다는 지자체의 비전제시형 성격을 가진 것들이 적지 않았다. 또한 소요사업에 대한 예산규모도 매우 임의적으로 책정된 것들이 많았고, 이들 계획에 대한 자금조성계획 역시 국비, 도비, 민자유치 등으로 계획하고 있어 중앙정부의 지원이 없거나 민간경제의 역량에 따라서는 실현가능성이 적은 것들이 많았다.

(2) 형식적 단발성 시책주의

대부분의 시책들이 권위주의적 행정관행을 민주적으로 바꾸겠다는 것들이었고, 시책에 따라서는 일회성으로 끝나거나 구호만 앞세우고 집행은 형식화 되는 것들이 많았다. 장기간에 걸쳐 형성되어 온 관행들을 하루아침에 바꾸겠다는 실현가능성 없는 시책들을 내놓거나 지속가능성이 낮은 단발성 시책들을 다수 수립함으로써 용두사미(龍頭蛇尾)격 정책사업들이 봇물처럼 터져 나왔다. 그러나 이러한 시책들이 장기적으로 집행됨으로써 성공을 거둔 예는 그리 많지 않았다.

(3) 공동정책개발의 부족

지역발전사업의 추진을 위해서는 불가피하게 중앙정부나 인접하고 있는 타 지방정부들간의 공동정책개발이 요구된다. 그러나 지금까지 나타나고 있는 대부분의 정책들은 손쉬운 당해 자치단체의 단독정책결정영역 내에 한정되는 것들이었고, 중앙정부나 타 정부와의 공동정책결정으로 이루어진 것들은 극히 극소수였다. 예컨대 강이나 하천 혹은 산을 공동이용·개발하기 위한 인접 자치단체들 간의 정책개발은 매우 필요한 것들이었으나 협력보다는 갈등만 있었을 뿐이었다. 특히 중앙정부와의 공동정책개발영역의 경우, 중앙정부의 결정에 일방적으로 순응하거나 그렇지 않으면 사전에 중앙정부와의 협의 없이 독자적으로 정책을 개발하여 실현가능성 없는 정책으로 만들었던 것들이 많았다.

(4) 자연환경을 훼손하는 무모한 개발정책

지방정부들의 다양하고 참신한 환경정책의 개발[29)]에도 불구하고 지역개발에 대한 과잉의욕으로 환경파괴를 가속화시키는 자치단체들도 적지 않았다. 특히 수도권일대의 경우 이러한 현상이 심했지만 정도의 차이는 있을지라도 전국적인 현상이었다. 자치단체들은 재정자립도를 높인다는 명목 하에 자연환경을 훼손하는 골프장, 스키장, 경마장 등을 경쟁적으로 유치하고 러브호텔을 비롯한 수많은 음식점들을 무방비로 허가하였다. 소위 언론에서 지적하는 난개발들로 인하여 지방정부의 정책개발에 대한 국민적 불신이 높아가고 있다. 정책이 무엇인지 제대로 이해하지 못하고, 개발의 손익도 바르게 계산하지도 못한 채 의욕만 앞서 무모한 개발을 서두름으로써 자연을 훼손하고, 그로인한 원상회복 내지 재개발의 비용을 증가시키고 있다. 그럼에도 불구하고 정책실패에 대한 단체장과 공무원들에 대한 제재조치나 구상권발동과 같은 제도적 통제수단이 마련되지 않아 자연훼손은 계속되고 있다. 따라서 개발이라는 명목으로 자행되고 있는 지방정부의 각종 인허가 사무에 대한 대대적 정비가 요청된다.

2) 자치단체장과 집행기관의 문제점

(1) 공급자 중심의 과잉의욕과 집행력 미흡

대부분의 사업들이 사전에 충분한 준비 없이 의욕만 앞세워 추진함으로써 계획만 세우고 집행에 착수하지 못한 것과 집행과정에서 중단되거나 성과를 거두지 못한 것들이 많았다. 제대로 집행된 계획들이라고 하더라도 그 결과가 수요자들인 고객중심이 되지 못하고 공급자인 지방정부 중심의 결과를 산출해 놓았던 것들이 적지 않았다. 특히 중앙정부의 지원을 전제로한 사업들을 방만하게 벌여놓고 후속지원이 되지 않아 방치되거나 중앙의 지원에 그

29) 예컨대, 폐수배출 실명제(광주광역시와 경기도 양평군), 그린네트워크조성, 환경신문고 설치, 쓰레기담당 공무원제(수원시), Clean-Up Time, 청소 콜시스템, 공원관리 주민자율봉사단 구성, 청소행정 주민평가단 구성, 환경순찰통신원제(이상 4가지 서울시 양천구) 등

운명을 맡긴 것들도 적지 않았다. 뿐만 아니라 민간영역의 역량을 고려하지 않은 채 대규모 민자유치계획을 세웠으나 성공하지 못한 사업들도 있었다. 설령 완성된 사업이라고 하더라도 사전에 충분한 검토와 수요자인 주민들과의 교감없이 행정기관의 일방적인 결정으로 이루어져 결과적으로 문제해결효과 보다는 공해문제 교통문제 등과 같은 새로운 문제점을 만들었던 경우가 적지 않았다.

(2) 선거공약 실천형과 불합리한 자원배분

지방정부의 각종 사업들 중 단체장의 공약실천을 위한 것들이 행정의 전면에 나타나기 시작하면서 체계적인 행정수행이 어려워지게 되었다. 적잖은 지방정부의 정책사업들이 지방정부차원의 체계적 검토를 통한 합리적 정책결정과정을 거쳐 만들어진 정책들이 아니었다. 민선단체장의 의욕만 앞세워 재원조달이나 중앙정부의 협력, 지방정부의 형편 등은 고려하지 않은 채 성급하게 계획만 세웠던 것이다. 유권자를 의식한 단체장들의 사업과 시책남발은 처음부터 실현가능성이 적은 것들이 많았고, 이것은 결국 지방정부에 대한 주민들의 불신을 조장하게 되었다.

(3) 자치단체장 중심의 정책추진과 소극적인 공무원

강력한 권한을 가진 민선단체장들이 자신의 의욕만을 내세워 집행기관을 일방적으로 몰아가는 정책결정과 행정수행을 추진함으로써 대부분의 지방공무원들은 단체장의 지시명령에 일방적으로 끌려 다니는 결과를 초래했다. 즉 대부분의 단체장들은 지방자치단체를 구성하는 인적요소인 지역사회의 지도자들과 공무원들 그리고 주민들이 함께하는 체계적인 행정을 수행하기보다는 단체장 개인의 구상과 노력으로 행정을 끌어 왔던 측면이 강했다. 그리하여 공무원들은 환경변화에 대응할 수 있는 능력개발보다는 쏟아지는 단체장의 요구충족에 급급해 왔고, 지도자들이나 주민들은 이를 방관하고 있을 수밖에 없었다. 이러한 현상은 과거 중앙정부의 권위주의적 행정행태가 지방정부로 옮겨온 결과를 빚었으며, 지방공무원들의 사기와 능력은 여전히 제자리걸음을 걷게 되었다. 다시 말해 지금까지 지방정부의 각종 사업과 시책들은 주민들의 수요에 따라 담당공무원들의 자발적 자율적 노력에 의한 것이 아니라 단체장 등 상위층의 지시에 따른 타율적 수용에 지나지 않았다.

(4) 종합적인 정책기획기구의 부재와 비합리적 정책결정

지금까지 지방정부 차원의 수많은 시책들이 개발·집행되고 있지만 극히 일부의 자치단체를 제외하면 지방정부차원의 종합적인 정책개발기구를 가진 곳은 거의 없었으며, 지방공무원들에 대한 체계적인 정책개발교육이나 자주적 정책연구운동을 활발하게 전개한 곳은 찾기 어려웠다. 대부분의 지방정부들은 해당 국(실·과)에서 정책과 시책을 입안하고 있으며, 기획관리실에서는 정책의 조정·통제보다는 다양한 부서에서 만들어진 정책들을 단지 종합·정리하는 업무를 수행하고 있다. 그리하여 오랫동안 정책집행만을 담당해 오던 공무원들이 하루아침에 정책결정기능까지 수행하고 있으나, 단편적·단견적인 사고와 정책관련 기본지식이 부족한 특정 부서의 공무원들에 의해 만들어지는 정책결정에는 많은 문제점이 내포되어 있다. 동일한 지방정부에서 만든 지역개발정책과 환경정책이 서로 모순되거나 갈등을 야기시키고, 경제문제해결을 위한 정책결정이 지역간 정부간 심각한 갈등을 유발시킴으로써 더 큰 문제를 야기시키고 있다. 정책이나 시책의 집행과정 역시 집행계획의 수립과 조직화 그리고 자원조치단계 등의 체계적 과정을 밟지 못하고 있다. 요컨대 민선자치단체장이 집무한 이래 지방정부에서도 다양한 사업과 시책들이 수립·추진되고 있고, 이들 역시 지방정책의 이름으로 평가될 수 있지만 아직은 체계적인 정책결정과 집행과정을 거치지 못하고 있고, 자주적 정책개발을 위한 지방의원들과 공직자들의 관심과 열의가 매우 저조한 실정이다.

3) 지방의회와 지방의원의 문제점

지방정부의 정책개발은 대부분 집행기관 중심으로 이루어지고 있고, 지방의회의 정책기능은 극히 저조하여 지방정부의 의결기관으로서의 역할을 제대로 수행하지 못하고 있는 실정이다. 기존의 권한범위 내에서도 충분히 가능한 각종 지역정책개발은 물론 주민생활의 편익을 증진시키기 위한 시책에 대해서까지 지방의회의 기능은 극히 저조한 상태이다. 극히 소수의 지방의회를 제외하고 대부분의 지방의회와 의원들은 집행기관에 대한 감시기능에 집착하여 집행기관과의 대립적 관계를 견지해 왔다. 지방자치제도의 근본목적이 의결기관과 집행기관이 견제와 균형하에 협력하고 협조하여 지역의 발전을 도모하도록 하는 데 있는 것과는 거리가 있었다. 지방의회의 정책개발은 주민에 대한 대의기능을 통해서 그 원천과 소재를 개발할 수 있다. 그러나 대의기능 역시 만족스럽지 못한 것이 현실이다. 지방의회가 지방정부의 의결기관이라고 한다면 그 명칭에 상응한 정책기능에 보다 관심을 가져야 하지만 현실은 그렇지 못했다.

(1) 저조한 의원입법과 정책기능의 취약

지방의회의 기능 중에서도 가장 대표적인 기능이 입법기능이며, 입법기능은 지방의회에서 처리하는 조례의 제정 및 개폐에 관한 기능을 의미한다. 그리고 지방정부의 대부분 정책은 궁극적으로는 조례의 형식을 밟아 최종적으로 결정된다. 따라서 지방의회의 입법기능의 내용을 보면 그 의회의 정책기능을 판단할 수 있다. 그러나 전국적으로 수많은 지방의회는 의원발의조례나 정책이 거의 미흡한 실정이다. 물론 지방자치제도의 실시기간이 아직은 오래지 않고, 선거로 선출한 지방의회의원들의 역량한계 등으로 현실에 대한 이해는 충분히 가능하다. 그렇다고 현재의 상태가 지속되어도 좋다는 것은 아니다. 여하튼 현재와 같은 지방의원들과 의회구조로는 지방의회의 의원입법비율을 높이는 데에는 한계가 있음을 부인할 수 없을 것이다.

(2) 집행기관에 대한 통제중심의 의정활동

광역의회나 기초의회를 불문하고 대부분의 지방의회는 지방의정활동의 주요 영역을 집행기관에 대한 통제에 그 중점을 두어 왔다. 자치단체장이나 관련 공무원들을 의회에 출석시켜 질문에 답하도록 하거나, 일년에 한번 정기적으로 실시하는 행정사무감사에 많은 노력을 집중해 왔다. 물론 이러한 노력으로 집행기관의 방만한 행정을 다수 조정하고 바로 잡음으로써 지역정부의 행정서비스 산출에 적잖은 효과를 가져왔다는 사실도 부인할 수 없다. 그러나 의정활동의 주요 영역이 특정한 부문으로 편중됨으로써 지역사회의 대의기관이 수행해야 할 정책기능이 침체되는 결과를 가져왔다는 것은 분명히 잘못된 것이다. 지방의원들은 의정활동에 관한 기본적인 지식함양에는 어느 정도 관심을 가진다. 그리하여 조례제·개정, 예산심의, 행정사무감사 등 극히 한정된 부분에 대해서는 세미나를 개최하고 전문가들의 강의를 청취지만 그나마 한 두 번의 의례적인 행사에 그치고 있다.

그러나 정말로 의원들이 알아야 할 지역사회의 공공문제와 이들의 효율적인 해결을 위한 지식함양에는 거의 관심을 보이지 않고 있다. 의원에 당선만 되고 나면 태도가 돌변하고, 공인으로서의 역할과 자질함양을 도외시하며, 공공부문에 대한 학습과 연구에 무관심하다. 이러한 상태로는 결코 지방의원과 지방의회가 자치발전에 기여하기는 어려울 것이다.

3. 21세기 한국지방정부의 역할혁신 방향

1) 지방중심적 국가발전전략의 추진과 지방정부역할의 증대

21세기 국가발전전략은 국가중심, 국가우선적 발전전략으로부터 지역중심, 지역우선의 발전전략으로 수정되어야 한다. 그것은 현재와 같이 경제발전규모 세계 12-13위에도 불구하고, 경제발전의 과실과 편익이 수도권에 집중됨으로써 중앙과 지방의 지역격차가 점차 심화되어 가고, 국민사회에는 가진 자와 갖지 못한 자간의 양극화현상이 커지기 때문이다. 중앙정부에 의한 국가중심의 발전전략은 그것만으로는 이미 국민전체의 복지증진이나 지역간 균형발전이 불가능하다는 사실이 현실로 입증되고 있다. 따라서 이제부터는 전국의 지방자치단체가 골고루 잘살 수 있도록 함으로써 지역발전의 총합으로 국가가 발전하는 전략을 추진하지 않을 수 없다. 따라서 지방자치단체를 경영하는 지방정부는 지금까지와는 다른, 한 차원 발전된 지역개발전략을 추진해 나가지 않을 수 없다. 그리하여 이제부터 지방자치단체의 발전은 해당 지방정부의 창의적이고 독자적인 노력에 의해 달성해야 할 시대적 과제가 되었다. 지방정부의 정책개발의 가장 기본은 자기지역의 고유한 특성을 활용한 지역사회의 독창적인 정책을 개발해야 한다는 점이다. 그렇게 함으로써 자기고장 특유의 창의적인 지역발전을 추진해 나갈 수 있기 때문이다. 지역의 특성을 무시한 지역개발은 그 자체 의미가 없을 뿐 아니라, 성공하기가 어렵다. 그것은 무엇보다도 그러한 정책은 주민사회로부터 동의와 지지를 받아내기도 어렵기 때문이다.

2) 지역발전을 위한 지방정부의 창의적인 정책개발

이처럼 지금까지보다는 좀 다른, 새로운 관점에서 한 차원 발전된 지역개발전략이 바로 지방정부의 정책개발이다. 지금까지 우리는 정책은 중앙정부가 결정하고 지방은 집행만 하는 것으로 잘못 인식해 왔다. 그리하여 많은 지방공무원들은 지방정부가 독자적으로 지역발전을 위한 정책을 개발한다는 것은 사실상 불가능한 것으로 생각했다. 열악한 자원과 환경, 빈약한 재정으로는 수 천년 운명처럼 함께해 온 빈곤의 그림자를 벗어날 수 없다고 체념해 왔다. 그리고 지역발전은 언제나 중앙정부나 광역정부로부터의 지원과 도움이 있어야만 가능한 것으로 생각했다.

그러나 이러한 생각과 의식은 매우 잘못된 것이며 한시라도 빨리 떨쳐버려야 할 고질병이다. 아무리 어려운 여건이라고 하더라도 극복하지 못할 환경은 없으며, 불가능은 없다는 적극적이고 개척적이며, 도전적인 정신혁명이 있어야 하고, 그에 따른 역할혁신도 병행할 필요가 있다. 외국의 지방정부들을 보면 모두가 불가능하리라고 믿었던 것을 가능케 했던 예가 적지 않다. 중앙정부의 지원에 의존하지 않고, 외국의 지방자치단체로부터 독자적으로 재원을 조달함으로써 지역을 발전시킨 일본의 고베시(神戶市)나, 산촌이라는 지역특성을 이용하여 유실수를 심고, 이를 상품으로 가공하여 판매함으로써 수 천년 빈곤으로부터 탈출한 일촌일품운동의 발원지, 일본의 오야마마찌(大山町) 등은 바로 이러한 대표적인 예라고 할 수 있다. 우리나라 역시 오천년 빈곤의 늪에서 벗어나지 못했지만 박정희정부의 수출드라이브정책이라는 정책하나로 현재와 같은 경제대국으로 발돋움할 수 있었던 것이다.

3) 지방정부의 정책과 정책개발에 대한 이해와 인식의 증진

지방정부가 지역발전을 위한 정책개발을 추진해야 한다고 주장할 때, 지방정부란 무엇이며, 정책이란 무엇을 의미하는가? 많은 사람들이 지방정부나 정책이라는 용어를 사용하면서도 여기에 대한 분명한 인식 없이 사용하는 경우가 많다. 따라서 여기서는 우선 지방정부와 정책에 대한 개념과 그 인식을 분명히 할 필요가 있다. 우선 지방정부란 실정법(지방자치법)상 지방자치단체의 기관(의결기관인 지방의회와 집행기관인 자치단체장과 그 보조기관, 소속기관, 하부행정기관 등을 총칭)을 말한다. 따라서 지방정부는 법상 용어가 아니라 학문적 용어이며, 일상생활 용어라고 할 수 있다. 지방자치단체는 이 지방정부가 통치 내지 경영하고 있는 것이다. 따라서 국가와 중앙정부(국가를 통치하는 기관)를 구분하는 것처럼, 지방자치단체와 지방정부(지방자치단체를 통치하는 기관)는 명백히 구분할 수 있어야 한다. 그리하여 국가가 일하거나 지방자치단체가 일하는 것이 아니라, 중앙정부와 지방정부가 일한다는 사실을 유의해야 한다. 그리고 정책이란 "문제를 해결하거나 변화를 유도하기 위한 정부당국의 방침"이다. 중앙정부의 정책이든 지방정부의 정책이든 정책은 분명 미래의 바람직한 상태를 구현하기 위하여 문제해결(혹은 목표달성)이나 변화유도를 위한 정부당국의 의도적이고 인위적인 활동이다. 중앙정부의 정책이 국가발전을 위한 것이라면, 지방정부의 정책은 지방자치단체의 발전을 위한 것이다. 그러나 현실적으로 지방정부의 정책이라는 범주 안에는 정책을 집행하기 위한 집행계획이나 소규모의 시책도 포함시키는 경우가 허다하다. 그렇다면 정책개발이란 무엇을 의미하는가? 한 마디로 새로운 정책을 만들어 내는 것을 의미한다. 지방정부가 주도적으로 지역발전을 가능하게 하는 새로운 어떠한 정책을 수립했을 때 정책을 개발했다고 할 수 있는 것이다.

> 1. 정책의 개념
>   1) 정책이란 문제해결 및 변화유도를 위한 정부당국의 제반방침
>   2) 정책의 구성요소: 정책목표, 정책수단, 정책대상(집단, 계층, 지역)
>
> 2. 지방정부의 실무적 입장에서의 정책의 의미
>   1) 지방행정환경변화에 따른 행정수요증대에 효율적으로 대응하기 위한 전략적 수단
>   2) 한정된 자원으로 최대의 목표를 달성할 수 있는 전략적 수단을 강구하는 조치
>
> 3. 지방정부의 정책개발 필요성
>   1) 지방정부의 독자적 지역발전추진은 불가피한 지방정부의 정책과제
>   2) 정부의 환경인 사회의 속성변화로 새로운 행정수요의 폭발적 증대
>   3) 사회성격의 변모: 정태적 사회에서 동태적 사회로, 집권적 사회에서 분권적 사회로 관리중심 사회에서 문제해결중심 사회로 변모

Ⅲ. 지방정부의 정책결정과정(Ⅰ): 지방정부의 단독정책결정

1. 지방정부 정책결정의 의의

지역사회를 발전시켜 주민의 복지를 증진시키려는 지방정부의 입장에서 볼 때 정책으로 추진해야 할 과제들은 한둘이 아니다. 특히 사회가 복잡·다원화되고 발전할수록 지역사회 주민들로부터 요구되어 오는 문제들은 시시각각 증대되고 있다. 지방정부의 정책개발과정이란 이처럼 이미 제기된 많은 문제들 중에서, 혹은 지방정부 스스로가 발굴하고 제안한 새로운 사업이나 시책들 중에서 가장 창의적이고 바람직한 문제를 정책의제로 채택하고, 이 의제를 토대로 당해 지방정부의 새롭고 참신한 정책을 만들어 내는 과정을 말한다.

이렇게 볼 때 지방정부의 정책개발은 바람직한 정책의제를 찾아 설정하는 정책의제설정

(policy agenda setting)과정과 그러한 정책의제를 창의적인 정책으로 만들어 내는 정책결정(policy making)과정으로 이루어진다. 그런데 여기서 개발이라는 용어가 갖는 의미는 "지금까지의 것보다 새로운 것이나 없던 것을 다시 만들어 낸다"는 의미가 강하다. 따라서 의제설정이나 정책결정이 새롭고 혁신적 혹은 창의적이어야 함을 뜻한다고 보아야 할 것이다.

2. 정책의제의 설정과정(policy agenda setting process)

정책의제설정과정이란 지방정부가 장차 정책으로 입안하여 추진할 정책문제들을 선정 혹은 채택하는 과정이다. 즉 지방정부로 하여금 그 해결을 요구하며 투입되어 오는 수많은 사회문제들 중에서나 혹은 지방정부 스스로가 개발하거나 제안한 문제들 중에서 장차 그것을 정책으로 입안하여 추진하겠다고 공식적으로 선택한 문제를 말한다. 그리고 이처럼 정책의제를 채택하는 과정을 정책의제설정과정(혹은 정책의제형성 혹은 채택과정)이라고 한다. 그리하여 지방정부의 정책추진과정은 이 정책의제설정과정으로부터 출발한다. 즉 정책의제설정과정은 주민들로서는 정책결정체제에 대해 요구 및 지지를 투입하는 과정이며, 지방정부로서는 지역사회로부터 요구와 지지를 수용하는 과정이다. 이러한 정책의제설정과정은 그것을 제3자적 입장에서 객관적으로 파악하는 과정이 있을 수 있고, 정책담당자인 지방정부의 입장에서 파악할 수도 있다. 본고에서는 후자의 관점에서 검토해 보기로 한다.

1) 정책문제의 파악 및 발굴과 임시 정책의제의 선정

첫째 지방정부의 입장에서 볼 때 정책의제설정과정은 지역사회로부터 지방정부로 투입되어 들어오는 수많은 문제들을 해당 정책담당기관이 인지하거나 파악함으로써 출발한다. 우리나라의 경우 어느 지역을 불문하고 지방정부에 대해 그 해결을 요구하고 있는 공공문제는 시시각각 쌓이고 있고 이들 문제에 대해 해당 정책담당기관이 각각 그 내용 및 정책적 해결의 중요성을 파악하고 이들 중 정책의제를 발굴해 내는 단계이다. 사실 문제들이 지방정부에 의해 정책적으로 해결되기를 바라고 있지만 지방정부는 그 중에서 극히 일부문제들에 대해서만 해결을 시도하여 정책의제로 채택해 왔다. 여기에는 여러 가지 이유가 있지만 가장 중요한 것은 해당 기관의 정책결정자들이 문제의 성격이나 자원의 부족 등으로 그 문제의 해결을 선호하지 않기 때문이다. 요컨대 이렇게 파악하고 발굴한 주요한 문제들을 일단 해당 기관이 임시로 정책의제로 선정하는 단계이다.

2) 새로운 정책문제의 제안 및 임시의제설정

둘째 지방정부는 기존 사회문제와는 별도로 정책당국이 스스로 현실문제의 개선이나 미래의 바람직한 목표를 달성하기 위하여 스스로 아이디어를 개발하고 정책을 제안을 함으로써 정책의제를 만들어 내기도 한다. 이 경우 정책담당자들이 직접 개발한 문제 이외에도 사회내의 전문가 집단이나 정부내의 다른 기관에 의해 제안된 문제를 정책의제로 채택할 수도 있다. 문제는 새로운 정책을 개발하려면 기존의 패러다임에서 벗어나 사물이나 현상을 새로운 관점으로, 새로운 판단을 하지 않으면 새로운 정책의제를 찾을 수도 없음을 명심해야 한다. 요컨대 기존의 공공문제해결을 위한 것은 아니지만 정책기관에 의해 개발된 새로운 정책의제를 장차 해결해야 할 문제로 채택하는 단계이다.

3) 여론수렴 및 지방의회의 의견청취

여론수렴이란 앞에서 발굴하고 채택하거나 스스로 개발한 정책의제들에 대해 관련 지역사회의 공중이나 주민들로부터 반응을 청취하는 단계이다. 물론 언론을 통한 여론청취가 그 주요한 내용을 이룬다. 정책당국으로서는 확정하지는 않고 임시로 의제를 채택하였지만 지역주민들과 언론으로서는 정책당국이 공식적 의제로 채택한 것으로 간주하고 문제해결을 위한 정책대안에 대한 자기들의 요구와 주장을 하게 되는 데, 이 때 그들의 주장을 경청하기도 한다. 그리고 가능한 지방의회의 의견도 사전에 청취하도록 노력할 필요가 있다. 다시 말해 이 단계는 정책당국으로서는 그 문제가 실제 정책적으로 해결할 가치가 충분하고, 실현가능성이 있으며, 지방의회의 반응과 정책당국도 문제해결능력이 있는지를 검토하는 단계이다.

4) 해당 기관의 공식의제채택

지방정부의 입장에서 공식의제를 설정한다는 것은 문제를 파악하고 발굴하거나 자신들이 제안한 새로운 정책문제들을 해당 정책결정기관이 공식적 정책의제로 확정한다는 의미를 갖는다. 그리고 정책당국이 정책의제로 채택한 문제에 대해 국민사회의 요구와 기대를 반영함으로써 문제해결에 대한 방향을 재정립하거나 대안을 수정하겠다는 의미를 갖기도 한다.

뿐만 아니라 보다 구체적으로는 정책당국의 여러 기관들 중에서도 그 문제를 관장하는 해당 기관으로 그 문제를 이관하겠다는 의미를 갖는다.

이렇게 하여 지방정부의 해당 기관이 그 문제를 정책을 통해 해결하겠다고 공식적으로 확정하면 그것이 바로 공식적으로 정책의제가 설정된 것이다. 지방정부가 정책의제를 설정하는 것은 이처럼 해당 기관이나 기구가 스스로의 판단에 따라 정책의제를 선정하는 경우도 있지만, 많은 경우 자치단체장의 공약이행이나 단체장의 직접지시로 이루어지는 경우가 많다. 그리고 경우에 따라서는 예기치 못한 사건(촉매적 요인)등으로 인하여 생각도 못했던 문제들이 정책의제로 채택되기도 한다. 그리하여 기존의 정책의제라고 하더라도 새로운 의제에 우선순위가 밀려 정책결정이 지체되기도 하고, 시기적으로는 비록 뒤에 설정된 정책의제라고 하더라도 더 빨리 정책으로 해결되기도 한다.

3. 정책결정의 과정(policy making process)

1) 의의와 단계

지방정부 정책개발과정의 두 번째 단계는 정책의제설정과정의 다음 단계인 정책결정과정을 의미한다. 그러나 여기서는 정책결정과정 중에서도 정책의제의 본질을 파악하는 문제파악과 정의단계 그리고 문제해결이나 목표달성을 위해 대안을 찾는 부분에 관해서만 검토해 보기로 한다. 따라서 아래에서는 우선 정책결정과정이란 무엇이며 어떠한 단계로 이루어져 있는가를 간략히 검토함으로써, 이 부분에 대한 예비지식을 가지고 정책개발과정의 다음단계를 검토하기로 한다.

정책결정(policy making)이란 “지방정부의 정책결정기관이 현재 및 미래의 문제를 해결하기 위하여 주요한 활동지침을 결정하는 것”을 의미한다. 즉 이러한 정책결정은 지방자치단체의 목적이나 공익을 실현하기 위한 주요 방침을 결정하는 것이다. 다시 말해 정책결정이란 이미 정책의제설정단계에서 채택된 정책의제를 대상으로 그 의제가 안고 있는 문제의 내용을 해결하기 위한 수단을 결정하는 것이 된다. 그러나 많은 경우 정책결정기관은 법규나 명령·지시·위임 등에 의해 이미 정책의제들이 쌓여 있고, 때로는 정책의제항목에 올라와 있지도 않은 문제들까지 갑작스런 해결을 요구하며 정책결정기관으로 투입될 수도 있다. 따라서 이미 의제항목에 포함되어 있는 정책의제들도 정책결정기관이 판단하는 우선순위에 밀려 결정이 지연·보류되는 경우가 적지 않다. 이와 같은 정책결정과정은 다시 해결해야 할 문제(정책의제)에 대한 i) 문제의 파악과 정의, ii) 정책목표의 설정, iii) 정책대안의 탐색·개발, iv) 정책대안의 결과예측, v) 각 대안에 대한 비교·평가, 그리고 vi) 최적대안의 선택단계에 이르기까지 복잡하고 동태적인 과정을 거치게 된다.

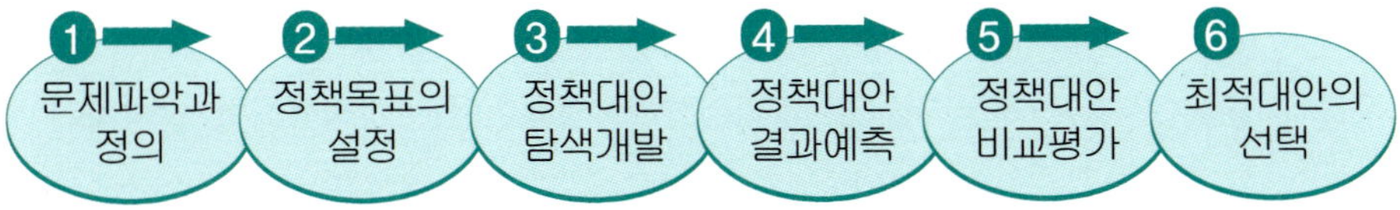

〈그림 2-1〉 정책결정의 과정모형

2) 정책결정과정의 주요 단계별 검토

위에서 검토한 바와 같이 정책결정과정은 6단계로 이루어지고 있다. 그러나 지면관계로 이번 호에는 그 중에서 전반부의 3가지 단계에 대해서만 검토해 보기로 한다.

(1) 문제의 파악과 정의 (무엇이 문제인가?)

정책의제가 안고 있는 문제내용을 정확하게 분석·파악하는 것은 바람직한 정책결정을 위해서 우선적으로 수행해야 할 가장 중요한 과업이다. 문제의 파악(把握)이란 정책의제가 해결하고자 하는 문제내용을 정확하게 분석·파악하는 작업을 의미한다. 그러나 어떠한 문제이건 간에 문제의 내용을 정확하게 파악하는 일은 그렇게 간단하지가 않다. 그것은 하나의 문제는 대부분 다른 문제와 상호의존 내지 연결되어있고, 문제를 파악하는 입장은 주관적이며, 그 해결방안도 다양할 수밖에 없기 때문이다. 그럼에도 불구하고 문제의 정확한 파악은 정책목표의 바람직한 설정을 위해서는 물론 정책대안의 개발과 그 결과예측을 위해서도 반드시 거쳐야 할 필수적인 단계이다. 여기서 문제의 파악이란 "정책적 해결을 시도하는 문제의 원인, 결과, 그리고 이들 간의 인과관계를 알아내는 것"을 뜻한다. 문제란 본래 시시각각 변하고 장소와 기술변화에 따라 그 내용이나 성격이 크게 변해 버릴 수 있기 때문에 정책결정과정에서 재검토·재 파악 되어야 하는 것이다. 문제의 구성요소, 이들 간의 인과관계 , 문제의 심각성, 문제가 야기할 수 있는 결과예측, 그리고 "그래서 무엇이 문제인가를 규정”하는 「문제정의」 등이 정확하게 이루어져야 한다.

(2) 정책목표의 설정 (얼마나 해결할 것인가?)

정책목표를 설정한다는 것은 해당 정책의제가 안고 있는 문제를 해결하거나 내용을 실현하기 위해 어느 정도수준에서 그 적절한 선을 결정할 것인가? 하는 문제이다. 정책의 내용은 주로 정책목표(문제해결)와 정책수단으로 구성되어 있으므로 정책을 결정한다는 것은 결국 정책목표와 정책수단을 결정한다는 것을 의미한다. 정책수단은 정책목표를 달성하기 위한 가능한 최선의 도구로 구성되어 있어야 하기 때문에 결국 정책목표는 정책수단을 포함한 정책의 내용까지 규정하게 된다. 따라서 정책목표가 바람직하고 분명하게 설정되지 못하면 정책수단은 물론 정책효과까지도 잘못될 수 있기 때문에 정책목표의 바람직한 설정은 정책대안의 탐색단계와 함께 정책결정과정의 가장 핵심부분이다. 그러나 정책목표를 설정하는 것은 정책문제를 얼마나 잘 정의하느냐와 직결되어 있으며, 정책문제를 바람직스럽게 정의한다는 것은 정책문제의 구성요소를 어떻게 파악·결정하느냐에 달려있다. 목표는 가능한 구체적이고 실현가능한 것이어야 하지만, 항상 변동될 수 있음을 유의해야 한다.

(3) 정책대안의 탐색과 개발 (어떻게 해결할 것인가?)

정책대안의 탐색·개발이란 정책목표를 달성하기 위해 필요한 일련의 정책수단을 개발하고 찾아내는 작업을 뜻한다. 정책목표는 대부분 그것을 달성하기 위해서는 2가지 이상의 정책수단들을 필요로 한다. 그러므로 최선의 정책대안을 찾아내기 위해서는 가능한 많은 대안들을 광범하게 탐색하고 개발해야 한다. 중요하고 바람직한 모든 대안들을 빠짐없이 찾아내고 개발하여 이들을 대상으로 서로 종합, 보완하고 비교·평가함으로써 최선의 대안이 제외되지 않도록 해야 할 것이다. 그러나 실재 작업과정에서 정책대안의 탐색·개발은 여러 가지 요인들에 의해 많은 제약을 받기 때문에 충분한 대안을 개발하지 못한다. 이러한 제약요인들로는 첫째 정책결정자 및 그 관련자들의 능력부족, 둘째 정치적 영향력 및 지지의 부족, 셋째 이해관계집단들의 압력 등을 들 수 있다. 바람직한 정책대안을 찾아내기 위해서는 i) 창의적 사고, ii) 과거 및 현재의 국내외 정책, iii) 과학기술 및 이론의 도움, iv) 주관적·직관적 방법, v) 창조적 벤치마킹, 그리고 vi) 정책네트워킹 등 대안탐색을 위한 소재들(sources)을 잘 활용해 나갈 필요가 있다.

(4) 정책대안에 대한 미래결과의 예측 (어느 대안이 목표달성율이 높은가?)

① 결과예측의 개념

정책목표달성을 위한 몇 가지 선택가능한 정책대안이 개발되고 나면, 그 다음 단계는 이들 대안들이 장차 정책으로 채택되었을 때 결과할 미래의 상태를 예측하는 단계이다. 정책대안의 결과를 예측하는 작업은 정책결정과정 중에서도 가장 어려운 작업에 속하며, 정확한 예측을 위한 각종의 기술과 방법들을 개발·이용해야 하는 복잡한 단계이다. 이 단계에서는 "정책대안의 결과란 무엇을 의미하는가?" 라는 것과 "결과예측의 방법들은 어떤 것들이 있는가?" 라는 점을 정확하게 이해할 필요가 있다. 정책대안의 결과란 그 대안을 정책으로 결정하여 실제 집행했을 때 나타날 것으로 예상되는 모든 결과를 의미한다. 이러한 결과는 「바람직한 결과」와 「바람직하지 못한 결과」 그리고 「의도한 결과」와 「의도하지 않은 결과」로 구분된다. 여기서 바람직한 결과를 「정책효과」라고 하며, 바람직하지 못한 결과를 「정책비용」이라고 부른다. 이들 각각의 효과는 다시 의도한 효과와 의도하지 않은 효과로 분류할 수 있다.

② 미래결과예측의 방법

정책대안에 대한 결과를 정확하게 예측한다는 것은 사실상 불가능할지도 모른다. 아무리 과학기술이 발달된다고 하더라도 미래에 대한 인간의 예측능력에는 한계가 있으며, 정책대안이 해결하고자하는 정책문제나 목표는 항상 변화하고 있기 때문이다. 더구나 미래를 예측하는 데에는 많은 시간과 비용 및 고도의 기술과 능력도 요구된다. 지금까지 개발된 미래예측기법은 그 기준과 근거 등에 따라 매우 다양하다. 그러나 일반적으로는 i) 시계열적 경향예측(투사), ii) 인과관계를 통한 이론적 예측(예언), iii) 주관적·직관적 판단에 의한 예측(추측) 방법 등이 이용된다.

첫째 경향예측방법이란 외삽식 예측이라고도 하며, 과거의 역사적 경향을 현재와 미래로 연장시켜 그 경향이나 추세를 보고 미래를 예측하는 방법을 말한다. 이러한 예측방법은 특히 과거나 현재에 관찰된 경향을 예측한다고 하여 경향외삽법 혹은 보외(補外)적 예측기법이라고도 한다.

둘째 이론적 예측방법이란 명확한 이론적 가정에 입각하여 일정한 법칙이나 명제의 형태를 띤 「인과관계를 밝히는 진술」에 의해 미래를 예측하는 방법을 말한다. 즉 이 방법은 대안의 미래결과에 대해 체계적이고 실증될 수 있는 일련의 법칙(예컨대, 한계효용체감의 법칙 등)이나 명제(예컨대, 사회의 무질서는 기대와 역량간의 격차에 의해 야기된다)의 형태로 예측하는 것을 뜻한다.

셋째 주관적 · 직관적 예측이란 추측자의 주관적 판단을 기초로 하여 이루어지는 미래상태에 대한 예측을 말한다. 즉 이 방법은 경험적 자료나 과학적 이론을 전혀 사용하지 않으며, 예측자 자신의 통찰력이나 창조적인 지각력 등과 같은 직관(intuition)에 의존하는 예측방법의 한 형태이다. 그리고 특정문제에 대한 전문가나 지식인들에 대한 질문과 응답을 활용하는 정책델파이(Policy Delphi)방식이나 집단토의(Brainstorming)방식을 이용하기도 한다.

(5) 정책대안간의 비교평가 (어떤 대안을 선택할 것인가?)

이렇게 하여 정책대안들에 대한 미래의 결과예측이 끝나면 예측된 결과들이 정책문제의 해결이나 정책목표의 달성을 위해 얼마나 소망스러운지를 비교·평가해야 한다.

일반적으로 대안의 비교평가기준으로는 크게 합리성과 실현가능성의 두 가지 기준을 들 수 있다. 여기서 합리성이란 정치적 합리성, 법적 합리성, 경제적 합리성, 규범적 합리성을 들 수 있다. 정치적 합리성이란 민주성, 대응성, 형평성(공정성) 등을 들 수 있고, 법적 합리성은 합법성을, 경제적 합리성으로는 능률성, 효과성, 생산성을, 규범적 합리성으로는 공익을 들 수 있다.

어떠한 대안이 바람직한 정책대안으로 평가되기 위해서는 그것이 정책으로 채택되고 집행될 수 있는 실현가능성이 있어야 한다. 그렇기 때문에 여기서 실현가능성이란 어떠한 정책대안이 장차 정책으로 채택될 수 있는 「채택가능성」과 채택된 이후 성공적으로 집행될 수 있는 「집행가능성」을 동시에 내포하는 개념이다. 아무리 바람직한 정책대안이라고 하더라도 그것이 정책으로 채택될 수 없거나, 채택된다고 하더라도 집행될 수 없는 것이라면 그것을 최선의 대안이라고 평가할 수는 없기 때문이다. 그러므로 정책대안의 실현가능성은 정책집행을 제약하는 집행의 제약조건을 극복할 수 있는 것이어야 하며, 따라서 실현가능성이 높을수록 좋은 대안으로 평가받게 되는 것이다. 이러한 실현가능성의 유형으로는 기술적, 경제적, 행정적 실현가능성과 법적, 정치적, 시간적 실현가능성 등을 들 수 있다.

(6) 최적대안의 선택 (정책결정)

최종적인 대안선택은 이미 작성되고 평가된 여러 대안들 중에서 가장 바람직한 것을 선택함으로써 완료된다. 그러나 대안선택활동은 앞에서 진행된 작업과정의 결과에 따라 기계적으로 이루어지는 순차적 단계는 아니다. 이미 앞에서 충분히 예측·평가된 대안들이라고 하더라도 최종적인 선택단계에서는 다시 한번 많은 요인들을 고려해 보아야 한다. 특히 중요한 것은 어떠한 대안이든 간에 완전히 만족할 만한 결과를 가져오지는 못한다는 사실을 인식해야 한다. 그러므로 정책결정자들은 우선 선택된 대안의 집행에 따르는 제반 위험과 시행착오를 극복해 나갈 용기가 있어야 하며, 정책의 대 국민적 효과를 사전에 다시 한번 검토해 보아야 하고, 이해관계자 및 정치세력들 간의 대립과 갈등을 조정·통제해 나갈 각오가 되어 있어야 한다.

이러한 사전검토와 정책결정자들의 준비 및 각오가 충분히 이루어진 다음, 각 대안의 소

〈표 2-4〉 지방정부의 정책결정과정 (지방정부의 단독 정책결정)

<table>
<tr><th colspan="2">정책과정</th><th>담당주체</th><th>주요내용</th><th>재정조치</th></tr>
<tr><td rowspan="3">광의의
정책결정과정
(형성, 수립)</td><td>정책의제 설정</td><td>지역사회의 요구
(주민·정당·전문가·언론 등)
관련기관의 과제선정
(자치단체장·공무원·의회 등)</td><td>쟁점제기
과제설정
해결방향제시</td><td>재정적 견적</td></tr>
<tr><td>정책결정
1) 정책목표설정
2) 정책대안개발
3) 최적대안의 선택</td><td>자치단체장, 공무원,
의회, 의회의원</td><td>정책목표설정
정책대안작성
최적대안선택</td><td>예산안 작성</td></tr>
<tr><td>4) 정책안의 합법화</td><td>자치단체장과 의회</td><td>합의형성 모색
단체장의 결정
의회의 결정</td><td>예산결정</td></tr>
<tr><td colspan="2">정책집행</td><td>자치단체장, 보조기관,
소속행정기관, 하부행정기관</td><td>집행계획 작성
자원동원·배분
준비·기준설정
집행관리</td><td>예산집행</td></tr>
<tr><td colspan="2">정책평가</td><td>지역사회 전체와 지방정부
(자치단체장, 보조기관, 지방의회, 주민, 전문가, 정당 등)</td><td>제도적 평가
비제도적 평가
수정 및 개선</td><td>결산평가</td></tr>
</table>

망성(desirability) 및 실현가능성(feasibility)의 결과에 따라 최적대안을 선택해야 하며, 대안의 선택과 동시에 정책결정과정은 일단락된다. 그러나 사실 완전한 정책결정이란 정책대안의 선택에서 끝나는 것이 아니다. 그것은 정책대안의 작성에 불과한 것이며, 정책대안이 완전한 정책으로 성립되기 위해서는 집행을 위한 예산조치 등 재정이 뒷받침이 있어야 하고, 나아가 주민의 대표기관인 지방의회에서 의결·통과되어야 한다. 그렇지만 합리적 분석적인 정책결정과정의 측면에서는 최적의 정책대안을 선택하는 것으로 정책결정과정이 완료되는 것으로 볼 수 있다.

Ⅳ. 지방정부의 정책결정과정(Ⅱ): 지방정부의 공동정책결정

1. 의의

한국의 지방정부들은 대도시 몇몇 정부들을 제외하면 대다수가 재정적 자립이 어려울 정도로 취약한 재정구조를 가지고 있다. 물론 그 주된 이유는 중앙정부가 국가재정총량의 대부분을 독식하고 있기 때문이다. 한국의 중앙정부는 국회의원들을 앞세워 지방의 목을 조이는 법률을 만들고, 중앙정부의 공무원들을 내세워 지방공무원들을 통제함으로써 인적 · 재정적 자원을 독식하는 부도덕한 구조를 항구화 시키고 있다. 때문에 현재의 통치구조와 지방자치시스템 하에서는 대부분의 지방정부들은 자율발전이 불가능할 정도로 모든 것이 취약한 실정이다. 따라서 이러한 자치역량의 한계를 극복하고 지역발전을 가능케 할 수 있는 창조적인 정책개발이 요구된다. 여기서는 이러한 창조적 정책개발을 통해 외부의 자원을 역내로 끌어들여 지역발전을 가능케 하는 공동정책결정을 알아보기로 한다.

2. 지방정부의 자치역량실태와 정책개발

1) 자치역량의 의미와 취약한 자치역량실태

지방정부의 자치역량이란 그 의미의 다양성에도 불구하고 유기체로서의 지방정부가 "환경변화에 대응하여 스스로 문제를 해결하거나 자신의 일을 처리해 낼 수 있는 능력"이라고 규정할 수 있다. 그리고 이것은 역량을 구성하는 요소(역량요소)와 각 역량의 수준(역량수준)으로 구성된다. 지방정부의 역량은 이를 다시 내부적 역량요소와 외부적 역량요소로 나누고, 내부적 역량요소에는 단체장의 조직관리능력, 창의력, 혁신성 등을, 외부적 역량요소로는 정치문화, 지역경제, 사회적 특성, 인구구조, 시민사회역량 등을 그 요소로 보고 있다. 그러나 특히 지방정부를 하나의 유기체로 보고 내부역량요소를 구조적 역량과 기능적 역량으로 구분하여 구조적 역량요소로는 권력구조, 인력구조, 조직구조, 재정구조를, 그리고 기능적 역량요소로는 관리서비스기능, 발전추진기능, 혁신창조기능 등으로 분류하기도 한다.

이미 앞에서도 여러차례 지적한 바와같이 지방정부의 자치역량의 개념을 어떻게 파악하든, 그 요소와 수준을 어떻게 규정하든 간에 우리나라의 지방정부의 자치역량은 매우 취약한 실정이다. 특히 지방정부를 환경과 상호작용하는 시스템으로 파악할 경우 구조적 역량은 물론 기능적 역량도 매우 취약하여 자체적으로 자율발전이 불가능한 실정이다.

2) 자율·자력발전의 한계와 정책개발의 필요성

지방정부의 내부적 역량요소들은 중앙정부의 법령이 통제함으로써 취약성을 면치 못하고 있고, 외부적 역량요소들은 정치적 민주주주의가 미숙하고, 지역경제발전이 저급하며 시민사회의 역량이 성숙하지 못해 전반적으로 매우 취약한 실정이다. 이처럼 대다수 지방정부들은 자율발전이 불가능할 정도로 자치역량이 취약함에도 불구하고, 그 개선을 위한 노력보다는 중앙정부를 원망하며 기약없는 지원만을 기다리고 있는 곳이 많다. 바로 여기에서 지역사회를 발전시킬 수 있는 새로운 정책개발이 요청되고, 그러한 정책으로 중앙정부나 광역정부 혹은 인접하는 기초정부를 대상으로 역외 자원을 역내로 끌어들여 지역발전을 가능케 하는 정책개발, 즉 타 정부와의 공동정책개발을 추진할 필요성이 제기되는 것이다.

3. 공동정책결정과 외부자원의 동원

1) 공동정책결정의 필요성과 지방정부별 T/F 설치·운영

지방정부의 공동정책결정(Joint Policy Making)이란 두 개 이상의 정부(중앙정부 혹은 지방정부)가 공동으로 추구하는 목표를 달성하기 위하여 필요한 자원을 함께 부담함으로써 공동노력으로 정책을 결정하는 것이다. 공동정책결정은 일반적으로 어느 일방이 결정권을 독점하거나 상대방에게 지시 혹은 통제할 수 없는 경우가 대부분이다. 물론 이러한 공동정책결정은 공동으로 참여하는 정부들이 각각 그 필요성을 가지고 있기 때문에 이루어지지만 이 공동결정의 필요성이 때로는 공동참여자들에게 제약조건으로 작용하여 정책갈등의 원인이 되기도 한다는 점을 유의할 필요가 있다.

지방정부의 공동정책결정 파트너로는 중앙정부를 참여시키는 것이 가장 유리하다. 중앙정부는 지방의 모든 정부들과 일정한 공동의 이해관계를 가지고 있기 때문에 지방정부는 이점을 이용함으로써 지역발전정책에 중앙정부를 공동정책결정의 파트너로 끌어들일 수 있어야 한다. 물론 기초정부로서는 광역정부를 파트너로 끌어 들여도 좋겠지만, 여기에 중앙정부를 더 참여시킨다면 금상첨화가 될 것이다. 따라서 지방정부는 중앙정부가 매력적으로 참여하고 싶어하는 정책을 개발하여 유인함으로써 중앙정부의 재정이 자기지역에 사용되도록 해야 한다. 그러기 위해서는 중앙정부는 재정을 지원하고, 일은 지방정부가 담당하지만 결과는 국가와 지방에게 모두 가치있는 콘텐츠를 개발하는 일이 급선무다. 이를 위해 지방정부는 집행기관내부에 정책콘텐츠개발을 위한 T/F(Task Force)를 설치 운영할 필요가 있다.

2) 공동결정의 형태와 사례

공동정책결정의 형태는 공동정책결정의 범위나 참여정부의 수, 그리고 각 참여자들의 역할내용을 어떻게 정하느냐에 따라 다양하게 존재할 수 있다. 일반적으로는 수직적 공동정책결정과 수평적 공동정책결정으로 나눌 수 있다. 수직적 공동정책결정이란 상하위계관계에 있는 정부간의 공동정책결정, 예컨대 중앙정부와 광역정부 및 기초정부간, 혹은 기초와 광역정부간의 공동정책결정을 의미한다. 그리고 수평적 공동정책결정이란 공동정책참여정부들이 전문화와 분업의 원리에 따라 정책역할을 달리하는 정책결정을 말하며, 동일 수준의 지방정부들이 참여하는 공동정책결정이다.

그러나 여기서 강조하는 지방정부의 공동정책결정이란 중앙정부나 광역정부를 끌어들이는 수직적 공동정책결정이다. 이것을 통해서만이 취약한 지역경제를 발전시킬 수 있기 때문이다. 이것은 특정지역에서 실시하는 중앙정부의 대규모 프로젝트를 지방정부가 끌어들이는 형태로도 이용될 수 있다. 예컨대 특정한 지방정부가 자기지역 내에 국가공단을 지정되게 한다거나 국립공원을 지정되도록 하는 것도 이 유형에 속한다. 물론 지방정부가 문화관광체육부와 공동으로 국립영화제작소를 만드는 정책을 결정하거나, 국토해양부와 공동으로 대규모 테마파크를 조성하는 정책도 여기에 해당될 것이다.

3) 지방의회를 비롯한 공식·비공식 정책참여자들의 지원과 협력확보

이처럼 지방정부의 공동정책결정은 보통은 지방정부의 집행기관이 중심이 되어 추진한다. 그러나 경우에 따라서는 지방의회나 지역정당 혹은 지역대학이나 지역의 연구기관 등이 주도적으로 혹은 협력하여 추진할 수도 있다. 어느 경우에든 공동정책결정을 성사시키기 위해서는 이들 지역사회의 정책참여주체들의 적극적인 지지와 협력을 확보하는 것이 중요하다. 공동정책결정에서 이들 정책참여자들의 지지와 협력을 확보하기 위해서는 정책결정이나 추진과정에서 일정한 범위내에서 이들의 역할을 인정할 수 있어야 한다. 예컨대 지방의회의 경우, 주민대표성을 기초로 정책조정 및 중재자적 역할을 가능하도록 해야 한다. 특히 오늘날처럼 언론의 영향력이 강하고 시민단체들의 행동을 예측할 수 없는 상황에서는 이들로부터도 일정한 지지와 협력을 받을 수 있도록 사전에 교류할 필요가 있다. 그 외도 점차 그 영향력이 증대되어가고 있는 지역사회의 이익집단으로부터도 반발과 저항의 가능성을 미연에 방지할 수 있도록 해야 한다.

Ⅴ. 지방정부 정책결정과정의 정치성과 참여자의 역할

1. 정책결정과정의 성격

정책결정은 계획과 같이 세밀한 내용을 작성하는 것이 아니라 미래의 행동방침, 즉 주요한 지침을 결정하는 것이다. 그리고 정책결정은 의도나 감정이 아니라 행동으로 나타나며, 예측이 어려운 장래를 지향하는 활동이다. 따라서 다음과 같은 특징을 갖는다. 정책결정과정은 공공성과 정치성, 역동성을 내포하고 있고, 시시각각 변동하는 동태적 과정이며, 공식적·비공식적 참여자들이 복잡하게 얽혀 서로 영향을 주고받는 정치적 과정이다. 그리하여 첫째 지극히 복잡하고 수많은 이해관계자와 제도, 절차, 규범, 현실 등이 함께 어우러져 작용하는 동태적 성격(불확실성, 복잡성, 다원성)을 지니며, 둘째 결정을 예상하여 의제를 설정하고, 의제설정과 동시에 대안이 결정되는 순환성을 지니고 있으며, 셋째 정책은 의제설정은 물론이고 정책결정과정에서도 시간이 경과함에 따라 문제의 내용도 바뀌고 우선순위도 바뀔 수 있으며 새로운 대안도 개발될 수 있는 시관성(時觀性)을 내포하고 있다. 넷째 그러나 무엇보다도 정책은 다양한 이해관계자들 간의 정치적 타협(political compromise)에 의해 결정되는 경우가 많아 강한 정치성을 지닌다.

2. 정책결정 참여자의 역할과 중요성

사람은 누구나 자신의 이익이나 요구를 관철시키기 위해서 정책결정과정에 참여하고자 하며, 민주정치 하에서는 그것이 당연하고 바람직한 것으로 인정되고 있다. 그렇다고 원하기만 하면 모든 사람들이 자유롭게 참여할 수 있는 것은 아니며 일정한 요건을 갖춘 자들만이 참여할 수밖에 없는 것이 현실이다. 그러나 정책결정과정에 누가 참여하느냐에 따라 정책의 내용이 달라질 수도 있기 때문에 참여자의 문제는 가볍게 다룰 수 없는 중요한 관심사이다.

일반적으로 정책결정과정에 참여하는 사람들은 공식적 권한을 가지고 참여하는 사람들과 공식적 권한은 없지만 정책결정과정에 영향력을 행사할 목적으로 참여하는 사람들이 있다. 전자를 공식적 참여자라고 하며, 후자를 비공식적 참여자라고 한다. 사실 정책은 이들 참여자들의 목표와 가치관, 퍼스낼리티 그리고 그들이 가진 지식, 기술, 정보 등의 성격 및 내용에 따라 현격히 달리 결정될 수 있다. 따라서 정책결정에 참여하는 자들에 대한 사전교육과 이들의 사회적인 책임을 강조하고 인식케 하는 사회적 환경조성이 절대 필요하다. 공식적 참여자들은 지역사회발전을 도모할 수 있는 바람직한 정책대안의 개발과 이를 통한 효율적인 정책결정을 추구한다. 물론 비공식 참여자들 역시 공식적 참여자들을 도와 정책결정의 합리성을 제고하려고 한다. 그러나 비공식적 참여자들의 경우, 주로 자신들의 이해관계를 정책에 반영시키려는 경향이 강하다. 따라서 정책결정과정에 어떠한 사람들이 참여하느냐에 따라 정책내용이 현격하게 달라진다.

3. 공식적 참여자와 역할

공식적 참여자란 정책결정과정에 참여할 수 있는 공식적, 제도적인 권한을 가지고 있는 기관이나 사람들을 의미하며, 자치단체장, 지방의회의원, 지방공무원 등이 여기에 해당된다. 경우에 따라서는 중앙부처의 지방특별행정기관의 공무원들도 지방정부의 정책결정에 공식적 참여자로 참여하는 경우도 있다. 우선 우리나라 지방자치단체장의 경우, 그 권한의 광범성으로 인해 제왕적 자치단체장이라고 할 정도로 지방정부 내에서 막강한 권한을 행사하고 있다. 따라서 정책의제설정은 물론 정책결정과정에서도 압도적인 영향력을 행사한다. 지방의회의원은 지방의회에서의 정책결정에는 상당한 영향력을 행사하지만 집행기관의 정책결정기구에 참여할 경우 그 역할은 매우 제약된다. 그리고 지방정부의 공무원들은 정책결정과정에 직접 참여하여 실질적 영향을 행사하지만 대부분은 사전에 자치단체장에 의해 조종되거나 조율됨으로써 자치단체장의 의도를 대신 반영시키는 역할을 수행한다. 특히 자치단체장은 지방공무원들에 대한 인사권을 독점하고 있기 때문에 모든 정책결정에서 지방공무원을 사실상 지배하고 있다.

4. 비공식적 참여자와 역할

비공식적 참여자란 정책결정과정에 참여할 수 있는 공식적 제도적 권한을 갖지 못한 사람들이다. 이들은 공식적 권한을 가진 사람들에게 영향을 행사함으로써 자신들에게 유리하거나 올바른 정책이 결정되도록 하기 위해 정책결정과정에 참여하는 기관 혹은 사람들을 의미한다. 여기에는 지역정당과 정당간부, 언론기관, 이익집단, 전문가와 학자, 시민단체, 일반시민 등이 있다. 지역정당과 간부들은 정당공천제도를 통해 지방자치단체장과 지방의원들에게 직간접적으로 영향력을 행사한다. 그리하여 지방정부의 정책결정과정에 깊숙이 개입하는 경우가 적지 않다. 여당의 경우 중앙정부의 정책과 지방정부의 정책의 일관성을 유지하기 위해 영향력을 행사하는 경우가 많고, 야당의 경우 그러한 정책을 비판하거나 차별화된 정책결정을 위해 영향력을 행사하는 경우가 많다.

그러나 오늘날 무엇보다도 지방정부의 정책결정에 가장 많은 영향력을 행사하고 있는 기관을 든다면 바로 언론기관이라고 할 수 있다. 이들은 신문과 방송, 통신 그리고 인터넷 등을 통해 지방정부의 정책결정과정에 음으로 양으로 영향력을 행사한다. 특히 중앙 및 지방의 신문과 방송은 정책결정권을 가진 자치단체장이나 지방공무원들에게 직접적으로 영향을 미침으로써 가장 강력한 힘을 발휘하고 있다. 근래 참여민주주의로 향하는 길목에서 공익을 추구하는 시민단체(NGO)들의 영향력도 무시할 수 없을 정도로 강력해지고 있다. 그러나 우리나라의 시민단체들은 외국의 그것에 비해 기형화됨으로써 국민적 지지를 얻지 못하고 있어 영향력의 한계를 벗어나지 못하고 있다. 물론 일반시민들도 인터넷이라는 도구를 통해 지방정부의 정책결정에 참여할 수 있으며, 학자와 전문가들은 정책이 합리적으로 결정되는데 도움을 주기 위해 참여하는 경우가 많다.

5. 지방정부 정책결정과정의 실제 : 의결기관과 집행기관의 협력과 지원

지방정부의 정책은 의결기관인 지방의회가 스스로 발의하여 결정할 수도 있고, 집행기관인 자치단체장이 집행부조직을 통해 정책안을 발의하여 지방의회의 의결을 거쳐 결정할 수도 있다. 그러나 많은 경우 정책결정과정에서 의회와 집행기관의 역할은 명백히 구분되어있지 않고 상호 협력과 지원을 통해 공동으로 정책을 만들어 나간다고 볼 수 있다. 따라서 지방정부의 정책결정은 집행기관 내부에서의 정책결정과정과 이 정책에 대한 지원과 협력 내지 합법화 과정으로서의 지방의회의 의결과정으로 구분된다.

1) 집행기관 내부의 정책결정과정

집행기관 내부의 정책결정과정은 앞에서 검토한 정책결정기관의 단독 정책결정과정의 절차를 밟는 것이 상례다. 예컨대 주민들로부터의 요구와 주장을 수용하거나 기간내부에서 스스로 정한 의제를 기초로 i) 문제를 파악하고 정의하며, ii) 정책목표를 설정하고, iii) 목표달성을 위한 대안을 찾아 내며, iv) 그 대안들에 대한 미래결과를 예측하고, v) 그 대안들을 서로 비교 평가한 다음, vi) 그 중에서 한두 가지 가장 적절한 대안을 선택할 때까지 이루어지는 제반 과정을 거치게 된다. 물론 지방정부의 현장에서는 이들 6단계 중 한 두 단계를 뛰어넘는 경우가 많아 이론과는 차이가 있을 수 있다. 집행기관 내에서 정책을 결정할 경우 유의해야 할 사항으로 여기서는 첫째 의제설정의 문제, 둘째 관련법규의 검토 및 중앙정부와의 의견조율, 셋째 지방의회와의 지원과 협력확보, 넷째 정책에 소요될 재원확보 등에 대해 간략히 검토해 보기로 한다.

① 의제설정의 문제

지방정부의 정책의제설정은 자치단체장을 정점으로 지역사회주민들의 요구와 주장 그리고 정당의 추천, 지방의회의 의견반영, 언론기관의 태도 그리고 집행기관의 내부적 의견을 청취하고 수렴한 이후에 결정하는 것이 상례다. 물론 정책문제가 외부로부터 들어온 것인가 아니면 내부적으로 투입된 것인가에 따라서, 그리고 지방정부의 단독결정사항인가 아니면 중앙정부나 다른 지방정부와의 공동결정사항인가에 따라 다르지만 지방정부의 의제설정은 대부분 자치단체장의 승인이 전제되어야 한다.

② 관련 법규검토 및 중앙정부의 협력과 지원확보

지방정부의 정책결정과정에서는 무엇보다도 관련 법령의 검토가 선행되어야 한다. 결정되어야 할 정책내용이 관련법규에 위반되거나 저촉되지는 않는지, 관련 중앙부처나 안전행정부로부터 제재를 받지는 않을지 등을 검토해야 한다. 그리고 필요한 경우 중앙정부와 사전에 협의·조정할 필요가 있다. 나아가 가능하면 중앙정부의 관련 부처로부터 정책관련 지원과 협력을 확보하도록 해야 한다. 그것이 지방정부의 정책결정을 위한 법령개정이든 예산지원이든 어떤 것이라도 좋다.

③ 지방의회의 의견반영과 협력확보

집행부에서 정책을 결정하지만 그것이 합법적인 지방정부의 정책으로 완성되기 위해서는 지방의회의 의결이 있어야 한다. 따라서 정책과 관련되는 지방의원들과는 물론 지방의회의 관련 위원회 등과도 사전에 충분한 정보와 의견을 교환할 필요가 있다. 지방의회와 집행기관은 지방정부라는 수레의 두 바퀴와 같다. 따라서 지방의회와는 언제나 협력하고 지원함으로써 좋은 관계를 유지할 필요가 있다. 때문에 집행부가 주도하는 정책결정이라고 하더라도 가능하면 지방의회의 의견을 충분히 반영할 수 있어야 한다.

④ 소요재원의 확보

정책은 그 성격상 대부분 예산을 수반하기 마련이다. 때로는 그 규모가 방대한 재정적 자금을 필요로 하는 경우도 있다. 따라서 정책을 주관하는 부서에서는 반드시 예산부서와 사전에 의견을 맞춰서 필요한 재정자원을 확보할 수 있도록 조치를 취해야 한다. 아무리 좋은 정책을 만들었다고 해도 예산지원을 받지 못해 집행되지 못한다면 오히려 정책을 결정하지 않은 것보다 못하기 때문이다. 특히 정책의 집행기간이 장기적이어서 다년간 예산을 사용해야 할 경우에는 더욱 그러하다. 그러나 무엇보다도 중요한 것은 중앙정부와 광역정부로부터 예산지원을 받을 수 있도록 조치를 강구하거나 노력할 필요가 있다.

2) 지방의회와의 협력과 동의형성: 의결과정

(1) 의원들과 집행부공무원 간의 비공식적 관계

지방의원들은 당해 자치단체의 정책결정과 집행을 담당하는 기관을 감시 혹은 감독하고 주민사회의 갈등과 민원사항을 처리한다. 또한 지방의원들은 지역주민들의 이해관계를 조정하고 주민들의 의견을 수렴하여 이를 지방행정과 정책에 반영한다. 그러나 지방의원들이 이러한 역할을 수행하는 제반 과정에서는 의원이 독자적으로 수행하는 것이 아니다. 사실은 관련 집행기관의 해당부서와 끊임없이 접촉하고 의논하면서 이들 업무를 행하고 있다. 이처럼 지방의원들과 지방공무원들 간에는 평소 업무와 관련하여 다양한 공식, 비공식적 관계를 유지하고 있다. 따라서 공식적인 의회의 의결을 요구하거나 거치는 과정에서 평소의 이러한 관계가 상당한 영향을 미치게 된다.

(2) 집행부와 지방의회 간의 공식적 관계

비공식적 관계와는 달리 지방의회와 집행부는 공식적 관계를 가지고 상호 유기적으로 활동하고 있다. 즉 예산안이나 조례안을 의회에 제출한 이후부터 집행부에서는 지방의회의 해당 상임위원회와 의장단 등 공식적인 지방의회의 기구와 관계를 가지고 지원과 협력을 유도해 나간다. 물론 평소 지방의회와 집행부의 관계는 지방의회의 사무기구를 통해 이루어진다. 이 기구를 통해 상호 충분한 정보와 자료를 교환함으로써 지방의회의 의결에 필요한 지원과 협력을 아끼지 않는다. 이처럼 집행부는 지방의회의 사무기구, 위원회, 의장단 등을 통해 정책(안)이나 조례(안), 예결산(안) 등의 처리를 위해 공식적 관계를 가지고 지원과 협력을 유지해 나간다. 그러나 지방의회에서의 의결과정은 국회의 그것과는 달리 집행부공무원과 지방의원들 간에 정치적 뒷거래가 거의 없다는 점이다. 가끔 지방의원들에 대한 자치단체장의 정치공작이 있을 수는 있지만 지방의회의 취약한 권한은 이러한 소지를 상당부분 방지하는 역할을 하고 있다.

Ⅵ. 지방정부의 역량제고와 정책기능의 강화

1. 지방정부의 정책지향적 체제개편

1995년 WTO의 출범과 함께 본격적으로 불어오기 시작한 세계화 현상은 중앙정부에 대해서는 분권을, 지방정부에 대해서는 개방과 경쟁을 강요하고 있다. 그리하여 작금의 세계사회는 무한경쟁이라는 환경변화에 대응할 수 있는 지방정부의 경쟁력 있는 정책개발을 요구하고 있다. 그러나 안타깝게도 우리나라의 경우, 중앙정부는 지방분권을 거부하고 지방정부는 정책개발에 무관심함으로써 세계화의 물결에 뒤쳐지고 있다. 21세기에는 지방자치단체를 하나의 소국가로 보고, 지방정부는 준 정부적 차원에서 일해야 한다. 각각의 지방자치단체가 중앙정부에 의존하지 않고 독자적인 발전을 추진함으로써 그 시너지(synergy)효과를 통해 국가발전을 도모해 나가야 한다.

1) 지방정부의 정책지향적 기능혁신

지방정부정책개발의 가장 기본적인 과제는 우선 지방공무원들의 사고정향이 정책지향적으로 바뀌어야 한다는 것이다. 즉 행정을 문제해결을 위한 정책적 조치로 인식해야 한다. 부여된 과제를 수동적으로 집행하던 단계에서 벗어나서 주체적으로 문제를 찾아 그것을 정책적 수단을 통해 해결하려는 의지와 노력이 요구된다. 그리하여 지방정부 전체가 정책을 통해 살아있는 유기체적 기능을 수행할 수 있어야 한다. 지방정부가 정책을 통해 환경변화에 대응하고, 민간영역보다 한 걸음 앞서 주민사회의 변화를 유도·촉진하며 창조적 발전을 도모해 나갈 수 있어야 한다. 그리고 이러한 일들을 가능케하기 위해 가장 우선적으로 해야 할 일은 지방공무원들에게 정책학을 교육시키는 일이다. 분권과 지방자치, 지역발전과 정책개발 등을 함께 묶어 종합적 시각을 갖도록 교육시킴으로써 정책지향적 마인드를 갖도록 만들어야 할 것이다.

2) 정책개발동력(Energy)의 충전

지방정부의 최대과제는 지역발전을 위한 성공적인 정책개발이고, 정책개발의 가장 큰 과제는 정책개발동력이라고 할 수 있는 개발에너지를 확충하는 것이다. 일반적으로 업무추진의 원동력은 공직자들의 성취동기에 달려있다고 한다. 따라서 지방정부 정책개발의 원동력은 자치단체장, 지방의회의원 그리고 지방공무원들의 정책지향적 동기로부터 유발된다고 할 수 있다.

그러나 실제 지방정부의 정책개발의 동력은 그 보다 더욱 본질적인 것으로부터 고찰할 수 있다. 첫째 행정에 대한 패러다임(Paradigm)의 전환을 통해, 둘째 지방정부의 Network System 구축을 통해, 셋째 지방정부 공직자들의 강한 성취동기(motivation)와 적극적 사고방식(PMA)을 통해, 넷째 공무원들에 대한 혁신적 교육·훈련, 지식과 정보와 기술의 함양을 통해 가능하다. 그리고 구성원들의 생산적 경험과 국내외의 벤치마킹을 통한 창조적 모방을 통해서도 생성시킬 수 있다.

3) 종합정책개발 및 조정기구의 설치운영

21세기 지방정부의 역할과 기능은 국내를 벗어나 국제사회의 지방정부들과 활발하게 교류하고 협력해 나가지 않으면 안된다. 그만큼 지방정부의 기능이 증대되고 활동영역도 광범해 질 것이다. 따라서 이러한 다양하고 다원적인 업무를 체계적이고 효율적으로 추진해 나가기 위해서는 정부내부라는 유기체의 두뇌역할을 수행할 수 있는 종합적인 정책기획기구를 설치운영할 것이 절실히 요청된다. 지방정부의 장기발전정책과 분야별 단기정책·계획의 수립은 하나의 기구 내에서 체계적이고 일관성 있게 조정·추진될 수 있어야 한다. 그리고 지방정부 내에서 추진되고 있는 모든 정책과 사업 등이 이 기구를 통해 평가되고 수정, 통제되어 나가야 한다. 두뇌 없이 방만하게 나열된 조직이나 기구들은 소중한 자원의 낭비만 초래할 뿐이다.

4) 자치단체장의 정책지향적 의식확립과 창조적 리더십 함양

분권화된 지역사회의 바람직한 발전을 추진하기 위해서는 자치단체장의 세계관과 리더십이 혁신적이고 창조적이어야 한다. 공공문제에 대한 자치단체장의 시각과 관점이 보다 종합적이고 체계적이어야 하고 정책지향적으로 개혁되어야 한다. 변화하는 환경과 증폭하는 행정수요를 지방정부가 해결해야 할 정책문제로 인식하고 이에 따른 체계적 정책대응방안을 강구하는 미래지향적 리더십을 함양해 나가야 한다. 이러한 일들을 효율적으로 추진하기 위해서는 우선 지방정부의 총체적 문제해결역량을 파악해야 할 필요가 있다. 총자산과 총부채, 동원가능한 자원의 총량, 단계적으로 소요될 비용의 총량, 당해 자치단체의 특성, 공무원들의 능력, 지방의회의 역량과 협력, 지역주민들의 지지와 반대 등에 관한 확실한 인식이 요구된다. 이러한 지식의 기반 위에 당해 지역사회의 발전관리를 위한 전략을 구상하고 대안을 탐색해 나가야 한다. 한정된 자원으로 최대의 효과를 달성하기 위한 전략적 수단으로 표현되는 정책은 미래의 지방정부경영에 최선의 대안이 될 것이기 때문이다. 따라서 자치단체장들은 가능하면 해외벤치마킹과 세미나 등을 통해 참신하고 창조적인 지식을 습득하도록 노력해야 한다.

5) 지방의회의 정책지향적 의정기능제고

분권화된 지방정부의 의원들에게는 창의적이고 개혁적인 사고가 요구된다. 주어진 대상이나 현상에 대한 비판과 견제에서 벗어나 무에서 유를 만들어 내는 창조적 사고와 능력이 절대 요청된다. 지방의회가 무엇을 어떻게 함으로써 지역발전의 주체적 역할을 수행할 수 있을 것인가를 진지하게 연구·토의해야 한다. 그리하여 그 동안 집행기관의 견제와 감시에 머물러 있던 의정기능을 새로운 아이디어와 정책개발로 바꾸어 나가야 한다. 의결과 심의 등과 같은 의정기능수행과정에서도 지방정부의 업무를 정책단위로 파악하도록 노력해야하며, 투입과 산출, 비용과 편익, 수단과 목표 등 체계적 관점에서 기능적으로 파악하도록 해야 할 것이다.

뿐만 아니라 의회에 주민들의 창의적인 아이디어를 자극하고, 그것을 의회차원에서 수렴하는 정책제안담당기구나 홈페이지를 개설·운영할 필요가 있다. 만화가 과학기술개발의 원재료가 된다는 말처럼 주민들의 순수한 반짝 아이디어가 지역발전을 위한 보석이 될 수 있기 때문이다. 그리고 이러한 주민제안제도가 지역사회저변으로 파고들 수 있도록 언론을 통한 홍보와 포상제도를 적절히 운영할 필요가 있다.

2. 지방정부의 정책체제로의 기능전환

1) 지방정부의 총체적 자치역량제고

이제부터 지방정부의 모든 기능은 종합적인 정책기획을 근간으로 이루어져야 하며, 이를 통해 공적 자원의 투입과 공공서비스의 산출을 측정함으로써 지방정부의 기능을 극대화 할 수 있어야 한다. 물론 이러한 역량을 배양하기 위해서는 지방정부에 대한 중앙정부의 제도적 지원과 협력을 통한 적절한 권한과 기능이 배분되어야 하고, 지역발전과 행정수요를 수용·해결할 수 있는 재원이 충족되어야 하며, 그러한 일들을 처리할 수 있는 인적·물적 각종 자원과 정보 및 기술 등이 구비되어 있어야 한다.

그러나 어느 국가를 막론하고 지방자치단체가 현실적으로 이러한 요건들을 완전히 충족하기는 어려우며 설사 충족된다고 하더라도 그 자체로만 자치역량이 강화되는 것은 아니다. 자치역량을 강화시키기 위해서는 스스로 권한을 창출하고 제한된 자원으로 문제를 해결할 수 있는 창의적이고 조직적인 지방정부의 노력이 선행되어야 할 것이다. 그러기 위해서는 지금부터라도 지방자치단체를 국가로부터 상대적으로 독립된, 세계속의 한 하위국가적(sub-state) 관점에서 파악·인식하는 일대 발상의 전환이 요구된다. 이렇게 발상을 전환할 경우 가장 우선적으로 추진해야 할 과제가 지방정부의 기능을 정책중심체제로 전환하는 것이며, 그에 따른 영역별 발전정책의 수립과 부문별 정책개발작업이 추진되어야 한다. 현대국가의 기능적 특징을 정책지향적 성향으로 규정해 온 것처럼 이제 지방정부 역시 수많은 세계의 지방정부들과 무한경쟁에서 이겨 스스로 번영을 창출해 나가기 위해서는 자주적인 정책개발을 통한 정책지향적 통치기능을 강조하지 않을 수 없게 된 것이다. 한정된 자원으로 공공서비스 생산의 극대화를 도모하기 위한 창조적 전략수단의 개발이 미래 지방정부의 당면과제로 부각되고 있음을 빨리 인식해야 한다.

2) 행정서비스의 질적 향상

행정서비스란 정부의 행정기관이 국민이나 기업 등의 편의를 도모하기 위하여 대외적으로 제공하는 일체의 인적·물적, 정보·지식적 서비스를 말한다. 국내에서도 많은 사람들이 소개한 바와 같이 이미 1989년에 일본 이즈모시의 이와꾸니 데쓴도(岩國哲人) 시장은 "행정은 최대의 서비스 산업"이라고 선언하고 그 의미와 내용을 구체화시켜 나간 것으로 유명하다. 이제 우리나라의 행정도 양적인 차원에서부터 질적 차원으로 관심을 전환해야 할 때다. 그러기 위해서는 지금까지 공급자중심의 서비스체계에서 수요자 중심의 서비스체계로 전환해야 하며, 사무실 책상에서 결재하는 서비스에서 현장에 찾아가서 결재하는 시스템으로 바꿔야 한다. 시대착오적인 법령과 규정에 따른 규제중심의 행정관행에서 벗어나 주민들의 삶의 질 향상에 기여할 수 있는 지원조장중심의 행정서비스체제로 개혁해야 한다. 그리하여 전시행정, 형식행정, 비전문적·비과학적 행정, 선심행정, 요령주의, 구호주의, 지체지연행정, 불공정행정(부정부패, 연고주의, 특수이익옹호), 선례답습행정, 밀실행정 등을 과감히 척결해 나가야 할 것이다(이주희, 1996: 80).

3) 실질적 개혁을 통한 능률적 지방정부구축

지금까지의 지방정부개혁은 사실 권력계층과 중앙정부를 위한 개혁이었다. 지방정부 스스로의 필요에 따라 자율적으로 이루어지지 못하고, 중앙정부의 지시와 요구에 따른 외압에 의한 하향적 개혁이었다. 그리하여 구조중심의 개혁, 인력감축위주의 개혁, 단기간 대규모의 졸속개혁, 민의를 반영하지 못한 개혁이라는 비판을 벗어나지 못했고, 결과적으로는 다양한 지방정부의 지역적 특성을 무시하는 획일적 개혁을 강요당해 왔다. 이제부터는 지방정부의 능률성과 전문성을 제고할 수 있는 기능중심의 개혁, 인적자원의 전문화와 역량제고를 위한 개혁, 지역특성을 개발할 수 있는 자율적 개혁, 새로운 행정수요를 발굴하고 대응할 수 있는 창조적 개혁, 주민들과 공감할 수 있는 민주적 개혁이 추진되어야 한다. 요컨대 장기적 목표를 가지고 지방정부의 자율의사에 따라 실시되는 실질적 정부개혁을 추진해야 한다.

4) 새로운 행정수요에의 효율적 대응

앞으로의 지방자치행정은 그 궁극적인 목표라고 할 수 있는 지역주민들의 복지증진을 통한 삶의 질을 제고하는 데 그 비중이 모아져야 할 것이다. 지식수준과 소득수준이 향상됨에 따라 주민들의 행정에 대한 수요도 그 패턴이 바뀌고 있기 때문이다. 지역사회내 주민생활 안전에 대한 수요, 공공안전과 사회보장확대에 대한 수요, 삶의 쾌적성에 대한 수요, 자치단체교육의 질적 제고와 다양성에 대한 수요 등이 부단히 제기될 것이다. 특히 의료복지와 다양한 문화욕구 등 고급행정수요가 증대되면서도 노인문제(고용과 생활보호), 청소년문제, 생활보호대상자 문제, 저출산문제, 청년실업문제 등에 대한 행정수요가 증대될 것이다. 그 외에도 외국인 고용에 관련된 문제와 그들의 비행과 범죄문제, 컴퓨터 관련범죄, 정보범죄, 마약범죄 등 과거 중앙정부에만 의존하였던 다양한 공공문제가 지방정부의 행정수요로 압박되어 올 것이다. 이러한 다양하고 어려운 새로운 지방행정수요에 대응하기 위한 지방행정체제의 기능적 개혁이 요구된다. 이러한 분야의 정책개발은 지방정부간 경쟁의 원천이 될 수 있을 것이다.

5) 적극적인 세방화와 지세화 추진

이미 식상할 정도로 세인들의 입에서 자주 회자(膾炙)되는 세방화(glocalization)와 지세화(loc-blization)는 지방정부로서는 도외시할 수 없는 전략적 추진과제다. 국제사회의 변화의 물결이 지방정부를 세계무대로 유인하고 있고, 지방정부의 자체자원과 경제구조로서는 지역발전에 한계가 있다는 이유 등이 지방정부로 하여금 세계무대로 진출하지 않을 수 없도록 하고 있다. 세방화 현상은 이미 상당 수준 진척되고 있지만 지세화는 아직 초보단계에 머물러 있다. 그동안 많은 지방정부들이 세방화를 단순한 외국 지방정부와의 교류정도로 착각하고 충분한 준비 없이 자매결연, 방문교류, 정보교환 등 일회성 혹은 단기성 행사로 만족했던 사례가 많았다. 그러나 앞으로는 세방화와 지세화의 의미를 정확히 이해하고 자기 지역이 글로벌기업들을 유치하여 세방화를 해야 할 것인지 아니면 스스로의 동력과 지역특성을 개발하여 지세화에 매진해야 할 것인지를 선택해야 할 것이다. 그리하여 선택된 전략을 추진하기 위한 정책을 개발해 나가야 할 것이다. 지방의 세계화 전략을 추진하기 위해서는 예컨대 국제공항의 건설 혹은 확충, 공무원의 상호 교류, 문화행사 등 각종 이벤트의 교류 개최, 지역상품의 해외수출기지확보, 상설 국제상품 전시판매관 개설 운영, 자원개발 수입기지확보, 상호 금융·기술지원 파트너 체결 등 다양한 분야로 진출해 나가야 할 것이다. 그리고 지세화 전략을 추진해 나가기 위해서는 지역의 역사적, 문화적, 지정학적 특성을 개발해야 하고, 고유의 성장동력을 찾아내어야 한다. 그리고 어느 전략을 추진하든 간에 주민들에 대한 세계인의 자질교육, 지방정부 공직자들의 선진시장 벤치마킹과 글로벌 마인드 형성, 그리고 글로벌시장정보교육, 지역기업인들에 대한 글로벌시장정보교류체제구축 등이 필요하다. 그리고 당해 지방정부가 추진하는 정책을 성공적으로 이끌어 나가기 위해서는 정책추진의 전후는 물론 그 과정에서도 선진지방정부와 선진시장에 대한 벤치마킹과 네트워킹을 구축하는 전략적 노력은 결코 소홀히 하지 않아야 한다.

3. 지방정부의 정책개발 방향

1) 지역사회의 특성을 이용한 자원개발

지방정부는 정책을 개발하여 지방자치단체의 경제를 발전시키고 이를 통해 주민의 소득증진과 지방정부의 재정역량강화에 기여할 수 있어야 한다. 특히 지방자치제도실시의 역사가 일천하고 중앙집권적 관행이 오래된 우리나라의 경우 더욱 그러하다. 따라서 지방자치단체의 부존자원을 개발하여 그 효용가치를 높일 수 있도록 하는 창조적인 정책을 개발해 내는 일이 무엇보다도 중요하다. 예컨대 일본 큐슈지역의 오오야마 마찌(大山町)의 경우, 1960년대 초 산악지대라는 지역의 특성을 인식하고 논농사를 중단하고 밤나무와 매실나무를 심어 지역사회의 발전을 추진했던 대표적인 지방자치단체다. 그리하여 오오야마 마찌는 2002년, 총 286가지의 제품을 자체생산함으로써 지방자치단체의 총 인구 4,000여명에 예산규모가 4,000억원(한화)이 될 정도로 상상하기 어려울 만큼 발전해 있었다.

우리나라의 경우 전국의 지방자치단체가 비교적 근래까지 중앙집권체제하에 놓여있었으므로 지방자치단체 차원에서 지역개발정책을 추진한다는 것은 지방정부의 공무원으로서는 생각하기 어려웠다. 그러나 뒤집어 생각하면 그만큼 우리나라의 경우 지역의 부존자원을 개발하여 부가가치를 높이거나 지역경제를 발전시킬 수 있는 가능성이 높다는 점을 지적하기도 한다. 산, 들, 강, 하천, 바다, 해변 등 자연자원을 이용한 지역개발사업은 아이디어에 따라서는 무궁무진하게 개발이 가능할 것이다. 특히 우리나라같이 국토의 동쪽이 고도가 높은 산악지형이어서 비가 오더라도 일시에 빗물이 서해로 흘러가버리기 때문에 홍수가 나거나 가뭄이 잦다. 따라서 중앙정부는 물론 지방정부차원에서도 특정지역에 댐이나 호수를 만들어 이것을 수자원확보와 함께 관광레저산업 등으로 연계할 수 있는 정책개발을 추진해 볼 필요가 있다. 이처럼 지역개발정책을 통해 성공한 대표적인 지방자치단체들의 예로는 다음과 같은 지역을 들 수 있다. 즉 일본 구기노촌의 메밀음식, 오오야마 마찌(大山町)의 NPC운동, 고오베시의 포토랜드와 로코랜드, 그리고 한국의 경우, 청도의 소싸움, 함평의 나비축제, 보성의 차축제, 경북의 문화엑스포, 부산의 국제영화제, 광주의 뷔엔날레 등을 들 수 있다.

2) 전통문화개발 및 지역혁신을 위한 사회개발

자연자원을 개발·이용하는 정책개발 이외에도 지역의 전통문화를 창조적으로 재생하거나, 잊혀진 문화와 문화재를 개발·발굴하는 정책, 그리고 지역의 풍속을 교정하는 정책이나 주민의식을 선진화하는 정책, 지방정부의 경영혁신정책 등 사회문화개발정책도 적극적으로 창안해 낼 필요가 있다. 특히 지방자치제도의 실시와 함께 지방정부의 경영혁신정책이나 지역사회관리혁신정책, 공사영역에서 주민들의 자율적 참여와 봉사활동의 중요성을 부각시키고, 주민들을 훈련시키는 제도나 정책개발이 요망된다. 예컨대 1970년대 한국국민의 의식을 개발시켰던 새마을 운동이나 대구의 약령시발굴과 개발, 주민직소민원제도, 대구사랑운동과 같은 것들이나 경기도의 유망중소기업 1만개 집중육성정책, 직업능력개발프로그램 추진, 경기도 정체성재확립 운동 등과 안동시의 국제탈축제와 국학진흥원설치와 운영정책 등을 그 예로 들 수 있다.

3) 환경친화적이고 지속가능한 개발

중앙정부와 지방정부를 막론하고 앞으로의 정책개발은 환경을 살리고 개량하고 보존하면서 개발하는 환경친화적인 개발이어야 한다. 즉 이미 망가져버린 자연환경을 맹목적으로 보전만한다고 자연보호가 되는 것은 아니다. 산림의 경우 잡목 등만 우거져 있어 자연환경적 가치가 떨어지는 경우 이를 개량하여 양질의 환경으로 바꾸는 개발은 얼마든지 환영해야 할 것이다. 따라서 환경을 지속적으로 보존하고 개량해 나가는 지속가능성(sustainability)있는 정책을 개발해야 할 것이다. 단발성, 일회성이 아닌 장기적 생명력을 가지는 정책개발이 요청되는 것이다. 예컨대 숲을 만들어 산림욕장으로 만든다든가, 돌산을 개발하여 나무를 심고, 야영장을 만드는 개발, 오염된 하천을 개발하여 물고기가 살수 있도록 하거나, 농촌체험장 개설, 가족농장분양 등 즉 생태계를 회복하는 개발, 이미 황폐화된 자연환경을 개선하고 회복하는 개발정책을 추진하도록 유도해야 할 것이다. 환경친화적이고 지속가능한 정책개발을 위해서는 스위스나 오스트리아 등을 벤치마킹할 필요가 있다.

4) 정치적 재정적 자원동원과 공동정책개발

정부차원의 정책개발과 추진에는 방대한 재정적 자원의 동원과 배분이 요구된다. 그러므로 재정력이 취약한 지방자치단체가 독자적으로 어떤 정책을 추진하기에는 많은 어려움이 따른다. 따라서 독자적인 정책개발과 함께 중앙정부나 광역자치단체, 혹은 인접하는 기초자치단체와의 공동정책개발도 추진해 나가야 한다. 예컨대 2개 이상의 지방정부와 중앙정부가 공동으로 지역에 각종 테마파크를 만드는 정책개발, 중앙정부와 공동정책개발로 국책사업을 지방으로 끌어들이는 정책 등을 개발해나가야 한다. 그리고 경우에 따라서는 중앙정부나 광역자치단체를 대상으로 자체 개발한 정책설명회를 개최하고, 정책추진에 소요되는 재정적 투자를 유인하고 유치할 수 있어야 하며, 재정력이 우수한 자치단체에 대해 장기저리 재정차관을 요청하는 방안도 강구해 볼 필요가 있다. 이를 위해 중앙정부는 지방자치단체 상호간 재정차관제도를 마련해 줄 필요가 있다.

뿐만 아니라 정책추진에 소요되는 자원은 반드시 정부의 공공재원만이 아니라 민간자본의 동원(외자 및 국내자본 포함)도 강구해 나갈 필요가 있다. 지구촌 사회의 세계화시대가 진점됨에 따라 국내외 지방정부간 재정차관제도가 활발해질 가능성이 높고, 지방정부수준에서도 공공부문이 민간부문으로부터 민자를 유치하거나 동원하는 사례가 늘어나고 있기 때문이다.

4. 지방정부의 바람직한 정책개발영역

1) 지역경제개발 및 주민의「삶의 질」제고를 위한 정책

지금까지 우리나라 지방정부에는 자신의 고유한 정책이라고 할만한 것이 별로 없었다고 해도 과언이 아니다. 물론 지방자치제도 실시 이후 우후죽순처럼 나타난 지역축제를 감안하면 반드시 그렇게 단언하기 곤란하지만, 정책다운 정책을 개발하여 추진하고 있는 곳을 찾기가 쉽지 않다는 것이다. 그러나 국내외의 모든 지방정부들이 한결같이 추진해야 할 정책이 있다면 지역경제를 발전시키고 이를 통해 지역주민들의 삶의 질을 제고시키는 정책일 것이다.

지방정부가 지역경제를 발전시키는 일은 인접 자치단체나 기업은 물론 광역정부나 중앙정부 모두가 공통으로 관심을 가질 수 있는 영역이다. 따라서 당해 자치단체의 지역적 특성을 개발하면서 지역경제를 발전시킬 수 있는 정책을 개발할 경우, 공동참여기관도 확보할 수 있고 지역주민들의 협력도 얻어낼 수 있는 장점이 있다. 지방정부가 지역경제발전은 물론 지역사회 전체의 발전을 위해 정책을 개발할 수 있는 영역은 광범하고 다양하지만 우선은 지역경제발전이라는 정책목표에 초점을 맞출 필요가 있다. 그리하여 첫째 지방정부가 주도적으로 창의적인 정책을 추진함으로써 지역경제를 발전시킬 수 있는 방안, 둘째 지역내 중앙 및 지방정부관련 공공기관들의 정책추진을 지역경제발전과 밀착시키도록 유도하는 방안, 셋째 역내외의 민간기업들로 하여금 지역경제발전을 위한 업종개선이나 사업영역의 확장 등을 촉진시키거나 유도하는 방안 등 주요정책방향을 정하고 전략적으로 정책을 추진해 나가야 한다. 특히 중요한 것은 지방정부가 주도하여 중앙정부와 민간기관 등을 공동으로 참여시키는 지역특성개발과 이를 통한 지역경제발전을 추진하는 정책을 강화시킬 필요가 있다. 그리고 이러한 경제개발을 통해 증대된 소득으로 지역주민의 삶의 질을 제고시킬 수 있는 각종 사회정책적 혹은 사회복지적 정책을 추진해 나가야 한다.

2) 기존 정책분야의 혁신과 새로운 정책영역의 개척

현재 우리나라 지방정부의 지역발전을 위한 정책추진 가능영역은 그렇게 광범하지도 않고 다양하지도 못하다. 그것은 지방자치권의 범위가 협소할 뿐 아니라, 중앙정부에 의한 각종의 법령들이 지방정부의 독자적인 정책추진을 제한하거나 가로막고 있기 때문이다. 따라서 지방정부가 새로운 정책을 추진하고자 할 때는 어떠한 경우에도 이들 관련 법령 등을 검토하여 관련 중앙부처의 승인이나 협조를 얻어야 하고, 경우에 따라서는 법령개정을 건의

할 필요도 있다. 여하튼 지방정부가 정책을 추진할 수 있는 기존의 업무영역으로는 i) 공익사업적 영역, ii) 산업경제적 영역, iii) 환경보호 및 관리영역, iv) 사회복지영역, v) 민원행정적 영역 등이 있다. 물론 지방정부에 따라서는 이미 이들 영역에 대해 지방정부의 독자적인 정책을 추진하는 곳도 있고, 그렇지 않은 곳도 있겠지만 지역발전을 위해서는 우선은 가능한 영역의 범위 내에서라도 최적·최선의 정책들을 새롭게 개발하고 추진해 나가야 한다. 그러나 지역발전은 그렇게 간단한 종래의 정책추진만으로 달성할 수 있는 성질의 것은 아니다. 따라서 상설 정책기획팀을 구성하여 전략적으로 정책을 연구개발 할 필요가 있다. 단기적으로 새로운 영역, 새로운 유형의 정책개발이 어렵기 때문에 우선은 기존정책의 목표를 한 단계 높이거나 전략수단을 확장함으로써 정책을 혁신할 필요가 있다. 특히 새로운 정책영역을 개발하기 위해서는 국내·외의 타 지방정부나 중앙정부를 막론하고 공동정책을 추진하는 것이 가장 효과적이다.

3) 세계화와 지세화를 위한 정책개발

우리나라의 지역사회는 더 이상 이대로 방치해서는 안된다. 아직도 많은 지방자치단체들은 사회간접자본으로부터 간단한 생활시설 그리고 문화시설이나 의료시설 등 여러 가지 분야에서 열악한 자치단체들이 적지 않다. 특히 농어촌지역의 생활환경은 더욱 그러하다. 지역의 고유한 특성을 찾아내거나 개발하지도 못하고 있고, 비교적 넓은 공간을 가지고 있으면서도 이것을 활용하거나 개발할 계획도 갖지 못한 자치단체들이 적지 않다. 따라서 이제부터는 지역사회의 특성을 개발하여 세계로 진출시키고, 세계의 기업들을 역내로 끌어들이는 지방의 세계화(지세화) 작업과 세계의 지방화(세방화)작업을 위한 정책개발에 박차를 가할 필요가 있다. 세방화를 위해서나 지세화를 위해 지방정부가 무엇을 어떻게 해야 할지 글로벌 차원의 체계적인 연구와 검토가 필요하다. 그리고 이를 위해서는 자치단체장들의 지적 수준이 높아야 하고 비전이 원대해야 한다. 그리고 지방의원들의 지지와 협력이 있어야 하며, 유능하고 열정적인 공무원들의 도움이 있어야 한다. 물론 이러한 것들도 자치단체장이 만들어 가야 할 과제이기도 하지만 무엇보다도 지역사회의 분위기가 자치단체장을 뒷받침 해 줄 수 있어야 한다. 따라서 이러한 일들은 하루아침에 이루어지기 어렵다. T/F를 만들고, 해외 벤치마킹을 시키며, 수많은 물밑노력을 해야 한다. 씨뿌리지 않고 거둘 수는 없다. 빙산의 일각이라는 말이 의미하듯 모든 성공의 열매는 그 뒤에 숨은 각고의 고통의 결실이라는 사실을 반드시 염두에 두어야 한다. 이러한 일을 하는 데에는 지역언론과 주민들도 지방정부의 이러한 노력에 대해 보다 성숙한 자세로 지원하고 협력해야 한다.

4) 미래창조와 정책혁신

앞으로 지방자치단체의 발전은 지방정부가 추진하는 정책의 질과 수준여하에 의해 좌우될 것이다. 즉 우리나라가 반만년 빈곤의 굴레를 벗어날 수 있었던 것은 바로 박 정희 정부의 수출드라이브정책 때문이었던 것처럼, 지방정부들이 정책개발에 성공한다면 중앙정부에 의존하지 않고서도 얼마든지 지역을 발전시킬 수 있기 때문이다. 그러기 위해서는 소극적인 행정에서 적극적인 행정으로, 사후적 행정에서 사전적 예방행정으로 그 성격을 바꿔나가야 한다. 그리고 대외협력·교류를 통한 지방정부의 외교통상행정을 개발하는 등, 필요한 것을 제외하고 가능한 기존 행정을 민간화 시키고, 민간의 영역이라도 필요하다면 지방정부가 안고 처리해 나가야 한다. 특히 행정국가화 경향으로 인해 비롯된 잘못된 행정의 문제점들(지방정부에만 의존하려는 수동적인 주민의식, 행정관료와 이익집단의 밀착, 지방정부의 비능률과 경쟁력 저하 등)을 바로 잡아 창조적 선진행정을 구현해 나가야 한다.

5) 지역 성장동력의 개발과 산업구조개혁

글로벌 차원의 변화가 지역사회를 지배하게 될 미래사회에서는 지역경제와 주민의 삶을 언제까지나 중앙정부의 정책에만 의존할 수 없다. 따라서 이제부터라도 지방정부는 지역주민들이 향후 30 내지 50년 이상의 기간동안 안정적으로 경제생활을 영위해 나갈 수 있는 지역의 고유한 성장동력을 개발해 내어야 하고 이를 산업화시킴으로서 지역고유의 성장동력산업을 육성시켜 나가야 한다. 그리고 낙후된 지역산업구조를 개혁하여 21세기 글로벌사회에 대응할 수 있는 새로운 산업으로 구조개편을 단행해 나갈 필요가 있다. 특히 단일의 업종에 의해서나 한 두 개의 기업에 의해 지역사회의 경제가 좌우되는 위험한 구조는 시급히 개편해 나가야 한다. 21세기적 생명의료산업, 해양조류와 미생물산업, 우주항공산업, 로봇과 정보통신산업, 자동차와 요트 등 첨단교통수송산업, 미래형 전자기기산업 등으로 지역산업구조를 개편해 나갈 필요가 있다. 그리하여 앞으로 지방자치는 미래를 향한 자치단체장의 혜안과 열정이 많은 지역주민들의 행복을 담보하게 될 것이다. 그만큼 앞으로는 자치단체장의 책임이 무거워지고 역할의 중요성이 증대되고 있음을 유의해야 할 것이다.

Ⅶ. 지방정부의 정책개발과 지역사회발전의 실제

1. 외국지방정부의 정책개발성공사례

우선 가까운 이웃나라인 일본의 예를 살펴보면 그 가장 대표적인 도시가 효고현(兵庫縣) 고오베시(神戶市)라고 할 수 있다. 고오베시의 미야자키(宮崎辰雄)시장은 "주식회사 고오베"를 구축하고 약 15년간에 걸쳐 하이테크 인공섬 포트아일랜드를 건설하였다. 즉 1966년부터 15년간 총사업비 5,300억엔을 들여 바다를 메워 섬을 만들고(도시 뒤에 있는 산의 흙과 바위를 깎아 컨베이어벨트를 이용 바다로 이동), 여기에 초현대식 21세기형 도시를 건설하였다. 도시건설에 필요한 자금은 외국의 지방자치단체로부터 기채를 통해 조달하였고, 기채의 위험성에 대비하여 각종 기금조성정책을 추진하였다. 고오베시는 일본에서 성공적 도시개발의 표상으로 인정되고 있다. 다음으로는 익히 알고 있는 바와 같이 일촌일품운동의 발원지인 오이따현(大分縣) 오오야마 마찌(大山町)의 정책개발이다. 1961년 NPC운동을 시작하여 산촌개발에 성공한 대표적인 곳이다. 여기서 NPC란 초기에는 새로운(new) 산업으로 매실(plum)과 밤나무(chestnut)를 심어 소득증대운동을 일으킨 것을 의미했지만 1965년에는 2차 목표로 인재개발(New Personality Combination)을 설정, 추진하였고, 2002년 3차 목표로 환경운동을 전개하였다. 2002년 인구 4천명에 불과한 오오야마 마찌라는 한 개의 산촌에서 총 286가지의 농산물제품을 생산하고 있었다. 이렇게 생산된 제품들은 전국의 지방정부를 네트워크로 구축하여 판매하고 있었다. 그 외도 구마모토현의 구기노촌은 아소산자락에 위치한 인구 2,700명의 산간마을로 일본에서 가장 작은 초미니 자치촌이었지만 메밀로 축제를 개최하여 수백만 명의 국내외 관광객을 유치함으로써 지역발전에 성공한 곳이다. 일본 뿐 아니라 미국 노스 캐로라이나(North Carolina)주의 샤롯시(당시 시장 Vinroot)는 인근 지방자치단체들과 공동협력을 추진하여 신공항건설, 실내경기장, 전시장 건설, 토지개발, 기타 SOC확충 등으로 지역발전에 성공한 사례이다. 그리고 영국의 스코트랜드는 10월 축제하나로 연간 5조원의 수입을 올리는 곳으로 유명하다. 그 외도 근래에는 지방정부가 직접 도시개발이나 환경분야에 혁신적인 정책을 수립하여 지역환경을 개선하거나 발전시키는 정책들도 많이 내놓고 있다. 연구개발을 강화해 나가는 연구개발중심도시

뷔엔나시와 6억유로를 투자하여 친환경대중교통을 운행하겠다는 이태리의 밀라노시 등 세계 각국의 지방정부들은 이제 중앙정부에 못지 않게 주요한 정책들을 개발하여 추진하고 있다. 그 외도 폐창고나 폐광을 개발하거나 버려진 부두나 마을, 고가옥 등에 새로운 아이디어를 접목시켜 창조적인 정책을 개발함으로써 지역사회에 부를 창출시키고 있는 지방자치단체들이 적지 않다.

지역간 산업클러스터를 통해 지세화에 성공한 다음과 같은 세계의 도시들은 우리나라 지방정부가 벤치마킹해야 할 주요한 지표가 될 수 있을 것이다. 즉 미국의 실리콘벨리, 스웨덴의 시스타(세계 2위의 wireless valley), 핀란드의 울루(핀란드경제의 성장엔진), 일본의 애지현 자동차클러스터, 미국의 할리우드(영화산업의 중심지), 중국의 중관촌(중국의 실리콘벨리) 등이 그곳이다.

2. 21세기 드림소사이어티의 도래와 지역사회발전정책

이처럼 국내는 물론 외국의 지방정부들도 지역사회의 발전을 위해 부단한 노력을 경주하고 있다. 그리고 이들 중 성공한 정책사례는 대부분 창조적 지도자의 혁신적 아이디어로부터 출발하고 있음을 알 수 있다. 더구나 우리가 직면하게 될 앞으로의 사회는 지금까지의 정책들보다 더욱 고도화 된 정책, 더욱 창의적인 아이디어를 요구하고 있다.

21세기는 꿈, 상상력, 창의력, 스토리텔링 등을 통해 무에서 유를 창출하고, 버려진 것에서 새로운 가치를 만들어 내는 꿈의 사회(Dream Society)가 된다고 한다. 이미 한국은 한류라는 무형의 제품을 만들어 동남아시아에 수출한 드림소사이어티의 선두주자이다. 뿐만 아니라 세계를 놀라게 했던 한국의 난타나 비보이, 싸이 등은 이러한 시대가 이미 우리 곁에 도래해 있음을 증명하고 있다. 바로 이러한 논리대로라면 정책 하나만 제대로 개발하면 지역사회를 국내는 물론 지구촌 사회에 우뚝 서게 할 수도 있다. 그리하여 앞으로의 사회는 지방정부의 창조적 공무원 몇 명이 개발한 정책 하나가 지역사회의 수백년 빈곤을 벗어나게 할 수도 있다. 재차 강조하거니와 21세기 세계화 시대는 국가대신에 지방자치단체들이 세계무대로 뛰어들어 경쟁하는 시대이다. 때문에 어떠한 정책으로 경쟁해야 지역사회와 국가발전에 기여할 수 있을지 각 지방정부들은 신중하게 고민하고 진지하게 연구개발할 필요가 있다. 이를 위해서는 앞에서 설명한 바와 같이 지역인재를 육성하고 지방정부조직을 혁신하는 등 세계로 눈을 돌리는 지방자치단체장의 혁신적 리더십이 요망된다.

3. 한국지방자치의 위기와 지역사회의 정책대응

지방자치제도가 부활한지 20여년이 지났지만 우리나라의 지방자치와 지방분권은 조금도 나아지지 못하고 있고, 이에 따라 지역사회의 경제발전은 침체와 위기에 직면해 있다. 이명박 정부와 박근혜 정부의 경제발전 우선정책에 지방이 희생되고 있기 때문이다. 박근혜 정부의 경우 정권인수과정에서부터 지방이 사라지기 시작하더니 정부조직개편, 내각구성, 청와대인사에서 지방을 찾기가 어렵다. 급기야 수도권 규제완화, 국토균형개발포기, 지방행정체제개편으로 지방을 흔들고 주무르고 짜서 아마 조만간 지방자치제도 마저 그 명맥을 유지하기가 어려울 것 같다. 현 정부의 관심과 현 여당의 생각에 이미 지방은 사라진 것 같다. 지방주민들에 의해 정권을 획득한 정당이 뒤돌아서서 지방을 이토록 등한시 할 수가 있는지, 정치도의란 정말 없는 것인지 의심하지 않을 수 없다. 아직도 정부와 여당은 경제만 살아나면 모든 것이 해결될 것이라는 30~40년 전의 생각에 사로잡혀 있다. 이미 우리 국민들은 빵만으로 행복을 느낄 수 없는 국민들로 변해 있음에도 불구하고 아직도 정치인들은 그것을 깨닫지 못하고 있다.

그렇기 때문에 우리나라 지방과 지역사회의 현실은 중앙정부와 집권여당이 지방을 홀대한다고 그들을 비판하고 가만히 앉아 있을 수만은 없는 처지이다. 이럴 때일수록 지방정부가 심기일전하여 새로운 정책을 만들어 주민사회에 활력을 불어넣고, 지역개발을 통해 독자적인 지역발전을 추진해 나가야 한다. 한편으로는 중앙정부와 집권여당에 대한 지방의 목소리를 높이면서 다른 한편으로는 지역사회의 안녕과 발전에 최선을 다해야 할 시점이다. 자치단체장과 지방의원 그리고 지방공무원들이 머리를 맞대고 당면한 문제를 해결하기 위해 최선을 다할 때 그 지역은 어느 곳보다 한 발 앞서 발전할 것이다. 더 이상 중앙정부에 의존하지 않고 지방정부 스스로의 노력으로 지역발전을 가능케 할 수 있는 창조적인 정책을 구상하도록 노력해야 할 것이다. 그리하여 지방정부의 정책아이디어로 중앙정부의 정책을 지역사회로 끌어들일 수 있어야 할 것이다.

Ⅷ. 결어

하늘은 스스로 돕는 자를 돕는다고 하였다. 지방정부의 자치단체장과 공무원 그리고 지방의회가 지역발전을 위해 고민하고 머리를 맞대며 아이디어를 짜낼 때, 창의적인 정책개발이 가능해 질 것이다. 그리하여 이제부터 중앙정부는 세계 속에 자립번영이 가능한 특성을 가진 우수한 자치단체를 만들어 내는 데 최선을 다해야 한다. 오스본(D. Osborne)과 개블러(T. Gaebler)가 제시하고 있는 정부혁신의 방향[30])을 지방정부차원에서 효율적으로 수용할 수 있는 방안을 탐색하고, 중앙정부와 자치단체 그리고 지역주민과 지방언론의 지원과 협력을 도출할 수 있는 방안을 창출해 내어야 한다.

그러기 위해서는 첫째 중앙정부나 지방정부는 지금까지의 공급자중심의 통치방식에서 가능한 빨리 벗어나야 한다. 정부주도 내지 지도자 중심의 하향적(top-down) 통치방식은 이미 그 힘을 발휘할 수 없게 되었기 때문이다. 중앙정부나 지방정부 그리고 자치단체장이나 지방의회가 정책을 개발하고 전략수단을 탐색하는 정책과정은 반드시 공개되어야 하고, 정책네트워크를 구축함으로써 전문가, 시민대표와 이해관계자 등 민간의 참여를 제도화해 나가야 한다. 아무리 현명하고 유능한 자라고 하더라도 한 사람의 독선적 결정보다는 다수인의 중지를 모을 때 더 훌륭한 정책이 만들어 질 수 있다는 점을 겸허하게 수용해야 한다.

둘째 앞으로 지방정부는 지금과 같은 획일적 발전패턴으로부터 벗어나서 각자의 자치단체가 특성있는 자치단체로 발전해 나가도록 노력해야 한다. 모든 지방자치단체들이 개발과 산업화만을 추구한다면 굳이 지방자치제도를 실시할 필요는 없을 것이다. 지방자치는 지역의 입지적 특성과 전통 및 문화적 특성을 개발하여 발전시킴으로써 다른 지역에서 볼 수 없는 고유한 자기지역만의 개성을 살려 나가는 데 그 목적이 있기 때문이다.

셋째 지역적 특성을 개발하고 발전시키기 위해서는 중앙과 지방간은 물론 인접하고 있는 자치단체들간의 협력과 협조가 절대 필요하다. 현재까지 대부분의 정책들은 당해 자치역내에 한정되는 단독정책결정이 대부분이다. 그러나 앞으로는 중앙과 지방, 나아가 외국의 자

---

30) 오스본과 개블러는 Reinventing Government라는 그들의 저서에서 정부혁신을 위한 10가지 방안을 제시하고 있다. 이것은 중앙정부를 중심으로 하고 있지만 지방정부의 차원에서도 충분히 수용해야 할 것들이 많다(삼성경제연구소, 정부혁신의 길, 1994).

치단체들과 공동으로 정책을 추진하는 공동정책의 개발에 관심을 가져야 한다. 따라서 국가지상주의적 발상에 따라 지방의 의사를 무시한 중앙정부의 독선적 정책결정은 철저히 견제되어야 하고, 자치단체간 선의의 경쟁이 지나쳐 지역간의 갈등이 극대화 되는 잘못을 범해서도 안될 것이다. 발전에 사용될 국민적 에너지를 갈등해결에 소모해 버리고 마는 우둔한 국민이 되지는 말아야 할 것이다.

끝으로 지방의 언론과 주민들은 지방정부의 정책추진에 객관적인 비판과 긍정적인 협력을 함께 보내야 한다. 정책결정과정에서는 과감한 비판과 채찍이 필요하지만 일단 결정된 정책에 대해서는 적극적인 지지와 협력을 보여줄 수 있는 현명한 언론과 시민이 되어야 한다. 언론은 중앙정부를 바라보는 시각으로 지방정부를 봐서는 안되며, 편견에 치우치거나 대안 없는 비판으로 일관해서는 더욱 안될 것이다.

제6장 지방자치단체장의 창조적 리더십 확충과 전략적 활용

Ⅰ. 지방자치와 지방자치단체장의 역할

1. 지방자치제도의 실시와 주민직선 자치단체장의 리더십

1952년에 실시되었으나 1961년 5.16군사정변으로 중단되었던 우리나라의 지방자치제도는 지난 1991년 노태우 정부에 의해 부활되었다. 1991년 3월에는 기초지방의원선거가 실시되었고 동년 6월에는 광역지방의원선거가 실시됨으로써 중단된 지 30년 만에 지방자치제도는 다시 실시되었다. 그 4년 이후 김영삼 정부에 들어와 지방의원은 물론 자치단체장도 주민들이 직접 선출하게 됨으로써 완전한 지방자치제도가 실시되었고, 그 결과 지역사회의 통치구조는 전면적으로 변화되었다. 이처럼 중단된 지 30년 만에 지방자치제도가 부활·실시됨으로써 지역사회의 통치기구가 자치기구로 바뀌고, 그 자치기구가 주민들에 의해 구성·운영됨으로써 지방정부에 대한 주민들의 의식과 태도도 확연히 변하게 되었다. 중앙정부에 의해 철저히 통제되어 왔던 과거와는 달리 주민직선의 자치단체장 출범은 지역사회의 자치행정에 활기를 불어넣었고 주민들의 참여를 촉진시켰다. 특히 오랫동안 수장중심의 정치행정문화를 가진 우리나라 주민들은 자신들이 선출한 자치단체장은 반드시 자신들의 문제를 해결해 줄 것이라고 기대하게 되었다. 그리고 이러한 주민들의 기대와 요구를 선거공약으로 제시하여 당선된 지방자치단체장들은 임기 내내 공약이행과 주민들의 요구충족을 위해 동분서주하였다. 그리하여 지난 1995년 6월 이후 우리나라의 지역사회는 많은 변화와 발전을 이루었다. 기초자치단체와 광역자치단체를 불문하고 모든 지방자치단체들은 지난 20년이 과거 200년을 능가할 만큼 큰 발전을 이루었다. 그 결과 우리나라의 지역사회도 이제는 여러 부문에서 상당한 삶의 질을 보장받을 수 있을 만큼 성숙하게 되었다.

그러나 이러한 지역사회의 발전과 성숙에도 불구하고 지방단체장들의 역할과 기능에 대한 평가는 긍정적인 평가보다는 부정적인 평가가 지배적이다. 물론 거기에는 여러 가지 이유가 있지만 그 핵심적인 이유는 중앙정부에 대한 굴종적인 태도와 바람직하지 않은 업무추진 및 리더십의 부재에서 비롯되고 있다. 거기다 시간이 경과할수록 지방자치단체장 후보들에 대한 중앙정당공천제의 피해가 드러나기 시작하였기 때문이었다. 자치단체장 후보자들에 대한 중앙정당의 공천제도는 자치단체장들로 하여금 지역발전과 주민들에 대한 관심보다는 중앙정당과 지역국회의원들의 요구와 통제에 더 민감하게 했으며, 그 결과 무사안일로 임기를 채우거나 재선을 위한 선심행정으로 임기를 채우는 자치단체장들이 점차 늘어나기 시작하였다.

근래에 들어와 지방자치단체장을 기업의 CEO에 비유하는 사람들이 많다. 오늘날에는 아무리 좋은 여건을 갖추고 있는 지방자치단체라고 하더라도 자치단체장의 능력과 리더십이 부족하면 선진 일류의 지방자치단체를 만들기는 어렵다. 반대로 아무리 열악한 여건과 환경을 지닌 자치단체라고 하더라도 단체장의 능력과 리더십이 뛰어나면 선진화된 일류의 지방자치단체를 만들어 나갈 수 있다. 때문에 지방자치제도나 지방자치단체의 발전 그리고 지역사회의 발전은 자치단체장들의 리더십 특성이나 역량에 의해 크게 좌우된다.

이렇게 볼 때 지방자치단체장의 역량이나 리더십특성은 지방자치제도의 성패를 좌우하고 자치단체발전의 여부를 판가름 할 수 있을 만큼 중요한 변수로 작용한다. 이러한 관점에서 앞으로 우리나라의 지방자치단체장들은 어떠한 리더십을 통해 지역사회의 발전을 견인해야 하며, 그러기 위해서는 어떠한 리더십을 여하히 함양해야 할 것인지에 대해 검토해 보기로 한다.

2. 지방자치단체장의 바람직한 역할기능

지방자치단체장의 리더십이란 자치단체가 수행할 수 있는 범위 내에서 자치단체 내·외부 환경들과 연계를 통해 자치행정의 비전과 목적을 이해하고 실현하는 능력이라 할 수 있다. 따라서 지방자치발전을 위한 자치단체장의 리더십은 첫째 지역의 현안과제를 해결하고 지역발전을 위해 요구되는 정책과 비전을 제시하며, 둘째 지방정부를 둘러싸고 이루어지는 다양한 환경변화에 대응하고 관리하며, 셋째 지방공무원을 자극하고 조직분위기를 조화·응집시키는 일련의 활동이다. 즉 자치단체장은 중앙행정기관의 일선기관장으로서의 지위와 지역사회의 최고정치지도자로서의 지위를 동시에 지니고 있다. 그리하여 지방자치단체장은 자신에게 부여된 권한 만큼 그 기능과 역할을 잘 수행하여 지역사회를 발전시키고 주민의 복지를 증진시켜 나가야 할 책무를 지니고 있다.

1) 지역사회 공공문제의 발견과 정책제안자로서의 역할

지방자치단체장은 제도적으로 주어진 단순한 일상문제의 해결보다는 지역발전과 주민의 복리증진을 위한 새로운 공공문제를 찾아내고, 이를 정책으로 입안하여 효율적으로 추진해 나가야 할 책무를 지고 있다. 우리나라의 지역사회에는 오랫동안 중앙집권적 통치로 인해 방치되거나 해결하지 못한 많은 공공문제들이 도처에 산재해 있다. 예컨대 도로건설, 하천개보수, 지방공단문제와 공해문제 등 때늦은 감이 없진 않지만 지방자치제도의 실시를 통해서 반드시 해결해야 할 공공문제들이 한 둘이 아니다. 따라서 지방자치단체장들은 지역발전의 걸림돌로 작용하고 있는 이들 문제들을 찾아내어 중앙정부에 정책적 해결을 요구하거나 직접 지방정부가 정책을 입안하고 추진함으로써 해결해 나가야 한다.

그러나 지역문제의 해결을 위해 지방자치단체장이 제안한 문제들이 때로는 중앙정부의 간섭과 규제로 인해, 때로는 지방정부의 권한과 자원부족으로 인해 제대로 추진되지 못하는 경우가 많다. 이러한 현상은 그만큼 우리나라 지방자치단체의 지방자치권이 취약함을 증명하고 있다. 그리하여 지역문제의 중요성과 긴급성을 정확하고 분명하게 중앙정부에 전달하여 그 문제를 해결하도록 하거나 중앙정부로부터의 지원과 협력을 받아내도록 해야 한다. 지역문제를 정책으로 추진하는 데에는 여러 분야의 지원과 협력을 받아야 하고, 반대와 비판을 극복해야 한다. 그럼에도 불구하고 지방자치단체장들은 이러한 현실의 역경을 극복하고 지역문제의 정책적 해결을 위해 부단히 투쟁하고 노력해야 한다.

2) 공공문제해결과 지역발전을 위한 정책추진자로서 역할

현재와 미래의 지방자치단체장들은 한국의 지역사회를 세계화시키고, 글로벌사회 속에서 지역의 경쟁력을 제고시킬 수 있어야 한다. 다시 말해 지역사회의 글로벌경쟁력을 갖춰 나가야 한다. 그러기 위해서는 무엇보다도 지역의 산업발전을 통한 소득증대와 주민교육수준의 제고가 긴요한 과제이다. 이러한 지역의 세계화와 글로벌경쟁력을 제고시키는데 걸림돌이 되는 장애요인들은 적극적으로 제거하거나 극복해야 하며, 도움이 될 수 있는 것들은 최대한 동원하고 활용해야 한다. 그리고 필요하다면 자치단체장 자신이 가지고 있는 정치적 영향력을 비롯하여 모든 형태의 자원을 동원해야 하고, 홍보를 통해 국민적 여론과 지역주민들의 지지를 받아내어야 한다.

3) 지방의회에 대한 협력과 견제자로서의 역할

지방자치단체장은 지방의회와 함께 지방정부를 구성하는 두 개의 기관 중 하나이다. 집행기관으로서의 자치단체장은 의결기관인 지방의회에 대해 여러 측면에서 협력과 견제자로서의 역할을 수행한다. 부분의 합이 항상 전체와 같은 것이 아닌 것처럼, 부분의 이해관계가 크게 반영될 수 있는 지방의회의 결정이 반드시 지역사회 전체의 이익을 고양시키는 것은 아니다. 따라서 지방의회의 의결과 결정을 존중하고 협력·지원하면서도 잘못된 의결에 대해서는 수정을 재의하거나 의회와 사전조율을 통해 바로 잡아나가야 한다. 민주주의 정치이념을 생활 속에 구현시키는 지방자치제도 하에서 원칙적으로 지방의회의 의결은 존중되어야 하고, 그 의결의 내용을 자치단체장들은 성실하게 수행해야 한다. 그럼에도 불구하고 현실의 지방의회는 중앙정당에 예속되거나 정파적 이익에 따른 무리한 의결·결정을 행하는 경우가 없지 않으며, 자치단체의 행·재정상태 등 실질적인 집행능력을 제대로 감안하지 않은 상태에서 자치단체 전체에 부담을 주는 의결을 할 수도 있다. 이 경우 자치단체장은 지역사회 전체의 이익을 옹호한다는 차원에서 지방의회에 대해 적절한 견제역할을 수행하여야 한다. 지방의회의 의결에 대한 자치단체장의 재의요구권이 바로 이와 같은 일을 위해서 주어져 있는 것이다.

4) 공공업무의 관리·집행자적 역할

지방자치단체장은 지방정부가 수행해야 할 자치행정에 관한 사무를 효과적이고 효율적으로 관리·집행하는 역할을 수행한다. 물론 자치행정업무에 관한 관리집행업무도 지속적인 혁신과 창의를 통해 관리기술을 첨단화시키고 재정지출을 적정화 해 나가야 한다. 자치단체장의 이러한 역할수행을 보장하기 위해 사무에 대한 관리·집행권과 보조기관 및 행정기관 등과 그 직원에 대한 지휘·감독권이 부여되고 있다. 이러한 자치행정의 관리·집행자로서의 역할은 지방자치단체장의 역할 중 가장 전통적이며 본질적인 기능이라 할 수 있다. 그러나 지금과 같은 집행·관리의 패턴을 그대로 유지해도 좋다는 것은 결코 아니다. 오히려 앞으로의 지방자치단체장은 민주화와 분권화, 그리고 정보화와 국제화 등 시대적 조류를 흡수하여 현행 체제를 근본적으로 개혁해야 하는 책임과 역할이 부과되고 있다. 혁신 바람이 거세게 불고 있는 현대사회는 새로운 관리기법을 도입하고 공직과 업무에 대한 전통적인 패러다임을 변화시키는 혁신적 역할이 요구되고 있다.

5) 지방자치경영자로서의 역할

지방자치단체장은 지방자치단체를 하나의 소국가처럼 민주적이고 효율적으로 경영하고 관리함으로써 발전시켜 나가야 한다. 이를 위해 지역의 경제를 활성화시키고 자치단체의 재정기반을 강화시킬 수 있는 각종의 사업을 기획하고 집행하여야 한다. 그리하여 자치단체장도 기업의 CEO와 같은 사고와 능력을 가지고 지방자치단체와 지역사회를 발전시켜 나가야 한다. 자치단체장의 이러한 역할은 지방자치의 발전과 함께 계속적으로 확대되어 갈 것으로 보인다. 지역주민의 지역경제 활성화에 대한 욕구가 큰 데다 자치단체장들도 경쟁적으로 대응할 것이기 때문이다. 근대「자치단체의 경영」,「행정의 경영화」, 혹은「지방경영」 등의 용어들이 자주 사용된다. 이것은 바로 자치단체장의 자치경영자로서의 측면을 강조하고 있음을 의미한다.「행정에 있어 기업경영방식의 활용」이나「기업가 정신의 도입」 등이 자주 거론되기도 한다. 일본의 이즈모(出雲)시와 기업임원 출신 시장 이와쿠니(岩國)가 소개되고 공무원이 기업의 연수원에서 교육을 받는 일도 모두 같은 맥락이라고 하겠다. 이러한 자치경영의 논의가 주는 메시지는 분명히 공공행정에 기업경영적 사고와 조직운영, 그리고 기법을 도입하여 공공행정에 내재한 경직성을 완화하고, 이를 통해 공공서비스를 보다 효과적으로 공급하자는 것이라 하겠다. 세계화와 개혁이라는 환경변화 속에 공공행정에 있어 기업적 사고나 운영방식을 도입하여 그 운영의 합리화를 추구한 것은 이미 오래된 이야기이다.

6) 지역사회의 이해관계조정 및 갈등관리자로서의 역할

지방자치단체장은 지역사회에서 일어나는 각종의 갈등과 분쟁 및 이해관계 대립을 조정하는 갈등조정자로서의 역할을 수행해야 한다. 이러한 역할은 지방자치단체장이 지역사회의 정치지도자로서 당연히 수행할 역할이기도 하지만, 이를 방치할 경우 지역사회에서 일어나는 각종의 분쟁이 결국은 자치단체의 부담으로 전가된다는 점에서 불가피하게 맡게 되는 역할이기도 하다. 지역사회 내에 서로 입장을 달하는 개인이나 집단의 갈등으로 인한 민원이 전체 민원의 절반이상을 차지하고 있는 것이 우리나라 지방자치단체의 현실이다. 즉 도로건설, 하천보수, 일조권침해나 버스노선변경 등 수많은 공공문제에 대해 이해관계가 다른 집단 간의 갈등으로 야기되는 민원이 많다는 것이다. 이해관계 조정자로서의 자치단체장의 역할이 얼마나 중요한가를 보여주는 것이라 하겠다.

7) 중앙정부에 대한 합리적 협력자와 민주적 분권운동가로서의 역할

지방자치단체장은 당해 자치단체의 대표이기도 하지만 중앙정부의 일선행정기관으로서의 지위도 지닌다. 따라서 지방자치단체의 입장을 중앙정부에 전달하고 중앙정부의 입장을 자치단체에 전달하는 중요한 위치에 서게 된다. 이러한 중요한 위치에서 중앙의 이해관계와 지방의 이해관계를 적절히 조화시킬 수 있도록 노력하면서도 자치제도의 성공적 정착과 지역사회의 발전을 위해 중앙정부에 대한 분권운동가로서의 역할도 수행해야 한다. 특히 우리나라의 경우, 오랜 세월 중앙집권적 통치체제 하에서 모든 제도가 지방에 불리하게 굳어져 버렸다. 그리하여 21세기 변화의 시대에 적합한 새로운 중앙과 지방과의 관계를 정립하기 위한 중앙정부에 대한 분권투쟁도 자치단체장들이 수행해야 할 중차대한 과제이다. 지방자치단체장을 중앙정부가 임명했던 시대와는 달리 주민직선에 의해 선출된 지금의 자치단체장들로서는 지방분권투쟁이야말로 어떠한 역할보다도 중요한 소명이다. 기초자치단체장협의회와 광역자치단체장협의회라는 제도적 장치는 바로 지방자치단체장들의 이러한 역할수행을 위해 중앙정부가 만들어 놓은 기구이다.

Ⅱ. 정치적 리더십의 유형과 영향력 결정요인

1. 정치적 리더십의 개념

일반적으로 리더십이란 “공동으로 추구하는 목표를 달성하기 위해 구성원들로부터 자발적이고 체계적인 협력을 동원할 수 있는 지도자의 힘 내지 능력”이라고 본다. 이러한 지도자의 리더십이란 용어나 개념은 원래 정치적 리더십으로부터 유래하여 오늘날에는 수많은 분야에서 각자 자기들의 입장에서 인식하고 규정하기 때문에 매우 다의적으로 인식되고 있다. 그러나 중앙정당으로부터 공천을 받고, 선거에 입후보하여 지역주민들의 투표로 선출된 지방자치단체의 장은 명백한 정치인들이며 지역사회의 정치지도자들이다. 따라서 지방자치단체장은 어떠한 형태로든 지방정부와 지역사회 및 주민들에 대해 정치적 리더십을 발휘하게 되고 그 영향력을 미치게 된다. 따라서 자치단체장들은 스스로 자신이 어떤 형태의 리더에 해당되며, 어떤 형태의 리더십을 발휘할 것인지 판단하고 학습하여 21세기 지역사회의 발전에 기여할 수 있는 창의적인 리더십을 함양하고 발휘할 필요가 있다.

주지하는 바와 같이 공동의 목표를 추구하는 집단의 경우, 어떠한 집단이든 간에 거기에는 지도적 역할을 하는 사람의 도움이 요구되며, 그러한 역할없이는 효과적인 업무수행이 어려워진다. 마찬가지로 정치체제 역시 지도적 역할을 수행하는 지도자 없이는 목표의 효율적 처리는 물론 체제의 발전도 도모하지 못한다. 적어도 인간이 공동으로 사회생활을 영위해 가는 한, 어디에서건 리더십의 현상은 반드시 나타나게 된다. 현실적으로 현대의 대의민주주의 정치제도 하에서 지도자의 존재는 불가결의 요소이다.

요컨대 정치적 리더십이란 "국민의 조직화와 정책의 제기 등 각종의 정치기술을 동원함으로서 대중의 지지와 동의를 형성·획득하고 이를 통하여 정치의 목적을 실현시켜 나가는 정치기술 혹은 그 능력"이라고 할 수 있다(이극찬, 1993 : 222-223). 이러한 정치적 리더십 개념을 지방자치단체장에게 적용하면 "지역주민의 조직화와 지역발전을 위한 정책의 제기 등 각종의 정치기술을 동원함으로써 지역주민들로부터 지지와 동의를 형성·획득하고 이를 통하여 지방자치단체의 목적을 실현해 나가는 통치기술 내지 그 능력"이라고 할 수 있다.

2. 정치적 리더십의 유형

리더십이란 그 개념의 다양성에도 불구하고 리더가 발휘하는 역할유형이라고 할 수 있다. 다시 말해 조직이나 집단의 구성원에 대한 지도자의 행동양식을 의미한다. 일반적으로 정치학에서는 역사적 발전과정에 따라 나타난 리더십의 유형으로 i) 전통적(신분적)리더십, ii) 대표적 리더십, iii) 투기적(선동적) 리더십, iv) 창조적(민주적) 리더십 등으로 구분하여 설명하고 있다.

그러나 행정학이나 경영학 등에서는 정치가 아닌 조직이나 집단의 지도자를 중심으로 i) 권위적 리더십, ii) 민주적 리더십, iii) 자유방임형 리더십 등으로 구분하고 있다. 근래에는 경영학이나 행정학 내지 정치학의 경계를 초월한 리더십으로 변혁적 리더십, 거래적 리더십, 서어번트리더십, 감성적 리더십, 슈퍼리더십 등 다양한 리더십 유형이 나타나고 있다. 정치지도자로서 지방자치단체장의 리더십은 이러한 다양한 리더십 중 어느 하나 만에 해당되어서는 안 될 것이다. 대상에 따라 달라야 하고, 지역이나 시간에 따라서도 다른 리더십을 발휘해야 하는 것이 지방자치단체의 장들이다. 아래에서는 정치적 리더십의 주요한 몇 가지 유형을 간략히 소개하기로 한다.

1) 전통적·신분적·리더십과 제도적·대표적 리더십

전통적·신분적 리더십은 정치를 군주나 귀족 혹은 명망가 등 특권적 신분을 가진 사람들의 "고귀한 의무"로 간주했던 전근대적 봉건사회의 리더십에 해당된다. 이러한 리더십을 발휘하는 지도자는 자신의 능력이나 국민적 지지에 의해 지도자가 된 것이 아니고, 자신의 신분에 의해 그 지위에 올라 전통적인 방식이나 관습에 의해 지배한다. 따라서 신분적 리더십이라고도 한다. 이러한 사회에서는 국민의 정치참여가 허용되지 않으므로 오직 지도자의 일방적인 지시와 명령에 의해 통치한다. 경우에 따라 지도자가 국민을 움직여 어떤 일을 해야 할 필요가 있을 때에도 국민적 동의를 요구하는 것이 아니라 지도자가 솔선수범하여 모범을 보이는 것으로 국민에게 그러한 행동을 강요할 뿐이다. 따라서 사실 이러한 리더십은 우리가 말하는 오늘날의 리더십이라고 말하기 어렵다.

제도적·대표적 리더십은 근대사회와 같이 안정된 사회에서 보여지는 전형적 형태의 리더십이다. 근대사회의 정치는 일반대중의 동의와 지지에 의해 행해져야 된다는 원리가 성립되었고, 동시에 일반대중은 주권의식을 가지고 자신들의 이익을 정치에 요구하게 되었다. 그리하여 지도자는 일반대중의 이익의 대표자로서 등장하게 되었다. 다시 말해 대표적 리더십은 지도자가 권력내부에 존재하고 있는 다양한 이해와 요구 및 가치를 표현하고 대표하는 리더십이다. 그러나 사회가 안정화 되어감에 따라 리더십은 대표적 형태만 취할 뿐 이익배분을 위해 적극적으로 활동하지는 않았다. 그리하여 자연적으로 단순히 이익을 대표만하는 보수적 경향으로 변하게 되었다.

2) 권위주의·카리스마적 리더십

이것은 대표적 리더십에 의해 일반대중의 이익이 충족되지 못함으로써 욕구불만에 찬 대중을 선동하여 투기적으로 나타나는 리더십이다. 불만이 가득한 사회에서 그러한 불만의 원인을 제공한 집단이나 개인을 속죄양(scape goats)으로 등장시키고 이를 타도함으로써 욕구충족을 보장하겠다는 선동적인 리더십이다. 히틀러의 나치즘을 그 대표적인 예로 들 수 있다. 이러한 형태의 리더십은 대부분 민주주의가 뿌리를 내리지 못하고 있는 사회에서 사회 각계각층의 불만이 팽배해 있을 경우 나타나기 쉬우며 물거품처럼 생겨났다가 곧 사라져 버리는 경우가 많다. 그러나 이러한 상황 속에서 성공한 지도자는 대부분 카리스마적(charismatic) 지도자로 등장하게 되고, 모든 권력을 한 손에 장악한 카리스마적 지도자는 국가를 권위주의적으로 통치하여 국민사회는 불안과 위기가 조성되기 쉽다. 그러나 카리스마를 지닌 지도자들이 반드시 권위주의적 지도자라고는 단언할 수 없다. 카리스마란 개인의 성격특성의 하나이지 그것이 곧 리더십으로 나타나는 것은 아니기 때문이다. 그럼에도 불구하고 카리스마적인 성격특성을 가진 사람들이 민주적 리더십을 발휘하기란 쉽지 않다.

3) 민주적·창조적 리더십

이것은 지도자가 새로운 가치와 상징을 만들어 냄으로써 지금까지와는 다른 비전을 제시하며, 체제의 전반적인 변혁을 위한 과제를 제시한다. 민주적인 지도자의 창조적 리더십은 국가와 사회발전에 촉진제 역할을 하게 되며 변화를 통한 도약의 계기를 제공한다. 여기서 민주적 지도자란 국민들에 의해 직접 선출되며 공개적으로 행동하고, 행동에 대한 비판을 받고, 책임을 지며, 끊임없이 경질되고 유동된다. 민주적인 지도자는 상황에 적합한 창조적인 계획을 작성하여 그것을 실행에 옮기며, 언제나 일반대중과 교류한다. 민주적 지도자는 제도의 틀 속에서 활동하며, 제도 위에서 군림하지 않는다. 민주사회에서의 지도자는 지도자의 만능화나 고정화를 인정하지 않으며 그리하여 어제의 지도자는 내일의 구성원으로, 오늘의 구성원도 내일의 지도자가 될 수 있도록 지도한다. 민주적 지도자라고 해서 반드시 창조적 지도자이어야 하는 것은 아니다. 그러나 민주적 지도자 일수록 창조적 아이디어와 혁신적인 정책을 추진함으로써 바람직한 변화와 발전을 유도해 나갈 가능성이 높다.

4) 거래적 리더십과 변혁적 리더십

거래적 리더십(transactional leadership)이란 지도자가 구성원들에게 접근하여 그들이 기대하는 성과를 달성했을 경우 반대급부로 구성원들이 원하는 것을 제공해줌으로써 그들에게 동기를 부여하는 리더십이다. 거래적 리더십은 구성원들의 조직을 위한 노력과 조직의 구성원들을 위한 보상을 상호 교환하는 리더십이며, 이는 구성원 개인적 이익에 호소하고 합리성을 전제로 한다. 이 거래적 리더십에서는 리더의 역할을 2가지로 설명하고 있다. 그

하나는 일하는 결과가 무엇인가를 부하에게 주지시키는 일이고, 다른 하나는 결과달성(미달성)에 따라 부하가 어떤 보상(벌)을 받게 되는지를 명확히 제시해 주는 일이라고 한다(Yukl, 2002: 313-322). 이러한 거래적 리더십은 두 개의 구성요소로 이루어지는 데, 하나는 조건적 보상이며, 다른 하나는 예외적 관리이다. 첫째 조건적 보상이란 부하가 노력의 대가로 보상을 받기 원한다면 무엇을 해야 하는지 주지시켜 주며 노력의 결과 그 대가로 조직구성원이 원하는 것을 제공한다. 이처럼 보상과의 교환으로 구성원의 노력을 이끌어 내는 거래적 리더십 차원을 조건적 보상이라고 한다. 둘째 예외에 의한 관리란 부하가 과업 수행에 실패했거나 기준으로부터의 이탈했을 경우 지도자가 개입하는 것을 의미한다. 그 목적은 합리적이고 공정한 체제유지에 있다고 볼 수 있지만 리더의 개입은 성과가 기준이하로 떨어졌을 때 주로 이루어지는 것이 바람직하다.

다음 변혁적 리더십(transformational leadership)이란 구성원들에게 영감을 심어주거나, 구성원 개개인의 성취욕구를 고취시켜 주며, 문제해결에 대한 새로운 방법을 제시하고, 개인적 노력을 고양시키는 리더십을 말한다. 개인의 이익을 초월하여 목표를 지향하고 상위욕구를 충족시킬 수 있도록 동기를 부여한다. 부하들에게 장래 비전 공유를 통해 몰입도를 높여 부하가 원래 생각했던 성과 이상을 달성할 수 있도록 동기부여 시키는 리더를 말한다. 변혁적 리더십의 핵심은 리더가 부하를 몰입시키고 기대를 초월하는 성과를 달성하도록 동기를 부여하는데 있으며 이를 위한 구체적 방법으로 다음과 같은 세 가지를 제시하고 있다. 첫째 목표달성을 위한 성과의 중요성과 가치에 대한 인식수준을 제고한다. 둘째 집단의 이익과 목적을 위해 개인의 사적 이익을 초월하도록 한다. 셋째 욕구수준을 상승시켜 상위욕구를 중시여기도록 한다(성영태, 2006: 31).

이러한 변혁적 리더십은 카리스마, 개별적 배려, 지적자극, 영감적 동기부여라는 네 가지로 요소로 구성된다. 첫째 카리스마(charisma)란 구성원들이 지도자에 대한 존경과 신뢰감을 느끼는 정도이며, 카리스마의 특성은 현재의 상태에 대한 변화를 추구하고, 현재를 뛰어넘는 비전을 제시하며, 전문적 지식을 가지고 혁신적 수단을 사용하고, 구성원들에게 혁신적 급진적 변화를 수용토록 요구한다. 둘째 영감적 동기부여(inspirational motivation)란 부하들에게 높은 기대를 가지고 구성원간의 공유된 비전을 실현하도록 노력하는 요소로서 구성원 개인의 이익추구를 넘어 조직전체의 이익을 실현하도록 하는 요소이다. 셋째 개별적 고려(individual consideration)란 지도자가 자신의 관심사항과 구성원들의 관심사항을 공유하는 것으로 구성원들 각자의 욕구나 능력수준에 따라 개별적으로 배려함으로써 구성원들 스스로 욕구를 확인하게 만들고, 높은 차원의 욕구를 가질 수 있도록 하는 것이다. 따라서 개별적 고려의 핵심은 구성원에 대한 지원, 격려, 개발에 있다. 넷째 지적 자극(intellectual stimulation)이란 지도자가 구성원들에게 어떤 문제에 대한 인식과 대응방안을 새로운 방식으로 보게 하도록 하는 것을 말한다. 즉 지도자들은 구성원들이 지니고 신념과 가치관에 대해 끊임없이 의문을 갖도록 환기시킨다. 상황을 분석하는 데 있어서도 보다 창의적인 관점을 개발하도록 격려하며, 업무수행에 있어 새로운 방식을 사용하도록 하고 구성원들의 가치관, 믿음, 기대에 대해서도 새로운 변화를 촉구한다.

5) 서어번트 리더십과 감성적 리더십

서번트 리더십(servant leadership)은 섬김과 봉사의 리더십이라고도 하며, 부하들의 자발적인 헌신과 참여를 이끌어 내고, 주인의식과 책임감을 고취시키는 과정에서 리더가 부하의 성장을 도와서 팀워크와 공동체를 형성하는 리더십이다. 이것은 Greenleaf(1970)의 '리더로서의 서번트(The Servant as Leader)'와 1977년에 간행된 '서번트 리더십(Servant Leadership)'에서 소개된 이후 이론적으로 정립되기 시작하였다. 개인의 존엄과 가치가 극대화 되고, 교육과 소득수준이 향상됨에 따라 사회나 조직구성원들의 유형과 성격도 과거와는 현저히 변화되었다. 이처럼 현대사회에서의 진정한 리더는 먼저 다른 사람들에게 봉사하고 그들을 섬기는 과정을 통해 리더로서의 역할을 수행한다고 본다. 리더가 부하를 존중하고 그들에게 기회를 제공함으로써 조직과 조직구성원이 성장하고 진정한 공동체를 이룰 수 있도록 이끌어가는 리더십이다.

Boyer(1999)는 서번트 리더십을 '섬세하며, 경청하는 리더, 구성원들과 동료들의 발전을 장려하고 권한을 위임하는 리더'가 갖는 리더십이라고 정의하였다. 그는 서번트 리더의 특성을 ① 질문하며 이해하려고 노력하는 사람, ② 격려하고 보살피며 편안한 분위기를 만들려고 노력하는 사람, ③ 부하를 존중하는 사람, ④ 도덕성을 갖춘 신뢰할 만한 사람, ⑤ 권한을 위임하고 학습을 장려하는 사람, ⑥ 관계와 공동체를 형성하는 사람, ⑦ 부하의 가능성을 신뢰하는 사람이라는 7가지로 요약하였다. 또한 Spears(1995)는 이러한 Greenleaf(1970)의 이론에 기초하여 서번트 리더십을 모든 사람의 존엄성과 가치에 대한 믿음, 리더의 권력은 부하로부터 기인한다는 민주적인 원칙에 입각한 리더십이라고 표현하면서 서번트 리더십의 구성요소를 경청(listening), 공감(empathy), 치유(healing), 설득(persuasion), 인지(awareness), 통찰(foresight), 비전의 제시(conceptualization), 청지기 의식(stewardship), 구성원의 성장(commitment to growth), 공동체 형성(community building) 등 10가지로 제시하였다.

다음으로 감성적 리더십(primal leadership)이란 자신의 감정을 이해·관리하고 동기화함으로써 자신의 감성과 타인의 감성을 융화시켜 구성원들을 한 차원 높은 인간관계로 발전시켜 나갈 수 있는 리더십을 의미한다. 즉 리더가 자신의 내면을 이해하고, 구성원의 감성을 배려하여 구성원들과의 관계를 자연스럽게 형성함으로써 조직구성원의 감성역량을 높이는 능력"이라고 정의할 수도 있다. 심리학자 골만(D. Goleman)은 성공적인 리더와 그렇지 못한 리더의 차이는 기술적 능력이나 지능지수(IQ)보다는 감성지능(EQ)에 의해 크게 좌우된다고 하였다. 그리하여 약 80%의 감성지능과 20%정도의 지적능력이 조화를 이룰 때 효과적인 리더십을 발휘할 수 있다고 보았다. 구성원들의 감성을 열정의 바다로 이끌어갈 수 있다면 리더는 최상의 성과를 얻을 수 있지만, 그들의 감성을 증오와 분노의 상태로 끌어간다면 치명적인 결과를 초래할 수 밖에 없을 것이다. 이러한 감성적 리더십은 자기인식능력, 자기관리능력, 사회적 인식능력, 관계관리 능력이라는 4가지 구성요소로 이루어진다고 보고 있다. 첫째 자기인식능력이란 자신의 감정, 능력, 한계, 가치, 목적에 대해 깊이 이해하는 것을 말한다. 둘째 자기관리능력이란 리더가 목표를 성취하기 위해 갖춰야 할 보다 구체화된 힘이다. 셋째 사회적 인식능력이란 감정이입의 능력을 말하는 데 집단을 하나로 휘어잡을 수 있는 능력이 여기서 비롯된다. 넷째 관계관리능력이란 자기인식, 자기관리, 사회적 인식능력의 세 요소가 종합된 능력을 말한다.

6) 셀프리더십과 슈퍼리더십

슈퍼리더십(super leadership)은 셀프리더들을 키우는 리더십이라고 할 수 있다. 즉 구성원들이 셀프리더십을 발휘할 수 있도록 도와주는 역할을 한다. 여기서 셀프리더십(self leadership)이란 개인 스스로가 자기 자신을 동기부여시켜 자기과업을 성실히 수행하게 하는 리더십이다, 즉 스스로 문제를 발견하고 해결할 뿐 아니라 다른 사람의 개성과 자율을 존중함으로써 부하직원이나 동료가 자신의 잠재력을 최대한 발휘하도록 도와주는 리더십이다. 셀프리더십의 원리는 자기이해, 자기통제능력, 자기주도능력, 자신감 등의 4가지 요소가 그 핵심을 이루고 있다.

슈퍼리더십이란 바로 이처럼 구성원들 스스로가 셀프리더가 될 수 있도록 도와주는 리더십을 말한다. 셀프리더십을 자극하고 활성화시킬 수 있는 리더십이다. 구성원들이 스스로 자기관리를 할 수 있도록 하며, 자기주도적 학습을 통해 스스로 자기인생의 주인이 되고, 스스로 리더가 되어 자신의 삶을 리드하고 경영할 수 있게 도와주는 리더십이다.

3. 리더십의 영향력 결정요인

정치지도자들의 리더십은 어디에서 오는가? 즉 정치지도자들의 리더십의 유형이나 강약을 결정하는 요인은 무엇인가? 지도자 개인의 능력이나 특성 때문인가? 아니면 그가 속한 시대상황이나 조직의 특성 때문인가? 아니면 지도자를 추종하는 팔로워들의 지도자에 대한 태도 때문인가? 무엇이 지도자들의 리더십을 좌우하는가? 여기에 관해서는 자질론 혹은 특성론, 행동론, 상황론, 상호작용론 등의 이론들이 존재한다.

1) 자질론 (특성론 : Trait Approach)

특성이론, 위인이론. 영웅호걸이론이라고도 불리는 자질론은 1940년 후반 이전에 주류를 이루었던 리더십이론으로, 리더란 구성원에 비해 어떤 남다른 특성 또는 자질을 지닌다고 보는 입장이다. 예컨대 명석한 두뇌, 고등교육, 기술적 지식, 기지, 정력, 용기, 성실, 건강 등과 같은 자질이나 혹은 육체적 정신적 에너지, 목적의식과 지시능력, 친근감과 우호심, 기술적 우월성, 결단성, 지능, 교수능력, 신념이나 정직, 자기 확신, 활동성, 야망, 노력, 끈기, 일에 대한 열정, 집중력, 능력, 비전, 실천성 등과 같은 것이 그것이다. 이러한 자질론은 리더십에 관한 가장 전통적인 이론으로서 지도자의 퍼스낼리티와 성격특성의 연구에 촛점을 두며, 리더십이 개인적 자질에 따라 발휘된다고 보는 입장이다. 그리고 리더의 자질은 지도자가 자기 개발을 통하여 더욱 발전시킬 수는 있지만 일반적으로 선천적인 것이라고 인정하고 성공적인 지도자에게 공통적으로 발견되는 특성을 규명하려고 한다.

자질론은 다시 단일자질론과 성좌적 자질론으로 구별된다. 단일자질론이란 리더십을 단일적·통일적 자질로 이해하여 이러한 일정한 자질을 가지자는 어떠한 상황이나 문화 속에서도 훌륭한 리더십을 발휘할 수 있다고 본다. 반면에 성좌적 자질론이란 지도자의 자질은 단일, 통일, 불가변적인 것이 아니라 상황에 따라 가변적이며, 2개 이상의 자질의 결합에 의해 발휘된다고 본다. 따라서 성좌적 자질론은 지도자의 개개의 자질을 분석대상으로 하는 것이 아니라 몇 개의 자질을 결합한 성좌적 자질(constellation theory of trait)을 분석하고자 한다. 이러한 자질론은 오늘날에 와서는 여러 면에서 비판을 받고 있지만 정치적 리더십의 연구영역에서는 가장 중시되는 이론이며 그 가치는 현실세계에서 더욱 크게 인정되고 있다.

2) 행동론 (Behavioral Theory)

행동론은 1940이후 1960년 후반까지 지배적인 리더십 유형으로 리더의 유효성은 리더의 특성보다는 부하를 대하는 리더의 행동에 있다고 본 이론이다. 동 이론에 관해서는 Ohio주립대학과 Michigan대학 등의 연구가 있다. 먼저 Ohio주립대학의 리더십 연구에서는 조직의 리더십을 구조와 배려라는 두 개의 축으로 나누어 구조주도의 리더십과 배려주도의 리더십의 차이를 통해 행동이론을 설명하였다. 즉 구조주도(initiating structure)는 리더가 공적으로 목적을 달성하기 위해 자신의 역할과 부하의 역할을 규정하고 구조화하는 행동이며, 배려(consideration)는 리더가 우호적이고 지원적 태도로 부하들에게 관심을 보여주고 그들의 복지를 추구하는 행동이라고 밝히고 있다. 즉 리더십을 "목표달성을 위해 집단의 활동을 지휘할 때 나타나는 개인의 행동"으로 정의하고, 이러한 리더의 구조주의와 배려행위의 점수가 높은 리더는 가장 효과적인 리더라고 하였다. 그리고 Michigan대학의 리더십연구는 ① 리더의 지원적 태도, ② 상호작용의 촉진, ③ 목표강조 ④ 과업촉진 이라는 4가지 요인에 대한 리더형태가 효과적인 집단성과와 관련이 있음을 밝히고 대부분의 리더십기능이 관리자들 뿐만 아니라 부하들에 의해서도 수행될 수 있다고 함으로써 리더십행동의 범위를 넓혔다.

3) 상황론 (Situational Approach)

상황론은 리더십의 효율성이 지도자와 집단의 성격, 직무의 특징, 시간, 장소, 환경 등 상황에 따라서 달라진다는 입장을 취하며, 개인적 요인보다는 사회적 요인을 중시한다. 리더십이 지도자의 개인적 요인에 의해서가 아니라 사회적 요인에 의해 발휘된다고 본다. 따라서 리더십은 전적으로 개인에게 존재하는 것이 아니라 집단의 다른 구성원과 이루어지는 기능적 관계에 의존하며 항상 상황과 관련되어 있다. 상황의 성질이 달라지면 다른 종류의 지도자가 요구되며 집단활동의 특성이 달라지면 리더십도 적응성을 상실하게 된다고 본다. 그러나 상황론도 지도자란 피지도자와 다른 자질은 갖추고 있다는 사실을 부인하지는 않는다. 요컨대 상황론이 자질론을 비판하면서 제기되었으나 근본적으로 대립되는 것은 아니라고 하겠다. 상대적으로 볼 때도 자질 없는 사람이 훌륭한 리더십을 발휘하기란 어렵다. 지도자로서 요구되는 자질을 갖춘다고 반드시 훌륭한 리더십을 발휘할 수 있다는 보장은 없으나 자질을 가진 자가 가지지 못한 자보다 성공할 확률이 높은 것은 사실이다.

4) 상호작용론

상호작용론은 "리더십이란 어느 하나의 요인에 의해서 결정되는 것이 아니라, 여러 가지 변수, 즉 리더의 개인적 자질, 그가 처한 상황, 그와 추종자간의 상호작용 등에 의해 결정된다"는 이론이다. 이를 공식화시켜 보면 L= f(T.S.F)로 나타낼 수 있다. 여기서 리더십은 L, T는 리더의 자질, S는 리더가 처한 상황, F는 리더와 그의 추종자간에 나타나는 상호작용을 뜻한다. 사실 오늘날의 지도자는 그의 자질만 뛰어나다고 해서 훌륭한 리더십을 발휘할 수는 없다. 따라서 지도자가 훌륭한 리더십을 발휘할 수 있는 상황이 조성되고 부하들이 지도자의 뜻에 적극적으로 따라 줄 때, 비로소 자기의 자질을 충분히 발휘할 수 있을 것이다. 그러나 모든 조건이 다 갖추어진 상황 하에서 훌륭한 리더십을 발휘할 수 없는 사람은 드물다. 훌륭한 지도자는 모든 조건이 어려운 가운데에서도 목표를 훌륭하게 성취하는 사람이어야 할 것이다. 상호작용론은 이미 훌륭한 리더십을 발휘한 지도자를 설명하는 데는 적합할지는 모르나 좋은 지도자를 찾는 데는 적합하지 않은 이론이라고 보아야 할 것이다.

Ⅲ. 지방자치단체장의 리더십의 실태와 영향력 결정요인

1. 자치단체장의 리더십에 대한 인식적 평가실태와 그 특징

1) 지방자치단체장에 대한 긍정적 인식과 평가

그동안 지방자치단체장들이 추진해온 정책과 사업 등을 중심으로 주민들이 인식하고 평가하는 형태는 대체로 긍정적인 평가와 부정적인 평가로 나눌 수 있다. 아래에서는 우선 우리나라 지방자치단체장들에 대한 주민들의 인식이 긍정적이고 높은 평가를 하는 내용들부터 검토해 보기로 한다.

(1) 비전제시와 SOC건설 등 지역사회발전의 기반구축

주민직선의 자치단체장이 집무를 시작하면서 우선 잠자던 지방이 잠에서 깨어났고, 희망없이 방치되었던 지역사회가 희망을 가지고 꿈틀거리게 되었다. 지역발전을 위한 비전을 제시하여 주민들에게 희망과 꿈을 주었고, 자치단체장들이 직접 추진하는 지역발전사업들이 눈앞에서 전개됨으로써 주민들에게 활력을 주게 되었다. 그리하여 주민직선의 자치단체장들로 인해 우리나라의 지역사회는 눈에 띌 정도로 많은 발전을 이루어왔다. 중앙정부의 재정을 유치하여 주요한 간선도로를 만들고 공원을 건설하였으며 하천을 정비하고 공설운동장 등 필요한 공공시설물을 건설하였다. 낡은 건물과 시설물들을 정비하거나 신축하였다. 이로써 지역사회가 발전의 동인을 찾아 정책으로 추진하게 되었고, 이러한 노력들로 인해 도시적 기반을 갖추게 되었다는 인식과 평가를 받고 있다.

(2) 생활환경 정비와 삶의 쾌적성 제고

주민직선의 자치단체장은 확고한 임기와 권한을 토대로 비록 한정된 자원이지만 가능한 범위 내에서 지역사회의 생활환경부터 정비해 나갔다. 길이 없는 곳에는 길을 내고, 굽은 도로는 바르게 폈으며, 가로등을 달고, 화단을 가꾸는 등 지역사회는 단기간에 눈에 띌 정도의 변화를 이루었다. 그리고 임명제 자치단체장 시절에는 상상도 할 수 없었던 일들이 여기저기서 일어났다. 주민직선의 단체장들은 선거에서 내건 공약사업의 이행을 위해 다양한 정책과 사업들을 추진하였고, 그 결과물들은 순식간에 주민들의 생활을 변화시켰다. 나무를 심고, 분수대를 설치하였으며, 도로를 청소하고, 불결한 곳을 정비하여 도심은 날이 갈수록 쾌적하게 변모되었다. “그 전에는 왜 이렇게 하지 못했던가?” 하고 의심을 하게 될 정도로 민선 자치단체장들의 긍정적 역할이 부각되었다.

(3) 지역특성·문화개발과 국제경기와 박람회 유치 등으로 지역경제발전에 기여

주민들이 직접 선출한 자치단체장들은 향토의 경제발전과 소득증대를 통한 주민들에 대한 복지를 증진시키기 위하여서도 노력하였다. 지역내로 기업을 유치하거나 외국기업을 불러들이기도 했으며, 중앙정부와 공동으로 지역산업을 발전시킬 수 있는 다양한 정책을 추진하였다. 뿐만 아니라 지역사회의 전통이나 문화특성을 살려 다양한 지역축제와 행사를 개최하였다. 그리고 지방이 선도적으로 각종 국제경기나 스포츠행사 그리고 박람회 등을 유치하여 중앙정부의 재정지원을 유도함으로써 지역사회의 발전을 앞당긴 사례도 적지 않았다. 안동의 국제탈페스티벌, 부산의 국제영화제, 여수의 국제해양박람회, 그리고 대구의 세계육상대회 개최 등 이러한 일들은 분명 자치단체장이 중심이 되어 지역발전을 가속화시킨 사례들이었다.

(4) 국가정책사업의 역내유치와 공단·기업유치 등 지역의 산업화에 기여

민선 자치단체장들은 중앙정부가 추진하는 국가정책사업을 자기지역으로 유치하기 위한 노력을 통해 지역경제에 활력을 불러일으켰다든가 국가공단 내지 지방공단을 역내로 유치함으로써 지역산업발전의 토대를 구축함으로써 지역발전에 기여했다. 또한 기존 역내의 기업들에게는 다양한 지원정책을 추진함으로써 기업활동에 활력을 불러일으켰고, 국내·외의 대기업들을 역내로 유치하기도 하였다. 기초자치단체의 경우 주로 도시지역의 시장들이 이러한 역할을 주도했다.

(5) 지방행정의 민주화와 행정서비스 질의 제고

지방자치제도가 실시되었지만 지방정부의 공직자들의 대민행정에는 큰 변화가 없었다. 그러나 민선 자치단체장이 출범한 이후 지방공무원의 태도가 현저하게 바뀌기 시작했다. 민원실이 설치되고 주민에 대한 예의와 봉사가 공무원들의 실천적인 행동규범으로 바뀌었다. 그만큼 주민에 대한 행정서비스의 질이 향상되었다. 특히 SNS가 보편화되면서 정치적 개인의 영향력이 증대됨에 따라 지방정부의 민주행정과 봉사행정의 기능이 확대되고 주민에 대한 행정서비스의 질은 점차 향상되기에 이른 것이다. 이처럼 많은 지역주민들은 민선 자치단체장들로 인해 지방정부가 민주화되고, 주민에 대한 행정서비스의 질이 향상되었다고 긍정적으로 인식하고 있다.

2) 자치단체장에 대한 부정적 인식과 평가

(1) 자치단체장에게 편중된 권한과 오남용 문제

지방정부의 두 개 기관 중 하나인 자치단체장에게 과도하게 권한이 집중되어 그로 인한 부작용과 문제점들이 심각하다. 더구나 자치단체장의 권한남용에 대해서는 그것이 법령을 위반한 것이 아닐 경우, 이를 통제할 수 있는 기관이 없다는 것이다. 예컨대 지방공무원에 대한 인사권 및 지휘감독권을 남용함으로써 제기되는 지역사회의 문제점이 심각하다는 것이다. 공무원승진에 뇌물이 오간다거나 주요 보직임명이나 전보에 편견적인 인사를 단행한다는 문제가 제기되고 있다. 뿐만 아니라 지방자치의 핵이자 주민의 대표기관인 지방의회에 대한 자치단체장들의 태도가 비난의 대상이 되기도 했다. 지역주민들의 대표기관이며 지역사회의 최고의결기관인 지방의회를 불신한다거나 의원들을 무시하는 자치단체장들이 적지 않았다는 것이다. 이처럼 자치단체장들은 누구도 통제할 수 없는 강력한 권한을 가지고 그 권한을 남용함으로써 지역사회의 우두머리가 되어 지방의 대통령으로 군림하고 있다는 비판이 수그러들지 않고 있다.

(2) 부정과 비리 연루 및 특혜성 사업추진

민선자치단체장 출범 당시부터 오늘에 이르기까지 지속적으로 문제로 제기되고 있는 것이 자치단체장들의 부정과 비리사건의 연루문제이다. 선거부정으로 임기 중에 퇴출당하는 자치단체장에서부터 공공사업추진과 관련된 부정사건, 인사비리 등 그 유형과 사연은 매우 다양했다. 자치단체장 관련 부정사건은 정당공천헌금으로 인한 사건들이 주류를 이루기도 했다. 그 외도 공무원들과 시장의 측근이 벌인 세금횡령, 뇌물수수 및 인허가 특혜제공, 공문서 위조 등 자치단체장이 직간접적으로 연루된 사건들이 많았다. 근래까지 지역공공사업에 대한 특혜성 시비는 끊이지 않고 제기되고 있다.

(3) 공약실현에 대한 과잉집착과 선심성, 예산낭비성 업무추진

자치단체장들은 선거에서 내건 공약을 실현하기 위해 불필요한 사업을 추진하는 경향이 강했으며, 그것으로 인한 예산낭비와 재정운용의 비효율이 높았다. 특히 이처럼 자치단체장들이 공약실현에 과잉 집착하는 것은 차기선거를 의식한 업적쌓기의 일환으로 인식되어 비판의 강도가 더 심각해지고 있다. 특히 불요불급한 사업이 아닌데도 주민들에 대한 인기용 내지 선심성으로 지출하는 재원이 늘어나고 있다는 언론의 비판으로 주민들의 평가는 더욱 나빠지고 있다.

(4) 지역발전에 대한 과잉집착과 무리한 사업추진 및 지방재정파탄

인천시의 월미은하레일건설사업, 용인시의 수도권경전철사업, 김해-부산간 경전철사업, 태백시의 오투리조트사업 등은 대표적인 지방자치단체장들이 추진한 지나치게 무리한 사업들이다. 광역자치단체가 대형 건설사업을 벌이면 사업비가 보통 조(兆) 단위에 이른다. 인천시는 아시아올림픽경기장건설에 수백억원을 끌어 부어 시재정이 파탄위기에 몰려있다. 송도신도시, 검단신도시 건설을 위해 엄청난 재정을 투입해 왔다. 강원도는 알펜시아 리조트를 짓는 데만 1조6,800억원이 들었다. 재정위기를 초래한 예산낭비는 기초자치단체에서도 흔한 일이다. 서울 용산구, 경기도 성남시 등 14곳이 청사건립비용으로만 9,600억원을 썼다. 경기도 용인시는 총부채가 1조3,000억원대에 달해 광역자치단체에 맞먹는 수준이다. 강원도 태백시는 레저산업을 일으키겠다며 4,400억원을 들여 오투리조트를 만들었다. 하지만 이용객이 적어 부채가 3,000억원대에 달한다. 이처럼 자치단체장들의 지역발전에 대한 과잉집착과 무리한 SOC사업투자가 재정파탄의 위기를 몰고 왔고, 이러한 결과가 이들에 대한 부정적인 평가를 심하게 만들고 있다.

(5) 관료적 무사안일과 소극적 지방정부의 관리

위와는 반대로 자치단체장에 따라서는 무사안일한 태도로 임기만 흘려보내는 사람들도 있어 지역주민들의 비난을 사는 사례가 적지 않았다. 이들은 가능한 처음부터 문제나 갈등의 소지를 만들려고 하지 않으며, 변화에 둔감하고, 변화 그 자체를 싫어했다. 따라서 지방정부를 혁신하거나 공무원들을 교육시켜 새로운 창조적 업무를 개발하도록 독려하지도 않았다. 주민들의 행사에 참여하여 인사말이나 하고, 의회와의 관계도 조용하게 유지하며 일상적으로 반복되는 업무처리가 공직수행의 대부분을 차지했다. 주어진 예산범위 내에서 공무원들이 세운 계획을 집행하고 관리만 하며 가끔씩 국내외 행사나 이벤트를 유치하지만 그것이 끝나면 조용히 지내는 소극적이고 안일한 자치단체장들도 적지 않았다. 이러한 유형의 자치단체장들은 뜻있는 지역주민들과 언론으로 부터의 비난이나 비판에도 아랑곳하지 않는다. 경쟁자가 있으면 자치단체장을 그만두고 없으면 다시 도전하는 자기만족형 자치단체장들이 있어 비판받고 있다.

(6) 중앙정부에 대한 무기력함과 지역사회에서의 성공감 도취

많은 자치단체장들은 지역사회의 수장이 된 자신의 능력과 성공감에 도취되어 중앙정부에 대한 요구나 주장 등 지방의 정치지도자적 역할은 수행하지 못했다. 광역이나 기초를 막론하고 대부분의 자치단체장들이 중앙정부에 대해서는 무기력했고 지방의 소리를 전달하지 못했다. 그리하여 강력한 중앙집권체제를 민주적 지방분권체제로 개편하라는 요구나 주장은 엄두도 못냈다. 하물며 비민주적이고 오류와 모순투성이의 지방자치제도를 바로 잡기 위한 지방의 목소리도 전달하지 못했다. 자신들에게 집중된 지방자치권에 도취되고, 주민들과 언론의 시선에 사로잡혀 지방에 대한 중앙정부의 통제는 의식하지도 못했다. 이렇게 하여 우리나라의 지방자치는 20년이 지나도 제자리걸음을 걷고 있는 것이다.

2. 지역사회의 행정수요변화와 자치단체장의 역할정향 변화

지방자치단체장의 역할을 여러 가지로 놓고 볼 때, 임명제하의 지방자치단체장은 중앙정부의 지시와 명령을 지방에서 충실하게 이행하는 것이었고, 지방의회가 구성된 이후에는 중앙정부의 입장에서 지방의회에 대한 견제자로서의 역할과 관리·집행자로서의 역할을 충실히 하는 것이었다. 지방분권이나 제도개혁에 대한 주장은 엄두도 내지 못했고, 정책문제의 발견이나 추진, 그리고 경영기획 등은 중앙정부의 전속적 관할이었다. 그리하여 지방자치단체장의 입장에서는 크게 관심을 가지거나 중요하게 추진해야 할 일들이 많지 않았다. 다시 말해 중앙정부임명제 하에서의 지방자치단체장의 임무는 문제해결을 위한 결정이 아니라 결정된 것에 대한 구체적인 집행만 맡아서 처리하였다. 이해관계의 조정문제도 민원해결의 차원에서 일시적이고 소극적으로 대응하는 것이 전부였다.

그러나 전국의 모든 자치단체장들이 주민들의 투표에 의해 직접 선출됨으로써 자치단체장들에 대한 주민들의 기대와 요구는 완전히 달라지게 되었다. 자신들이 뽑았기 때문에 자신들의 요구와 기대를 반드시 들어주기를 원하였고, 그것이 어긋났을 때에는 반대와 저항도 거칠었다. 더구나 21세기에 접어들면서 지구촌 사회에서는 세계화와 지방화라든가, 정보화와 개방화, 세방화와 지세화 등의 다양한 현상들이 야기됨으로써 글로벌 사회에는 중앙과 지방에 대한 관계가 과거와는 근본적으로 다른 차원으로 바뀌었다. 이에 따라 지역사회와 주민들은 지방정부와 자치단체장의 통치행태와 리더십스타일에 대해 다양한 변화를 요구를 하게 되었다. 중앙정부에 대해서는 보다 강력한 분권과 자치를 주장할 수 있는 자치단체장을 원하였고, 지방정부에 대해서는 개혁과 변화를 기대하였고, 지역사회와 주민들에 대해서는 민주와 복지의 증진을 강하게 요구하였다. 특히 그 동안은 고시출신 행정가형의 자치단체장들이 지배적이었지만 지금은 정치가형(투사형)과 기업가형의 자치단체장들을 요구하고 있다. 중앙정부에 대한 분권투쟁을 위해서는 정치가형이 필요하고 지역발전을 위해서는 기업가형의 자치단체장들을 요구하고 있는 것이다.

이처럼 지방자치제도 실시 초기에는 강한 중앙통제와 취약한 재정력 등으로 전통적인 역할 정향에서 크게 벗어나지 못했지만, 이제는 지방자치단체장의 역할에 대한 기대도 많이 변화되었다. 전국의 모든 자치단체들이 선의의 경쟁을 통해서 지역의 경제발전과 주민소득 증대를 추구하고 있고, 주민들의 삶의 질을 향상시키기 위해 노력하고 있다. 그 만큼 자치단체장들에 대한 지역주민들의 기대와 요구도 강해지고 바뀌고 있다. 따라서 앞으로 우리나라 지방자치단체장들은 주민들의 요구나 기대에 한발 앞서나가는 혁신적인 리더십을 발휘해야 할 필요가 있다. 주민들을 설득하고 주민들의 합의를 형성해 가면서 무에서 유를 창조해 나가는 창조적인 리더십을 발휘해 나가야 할 불가피한 상황에 직면해 있다.

3. 지방자치현장에서 나타난 자치단체장의 리더십영향력 결정요인

1) 지방자치단체장의 개인적·능력적 특성

자치단체장들 개인이 가지고 있는 자질 즉 성격이나 능력 등의 특성이 그 사람의 리더십의 영향력을 결정하는 중요한 요인으로 작용하였다. 이러한 지방자치단체장의 개인적 특성요인으로는 외형적으로 나타난 각 조건들 예컨대 소속정당, 이전의 직업, 학력, 재산소유정도 등에 의해서도 영향력이 결정되지만 그 보다는 그 사람의 성격이나 일에 대한 열정이나 성취동기, 대인관계의 친화력, 인간성과 지적 능력, 추진력, 개인적 목표나 야망 등의 특성에 따라서도 그 영향력은 다르게 나타났다. 그동안 많은 자치단체장들이 있었지만 그들의 출신성분은 대체로 세가지로 분류될 수 있다. 행정관료출신과 정치인출신 그리고 사업가출신 등이다. 자치단체장의 리더십은 이처럼 그들의 출신성분이 무엇이냐에 따라 그들의 리더십 행태도 비교적 유사하게 나타났지만 반드시 동일하지는 않았다. 예컨대 같은 행정관료출신이더라도 정치인 못지않게 활동적이고 기업가적 특성을 가진 단체장들도 적지 않았기 때문이었다. 그럼에도 불구하고 지방자치 초기의 자치단체장들로서는 창업가적 리더십과 개혁적·변혁적 리더십이 요청되고 있어 보수적이고 안정적인 리더십 특성을 지닌 행정관료출신의 자치단체장은 바람직하지 않은 것으로 인식되었다.

2) 지방자치단체의 상황적 특성

그동안의 경험에 의하면 지방자치단체장의 리더십에 대한 영향력은 당해 자치단체의 지역적 성격이나 지정학적 요인, 활용가능한 자원상황, 주민들의 태도 등 그 자치단체가 지니고 있는 상황적 특성에 의해 많은 영향을 받는 것으로 나타났다. 기타 자치단체장의 리더십의 효율성에 영향을 주는 요인으로서는 주민의 선거참여율, 당선자의 득표율, 자치의 재정자립도 등도 지방자치단체의 상황적 요인이 많은 영향을 미치는 것으로 나타났다.

3) 지방자치단체장의 지식활용능력

지방자치단체장의 역할은 자치단체의 현실과 복잡한 상황에서 자치단체 장이 가진 지식을 어떻게 활용하느냐에 따라 리더십의 영향력이 달라진다. 첫째 지역사회의 지정학적 특징에 관한 지식활용이다. 지방자치단체장은 지역의 특수한 상황과 지역현안 과제를 해결하는 과정에서 자신이 가진 지역의 역사와 환경에 관한 다양한 지식을 적극 활용할 수 있어야 한다. 지역경제활성화를 위해서나 지역개발정책의 추진과 삶의 질 제고를 위해서 그리고 다양한 도시기반 인프라 구축을 실현하는 과정에서 그러한 지식을 활용하는 능력을 보여야 한다. 예컨대 경상북도와 경주시의 세계문화엑스포, 이천시의 세계도자기엑스포, 삼척시의 삼척동굴엑스포, 김제시의 지평선 축제, 상주시의 자전거축제 등은 지역사회의 특징을 이용한 지역발전정책이다. 둘째 자치단체장의 지역공공문제해결에 관한 지식활용기술이다. 예컨대 열악한 지역의 현안과제해결을 비전으로 제시하고 이를 실천하기 위해 행정내부의 법과 제도적 지식을 활용하는 경우가 여기에 해당된. 그 예로는 태백시가 추진했던 탄광산업의 대체산업으로 관광산업육성과 고원 관광휴양도시건설의 토대구축을 들 수 있다.

4) 대외적 교섭 및 외교능력

지방자치단체장의 대외적 협상능력 내지 외교능력이 그들의 리더십 영향력을 좌우하는 주요한 요인으로 지적할 수 있었다. 지방자치단체장은 필요시 언제든지 중앙정부와 교섭할 수 있고, 중앙행정기관과 유기적이고 협조적인 관계를 도모하며, 때로는 지역주민이나 여론을 통해 중앙정부의 정책변화를 유도하는 등의 역할이 리더십의 영향력 결정에 주요한 요소로 작용하였다. 즉 자치단체장은 자치단체가 극복해야 할 중앙정부와의 갈등이나 대립을 조정하기 위해 기존의 중앙-지방관계의 일방적인 편향성을 극복하고 중앙정부로부터의 지원과 협력을 받아낼 수 있는 능력을 가져야 한다. 그렇지 못할 경우 당해 자치단체가 추진하고자 하는 정책추진이 중단될 수 있고, 중앙의 정치적 영향력이나 상황에 따라 좌우될 경향이 높아진다. 광역자치단체장이나 기초자치단체을 막론하고 이러한 교섭이나 외교능력이 탁월한 지도자들은 중앙정부와의 관계에서 갈등이나 대립을 보인 사례는 거의 없었으며, 역으로 중앙행정기관으로부터 지원과 협력을 끌어내기 위한 자치단체의 노력을 보다 강화시켰다. 예컨대 대형지역개발사업이나 지역경제발전정책의 추진 시에 국비를 확보하거나 국가사업에 지역개발사업을 반영하려는 자치단체장의 노력 등이 그러한 예에 해당된다. 즉 중앙정부의 평택항 개발과정에서 평택시는 동 국책사업을 지역개발과 연계해 줄 것을 요구했고, 구미시의 구미종합역사건설 및 정부예산확보, 구미4공단 유치와 전자정보기술연구단지 등을 그 주요 예로 들 수 있다. 이러한 사업을 추진하는 과정에서 지방자치단체장들은 지역주민들이 중심이 되어 대 정부 건의문 제출, 국회의사당 집단시위, 특별법 서명운동 등을 전개하기도 하였다.

5) 주민에 대한 설명과 설득력

자치단체장들의 주민들에 대한 설득력과 지지획득력 등이 자치단체장의 리더십 양향력을 결정하는 주요한 요인으로 작용하였다. 많은 자치단체장들은 차기선거를 의식하여 지역주민과는 좋은 관계를 유지하고자 한다. 따라서 주민들의 반대가 심한 사업이나 정책은 비록 그것이 자기지역의 발전을 위해서 바람직한 것이라고 하더라도 적극적으로 사업을 추진하려고 하지 않고 망설이는 경우가 많다. 그러나 향토발전을 진정으로 바라는 자치단체장들은 비록 지역주민들의 부분적인 반대가 있다고 하더라도 그 주민들을 설득시켜가며 지역사업을 추진하였다. 특히 쓰레기 매립장, 하수처리시설, 화장장 등 소위 혐오시설 입지 등의 문제에 대해서는 주민들의 반발이 매우 강력하였다. 그렇지만 그러한 사업들이 진정으로 자기지역에 도움이 된다고 판단하면 주민들을 설득시키려고 노력했다. 예컨대 주민들에게 실질적인 보상대책을 마련해 준다든가, 해외선진사례를 견학시킨다든가, 아니면 직접 설득하고 이해시키려는 노력을 경주함으로써 기존의 편견을 해소시키는 등 자치단체장의 적극적인 리더십이 주민들을 변화시켰던 것이다.

6) 열정과 업무추진력

우리나라 지방자치의 현실은 기초단체의 경우, 주민참여 등 정치행정의 민주화에 역점을 두어야 할 형편이고 광역단체의 경우, 지역개발을 통한 경제발전과 소득증대를 강조해야 할 입장에 처해 있다. 그러나 지방자치현장에서 자치단체장들은 기초나 광역을 불문하고 지역경제발전을 위한 기업의 역내유치를 위해 국내기업은 물론 외국기업을 대상으로 다양한 유치활동을 전개하여 왔다. 또한 국가의 중요기관이나 시설 등의 역내유치를 위해서도 열정적으로 노력하였다. 정책을 입안하고 추진하는 과정에서 필요하다면 국내외 어디든지 달려가고, 누구와도 만나 협상하고 타협함으로써 필요한 자원을 동원하고 문제해결의 실마리를 풀어가는 열정적인 자치단체장들이 적지 않았다. 이러한 활동과정에서 보였던 자치단체장들의 외교적 노력과 열정적인 업무추진력이 그들의 리더십 영향력을 강화시키는 중요한 요소가 되었다. 이것은 지난 20여년 간 우리나라 지방자치단체장들이 활동한 경험을 통해 실증적으로 입증된 사실이다.

7) 지방공무원 장악력과 활용력

지방자치단체장의 리더십을 결정하는 중요한 요소 중의 하나가 지방정부의 공무원들을 얼마나 효율적으로 장악하고 활용하느냐 하는 것이다. 그동안의 경험에 의하면 지방공무원들을 유능하게 발전시키면서 그들을 왕성하게 일하도록 만든 자치단체장이 있는가 하면,

지방공무원들을 무사안일하게 만들어 무능하게 변질시키고 업무능력을 무력하게 만든 자치단체장들도 있다. 자치단체장이 지방공무원들의 적극적인 지지와 협력을 얻고 이들이 적극적으로 일에 매달리게 한 단체장들의 리더십이 그렇지 못한 단체장들보다 훨씬 강력한 리더십을 발휘했던 것으로 나타났다. 오랜 공직생활을 통해 이미 매너리즘이 체질화된 고위공무원출신 자치단체장의 경우, 지방공무원들을 마치 자신의 사유물인 것처럼 간주하는 경향이 있었고, 이들을 자신의 공약사업에 몰입시키면서도 그들의 능력발전이나 사기진작 등은 도외시한 사례가 적지 않았다. 대체로 이러한 자치단체장일수록 주민들의 평가는 저조하고 리더십의 영향력은 미약했던 것으로 인식되었다. 특히 고위공직자출신 자치단체장들일수록 부하공무원들에 대한 교육과 능력발전에는 등한시하였다. 이러한 자치단체장들에 대해 지방공무원들은 외형적으로는 복종하지만 내면적으로 그들을 비난함으로써 그들은 임기 내내 공무원을 장악하지도 못하고 효율적으로 활용하지도 못하였다.

8) 업적에 대한 홍보력과 언론활용력

자치단체장의 리더십은 그들의 업적에 대한 언론의 보도와 평가에 따라 좌우되는 경우가 많았다. 그것은 아직도 대부분의 지역주민들은 자치정부에 대한 정확한 이해와 정보를 갖지 못하기 때문에 모든 평가는 오로지 언론보도에 의존하고 있는 실정이기 때문이다. 그리고 이러한 자치단체장의 업적에 대한 언론보도나 평가는 때로는 공정하고 정확한 경우도 있지만, 많은 경우 언론인들이나 언론사에 의해 어느 정도 조작되는 경우도 적지 않다. 이러한 사실을 잘 알고 언론에 대해 관심을 갖고 언론인들과 언론기관에 대해 호의적으로 대접한 자치단체장의 경우, 대체로 그 평가가 실제보다 높게 나타났고 그 결과 실제 자신의 능력보다 더 높은 리더십을 발휘하는 것으로 인식되었다. 그러나 자치단체장이 언론의 기능을 잘 알지 못하거나 잘 알고 있더라도 자치단체의 여러 사정으로 언론인이나 기관을 잘 활용하지 못했을 경우, 그 평가가 좋지 않게 나타나는 경우가 많았다. 그 결과 자치단체장의 리더십도 그 만큼 영향력을 갖지 못하는 것으로 인식되었다. 요컨대 언론보도와 평가가 자치단체장의 리더십의 영향력을 결정하는 주요한 요소로 작용함으로써 자치단체장들은 언론을 무시할 수 없으며, 효율적으로 활용할 필요가 있다는 것이다. 문제는 언론보도와 평가가 얼마나 신뢰할만한가라는 문제제기와는 상관없이 대부분의 지역주민들은 언론을 과잉 신뢰하고 있다는 것이다. 그리하여 적잖은 자치단체장들이 언론을 이용하여 실제보다는 높은 평가를 받아

오고 있다는 것이다. 특히 지방언론의 보도와 비판기능은 중앙언론에 비해 언론인 본인이나 언론사의 이해관계에 많은 영향을 받고 있어 자칫 지방자치에 심각한 피해를 끼칠 수도 있음을 언론 스스로 경계할 필요가 있다.

Ⅳ. 자치역량강화를 위한 자치단체장의 역할증진과 리더십 혁신

1. 지방자치단체장의 역할 증진과 리더십 혁신의 필요성

현행법상 지방자치단체의 장은 해당자치단체의 수장으로서의 지위와 함께 중앙정부의 하급행정기관으로서의 지위도 가지는 2중적 지위를 지니고 있다. 따라서 한편으로는 중앙정부와의 원활한 협력과 지원관계를 구축해야 하고, 다른 한편으로는 지역특성을 부각시키고 지역발전을 추진해 나가야 할 지도자적 사명도 띠고 있다. 이러한 중앙정부와의 구조적 관계 때문에 그동안 전국의 모든 자치단체장들은 사실상 중앙정부의 지휘감독과 통제 하에서 기능하였다. 지역발전을 위한 각고의 노력에도 중앙정부의 지원과 협력이 없으면 그 노력은 물거품이 되기에 일쑤였다. 그 결과 우리나라는 수도서울과 지방이라는 두 개의 확연히 구별되는 지역으로 분리되어 선진대한민국과 후진대한민국이 공존하고 있다. 다시 말해 지방과 지역사회가 그토록 요구하는 지방분권과 자치발전, 지역개발과 경제발전 어느 것도 하나 제대로 이루어진 것이 없다. 세계적인 현상으로 다가온 개방화와 분권화, 정보화와 지방화 등에도 중앙정부는 철저히 자기방어에 성공했고 지방은 철저히 패배하고 말았던 것이다. 따라서 앞으로의 자치단체장들은 이러한 잘못된 사실을 알아서 바로 잡도록 해야 한다. 중앙정부나 지역주민들에 대해 지난 날 보다는 자신들의 역할기능을 더욱 강화해야 할 필요가 있다. 그리하여 보다 적극적이고 보다 강력한 리더십을 보여야 한다.

특히 세계화현상이 전 지구촌을 지배하고 있는 오늘날에는 중앙정부에 대해서는 분권개혁을 요구하고 지역사회에 대해서는 변화와 혁신 그리고 참여와 지지를 요구해야 한다. 그리하여 그들은 행정적 리더십은 물론 정치적 리더십과 경영적 리더십을 동시에 수행할 수 있어야 한다. 특히 지금까지의 소극적이고 수동적이었던 모습과는 달리 앞으로의 자치단체장들은 모든 면에서 좀 더 적극적으로 변해야 한다. 글로벌 사회의 변화에 대응하고 진정한 지방분권과 지방자치제도의 발전을 위해서 보다 적극적이고 혁신적인 리더십이 요청된다.

중앙과 지방의 관계와 지방에 대한 중앙정부의 정책들이 선진국들과 글로벌 사회는 엄청난 속도로 변화하고 있지만 우리나라는 제자리걸음을 하고 있다. 설상가상 정권변화에 따라 그 나마 명맥을 이어왔던 분권과 자치발전에 관한 가느다란 끈마저 사라질 위험에 처하고 말았다. 이러한 심각한 상황에도 불구하고 이를 걱정하거나 위기의식을 느끼는 사람들이 없다. 이제 한 가닥 희망은 지방자치단체장의 리더십에 걸 수 밖에 없게 되었다. 때문에 앞으로 자치단체장들의 리더십은 변해야 한다. 보다 혁신적이고 창조적이어야 할 뿐 아니라 중앙정부와 투쟁하고 지역사회를 발전적으로 변화시키는 개척가적 내지 창업가적 리더십이 요구된다. 분권요구와 자치제도의 개혁을 위해서는 중앙정부와 투쟁하는 리더십이 필요하고, 지역사회의 발전과 주민들의 삶의 질을 제고시키기 위해서는 변혁적이고 감성적인 리더십이 요청된다. 이처럼 지방자치단체장의 리더십형태는 지방자치단체의 특성에 따라 달라질 수 밖에 없겠지만 지역사회를 글로벌화 시킬 수 있는 국제적 능력을 갖춘 글로벌 리더십은 공통적으로 요구된다. 요컨대 분명한 것은 앞으로 자치단체장의 리더십은 과거와는 달라야 한다는 것이다. 특히 그 중에서도 스스로 지방정부를 변화시키고 중앙정부에 대해 지방의 목소리를 높일 수 있어야 한다는 것이다.

2. 우리나라 지방자치단체장에게 요구되는 바람직한 리더십 형태

1) 개척가적이고 창업가적 리더십

향후 우리나라 지방자치단체장들에게는 개척가적이고 창업가적 리더십이 요구된다. 자치제도가 실시된 지 20여년이 훨씬 지났지만 지방분권과 지방자치제도는 별로 변한 것이 없다. 중앙정부에 집중된 권한을 지방으로 분권하기 위해서는 필연적으로 분권투쟁이 필요하다. 이것은 역사가 증명하는 분명한 사실이다. 그러나 지난 20여년 동안 우리나라의 지방에서는 어느 누구도 중앙정부와 분권을 위한 투쟁을 하지 않았다. 자치단체장들, 지방의원들, 국회의원들까지 누구도 지방을 위한 분권을 요구하거나 투쟁하지 않았다. 심지어 국회의원들은 행정부가 요구한 지방분권요구사항까지 거부하고 사장시켜버렸다. 국회에서 특위를 만들어 분권을 추진한다면 얼마든지 좋은 결과를 만들어 낼 수 있지만 이들은 의도적으로 이러한 일을 회피해 왔다. 때문에 이제부터는 지방자치단체장이 중심이 되어 중앙정부와 분권을 위한 투쟁도 하고, 자치제도도 근본적으로 바꾸어서 정말 지방자치다운 지방자치를 실시하도록 해야 한다. 선진외국 보기에 민망할 정도의 자치제도를 만들어 놓고도 우리나라의 국회는 부끄러운 줄 모르고 있다. 이제부터 지방자치단체장들이 중심이 되어 지방을 위한 민주주의제도를 개척하고, 세계를 향한 지역발전을 창도할 수 있어야 한다.

2) 민주적이고 창조적 리더십

앞으로 우리나라의 자치단체장들은 주민들의 의사에 기반을 둔 정책을 추진하고 그 결과에 대해 주민들에게 책임지는 민주적인 리더십을 발휘해야 한다. 비록 시간적 측면에서나 비용적 측면에서 마이너스적 측면이 있더라도 관련 규정과 절차를 성실하게 지키고 존중함으로써 변칙이나 부정을 저지르지 말아야 한다. 우리나라의 자치단체장들은 지역사회의 민주화 그 자체에 만족해서는 안된다. 민주적 지도자로서의 기본적 토대위에서 지역을 개발하고 발전시킬 수 있는 변화를 유도해 나가야 한다. 이러한 변화는 주민들의 의식에서 출발하여 자치단체의 정책에 이르기까지 전 분야에서 변화를 야기시킬 수 있는 변동유발적 변화창도적 리더십을 발휘할 수 있어야 한다. 수도권에 비해서는 지방이, 도시지역에 비해서는 농어촌지역이 변화의 속도가 느리다. 변화하지 않고는 살수 없다는 글로벌 사회의 냉혹함을 주민들에게 인식시키고 교육시킬 수 있는 믿음직한 리더십을 발휘해야 한다.

3) 변혁적·혁신적 리더십

지방자치단체장들은 좁게는 지방공무원들의 의식을 변화시키고 넓게는 지역주민들의 행동을 변화시켜 지방정부와 지역사회를 혁신적으로 발전시키는 리더십을 발휘해야 한다. 지방공무원들에게나 지역주민들에게 지역사회를 발전시키고 주민들의 삶의 질을 향상시켜야 하는 당위성과 필연성을 인식시킴으로써 그것을 향한 그들의 성취동기를 유발시킬 수 있어야 한다. 즉 지역사회가 추구하고자 하는 장래의 비전을 제시하고 그러한 목표달성을 위한 대안을 제시함으로써 지방공동체가 함께 이를 추진해 나가도록 힘을 모을 수 있는 변혁적 리더십을 발휘해야 한다.

또한 우리나라의 자치단체장들은 지방정부의 구조와 기능을 혁신하여 능률적이고 효과적인 정부시스템을 구축해나가도록 혁신적 리더십을 발휘할 필요가 있다. 낡은 제도와 비능률적인 서비스전달체계는 과감하게 바꿔야 한다. 자치단체의 특성을 무시하고 중앙정부의 구조변경에 따라갔던 지방정부의 구조는 반드시 개혁해야 한다. 그리고 경쟁 없이 방만해진 관료조직은 어떠한 방식으로든지 혁신해야 한다. 사실 지방공무원들의 역량만 잘 발전시키면 못할 일이 없다. 모든 것은 사람이 하기 때문이다. 그러나 지금까지 우리나라의 지방자치단체장들은 공무원교육을 매우 등한시하였다. 교육은 공무원들을 직업적으로 뿐 아니라 인간적으로도 성숙시키고 발전시키는 것이다. 지방공무원을 변혁시키는 것은 모든 것을 변화시키는 근본이며 출발이라는 사실을 유의할 필요가 있다. 이러한 관점에서 우리나라는 지금보다는 좀 더 성숙되고 사려깊은 자치단체장들을 필요로 하고 있다.

4) 세계를 향한 글로벌 리더십

21세기는 지구상의 모든 국가들이 국경의 장벽을 허물고 하나의 틀 안에서 함께 교류하고 경쟁하는 글로벌 사회가 될 것이다. 이러한 변화에 대응해서 앞으로의 자치단체장들에게는 지역사회를 개방하고 외국이나 세계적 기업과의 교류를 증진시켜 소위 세방화와 지세화를 촉진시킬 수 있는 글로벌 리더십이 요구된다. 언제나 중앙정부만 바라보고 중앙정부로부터 벗어나지 못했던 과거로부터 벗어나 이제는 외국의 기업이나 자치단체들을 상대로 교류하고 역내로 유치하거나 협력함으로써 지역발전의 기회를 만들어 나가야 한다. 그리하여 세계적 기업의 역내진출을 통한 세방화(glocalization)와 지역의 세계화를 통한 지세화(loc-blization)를 위해 자치단체장의 모든 역량을 다 쏟아야 한다. 따라서 자치단체장은 뛰어난 국제적 감각을 지닐 필요가 있고, 글로벌 사회의 변화를 잘 읽을 수 있는 능력을 가져야 한다. 때문에 앞으로는 외교업무를 담당해본 경험이 있거나 국제무역업무를 경험한 유능한 인재들이 자치단체의 장으로 진입할 수 있는 제도를 확립할 필요가 있다. 그렇게 될 때 21세기 한국의 지방자치단체장들은 더 이상 국내의 지도자들이 아니라 바로 세계의 지도자들로 평가될 것이다.

5) 감성적·봉사적 리더십

앞으로 우리나라 지방자치단체의 장들은 지방자치단체의 특성에 따라 감성적 리더십을 발휘해야 할 경우도 있고, 서번트리더십을 발휘해야 할 경우도 있을 것이다. 분명한 것은 인터넷의 발달과 함께 개인들의 정치사회적 영향력이 강화되었다는 점이다. 그리고 개인들의 정치사회적 영향력이 증대됨에 따라 자치단체장의 리더십에도 변화를 야기시키고 있다는 것이다. 그리하여 앞으로는 점차 이러한 공감의 리더십과 봉사와 섬김의 리더십이 더 필요해지는 경향이 나타나고 있다. 때문에 자치단체장은 지방공무원들과 지역주민들의 마음을 읽고 그들과 공감하면서 지역사회를 일구고 주민들 스스로가 지역발전을 위해 일하도록 하는 감성적 리더십을 발휘할 필요가 있다. 그리고 주민들에게 봉사하고 주민들을 섬기는 서번트리더십을 발휘해야 할 필요성도 늘어나고 있다. 특히 고령화사회가 진전되고 사회복지기능의 확대와 함께 섬김과 봉사의 리더십은 더욱 절실해 지고 있다.

3. 21세기 한국의 지방자치단체장에게 요구되는 바람직한 역할기능

1) 지방정부의 구조·기능혁신과 자치역량강화를 위한 개혁가적 역할

자치단체장들은 자치시대 지방정부의 역할을 재정립하고, 행정수요에 대응할 수 있는 구조개편과 기능혁신 등은 물론 관리방식의 전문화와 기술화를 적극적으로 추진해야 한다. 그리고 필요한 부분에 대해서는 행정관리에 기업경영방식을 도입하며, 전통적 교육방식을 탈피하여 실질적인 교육훈련을 통한 혁신적 인력자원을 개발해 나가야 한다. 그리고 정보관리 및 지식행정체제의 강화, 예산관리의 효율화, 지방재정력의 강화 등을 통해 지방정부의 자치역량강화에도 진력해야 한다. 민간영역에 대한 행정규제의 완화, 제3섹터의 도입, 행정의 민간위탁처리제도 보강 등 행정관리의 선진화를 위한 분야도 확대해 나가야 하고, 행정서비스의 질을 제고시켜 주민을 위한 봉사행정의 구현에 진력해야 한다. 그리고 공익보다는 개별특수이익을 강조하고, 지역이기주의와 집단이기주의가 강하게 나타나며, 책임과 의무보다는 자유와 권리만을 강조하는 나쁜 행정환경을 개선하는 일에도 적극성을 보여야 한다.

2) 지역특성의 탐색과 성장동력산업의 창출 및 대외 벤치마킹

자치단체장들은 자기지역의 자연적·지리적 특성을 새로운 시각에서 재인식하고, 지역사회의 구조적 특성을 재발견하는 일에 적극적일 필요가 있다. 그것은 이러한 지역특성을 토대로 자기지역만의 고유한 성장동력산업을 개발할 수 있기 때문이다. 자연경관이 뛰어나거나 전통문화를 다량보유한 지역의 경우, 문화관광지로서 특성을 개발하고 이를 통해 지역특성을 개발시켜야 하고, 산천경계는 수려하지만 산악지역이어서 경지면적이 많지 않은 곳은 자연휴양도시나 특산물재배지역으로 특화시켜 나갈 필요가 있다. 주지하는 바와 같이 21세기는 문화의 시대다. 따라서 지역특성을 문화의 시대와 연결하여 개발시키는 전략도 구상할 필요가 있다. 일본이나 프랑스, 스위스 등 선진국들의 지방자치단체들 중에는 이처럼 자기지역의 특성을 개발함으로써 지역을 발전시킨 곳들이 적지 않다. 자치단체장들은 자기지역과 유사하면서도 앞서 발전한 선진국 지방자치단체들을 벤치마킹하는 일도 소홀히 해서는 안될 것이다.

3) 지역개발과 산업진흥을 통한 지역경제발전의 주도

대부분의 자치단체장은 그들의 선거공약에서 지역개발과 경제발전을 통한 주민의 소득증대를 당면과제로 제시하고 있기 때문에 이것을 해결하기 위한 강력한 역할수행이 요구된다. 예컨대 낙후지역개발, 낙후분야개발, 도로·항만·공항건설 등 사회간접자본의 확충, 관광자원개발 등 지역개발사업을 추진함으로써 지역개발을 주도해야 한다. 뿐만 아니라 지역내 농업, 수산업, 임업, 공업 등 각종산업의 구조개혁과 기술혁신을 통한 생산성을 증대시키고, 중소기업지원과 창업지원, 공업단지조성, 농공단지유치, 관광객유치, 물가안정관리, 노사관계조정 등을 통해 지역경제발전과 주민들의 실질소득증대를 위한 시책을 추진해야 한다. 그리고 이를 위해 필요하다면 산·학·연 연계체제를 확립시키고 지역정보센터를 설치·운영함으로써 관계자들에게 국내경제정보는 물론 해외경제정보까지 신속히 제공할 수 있어야 한다. 근래 각 지방자치단체들은 대형할인마트가 지역의 경제구조와 질서를 어지럽히고 궁극적으로 지역경제발전을 침해한다는 여론에 대응해야 하는 과제도 안고 있다.

4) 지역발전을 위한 다양한 정책네트워크의 구축과 활용

21세기는 거버넌스(governance) 시대이다. 거버넌스 시대의 가장 중요한 대응전략은 네트워크(network)의 구축과 활용이다. 그리하여 지방정부가 중장기 지역발전정책과 계획을 구축하고 실행하는 과정에서는 물론 평소 행정수행과정에서도 필요한 경우 관련분야의 전문가들과 정책네트워크시스템을 구축할 필요가 있다. 담당집행기관과 의결기관, 시민단체, 연구기관 등 전문가 집단, 지역경제단체, 언론기관 등을 연결하는 지역정책네트워크를 구축하고 정책결정과정에서 이를 활용함으로써 다양하고 살아있는 지식과 정보를 축적하거나 활용할 수 있다. 뿐만 아니라 정책집행과정에서는 관련단체나 주민들로부터 지지와 협력을 받아낼 수 있어 집행력을 증대시킬 수도 있을 것이다.

5) 창조적 지역발전정책의 개발과 중앙부처와의 공동정책(joint policy)추진

자치단체장들은 지역발전정책을 추진하는 데 필요한 다양한 자원을 동원하고 배분할 수 있어야 한다. 예컨대 제도적·권력적 자원은 물론 인적·물적 자원을 비롯한 기술, 정보, 시간, 신용, 정치적지지 등을 필요할 때 언제든지 동원하고 적절히 배분할 수 있는 능력을 가지고 있어야 한다. 그러나 현실적으로 볼 때 모든 자치단체장들이 이러한 능력을 다 가질 수는 없다. 특히 지역발전의 성패를 좌우할 수 있는 가장 중요한 두 가지 요소는 바로 권력과 재정의 부족이다. 따라서 이러한 두 가지요소를 동시에 충족시킬 수 있는 방안을 찾아내어야 하고, 여기에 대한 해답이 바로 지방정부와 중앙정부간 공동정책개발의 추진이다. 따라서 자치단체장들은 지역발전을 위한 것이면서 동시에 국가전체적 발전에 기여할 수 있는 공통영역의 정책테마를 찾고 개발하여 중앙정부와 긴밀한 협력을 거침으로써 공동정책을 추진할 필요가 있다. 이렇게 볼 때 지방정부로서는 해결하기가 어려운 각종 법령문제나 권한과 재원문제까지 중앙정부에 의해 해결이 가능할 수 있기 때문이다. 아직도 이 분야에 대한 자치단체장들의 관심이 부족한 것은 그만큼 자치단체장들의 시야가 좁고, 지역발전을 위해 중앙정부를 활용하려는 담대한 지도자가 부족하며, 중앙정부와의 상대적 독립만을 강조하는 단견적 차원에 머물러 있기 때문이다.

6) 세계화 현상에의 대응과 지역경쟁력 제고의 주도

세계화는 국경이라는 장벽을 서서히 붕괴시킴으로써 개별 국가체제를 지구촌 체제로 변질시키고 있다. 따라서 지금까지 국가와 대기업을 주축으로 한 국제사회의 경쟁체제는 지방정부, 중소기업, 개인들까지 가세하는 총체적 경쟁시대로 변화하였다. 그리하여 이미 지방정부의 국제교류와 해외시장개척이 주요한 정책과제로 대두된 지 오래되었으며, 따라서 지역사회의 제 분야는 물론 지방정부의 세계적경쟁력강화가 시급히 해결해야 할 목전의 과업으로 다가와 있다. 국제교류의 확대·강화, 해외시장개척의 적극화, 지역수출의 제고, 국제적 관광자원개발 및 지역문화의 세계화작업 등과 함께 해외시장개척단의 활동, 박람회 및 전시회개최, 해외자본의 국내투자유치활동, 해외바이어초청 설명회개최, 민관해외연수단파견, 국제우수기술정보의 수입과 제공, 중소기업지원확대 등 다양한 활동들이 전개되어야 한다. 장기적으로 볼 때 지방정부의 발전은 국제화와 세계화의 조류에 능동적으로 대처해 나갈 수 있는 경쟁력 제고의 정도에 달려있다고 할 수 있고, 이러한 세계화를 위한 지역사회와 지방정부의 경쟁력 제고는 자치단체장의 역량과 리더십 여하에 따라 현저한 차이를 보일 것이다.

7) 중앙정부와 지역사회로부터의 지지와 협력의 확보

이미 앞에서도 간략하게 언급한 바 있으나 지방자치단체장들은 지방자치단체의 수장으로서의 지위와 함께 중앙정부의 하급행정기관으로서의 지위도 갖고 있다. 따라서 중앙정부와의 긴밀한 협력관계를 유지함으로써 중앙정부로부터 다양한 지원을 확보할 수 있어야 한다. 또한 자치단체장은 지역사회의 각종 기관단체는 물론 주민들로부터도 적극적인 지지와 협력을 확보해 나가야 한다. 그러기 위해서는 평소 중앙정부로부터는 성실하고 적극적이며, 혁신적 지역지도자로서 인정을 받고, 주민들로부터는 정직하고 유능하다는 믿음을 갖게 함으로써 중앙정부와 지역사회로부터 신뢰를 받을 수 있어야 한다. 이처럼 상하좌우 입체적 지지와 협력의 기반위에서 지역발전정책을 추진할 때, 중앙정부로부터의 재정지원, 민간영역으로부터의 민자동원 등이 용이해 짐으로써 정책의 성공적 달성을 보장받을 수 있기 때문이다.

8) 지역사회의 세방화와 지세화를 위한 선두주자로서의 역할

앞으로 지방자치단체장들은 세계적 기업의 역내유치를 통한 지역사회의 세방화는 물론 지역의 고유한 특성을 개발하여 세계적 명품을 창조함으로써 지역을 세계 속으로 진출시키는 지세화를 위해서도 강력한 정책을 추진해 나가야 한다. 국제무역역량의 증대와 경제발전수준의 선진화 그리고 문화의 한류바람을 타고 우리나라는 지금 지구촌의 변화를 유도하고 있다. 이제부터는 한국의 지방자치단체들이 세계의 이목을 집중시키고 각자 자신들의 고유한 세계적 명품을 국제시장에 내놓을 수 있어야 한다. 더 이상 국내에서 멈칫거리지 말고 과감하게 해외시장을 향해 발걸음을 내 디뎌야 한다. 그러기 위해서 지금부터 당장 내부적으로는 지역과 제품개발에, 그리고 외부적으로는 문화교류와 외교채널의 확립 등 인프라구축에 착수해야 한다. 이러한 사업은 자치단체장이 주도하지 않고서는 누구도 앞장설 수 없는 일이기 때문에 더욱 자치단체장들의 적극적인 역할이 요구되는 분야이다.

9) 중앙정부에 대한 강력한 분권촉진자적 역할수행

지난 20년 동안 광역이나 기초를 막론하고 대부분의 자치단체장들이 가장 역할을 제대로 수행하지 못한 영역이 바로 중앙정부에 대한 분권촉진자로서의 역할이다. 주민직선으로 선출된 자치단체장들이었지만 중앙정부에 대한 지방의 권리주장에 대해서는 거의 눈을 감고 있었다고 할 수 있을 만큼 제 역할을 수행하지 못했다. 자치단체장에 따라서는 자신의 막강한 권한에 도취되거나 분권요구의 필요성을 인식하지 못하여, 그리고 중앙정부에 순응하는데 익숙하여, 분권과 자치발전을 위한 대 중앙정부 투쟁역할은 포기해 버렸다. 그 결과 우리나라의 지방분권과 자치제도의 실태는 20여년 전이나 별로 달라진 것이 없다. 특히 중앙정부의 고위공무원출신 자치단체장들의 경우, 중앙정부에 대한 분권요구나 투쟁은 처음부터 기대할 수 없었다. 그들은 비록 주민직선의 단체장으로 외형은 변신했지만 자신들이 근무했던 중앙정부에 대해 원천적으로 나약한 태도를 보이지 않을 수 없었다. 따라서 이러한 자치단체장들의 각성과 진정한 변화가 없다면 앞으로도 우리나라의 분권과 자치발전은 크게 기대할 수 없다. 이러한 현실 때문에 분권과 자치발전은 주민의식의 선진화가 필수적이라는 주장이 정당화되고 있다. 바로 이러한 이유 때문에 어떠한 사람을 자기고장의 자치단체장으로 선출할 것인지 보다 심각하게 고민해야 하는 것이다.

요컨대 앞으로 자치단체장들은 중앙정부에 대해 지방분권을 요구하고, 지방자치제도의 민주적 개혁을 촉구하기 위해 중앙정부와의 협상과 투쟁을 병행해 나가야 한다. 분권촉진자로서 용기와 인내를 가지고 중앙정부와의 투쟁에 나서야 한다.

4. 지방자치단체장에게 요구되는 바람직한 성품과 능력(자질)

지역사회의 핵심리더로서 보다 효율적인 리더십을 발휘하기 위하여, 그리고 위에서 제시한 당면 요구사항들을 잘 수행하기 위하여, 지방자치단체장은 어떠한 능력과 자질을 소유해야 할 것인가? 지도자의 자질에 관한 입장은 서양에서 강조하고 있는 것과 동양에서 강조하고 있는 것이 서로 같지 않다. 그러나 분명한 것은 정치적으로 자유민주주의가 보편화되고 있는 현대사회에서는 점차 그 차이가 좁아지고 있다는 것이다. 즉 서양의 경우는 지도자의 능력적 자질로서 주로 외향적인 자질을 강조하고 있으나, 동양의 경우 지도자의 내면적 품성과 지도자적 정신을 강조하고 있다. 그러나 현대의 정치지도자들은 지도자의 기본품성이나 선천적 후천적 모든 능력이 강조되고 있다. 아래에서는 이러한 관점에서 지방자치단체장 개인의 인성과 그가 가지고 있는 능력이라는 두 가지 관점에서 자질을 검토해 보기로 한다.

1) 인성적 자질

지역사회의 정치적 지도자로서 지방자치단체장이 가져야할 인성적 자질요건으로는 우선 주민들로부터의 신뢰성과 존경심을 받을 수 있어야 한다. 이를 위해서는 일에 대한 책임감, 지역주민들과 지방공무원들에 대한 관심과 배려 등을 잘할 수 있어야 한다. 신뢰받지 못하는 리더는 리더로서 자격이 없다. 지도자는 존경할 줄 알고 존경받을 수 있어야 한다. 남을 존경할 줄 모르는 사람은 자기만의 아집으로 교만에 빠지기 쉽다. 나아가 자치단체장들은 매사에 책임감이 강해야 한다. 책임감이 없는 리더는 자신의 임기동안만 권력을 누리면서 무사안일주의에 빠지기 쉽다. 이러한 신뢰와 존경과 책임과 관심 및 배려는 다음과 같은 품성을 가진 사람일 때 비로소 가능해 진다.

(1) 정직성과 청렴성

지방자치단체장들은 무엇보다도 정직하고 청렴해야 한다. 어느 시대 어느 국가를 막론하고 정치지도자나 공직자에게 절대적으로 요구되는 자질은 바로 정직성이다. 그동안 우리나라의 지도자들과 공직자들은 특히 이 정직성이 높지 못하였기 때문에 부정부패가 극심했고, 부의 불공정한 분배가 보편화 되었으며 그 결과 수많은 국민들이 고통과 괴로움을 감내해야만 했다. 정치사회의 부정과 정경유착, 관료비리가 난무하는 오늘 우리사회에 있어 정치지도자와 공직자들, 그리고 사회의 지도자들에게 가장 중시되는 인성적 자질이 바로 이 정직성이라고 할 것이다.

정직성이란 "공무를 수행함에 있어 항상 바르고 곧게 처리하며, 그 과정에 사(斯)나 부정을 멀리하는 인성"을 말한다. 근래 우리사회에는 위로부터 아래에 이르기까지 전 국민의 부정과 부패가 국가발전의 걸림돌로 작용하고 있다. 공공분야나 민간영역을 구별할 필요없이 모두가 부패해 있고, 아래로는 구멍가게나 어린이집, 작은 술집에서부터 위로는 고급공무원, 경찰, 판검사, 국회의원, 장·차관 등에 이르기까지 어느 한 곳 성한 곳이 없을 정도다. 공공분야는 물론 민간영역에까지 부정과 부패가 만연되어 있다. 이것을 해결하지 못하고서는 분권과 자치발전은 물론 선진한국도 기대할 수도 없는 상태다.

청렴하다는 것은 "마음이 고결하고 재물욕심이 없다는 것"을 뜻한다. 지도자가 사적인 이권추구나 재물욕심에 가득 차 있다면 지도자의 지위를 이용하여 사회를 부패시킬 우려가 높다. 그러므로 자치단체장들은 기본적으로 청렴한 사람일수록 바람직하다. 그러나 청렴하다고 해서 가난해야 된다는 것은 아니다. 그것은 지위나 권력을 이용해서 다른 사람의 재물을 빼앗거나 자신의 재산을 증식하려 하지 않는다는 것이다. 검소하고 절약하며 절제하는 생활을 통하여 바른 삶을 살아갈 때 청렴해 질 수 있다.

(2) 도덕성과 윤리성

지방자치단체장들은 도덕적이고 윤리적이어야 한다. 도덕이란 인륜의 대도, 즉 사람으로서 마땅히 지켜야할 도리 및 그것을 자각하여 실천하는 행위의 총체이며, 윤리란 도덕과 유사한 개념으로 사람이 지켜야 할 도리와 규범, 즉 인륜도덕의 원리를 의미한다. 그러므로 여기서 도덕성과 윤리성이란 이러한 도덕적 행위를 나타나게 하는 사람의 품성을 의미하는 것이다. 지방자치단체장들은 민주시민의 일원이자 사회구성원의 한 사람으로서 마땅히 지켜야할 도리와 규범을 잘 알아야 할 뿐만 아니라 그것을 실천할 수 있는 품성의 소유자라야 한다. 법령이나 조례 및 규칙 등의 사회적 강제규범에 어긋나지 않게 행동하는 것만으로는 도덕적이거나 윤리적이라고 할 수 없다. 사리나 도리에 맞아야 하고, 선량한 미풍량속과 양심에 따라 행동할 수 있는 품성을 가지고 있어야 한다.

(3) 사명감과 책임감

자치단체장들은 자신의 임기동안 지역사회의 발전을 위해 최선을 다하겠다는 사명감과 책임감으로 가득차 있어야 한다. 현재 주어진 여건아래서 지방공무원들을 단합시키고 지방정부의 창의적인 목표달성과 효율적 기능수행을 위해 사명감을 가지고 최선을 다해야 한다. 자치단체장의 자리는 지역사회와 주민들에게 책임을 지는 자리이며, 때문에 임기동안 스스로 내세울 수 있는 지역발전의 업적을 만들어야 한다. 지역사회는 자치단체장의 노력이나 능력정도에 따라 발전의 정도나 그 속도도 달라진다. 이러한 노력이나 능력은 자치단체장의 사명감이나 책임감에 비례하여 발전된다. 따라서 지역사회에 대한 자치단체장의 사명감과 책임감 및 집념, 그리고 지방공무원들의 협조와 지원을 통해 지역사회를 발전시키고 주민들의 삶의 질을 향상시키는 지방정부의 목표를 달성해 나가야 한다. 요컨대 자치단체장들은 분권과 자치발전 그리고 지역사회의 문제해결과 목표달성을 위한 강한 사명감과 책임감을 가지고 있어야 한다.

(4) 건전한 시민정신(citizenship)과 봉사정신

지방자치단체장은 지역사회주민들에 의해 선출된 민주적 지도자이고 동시에 지방정부의 공무원들의 지도자이기도 하다. 이처럼 지방자치단체장은 권위주의 정치체제하에서 권력에 의해 만들어진 대표나 금권으로 조작된 지도자가 아니며, 합법적이고 공개적인 절차에 의해 구성원들의 자율적 선택으로 선출된 지도자들이다. 그렇기 때문에 이들은 무엇보다도 자신들도 일반시민의 일원이라는 겸손하고 진실한 시민의식 내지 시민정신에 충실한 사람이어야 한다. 지나친 선민의식이나 엘리트의식의 소유자는 민주적 지도자로는 부적절하다. 자치단체장들은 지방의원들이나 지방공무원들에게도 그러한 품성을 강조하고 그 정신을 심을 수 있어야 한다. 지방자치단체장들은 지역사회와 주민들에게 봉사하는 직업이다. 봉사가 의례적이고 형식적이어서는 수혜자들의 감동을 불러일으키지 못한다. 진정한 봉사는 왼손이 하는 일을 오른 손이 알지 못하도록 하는 것이며, 일정한 기간을 정해놓고 정기적으로 하는 것이 아니라 생활 속에서 수시로 습관적으로 행해야 한다. 자치단체장의 지역사회를 위한 봉사는 바로 이러한 것이어야 한다.

(5) 공인의식과 인내심(강인함)

자치단체장들은 사적 이익의 추구나 권력욕에 사로잡힌 사람이어서는 안된다. 지역사회의 지도자로서 지역주민의 의사를 중시여기고, 공공의 이익을 앞세우는 공인의식이 투철한 사람이어야 한다. 또한 자치단체장은 공과 사를 분명히 구별할 수 있는 양식을 지닌 사람일 것이 요망된다. 그리고 지방정부의 목표달성과 역할수행을 추진해 나가는 과정에서 야기될 수 있는 질투와 모함, 공격, 오해 등이나, 직무상으로나 금전상으로 다양한 어려움에 처할 수 있다. 그러나 이 모든 것을 성숙하게 처리해 나갈 수 있는 인내심도 있어야 한다. 자치단체장들은 지역사회의 냉혹한 비판과 공격에도 쉽게 분노하거나 당황하지 않아야 하고 언론의 편견과 왜곡에도 굴하지 않아야 한다. 자치단체장들은 공익추구를 위한 확고한 소신으로 일해야 하며, 외세에 흔들리지 않고 바른 길을 나아가는 인내와 우직함도 있어야 한다.

(6) 개척자적 정신과 창업가적 태도

앞으로 지방자치단체장들은 중앙정부에 대해서는 강력한 지방분권정책의 촉진과 민주적 지방자치제도로의 개혁을 촉구해야 하며, 지역주민들에 대해서는 21세기적 글로벌 마인드 형성을 요구해야 하고, 지역사회에 대해서는 적극적인 지역개발과 경제발전 정책을 추진해 나가야 한다. 따라서 한편으로는 지방자치의 개척자로서 다른 한편 지역사회의 변화와 혁신을 주도함으로써 지역발전을 앞당기는 창업가로서의 역할을 수행해야 한다. 이러한 역할을 수행하기 위해서는 필연적으로 이러한 의식 내지 마인드를 가져야 한다. 자치단제장이 이러한 의식을 가질 때 비로소 그러한 공무원들이 나오게 되고, 그러한 공무원이 생기면 그와 관련된 정책이 추진될 것이다. 지방자치단체장들의 이러한 적극적인 의식과 태도가 지역사회의 발전을 그 만큼 앞당길 수 있을 것이다.

2) 능력적 자질

지방자치단체장들은 분명 보통의 일반시민들 보다는 남다른 자질과 월등한 능력을 가지고 있어야 한다. 지방분권과 지방자치와 지방정부경영에 관한 이념과 철학(philosophy), 목표(goal)등이 민주적이고 분명해야 하며, 업무추진력이 강하고, 사람과 자원에 대한 애정이 커야 한다. 그리고 문제를 인지하거나 여론의 동향을 읽는 민감성, 상황을 분석하고 판단하는 판단력, 목표달성이나 정책추진에 필요한 대화와 설득능력, 협상과 타협능력, 자원의 동원과 배분능력 등이 요구된다. 지금 우리나라의 지방자치단체장에게는 이처럼 만능의 능력을 요구하고 있다. 따라서 단체장 자신이 이러한 모든 능력을 가지거나 아니면 이러한 능력을 가진 사람들의 능력을 활용할 수 있는 능력을 가져야 한다.

(1) 문제인지능력과 상황판단능력

지방자치단체장은 지역주민들이 해결해 주기를 바라는 문제는 물론 미쳐 그들이 인식하지 못한 문제와 장래에 예측되는 문제들까지 정확히 인지·파악할 수 있어야 한다. 그리고 이들 문제의 원인과 결과 및 해결방안에 대해서도 주민들에게 설명하고 중지를 모아 합리적 해결을 도모할 수 있는 능력을 구비하고 있어야 한다. 그러나 공공문제의 정확한 인지를 위해서는 반드시 그것에 대한 풍부한 기초지식이 있어야 한다. 공공문제는 그것을 어떻게 인지하고 규정하느냐에 따라 그 문제의 해결방안도 현저하게 달라질 수 있다. 즉 자치단체장들의 성분이나 가치관 그리고 그들이 지닌 지식, 정보, 기술 등에 따라 지역사회의 공공문제를 인지하고 규정하는 방향이 달라질 수도 있다는 것이다. 그러므로 자치단체장들은 지역사회의 공공문제에 대해 편견을 갖지 않도록 해야 하며 공정하고 정확한 인지능력을 구비해야 한다. 그렇게 함으로서 문제인지의 잘못으로 인한 재원의 낭비를 방지할 수 있기 때문이다. 예컨대, 러시아워의 교통체증현상이나 청소년비행현상의 정확한 원인을 무엇으로 인지·규정하느냐에 따라 그 대책도 달라진다. 때문에 문제인지가 잘못되면 문제의 정의가 잘못되게 되고, 그렇게 되면 문제에 대한 해결방안까지 잘못되는 것이다. 지도자들은 이러한 문제인지능력을 기초로 어떠한 상황이나 일에 대한 정확한 분석력과 판단력을 구비하고 있어야 한다.

(2) 여론의 수렴과 분석력

자치단체장들은 지역주민들의 정치적 대표로서 한편으로는 지역사회의 여론을 파악하고 정리할 뿐 아니라 다른 한편으로는 주민들의 요구와 주장을 수렴하여 이를 지역정책과 사업에 반영시켜나가야 한다. 이처럼 자치단체장은 지방정부의 공무원들과 지역주민들 속에서 그들의 의사를 파악하고 수렴하기도 하고, 반대로 지방정부의 공식적인 의사를 이들에게 전달하거나 설득하기도 해야 한다. 따라서 자치단체장들은 여론을 읽는 능력과 그것들의 주요내용을 수렴하여 해결방안을 찾는 능력을 가지고 있어야 한다. 물론 정확한 여론을 파악하거나 그 내용을 분석하는 능력도 중요하지만 지역사회에서 야기되는 각종의 오도된 여론이나 조작된 여론을 가려낼 줄 아는 능력도 동시에 가지고 있어야 한다. 우리사회에는 언론이나 특수계층에 의해 조작되는 여론도 있을 수 있고, 악의에 찬 소수에 의해 오도되는 여론도 있을 수 있기 때문이다.

(3) 대화·토론·설득력

자치단체장들은 공식적인 활동과정에서는 물론 비공식적 활동과정에서도 지역내 유지들이나 공무원들 그리고 지역주민들과도 수시로 대화하고 토론해야 하며 경우에 따라서는 적절한 설명을 하고 설득해야 할 때도 많다. 따라서 자치단체장들은 대화와 토론에도 뛰어난 자질을 가지고 있어야 하고 민주적 설득력도 구비하고 있어야 한다. 여기서 「대화」란 어떠한 일에 직·간접적으로 관련된 사람들이 모여서 자기들의 공통관심사를 상호 허심탄회하게 이야기하는 것을 말하며, 「토론」이란 자기의 주장에 대한 논리적 사실적 규명을 통해서 논의의 상이점을 좁혀가는 과정을 뜻한다. 그리고 「민주적 설득력」이란 논의의 대상에 관한 새로운 지식과 정보제공 및 가치제시를 통해 상대방의 자발적인 태도변화를 유도하는 것을 의미한다. 민주정치란 정책결정의 민주화를 의미하며 정책결정의 민주화는 정책결정과정에 다양한 주민들의 참여와 그들 상호간에 활발한 대화와 토론이 이루어질 수 있어야 한다. 민주주의 사회의 정책결정은 특정인의 고집보다 다수의 토론을 통한 결론을 더욱 값지게 여기며, 그렇기 때문에 지도자들에게는 특히 대화와 토론능력 및 설득력을 겸비할 것이 요구되는 것이다.

(4) 일에 대한 열정과 추진력

모든 지도자들에 공통적으로 요구되고 있는 자질이 일에 대한 열정과 업무추진력이라고 할 수 있다. 특히 우리나라는 오랜 세월동안 수장중심형 정치·행정문화를 가지고 있고, 현실적으로도 지방자치단체의 대부분의 권한을 가지고 있는 기관이 바로 지방자치단체장이다. 따라서 우리나라의 지방자치단체장들에게는 무엇보다도 일에 대한 열정과 강력한 업무추진력이 요구된다. 아직도 지방자치단체에 대해서는 중앙정부로부터의 다양한 규제와 통제가 시행되고 있다. 자치단체장의 열정이 없으면, 새로운 사업이나 정책추진은 처음부터 어려운 것이 우리나라의 현실이다. 수많은 장애물들을 극복하고 자신이 추구하고자 하는 목표를 달성시킬 수 있는 왕성한 열정이 없을 경우 조그만 어려움에도 쉽게 좌절해 버릴 수 있다. 따라서 지방자치단체장들에게는 굳건한 의지와 왕성한 열정 그리고 일에 대한 강력한 추진력이 요구된다.

(5) 자원의 동원과 배분능력

지방자치단체장은 한편으로는 지방정부의 장이며, 다른 한편으로는 지역사회의 정치적 지도자이기도 하다. 이들은 자기지역의 발전과 지역주민들의 복지증진을 도모해야할 당위적 사명을 지고 있다. 지방자치제도가 발전됨에 따라 지역사회의 지방재정은 점차 부족해지고 적절한 유능인재의 부족현상도 심각한 실정이다. 곳에 따라서는 지역의 산업발전에 요구되는 최신정보나 기술의 부족현상도 나타날 수 있다. 특히 중앙정부의 정치적 지지정도에 따라서는 대규모 국가적 사업이 자기지역으로 유입될 수도 있고 반대로 국가사업의 이방지대로 소외될 수도 있다. 이처럼 지방자치가 실시되면 각 지방의 발전은 지역주민들의 능력과 지역사회 지도자들의 역할에 달렸다고 해도 과언이 아니다. 그러므로 자치단체장은 지방자치단체와 지역발전에 요구되는 인적·물적 자원을 동원하고 배분할 수 있어야 할 뿐 아니라 지식, 정보, 기술, 신용, 시간, 정치적 지지를 확보할 수 있는 자질과 능력을 구비하고 있어야 한다. 그리고 자치단체장은 중앙정부 혹은 상급자치단체의 정책결정자들과 쉽게 접근할 수 있는 채널(channel)도 가지고 있어야 하고, 정계와 재계는 물론 학계와 산업계 등에도 지원을 받을 수 있는 능력있는 사람이어야 한다. 또한 필요한 경우 국제사회의 다양한 기구들로부터나 외국의 중앙정부나 지방자치단체들로부터의 자원동원도 가능할 수 있는 국제적 능력도 가지고 있어야 한다.

(6) 협상과 타협능력(갈등관리능력)

민주주의는 경쟁자유와 다수결의 원리를 신봉하지만 건전한 패배자와 참신한 소수의 의견 및 이익을 존중하는 협상과 타협의 정신 또한 높이 평가하고 있다. 자치단체장들은 이러한 협상과 타협의 정신을 존중하고 또 그러한 정신을 현실문제에 적용할 수 있는 자질과 능력을 지녀야 한다. 중앙정부와의 관계에서나 지방정부 내부에서는 물론 지역사회 내에서 야기되는 다양한 갈등이나 분쟁 및 이들 문제해결과 관련 서로 다른 견해와 이해관계를 갖는 개인이나 집단의 주장들을 수용할 수 있어야 한다. 그리고 협상과 타협이라는 민주적 장치를 거쳐 합리적으로 조정·조화시킬 수 있는 역량을 가져야 한다. 특히 지방의회와의 관계에서 이 협상과 타협의 정신 내지 능력이 중요하다. 의회민주정치에서는 소수의 독선보다 더 경계해야 할 것이 다수의 횡포이기 때문에 무지한 다수의 횡포도 경계할 수 있어야 한다. 원래 정치란 「모든 것을 다 갖거나」 아니면 「모든 것을 잃어야 하는」 「제로섬(zero-sum) 게임」이 아니며, 줄 것은 주고 받을 것은 받아내는 협상과 타협의 활동이다. 따라서 자치단체장이 지녀야할 가장 기본적인 자질이 바로 협상과 타협의 정신이며 그러한 능력이라고 하겠다. 권위주의적 정치문화에 빠진 사람들에게 협상과 타협은 약자의 비굴함으로 비칠지 모르나, 진정한 강자는 자기이익의 추구에 앞서 공익을 생각하고 약자에게 양보하며 타협하는 아량을 베푼다.

(7) 국제적 감각과 글로벌 역량

앞으로 지방자치단체장들에게는 무엇보다도 국제사회의 변화를 읽고, 그것에 대응하는 지역사회의 변화를 유도할 수 있는 능력이 요구된다. 뿐만 아니라 지역사회의 특성을 세계속으로 전파할 수 있는 글로벌 역량이 요구된다. 지방자치단체의 해외진출은 꽉 짜여진 국내의 제도권 틀을 벗어나 자유롭게 자신의 역량을 펼칠 수 있는 기회를 가질 수 있다. 지금 외국에는 우리나라의 자치단체들이 효율적으로 활용할 수 있는 광범한 토지와 방대한 자원 등이 도처에 산재해 있다. 물론 우리나라의 지방자치단체에도 외국인들이 활용할 수 있는 다양한 자원들이 산재해 있다. 그러므로 우리나라는 지방정부 내에 국제적 감각을 가진 공무원들을 집중 양성하여 지방의 국제화와 세계화를 적극적으로 추진해 나갈 필요가 있다. 바로 이러한 일을 잘 해내기 위해서는 자치단체장에게 이러한 마인드와 능력이 있어야 한다.

Ⅴ. 결어

한 국가의 발전이 그 나라의 최고지도자와 그를 뒷받침해 주는 공무원들의 능력과 노력여하에 달려있는 것처럼, 하나의 지역사회도 자치단체장과 공무원들의 열정적이고 창조적인 리더십에 의해 얼마든지 발전시킬 수 있다. 5천년 빈곤의 굴레에서 허덕이던 우리나라와 국민들을 박정희라는 지도자와 중앙정부 공무원들의 정성과 노력으로 한강의 기적을 이루고 오늘의 대한민국을 만들 수 있었다. 이처럼 지금 우리의 지방과 지역사회도 자치단체장과 지방공무원들이 노력하고 정성만 다한다면 반드시 발전할 수 있을 것이다.

그러나 이러한 확신과 자신감만으로는 우리가 원하는 결과를 가질 수 없다. 세계를 향해 고개를 들어 미래를 내다 볼 수 있는 능력도 있어야 하고, 향토의 뿌리를 알고 고유한 특성과 문화를 창조해 낼 수 있는 아이디어도 있어야 한다. 창의적인 리더십과 지칠줄 모르는 열정, 좌절하지 않는 강인함 등도 필요하다. 그리하여 무에서 유를 창조할 수 있는 뉴아이디어와 새로운 정책결정 그리고 역경을 극복하고 결실을 획득할 수 있는 인내와 집념이 있어야 한다. 앞으로 우리나라의 지방자치단체장들은 바로 이러한 능력과 열정의 소유자이기를 기대한다.

그러나 현실적으로 우리는 이러한 지도자를 지방자치단체장으로 선출하기가 쉽지 않고, 심지어 우리가 기대하는 지도자가 없을지도 모른다. 그렇기 때문에 우리는 이러한 지도자가 되기 위해 노력하는 사람들을 선출하여 그러한 지도자가 되도록 만들어 나가는 지혜도 필요하다. 필요가 발명의 어머니이듯이 지도자는 만들어지는 것이지 태어나는 것은 아니기 때문이다.

요컨대 우리나라의 지역사회가 바람직한 방향으로 발전할 수 있도록 이끌어 갈 수 있는 다수의 지도자가 필요하지만 현실에서는 이들을 찾기가 쉽지 않다. 따라서 정부는 이러한 지도자를 양성할 수 있는 특별교육프로그램을 상시 가동할 필요가 있다. 사실 앞으로 우리나라는 지방자치분야 뿐만 아니라 모든 분야에서 한국을 이끌고 세계를 리더할 미래의 지도자를 양성해야 한다. 사람이 모든 것을 가능케 할 수도 있고 불가능하게 할 수도 있다. 만사는 사람이 변수다. 특히 지도자는 더욱 그러하다. 때문에 지금은 지방자치단체장으로서 자질과 역량을 갖춘 미래의 가능성 있는 지도자를 양성하는 일에 우리 모두가 관심을 가져야 할 때이다.

제7장 로컬거버넌스의 구축과 활용강화

Ⅰ. 새로운 패러다임으로서 로컬거버넌스

1. 지방자치단체장들의 관심과 활용역량 제고

현대사회에서는 개인의 인적역량을 제고시키는 여러 가지 방법 중에서도 인적네트워크를 구축하고, 네트워크(network)에 연결된 다른 사람의 능력이나 기술 등 자원을 활용함으로써 자신의 역량을 제고시키는 방법이 강조되고 있다. 즉 파트너십과 네트워크를 통해 개인의 역량을 제고시키는 방법처럼 지방정부도 공공기관 및 민간단체들과의 네트워크를 구축함으로써 공공문제의 해결에 이들의 능력을 활용하는 방법을 생각할 수 있다. 이것이 바로 로컬거버넌스(local governance)이며 이것을 통해 지방정부의 자치역량은 무한정 증대될 수 있다. 따라서 지방자치단체장들과 지방정부의 공직자들은 이러한 신뢰와 협력에 기반을 둔 파트너들 간의 공동생산을 통해 지역의 공공문제에 대한 해결능력을 키울 수 있는 로컬거버넌스를 구축하고 활용하는 능력을 제고시킬 필요가 있다.

사실 이미 많은 지방정부들은 로컬거버넌스라는 개념이 도입되기 이전부터 민관공동생산방식이라는 형식으로 지방행정수요를 충족시켜왔다. 때문에 어떤 공공문제를 함께 해결하기 위해 파트너들을 정하고 이들을 네트워크로 연결시켜 이를 기반으로 문제를 해결해 나가는 로컬거버넌스는 전적으로 새로운 개념은 아니다. 그러나 로컬거버넌스는 과거의 지방정부들이 활용해 왔던 민관공동생산방식보다는 그 목적이나 형태는 물론 활용방식 등이 다양화 내지 다원화됨으로써 적용범위나 활용도가 매우 높아진 새로운 개념으로 인식할 필요가 있다.

이처럼 로컬거버넌스는 그것을 통해 지방정부의 자치역량을 높이는 중요한 수단으로 활용할 수 있기 때문에 지방자치단체장들은 특히 여기에 관심을 가지고 적극적으로 활용할 필요가 있다. 그리하여 평소 로컬거버넌스체제를 활용한 문제해결과 그것을 통한 자치역량의 제고를 위해 지방의회와 집행부 간부들은 지역사회 각급 시민사회단체의 관심과 참여 그리고 협력을 유도해 나가도록 노력해 한다.

2. 현대사회와 거버넌스의 원리

쿠이만은 우리가 살아가야 할 21세기 사회의 특징을 역동성(dynamics), 복잡성(complexity), 다양성(diversity)이라고 지적한바 있다(Kooiman, 1994). 문제는 이처럼 역동적이고, 복잡하며, 다양한 정치사회를 어떻게 민주적이고 효과적으로 관리할 수 있느냐 하는 것이다. 특히 지난 한 세기 동안 모든 분야에서 공공영역에 비해 훨씬 발전되고 확대된 민간영역의 힘을 더 이상 무시하거나 외면할 수 없는 상황에서 정부의 국가통치양식이 어떻게 바뀌어야 할 것인가 하는 것이다. 21세기는 국가경영의 과거 패러다임인 통치(government)보다 새로운 패러다임인 거버넌스(governance: 협치)로 대체 되어가고 있다. 즉 정부중심의 통치가 정부와 시장 및 시민단체 등에 의한 협력통치(거버넌스)로 대치되고 있다는 것이다. 중앙정부나 지방정부를 막론하고 이제는 정부단독의 정책과 결정만으로 국민과 지역주민들을 통치해 오던 시대는 지났다. 중앙정부는 국가를 효율적으로 관리하고 발전시키기 위해서, 그리고 지방정부는 지방자치단체를 효율적으로 관리하고 지역사회를 발전시키기 위해서, 정부라는 공공영역 이외에 시장과 시민의 협력을 받아야 하게 된 것이다. 이처럼 21세기에는 중앙정부나 지방정부를 막론하고 국가와 지방자치단체를 경영하고 관리해 나가는 새로운 통치패러다임으로 거버넌스라는 것을 강조하게 된 것이다. 특히 지방분권과 지방자치시대의 새로운 지역통치방식으로 로컬거버넌스의 중요성은 이미 오래전부터 강조되어 왔으며 우리나라에서도 이를 실천에 옮기는 지방정부들이 적지 않다.

요컨대 로컬거버넌스란 i) 지방정부가 시장(market)과 시민단체(NGO, NPO) 혹은 전문가집단 등과 ii) 네트워크를 구축함으로써 파트너십(partnership)을 형성하여 iii) 지역의 공공문제를 해결하거나 공공서비스를 생산·제공해 나가는 것을 말한다.

오늘날에는 급변하는 사회환경을 극복하기 위해 개인이나 조직을 막론하고 시시각각 예측할 수 없는 많은 난제들을 해결해 나가야 한다. 그러나 이러한 문제들을 해결하는 데에는 자신들이 갖고 있는 능력만으로는 한계에 부딪히게 되어 다른 사람이나 조직의 지원과 협력을 얻어야 할 때가 많다. 특히 협소한 지방자치권과 한정된 인적·재정적 자원으로는 폭증하는 지역사회의 행정수요를 원만하게 처리할 수 없다. 때문에 지방정부는 이러한 로컬거버넌스를 구축하고 활용할 필요성이 더욱 커진다. 지방자치단체장이나 지방의회의원 그리고 지방정부의 공무원들은 자신들이 중심이 되든 혹은 민간의 특정 주체가 중심이 되든 지역발전이나 행정수요에 대응하기 위해 다양한 주체들과 파트너십을 맺고 이들을 튼튼한 네트워크 속으로 끌어들임으로써 효율성 높은 거버넌스를 구축할 수 있어야 한다. 현대사회는 자신을 위해 다른 사람의 능력을 빌리거나 활용하는 것도 훌륭한 능력으로 간주된다. 기업회계에서 부채를 자산이라고 간주하는 이유가 바로 여기에 있다. 따라서 로컬거버넌스의 구축과 활용은 지방정부가 자신의 역량을 제고시킬 수 있는 매우 훌륭한 대안이 되는 것이다. 통화위기에 대응하여 국가 간에 통화스와프 계약을 체결해 놓고 있는 것도 어떤 측면에서는 거버넌스시스템을 활용하는 것이라고 볼 수 있다.

그렇다면 구체적으로 거버넌스와 로컬거버넌스란 무엇을 의미하는가? 그리고 왜 과거의 통치라는 패러다임이 오늘에는 협치(協治)라는 패러다임으로 변화하게 되었는가? 하는 것이다. 특히 여기서 검토하고 강화시키려고 하는 로컬거버넌스는 어떻게 구축하고 활용해야 할 것인지 다음은 그 각각에 대해 간략히 검토하기로 한다.

Ⅱ. 로컬거버넌스의 개념과 형성배경

1. 거버넌스(Governance)의 개념과 대두배경

1) 개념

거버넌스란 원래 '공동체를 다스리고 운영하는 방식'을 뜻하는 용어지만, 학문적 패러다임으로서의 거버넌스, 특히 공공부분을 취급하는 학문의 입장에서는 "단일주체(정부) 중심의 수직적 관리방식"이 아니라 "다양한 주체들의 수평적 협력체제(partnership)를 기반으로 하는 복수주체 중심의 관리방식"을 의미한다. 그리하여 거버넌스란 "사회적 연결망

(network)을 기초로 거기에 속한 다양한 주체(partner)들이 협력하여 공공문제를 해결하는 새로운 통치(문제해결)방식"이라고 할 수 있다. 그렇기 때문에 거버넌스는 능률보다는 신뢰, 통제보다는 조정, 규제보다는 협력, 집권 보다는 분권을 강조한다(김현구, 2006: 5). 즉 정부가 독자적으로 통치하던 거버먼트((government)시대와는 달리 다양한 파트너들이 협력하여 통치하게 됨에 따라 파트너들 간에 분권과 협력 그리고 신뢰가 바탕으로 구축되어야 하는 것이다.

기존 계층제 중심의 공무원조직이 공식적 권위에 의해 국민 또는 주민을 통치하는 것이라면, 거버넌스는 권위 보다는 공유된 목적에 의해 정부와 함께 각종의 기관과 단체, 시민 등 다양한 사회구성원들이 참여하여 더불어 다스려 나가는 것이라 할 수 있다(김석준 외, 2002: 246-247). 따라서 거버넌스는 참여와 협력의 가치를 중시하며 행정의 생산성(효율성)과 민주성을 동시에 구현하려는 정부경영의 새로운 패러다임이라 할 수 있다(은재호·오수길, 2009: 17). 즉 정부에 의한 그 간의 통치가 수직적 통제, 정부의 절대적 권위, 엄정한 법집행, 평등을 통한 동질성 등을 강조하였다면, 새로운 패러다임으로서의 거버넌스(협치)는 수평적 조정(네트워크), 시민사회와 시장의 갈등과 협력 그리고 파트너십과 참여 등을 강조하는 것으로 바뀌게 된 것이다.

이러한 거버넌스는 세계적(global), 지역적(regional), 국가적(national), 지방적(local), 도시적(urban), 기업적(corporate) 등 다양한 수준 내지 차원에서 검토되고 있고, 실제 구축 활용되고 있다. 거버넌스는 학문분야에 따라 분석의 시각과 차원을 달리하지만 분명한 것은 국가를 기본단위로 그 개념이 정립·확산되었다는 것이다(김현구, 2006: 6). 그래서 국가와 정부의 역할기능을 연구대상으로 하는 정치행정학에서는 그 개념을 협력적 통치, 즉 협치라고 일컫는 경우가 많다.

2) 대두배경

거버넌스라는 말은 기존의 정부와 구별하여 시민사회를 포함하는 현대적 의미로 사용된 것에서 그 등장배경을 찾고 있다. 'Governance'라는 용어의 개념은 여러 학자들에 의해 여러 가지 의미로 사용되고 있어 모두가 공감하는 명확한 개념으로 자리 잡지는 못한 실정이며, 용어에 대한 적절한 국어번역도 통일되지 못하고 국정관리, 국가경영, 협치 또는 '함께 다스림'이나 '더불어 다스림' 등으로 번역되고 있거나(최창현·사득환, 2004: 2-3), 우리말 발음대로 '거버넌스'로 사용되는 경우도 많다. 거버넌스는 1980년 대 이후 정부실패와 국가

재정위기에 따른 시장주의 이데올로기 등장, 세계화, 정보화, 지방화 및 그에 따른 분권화의 심화, 사회적 변화와 복잡성의 증가 등을 계기로 활발하게 논의되기 시작하였다(김정렬, 2001: 507-512; 최성욱, 2004: 241-242). 따라서 거버넌스는 정부실패와 국가재정위기 등 기존 계층관료제중심의 정부의 한계를 극복하고, 세계화, 정보화, 지방화 및 시장주의 이데올로기의 등장이라는 시대적 흐름에 대응하기 위해 대두된 새로운 문제해결 패러다임이다. 즉 시민사회를 중심으로 다양한 행위주체들이 공공영역에 참여하여, 정부와 대등한 위치에서 상호 작용과 협력함으로써 변화하는 환경의 불확실성에 대응하는 한편, 보다 효율적인 방식으로 국정을 운영하기 위한 정부경영의 새로운 패러다임으로 제시된 것이다(이종원, 2002: 70-71).

21세기 새로운 환경변화에 적응하기 위한 공공분야에서의 거버넌스 개념의 등장은 전통적인 국가중심의 정치와 행정 그리고 정책결정체제의 근본적인 변화를 의미하고 있다. 공공정책의 결정영역은 전통적으로 정부의 독점적 영역으로 간주되었으나, 이제는 기업과 시민단체 그리고 대학과 전문가집단 등이 함께 참여하는 공동결정의 영역이 되고 있다. 이미 우리나라에서도 세계화라는 글로벌 사회의 변화바람과 국내적으로도 다양한 국민적 요구와 주장들이 분출하여 기존의 관료조직 만으로는 정책결정의 역량이 한계에 부딪히게 되었다. 이러한 내외적 도전에 대응하여 거버넌스라는 새로운 패러다임이 등장하고 각광을 받게 된 것이다.

2. 로컬거버넌스의 개념과 배경

1) 개념

공공부문에서 거버넌스 개념의 적용은 지역사회의 공공부분에도 영향을 미치고 있다. 즉 지방정부와 관련된 환경변화에 대응하여 로컬거버넌스가 지역사회의 경영관리에 있어서도 중심적 역할과 촉매작용을 하고 있다. 로컬거버넌스란 지방자치권력을 주요 수단으로 하는 정부, 이윤추구를 주요 목적으로 하는 기업, 그리고 사명을 중심축으로 하는 NGO간의 관계성에 중점을 두고, 지역사회 주요섹터간의 협력과 참여를 통하여 공공문제를 해결해 나가는 방식을 말한다. 이러한 로컬거버넌스의 특징은 지방정부를 중심으로 한 제도적이고 공식적인 관계보다는 공공기관, 기업, 시민집단간에 있어 각자의 전략적 목표와 이해관계를 비공식적인 네트워킹을 통해 반영·조정·통합해 나가는 데 있다. 따라서 지방정치나 행정을 지방정부 주도로 일방적으로 운영해 나가는 방식과는 상당한 차별성을 지닌다.

때문에 로컬거버넌스 논의에서는 다음과 같은 몇 가지 사항을 유의할 필요가 있다. 첫째 로컬거버넌스에서 말하는 '지역'은 공식적 행정구역과는 꼭 일치하지 않을 수 있다는 것이다. 오히려 제도적 구획이나 행정적 크기에 관계없이 발생하는 사회경제적 커뮤니케이션 정도, 자족적으로 영위되는 관계적 공간을 뜻한다고 보는 것이 안전하다. 둘째 로컬거버넌스라는 용어에 휩쓸려 모든 현장을 지역적으로만 조망해서는 안 된다는 것이다. 행위주체들의 관심과 영향력의 범위는 지역적 범위를 언제든 초월할 수 있으므로 행위 주체들의 상호 연결망과 협력 등이 지역적으로 좀 더 두드러진다는 데 초점을 맞추어야 할 것이다. 셋째 로컬거버넌스가 정착된다고 해서 그것이 지역의 전통적 대의민주주의 자체를 부정하고 지방의회 대신 시민사회 부분이 이를 대체한다는 뜻이 아니라는 것이다. 정책과정에서 정책의 제설정이나 정책평가과정에 전문가와 NGO등의 역할이 더 결정적으로 강조될 수 있겠고, 정책대안에 대한 분석 및 선택 그리고 일부 집행분야에까지 역할이 증대될 수 있겠으나, 최종 의사결정 및 공식집행은 여전히 전통적인 공공부분의 권위에 남겨져 있다는 것이다.

2) 대두배경

세계화와 지방화 그리고 이에 따른 급격한 행정환경의 변화로 주민생활과 지역발전에 관련된 복잡하고 어려운 문제들이 급증하게 됨으로써 기존의 관료제중심 지방정부운영방식으로는 많은 문제점에 봉착하게 되었다. 이러한 공무원 중심의 지방정부운영방식의 한계를 극복하고 21세기 환경변화에 대응하기 위한 새로운 한 가지 형태의 정부운영방식으로 로컬거버넌스가 제시되었다. 지방정부는 세계화, 정보화, 지방화라는 변화의 소용돌이와 무한경쟁의 현실 그리고 취약한 자본과 정보력, 부족한 기업과 낮은 경쟁력 등 많은 어려움 속에서도(곽영승, 2001: 298) 주민복지와 지역발전 등 날로 복잡해지고 다양해져 가는 지방행정수요와 지역적 과제를 해결해 나가야 한다. 이러한 지방정부의 행정수요와 지역적 과제를 해결하기 위해서는 지방정부의 독단적인 해결방식보다는 지역사회의 다양한 이해관계자들의 참여와 협력을 통한 문제해결방식이 보다 효율적·효과적으로 인식되기에 이르렀다. 그리고 이러한 스타일로 지방정부의 문제를 해결하는 하나의 방식으로 로컬거버넌스가 제시되었다. 로컬거버넌스는 지역사회의 다양한 행위주체들 간의 이해관계를 조정하고 민주적·협력적 관계를 구축함으로써 지역의 자원을 최대한 활용하고 지역사회의 다양한 문제를 함께 해결해나가는 것(Stoker, 1998: 10-11)이다. 그러므로 지역문제해결에 로컬거버넌스 시스템을 효율적으로 활용하기 위해서는 지방정부가 적극적으로 나서 지역사회 내의 여러 단체나 기관들의 참여와 협력을 독려하고 지원하며, 이들 간의 이해와 갈등을 조정하는 역할까지 수행할 수 있어야 한다(최영출 외, 2006: 41-44).

우리나라의 경우 지방적 수준에서 이러한 거버넌스의 필요성이 제기되기 시작한 것은 1980년대 이후의 지방화 현상이 확대되기 시작한 이후부터였으나, 그 본격적인 도입의 필요성을 인식하게 된 것은 1995년 지방자치단체장을 주민이 직접선거한 이후부터라고 할 수 있다. 지방자치단체장의 주민직선제 실시와 함께 외형상 완전한 지방자치제도가 실시됨으로써 지방정부의 기능이 점차 확대되기 시작했다. 이에 따라 지방적 차원의 정책형성과 집행과정에 민간의 전문성과 참여를 활용하는 사례가 나타나기 시작하였다. 근래의 지방자치 환경은 지방정부가 조례와 규칙 등 규정과 관례에 따라 단순히 행정서비스를 전달하던 기존의 수동적인 역할에서 벗어나 지역사회 내 다양한 주민들의 요구에 부응하여 이해관계를 조정하고 지역발전을 촉진하는 보다 적극적인 역할을 수행하도록 요구받고 있다. 그리하여 한정된 자원과 역량으로 이러한 과제와 도전에 대응해야 하는 지방정부들은 지역사회 내외를 통하여 다양한 제휴와 협력의 가능성을 적극적으로 모색하지 않을 수 없게 되었으며, 이러한 필요성에 따라 로컬거버넌스라는 새로운 문제해결 패러다임이 등장하게 된 것이다.

Ⅲ. 로컬거버넌스의 유형과 구축전략 및 장애요인

1. 로컬거버넌스의 유형

거버넌스의 유형은 그것을 통해 해결하려는 목표 혹은 공공문제의 성격에 따라서 달라질 수 있고, 참여하는 파트너들의 수나 특징에 따라서도 달라질 수 있다. 따라서 로컬거버넌스의 유형을 한정된 틀로 분류할 수는 없지만, 현실적으로는 지방정부와 시민사회단체 등 파트너들 간의 관계를 중심으로 여러 가지 유형으로 분류할 수 있다. 예컨대 지방정부와 시민단체 간의 관계를 중심으로 정책영역, 재정주체, 서비스공급 등의 3가지를 기준으로 분류하는 경우도 있고, 구성목적을 기준으로 분류하기도 한다. 여기서는 구성목적을 기준으로 한 분류와 정부와 파트너간의 관계를 기준으로 한 분류에 대해서만 간략하게 검토해 보기로 한다.

1) 거버넌스의 구성목적을 중심으로

(1) 자원동원 거버넌스

이것은 특정한 목적을 달성하기 위해 자본을 동원하는 거버넌스이다. 이러한 경우에 자본이 민간기업에 의해 공공분야로 유입되기도 하지만 선진외국자본이 발전도상국에 직접 투자되면서 나타나는 현상이기도 하다. 이러한 유형의 거버넌스는 민간영역으로부터 자본과 함께 기술적 전문성도 함께 들여와야 한다. 이러한 거버넌스를 구축하는 것은 지방정부와 시민사회 및 민간영역에 모두 유리하게 작용할 수 있다. 우선 민간부문의 입장에서는 일반인들에게 자신들의 개선된 이미지를 제공하는 기회가 되며, 그리고 지방정부로서는 현재뿐 아니라 잠재적 예산부족의 위기에 대응할 수 있다는 점 때문이다. 이 유형의 거버넌스는 다차원적 자본형성모형과 직접적 민간자본과의 소통모형이 있다.

(2) 옹호적 거버넌스

옹호적 거버넌스란 지방정부에서 지역별로 이슈가 되고 있는 사안을 일깨우기 위해 구성요소들 간에 파트너십의 구축을 지원하고 촉진시키는 데 주요목적을 가진다. 즉 지방정부와 민간의 기술을 결합시키는데 유용한 파트너십이다. 옹호적 거버넌스도 다양한 형태가 있는데 크게 두 가지로 나누어 볼 수 있다. 첫째는 인터넷 기반의 파트너십이다. 예를 들어 온라인 공동체를 통하여 사람들에게 지역의 가난이나 재난을 알리고 역시 온라인을 통하여 자발적 기부나 협력을 유도하는 것이다. 둘째는 지역기반의 커뮤니케이션을 유도하는 파트너십이다. 예컨대 질병예방을 위한 손 씻기를 권장하는 위생보건 파트너십을 상정할 수 있다. 이는 지방정부로부터 시작될 수 있고, NGO로부터 비롯될 수도 있다. 이렇게 되면 쉽게 민간기관도 참여할 수 있게 된다.

(3) 정책거버넌스

정책 거버넌스는 공식 또는 비공식적으로 지방정부와 민간영역이 지식을 공유하도록 하는 네트워크이다. 그렇게 함으로써 조직구성이나 지방정부와 기업 간의 협력에 대한 정책을 대화로서 결정지으려고 하는 것이다. 이러한 거버넌스의 기능은 첫째 규범과 기준의 발전에 있다. 즉 서로 경험을 주고받으면서 핵심적인 원리에서 발생된 기준들을 자발적으로 채택하게 한다. 둘째 복잡한 영역간 이슈를 알리는데 있다. 이것은 협상을 촉진시키거나 다양한 정보를 수집함으로써도 가능하다. 요컨대 파트너들간에 지식의 공유를 통해 공공문제를 보다 효율적으로 해결하자는데 그 목적이 있다.

(4) 운영거버넌스

이것은 민간영역으로부터 제공되는 재화와 서비스를 지방정부가 대신 전달하는 네트워크를 구성하는 것이다. 그럼으로써 지방정부가 직접 재화와 서비스를 생산하는 데에서 오는 정부실패를 예방하고, 시장경제를 보전하는 것이다. 달리 말해서 운영거버넌스는 기본적인 재화와 서비스를 공급함에 있어 시장의 불완전성, 정보의 비대칭성, 정치적 난관을 극복하기 위해 지방정부와 파트너십을 구성하는 것이다.

2) 지방정부의 태도와 공익 NGO 형성정도를 기준으로

로컬거버넌스의 유형을 지방정부와 시민단체들 간의 관계를 중심으로 정부주도형, 파트너형, 사업공모형 등으로 구분하기도 한다(임승빈, 2010: 503-507). 그러나 정책거버넌스에 참여하는 지방정부의 태도와 그 지역사회의 NGO 형성정도라는 두 가지 기준을 사용하여 통치형, 대립형, 참여형, 친화형 등의 4가지 유형으로 나누어 검토하고 있는 사람(김태성, 2005)도 있다.

(1) 통치형 거버넌스

통치형의 경우 거버넌스에 대한 지방정부태도가 부적절하고 동시에 지역에 제대로 된 공익형 NGO가 형성되지 못한 경우에 발생하는 거버넌스 유형을 의미한다. 과거 중앙집권적 정부통치하에서는 시민사회와 정책참여 네트워크를 형성하려는 시도가 없었고, 지역의 공익형 NGO형성도 사회불안세력으로 매도되어 정부중심의 일방적 통치만이 존재하였다. 이러한 상황에서 지방정부는 중앙정부의 지시와 명령을 충실히 이행하는 존재로 전락하였으며 소수 지방엘리트를 제외한 다수 시민들에게는 지배자로 군림하였다. 지방자치 실시 이후에도 공익형 NGO가 형성되지 못한 지역에서 그리고 그러한 사회단체의 참여를 부정적으로 보는 상당수의 지역에서 이러한 통치형 거버넌스가 타나날 수 있다.

(2) 대립형 거버넌스

대립형 거버넌스는 거버넌스구축에 대한 지방정부의 태도가 부정적이지만 공익형 NGO가 형성되어 일정한 참여욕구가 발생하고 있는 경우에 구축이 가능한 거버넌스라고 할 수 있다. 지방자치제의 실시와 함께 대도시 지역에서는 상당수의 공익형 NGO가 생겨나, 지방정부의 정책과정의 공개요구와 함께 감시, 참여, 비판 등을 주요한 활동과제로 기능하고 있다(전영평, 2001; 김태영, 1998). 그러나 지역정치인들과 공무원들은 공익형 NGO의 정책과정참여와 공개가 행정권한에 대한 간섭과 침해로 받아들이는 경향이 있어 양자 관계는 상호불신에 근거한 갈등적 관계로 형성되는 경향이 있다. 특히 이들 단체가 공익형 NGO라고 할 만큼 정통성을 갖거나 시민과 여론으로부터 인정을 받지도 못하면서도 자신들의 주장만을 강요함으로써 이러한 갈등이 더욱 증대되는 경향이 있다.

(3) 참여형 거버넌스

참여형거버넌스란 공익형 NGO가 상당히 잘 형성되어 있고 각 단체의 정책참여에 대한 지방정부의 태도가 긍정적인 경우에 형성되는 거버넌스라 할 수 있다. 그리고 시민사회가 성숙되고 지방정부도 민주적으로 운영되는 선진사회에서 발견되는 유형의 거버넌스이다. 이러한 거버넌스에서는 공익형 NGO와 지방정부 간의 불신이 해소되면서 공동생산(co-production) 관계가 형성된다. 그러나 다양한 종류의 공익형 NGO의 정책참여는 서로 상충되는 요구로 나타날 수 있으며 이로인해 지방정부로 하여금 많은 시간과 노력을 소모시키도록 할 수 있다.

(4) 친화형 거버넌스

이 유형은 정책거버넌스에 대한 지방정치인의 태도는 호의적이나 지역사회의 시민의식이 낮아 공익형 NGO의 형성이 제대로 되지 않은 경우에 나타나는 거버넌스를 의미한다. 이 거버넌스는 기초자치단체장이 재야, 노동, 시민운동가 출신일 경우 드물게 나타나는 경향이 있는데 이들은 자신들의 시민운동노선을 실천하려는 욕구와 더불어 소속집단의 압력 등에 의해 주민참여의 친화적 정책노선을 택하고 있다.

2. 로컬거버넌스의 구축·활용의 필요성

근래에 들어와 넓게는 국정운영 전 분야에서 부터 좁게는 지역발전에 이르기까지 거버넌스에 대한 관심과 필요성이 크게 증대되고 있다. 거버넌스란 "공공의사결정 및 정책추진과정에서 정부 뿐만이 아니라 다양한 이해관계자가 직접 참여하여 협력하는 집단적 통치 및 관리체제"를 의미하기 때문에 이를 지방차원에서 논의할 경우 로컬거버넌스가 성립된다. 이처럼 국내외를 막론하고 로컬거버넌스 체제가 요구되는 배경을 몇 가지로 요약하면 다음과 같다(김용웅, 2002: 2-3).

첫째는 정치적 민주화와 분권화가 진전되면서 정부 또는 지방정부에 의한 일방적 이해조정과 사회적 합의기반 조성이 점차 어려워지고 있다는 점, 둘째는 사회기능과 조직의 분절화(分節化)로 인해 지역사회 문제에 대한 종합적 대응이 어려워지게 되었다는 점, 셋째는 경제성장과 민간부문의 역할이 증대되면서 지역사회 문제의 해결주체로서 정부 또는 지방정부의 역할은 상대적으로 점차 약화되고 있다는 점이다.

지방정부가 지역사회의 행정수요에 대응하기 위해 다른 영역과 함께 협력해야 하거나 파트너십을 구축해야 할 필요성은 크게 세 가지 압력에 의해서 나타난다. 첫째는 공공서비스 공급시스템의 다원화 때문이고, 둘째는 지방정부의 유인과 규제라는 정책변화 때문이며, 셋째는 다른 지역과 비교하여 자기지역에 더 많은 성과 창출을 요구받기 때문이다. 그런데 이러한 세 가지 요인들의 원인을 살펴보면 서로 매우 이질적이다. 공급체계의 다원화는 외부적 환경변화에 따라 발생했고, 정부의 인센티브는 조직내부에서 정부의 정책변화에서 비롯되었으며, 지역의 성과지향주의는 지방정부가 추구하는 목적들이 지역마다 변화하였기 때문이다.

(1) 서비스공급 시스템의 다원화

사회적 서비스 즉 교육, 보건, 주택 등의 공급체계가 기존과 달리 변화하면서 지역주민들은 이제 서비스를 자신의 지방정부에만 의존하지 않아도 되게 되었다. 즉 자신이 속한 지방자치단체에서만 구입할 수 있던 서비스가 다른 지방자치단체 혹은 공익봉사단체 또는 민간기업에서도 구매할 수 있게 된 것이다. 이는 이른바 선택적 객관화가 실현되었다고 정의할 수 있다. 이처럼 공공서비스의 공급주체가 다양화 된 데에는 첫째 공급자와 소비자 사이에 새로운 계약관계가 형성되었거나, 둘째 지방정부와 구매조직들 사이에 전략적인 제휴가 일어난 경우, 셋째 공급자들 가운데서 컨소시엄 또는 협력적 관계형성(collaborative arrangement)을 통해 공급방식이 달라진 것 등을 그 요인으로 볼 수 있다.

(2) 정부정책의 변화

사회적 관계의 변화에 따라 지방정부의 공공서비스공급을 위해서는 지역사회 내의 다른 단체와 파트너십을 형성하지 않을 수 없게 되었다. 정부와 기타 사회영역 간의 파트너십이 정책화된 사례는 영국 토니블레어(Tony Blair) 정부의 "The Modernizing Government <정부현대화 백서>"에서 였다. 여기에서 정부가 기타 영역과 협력을 요한다는 소위 파트너십(partnership)이라는 것이 언급되었고, 「공공서비스의 공급」, 「재정적 분담」, 「정보기간망 구축」, 「행정통제」 등에 있어 정부이외 영역과의 파트너십을 강조하였다. 영국정부는 이 시기에 정부와 기타 영역간 파트너십을 구축하는 것에 대해 인센티브를 부여하였으나 중요한 사실은 그 인센티브가 중앙정부로부터 비롯되는 것이 아닌 그 사업성 자체에서 출발하였다는 것이다.

(3) 지역의 성과향상에 대한 인식변화

로컬거버넌스에서 있어서 구성영역간 경계를 허물어야 했던 가장 큰 이유는 지역공동체의 요구가 있었기 때문이었다. 지역의 요구란 그동안 자주 겪어 왔던 지방정부의 공공서비스 공급체계에 대한 문제점의 인식에서 출발되었다. 현행의 서비스 공급방식에 한계가 노출되었고 이에 대한 대안을 찾았던 것이다. 그리고 지방자치단체의 관리층에서 전략적 행정관리능력이 향상됨으로써 파트너십을 강화하고자 했던 것이다. 즉 관리능력이 향상될수록 지역주민의 요구를 더 잘 이해하게 되었고, 이들을 위한 사회적 성과의 향상을 위하여 로컬거버넌스의 구축과 활용이 필요했던 것이다.

3. 로컬거버넌스 구축전략

지방정부가 시민단체와 민간기업, 그리고 이익단체, 전문가집단, 시민대표 등을 포괄하는 파트너들 간의 이익을 추구하는 동반자관계를 형성하고 효과적인 집합행동을 촉진하기 위해서 활용할 수 있는 전략적 방안으로 영국의 도시정치에서 사용했던 5가지의 기법을 들 수 있다. 문제는 시민사회 성장의 밑거름이 되는 사회적 자본이 구축되어 있으면 거버넌스의 구축도 그만큼 쉬울 수 있다. 그러나 정부가 인위적이고 의도적으로 거버넌스를 구축해 나가려고 할 경우에는 구성요소들(파트너들) 간에 일정한 긴장과 모순을 동시에 내포하고 있기 때문에 거버넌스가 실패할 수도 있다고 하였다.

1) 문화적 설득

이것은 파트너들 간에 공동의 비전모색과 전략적 기획을 통하여 동반자적 관계를 촉진하는 것인데 종종 언론매체가 활용된다. 기존에 팽배한 규범들과의 갈등 즉 문화지체(cultural lag) 문제, 그리고 정당성 충돌(legitimacy clash) 등이 문제가 되기도 한다.

2) 의사전달

지역주민들의 만족도 제고 프로그램(City Pride Initiative)과 같이 파트너들로 하여금 학습을 촉진하고, 정보에의 접근을 장려하는 방법으로서 상대적으로 사회적 약자이거나 정상적 정치에서 나름의 이해를 반영시킬 수 없는 사람들에 대한 접근의 기회를 제공 할 수 있다. 그러나 정보공개에 제한이 있다거나 신뢰관계가 균열되기 쉬울 때 그 사용의 어려움이 있다.

3) 재정지원

거버넌스를 조정해 내기 위해서 파트너들에게 재정지원을 해주는 방법이 있을 수 있다. 그러나 지원된 재정을 분할하는 과정에서 파트너들에게 단기적 자기이익적 행동을 촉진시킴으로서 계속적 파트너들 간에 동반자적 관계의 토대를 무너뜨릴 위험이 있다. 즉 경쟁입찰에서의 여러 노력들의 중복, 탈락자에의 부정적 영향, 계량적 평가의 부정확성 등에서 동반자적 관계가 약화될 수 있다.

4) 모니터링

모니터링이란 파트너들의 성과를 검토하거나 우수사례개발(best practices)을 진작시키거나, 정부의 직접적 개입을 위협하는 방식으로 파트너들의 성과를 체크하는 것을 말한다. 그러나 지나치게 계획 및 성과측정을 강조하게 되면 과도한 경직화나 조직갈등이 야기될 수 있다.

5) 구조개혁

구조개혁이란 NGO를 설립하거나, 지역별로 정부의 도시개발 및 주택관련 기구를 설치하는 것을 말한다. 새로운 기관을 많이 설립한다는 것은, 그 기관에 누가 누구를 임명하느냐, 그 기관을 어떻게 책임 있게 만드느냐, 어떻게 여러 기관들을 거버넌스의 틀 속에 묶어둘 수 있게 하느냐 등의 문제가 발생할 수 있기 때문에 상당한 주의를 요한다. 이럴 경우 파편화된 여러 기관들을 관리하는 새로운 상위기관을 설립하는 것이 새로운 협력과 조정의 딜레마를 야기할 수 있기 때문이다.

4. 로컬거버넌스 구축과 운영과정의 장애요인

1) 네트워크 형성까지의 장기적 시간소요

로컬거버넌스 파트너들 간에 공유된 목표를 확립하고 결과까지 측정하는 데는 오랜 시간이 소요된다. 상대방들의 조직구조를 이해하고, 자료를 공유하며, 문제를 인지하고, 수행계획을 세우는 기간만 해도 오랜시간이 소요된다. 따라서 파트너십이 초기에 발생한 문제를 해결하는 동안 다른 문제들이 급격히 악화될 수 있다. 어떤 경우에는 파트너십이 제대로 형성되기도 전에 기금이 바닥나는 경우도 있다. 경우에 따라서는 파트너십의 구축이 엄청난 시간을 소비하고 에너지와 자원을 소비하지만 그 결과는 상대적으로 매우 한정적일 수도 있다. 파트너십은 가치의 소비자이며, 가치의 생산자가 아닐지도 모른다. 파트너십과 네트웍이 전략, 기획, 서류보고, 조사, 자료저장 등에 매우 유용할지는 몰라도 지방공공서비스를 전달하는 데는 어려움이 있다. 자원을 모으고 프로그램을 결합하는 파트너십의 예는 그렇게 많지 않다. 왜냐하면 그 과정이 지루하기 때문이다. 지방의 모든 수준에서 행위자들이 너무 많은 파트너십을 형성해야 하며, 이에 따라 피로감을 느끼는 것이다. 파트너십은 의도하지 않게 많은 파트너들을 가질 수도 있으며, 의사가 쉽게 표류되어서 목적에 대한 명확성을 상실하기도 쉽다.

2) 가치와 역할차이 등 구조적 문제의 발생

거버넌스 형성과정에서 볼 때, 계층 간의 역할, 지역과 국가수준에 있어서의 기관의 차이, 지방정부 내에서의 전담부서의 차이 등 구조적 차원에서 어려움이 발생된다. 또한 파트너들은 공유된 이해관계를 충분히 극복할만한 인내력을 결여하고 있는 경우가 많다. 왜냐하면 각각 자신들의 전문적인 이해관계를 자제할만한 유인이 부족하기 때문이다. 거버넌스 형성은 정부가 추가적인 기금을 지출할 경우에 보다 더 협상에 성공할 확률이 높다. 그렇다고 해서 자신들의 주된 서비스 공급에 관심을 변화시키지는 않으므로 자원 재배분의 효과는 적다.

3) 이슈의 중복제기 내지 부각 제한

중복되는 이슈는 지방정부 내에서 강한 이해관계를 추구하는 부서나 전통적으로 자신들이 전문적 지식이 있다고 생각하는 전문가들에 의해 제기된다. 반면 어떤 이슈들은 기관들 사이에서 또는 조직 내에서 여러 행위자에 의해 대외적으로 부각될 수 없는 상황에 놓이기도 한다. 중간관리자들은 제기되는 이슈가 자신의 이해관계와 배치될 경우, 집행을 지연시키거나 자신들에게 불리할 경우는 저항하기도 한다. 자신들에게 위험을 초래하는 변화를 경험한 바 있는 하위직 공무원들의 경우 조직활동의 큰 방향과 합치되지 않는 이슈에 대해서는 이를 적극적으로 추진하고자 하는 노력을 기울이지 않기 때문이다.

4) 상급기관에 의한 수직적 감사

파트너십을 형성해 나가는 과정에 대한 과도한 관심은 중앙정부에서 광역자치단체로 광역에서 기초자치단체로의 연속적인 감사의 연결고리를 낳기도 한다. 지방정부가 자체 기금이 있고, 민간과의 계약과 입찰에 대한 구체적인 과정을 고안하였으며, 평가·전달체계가 있음에도 불구하고 기준의 설정이나 중앙정부보조금 등을 이유로 로컬거버넌스에 자세한 부분까지 관여하기 때문이다.

5) 체제순응비용

지방정부들은 로컬거버넌스 파트너들간에 협상과 커뮤니케이션을 원할히 하기 위해 전담기구를 구성하여 운영하고 관련 지식을 축적해 오고 있다. 그러나 이러한 것들로 인해 기회비용이 늘어난다는 것이 문제이다. 즉 지방정부가 파트너십을 형성하고 작동해 나가는 과정을 모니터링하고 관련 내용을 보고하는 과정에서 발생하는 비용들이 지방정부의 사업기금을 축낸다는 것이다. 그 외에도 지방정부와 민간기업 그리고 시민단체들과의 이해관계가 복잡해질수록 거래비용이 증가하는 데 이 때문에 로컬거버넌스의 형성범위가 확대될 수도 없고 사업기간도 짧아지게 된다.

6) 도구적 차원으로서 파트너십

지방정부가 타 영역과 파트너십을 형성하기 위하여 협상과 제휴를 하는 이유 중에는 지방정부가 필요한 자금을 공급받기 위해서나 중앙정부로부터 추가적인 보조금을 지급받기 위한 목적도 있다. 공직자들은 서비스공급을 확대하기 위해 새로운 자금원을 찾아내려고 하며, 기획을 하거나 협상을 지속할 것이다. 그러나 이들은 민간이나 제3섹터와의 관계를 강화하거나 네트워크기능을 향상시키기 위한 특별한 조치를 취할 필요까지는 느끼지 못할 것이다. 그래서 지방정부와 기타 영역의 사업당사자 사이의 관계는 부분적으로 형성될 뿐 지방정부내의 전 단계에서 지속적으로 관계를 형성하지는 못한다. 지방정부와 타 영역의 구성원들 간에는 영역 고유의 역사적인 배경, 조직목적과 문화차이 등 때문에 파트너들과 신뢰관계를 구축하는 것이 그리 간단하지는 않다. 지방정부 공무원이 민간기업 또는 시민단체 학교·병원 등을 대상으로 파트너십을 형성하기 위해 회의를 하려고 할 때, 그 공무원들은 실질적으로 지방정부를 대표하지 못하는 경우가 대부분이다. 그래서 지방정부의 약속과 제의를 확실하게 할 수 없는 경우가 많다. 이러한 문제들은 상대 영역을 자극하게 되면서 협상중단 또는 이행사항의 거부 등으로 이어지며 결국 거버넌스의 실패로 돌아가게 된다.

Ⅳ. 로컬거버넌스의 성공요건과 효율적 활용방안

1. 로컬거버넌스의 성공요건

1) 지방정부가 관련분야에 대한 충분한 권한을 가지고 있어야 한다

로컬거버넌스에 의하여 정책을 결정하려면 관련분야에 대해 지방정부가 충분한 권한을 갖고 있어야 한다. 예컨대 어떠한 로컬거버넌스가 지방정부의 권한을 넘는 정책결정을 한다면 지방정부는 권한이 없는 한 그 결정을 받아들일 수 없고, 따라서 로컬거버넌스는 벽에 부딪치고 만다. 그러므로 로컬거버넌스에 의해 어떤 내용이 결정되더라도 이를 지방정부가 집행할 수 있는 권한을 부여해야 한다. 때문에 행정부와 입법부에 집중된 권한을 지방으로 이양하여 지방분권을 촉진해야만 선진적 지방경영체제를 구축할 수 있다. 그러므로 지속적인 지방분권요구를 통하여 로컬거버넌스를 구축할 수 있는 여건을 마련해야 한다.

2) 파트너들이 높은 민주의식과 폭넓은 지식 그리고 균형감각이 있어야 한다

로컬거버넌스에 참여하는 구성요소들 즉, 시민단체와 전문가단체들이 민주적인 의식과 행동을 보여야 하고, 공공부문과 민간영역에 관한 폭넓은 지식과 균형적인 감각을 가지고 있어야 한다. 편향된 이념의 소유자이거나 사적이익에 집착하는 근시안, 변화의 흐름을 이해하지 못하는 무뢰한 그리고 공사의 영역에 대한 편파적인 시각을 가진자들이 거버넌스에 파트너들로 참여해서는 안된다.

3) 지역주민들의 주인의식과 적극적·자발적 참여가 있어야 한다

지역주민이 주인의식을 가지고 자발적이고 적극적으로 참여해야 한다. 예컨대 지역주민의 유형을 i) 공공재의 편익만을 향유하려는 무임승차자(Free-Rider), ii) 시민정신에 입각하여 비용을 부담하면서 사회문제 해결에 적극 참여하는 행동가, iii) 자신의 이해관계와 관련된 문제에만 선별적으로 참여하는 감시자로 분류한다면, 로컬거버넌스에서 필요한 유형은 행동가이다. 그러나 선후진국을 막론하고 행동가는 많지 않다. 특히 우리나라의 경우는 더욱 그러하기 때문에 앞으로 장기지속적으로 주민교육을 통해 이러한 행동가를 늘려나가야 한다. 로컬거버넌스에서의 주민이란 지방정부가 제공하는 서비스 수혜자가 아니라 행동가로서 관(官)과 대등한 입장에서 참여하여 공동으로 결정하거나 해결하고 결과에 대하여 책임을 지는 인간상이다. 그러므로 주민은 주인정신을 가지고 객관적, 적극적으로 자신의 의견과 요구를 정책결정과정에 반영하려는 신념을 갖춰야 한다.

4) 성공적인 로컬거버넌스에 대한 자치단체장과 지방의원들의 의지와 확신이 요구된다

로컬거버넌스가 형식에 그치지 않고 제대로 운영되도록 하겠다는 자치단체장과 지역정치인들의 의지와 확신이 필수요건이다. 거버넌스에 참여한 파트너들을 들러리로 만들거나 거버넌스의 결정을 통과의례인 형식적 절차로 변질시키거나 자치단체장의 결정을 합리화시키기 위한 수단으로 삼아서는 안된다. 지역정치인들과 지방의원들 그리고 공무원들은 “로컬거버넌스란 지역문제를 지역주민들이 스스로 해결하는 것이고, 자치행정은 주민의 요구를 수용하는 것”이라는 패러다임의 혁신이 있어야 한다.

5) 여러 지역의 성공적인 로컬거버넌스에 대한 사례발굴을 강화해야 한다

로컬거버넌스에 의한 새로운 사업추진도 중요하지만 현재 다수의 지방정부가 수행하고 있는 좋은 사례들을 발굴하는 것도 중요하다. 지방정부 가운데 몇 곳에서라도 로컬거버넌스의 성공적 모델을 찾아내야 한다. 로컬거버넌스 모델은 지역이나 사업에 따라 다르므로 몇 가지 모델이라도 정립할 필요가 있다. 주민참여예산제에 관해서도 학자들의 연구결과가 계속 발표되고 있으나 그 성과에 관한 자료가 체계적으로 정리되지는 않았다.

6) 거버넌스운영과정에서 의사결정의 규모와 민주성 및 책임성이 확보되어야 한다.

로컬거버넌스를 운영하려면 문제해결이나 목표달성을 위한 정책이나 계획의 결정과정에 의사결정의 적정규모, 민주성, 책임성이 확보되어야 한다, 의사결정단위가 작을수록, 정책의 결정과 집행이 민주적일수록, 행정서비스와 프로그램에 대한 책임성이 증가할수록, 참여자들의 토론과 합의가 늘어날수록 로컬거버넌스에서 주체로서의 주민의 역할이 커진다는 사실에 주목해야 할 것이다.

7) 로컬거버넌스에 대한 지방공무원의 역할과 책임이 정립되어야 한다

로컬거버넌스 체제 하에서도 지방정부의 역할은 여전히 중요하다. 지방정부의 역할을 실질적으로 수행하는 것은 지방공무원들이기 때문이다. 일반적으로 인간의 행동은 현상에 대한 개인적 인식과 태도에 의해 영향을 받게 된다. 또한 정책과정에 참여하는 이해당사자들은 정치적·사회적·경제적 환경이나 관료적·조직적·문화적 요인의 영향을 받으며, 이러한 변수들을 자신의 상황과 입장에 따라 다르게 인식하고 해석한다. 공무원의 의식도 제도, 조직, 환경 등과의 상호작용을 통해 형성되고 변화된다. 공무원집단과 같이 구성원에 대한 조직의 영향력이 강한 조직일수록 공무원의 의식이 조직과 환경 등에 종속적인 경향이 강하다. 그리하여 행정행위의 품질은 공무원의 행태에 따라 달라질 수 있으며, 공무원의 행태는 개인적 인식과 행정제도, 조직, 환경과의 상호작용에 의해 결정된다고 볼 수 있다(곽영승, 2001: 297).

따라서 지방정부의 역할을 실질적으로 수행하는 공무원의 로컬거버넌스에 대한 인식과 태도가 로컬거버넌스의 성공에 많은 영향을 미치고 있으며, 이러한 지방공무원의 인식과 태도에는 개인적 인식 및 지방정부의 환경특성 등이 영향을 미치고 있다.

2. 로컬거버넌스의 효율적 추진방안

이상과 같은 여러가지 과제를 해결하기 위해서 그리고 파트너들간의 협력을 강화하기 위해서 많은 것들이 고려될 수 있다. 물론 모든 과정에서 합의(consensus)는 필수적 요소이다.

1) 공유하는 목적의 명확성

로컬거버넌스는 구성범위를 확대하여 목적에 도달할 수 있는 가능성을 높여야 한다. 문제는 구성영역간에 목적에 대한 분명한 합의가 선행되어야 한다. 공유된 목적에 대한 합의는 지역중심으로 협의되어야 하며 지역의 참여자들이 상식적으로 이해할 수 있어야 한다. 또한 사회적 배타성, 재생산, 다양성으로 인해 지역의 상황이 변화하여도 공유된 목표가 모호해져서는 안된다.

2) 파트너들간 정보의 공유

파트너들은 네트워크를 통해 무엇을 추구할 것인지에 대한 의사소통이 원활하게 이루어져야 한다. 첫째로 정보의 교환이 있어야 하고, 둘째로 전략기획을 공유해야 하며, 셋째는 제한된 공동행위에 대하여도 서로 알고 있어야 하고, 공급체계와 자원을 통합하는 과정도 서로에게 공유해야 한다.

3) 파트너들간 전략의 공유

파트너들간에는 전략을 공유하고 공유된 전략은 발전시켜 나가야 한다. 중앙정부의 지원은 거버넌스 운용의 기준정도로만 활용하고, 실질적인 활동은 지역의 파트너들이 주도해야 한다. 그리고 파트너들 간에 상호 공동목적을 위한 전략을 공유할 필요가 있다. 물론 경우에 따라서는 지방정부가 동시다발적으로 많은 목적들을 한꺼번에 달성해야 할 경우가 생기게 될 수도 있다. 그러나 여러 가지 행동전략을 동시에 강구하기보다 파트너들이 자원을 서로 배분하여 효율적인 파트너십을 구축할 필요가 있다.

4) 구성영역간 명확한 역할분담

모든 파트너들에 대하여 역할, 기대와 책임 등을 명확히 하는 것이 중요하다. 이러한 역할분담을 명확히 하는 것은 네트워크를 구성하는 데에 긍정적인 기능을 할 수 있기 때문이다. 이러한 역할분담은 수평적으로 이루어지도록 해야 한다. 역할 분담의 수준에는 누가 회의에 참석할 것이고, 어떤 지위의 사람이 참석할 것이며, 수행인이 올 것인지 그리고 공식적인 회의인지 등이 서로에게 전달되어야 한다. 비록 이러한 역할분담이 상대방에게 최선의 만족을 가져다 줄 수는 없을지라도 최소한의 기대는 충족시켜야 한다.

5) 파트너와 영역간 문화의 존중

파트너들은 영역을 넘나드는 공동사업을 성공시키기 위하여 자신과 다른 문화를 자기 영역 내에서 창조할 필요가 있다. 이는 물론 상대방의 문제점이나 선호를 이해하고 공유하는 것도 포함하지만 다양한 시각으로 타 영역의 전문가를 존중하는 데에서 시작된다.

6) 새로운 서비스전달체계의 창조

네트워크의 파트너들은 새로운 서비스전달체계를 창조해야 한다. 이것은 이전에는 존재하지 않았던 것이지만, 파트너십이 작동되기 위해서는 의사결정구조, 의사결정을 전달하고 영역의 경계를 다시 규정지을 필요가 있기 때문이다. 이러한 세부전략으로 파트너십은 직원을 교환근무케 하거나 상대방의 장점과 단점을 인식하도록 유도할 필요가 있다.

7) 합의된 기준의 설정

거버넌스체제를 구축하고 작용시킴으로써 네트워크에 포함된 모든 파트너들이 공유하고 있는 목표를 성공적으로 달성하기 위해서는 상호 합의된 기준과 업무처리절차 등이 확립되어야 한다. 어떤 네트워크나 파트너십이든지 성공의 결과를 예상할 수 있어야 하며, 실패한 이후라도 그 증거를 명확히 아는 것이 중요하다. 이를 위해서 합의된 기준이나 절차가 요구된다. 그렇게 함으로써 지나온 과정에 대한 평가를 용이하게 할 수 있기 때문이다.

Ⅴ. 로컬거버넌스에 관한 지방정부의 경험과 사례

1. 로컬거버넌스시스템의 도입과 시행착오

중앙정부는 1990년 이후부터 대통령 및 중앙 각 부처 소속으로 위원회·협의회를 다수 설립했다. 각 위원회에는 분야별 전문가와 NGO대표들을 포함시켰지만 정부의 정책결정을 합리화시키기 위한 들러리로 이용하는 경우가 많았다. 그 이유는 행정주도의 거버넌스에서 민관공동 거버넌스로 혁신하지 못했기 때문이다. 이런 상황은 지방정부에서도 별로 다르지 않았다. 2010년 6·2 지방선거로 당선된 자치단체장들은 과거에 비해 '주민들과 함께하는 행정'을 강조하는 경향을 보였다. 이것이 바로 로컬거버넌스 시대가 열리는 징후로 인식되었다. 그러나 임기 말이 되었지만 결과적으로는 중앙정부와 별 차이가 없었다.

예컨대 서울특별시의 은평·노원·성북구, 그리고 경기도의 고양시와 부천시는 지방정부·

주민·학계·시민단체 등으로 '민관 공동위원회'를 구성하여 정책결정의 새로운 패러다임을 만들어가려는 활발한 움직임들을 보였다. 근래에 들어와 전국의 모든 지방정부들은 이러한 로컬거버넌스의 구축에 관심을 가지고 추진하고 있다. 그러나 로컬거버넌스의 성공적 사례는 그렇게 많지 않다. 그 근본적인 이유는 로컬거버넌스를 첫째 아직도 지방정부가 중심이 되어 추진하고 있다는 점, 둘째 그 공무원들이 자각과 자율적 판단에 의한 것이 아니라 중앙정부가 실시하는 다양한 정책의 일환으로 추진되었다는 점, 셋째 의욕만으로 출발은 했으나 지방정부의 협력과 지원이 부족하거나 중단되어 실질적인 추진력을 잃었다는 점 등을 들 수 있다. 그럼에도 불구하고 로컬거버넌스는 경제·복지·환경·교육 등 지역사회의 다양한 분야에 걸쳐 활용되기 시작했고, 앞으로는 이들을 더욱 활성화 시켜나가야 할 필요가 있다.

2. 각 지방정부의 활용사례

1) 서울지역

서울시 동작구는 2008년 지역주민과 교수·기업가·법조인·언론인 등으로 정책협의회를 구성하여 지역사회의 협력적 네트워크를 구축했다. 그러나 위원회는 구정(區政) 전 분야에 걸쳐 직접 정책을 결정한 것이 아니라 정책대안을 제시하는데 그쳤고, 구청장은 정책결정을 위한 자료로 활용한데 불과하므로 진정한 로컬거버넌스라고 평가할 수는 없다. 서울시 은평구에서는 '내 동네일을 직접 하고 스스로 책임진다,' '아래로부터의 참여'라는 슬로건을 내걸고 주민들이 참여하는 구정을 실험하였다. '주민참여위원회,' '주민참여예산제,' '주민들이 만드는 축제,' '지역아동센터와 함께하는 아동·청소년 프로그램' 등이 그것이다. 시민·교수·시민단체대표들이 구의 예산 및 정책의 기획·집행·관리·평가 단계에 참여할 수 있도록 조례를 제정했다.

2) 경기도지역

경기도 고양시에서는 시민사회단체연대와 고양시장이 민관협치를 위한 틀을 가다듬었다. 로컬거버넌스 기구인 시정운영위원회를 직속으로 두고 민주당, 야4당, 시민사회단체의 각 지역대표 또는 추천인, 시장 추천인 등으로 구성했다. 동별 주민자치위원회에서 주민들이 지역 현안에 대해 토론·결정하면 결정된 사항들을 시정에 반영한다는 것이었다. 그러나 시정운영위가 시의회의 권한을 침해할 것이라는 우려와 불만이 나왔다. 정당이나 정치집단화된 시민단체와의 로컬거버넌스 구축은 성공보다는 실패하기 쉽다는 점을 유의해야 할 것이다.

3) 전국의 사례

과거 지방정부가 독점했던 업무를 민관협동으로 결정한 사례는 적지 않다. 지역예산의 편성과정에 주민들이 직접 참여하여 사업의 선택 및 예산의 우선순위를 결정하는 이른바 주민참여예산제는 전국적으로 확대되어 많은 지방정부들이 시행하고 있다. 그러나 그 내용과 운영방법은 지방정부에 따라 차이가 있다. 갈등의 예방 또는 해소를 거버넌스 방식으로 일궈낸 경우도 있다. 지역의 시민단체와 전문가들이 마련한 대안을 정부와 지역주민이 수용하여 민간주도로 해결한 춘천쓰레기 매립장 사례, 정부와 지역주민들 간의 대립으로 사업을 추진하지 못하는 상황에서 시민배심원을 통한 중재로 해결한 울산시 북구의 음식물 자원화 시설건립 사례가 그 예이다. 청주시는 시정방침 중의 하나로 '함께하는 열린행정'을 표방하고 있다. 청주시는 행정기관과 지역주민, 전문가들로 위원회를 구성하여 도시계획에 관한 사전 의견수렴과정을 거침으로써 갈등을 해소하도록 하고 있다. 대전광역시는 다른 주체들과 협력적 네트워크를 구축하여 문제를 해결한 사례로 무지개프로젝트, 기관마케팅, G9(대전광역생활권 행정협의회)프로젝트 등이 있다.

로컬거버넌스에 관해 아직까지 새로운 패러다임을 구축하지는 못했지만 그것이 반드시 필요하다는 주장이 제기되고 있는 지역들도 적지 않다. 충청북도에서는 고유가·고물가를 극복하고 서민경제를 활성화하기 위해 지역사회 주체들이 자발적으로 참여하는 로컬거버넌스 기구를 구성하고 지원해야 한다든가, 사회문제의 우선순위를 정하고 이에 따라 사회복지 예산을 집행하도록 지역사회의 공적 기관과 기업·언론계·학계·NGO 등이 로컬거버넌스를 구축해야 한다는 의견이 제시됐다. 무상급식 논의와 학교급식문제를 모든 이해관계자들이 참여하는 로컬거버넌스에 의해 계획·추진해야 한다는 주장도 나왔다. 민·관을 포함하는 모든 주체가 상호 이익을 위한 협력자임을 인식하는 파트너십이 절실하다는 것이었다.

3. 긍정적 사례와 부정적 사례

로컬거버넌스는 긍정적인 사례도 많지만 부정적인 사례도 적지 않다. 청주시·청원군통합 정책은 중앙정부가 자치단체 자율통합을 위해 상당한 인센티브를 제공하겠다는 약속을 했음에도 처음에는 실패했다가 한참 이후에야 겨우 성공했다[31]. 처음 통합에 실패했던 것은 중앙정부 주도로 청주시장이 일방적으로 통합을 추진한 점, 자치단체장·국회의원·지역정치인·지역시민단체의 유기적 협조가 부족했고 청원군민을 설득하지 못했기 때문이라는 점 등이다. 중앙정부·지방정부·시민단체 간의 신뢰구축의 실패, 지역주민을 비롯한 이해관계자, 전문가의 참여가 배제되었고, 로컬거버넌스에 의하지 않았기 때문이다. 이들 로컬거버넌스의 그간의 활동상황을 살펴보면, 긍정적인 사례와 부정적 사례가 동시에 표출되고 있음을 알 수 있다. 우선 긍정적인 사례로는 광주광역시 북구의 주민참여예산제의 모범적인 운영과 울산광역시의 정책자문단과 배심원제 도입사례, 청주시의 도시계획분야 주민과 전문가 참여사례 등이 우수사례로 거론되고 있다. 반면에 부정적 사례로는 각 지방자치단체가 각종 위원회와 협의회에 전문가와 시민단체의 참여 폭을 넓혀가고 있으나, 각계의 참여자들이 의사결정에 주도적 역할을 하지 못하고, 자치단체가 이미 결정한 의제들을 합리화 시켜주는 통과의례절차로 전락하여, 당초의 좋은 취지와 장점을 살려나가지 못하고 있다는 것이다.

4. 향후 방향

앞으로 로컬거버넌스가 초기의 좋은 취지와 장점을 잘 살려서 21C 선진적인 지방자치행정을 추진하는 기본 패러다임으로 발전시켜 나가기 위해서는 첫째 자치단체장을 비롯한 공무원들의 보다 활발한 연구와 지원 및 역할이 필요하다. 과거 행정주도의 관행을 과감하게 탈피하여, 새로운 행정방식에 대한 긍정적 마인드 제고와 각 파트너들 간의 행정정보공유가

31) 38%의 주민들의 투표참여와 이들 중 77%의 찬성으로 청주와 청원이 불가피하게 통합하게 되었지만 이러한 통 수치는 반대주민들의 입장에서 볼 때, 전체주민들의 28%만이 찬성했는데도 불구하고 결국 통합되고 말았다는 자괴감을 갖게 된다. 협력방식을 회피하고 통합만을 고집하는 우리나라 중앙정부와 지방고위공직자들의 사고가 안타깝다. 권위적이고 독선적인 이들의 의식구조가 언제쯤 개선될지 걱정스럽다.

폭넓게 이루어지도록 적극 지원해야 한다. 둘째 누구나 자유롭게 참여할 수 있도록 문호를 개방하고, 가급적 민간의 다양한 참여방식을 활용하여, 정책에 도움이 되는 다양한 의견을 적극 수렴해서, 훌륭한 정책을 결정하고, 집행·평가하는 공동의 파트너십을 살려나가야 한다. 셋째 거버넌스 운영방식에 있어서, 임원선출의 자율성, 회의내용과 진행의 투명성, 결과의 생산적 정책반영과 집행, 평가 등이 잘 이루어져야 한다. 이러한 제반 노력을 통해서 우리나라의 로컬거버넌스가 21C 선진 지방자치행정의 성공적인 패러다임으로 정착되어 나갈 수 있도록 해야 할 것이다.

물론 이러한 거버넌스 시스템이 우리사회에 다양하게 활용되고 그 뿌리를 내리기 위해서는 기본적으로 공동체사회에 대한 구성원들의 신뢰가 형성되어 있어야 한다. 그러기 위해서는 정부와 언론 그리고 시민사회가 함께 지역사회 공동체의 형성과 주민들 간의 신뢰형성을 위해 다양한 노력을 경주할 필요가 있다. 근래 정부의 부정과 부패 못지않게 증폭되는 민간영역의 부정부패가 점차 심해지고 있는 우리사회의 이면을 보면 이러한 필요성은 더욱 절실해진다.

제8장 지방정부의 사회자본형성과 활용역량의 강화

Ⅰ. 의의

근래 학계에서는 지방정부의 외부적 자치역량을 강화시키는 방안의 하나로 지역사회 구성원들 간의 관계에서 형성된 사회자본(social capital)을 새롭게 인식하기 시작했다. 즉 사회자본을 지역사회의 발전이나 지방정부의 자치역량강화에 도움을 주는 주요한 요소로 인식해야 한다는 주장이 힘을 얻게 되고, 이에 따라 관련되는 연구가 활발하게 진행되고 있다.

지역사회의 사회자본은 사회구성원들 사이에서 또는 조직들간의 상호작용에서 발생하는 사회적 개념으로 파악되고 있으며, 구성원들간의 파트너십을 형성하여 집단행동의 딜레마를 극복하는 역할을 함으로써 지역사회 내의 공공문제해결이나 자원의 생산성을 향상시키는 것으로 본다. 현대 산업사회에서 구성원들 간의 믿음은 조직 내 협력을 도모하고 조직의 경쟁력을 창출하는 원천으로 작용하여 도시화와 산업화로 인한 사회의 익명성과 불확실성의 문제를 완화할 수 있는 요소가 된다. 사회적 상호작용을 통해 형성되고 구축된 사회구성원들간의 신뢰는 조직의 안정과 사회적 기여에도 도움을 줄 수 있다. 따라서 이미 정치학·경제학·사회학·행정학 등의 연구에서는 여러 사회문제들을 해결하기 위한 수단으로 신뢰와 같은 무형의 자산인 사회자본의 개념을 연구·활용하고 있다.

지방자치와 관련하여 사회자본은 지역사회의 주민들 간 그리고 주민과 지방정부간의 협력과 참여를 증진할 수 있다는 점에서 상당한 관심을 받고 있다. 즉 주민과 지방정부 간에 신뢰가 형성되면 지역사회발전에 긍정적 요소로 작용하게 된다는 점에 주목하는 것이다. 지방자치의 목적으로 민주주의 실현, 지역균형발전 등이 거론되고 있지만, 사실 궁극적인 목적은 주민복지증진으로 볼 수 있다. 지방자치가 주민복지에 기여할 수 있다는 믿음은 지역사회가 주민의 욕구에 민감하게 반응할 수밖에 없다는 데 있다. 특히 지역주민의 삶의 만족을 충족하기 위해서 지방정부는 다양한 정책수단을 강구하게 된다. 이러한 지방정부의 정책추진과정에서 지역주민의 지방정부에 대한 신뢰, 지방정부와 지역주민의 협력, 민관간 자발적 참여에 의한 공동노력 등이 원만하고 효율적으로 이루어진다면 결과적으로 정책효과를 배가시킬 수 있을 것이다. 지방정부가 처한 제도나 체제 그리고 인적·물적 역량이 유사한 상황이라고 하더라도, 그 구성원들 간의 관계나 상호작용의 수준에 따라 주민들의 삶의 질은 달라질 수 있다. 이러한 맥락에서 사회자본은 시민들의 관계에 내재되어 생산성에 기여하는 신뢰, 협력, 네트워크와 같은 관계구조에 연결된다.

Ⅱ. 사회자본의 개념과 특징 및 기능

1. 사회자본의 개념형성과 개념적 특징

1) 사회자본 개념의 형성

사회자본(social capital)이라는 용어는 미국의 Judson Hanifan에 의하여 1916년에 처음 사용되었다[32)](DeGraaf, 2003: 20). 그는 민주주의와 개발을 지속시키기 위해서는 지역사회가 적극적으로 관여해야 할 필요성과 중요성에 주목했다. 그는 미국사회에서 이웃다움(neighborliness)과 시민관여가 점차 사라지고 있음을 언급하면서 이러한 현상들은 지역 내의 사회생활들이 가족의 고립과 지역사회를 정체시키게 되었다고 주장하였다. 그러나 당시 그의 주장은 크게 주목받지는 못하였다. 그 이후 Jacobs(1961)가 도시사회의 안전을 보장하는 설명에서 "지역구성원들의 내적 조밀한 네트워크와 사회자본의 중요성"을 강조하는 과정에서 다시 논의되었다.

근래 사회과학에서 사회자본은 학문연구의 새로운 패러다임으로 주목받고 있으며, 이것은 배타성을 갖는 자산이라기보다는 사람들간의 관계, 집단이 공유할 수 있는 부분에서 공공재로 인식된다. 따라서 사회자본은 민주주의, 경제성장, 교육, 복지, 지역활성화 등 사회의 다양한 문제를 해결할 수 있는 핵심변수로 부각되고 있다. Jacobs(1961)는 도시구성원의

32) 사회자본의 용어사용에 대하여는 프랑스 정치학자인 토크빌이 1835년에 처음 사용했다는 연구도 있다.

‘연결망’에 주목하여 이 연결망을 ‘도시의 무엇과도 바꿀 수 없는 사회자본’이라고 규정하고 이것이 사라질 때 마다 자본으로부터 얻는 이익도 사라진다고 하였다.

이처럼 사회자본은 여러 학문에서 매우 의미있고 설득력 있게 활용되는 개념임에도 불구하고 다학문적 성격으로 인해 합의된 개념이 정립되지 못했고, 따라서 학문적으로 정착되지도 못하였다. 그러던 중 1980년 이후 Bourdieu(1986)에 의해서 체계화되었고 Coleman(1988)과 Putnam(1993) 등에 의하여 활발하게 연구됨으로써 점차 정립되고 체계화되기 시작하였다(Paxton, 1999: 92).

Bourdieu는 ‘사회자본이란 상호인지가 전제되고 제도화된 네트워크와 연계된 실질적 또는 잠재적 자원의 총합’이라고 정의하였으나 그 후 그는 “상호 인지가 전제된 제도화된 관계의 네트워크와 그것에 연계된 실질적 또는 잠재적 자원의 총합”이라고 정의하였다. Coleman은 사회적 자본을 행위자가 사용할 수 있는 특정자원인 동시에 사람들 사이의 신뢰관계에 내재되어 있는 것이라고 보았는데, 이것은 수직적이고 ·권위적 사회네트워크까지 포함하며 개인 및 집단행위를 더욱 촉진하는 기능을 한다고 보았다. 그는 사회자본을 사회구성원들의 특정한 행동양식을 야기시키는 실체로 인식하며 다른 사람이나 집단의 이해가 개인의 이해보다 우선시되는 공동체적 사고가 강한 사회에서 쉽게 생성된다고 보았다.

사회자본의 이론과 연구에 가장 직접적이고 강력한 영향을 준 학자는 Putnam(1993)으로 그는 지역사회의 특성으로 거시적 차원에서 사회자본의 개념을 발전시켰다. 그는 사회자본을 “협력을 촉진하며 공동체 의식을 생성시키는 사회적 관계”를 의미하는 광범위한 용어로 확산시키는데 기여하였다. 그는 구성원의 상호 이익을 위해 조정과 협력을 촉진하는 것을 사회적 자본으로 보았다. 또 그는 사회자본이란 상호 이익을 위한 협력적 연결망, 규범, 신뢰로 규정하고 이러한 사회자본이 가진 협력을 촉진시키는 능력을 중요하게 여겼다. Brehm & Rahn(1997)은 사회자본이 지역사회의 성과에 영향을 미침으로써, 그것이 높은 지역사회는 경제발전과 총체적인 복지가 향상된다고 본다.

이들 선행연구들의 공통점은 이 사회자본을 공동체를 위한 협력과 집합행동을 촉진하는 유용한 개념으로 파악한다는 것이다. 또한 지금까지 간과하고 있던 「관계성」이 가진 가치를 정립하여 인정하는 것으로 생성과 활용 여부에 따라 산출에 대한 결과가 달라질 수 있음을 시사하였다. 세계적으로 복지사회구현의 사조가 시장주의적 성향을 강조하는 실정이고 이러한 경향에 따라 우리나라 지방정부들의 주요 정책방향도 지역사회의 자원을 적극 활용할 수 있는 주민참여와 협력을 강조하고 있다. 사회자본이 주민참여, 협력, 규범, 신뢰 등을 바탕으로 주민들의 삶에 질을 개선할 수 있는 사회적 관계라는 점을 인식할수록 그 중요성이 더욱 부각된다.

2) 사회자본의 개념적 특징

최근 학계에서는 사회자본의 개념적 특징을 두 가지 서로 관련되면서도 명확히 다른 방법으로 논의하고 있다. 첫째는 사회자본을 개인이 다른 사람들과 관계를 맺음으로써 획득할 수 있는 자원(정보, 아이디어, 기타자원)으로 보는 입장이다. 이러한 자원들은 물리적 자본(도구, 기술)이나 인적 자본(교육, 기술)과는 달리 사람들과 사람들 관계를 통하여 얻어질 수 있다는 점에서 '사회적'(social)이다. 주어진 인적 네트워크의 구조는 네트워크를 통한 자원의 흐름에 중요한 영향을 미친다. 네트워크에서 주요한 위치를 차지하고 있는 사람들은 보다 중요한 자원에 접근을 쉽게 할 수 있기 때문에 그들의 동료들보다도 보다 많은 사회적 자본을 가지고 있다고 말할 수 있다.

둘째는 사회자본을 다양한 비공식적 네트워크와 이들이 공식적 시민조직에 관여하는 정도와 성격을 통해 개념을 규정하는 것이다. 이것은 이웃과 단순히 잡담하는 것 또는 여가활동에 참여하는 것에서부터 환경단체나 정당에 가담하여 활동하는데 이르기까지 모두를 포함하여 지역사회내의 주민들이 상호작용하는 다양한 방법들을 사회자본으로 개념정의하는 것이다. 이렇게 이해하는 경우 지역사회의 단체생활 내지 조직생활의 지도를 그릴 수 있게 만들며 나아가 이를 통해 해당 지역사회 시민들의 건전성의 상태를 나타낼 수 있다고 보는 것이다. 그리고 광범위한 사회문제들(범죄, 건강, 빈곤, 실업 등)은 지역사회내 사회자본의 풍부함 또는 부족함과 연계되어 있다고 보고 있다.

2. 사회자본의 특징

사회자본은 물리적 형태로 존재하는 경제자본, 지식과 기술의 형태로 존재하는 인적자본과는 달리 '사람들간의 관계'의 형태로 존재하지만, 소유주체에 일정한 혜택 또는 보상을 제공한다는 점에서는 공통점을 가지고 있다. 그러나 이러한 사회자본은 다른 자본들과 몇 가지 차이점을 가지고 있다.

첫째 사회자본은 구성원들이 개별적으로 보유하고 있는 자본이 아니라 구성원들 사이의 관계 속에 내재하고 있다는 것이다. 다시 말해서 다른 유형의 자본은 개인이 소유하고 있는 '개인적 자원'이지만 사회적 자본은 구성원들 사이의 관계에서 획득할 수 있는 '사회적 자원'이다. 그렇기 때문에 구성원들 상호 간에 도움을 주고받으리라는 호혜성에 대한 기대는 언제든지 배반당할 수 있다.

둘째 경제적 자본과 인적자본은 소유자에게 그 이익이 배타적으로 돌아가지만 사회자본은 관계를 맺고 있는 구성원들 간에 공유되는 특징을 가진다. 미시적 차원에서 이익의 공유란 사회자본을 통해 관계를 맺고 있는 구성원 사이에서만 이익이 배타적으로 공유되는 것을 의미하고, 거시적 차원에서 이익의 공유란 상호관계에 포함되지 않는 사람들에게도 그 이익이 돌아가는 것을 의미한다. Putnam은 이러한 성질을 두고 사회자본이 '공공재(public goods)로서의 속성을 지닌다고 강조한다.

셋째 사회자본은 그것을 사용할수록 모든 구성원에게 이익이 되는 특성을 지니고 있다. 즉 사회자본은 경제적 거래처럼 제로섬(zero-sum)관계가 나타나는 것이 아니라, 거래 당사자 모두가 사용하면 할수록 더욱 증가되는 윈-윈(win-win, positive sum)관계로 나타난다.

넷째 사회자본은 다른 형태의 자본과 달리 지속적이고 부단한 노력을 통해서 유지될 수 있다. 사회자본은 집단구성원들 사이에서 서로의 관계를 끊임없이 확인하고 재확인하는 지속적인 노력과 그러한 과정을 통해서만 유지되고 재생산될 수 있다. 만일 어느 누구 하나라도 이러한 신뢰와 협력관계를 배반하면 사회자본은 순식간에 사라진다.

다섯째 사회자본은 공공재로서의 성격을 지니고 있다. 공공재로서의 사회자본을 구축하기 위해서는 사람들 간의 상호 협력과 협동이 절대적으로 중요하다. 공공재는 소비에서 비배제성과 비경합성을 가진 재화를 말한다. 공공재는 사람들이 그 재화를 소비하는 것을 막을 수 없을 뿐 아니라, 한 사람의 공공재 소비가 다른 사람의 공공재 소비를 방해하지도 않는다. 예를 들어 작은 마을의 태풍경보시스템은 공공재다. 일반 태풍경보가 울리면 특정 개인이 경보를 듣지 못하도록 막을 수 없다(비배제성). 뿐만 아니라 어떤 사람이 태풍경보의 편익을 누린다고 해서 다른 사람들이 누릴 수 있는 편익이 줄어들지도 않는다(비경합성).

3. 사회자본의 기능과 유용성

사회자본은 경제학에서 생산요소나 생산수단이라는 전통적 자본의 개념을 확대하여 인적·물적·문화적 개념으로 확장된 개념이다. 개인적 차원에서 조직 내 구성원간의 신뢰, 규범, 호혜성, 네트워크 등으로 인식되고, 거시적 차원에서는 공동체의 연대의식과 자발적 결사체에 참여하는 시민의식 등으로 인식된다. Putnam(1993)은 사회자본이란 고갈되지 않고 축적되는 특징이 있다고 보았다. Bourdieu(1986)는 경제적 자본이 다른 문화적 자본으로 전용될 수 있다고 보면서 사회자본도 이와 같은 전용성이 있으며 관계형성에 대한 투자의 결과로 접근에는 제한적인 측면이 있다고 본다. 때문에 사회자본은 순기능과 역기능이 동시에 존재하는 양면성을 가진다는 시각도 존재한다. 사회자본의 효용성이 순기능으로 작용할 때 개인과 조직, 사회에 가치가 있다(송승숙, 2013).

1) 긍정적 기능

다양한 관점에서 관심을 받고 있는 사회자본은 그것이 순기능적으로 작용할 경우 개인과 조직, 사회에 상당한 가치를 부여한다. 사회자본의 중요한 실체는 사회구성원들이 관계를 통하여 지식과 정보를 얻고 협력이 동반된다는 점이다. 또한 관계망을 통해 형성된 네트워크는 강한 유대를 통해서 각 개인 간 또는 집단 간의 지식과 정보를 활성화하고 이전하는 역할을 하여 자료획득에 대한 유·무형의 비용을 절감하게 한다. 사회자본의 이러한 기능은 특히 지식정보사회에서 매우 유용하다. 특정 조직이나 공동체에서 사회적 합의가 이루어질 경우, 성문화된 법령이 아니더라도 통제가 가능하게 되는 이유는 그것과 관련된 적절한 규범이 정립되어 있기 때문이다. 이것은 규범이 법을 위반한 경우보다 더 강력한 영향력을 발휘하는 관습법의 역할을 하기 때문이다. 이러한 측면에서 사회자본은 인적·물적 자본과 비교할 때 사회구조나 사회적 관계로 형성되며 그 사회구조에 참여하는 구성원들에게 보편적 가치에 부응하는 행위를 가능하게 한다. 따라서 사회자본의 구성요소인 네트워크, 신뢰, 규범, 호혜성 등은 행위자간 유대관계를 더욱 공고히 하고 이해타산적인 행위를 감소시키게 한다. 이러한 과정에서 사회자본은 지속적으로 증가되고 구성원들은 공통된 인식을 갖게 되면서 자율적인 통제가 가능해진다.

사회자본이 하나의 자원으로 인정된다는 점은 그것이 가져오는 부가가치를 인정한다는 것이다. 사회자본이 새로운 지적 자본을 창출하고 강한 사회자본을 가진 조직이 지적 자본의 창출과 공유에서 우월성을 보이기 때문에 사회자본을 적극적으로 개발할 필요가 있다(Nahapiet & Ghoshal, 1998). 일반적으로 다른 인적·물적 자원들은 그 자본을 소유한 사람들에게 이익이 배타적으로 미치지만, 사회자본은 이익이 공유되기도 하는 특성을 가지기 때문에 이를 보유하기 위한 노력과 투자의 필요성이 제기된다.

2) 부정적 기능

한편 사회자본이 반드시 긍정적인 부분만 있는 것은 아니라는 논의도 제기된다. 폐쇄성이 강한 조직의 경우 지식과 정보교류에 대한 경계가 엄격하여 자원으로 재생산되는 것에 한계가 있을 수 있기 때문이다. 사회자본을 양산하는 조직이 만약 조직의 이익이나 운영상의 원칙을 내세워 다른 조직에 대한 배타성을 가진다거나 자기집단의 이익을 지나치게 강조하게 될 경우 사회자본이 부정적 요소로 작용할 소지가 있다. 즉 집단구성원들은 특수하게 그들만의 유대가 있고 이것이 집단에 긍정적인 효과를 가져 오기도 하지만 보이지 않게 외부사람을 배제하는 결과도 가져온다. 조직에서의 공유된 의식, 공통된 이해로 해석되는 규범이 새로운 사고나 개혁적인 행위를 억제하는 경우도 역기능으로 작용할 수 있다. 그리고 결속적 네트워크가 혈연·지연·학연으로 인해 구성원의 무임승차를 가져올 수도 있다는 것이다. 귀속적 연계망들은 집단적 관계를 유지하면서 기득권을 행사하고 상호 보완적인 관계로 인해 본인의 능력과 기여와는 상관없는 개인을 집단 이익에 편승시킨다. 이는 결국 사회적 편익에 우선권을 가지게 되고 특수한 집단을 위주로 영향력을 행사하면서 다른 집단을 배제하기도 하여 심각한 역기능을 할 수도 있다.

뿐만 아니라 특정집단이 가지는 결속력이 주류사회에 대한 적대감으로 나타나는 것도 사회자본의 역기능이라 할 수 있다. 우리사회에 존재하는 불평등, 이질감 등은 구성원간의 주류사회에 대한 저항적 입장이 되고 열등감으로 인한 불필요한 결속을 강화시킬 수 있다. 선의의 결속은 사회자본의 원천이 될 수 있지만 특정목적을 가진 이익집단으로 작용하는 결속력은 사회자본에 대한 역기능을 할 수 있다.

이러한 조직은 대부분 계층제적인 조직일 수 있는데 이런 점을 경계하여 Putnam(1993)은 사회자본과 관련된 단체는 수평적 사회단체이어야 한다는 점을 강조하였다. 계층제적 조직일 경우 권위적 조직환경과 조직의 의사결정 및 역량이 상위 일부에 집중될 수 있다. 이러한 조직은 지식과 정보가 자원으로 작용하기보다는 소수의 권위를 위해 오용될 수도 있다.

3) 지방자치제도에 대한 기능

지방자치와 관련하여 지방정부의 각종 규제 및 제도를 유지하는데 있어 지방자치단체에 대한 신뢰여부는 정치적 효율성을 높일 수 있으며 주민의 지지를 확보할 수 있는 순기능으로 작용한다. 또한 지역현안문제에 대한 적극적 협력을 도모하여 지역사회 거버넌스의 구축을 용이하게 할 수 있다. 사회자본이 가진 규범적 성격과 네트워크는 주민자치를 위한 실제적인 효과를 가져 올 수 있다. 가령 주민참여를 통한 의사결정에서 이익집단과의 불필요한 갈등을 줄일 수 있으며 필요한 정보를 확산하는데 도움을 준다. 그러나 이러한 긍정적 기능 이외에도 위에서 언급한 부정적 기능도 할 수 있는 소지가 많다. 그러나 분명한 것은 지역사회 내 주민들간의 신뢰가 형성되어 있고, 긍정적 규범이 지배적이며, 개인과 집단들 간의 네트워크 형성과 작용이 활발하여 사회적 자본이 잘 형성되어 있다는 것은 그 만큼 지방정부가 지방자치행정을 수행하는 데 긍정적 기능을 하게 된다는 것이다.

지방정부는 지역사회 수준에 맞는 정책의 추진과 주민들에 대한 복지제공이 과제로 대두되고 있다. 이러한 추세에 따라 주민자치의 수준이 개인차원을 넘어 지역사회 전체에 적용되고 이 과정에서 주민들의 신뢰, 참여, 협력이 담보된다면 지방정부의 자치역량을 제고시키고 결과적으로 성공적인 지방자치를 실시할 수 있을 것이다. 이러한 맥락에서 지방자치의 중심은 상호 신뢰를 기반으로 하는 민·관 협력으로 볼 수 있다. 따라서 지속가능한 지방자치를 위해서는 지역차원에서 사회자본의 형성과 활용에 관심을 가질 필요가 있다.

지역차원에서 사회자본의 형성은 주민들 간의 관계, 또는 주민과 지방정부간의 관계에 내재하므로 공통의 이익을 달성하기 위해 협력과 참여가 확대될 필요가 있다. 이는 주민의 삶의 질이나 복지서비스와 직접적으로 연결된다. 그렇다면 지방정부에서는 주민들과의 우호적 관계를 어떻게 형성하며, 주민들의 신뢰는 어떻게 확보할 것인가 라는 문제에 직면하게 된다. 이는 지방자치의 주체에 대한 인식을 통하여 확인이 가능한데 주민이 지역사회의 주인이라는 인식과 지역사회의 통치권한을 위임받았다는 인식을 갖게할 필요가 있다. 지방정부는 정책결정과정과 주민들의 삶에 직접적인 영향을 미치는 공공서비스의 제공에 주민들의 참여를 통한 소통과정이 반드시 필요하다. 또한 지역사회 민·관 네트워크를 구축하여, 자원의 동원과 정보공유를 통한 적극적인 주민협력을 유도하는 것도 필요하다.

이러한 맥락에서 지방자치와 관련하여 사회자본을 활성화하기 위한 전략은 먼저 각 개인과 다양한 지역사회의 단체들이 지역사회문제에 자유롭게 관계하고 모든 의사결정에 참여할 수 있어야 한다. 둘째 민·민, 민·관의 인화단결을 통한 공동체형성이 필요하다. 외형적 공동체는 물론 정서적 일체감을 형성하여 공통적 규범이 존재한다면 성문화된 법, 제도를 초월하는 관습법으로 작용할 수 있다. 셋째 민주주의 가치를 실현하고 지역주민의 권리를 보장하기 위한 참여를 확대하여야 한다. 넷째 각종 시설을 개방할 필요가 있다. 이는 네트워크의 형성을 촉진할 수 있으며 사회자본의 활성화에 기여할 수 있다.

4) 사회자본의 유용성

사회자본에 대해서는 그 역기능에도 불구하고 많은 학자들은 그것의 사회적 유용성에 주목한다. 즉 사회자본은 거래비용을 감소시키며, 정보교류의 통로가 되고, 도덕과 규범의 강화를 통해 공공재를 공급해 줄 수 있는 사회적으로 매우 유용한 기능을 한다는 것이다. 그리하여 지방정부는 이러한 유용한 사회자본의 증진을 위해 다양한 분야에서 그 역할을 증대할 필요가 있다고 한다.

그 외에도 사회자본은 집단행동의 딜레마를 극복하고 경제·정치적 측면의 효율성을 높일 수 있으며, 지역사회 거버넌스의 구축에도 기여한다. 나아가 사회자본은 개인의 사익추구에서 유발되는 집단행동의 딜레마를 극복하여 공동선을 구현하기도 하며, 이기적인 개인을 변화시켜 시민공동체의 일원으로 흡수시킴으로서 이를 통해 사회구성원을 하나로 묶어주는 역할을 한다고 본다.

이처럼 사회자본의 주요한 요소인 규범이 조직의 질서와 구성원의 행동양식에 영향을 미쳐 조직의 사회적 편익을 제고시킨다는 것 그 자체가 바로 유용성에 대한 근거가 된다. 때문에 지속가능한 공동체의 발전을 위해서 사회자본이 가진 협력적인 행위에 관심을 가져야 할 필요가 있다.

Ⅲ. 사회자본의 유형과 구성요소 및 측정

1. 사회자본의 개념적 요소

근래에 들어와 여러 분야의 학자들은 사회자본의 다차원성을 탐색하기 시작했으며 이러한 연구는 빠른 속도로 증가하고 있다. 이러한 경향은 Putnam의 연구에서 비롯되었다(DeGraaf, 2003: 22). 앞에서도 언급한 바와같이 그는 미국에서 사회자본의 수준이 감소하고 있으며 이는 다양한 자발적 조직의 회원들이 줄어드는 것과 관련있다고 보았다. 그리하여 그는 미국에서 이러한 사회자본이 감소하는 원인을 4가지로 들고 있다.

첫째 근무시간 증가 및 시간의 강박관념 증가, 둘째 대도시의 교외화 확대, 셋째 텔레비전과 기타 매스미디어의 발달, 넷째 시민지향적인 세대로(civic-minded generation)부터 '나 중심'(me-orientated generation)세대로의 이동 등을 든다.

한편 우리나라 학자들의 경우, 사회자본의 개념요소를 신뢰, 참여, 연계망(네트워크), 제도 및 규범, 이타주의 등 5개 요소를 제시하거나(소진광, 2004), 사회자본의 개념을 측정하기 위해 규범, 신뢰, 의사소통채널 등으로 나누어 이러한 지표가 행정대응성과 문제해결을 위한 지역사회능력에 어떠한 영향을 미치는지를 분석하고 있는 학자들(박희봉·김명환, 2000)도 있다.

2. 사회자본의 유형

1) DeGraaf 의 분류

DeGraaf(2003: 23-24)는 사회자본의 형태를 4가지로 구분하면서 사회자본의 특성을 살피고 있다. 첫째 공식적 사회자본과 비공식적 사회자본, 둘째 짙은 사회자본(thick social capital)과 엷은 사회자본(thin social capital), 셋째 내부지향적 사회자본(inward- looking social capital)과 외부지향적 사회자본(outward-looking social capital), 넷째 연결적 사회자본(bridging social capital)과 유대적 사회자본(bonding social capital)이 그것이다.

(1) 공식적 사회자본과 비공식적 사회자본

공식적 사회자본은 클럽이나 협회와 같이 구성원의 조건, 회비, 규칙적 모임 등을 인정하고 있는 조직들과 관련되는 것이며 비공식적 사회자본은 즉석에서 마련된 야구경기나 같은 술집에서 만나는 사람들의 모임같은 비공식적 모임과 관련되는 것이다.

(2) 짙은 사회자본과 옅은 사회자본

짙은 사회자본은 함께 일하고 함께 즐기는 사람들과 같이 밀접히 상호연결되어 있는 것을 말하는데 이는 접촉의 빈도와 밀접성 측면에서 정의될 수 있다. 이에 반하여 옅은 사회자본은 조금 알고 있는 사람들 사이에서 존재하는 것을 의미한다.

(3) 내부지향적 사회자본과 외부지향적 사회자본

내부지향적 사회자본은 그 구성원들의 물질적, 사회적 또는 정치적 이해를 증진시키는 경향(가령, 사적인 골프 클럽)이 있는 반면에 외부지향적 사회자본은 공동의 선(가령, 환경집단)을 추구하는 것과 같은 공공재를 추구하는 경향이 있다.

(4) 연결적 사회자본과 유대적 사회자본

이 구분은 내부지향적과 외부지향적 사회자본 구분과 유사하다. 구체적으로 본다면, 연결적 사회자본은 서로 다른 사람들을 연결시켜주는 사회네트워크와 관련되며 반면 유대적 사회자본은 여러 측면에서 서로 같은(가령, 인종, 성, 종교, 사회경제적 지위 등)사람들을 결집시켜 주는 것과 관련된다. 요컨대 비공식적 사회자본, 옅은 사회자본, 외부지향적 사회자본 및 연결적 사회자본은 서로 같은 성격을 지니고 있고, 공식적 사회자본, 짙은 사회자본, 내부지향적 사회자본 및 유대적 형태의 사회자본은 서로 비슷한 성격을 지니고 있다.

2) Nahapiet & Ghoshal의 분류

Nahapiet & Ghoshal 은 사회자본을 구조적 차원(구성원들 간의 유대 및 연결망의 형태), 관계적 차원(연결망의 수준) 그리고 인지적 차원(조직의 문화와 비전의 공유)의 3가지 차원에서 그 유형을 분류하였다(Nahapiet & Ghoshal, 1998).

(1) 구조적 사회자본

구조적 사회자본(structural social capital)은 행위자들 간에 사회적 연결망, 유대관계에 나타나는 자본을 의미한다. 이것은 누가 누구와 연결되는가를 나타내며 행위자들 사이의 네트워크와 유대에 의해 측정이 가능하다고 본다. 네트워크가 형성되는 것은 근원적으로 신뢰한다는 것이며 상호 이익을 기대한다고 볼 수 있다. 네트워크는 정보수집에 필요한 시간과 노력을 절약할 수 있고 정보를 교환할 수 있는 관계망의 역할을 한다. 조직구성원들은 이 연결망을 통해 지식을 공유하게 되며 유용한 정보와 인적, 물적 자원에 접근하게 된다.

네트워크를 통해 구성원 간 친밀한 관계를 형성하는 구성원은 그렇지 않은 구성원에 비해 더 많은 정보와 지식을 얻음으로써 인간적, 사회적 관계에서 경쟁력을 가지게 된다. 네트워크와 유대를 형성하기 위한 노력만큼 정보교류 및 자원교환 활동이 원활하게 이루어질 수 있다. 조직의 차원에서 볼 때도 네트워크가 강한 조직이 낮은 조직보다 상호교류와 협력이 용이하여 사회적 자본이 크다고 할 수 있다. 네트워크를 통해 정보와 자원의 흐름이 활발할수록 새로운 지식을 창출하고 조직경쟁력을 강화하는 요소로 기능하게 된다. 네트워크를 얼마나 자유롭게 활용할 수 있느냐의 정도는 구성원들간 정보와 자원의 흐름에 영향을 미치게 되며, 사적으로 알고 지내는 관계들이 이것을 매개로 공식적인 관계를 형성할 수 있게 된다. 단일 목적으로 형성된 네트워크가 시너지 효과를 통해 다른 목적까지 달성한다는 점에서 구조적 차원의 네트워크는 조직의 사회자본형성에 구심점이 될 수 있다.

(2) 인지적 사회자본

인지적 사회자본은 행위자들 사이에서 공유하는 표현, 해석 그리고 의미체계를 뜻한다. 그리고 이것은 조직 내 상호 이해를 용이하게 해 준다. 구성원들 사이에 공유하는 언어, 소통영역이 많을수록 업무의 이해도가 높고 효율적인 도움을 주고 받을 수 있다. 구성원들 간에 언어나 정보 등을 공유하지 못할 경우 상대방에 대한 이해가 부족해질 수도 있으며, 이로 인해 공동체 의식을 느끼지 못하게 되어 궁극적으로는 협력도 기대하기 어렵다. 개인적으로 공통된 인식이나 조직에서의 공통적인 문화가 형성된다면 의사소통이 원활하고 개인이나 조직이 처한 문제에 대한 공감대 형성이 가능하게 된다는 것이다. 그러나 문화적 요소를 공유하지 못한다면 다른 구성원이 처한 상황, 입장을 이해하지 못하여 그를 위한 희생이나 협력하고자 하는 인식을 하지 못하게 된다.

인지적 사회자본은 공통된 가치, 태도, 규범 등으로 주관적인 측면이 강하여 관찰이 쉽지 않지만 규범과 신념은 협력적이고 목적지향적인 행동을 권장하게 된다. 요컨대 인지적 사회자본은 구성원들 간의 이해를 증진시킨다. 그리고 구성원들 간의 높은 이해를 통해 변화에 대한 적응력을 증진시킨다. 규범은 일반적으로 개인이나 조직의 구성원들에게 행동양식이나 문제해결을 위한 기준이 된다. 또한 규범은 무언의 약속이나 규칙으로 행동의 일관성을 가져오며 조직의 가치, 문화를 이전하는 역할을 한다. 조직에서 공유된 행동양식이나 인식은 성문화하지 않아도 법적 기능을 하게 된다. 이런 측면에서 규범은 자발적인 통제가 가능한 인지적 사회자본이 되는 것이다.

(3) 관계적 사회자본

관계적 사회자본은 행위자들 간의 유대관계로 상호작용을 통해서 발전된 개인적 관계를 의미한다. 사람들의 행위에 영향을 주는 동료애, 인격적 존중과 같은 특수한 관계에 초점을 두며 광의의 의미로 신뢰, 정직, 의무, 기대, 호혜성 등이 여기에 해당된다. 조직의 구성원들이 서로 신뢰하고 존중할 때 조직은 협력적이고 외부변화에 유연하게 적응한다. 구성원 간 서로 우호적인 조직은 변화하는 환경에 잘 대처할 수 있고 협력을 통하여 높은 수준의 목표 달성도 가능하게 된다.

사회적 관계에서 개인은 지속적인 관계를 형성하고 인정욕구와 소속감, 안정성을 추구하여 사회적 동기를 충족하고자 한다. 그리하여 강한 신뢰를 가진 구성원은 동일한 정체성을 형성하거나 조직과 자신을 동일시하게 된다. 이러한 동일시, 강한 일체감은 구성원들의 행위에 큰 영향을 준다. 사실 조직에 대한 신뢰나 의무감을 가진 구성원은 동료나 조직을 염두에 두기 때문에 물질적 보상이 행위의 우성순위가 되지 못한다. 개인 간의 애착이나 조직에 대한 신뢰, 의무감은 인적자원과 관련되면서 조직의 효과성에도 영향을 주게 되는데 이는 관계적 사회자본이 가지는 영향력이다. 관계적 사회자본은 반드시 일치된 견해는 아니지만 본질적으로 구성원간의 주관적 감정, 신뢰, 호혜성 등에 의해 생성되는 것으로 보고 있다. 개인 간의 유인이나 의무감은 집단유대를 강화하기 때문에 궁극적으로 조직의 성과에 영향을 미친다고 본다.

3. 사회자본의 구성요소

Paxton(1999)은 Bourdieu와 Coleman의 견해를 이용하여 사회자본은 두 가지 구성요소 즉 개인간의 '객관적 연대'와 '주관적 유대'의 형태를 포함하고 있다고 주장한다. 객관적 연대(objective association)는 개인들을 연결해 주는 객관적인 네트워크 구조로서 개인들은 사회생활 속에서 서로 연결되어 있다는 점을 의미하고 있다. 주관적 유대형태(subjective type of tie)는 상호적이고 신뢰적인 감정을 의미한다. 이러한 감정들은 행동을 위한 능력을 증가시킨다는 것이다. Paxton은 사회자본의 이러한 두 가지 구성요소들을 이용하여 사회자본에 대한 측정지표를 구성하고 있다. 두 가지 차원 즉 신뢰와 연대를 구성하고 각 차원별로 구성개념들을 포함시키고 있다.

우선 신뢰(trust)차원에는 개인에 대한 신뢰와 기관에 대한 신뢰로 다시 나누어진다. 개인에 대한 신뢰에는 사람들이 남을 도울수 있는지, 신뢰할 수 있는지, 공정한지 어떤지 느끼는 정도가 포함된다. 기관에 대한 신뢰는 종교기관, 교육기관, 행정기관 및 입법기관에 대한 신뢰정도가 포함되는데 이러한 개인 및 기관에 대한 신뢰정도가 높을 수록 사회자본의 수준이 높다고 보고 있다.

다음으로 연대(association)차원에는 이웃에 있는 사람과 저녁시간을 보내는 빈도, 지역사회 밖의 친구와 저녁시간을 보내는 빈도, 가입되어 있는 자발적 조직의 수 등의 지표가 포함된다. 이러한 지표들을 이용하여 Paxton은 1975년부터 1993년까지의 미국의 사회자본 수준을 측정한 바 있다. 그러나 Paxton은 사회자본을 구성하는 두 차원에 포함되는 지표들의 우선순위 내지 가중치 문제에 대해서는 언급이 없으며 동시에 이러한 지표들간의 관계 및 이러한 지표들의 수준을 향상시키기 위해 어떠한 노력이 있어야 되는지에 대해서는 깊이 다루지 않고 있다.

이 외에도 사회자본을 연구한 대표적인 학자로는 R. Putnam(1993, 1995, 2000)을 들 수 있다. 그는 사회자본에는 그 구성요소로서 신뢰가 가장 중요하며 신뢰가 지역사회 속에 형성되어 있는가 하는 문제는 공공기관의 운영, 행정제도의 집행, 정책집행 등 제반에 걸쳐서 큰 영향을 미칠 수 있다고 주장한다. 동시에 신뢰는 시장의 불완전성이 있는 곳에서도 큰 도움이 될 수 있으며 경제적 거래를 용이하게 할 수 있는 장치가 된다고 주장하였다.

이러한 선행연구들을 토대로 본서에서는 사회자본의 구성요소를 네트워크, 신뢰, 호혜성 등을 중심으로 검토해 보기로 한다(송승숙, 2013).

(1) 신뢰(trust)

사회자본의 핵심요소인 신뢰는 개인 간의 관계형성과 관련되어 있고 인간관계의 기초를 형성한다. 신뢰는 행동의 일관성, 능력, 상대에 대한 믿음으로 행위자간의 상호작용을 통해서 형성되고 축적될수록 더욱 강한 신뢰를 형성하게 된다. 신뢰는 타인이 행위를 할 때 나의 이해와 관심을 고려해서 행동할 것이라는 기대를 신뢰로 정의하며 사회적 안정과 결속, 협력을 증진하는 기능을 한다. 그러나 개인 간 신뢰가 부족할 경우, 정보의 흐름이 원활하지 못하고 도덕적 해이로 인해 손실이 증가하게 될 수도 있다. 요컨대 신뢰에 기반을 두지 않을 경우 지식과 정보의 교류가 원활하지 않고 연대감을 형성하기 어렵다는 것이다.

신뢰는 협력과도 긴밀한 관계를 가진다. 신뢰관계에서는 협력적인 상호작용이 용이하며 상호 우호적 태도를 가지게 되고 양질의 정보교류를 위해 노력하게 된다. 구성원에 대한 신뢰는 문제에 대한 올바른 판단을 하게 되며 개인의 이익보다 조직전체의 이익을 우선시한다는 믿음으로 작용하여 협력에 적극성을 띄게 된다.

조직에 대한 신뢰는 조직구성원이 조직에 대해 가지는 확신과 지지의 감정이 결국 자신에게 도움이 된다는 믿음을 뜻한다. 신뢰에 대한 다양한 시각들은 조직관리에 있어서 사적 신뢰를 공적 신뢰로 발전시키기 위한 노력이 필요하며, 신뢰를 바탕으로 하는 사적 네트워크를 공적 네트워크로 확장할 필요가 있다고 주장한다.

(2) 네트워크(network)

네트워크는 구성원들간의 유대를 바탕으로 연결된 개인 및 집단의 연계형태를 의미한다. 조직 내 네트워크의 형성은 업무의 연계와 협력적인 관계를 가능하게 한다. 네트워크를 통해 지식과 정보의 공유가 이루어지고 의사소통도 활발하게 된다. 조직 내 소외된 구성원이나 집단활동에 소극적인 구성원들의 참여를 이끌어 내는 것도 네트워크의 기능이다. 네트워크는 지식과 정보의 교환, 조직활동의 참여에 기여한다. 사회자본의 전환과정에서 네트워크는 단순한 유대 이상의 역할을 한다. 네트워크가 존재하지 않으면 사회자본은 발생하지 않는 것으로 볼 만큼 네트워크는 사회자본의 원천으로 간주된다.

네트워크는 그 속성에 따라 결속형, 교량형, 연계형으로 구분할 수 있다. 결속형 네트워크는 학연, 혈연, 지연과 같은 동질적 정체성을 가지는 집단의 사회자본 형태로 볼 수 있고, 교량형 네트워크는 호혜성을 가진 포용적 사회자본으로 서로 지위와 권력이 비슷한 다양한 수준 및 집단에 속하는 사람들 간의 관계에 관한 네트워크라고 할 수 있다. 연계형 네트워크는 명백하고 공식적으로 지위가 다른 사회구성원들 간의 네트워크이다.

네트워크에 관한 선행연구들은 네트워크가 상호작용과 의사소통을 동반하며 지식과 정보를 교환하고 의사소통을 촉진하여 사회적 참여를 증진시킨다고 본다. 이는 네트워크가 구성원들 간의 협동을 유발하게 하여 조직의 발전에 긍정적인 영향을 줄 수 있음을 시사한다. 네트워크의 속성이나 기능에 대한 다양한 논의에도 불구하고 조직의 효과성에 긍정적 기능을 한다는 시각이 지배적이다.

(3) 호혜성(mutual benefits)

호혜성은 일반적으로 구성원 전체를 대상으로 나타날 수 있다. 집단에서 특정인에게 도움을 준 사람은 자신이 도움을 준 사람뿐만 아니라 집단 내 다른 사람에게도 보상을 기대하게 된다는 것이다. 이 일반화된 호혜성은 교환관계와 같은 직접적인 도움이나 보상이 없어도 불특정 다수 중 누군가를 돕고 또 누군가로부터 도움을 받을 수 있다는 것이다. 이 과정에서 도움에 대한 보답은 가치측면에서 동일하지 않아도 상관없으며 보답에 대한 시간적 차원도 중요시 하지 않다. 이를 긍정적 호혜성이라고 한다.

호혜성은 이해관계의 방향, 예상된 보답의 즉각성, 예상된 보답의 등가성 등 세 가지 수준을 통하여 일반적 호혜성, 균형적 호혜성, 부정적 호혜성으로 분류할 수 있다. 균형적 호혜성은 상호 등가적인 교환이 이루어지는 것을 의미하고, 부정적 호혜성은 상호교환이 일어나지 않아 호혜성이 없는 것으로 인식하는 것이다. 호혜성의 스펙트럼으로 볼 때 부정적 호혜성에서 균형적 호혜성, 일반적 호혜성으로 갈수록 호혜성의 강도가 강하다.

조직구성원 간 호혜성이 중요한 이유는 일반화된 호혜성은 조직 내 이타적인 사회성을 촉진하기 때문이다. 호혜성이 발달한 조직은 문제에 대한 논의가 활발해지고 주고받는 기제에 대하여 긍정적이다. 일반화된 호혜성이 우세한 조직에서는 구성원들간의 관계가 계산적이지 않고 상호 연대의식이 강하다. 반면 부정적인 호혜성이 우세한 조직은 교환에 있어 자기의 이해관계를 우선 고려하며 보상의 즉각성도 짧다.

4. 사회자본의 측정을 위한 지표구성

1) 개념규정과 관련한 측정지표 구성

사회자본의 개념을 이용한 이러한 연구들은 사회자본에 대한 서로 다른 측면에 대한 개념과 그 개념정의를 이용했다고 여겨지며, 이러한 서로 다른 정의를 통하여 사회자본의 수준을 측정했다고 볼 수 있다(Rohe, 2004: 158). 즉 많은 연구자들은 그들이 과연 사회자본의 동일한 측면들을 논의하고 있으며, 같은 요소들을 측정하고 있는지 재검토해 볼 필요가 있다. 즉 사회자본이 지역사회개발, 로컬거버넌스 등 지역정책과 관련하여 유용하다면 그 필수적인 구성요소들에 대해 우선 합의를 해야 하며, 구성요소들에 대한 측정을 위해 신뢰할 수 있는 측정지표들을 개발해야 한다. 뿐만 아니라 사회자본이 지역사회에서 어떻게 발전될 수 있는지 그리고 지역사회발전에서 어떤 역할을 할 수 있는지에 대해서도 논의를 해야 할 것이다. 이러한 관점과 가장 잘 부합하는 것이 Rohe의 사회자본의 측정지표 및 지표간의 관계성에 관한 연구이다.

Rohe는 사회자본의 정의를 상호이익을 위하여 조정과 협력을 용이하게 하는 네트워크, 규범, 사회적 신뢰와 같은 사회조직으로 정의하면서 그 핵심적인 구성요소로서는 시민관여(civic engagement), 개인간 신뢰(interpersonal trust) 및 효과적인 집단활동(effective collective action)의 개념들을 상호 연결시켜 주는 것으로 이해하고 있다. 이러한 개념을 바탕으로 하여 그는 사적 자본의 측정을 위한 지표를 다음 <표 2-5>와 같이 구성하고 있다.

2) 사회자본의 수준측정

Rohe는 위의 표에서 제시한 바와 같이 사회적 자본의 측정지표를 통해 사회적 자본의 수준을 측정할 수 있는 지표도 구성하였다. 이를 요약하면 첫째 지역사회 주민들의 관여수준을 측정하는 것, 둘째 지역사회의 사회적 네트워크의 특성을 측정하는 것, 셋째 지역사회 주민들 사이의 신뢰수준을 측정하는 것, 넷째 지역사회 조직인프라의 정도 및 효과성을 측정하는 것이라고 하고 있다. 한편 Rohe는 사회자본을 지역사회 수준에서 어떻게 발전시킬 수 있는지에 대해서도 언급하고 있다. 그는 지역사회주민들이 지역사회문제에 관여하도록 하는 것이 가장 중요하지만 이는 쉬운 일이 아니라고 지적하면서, 지역사회 주민들의 1%만

〈표 2-5〉 사회자본의 지표구성

<table>
<tr><th colspan="2">구 분</th><th>지표내용</th><th>비 고</th></tr>
<tr><td rowspan="8">시민
관여</td><td rowspan="4">수평적</td><td>이웃과 상호작용(양적정도 및 질적 수준)</td><td></td></tr>
<tr><td>지역사회내에서 자발적 참여활동</td><td></td></tr>
<tr><td>지역사회에 바탕을 둔 조직에 참여</td><td></td></tr>
<tr><td>지역사회 시설이용</td><td></td></tr>
<tr><td rowspan="4">수직적</td><td>지역사회밖에서의 비공식적 상호작용</td><td></td></tr>
<tr><td>지역사회밖에서의 자발적 활동</td><td></td></tr>
<tr><td>지역사회밖에서의 조직활동참여</td><td></td></tr>
<tr><td>지역사회밖에서의 시설이용</td><td></td></tr>
<tr><td colspan="2" rowspan="5">사회적
네트워크</td><td>네트워크 규모</td><td>참여인원수</td></tr>
<tr><td>네트워크 다양성</td><td>소득, 인종, 나이, 사회적 지위등에서의 다양성</td></tr>
<tr><td>네트워크 위치</td><td>네트워크 구성원들이 지역사회내에 살고 있는지 밖에 살고 있는지의 여부</td></tr>
<tr><td>유대관계의 친밀성</td><td></td></tr>
<tr><td>네트워크를 이용하는 목적</td><td></td></tr>
<tr><td colspan="2" rowspan="4">신뢰</td><td>다른 주민들에 대한 신뢰</td><td></td></tr>
<tr><td>지역사회조직에 대한 신뢰</td><td></td></tr>
<tr><td>비영리조직에 대한 신뢰</td><td></td></tr>
<tr><td>지역사회 기관에 대한 신뢰</td><td></td></tr>
<tr><td colspan="2" rowspan="6">조직인프라</td><td>조직의 수, 형태, 규모</td><td></td></tr>
<tr><td>조직구성원의 규모</td><td></td></tr>
<tr><td>참여 비율</td><td></td></tr>
<tr><td>구성원 다양성</td><td></td></tr>
<tr><td>기관들에 대한 효과성</td><td></td></tr>
<tr><td>지역사회밖 조직의 지위</td><td></td></tr>
</table>

자료: Rohe(2004: 160).

이라도 지역의 개발프로그램에 적극적으로 참여한다면 대단히 성공적이라고 평가할 수 있다고 한다(Rohe, 2004: 162).

그는 더 나아가 주민들이 적극적으로 참여하는 것이 반드시 주민간 신뢰를 증진시킨다고 보기 어렵다는 점도 지적했다. 즉 주민들간 여러 가지 이유(예, 인종적, 경제적 지위 등)로 내부분열이 생기고 이를 적절히 수습할 수 있는 교섭장치가 성공하지 못하면 주민들 사이에 불신이 오히려 증폭될 수도 있다는 것이다. 이러한 문제를 해결하기 위해서는 다양한 역할

연기, 협상연습 등과 같은 적극적인 집단관여 노력들이 중요하다고 하였다. 아울러 지역사회 내에서 길거리 축제나 사교적 이벤트 같은 활동들도 효과적인 주민관여전략이 될 수 있다고 본다. 사회적으로 격차가 생기는 집단이 있으면 이러한 사회적 소외집단들을 결집시킬 수 있는 노력들이 필요하며 공통의 토대를 형성할 수 있도록 도와주는 노력들이 필수적이라고 주장한다.

그리고 지역주민들이 지방정부의 정책과정에 참여할 수 있도록 공개행정을 증대시키는 조치들도 필요하며, 이러한 과정에서 참여가 형식적으로 흐른다면 오히려 냉소주의로 흐를 수 있기 때문에 주민들이 실질적으로 정책에 영향을 미칠 수 있는 장치를 개발할 필요가 있다고 강조한다(Rohe, 2004: 162-163). 예컨대 도시계획과정과 예산편성과정 등에 참여하는 것 등이 그 중요한 예가 될 수 있을 것이다.

Ⅳ. 지방정부의 사회자본 증진방안

우리나라의 경우 사회자본에 관한 인식을 갖게 된 것이 그리 오래되지 않았다. 때문에 지방정부가 지역사회의 사회자본에 관심을 갖게 된 것도 비교적 근래의 일이다. 그러나 지방정부가 지역의 발전을 더 이상 중앙정부의 지원에만 의존할 수 없는 상황이 지속됨에 따라 스스로의 발전역량을 갖추지 않을 수 없게 되었고, 이러한 반성에 따라 지역사회의 사회자본에 대한 중요성과 필요성을 인식하게 된 것이다. 그리하여 지방정부는 다양한 방법으로 지역사회의 사회자본형성을 위해 노력할 필요가 있고, 그 활용력 또한 제고시킬 필요가 있는 것이다.

지금까지 논의되고 있는 지역사회 사회자본의 증진방안에 대해서는 다양한 견해들이 있다. 때문에 사회자본을 지방자치에 적극 활용하기 위해서 지방정부의 역할과 민간의 창의적인 발상이 필요하다고 본다. Putnam(1993)은 사회자본의 형성은 민주주의 발전의 초석으로, 실질적인 시민참여가 필수적이라고 본다. 지방정부의 자치역량을 제고시키기 위한 한 가지 방안으로서 지역사회 내에서 사회자본의 형성을 위한 역할들을 찾는 노력 또한 절실히 요청된다.

1. 시민참여의 강화

첫째 사회자본의 형성을 위해서는 실질적인 시민참여가 필요하다. 시민참여는 건전한 시민사회를 형성하고, 지역사회의 개인과 집단 및 조직 간의 협동적이며 집단적인 관계를 통해 문제를 해결하기 위한 집단행동을 장려하는 효과를 가져 온다. 시민참여는 시민사회를 건설하고, 지역사회 자본을 용이하게 하며, 지역사회 문제해결을 위한 시민의 능력을 제고시키는 것과 직접적인 관계를 맺는다(박희봉, 2009).

둘째 시민참여 활동을 가능하게 하는 지역사회 네트워크의 접근이 용이해야 한다. 사회자본은 집단행동의 딜레마 문제를 해결 또는 완화하는 효과를 가졌다. 시민사회단체 참여활동이 개인 간의 단절을 원활히 하고 민주적 거버넌스에 필요한 역량을 기르며 사회자본형성에 중요한 요소라는 인식을 형성하게 한다. 시민참여는 지역사회를 기반으로 네트워크, 연대감 형성, 지역사회에 대한 믿음, 자발적 활동을 통해 증가할 수 있다. 시민조직 참여, 자원봉사, 지역사회 자생단체, 야간방범활동 참여, 지역사회현안에 대한 공청회참여 등은 모두 지역사회 참여의 예가 될 수 있다. 시민참여는 주로 대중과 정치인을 매개하는 핵심적인 수단으로서 시민들이 정부 및 정책에 영향력을 미치기 위해 행하는 활동으로 파악된다. 반면 시민접촉은 지방정부의 서비스 공급이 시민의 수요에 따라 구조화된다는 점에서 시민과 정부사이의 상호작용을 통해 지방정부의 정책결정과 내용에 영향을 미치는 중요한 기제라고 할 수 있다.

셋째 개방형 네트워크를 활성화 할 필요가 있다. 사회자본이 무임승차와 같은 공공문제를 해결하고 실질적인 시민참여를 통해 민주주의를 증진시킨다면 이것은 시민과 지방정부 모두에게 상호 이익을 가져다 주는 것이다. 이러한 맥락에서 지방정부는 자발적 결사체와 네트워크의 활성화에 중요한 조건을 제공하는 주체이며, 시민의 주도적인 참여는 매우 중요한 의미를 지닌다. 사회자본을 이용하여 지방정부의 대응성과 민주성에 기여하면 결과적으로 지방정부의 효율화를 도모할 수 있다. 특히 지방자치시대에는 지방정부 차원에서 적극적으로 사회자본을 증진시키기 위하여 직접적인 역할을 수행해야 한다.

2. 제도적·규범적 기반구축

지역사회의 사회자본을 형성하고 증진시키기 위해서는 첫째 지역사회 지원을 위한 법적 기반이 제도화 되어야 한다. 우리나라는 1995년 주민직선 자치단체장이 취임한 이후 지방정부와 주민간의 상호작용을 활성화 할 수 있는 주민참여가 다양하게 전개되어 오고 있다. 시민단체의 증가, 지방정부 홈페이지 상에서의 On-line 참여, 주민자치센터에서 주민자치위원, 청소년 선도단체활동, 새마을부녀회 참여 등이 있다. 이렇게 주민이 참여할 수 있는 장치를 제도화 하는 것은 지방자치의 핵심가치인 주민자치를 위한 정부와의 소통을 위해서 꼭 필요한 부분이다. 참여의 범위나 운영의 범위, 절차 등이 필요하므로 조례와 규칙 등 운영에 대한 법제의 마련이 필요하다.

둘째 사회자본을 활성화 하기 위한 재정확보이다. 사회자본은 지역사회 공동체에서 발생하는 것이기 때문에 지방자치단체의 예산범위 내에서 시설 및 교육을 담당할 수 있는 능력을 갖추어야 한다.

셋째 인적 네트워크 구축이 요구된다. 지역사회참여를 활성화시키기 위한 네트워크 형성을 위해 지역주민들이 모일 수 있는 도서관, 체육관, 문화시설, 근린공원 등 다양한 시설을 편리하게 이용할 수 있는 제도적인 기반을 마련할 필요가 있다.

넷째 의사소통의 채널이 마련되어야 한다. 지역사회에 대한 정책적 제언을 할 수 있도록 지역주민들이 소통할 수 있는 통로를 형성해야 한다. 온·오프라인을 통해 지역사회주민들의 욕구를 파악할 수 있는 고정적인 채널이 있어야 한다. 주기적인 공청회를 개최한다든지, 신문고를 설치하는 방법, 주요시설에 지방자치와 관련한 의견수렴함을 설치하여 주민과 지방정부간에 소통할 수 있어야 한다.

다섯째 지역주민과 상호 신뢰체계를 구축하여야 한다. 이는 지역주민의 참여를 강화할 수 있는 평생학습체제를 통하여 가능하다. 사회적 신뢰의 형성을 위해서는 친화적인 사회환경, 공통의 생활양식인 규범이 확산될 필요가 있다. 특히 사회적 소외계층과 고령인구, 다문화인구 등 전체 인구를 포괄하는 교육, 문화, 참여 등을 강화하여 실질적인 신뢰관계를 이루어야 한다. 지방정부차원에서 지역문화센터 도서관, 주민자치센터 등을 활용하여 인지적 차원의 신뢰가 형성될 수 있도록 하여야 한다.

여섯째 자원봉사의 기회를 제공하고 장기적인 측면에서 소득이나 일과 연계되도록 지원할 필요가 있다. 자원봉사는 사회자본으로서 신뢰를 형성하는 주요 기제다. 이에 지역공동체와 연계하고 사회적 기업이나 시민단체와의 관계망이 형성될 때 보다 활성화 될 수 있다. 지역 내의 자원봉사활동센터 등에 대한 홍보와 주민들이 그 정보를 가지고 자원봉사활동을 이용할 수 있도록 연결해 주는 것도 중요하다.

일곱째 다양한 행위자들이 지역사회에 참여할 수 있도록 의도적인 연계망형성을 지원하고 이를 통해 협력을 달성할 수 있도록 해야 한다. 네트워크는 구조적 사회자본의 핵심이다. 이를 증진시키기 위해서는 다양한 행위자들이 참여하고 서로의 신뢰 및 네트워크를 증진시킬 수 있는 동아리 등 연합적인 단체가 필요하다. 지방정부 차원에서 봉사활동 동아리, 여가활동 동아리, 전문적 지식과 정보를 교환할 수 있는 거점을 만들어 다양한 지역의 사람들이 서로의 정보를 공유할 수 있는 네트워크의 장을 마련하여야 한다.

3. 주민신뢰의 확보

신뢰는 관계적 속성을 가진다. 주민 간, 주민과 지방정부 간 관계에서 신뢰를 형성하고 공고히 하는 노력이 필요하다. 지방자치단체가 주민의 신뢰를 얻는 보편적인 방법은 행정의 신뢰를 확보하는 것이다. 효율적이고 합리적 행정으로 성과관리가 이루어져야 하며 이는 주민들에게 투명하게 공개되고 주민들이 직접 그 성과를 맛보는 것이 중요하다. 행정성과는 정부의 신뢰형성에 기여하며, 이것은 곧 사회자본축적에 대한 기여를 의미한다. 신뢰는 지역의 공공문제해결을 위한 시민들의 사회적 관계에도 기여할 수 있다. 지방정부 스스로 예산집행과 행정처리과정 등에 관한 실질적인 정보를 제시하고, 시민들의 정보접근성에 장애가 없도록 해야 한다. 시민들이 정보에 대한 자유로운 접근과 의견제시가 가능하고 지방정부의 활동에 대해 논의할 수 있는 장치가 마련된다면 지역사회와 시민간에 원만한 신뢰관계를 구축할 수 있을 것이다.

4. 수평적 조직의 장려

지식정보사회에서는 국가에 의해 지역공동체문제를 다룬다는 것은 지나치게 비능률적이고 융통성이 부족할 수 있다. 때문에 지역공동체를 통해 각 지역민 개인적 욕구를 해결하기 위한 노력이 필요하며 이를 가능하게 하는 것이 네트워크, 정보 및 의식공유, 협력 등이다. 주민들의 문제를 해결하기 위한 방안으로 다양한 네트워크를 활성화하여 의사소통할 수 있도록 지원하고, 이를 적극 활용하여 공공영역에서 민감하지 못한 부분에 대해서는 자생네트워크의 도움을 받도록 다양한 네트워크를 양성·관리하여 사회자본을 확충시켜 나가야 한다.

5. 사이버 공간의 관리

오늘날 온라인상의 정보는 많은 역할을 하고 강력한 영향력을 가진다. 때문에 지역민과의 신뢰 및 네트워크구축, 협력, 참여 등의 사회자본을 활성화하기 위해서는 사이버공간의 적절한 활용이 요구된다. 지식정보사회의 많은 사람들은 사이버공간을 통하여 정보를 수집하고 활용하게 된다. 그러므로 사이버공간을 통하여 주민의 의견을 수렴하고 정보에 접근할 수 있도록 지원하여야 한다. 그리고 사이버상의 네트워크를 구축함으로써 주민들이 참여욕구와 자기결정의 욕구를 충족할 수 있도록 지원하고, 이것이 사회자본형성으로 이어지도록 유도할 필요가 있다. 이러한 적극적인 참여는 지방정부와의 협력을 증진시키고, 공공서비스의 제공을 용이하게 할 수 있으며, 삶의 질을 개선하는데 공동으로 참여하여 효과적인 협력을 기대 할 수 있다.

Ⅴ. 사회자본의 활용사례

1. 서울시 성북구청의 마을가꾸기와 마을기업 창설

서울시 성북구청은 지역공동체형성을 위해서 직접적으로 2010년부터 관내의 각 마을(장수마을), 동(정릉동~석관동), 시장(돈암 제일시장) 등을 대상으로 '도시아카데미'를 개최하여 이를 통해서 163명의 마을만들기 리더를 육성한 바 있다. 성북구의 도시아카데미는 도시화 과정에서 지나치고 잊혀지는 지역의 고유정서를 회복하고, 마을공동체를 재건하기 위해서 주민들 스스로가 마을을 진단하고, 문제점을 찾아서 스스로의 힘으로 개선 방안을 도출해 자발적으로 마을가꾸기를 추진하는 사업이다. 이를 위해서 지역의 리더를 육성하는 정책적 수단을 활용할 뿐만 아니라, 관내 종암동을 중심으로 '성북구 마을만들기 지원센터'를 설치하여 이곳에서 마을만들기 기본계획에 관한 연구도 병행하고 있다. 그리고 이곳에서 마을회의도 개최하고, 유사한 생활권을 가진 주민들을 묶어 주민들이 주도하는 주민회의체를 운영하고 있다. 예컨대, 전통마을이나 아파트 단위, 시장상가지역, 공장지역, 각종 단체 및 외국인 모임지 등 공동단위를 구분하여 주민회의, 마을회의와 지역복지, 안전과 재난방지, 홍보 등 다양한 활동을 하고 있다.

2. 서울시의 마을공동체만들기

마을공동체를 만들기 위해서는 공동체구성에 기여할 수 있는 법적 지원체계의 구축이 필요하며, 사업지원비와 기금운영에 관해서도 법제를 체계화 해야 한다. 이를 위해서는 앞의 사례에서 본 바와 같이 마을만들기 지원조례를 제정하여 운영하는 것이 좋다. 서울시는 2012년 3월에 '서울시 마을공동체만들기 지원 등에 관한 조례'를 공포하였으며, 나아가 마을만들기 지원을 위한 행정전담부서를 조직해서 별도로 운영하도록 하였다. 뿐만 아니라 주민, 시민단체와 지방자치단체를 연결시켜 줄 수 있는 중간(지원)조직을 체계화 시키고, 네트워크화 하였다. 그 대표적인 사례가 민관협력위원회 등이다. 2012년 현재 안산, 완주, 강릉, 수원, 청주, 정선, 대구, 서울, 정읍, 부산, 광주 등에 중간지원조직(지원센터)을 운영하고 있고, 또한 준비 중인 곳(익산, 순천, 양양, 시흥, 인천 등)도 있다.

3. 전남 완도군의 청산도 '슬로우걷기 축제'

전남 완도군은 2012년 4월 '느림은 행복이다'라는 주제로 아시아 최초 슬로우시티, 청산도 슬로우 걷기축제를 개최하였으며, 약 7만여 명의 관광객들이 청산도를 방문하였다. 그리하여 음식점, 숙박, 교통, 농수산특산품 판매 등 종합적으로 85억원 이상의 지역경제 상승효과를 촉발시켰다고 발표한 바 있다. 이처럼 농촌지역에 잠재해 있는 농촌 어메니티(amenity)를 잘 활용하여 지역의 사회자본도 축적하면서 동시에 잠재적 역량도 확대하는 이중효과를 얻을 수 있는 기회를 만들어 나가야 하겠다.

4. 광주 남구청의 '문화교육특구'지정과 폭력없는 학교만들기

광주시 남구청의 경우 문화교육특구를 지정받아 정부지원금을 지역특화사업에 집중적으로 투자할 수 있게 되었다. 광주시 남구청은 2011년 12월 지식경제부로부터 '문화교육특구'를 지정받아 국비지원 등 214억 원의 예산 투입을 보장받았다. 즉 역사문화유적의 보고인 양림동 일대를 잘 보존하고 있고, 관련된 계승사업도 활발하게 펼치고 있다는 평가를 받아 문화교육특구 조성사업을 2015년까지 추진할 수 있게 되었다. 이러한 지원을 통해서 남구청은 첨단문화 및 콘텐츠사업을 비롯하여 23개 사업을 집중 추진하게 되었다.

또한 광주시 남구청은 학부모, 학생, 교사, 경찰, 시민단체 등 총 633명이 참여하는 학생사랑 지역협의회를 구성한 후 이들이 주체가 되어 각자에 맞는 다양한 활동방법을 채택해서 학교폭력을 예방하는 활동을 하고 있다. 또한 방과 후 청소년 학생들을 위한 위탁기관을 선정하였고, 토요일과 일요일에도 학생들이 프로그램에 함께 참여할 수 있도록 '신나는 방과 후 SS스쿨' 프로그램도 운영하고 있다.

5. 김해시의 마을지킴이단 운영

경상남도 김해시의 경우에는 아동여성인권 김해시연대가 2012년 6월부로 마을단위 사회안전망구축을 위해서 시행하는 '마을지킴이 사업'에 참여하여 그 발대식을 가진 바 있다. 이 발대식에는 17개 읍·면·동의 마을지킴이단 회원 100여명 이상이 참여하여 지킴이 활동을 관심있게 수행할 것을 다짐했다. 마을지킴이단의 구성을 보면, 마을의 이장, 통장, 새마을부녀회, 자원봉사자들로 되어 있다. 이들은 다시 행정, 경찰, 여성상담소와 같은 분야별 전문기관들과 네트워크를 구축하여 지역 내 성폭력, 가정폭력의 피해 우려가 있는 아동, 여성 등 취약계층을 보호하고 지원하는 활동을 하고 있다. 2010년 진영읍 마을지킴이단으로부터 출발하여 작년에는 3개 지역(진영, 장유, 삼안)으로 확대되었고, 2012년부터는 17개전 읍면동으로 전파되었다.

6. SNS를 활용한 지방정부의 운영사례

1) 한국의 사례

서울시 강남구청은 2010년 10월부터 시민과 트위터 소통을 하고 있다. 즉 강남구청은 트위터를 개설해서 구청의 여러 사업을 알리기도 하고 시민들의 의견을 청취하고 있다. 특히 '트위터내용 분석시스템'을 만들어서 해당 부서에 시민의 트위트내용을 제대로 전달해 정책에 반영이 가능하도록 설계해서 운영하고 있다. 한편 서울시청의 경우 공식 트위터(@seoulmania)를 통해 서울시장에게로 들어 온 여러 가지 시정사항에 관한 시민들의 문의에 답변하고 있다. 쌍방향의 '트위트 토크'도 진행하고 있다. 트위트 이외에도 근래에는 페이스북, 블로그 등 다양한 매체를 활용해서 시민의 의견을 듣고 정책을 생산하는 매개체로 적극 활용하는 지방정부들이 점차 늘고 있다.

2) 미국의 사례

미국의 캘리포니아 주에서도 SNS를 활용한 행정을 운영해 오고 있다. '시민트위터 포럼'이라고 하는 것은 미국의 지방정부에서 매우 성공한 사례로 꼽힌다. 트위터의 해쉬태그(#)를 활용해서 주민과 공무원, 지방의원과 지방자치단체장 사이에 소셜미디어를 통한 정책제안, 의견수렴, 기타 자문 등을 직접 수집할 수 있도록 하고 있다. 주로 분야별, 사안별로 의견수렴을 구분할 수 있도록 해서 직접 담당공무원과 관련 주민 간의 불만이나 개선안 제시, 이에 대한 공무원의 즉각 대응 등 직접적인 전달, 수집, 정책에의 반영을 가져올 수 있는 강력한 사회자본의 촉진매체로 활용 가능하다.

7. 기타 여러 지방정부의 사례

이상과 같은 여러 가지 사례 이외에도 다양 한 지방정부들이 주민들과의 관계형성을 위해 많은 노력을 하고 있다. 예컨대 학생과 주민들의 학습공간확충과 주민들의 독서욕구 충족,

만남의 장소 확충 등을 위해서 대형도서관을 3개에서 6개로 늘리는 사업을 추진하고 있는 곳도 있다. 그리고 각 동에 20여 개의 작은 도서관을 확충해서 이들을 서로 연결하여 네트워크화 하면서 정보교류, 친구교류, 자원교류 등의 장으로 활용하도록 유도하고 있는 지방정부도 있다. 이는 학생들과 주민들이 주거지역과 가까이서 언제든지 한 생활공간으로서 도서관시설을 활용하고 동시에 필요한 정보와 지식도 일상적으로 취득이 가능하도록 접근성을 높이는데 목적을 두고 있다.

참고문헌

1. 국내문헌

강명구.(2006). 지방정부의 혁신과 시민사회역량 : 자발성과 이해관계의 결합, 「한국행정학회 50년 : 회고와 전망」, 춘계공동학술대회발표논문집 (7), 한국행정학회 · 한국지방자치학회.

강철구 · 소순창.(2004). 지방정부의 혁신역량 강화를 위한 지표개발. 한국행정학회 2004년 동계학술대회 발표논문.

강형기.(2003). 지방분권의 의의와 과제, 「지방행정연구」, 17(1), 한국지방행정연구원.

곽영승. (2001). 지방행정공무원의 행정의식 및 행정행태에 관한 연구: 조직설계와 리더십을 중심으로. 「지역개발연구」, 9.

김번웅 · 김동현 · 김판석.(1997). 「한국행정개혁론」, 서울 : 법문사.

김병국 · 권오철.(1999). 지방자치단체 역량평가를 위한 지표개발에 관한 연구, 「한국지방자치학회보」 11(4).

김병섭.(1996). 기업가적 정부혁신의 길, 「한국정책학회보」, 5(1) : 14-21.

김석준.(2000). 한국 국가재창조와 뉴거버넌스: 새로운 패러다임의 모색, 「한국행정학보」, 34(2): 1-21.

김석준 · 강인호 · 김정렬 · 강제상 · 문병기 · 이종열 · 이재호 · 윤태범 · 최병대 · 박흥식 · 채원호.(2002). 「거버넌스의 이해」. 서울: 대영문화사.

김순양.(2000). 지방정부 조직의 혁신을 위한 벤치마킹, 팀조직 구축방안을 중심으로, 「한국행정학보」, 34(1)

김순은.(2003). 「지방분권과 지방정부의 혁신」, 부산 : 도서출판 금정.

김순은.(2004). 정부혁신과 지방분권개혁 : 한일간 비교분석, 한국행정학회 춘계학술대회발표논문.

김용웅.(2002). "지역발전과 거버넌스 체제의 구축," 「국토」, 국토연구원: 2-3.

김정렬.(2000). 정부의 미래와 거버넌스: 신공공관리와 정책네트워크, 「한국행정학보」, 34(1): 21-39.

김정렬.(2001). 거버넌스와행정국가. 「한국행정학회 2001년 동계학술대회발표논문집」, 505-

520.
김주현.(2001). 2001 지방재정의 주요시책 방향.「지방재정」, 한국지방재정공제회, 1호. 통권108호.
김태성.(2005).「로컬거버넌스와 NGO의 정책참여연구-제주YMCA의 참여 사례를 중심으로」.
김태영.(2004). 정부혁신의 철학적 기초에 대한 소고. 한국행정학회 2004년 동계학술대회발표논문. 1-20.
김판석.(1994). 세계화시대의 정부부문 경쟁력 제고 : 도전과 기회,「한국행정학보」, 28(4). 1525-1547.
김헌민.(2001). 기초자치단체의 혁신적 특성에 관한 연구.「사회과학연구논총」, 제7호, 이화여자대학교.
김현구.(2006). 창간사.「국정관리연구」, 성균관대학교 국정관리대학원. 1(1), 5-7.
김혜정 · 이승종.(2006). 지역시민사회의 역량과 지방정부의 정책혁신.「한국행정학보」, 40(4).
김호정.(2001). 변혁적 리더십과 전통적 리더십의 관계 및 바람직한 리더십 모형.「한국정책학보」, 10(3), 88-107.
박동서 편저.(2001).「새정부혁신의 전략과 과제」. 서울 : 법문사.
박우성.(2002). 역량중심의 인적자원관리 혁신방안에 관한 연구.「기업경영연구」, 8(1), 경희대학교.
박희봉.(2000). 지역사회 사회자본과 거버넌스 능력.「한국행정학보」, 34(4).
박희봉.(2007). 사회자본과 거버넌스.「국정관리연구」, 2(2).
박희봉.(2009).「사회자본: 불신에서 신뢰로, 갈등에서 협력으로」. 서울: 조명문화사.
박희봉 · 김명환. (2000). 우리나라 지역사회의 사회자본 증진에 관한 연구 : 사회자본측증과 분석을 위한 시도.「한국정치학보」, 33(4)
배정환 · 최호택. (2005). 지방정부의 역량강화 전략, 2005 한국행정학회 학술대회 발표논문.
서정섭.(2005), 지방자치제 도입이후 지방재정 세입변화와 추이분석.「한국지방재정논집」, 한국지방재정학회, 10(2).
성영태.(2006).「기초자치단체장의 리더십 유형이 공무원의 조직몰입에 미치는 영향: 임파워먼트 매개변수를 중심으로」. 박사학위논문, 계명대학교 대학원.
소순창.(2006). 지방정부의 혁신역량의 지표개발에 관한 기초연구.「한국사회와 행정연구」, 16(4).
소진광.(2004). 사회적 자본의 측정지표에 관한 연구.「한국지역개발학회지」, 16(1).
소진광.(2005).「지방자치와 지역발전」. 서울 박영사.
소진광 외. (2006).「지역특성에 따른 사회적 자본 측정지표 개발」. 서울: 푸른솔.

손재식.(1991). 「한국지방자치의 진로」. 서울: 박영사.
손희준.(2006). 지방자치단체의 재정역량 강화방안. 「한국행정학회 50년 : 회고와 전망」, 춘계공동학술대회 발표논문집, (7), 한국행정학회 한국지방자치학회.
손희준.(2008). 재정분권을 위한 중앙과 지방간 재원배분 방안. 「한국거버넌스학회보」, 5(2).
손희준.(2011). 재정분권을 위한 중앙과 지방간 재원배분 방안. 「지방재정의 주요 현안과 발전방향」, 한양대학교 지방자치연구소 41차 지방자치정책세미나.
송승숙.(2013). 「사회자본이 조직몰임과 조직효과성에 미치는 영향」. 계명대학교 대학원 박사학위논문.
송희준.(1994). 세계환경의 변화와 각국의 동향, 노화준 송희준 편, 「세계화와 국가경쟁력」, 서울: 나남출판사.
안전행정부.(2012). 「지방공기업결산 결과」. 서울: 안전행정부.
안전행정부.(2013). 「통계연보」. 서울: 안전행정부.
오석홍.(1986). 「인사행정론」. 서울: 박영사.
오연천.(1993). 「한국지방재정론」. 서울: 박영사.
오재일.(2004). 지방분권과 로컬거버넌스. 「지방행정연구」, 18(1).
유　훈.(1995). 「지방재정론」. 서울: 법문사.
윤두섭 · 이승종(2004). 지방자치단체의 혁신역량에 관한 연구. 한국행정학회 2004년도 동계학술대회 발표논문.
은재호 · 오수길.(2009). 「한국의 협력적 거버넌스」. 서울: 대영문화사.
이기우.(1996), 「지방자치이론」. 서울: 학현사.
이극찬.(1993). 「정치학」. 서울: 법문사.
이성진.(2001). 지방정부 혁신의 영향요인: 경상남도를 중심으로. 「한국지방자치학회보」, 13(1).
이승종.(2004). 지방차원의 정책혁신확산과 시간: 지방행정정보공개의 사례연구. 「한국지방자치학회보」, 16(1).
이승종 · 윤두섭.(2005). 지방정부의 역량에 관한 개념화 연구. 「한국지방자치학회보」, 17(3).
이재성 · 임승빈(2004). 지방정부의 혁신역량 평가의 모델: 시론적 탐색. 한국행정학회 동계학술대회 발표논문.
이종수.(2004). 한국지방정부의 혁신에 관한 실증분석 : 혁신패턴, 정책행위자 및 영향요인을 중심으로. 「한국행정학보」, 38(5).
이종원.(2002). 정부형성과 거버넌스. 「정부학연구」, 8(1).

이주희.(1996).「초일류 자치단체를 만들자」. 서울: 한국지방자치연구원.

이창균.(2009). 정부간 재정관계 속에서 자치단체의 재정자율성 강화방안,「민선 5기 지방재정의 과제」 한국지방재정학회, 세미나 발표논문.

이창기 외. (2003).「지방정부혁신론」. 백산서당.

임승빈 · 이승종.(2005). 지방정부역량과 자치구의 사회적 자본과의 관계.「지방행정연구」. 19(3).

임승빈 · 이재성.(2005). 지방정부역량과 단체장역량과의 관계성.「한국행정논집」. 17(3).

전상경.(2011).「현대지방재정론」. 서울 : 박영사.

전영평.(2003). 참여정부의 지방분권정책 평가와 시민사회의 과제.「지방행정연구」, 17(2).

정세욱.(2003).「지방자치학」. 서울 : 법문사.

정용덕.(2006). 거버넌스와 국가역량.「국정관리연구」, 성균관대학교 국정관리대학원. 9-35.

주성수.(1999).「시민사회와 제3섹터」. 서울 : 한양대학교 출판부.

주성수.(2000).「글로벌거버넌스와 NGO」. 서울 : 아르케.

총무처직무분석기획단.(1997).「신정부혁신론」. 서울 : 동명사.

최길수.(2004). 지방정부의 자치역량강화에 관한 연구.「한국지방자치학회 동계학술대회발표논문집」, 413-445.

최길수.(2005). 지방분권시대에 있어서 자치역량개발에 관한 연구 : 종합적 접근.「한국거버넌스학회보」, 12(1).

최봉기 · 조용상 · 이시경 · 조병희.(1993). 지방정부의 자치역량 강화방안 : 분석틀의 구성을 중심으로.「대구 · 경북행정학회보」, 5 : 47-72.

최봉기.(1996). 지방정부의 자치역량강화와 국제화 전략.「지방자치연구」, 8(3), 한국지방자치학회.

최봉기.(2006).「한국지방자치론」, 서울 : 법문사.

최봉기.(2007). 지방정부의 자치역량요소와 역량강화에 관한 연구 – 내부적 요소를 중심으로 –.「사회과학논총」, 26(2), 계명대학교 사회과학연구소,

최봉기.(2010).「정책학개론」. 서울 : 박영사.

최봉기.(2013).「한국지방의회의 발전과 선진화」. 대구 : 계명대학교출판부.

최성욱.(2004). 거버넌스개념에 대한 비판적 고찰.「정부학연구」. 10(1).

최영출.(2003). 지방분권화에 따른 지방정부의 역량강화.「지방행정연구」. 17(2).

최영출 · 김병식 · 김보흠 · 배정환 · 안성호 · 엄태석 · 이정주.(2006).「지역경쟁력 강화와 로컬거버넌스」. 서울 : 대영문화사.

최용환 · 남창우. (2004).「지방정부의 자치역량 강화방안」. 충북개발연구원.

최창수.(2000). 사회자본 형성을 위한 지방정부의 역할 : 미국의 교훈. 「한국지방행정연구」, 14(1).
최창현 · 사득환. (2004). 로컬거버넌스와 시민단체간 연결망 분석. 「한국정책과학 학회보」, 8(3).
한국지방행정연구원.(2011). 「지방재정 기능별 세출구조」. 서울 : 한국지방행정연구원.
한상미.(2007). 비영리 사회복지조직 구성원의 사회자본유형. 2007년 한국비영리학회 학술대회발표논문.
한 준.(2006). 사회적 자본과 거버넌스. 「국정관리연구」, 성균관대학교 1(1).
홍성준.(2005). 「차별화의 법칙」. 서울 : 새로운 제안.

2. 외국문헌

Adler, Paul S. & Kwon, Seok-Woo. (2000). Social Capital: the Good, the Bad, and the Ugly, 89-115. In Eric L. Lesser (ed.). *Knowledge and Social Capital : Foundation and Application*. Boston: Burtworth Heinemann.
Almond, Gabriel A.(1956). Comparative Political System, *The Journal of Politics*, 18 Aug. 391-409.
Almond, Gabriel A. & Sidney Verba. (1963). *The Civic Culture*: Political Attitudes and Democracy in Five Nations. Princeton: Prinston University Press.
Bass, B. M. (1981). *Stogdill's Handbook of Leadership: A Survey of Theory and Research*. Revised and Expanded Edition. New York: The Free Press.
Bass, B. M. (1985). *Leadeship and Performance Beyond Expectations*. New York, The Free Press.
Bass, B. M. (1998). *Transformational Leadership: Industrial, Military, and Education Impact*. New Jersey: Lawrence Erlbaum Associates, Publishers.
Bass, B. M., & Avolio, B. J. (1990). The Implications of Transactional and Transformational Leadership for Individual, Team, and Organizational Development. *Research in Organizational Change and Development*, 4: 231-272.
Bourdieu, Pierre. (1986). The Forms of Capital, in J. G. Richardson (ed), *Handbook of Theory and Research for Sociology of Education*, Westport: Greenwood Press.
Boyatzis, R. (1982). *The Competent Manager - A Model for Effective Performance*. New

York : John Wiley & Sons.

Boyer.(1990). *Turning Point in The Development of Male Servant Leadership.* Unpublished Doctoral Dissertation, The Fielding Institute.

Brehm, J. & Rahn, W. (1997). Individual-Level Evidance for the Causes and Consequences of Social Capital. *American Journal of Political Science,* 41(3): 999- 1023.

Burns, J. M. (1978). *Leadership.* New York: Harper & Row.

Coleman, J. S. (1988). Social Capital in The Creation of Human Capital, *American Journal of Sociology,* 94: 94-120.

Conger, J. A. (1999). Charismatic and Transformational Leadership in Organizations: An Insider's Perspective on These Developing Streams of Research. *Leadership Quarterly,* 10(2): 145-179.

DeGraaf, Don. (2003). Social Capital. *Parks and Recreation,* Vol. 38, No. 12.

Easton, David. (1965). A *System analysis of Political Life,* N.Y. : John Wiley & Sons

Fishkin, James S.(1995). *The voice of the people: Public opinion and democracy.* New Haven: Yale University Press.

Fukuyama., Francis. (1995). *Trust : The Social Virtures and Creation of Prosperity,* N. Y.: Free Press.

Fukuyama, F. and Patricia L. Maclachlan. (2004). *State-Building: Governance and World Order in the 21st Century,* Cornell University Press, 61-77.

Granovetter, M. S. (1973). The Strength of Weak Ties, *The American Journal of Sociology,* 78(6):1360-1380.

Greenleaf, R. K. (1970). *The Servant as Leader.* Indiana polis, Indiana ; Robert K. Greenleaf Center.

Greenleaf, R. K. (1977). *Servant Leadership,* : A Journey into the Nature of Legitimate Power and Greatness. New York : Paulist Press.

Greenleaf, R. K. (1996). *On Becoming a Servant Leader.* San francisco: Jossey-Bass.

Greenleaf, R. K. (1997). Servant leadership: A journey into the nature of legitimate power and greatness, Paulist Press

Guest, Robert H.(1962). *Organizational Change: The Effects of Successful Leadership,* Dorsey and Irwin,, 130.

Jacobs, J. (1961). *The Death and Life of Great American Cities.,* London : Penguin Book..

Kooiman, J. (1993). *Modern Governance.* London: Sage.

McClelland, D. C.(1973). Testing for Competence rather than Intelligence. *American Psychologist.* 28(1).

Mirabile, R. J. (1997). Everything You wanted to know about Competency Modeling, *Training and Development,* August.

Nahapiet, J. & Ghoshal, S. (1998). Social Capital. Intellectual Capital, and the Organizational Advantage. *Academy of Management Review,* 23(5): 242-265.

Parsons, Talcott(1960), *Structure and Process in Modern Societies,* Glencoe, Ill. : The Free Press.

ODPM. (2003). Capacity Building in Local Government - research on capacity building needs, Final Interim Report to ODPM, January 2003.

Osborne, David & Ted Gaebler. (1992). *Reinventing Government : How the Entrepreneurial Spirit Is Transforming the Public Sector.* New York: Penguin Books.

Paxton, P. (1999). Is social capital declining in the Unities States?: A Multiple Indicator Assessment. *The American Journal of Sociology.* Vol 105, No. 1.

Portes Alexandro. (1998). Social Capital : Its origins and Application in Modern Sociology, *Annual Reviews of Sociology,* 22 : 1-24.

Prahalad, C. K. & Cary Hamel. (1990). The Core Competence of the Corporation, *Harvard Business Reviews,* May/June.

Putnam, R. D. (1993). The Prosperous Community: Social Capital and Public Life, *The American Prospect,* 13(spring): 35-42.

Putnam, R. D. (1995). Bowling Alone : America's Declining Social Capital, *Journal of Democracy,* 6(1), 65-78.

Putnam, R. D. (2000). Bowling Alone: The Collapse and Revival of American Community. New York: Simon and Schuster.

Putnam, R. D. (2002). Bowling Together. The American Prospect 13(3).

Rohe, W. (2004). Building Social Capital through Community Development. *Journal of the American Planning Association,* 70(2).

Sharkansky, Ira.(1973). *Public Administration* : Policy Making in Government Agencies, 2nd ed.(Chicago : Rand McNally College Publishing Co.

Spears, L. C. (1995). *Insight on Leadership: Service, Stewardship, Spirit, and Servant Leadership.* New York: John Wiley & Sons.

Spears, L. C. (2002). Introduction: Tracing the Past, Present and Future of Servant-

Leadership, In L. C. Spears(Ed), *Focus on Leadership*. New York: John Wiley & Sons.

Sparrow, P. R. (1996). Competency based Pat too Good to be True, *People Management*, Dec. 5.

Spencer, L. M. & S. M. Spencer. (1993). *Competence at Work*, N.Y. : John Wiley & Sons.

Stoker, G. (1997). Local Government in Britain After Thatcher. in Jan Erik Lane(ed). *Public Sector Reform*, London: Sage.

Stoker, G. (1998), Governance as Theory: Five Proposition, *International Social Science Journal*. 50(1): 17-28.

Stoker, G. (1988), Public-private Partnerships and Urban Governance, In J. Pierre(ed.), Partnerships in Urban Governance. London : Macmillan Press Ltd.

Wade, Rahima C.(1997), Community Service-Learning in a Democracy: An Introduction. in Wade (ed). *Community Service-Learning*., Albany, New York: State University of New York Press.

Yukl, G. A. (2002). *Leadership in Organizations* (5th ed.), Englewood Cliffs, New Jersey: Prentice-Hall.

〈최봉기 교수 약력〉

1. 학력 및 주요경력

중앙대 법대(법학사), 서울대 대학원(행정학 석사), 중앙대 대학원(행정학 박사).
미국미주리 주립대학교 정치학과 객원교수 역임.
계명대학교 신문사주간, 사회과학연구소장, 경찰학부장, 정책대학원장, 사회과학대학장 역임.
지방행정고등고시 및 입법고시 출제위원역임.
대통령자문 정부혁신지방분권위원회 정책자문위원.
대한지방자치학회 회장, 한국정부학회 회장 및 동 편집위원장 역임.
한국정책학회 부회장, 한국지방자치학회 부회장 및 동 편집위원장 역임.
대구광역시 시정연구위원, 토지수용위원, 인사위원, 선거구획정위원 등 역임.
경상북도 21세기위원, 혁신도시입지선정위원, 미래경북전략위원회위원, 도청이전자문위원 역임.
대통령실 정책자문(정무부문)위원 역임.
대통령 소속 지방분권촉진위원회 위원 역임.
대구광역시의회 의정자문위원(현) / 한국지방자치학회 및 한국정부학회 고문(현).
전국 시·도의회 의장협의회 정책자문위원(현).
현재 계명대학교 대학원 원장(행정학과 교수).

2. 주요 저서 및 논문

1) 저서

정책의제형성론(일신사, 1988).
행정학(공저)(법문사, 1995).
한국지방자치의 발전전략(계명대출판부, 2002).
정책학(박영사, 2004).
새행정학(대영문화사, 2008) (공저).
지방자치론(법문사, 2006).
정책학개론(박영사, 2008).
한국지방자치론(법문사, 2009).
한국지방의회의 발전과 선진화(계명대출판부, 2012).

2) 논문

한국지방정부의 정책의제향성에 관한 연구 외 다수.
지방정부의 정책기획역량 제고방안에 관한 연구.
중앙정부의 지방분권추진실태와 지방정부의 대응정책과제.
지방의회의원의 전문성제고방안에 관한 연구.
중앙정부에 의한 지역간 경쟁적 주민투표제도의 개선과제.
지방행정체제개편에 대한 여야 정당안의 비판적 검토와 개선방안.
한국 지방자치 20년의 회고와 선진화 과제.
한국 지방의회 20년의 회고와 의정선진화를 위한 지방의원의 역할과제외 다수.

지방정부의 자치역량강화

2014년 8월 20일 | 초판1쇄 인쇄
2014년 8월 30일 | 초판1쇄 발행

지은이 | **최 봉 기**
펴낸이 | **신 일 희**
펴낸곳 | **계명대학교출판부**
704-701 대구광역시 달서구 달구벌대로 1095
TEL : 053-580-6233
FAX : 053-580-6235
http://www.kmupress.com
출판등록 : 제347-1998-1호 (1970. 9. 1.)

값 25,000원

ISBN 978-89-7585-678-5 93350

이 도서의 국립중앙도서관 출판시도서목록(CIP)은 서지정보유통지원시스템 홈페이지(http://seoji.nl.co.kr)와 국가자료공유목록시스템(http://www.nl.go.kr/kolisnet)에서 이용하실 수 있습니다.(CIP제어번호: CIP2014024603)